DOMUS UNIVERSITATIS 1650

VERÖFFENTLICHUNGEN
DES INSTITUTS FÜR EUROPÄISCHE GESCHICHTE MAINZ
ABTEILUNG FÜR UNIVERSALGESCHICHTE

HERAUSGEGEBEN VON HEINZ DUCHHARDT

BAND 195

VERLAG PHILIPP VON ZABERN · MAINZ
2006

SCHARNIERZEIT 1895–1907

PERSÖNLICHKEITSNETZE UND INTERNATIONALE POLITIK
IN DEN DEUTSCH-BRITISCH-AMERIKANISCHEN BEZIEHUNGEN
VOR DEM ERSTEN WELTKRIEG

VON

MAGNUS BRECHTKEN

VERLAG PHILIPP VON ZABERN · MAINZ

2006

XVII, 454 Seiten mit 18 Abbildungen

Redaktion: Claus Scharf
Bildschirmsatz: Annette Reichardt

Gedruckt mit Unterstützung der Fritz Thyssen Stiftung
für Wissenschaftsförderung

Bibliografische Information der Deutschen Bibliothek

Die Deutsche Bibliothek verzeichnet diese Publikation
in der Deutschen Nationalbibliografie; detaillierte bibliografische Daten
sind im Internet über <*http://dnb.ddb.de*> abrufbar.

© 2006 by Verlag Philipp von Zabern, Mainz am Rhein
ISBN-10: 3-8053-3397-8
ISBN-13: 978-3-8053-3397-9
Alle Rechte, insbesondere das der Übersetzung in fremde Sprachen, vorbehalten.
Ohne ausdrückliche Genehmigung des Verlages ist es auch nicht gestattet, dieses Buch oder Teile
daraus auf photomechanischem Wege (Photokopie, Mikrokopie) zu vervielfältigen
oder unter Verwendung elektronischer Systeme zu verarbeiten und zu verbreiten.
Printed in Germany by Philipp von Zabern
Printed on fade resistant and archival quality paper (PH 7 neutral) · tcf

Der Erinnerung an
Sibylle Gertloff-Brechtken
(1965–2000)

INHALT

VORWORT XI

EINLEITUNG 1

ERSTES KAPITEL
Strukturelle, ideologische und mentale Faktoren internationaler
Mächteverhältnisse und die zeitgenössischen Parameter
der Machtprojektionsfähigkeit 38
1. Zur Bedeutung materieller Grundlagen von Außenpolitik 38
2. Demographie als Parameter der Machtprojektionsfähigkeit 50
3. Eisen- und Stahlproduktion, Energieverbrauch, Kriegsschifftonnage
   und Eisenbahnnetz 54
4. Mahan, Mackinder und die Grundfragen großmächtlicher Zukunftssicherung 59
5. Kommunikationsbeschleunigung und Militarisierung
   als Zeitphänomene 88
6. »Angelsächsische« und »teutonische« Rasse 97
7. Mental Maps 106
8. Karrierewege und Denkmuster 122

ZWEITES KAPITEL
Netzwerke und Politik: Public Schools, »Balliol« und »Souls« – edukative
Sozialisation und gesellschaftliche Kongruenz als generationenwirksames
Element politischer Identifikation 128
1. Portraits und Präludien 129
2. Freundschaften, Weltbilder und internationale Politik I:
   Cecil Spring Rice 142
2.1. Zwischen Schatten und Dämonie 142
2.2. Prägung und Vernetzung: Eton und Balliol 145
2.3. Diplomatie und Amerika 159
2.4. Henry Adams, Freundschaften und Politik 171
2.5. Entfernt vom Zentrum der Welt 183
2.6. Theodore Roosevelt 187
2.7. Deutschland und die Zukunft der angelsächsischen Welt 191

3. Freundschaften, Weltbilder und internationale Politik II:
   Henry White 211
   3.1. Von der Wirkung des Unscheinbaren 211
   3.2. Werden und Berufung 213
   3.3. Diplomatie und Professionalisierung 218
   3.4. Zwischen englischer Gesellschaft und US-Diplomatie 223
   3.5. »Souls«, Diplomatie, Politik und Wettbewerbsgeist 225
   3.6. Amerikanische Verbindungen und Wandlungen 234
   3.7. John Hay 243
   3.8. Arthur Balfour 248
   3.9. Politische Fragen und Diplomatie 256
   3.10. Henry White und Deutschland 263
   3.11. Nachbritische Jahre 266

DRITTES KAPITEL
»Falsche Zivilisation?« Perzeption, Sicherheitsbedürfnis und reduzierte Komplexität 273
   1. »Alte Diplomatie?« 273
   2. Profile 279
   3. »Wende-Generation«, Weltbilder und Regierungsverantwortung ...285
   4. Bertie und Hardinge, Tyrrell und Crowe 294
   5. Haldane und Grey 302
   6. Deutsche Perzeptionen, oder: Wilhelm II. und das Regieren 308
   7. Wilhelm II. und Edward VII. 318
   8. Bernhard von Bülow 322
   9. Diplomatie, Kommunikation und Salon 330
   10. Theodore Roosevelt und Speck von Sternburg 338
   11. Perzeption und Politik, oder:
       Vom Wesen der Unberechenbarkeit 345

RESÜMEE: Scharnierzeit, »Wende-Generation« und internationale Politik 355
   Was ist neu? Thesen und Ergebnisse der Untersuchung
   im Verhältnis zur Forschung 374

STATISTISCHER ANHANG 377
   1. Pro-Kopf-Niveau der Industrialisierung 377
   2. Verstädterung der Großmächte: Städtische Bevölkerung (in Mio.)
       und Anteil an der Gesamtbevölkerung (in Prozent) 378
   3. Relative Anteile an der Weltproduktion 378
   4. Eisenproduktion USA, D und UK 1880–1918
       in tausend metrischen Tonnen 379

5.	Stahlproduktion USA, D und UK 1880–1918 in tausend metrischen Tonnen	380

ABKÜRZUNGSVERZEICHNIS 382

QUELLEN UND LITERATUR 383
1. Unveröffentlichte Quellen 383
2. Literatur 386
2.1. Publikationen zu Archiven und Nachlässen 386
2.2. Publikationen bis zum Ende des Ersten Weltkrieges 386
2.3. Veröffentlichte Quellen (Quelleneditionen und gedruckte Quellen, Memoiren, Tagebücher, Briefe) 393
2.4. Veröffentlichungen nach dem Ersten Weltkrieg 398

VERZEICHNIS DER ABBILDUNGEN 438
VERZEICHNIS DER TABELLEN 439

PERSONENREGISTER 440
GEOGRAPHISCHES REGISTER 451

VORWORT

Es muß Anfang Oktober 1973 gewesen sein, als ich meinen Schulfreund A., neben mir sitzend, fragte, »für wen« er im gerade begonnenen Nahost-Krieg sei. Er behauptete, keine Meinung zu haben, ja nicht einmal zu wissen, wovon ich rede. Wenn schon über Sieg und Niederlage, dann sollten wir über die Bundesliga sprechen. Ich war enttäuscht. Wir besaßen den ersten Fernseher, und nach den immergleichen Berichten über Indochina (»B 52-Bomber über dem Mekong-Delta«) schien internationale Politik wieder spannend zu werden. Dies waren, seit ich als Kleinkind das vom Radio aufgeschnappte Wort »Brandt« nachgesprochen und einen mißbilligenden Blick meiner Mutter provoziert hatte, faszinierende Themen, die meine stete Neugier reizten. Über sie wollte ich diskutieren und mein Verständnis schärfen. Die Reaktionen lehrten mich fürs Leben, daß Weltbilder bisweilen divergieren und mancher Ruf ohne Echo bleibt.

Obwohl die Schule, frei nach Mark Twain, wenig Einfluß auf meine Erziehung hatte, so traf ich doch in Friedrich Beiderbeck einen gleichermaßen unkonventionellen wie abgeklärt-verständigen Geschichtslehrer, der meine Interessen bestärkte. Geschichte, Politik und Philosophie zu studieren, verstand sich folglich von selbst. Ich begann im Herbst 1983 in Münster, weil dessen Universität die passende Mischung von westfälisch und weltläufig zu bieten versprach. Tatsächlich war das Hochschulleben politisch seinerzeit oft reizvoller als viele Seminare. Die Grünen keimten gerade als politische Kraft, während die Nachrüstungsdebatte mit nurmehr magerem Nachhall verklang, und in den Katakomben des Bildungsbetriebs flimmerten noch Nischen eines idealistisch sich gebenden Utopismus. Missionarisch auftretende Jungmänner von MSB Spartakus und Sozialistischem Hochschulbund verteilten Myriaden Flugblätter auf Mitschreibpulten und Mensatischen, erschienen leibhaftig »agitierend« im Hörsaal, suchten beständig »Aktion« zu animieren, zumindest aber eine »kritische« Diskussion zu entfachen. Wir Jung-64er betrachteten das als unfreiwilliges Kabarett, bestenfalls unterhaltsam, schlimmstenfalls nervig, jedenfalls allzu offensichtlich mit dem eigentlichen Leben in Zeiten der Kohl-Ära kaum mehr verbunden. Wer durch die regelmäßig aus dem Nichts erscheinende Zeitung der Marxistischen Gruppe (MG) mehr Appetit auf Realsatire à la Karl Eduard von Schnitzler gewann, der konnte passende Erweckungsliteratur an allgegenwärtigen Büchertapeziertischen erwerben.

Die Lehre ächzte unter dem Zustrom unserer Kohorten, die soziologisch präzise als geburtenstarke Jahrgänge charakterisiert wurden. Wir waren das Wirtschaftswunder. Die wenigen Hochschullehrer gaben ihr bestes (was immer das war), aber selbst wohlmeinende Ansätze individueller Förderung versanken regelmäßig in den Forderungen des Massenbetriebs. Ein 250-Teilnehmer-Kurs »Internationale Politik« (ohne Sitzplatzgarantie) mochte symbolisch stehen. Immerhin, es gab einige wenige »internationale« Angebote. Doch dergleichen Alltag gab wenig Anlaß, dem geplanten Wechsel nach Bonn zu entsagen.

Die Bundeshauptstadt lockte nicht nur mit namhaften Hochschullehrern, sie bot selbst hohe Politik (und was wir dafür hielten). Wo sonst konnte man spontan Ritualen wie der Eröffnung des Akademischen Jahres durch einen leibhaftigen Staatspräsidenten in Handshake-Distanz beiwohnen? Auch traf man hier Jungminister in Turnschuhen, eben dem Spiegel-Titel entsprungen, die sich im Hörsaal zum Podiumsgespräch einfanden, diskutierte mit distinguierten Botschaftern, die in ihr Haus luden, um der Jugend ihres Gastlandes zu begegnen. Ja, man konnte sogar einem aufgeräumten KP-Generalsekretär aus dem »Reich des Bösen« durchs geöffnete Limousinenfenster jugendliche Freundlichkeit zunicken. Bundesminister und solche, die es werden wollten, fanden sich ohnehin im Dutzend, wenn nicht in den Hörsälen an der Regina Pacis, dann in den zahllosen Veranstaltungen, die den Regierungsalltag mit dem immergleichen Personal begleiteten und zu denen man mit wenig Engagement überraschend problemlos Zugang erhielt. Einige Monate Praktikum im Bundespresseamt unterstrichen das Wohlgefühl: So anschaulich alltäglich konnte Politik sein, so direkt konnte man sich nähern und dennoch seine analysierende Distanz bewahren.

Das mit seinen internationalen Verästelungen ergiebige Dissertationsthema (»Madagaskar-Pläne«) gab in der Wendezeit 1989/90 Anlaß zu vielen Monaten spannender Recherchen in Frankreich, Polen und Großbritannien. Paris bot alles, was das Klischee versprach, plus eine Menge neuer Quellen. Das Archiv des Quai d'Orsay öffnete erst zur Mittagszeit, und sobald die Sicherheitsschleuse am Nordeingang passiert war, konnte man sich frei bewegen. Der Leseraum lag am anderen Ende, ein Aufzug hielt in der Nähe des Ministerbüros, und mehr als einmal traf man auf den uniformierten Kellner mit seinem penibel präparierten Trolley, unter dessen Silberkuppel die ministerialen Speisen dufteten. Man schlenderte an geöffneten Büros entlang durch die Flure, auf denen allenfalls ein mannshoher Tresor (meist verschlossen) den Weg versperren mochte. Die Eindrücke einer träge-selbstsicheren Ex-Großmacht verstärkten sich mit einer Reise zum Kolonialarchiv nach Aix-en-Provence. In den Akten erschloß sich die profane Alltagspraxis eines globalen Ambitionismus, dem zunehmend die machtpolitische Substanz abhanden gekommen war. Zugleich ließ die provencalische Perspektive fortwährend ins Bewußtsein steigen, warum Picasso sich im Lichte dieser Landschaft begraben wissen wollte. Warschau dagegen reflektierte die Ambivalenz von realsozialistischer Lethargie und pragmatisch-behender polnischer Lebenskraft. Für die Mühen des Sprachelernenmüssens entschädigte die elektrisierende Freude, sowohl im Nationalarchiv als auch in der Presse-Bibliothek einen einschlägigen Quellenfundus erschließen zu können, den niemand vorher (oder seither) des Durchpflügens wert fand. London wiederum präsentierte neben den Quellen im Frühjahr Poll-Tax-Krawalle live (und blutig) am Trafalgar Square, zum Herbst das mitleidabweisende Tränenfinale der eisern uneinsichtigen Premierministerin. Dieser multinationale Horizont und die fortwährende Befriedigung, reichlich frische Dokumente erschließen zu können, förderten meinen Enthusiasmus für »International History«. Ich fühlte mich bestärkt, beim nächsten Projekt intensiver auf die Jahre vor 1914 zu blicken, schien mir doch in diesen Jahrzehnten die eigentliche Inkubationsphase der Weltpolitik des 20. Jahrhunderts zu liegen.

Da ich freie Hand für diese Forschungsinteressen behielt, akzeptierte ich nach Abschluß der Dissertation ohne Zögern das Angebot, als wissenschaftlicher Assistent Adolf M. Birkes nach Bayreuth und ein Jahr später nach München zu wechseln. Die neuen Pflichten des Universitätsbetriebes absorbierten einen gehörigen Teil des Zeitbudgets, boten aber zugleich mit der Alltagsorganisation des Lehrstuhls und der steten Notwendigkeit des Gutachtens jene Erfahrungen, die einmal hinter der Idee des Assistentendaseins gestanden haben mochten. Aus Sicht der angelsächsischen Universitätswelt, in der ich nun seit drei Jahren lebe, zurückblickend, tritt die wichtigste, zugleich auch die prekärste Perspektive dieser Einrichtung noch deutlicher hervor: Über das Wesen einer derart von der Hierarchie deutschen Hochschulbetriebs geprägten Beziehung entscheidet am Ende die persönliche Chemie der Beteiligten. Ich konnte, wofür ich dankbar bin, in der Zusammenarbeit mit Professor Birke den Nutzen einer stets von gegenseitigem Vertrauen getragenen Professionalität erfahren, die, während sie in den Forderungen des Universitätslebens stand, zugleich jeden möglichen Freiraum eigener Initiative ließ.

Die Konzeption des Forschungsgebietes, aus dem das Sujet dieses Buches wuchs, begann im Sommer 1993, als ich mich noch auf das politikwissenschaftliche Rigorosum bei Karl Dietrich Bracher vorbereitete. Prüfungsthema war das außenpolitische Denken von George Kennan und Henry Kissinger. Die Publikationen dieser charakterlich so unterschiedlichen Persönlichkeiten hatten mich über die Studienjahre hinweg wiederholt angeregt und zur politischen Selbstbestimmung herausgefordert. Ich schätzte den historischen Horizont und die sprachliche Komplexität ihrer Schriften, fand ihre politisch-diplomatischen Karrieren so bemerkenswert amerikanisch und spürte zugleich beider tiefe Verbindung zur europäischen Perspektive bis weit zurück in die Staatenwelt des 19. Jahrhunderts.

Bei Kennan las ich nun, die Amerikaner hätten in ihrer Geschichte, von wenigen Ausnahmen wie Alfred Thayer Mahan abgesehen, kaum nennenswerte Strategen internationaler Politik hervorgebracht. Das kühle Verdikt stand leicht quer zu meiner Lektüre über amerikanische Außenpolitik, verband sich aber mit meiner Wißbegier für die Vor-1914-Jahre und stieß mich mitten in die seit 1890 virulenten Diskussionen über die amerikanische Selbstfindung als aufkeimende Großmacht. Die intensive Beschäftigung mit Mahans Schriften, den vielfältigen Forschungsdiskussionen zur Seemachtstrategie sowie ihren Implikationen in den Vereinigten Staaten, Großbritannien und Deutschland vergrößerten meine Neugier, statt sie zu befriedigen. Je mehr ich jenseits der Akten in den politischen und diplomatischen Briefwechseln las, desto deutlicher erschienen mir die Theoriedebatten eher als Hintergrund – wichtig zwar, um das Weltbild der Akteure konturierter herausarbeiten zu können, aber für das Verständnis der eigentlichen politischen Entwicklung nicht ausreichend. Die Briefwechsel von Theodore Roosevelt, Arthur Balfour, Lord Lansdowne, Edward Grey, Richard Haldane und weiterer Diplomaten ließen einige signifikante Erkenntnisse hervortreten, die in den veröffentlichten Aktensammlungen zur Vorgeschichte des Weltkriegs ebensowenig deutlich werden wie in der bisherigen Forschungsliteratur. Ursprünglich hatte ich beabsichtigt, die amerikanische Reaktion auf die deutsche und die britische internationale Politik nach 1890 in einem Vergleich herauszuarbeiten, gleichsam den amerikanischen Blick auf Europa und seine Reperkussionen in Washington. Unter dem Eindruck der Quellen kristallisierte sich nun die britische Perspektive der »Weltmacht in der Herausforderung« als deutlich faszinierender heraus. Die Jahre zwischen 1895 und 1907 wurden aus globaler Perspektive recht eindeutig als eine eigenständige Phase lesbar, die in der bisherigen Forschung bemerkenswert unbeachtet geblieben war. Die Antwort auf die Frage, warum Großbritannien auf die machtpolitische Herausforderung durch Deutschland so anders reagierte als auf die langfristig weltpolitisch viel einschneidendere Herausforderung durch die Vereinigten Staaten, war ein unausgesprochener Grundton vieler einschlägiger Texte. Hier kristallisierte sich jener Personenkreis heraus, den ich als »Wende-Generation« charakterisiere, und so traten jene beiden Diplomaten in den Vordergrund, die auf britischer und amerikanischer Seite gleichsam symbolisch standen für den gegenseitigen Annäherungsprozeß: Henry White und Cecil Spring Rice.

Die Kernthesen zur Scharnierzeit, zu dem Generationenzusammenhang und den trilateralen Zusammenhängen konnte ich seit 1996 als »work in progress« wiederholt vorstellen und diskutieren. Den Begriff der Scharnierzeit und die transatlantischen Netzwerke erörterte ich im Sommersemester 1997 ausführlich mit den Studierenden meines Seminars über »Großbritannien und die Vereinigten Staaten« und im weiteren Unterricht. Mahans Theorien und die historiographischen Diskussionen zum Zeitalter des Imperialismus stellte ich im Münchner Oberseminar zur Debatte. Am Deutschen Historischen Institut in London und am German-American Center for Visiting Scholars in Washington konnte ich die spezifischen Aspekte der beiden angelsächsischen Mächte vertiefen und im Bonner Oberseminar von Professor Klaus Hildebrand meine Thesen zur deutschen Perspektive vorstellen. Im Mainzer Institut für Europäische Geschichte schließlich bot sich in der Schlußphase des Schreibens erneut die Gelegenheit einer allgemeinen Diskussion. Die inspirierende Resonanz aller Debatten regte dazu an, die wichtigsten Erkenntnisse stets neu präzise herauszupräparieren. Sie finden konzentrierten Niederschlag in den »Thesen und Ergebnissen der Untersuchung im Verhältnis zur Forschung«, wie sie am Ende des Textes resümiert sind.

Ein Unternehmen, das intensive Archiv- und Bibliotheksrecherchen in drei Ländern beiderseits des Atlantiks erfordert, ist ohne vielfältige Unterstützung schwerlich zum Erfolg zu führen. Zahlreiche Institutionen förderten die Recherche, indem sie Stipendien, Reisebeihilfen oder Arbeitsräume bereitstellten. Der British Council förderte 1997 meinen London-Aufenthalt und ermöglichte über seine Unterstützung der *Munich Lectures on the History of International Relations* zahlreiche Gespräche mit einschlägig ausgewiesenen Kolleginnen und Kollegen aus Großbritannien. Besonderer Dank hierfür gebührt Marcus Milton, Keith Dobson und Stephen Ashworth.

Das Deutsche Historische Institut in London gewährte im Frühsommer 1998 ein viermonatiges Habilitationsstipendium. Dem seinerzeitigen Direktor und seinem Stellvertreter, den Professoren Peter Wende und Lothar Kettenacker, danke ich hierfür ebenso wie für ihre auch sonst stets unkomplizierte Bereitschaft zur Unterstützung. Unter den Mit-Stipendiaten erwiderten Sebastian Barteleit und Verena Lippold regelmäßig meine politisch-historische Debattierfreude. Von jeher bemerkenswert über die vielen Phasen meiner London-Recherchen hinweg erschien die hilfsbereite Offenheit, mit der die Mitarbeiter des Instituts allen Stipendiaten und auch sonstigen Forschern begegneten. Für anregende Gespräche, namentlich bei entspannten Dinner-Abenden in Ealing Broadway, gilt mein herzlicher Dank Andreas Fahrmeir und insbesondere Sabine Freitag, deren ansteckende Fröhlichkeit selbst angesichts meines Sauerländer Appetits nicht zu erschüttern war.

Als ich die Arbeit im Herbst 1998 aus familiären Gründen unterbrach, lag das Grundkonzept bis auf wenige Abschnitte zur amerikanischen Perspektive, die bei meinen Recherchen in Washington offen geblieben waren, aus den Quellen vor. Im Frühjahr 2000 hatte ich als Fellow am German American Center for Visiting Scholars die Gelegenheit, diese Lücken zu schließen. Professor Hildebrand, der sich über die Jahre dankenswerterweise wiederholt zu ebenso teilnehmenden wie anregenden Gesprächen bereit fand, machte mich auf die Optionen des Mainzer Instituts für Europäische Geschichte aufmerksam, wo ich von Mai 2000 bis Februar 2001 die Voraussetzungen fand, das tägliche Pensum der Niederschrift voranzubringen. Die in ihrem Wesen und ihrem Horizont wahrlich internationale Atmosphäre der Alten Universität mit Stipendiaten aus aller Welt lieferte gleichermaßen Gelegenheiten des Nachdenkens und der Inspiration. Die Diskussionen mit meinen Mitstipendiaten Thierry Jacob, Piotr Kochanek, Marie-Emanuelle Reytier, Martial Libera und manchen anderen sind ein bleibendes Gut meiner Erinnerungen. Dem Direktor der Abteilung für Universalgeschichte, Professor Heinz Duchhardt, gilt mein

Dank nicht allein dafür, diese bereichernde Erfahrung ermöglicht zu haben, sondern auch für seine Bereitschaft, das daraus entstandene Buch in die Schriftenreihe des Instituts aufzunehmen.

Auch auf diesem Weg erhielt ich zahlreiche Anregungen. Karl-Heinz Gertloff prüfte und ergänzte im Herbst 2000 einschlägige geographische Daten. Thomas Raithel und Ralf Forsbach lasen im Januar 2001 das gesamte Manuskript und gaben wertvolle Hinweise. Christian Henning und Karina Urbach lasen Teile der Arbeit und diskutierten wichtige Themen. Ich danke allen für die reichhaltige Inspiration, die sich aus unseren Diskussionen stets ergab. Den Professoren Horst Möller und Hans-Günter Hockerts danke ich für die stete Unterstützung, mit der sie das Werk (und mich) durch das Habilitationsverfahren bis zum Januar 2002 begleiteten. Diesem Datum entspricht auch die berücksichtigte Forschungsliteratur.

Dankbar hervorheben möchte ich auch die Förderung der Fritz Thyssen Stiftung. In einer Zeit, da es immer schwieriger wird, Unterstützung für ambitionierte Projekte zu erhalten, erwies sie sich als ein Hort effizienter Hilfe. Sie förderte nicht nur Aufenthalte in Washington und London, sondern sie unterstützte auch die Drucklegung – eine vorbildliche Form der Wissenschaftsförderung, für die ich sehr danke.

Daß schließlich alle Hindernisse überwunden werden konnten, die sich aus der geographischen Distanz zwischen dem Autor und dem Ort der Druckvorbereitung ergaben, verdankt sich der geduldigen Sorgfalt von Dr. Claus Scharf. Nicht nur seine Bereitschaft, die Veröffentlichung über das Datum seiner Pensionierung hinaus bis zum Erscheinen zu begleiten, verdient mit besonderem Dank hervorgehoben zu werden. Seine klärenden Fragen und sein präziser Blick sind der Verständlichkeit mancher Sätze ebenso zugute kommen wie der formalen Einheitlichkeit des Werks insgesamt (die nach wie vor erkennbare Uneinheitlichkeit der Groß- und Kleinschreibung zahlreicher englischsprachiger Titel resultiert daraus, daß diese Angaben gewöhnlich nach der Schreibweise der jeweiligen Titel selbst aufgenommen sind). Ich bin Claus Scharf für seine Anregungen und Hilfen in hohem Maße dankbar und hoffe zuversichtlich, daß er dieses Buch als einen würdigen Abschluß seiner Herausgeberschaft ansieht.

Zwischen den Anfängen dieser Untersuchung und dem Erscheinen des Buches liegen gut zehn Jahre, in denen wissenschaftliche Arbeit und eine Überfülle lebensgeschichtlicher Erfahrungen engstens verwoben waren. In den Schatten der Trauer erwuchs Frauke zur Quelle neuer Zuversicht und neuen Lebensglücks. Sie weiß um meine Dankbarkeit.

Dieses Buch ist für Sibylle. Vom Sommer 1986 bis zum 14. Januar 2000 durfte ich ein humorvoll-erfülltes Leben mit ihr teilen, bis eine grausame Krankheit ihr dieses Leben nahm. Aus inniger Seele mitfühlend, anregend und verstehend hat Sibylle stets bewirkt, zwischen all den Fragen von Wissenschaft und Beruf den Anker des Menschlichen nicht aus dem Blick zu verlieren, der ein Leben recht eigentlich erst sein läßt. Dieses Buch ihr zu widmen, vermag nur unzureichend jenen tiefen Dank auszudrücken, den ich für die stete Liebe und das Geschenk der gemeinsamen Zeit, die menschlichen und intellektuellen Anregungen und nicht zuletzt den immerwährend liebevollen Humor in unserem Zusammenleben empfinde und stets erinnern werde. »Everyone who has known her became a better person for it.«

Seelbach und Bonn, den 25. Februar 2005   Magnus Brechtken

EINLEITUNG

I.

Die Definition historischer Epochen ist ein reflektierenswerter Prozeß geschichtswissenschaftlicher Begriffsbildung. Dies gilt insbesondere für den historiographisch so allgemeinverständlich erscheinenden Begriff des »Imperialismus«[1], der gemeinhin zur Gesamtcharakterisierung der internationalen Politik in den dreieinhalb Jahrzehnten vor dem Ersten Weltkrieg angewandt wird. Im allgemeinen Sprachgebrauch wird »Imperialism« bzw. »Imperialismus« im Englischen definiert als »a policy of acquiring dependent territories or of extending a country's influence through trade, diplomacy, etc.«[2], im Deutschen als »Bestreben einer Großmacht, ihren politischen, militärischen und wirtschaftlichen Macht- und Einflussbereich immer weiter auszudehnen«.[3] Diese Definition bedarf für den historisch-wissenschaftlichen Gebrauch der Konkretion[4], wonach »beim Imperialismusbegriff das Kriterium der faktischen, auf

---

[1] Eine Erscheinung, »die einem ganzen Zeitalter der Weltgeschichte den Namen gab«, wie Winfried Baumgart 1987 in einem konzentrierten Überblick zusammenfaßte: Winfried BAUMGART, Imperialismus, in: Staatslexikon. Recht, Wirtschaft, Gesellschaft, hrsg. von der Görres-Gesellschaft, Sonderausgabe der siebten, völlig neu bearb. Aufl. Freiburg u. a. 1987, Bd. 3, Sp. 40–43, hier Sp. 40. Begriffsgeschichte und Konnotationen vom antiken Imperiums-Begriff bis zur Imperialismusdiskussion nach 1945: Jörg FISCH/Dieter GROH/Rudolf WALTHER et al., Imperialismus, in: Geschichtliche Grundbegriffe. Historisches Lexikon zur politisch-sozialen Sprache in Deutschland, Bd. 3, Stuttgart 1982, S. 171–236, bes. S. 183–209. Einführende Gesamtdarstellungen: Richard KOEBNER/Helmut Dan SCHMIDT, Imperialism. The Story and Significance of a Political Word, 1840–1960, Cambridge 1964; Gustav SCHMIDT, Der europäische Imperialismus, München 1985; Lothar GALL, Europa auf dem Weg in die Moderne 1850–1890, dritte, überarb. und erw. Aufl. München 1997; Gregor SCHÖLLGEN, Das Zeitalter des Imperialismus, vierte Aufl. München 2000; Winfried BAUMGART, Deutschland im Zeitalter des Imperialismus 1890–1914. Grundkräfte, Thesen und Strukturen, fünfte Aufl. Stuttgart 1986; Überblick zur Theoriediskussion: Wolfgang J. MOMMSEN, Imperialismustheorien. Ein Überblick über die neueren Imperialismusinterpretationen, dritte erw. Aufl. Göttingen 1987; vgl. auch ders., Der moderne Imperialismus als innergesellschaftliches Phänomen. Versuch einer universalgeschichtlichen Einordnung, in: Ders., Der europäische Imperialismus. Aufsätze und Abhandlungen, Göttingen 1979, S. 58–76.

[2] Definition nach Concise Oxford Compendium, neunte Aufl. 1995, S. 681.

[3] Duden Deutsches Universalwörterbuch, dritte neu bearb. und erw. Aufl. Mannheim u. a. 1996, S. 755.

[4] Die aktuellen Wörterbuchdefinitionen werden hier aufgeführt, um den historischen Begriff herzuleiten; die Inflationierung des Terminus Imperialismus im Rahmen jüngerer, meist

Dauer angelegten, im Zentrum bewußten staatlichen Handelns stehenden politisch-territorialen Herrschaft stets vorhanden sein«[5] sollte. Insofern wird seit dem Ende des Ersten Weltkrieges in Anlehnung an das unmittelbar danach publizierte und inzwischen klassische Werk von Heinrich Friedjung der Zeitraum von Mitte der 1880er Jahre bis zum Beginn des großen Krieges als »Zeitalter des Imperialismus« bezeichnet. Nach Friedjung ist Imperialismus charakterisiert als »Drang der Völker und Machthaber nach einem wachsenden Anteil an der Weltherrschaft, zunächst durch überseeischen Besitz«, wobei die »Begriffsbestimmung« durch das »Merkmal zu ergänzen« bleibt, »daß der Trieb zu klarem Bewußtsein gediehen, zur Richtschnur des Handelns erhoben worden ist«.[6] Für Wolfgang Mommsen liegt die »Ära des Hochimperialismus« in den Jahren 1882 bis 1918, Winfried Baumgart spricht für diese Zeit vom »klassischen« Imperialismus.[7] Mommsen setzt diesen Hochimperialismus zwischen die »Ära des ›Informal Empire‹ 1776–1882« und die »Ära des verschleierten Imperialismus 1919–1945«. Den Zeitraum seit Ende des Zweiten Weltkrieges charakterisiert er als die »Ära des Nachimperialismus«.[8] Mit Blick auf die »nationalen Imperialismen« sind bisweilen leicht variierende Epochengrenzen gesetzt worden, die sich jedoch stets in der Zeit zwischen der deutschen Reichsgründung und dem Ersten Weltkrieg bewegen.[9]

Die Entwicklung konziser Imperialismustheorien geht auf die zeitgenössische Jahrhundertwende zurück und setzte mit John A. Hobsons schlagwortbildender

politisch-instrumentell orientierter Diskussionen entwertet die wissenschaftliche Validität des Epochenbegriffs und bleibt hier bewußt unbeachtet. Vgl. Rudolf WALTHER, Imperialismus (VII. Ausblick), in: Geschichtliche Grundbegriffe, Bd. 3, S. 221–236. Auch die Problematik des »Informellen Imperialismus« soll an dieser Stelle nicht diskutiert werden, weil der Begriff für die Gesamtargumentation dieser Untersuchung keine elementare Rolle spielt. Vgl. Ronald ROBINSON/John GALLAGHER, The Imperialism of Free Trade, in: The Economic History Review, 2nd Ser., 6 (1953), S. 1–15; Ronald ROBINSON/John GALLAGHER/Alice DENNY, Africa and the Victorians. The official mind of Imperialism, London 1961; jüngst resümierender Überblick: Boris BARTH, Internationale Geschichte und europäische Expansion: Die Imperialismen des 19. Jahrhunderts, in: Wilfried LOTH/Jürgen OSTERHAMMEL (Hrsg.), Internationale Geschichte. Themen, Ergebnisse, Aussichten, München 2000, S. 309–327.

[5] BAUMGART, Imperialismus, Sp. 40.

[6] Heinrich FRIEDJUNG, Das Zeitalter des Imperialismus 1884–1914, Bde. 1–3, Berlin 1919–1922, Zitat Bd. 1 (1919), S. 5.

[7] MOMMSEN, Der europäische Imperialismus, S. 59; BAUMGART, Imperialismus, Sp. 42.

[8] MOMMSEN, ebenda.

[9] Chronologisch am frühesten setzen die Datierungen für den britischen Imperialismus ein, der schon in den 1870er Jahren angesetzt wird, gefolgt vom deutschen in den 1880er Jahren und dem amerikanischen, dessen eigentlicher Beginn überwiegend auf den Krieg mit Spanien 1898 datiert wird. Aus der Vielzahl von Publikationen (vgl. Anm. 1 und Verzeichnis der Literatur) wichtige Beispiele des letzten Vierteljahrhunderts: Ernest R. MAY, American Imperialism. A Speculative Essay, New York 1968; Eric J. HOBSBAWM, Das imperiale Zeitalter 1875–1914, Frankfurt a. M./New York 1989; Michael FRÖHLICH, Imperialismus. Deutsche Kolonial- und Weltpolitik 1880–1914, München 1994; Quellen zur deutschen Außenpolitik im Zeitalter des Imperialismus 1890–1911, hrsg. von Michael Behnen, Darmstadt 1977.

Publikation aus dem Jahr 1902 ein.[10] Zwar fand der Begriff »Imperialismus« schon im Zusammenhang mit der Regierungspraxis Napoleons III. Anwendung und war hier mit denen des »Cäsarismus« und »Bonapartismus« konnotiert, aber als politisch eigenständiger Terminus wurde er zunächst ausschließlich für die britische Kolonialpolitik angewendet.[11] Beim Blick auf die Gesamtepoche des Imperialismus ist im Hinblick auf die in dieser Arbeit im Mittelpunkt stehenden Staaten festzustellen, daß das britische Weltreich zu Beginn dieses Zeitraums schon etabliert war, während das Deutsche Reich und die Vereinigten Staaten erst gegen Mitte dieser Periode mit einer Politik begannen, die auf den Aufbau eines »Imperiums« nach britischem Muster zielen konnte. Die Verwendung des Begriffs Imperialismus für alle drei Entwicklungsstränge erscheint daher wenig präzise.

Die hinzutretenden Schwierigkeiten, »den Imperialismus« in einem theoretischen Ansatz umfassend zu definieren, haben in jüngster Zeit zu dem Plädoyer geführt, nicht mehr von »Imperialismus« bzw. »Hochimperialismus«, sondern von »den Imperialismen« zu sprechen.[12] Es ist mithin sinnfällig zu fragen, ob sich nicht in diesem »Zeitalter des Imperialismus« (oder: der Imperialismen) zwischen 1880 und 1914/18 spezifische Phasen erkennen und begrifflich fassen lassen, welche die Entwicklung der internationalen Politik in dieser Epoche präziser beschreiben. Otto Pflanze beispielsweise hat deshalb vom »sea change« namentlich der Jahre 1890 bis 1906 gesprochen.[13]

Die erkennbare Ungleichzeitigkeit der »Imperialismen« wirkte zwangsläufig zurück auf die zwischenstaatlichen Beziehungen der Großmächte. Die stets zum

---

[10] John A. HOBSON, Imperialism. A Study, London 1902; vgl. Hans-Christoph SCHRÖDER, Hobsons Imperialismustheorie, in: Hans-Ulrich WEHLER (Hrsg.), Imperialismus, Köln 1970, S. 104–122; MOMMSEN, Imperialismustheorien; GROH, Imperialismustheorien, in: Geschichtliche Grundbegriffe Bd. 3, S. 216–221, zu Hobson S. 182, 216 f., mit der Feststellung: »Seither summieren sich die spezifischen Inhalte, ob sie nun ›Nationalismus‹, ›Kolonialismus‹, ›Militarismus‹ oder ›Marinismus‹ genannt werden, ob sie die politische Ökonomie oder das Hegemonialstreben der Großmächte betreffen, zur Totalität des Begriffs, der eine ganze Epoche beschreiben soll.« Ebenda, S. 182.

[11] GROH, Imperialismus, in: Geschichtliche Grundbegriffe, Bd. 3, S. 176–179, der bis in die 1890er Jahre von einem »Parteibegriff zur Kennzeichnung der englischen Verhältnisse« spricht, ebenda, S. 179; vgl. BAUMGART, Imperialismus, in: Staatslexikon, Sp. 40–41; KOEBNER/SCHMIDT, Imperialism, S. 1–26, 107–165. Als tagespolitischer Begriff eingeführt und im parlamentarischen Diskurs präsent wurde er seit den großen Auseinandersetzungen zwischen Disraeli und Gladstone in den 1870er Jahren und blieb bis in die neunziger Jahre auch in den Diskussionen anderer Nationen in der Regel auf das englische Beispiel bezogen.

[12] BARTH, Internationale Geschichte und europäische Expansion, S. 321 ff.; vgl. René GIRAULT, Diplomatie européenne et impérialismes, 1871–1914, Paris 1979.

[13] Der Begriff *Sea Change*, der auf Shakespeares *The Tempest* zurückgeht, scheint bislang auf die angelsächsische Literatur beschränkt geblieben zu sein und ist dort die Metapher »for major events in history so fundamental that they are like events in geological time that change the shapes of seas and continents«. Otto PFLANZE, Germany – Bismarck – America, in: Jürgen ELVERT/Michael SALEWSKI (Hrsg.), Deutschland und der Westen im 19. und 20. Jahrhundert, Teil 1: Transatlantische Beziehungen, Stuttgart 1993, S. 67–84, hier S. 81 mit Anm. 43.

Konfligieren tendierende Dynamik des internationalen Staatensystems blieb dabei zunächst gebremst durch die Möglichkeit der Spannungsableitung in äußere, zu erobernde, die expansive Dynamik absorbierende Territorien. Diese Möglichkeit endete mit der Eroberung der letzten in diesem Sinne »herrschaftsfreien« Gebiete Afrikas und fand seinen prestigehaften Ausdruck im britisch-französischen Konflikt um Faschoda 1898.[14] Vor diesem Hintergrund war deshalb schon zeitgenössisch, etwa bei Rudolf Kjellen, von einer »planetarischen Situation«[15] die Rede: »Unser Planet zerfällt gegenwärtig in ungefähr 50 politische Mächte oder Staaten. Unter diesen treten acht als Großmächte in anerkannter Stellung vor den übrigen hervor.[16] Sie bilden die Aristokratie und Oberklasse der Staaten, mit schwankenden Grenzen und unbestimmten Privilegien, aber mit faktischem Einfluß erster Ordnung auf die politische Welt.«[17] Die »politische Karte« der Gegenwart, die »Physiognomie der Jetztzeit« war demnach geprägt sowohl von einer Tendenz zu Großunternehmen in Handel, Industrie, Schiffahrt und Kapitalverkehr als auch durch die »Ausdehnung des Arbeitsfeldes über unseren ganzen Planeten [...], die Entwicklung eines ökonomischen und politischen Weltsystems«.[18] Schon zeitgenössisch also wurden die »planetarische Situation« und das »Weltsystem« als das Signum der Machtverhältnisse und der internationalen Politik wahrgenommen und ein Wettbewerb auf dem »ganzen Planeten« als gegeben konstatiert: »Keine Macht hat im Grunde genommen ein anderes Recht auf das Adelsdiplom der Geschichte [i. e. den Aufstieg zur Groß- und Weltmacht, M. B.] als das, welches in der eigenen Kraft und dem Willen zur Macht liegt.«[19]

»Was die moderne Politik am greifbarsten von der Politik aller anderen Zeiten unterscheidet«, resümierte etwa gleichzeitig Kurt Riezler, »ist, daß sie Welt-

---

[14] Einschlägige Überblicke zur Faschoda-Krise: Christopher ANDREW, Théophile Delcassé and the Making of the Entente Cordiale, London 1968, S. 91–118; John A. S. GRENVILLE, Lord Salisbury and Foreign Policy. The Close of the Nineteenth Century, zweite, korrigierte Aufl. London 1970, S. 218–234; Jost DÜLFFER/Martin KRÖGER/Rolf-Harald WIPPICH, Vermiedene Kriege. Deeskalation von Konflikten der Großmächte zwischen Krimkrieg und Erstem Weltkrieg, München 1997, S. 491–512 (mit dem jüngsten Literaturüberblick); Andrew ROBERTS, Salisbury. Victorian Titan, London 1999, S. 701–711; vgl. auch Philip MAGNUS, Kitchener. Portrait of an Imperialist, London 1958, S. 118–159. Den eher symbolischen Abschluß dieses Prozesses bildeten die Jahre 1909, als der Amerikaner Peary zum Nordpol gelangte, sowie der Dezember 1911, als der Norweger Amundsen den Südpol erreichte. Dies waren »Eroberungen«, die zu Recht als purer Heroismus um des Heroismus willen bezeichnet wurden und im Vergleich zu den Eroberungen durch Livingstone und Stanley machtpolitisch fruchtlos bleiben mußten.
[15] Rudolf KJELLEN, Die Großmächte der Gegenwart, übers. von C. Koch, Leipzig/Berlin 1914, S. 3, 131.
[16] Gemeint sind stets Großbritannien, die Vereinigten Staaten, das Deutsche Reich, Frankreich, Rußland, Österreich-Ungarn, Italien und Japan.
[17] KJELLEN, Großmächte der Gegenwart, S. 1.
[18] Ebenda, S. 3.
[19] Ebenda, S. 1.

politik ist, das heißt, daß die Welt ein politisches Einheitsgebiet geworden ist, daß alles, was irgendwo politisch geschieht, auf alles andere zurückwirkt oder wenigstens zurückwirken kann, daß es nicht mehr möglich ist, irgendein räumliches Gebiet, irgendeine spezielle Frage völlig isoliert zu betrachten. Dieser Zustand ist durchaus neu [...]. In unserer Zeit sind die letzten isolierten Gebiete geschwunden. Daher kann man sagen, quantitativ sei die Entwicklung des politischen Geschehens zu der Einheit eines weltpolitischen Geschehenskreises an ihre Grenze gelangt.«[20] Das bedeutet: Wenn es einen Zeitpunkt der »Planetarisierung« oder, in aktueller Terminologie formuliert, der »Globalisierung« der internationalen Politik im Sinne der »planetarischen Konkurrenz«[21] gegeben hat, dann war dies der Moment, als der letzte geostrategisch bedeutsam erscheinende Flecken des Globus bekannt und machtpolitisch beansprucht war. Alle weitere Entwicklung war hiernach wachsende Vernetzung und Beschleunigung in einem als global interdependent perzipierten, sich gleichsam nach innen verdichtenden Machtgefüge. In diesem Sinne läßt sich das Staatensystem etwa seit der Wende zum 20. Jahrhundert als weltumgreifend, i. e. »globalisiert«, verstehen.[22]

Signifikant erscheint die seinerzeit einsetzende Inflationierung von Wortkombinationen, mit denen das Alltägliche der Außenpolitik in eine neue globale Perspektive gedacht wurde: Weltmeere sollten beherrscht, Weltpolitik sollte betrieben, eine Weltmacht begründet und Weltreiche sollten etabliert werden.[23] Die Briten sprachen von »Empire«, die Deutschen von der »Weltpolitik«, und in den Vereinigten Staaten blickte man auf die »eastern and western hemi-

---

[20] J. J. RUEDORFFER [= Kurt RIEZLER], Grundzüge der Weltpolitik der Gegenwart, 1914, S. 184 f. Riezler terminiert den Zeitraum dieser Entwicklung auf das vorangegangene halbe Jahrhundert.

[21] KJELLEN, Großmächte der Gegenwart, S. 59.

[22] Theodor Schieder setzte den Zeitpunkt, als die letzten »Ausweichmöglichkeiten in ›freie‹ Räume der Welt« verbaut gewesen seien, erst auf die Jahre 1912/13. Diese Datierung liegt insofern zu spät, als Faschoda, die Verhandlungen um das mögliche Schicksal der portugiesischen Kolonien und die Marokkokrisen schon eindeutig von der Konstellation geprägt waren, daß periphere Expansionsbestrebungen unmittelbar ins Zentrum der europäischen Großmachtpolitik zurückwirkten, was für die Periode, als es noch wirklich »freie« Räume, namentlich in Afrika, zu erobern gab, so noch nicht zutraf. Theodor SCHIEDER, Staatensystem als Vormacht der Welt 1848–1918, zweite Aufl. Frankfurt a. M. 1980, S. 324. Madeleine Herren hat jüngst betont, daß die »Konzentration auf beginnende Globalisierungsprozesse [...] aus wissenschaftlicher Sicht sinnvoll« sei, setzt sich mit »gouvernementalen Internationalisierungsprozessen« auseinander und stellt die politische Bedeutung des »Vorkriegsinternationalismus« in den Vordergrund: Madeleine HERREN, Hintertüren zur Macht. Internationalismus und modernisierungsorientierte Außenpolitik in Belgien, der Schweiz und den USA 1865–1914, München 2000, S. 1–17, hier S. 2. In der folgenden Untersuchung stehen nicht die Prozesse des »Internationalismus«, der, wie Herren zu Recht festhält, »ein sperriger Begriff [ist], der sich weder thematisch noch ideologisch festlegen läßt«, im Vordergrund, sondern die machtpolitischen Entwicklungen des Staatensystems am Beispiel der drei »modernsten« Akteure.

[23] Vgl. jetzt Sönke NEITZEL, Weltmacht oder Untergang. Die Weltreichslehre im Zeitalter des Imperialismus, mit einem Geleitwort von Winfried Baumgart, Paderborn 2000.

sphere«.²⁴ Insgesamt erfaßte die »an relativ kleine Räume gewöhnten Europäer […] angesichts der Dimensionen anderer Erdteile eine Art Raumrausch«.²⁵ Dabei blieb unerheblich, daß die Kolonialreiche für Großmächte wie Frankreich und Deutschland »ökonomisch fast bedeutungslos, geradezu Gebilde eines politischen Luxus« waren.²⁶

Bemerkenswert ist der zeitgenössische Optimismus Rudolf Kjellens, wonach das »politische Weltsystem« zu »zunehmender Solidarität und Interessengemeinschaft« statt zu »isolierten Lokalsysteme[n] früherer Zeiten« führen werde. Dabei zeigten schon die Krisen seiner Gegenwart, daß, wie er selbst schrieb, ein »Weltsystem« entstanden war, in dem erhebliche Konfrontationsenergien der Großmächte aufeinanderstießen.²⁷ Was die Valenz der zunehmenden wirtschaftlichen Verflechtungen betrifft, so hat Paul Kennedy zu Recht darauf hingewiesen, daß beispielsweise die deutsch-britischen Wirtschaftsbeziehungen sowohl von Konkurrenz als auch von Prosperität durch Güteraustausch geprägt waren, bei dem die Konflikte deutlich geringer waren als der gegenseitige Nutzen.²⁸ Im Jahr 1900 beispielsweise waren rund siebzig Prozent des deutschen Auslandskapitals in der amerikanischen Hemisphäre angelegt.²⁹ Allerdings

---

²⁴ Arthur Dix schrieb 1901: »Weltbahnen und Weltkanäle öffnen neue Verbindungen, geben dem Welthandel und der Weltpolitik neue Werkzeuge und helfen die Weltkarte umgestalten.« Arthur DIX, Deutschland auf den Hochstraßen des Weltwirtschaftsverkehrs, Jena 1901, S. 9; zu den vielfältigen Wortverbindungen mit dem Begriff »Welt« vgl. Geschichtliche Grundbegriffe, Bd. 3, S. 206; vgl. in dieser Tradition etwa Karl HAUSHOFER, Weltmeere und Weltmächte, Berlin 1937.

²⁵ SCHIEDER, Staatensystem, S. 253.

²⁶ Ebenda, S. 256.

²⁷ Ähnlich hatte Kurt Riezler 1906 die Situation perzipiert, als er meinte, die Gebiete der Erde seien für den *wirtschaftlichen* Wettbewerb der Nationen »noch ausgedehnt genug, um auf Jahre hinaus zu verhindern, daß das Nebeneinander des Kampfes sich in ein Gegeneinander kehre«. Kurt RIEZLER, Die Weltpolitik im Jahre 1906, in: Die Weltwirtschaft 2, I. Teil (1907), S. 4, zit. nach Kurt RIEZLER, Tagebücher, Aufsätze, Dokumente, eingel. und hrsg. von Karl Dietrich Erdmann, Göttingen 1972, S. 27, Hervorhebung M. B. Noch in seinem Buch über die »Grundzüge der Weltpolitik der Gegenwart«, das Riezler im Oktober 1913 abschloß und unter dem Pseudonym seiner Münchner Vorfahren Ruedorffer im Kriegsjahr 1914 erscheinen ließ, meinte er, daß die Expansion, ob wirtschaftlich oder politisch, Europa »eine gewisse Ruhe« gebe. Auch am Ende eines solchen Expansionsprozesses hielt er Kriege für unwahrscheinlich, weil eine »allgemeine Interessenverflechtung die Nationen und Staaten so ineinander verkettet haben wird, daß gegen eine gewaltsame Form von Austragung von Gegensätzen das nationale Interesse selbst aufstehen« werde. RUEDORFFER [= RIEZLER], Grundzüge der Weltpolitik der Gegenwart, 1914, S. 214. Vgl. ERDMANN, Riezler-Tagebücher, S. 21; SCHIEDER, Staatensystem, S. 269. Für den *wirtschaftlichen* Wettbewerb traf das wohl in der Tat zu, aber eben nicht für den *(macht-)politischen*, der in der Entscheidung über Krieg und Frieden stets dominant blieb.

²⁸ Paul M. KENNEDY, The Rise of the Anglo-German Antagonism 1860–1914, London u. a. 1980, S. 57.

²⁹ Das Gesamtvolumen deutscher Kapitalanlagen im Ausland betrug nach zeitgenössischen amerikanischen Schätzungen im Jahr 1900 2,38 Milliarden Dollar, davon 60,69 Millionen Dollar (2,55 Prozent) als Realbesitz in der Türkei und 11,9 Millionen Dollar (0,5 Prozent) auf der persisch-arabischen Halbinsel. Ingesamt hatten deutsche Kapitalgeber 160 Millio-

bleibt festzuhalten: Ähnlich wie die zeitgenössisch wenig fruchtbaren Bemühungen internationaler Konfliktbannung durch die Haager Friedenskonferenzen 1899 und 1907 büßte auch der ökonomisch-technische »Internationalismus« an pazifizierender Kraft ein, »je näher er der Sphäre der Machtkonflikte kam«.[30]

Deshalb kommt der Entwicklung dieser Machtkonflikte und ihrer Folgen, d. h. dem Wandel der Großmächteverhältnisse, den Gründen der Entstehung von Bündnissen, vor allem aber der Frage nach der Flexibilität und Offenheit dieser Konstellationen im »Zeitalter des Imperialismus« für das Verständnis der Vorgeschichte des Ersten Weltkrieges eine grundsätzliche Bedeutung zu. Das Jahrzehnt vor 1890 blieb in Europa von der Bismarckschen Außenpolitik und weltweit von der weitgehend unangefochtenen Dominanz des britischen Reiches geprägt. Um 1910 dagegen wurde die internationale Lage aufgrund des Rüstungswettlaufs schon als Zeit eines »trockenen« Krieges charakterisiert.[31] Mithin nivelliert der Begriff des »Hochimperialismus« zur Kennzeichnung der Gesamtperiode wichtige Spezifika des internationalen Gestaltwandels im Staatensystem dieser Jahrzehnte. Es erscheint daher sinnvoll, präziser jene machtpolitischen Entwicklungen herauszufiltern, die zusammen gesehen eine Phase der Neuformation offenbaren. Der Machtwandel führte, was zeitgenössisch nicht durchweg wahrgenommen wurde, allmählich weg von einer weitgehend offenen und flexiblen Orientierung der Großmächte mit wechselnden Bündnissen im Sinne der klassischen Diplomatie hin zu einer Suche nach Sicherheit durch vergleichsweise starre militärische Verbindungen. Als entscheidende Phase im Sinne dieses Wandels von »relativer Offenheit« zu »relativer Starre« lassen sich die Jahre zwischen 1894/95 und 1906/07 identifizieren. Entsprechend der erst jüngst wieder betonten Auffassung: »[p]eriodization is a primary tool of historians«[32], soll daher in der vorliegenden Untersuchung gezeigt werden, daß

---

nen Dollar (6,72 Prozent) ihrer Auslandsinvestitionen in Asien angelegt. Die Anlagen in Nordamerika lagen mit 1,19 Milliarden Dollar (50 Prozent) mehr als siebenmal und in Zentral- und Südamerika mit 476 Millionen Dollar (20 Prozent) immerhin noch rund dreimal so hoch. Jürgen ANGELOW, Interessenidentität und Mächtekonkurrenz im Zweibund. Wirtschaftsräumliche, handelspolitische und militärstrategische Ziele im »Mitteleuropa«-Konzept zu Beginn des 20. Jahrhunderts, in: Helmut RUMPLER/Jan Paul NIEDERKORN (Hrsg.), Der »Zweibund« 1879. Das deutsch-österreichisch-ungarische Bündnis und die europäische Diplomatie, Wien 1996, S. 299–324, hier S. 305, Anm. 19; Bericht des amerikanischen Generalkonsuls in Frankfurt a. M., Nachrichten für Handel und Industrie, zusammengestellt vom Reichsamt des Innern, IV. Quartal 1900, Nr. 127, Berlin, 12. Oktober 1900. Vgl. auch Walter Gustav HOFFMANN, Das Wachstum der deutschen Wirtschaft seit der Mitte des 19. Jahrhunderts, Berlin u. a. 1965, der das im Jahr 1913 von Deutschland exportierte Kapital auf mindestens 20 Milliarden Mark schätzt. Ebenda, S. 262.

[30] SCHIEDER, Staatensystem, S. 272; vgl. aus der Perspektive des »Vorkriegsinternationalismus« dazu HERREN, Hintertüren zur Macht, S. 64–82.

[31] Hans DELBRÜCK, In Wehr und Waffen, in: Preußische Jahrbücher 142 (1910), S. 266.

[32] Einleitung zu American Historical Review Forum Essay, AHR 105 (2000), S. 806: The Century as a Historical Period; Charles S. MAIER, Consigning the Twentieth Century to History: Alternative Narratives for the Modern Era, ebenda, S. 807–831. Auf Maiers anregende Erörterung des Begriffs der »territoriality« im Zusammenhang der generellen Dis-

für diese Periode zwischen 1895 und 1907 von einer »Scharnierzeit« der Neueren Geschichte gesprochen werden kann, die als eine geschichtsmächtig eigenständige Phase erkennbar wird und deshalb mehr ist als ein Gedankenspiel chronologischer Zufälligkeiten.[33]

II.

Eine vollständige Betrachtung der bilateralen Beziehungen aller Großmächte in den Jahrzehnten um die Jahrhundertwende kann an dieser Stelle verständlicherweise nicht geleistet werden; das Gesamttableau der internationalen Beziehungen kommt allerdings indirekt immer wieder, d. h. über die Bündnis- und Allianzverbindungen der hier untersuchten Staaten, in den Blick.[34] Vor dem Hintergrund der Entwicklung in der Scharnierzeit soll es um die Frage gehen, warum sich das Deutsche Reich, Großbritannien und die Vereinigten Staaten als die drei machtvollsten Industriestaaten der Epoche infolge der Neuausrichtung des Staatensystems formell und informell in unterschiedlichen Lagern wiederfanden. Es ließe sich darauf verweisen, daß schon zeitgenössisch das ökonomische, industrielle, wissenschaftlich-technische und auch kulturell-zivilisatorische Potential dieser drei Mächte zusammengenommen derart gewaltig erschien – seit den 1890er Jahren betrug ihr Anteil kontinuierlich mehr als die Hälfte der Welt-Industrieproduktion und etwa zwei Drittel der Welt-Güterproduktion –, daß auch eine gemeinsame, gleichsam »oligopolistische Herrschaft

---

kussion von Periodisierungsfragen im Spiegel von »alternative narratives« kann an dieser Stelle nicht näher eingegangen werden. Es geht im folgenden weniger um eine Diskussion von »narratives« oder genereller Periodisierungsfragen namentlich zum 19. und 20. Jahrhundert. Die Darstellung zielt vielmehr in erster Linie auf eine Spezifizierung der in der Literatur zum Zeitalter des Imperialismus diskutierten Periodisierungsvorschläge (s. o.) im Rahmen einer Analyse des machtpolitischen Wandels, d. h. es geht im folgenden primär um die Grundfragen internationaler Politik im Kontext machtpolitischer Interessenkonkurrenz und -konvergenz.

[33] F. S. Oliver formulierte 1909 im zeitgenössischen Bewußtsein, mit dem wichtigsten »sea-change« seit Eröffnung der neuen territorialen Horizonte durch Kolumbus und Kopernikus konfrontiert zu sein, also mit dem Abschied von der Chance, neue Gebiete zu gewinnen, ohne auf die Ansprüche gleichgearteter Konkurrenten zu stoßen: »The present generation is the first of a new order, and looks forward upon a prospect in which the ideas of conquest and expansion find no place.« Frederick Scott OLIVER, From Empire to Union, supplement to *National Review* 53 (1909), S. 2, zit. nach Bernard PORTER, The Edwardians and their Empire, in: Donald READ (Hrsg.), Edwardian England, London/Canberra 1982, S. 128–144, hier S. 128.

[34] In Anlehnung an Kjellen und Riezler/Ruedorffer (vgl. oben Anm. 20) galten zeitgenössisch als Groß- bzw. Weltmächte: Großbritannien, USA, Deutschland, Frankreich, Rußland, Österreich-Ungarn, Italien und Japan. Mit Ausnahme der Vereinigten Staaten waren diese seit 1907 allesamt in zwei relativ festen Gruppierungen verbunden: Großbritannien, Japan, Frankreich, Rußland einerseits, Deutschland und Österreich-Ungarn mit dem unsicheren Dreibundpartner Italien andererseits.

der Moderne« zumindest denkbar gewesen wäre.[35] Diesen Gedanken vertrat zur Jahrhundertwende beispielsweise der britische Kolonialminister Joseph Chamberlain, als er meinte, eine deutsch-britisch-amerikanische Verbindung könne »do more perhaps than any combination of arms in order to preserve the peace of the world«.[36]

Die Gründe für die Formation des Staatensystems sind weniger in strukturellen Determinanten zu suchen als bei den Akteuren in politischen Entscheidungsprozessen, denen wiederum Weltbilder und Wahrnehmungen der jeweils anderen Nation zugrunde lagen. Die Frage nach der politischen Bedeutung, der Herkunft und dem Wesen dieser Weltbilder und Wahrnehmungen führt in den Kernbereich transatlantischer Eliten-Beziehungen, die gleichfalls um die Jahrhundertwende einen entscheidenden Wandel erfuhren.

In einem weiteren Schwerpunkt der Untersuchung geht es deshalb darum, ein Netzwerk politischer und persönlicher Verbindungen zwischen den Führungseliten der beiden angelsächsischen Mächte zu identifizieren, dessen geschichtsmächtige Bedeutung in der bisherigen Forschung nicht analysiert worden ist. Aus dem hieraus ableitbaren analytischen Vergleich der Gründe für die britisch-amerikanische Annäherung einerseits und die britisch-deutsche bzw. amerikanisch-deutsche Entfremdung bzw. Nicht-Annäherung andererseits, lassen sich wiederum Grundmuster der Geschichte und internationalen Politik ablesen, die von elementarer Bedeutung für die Historie des 20. Jahrhunderts wurden.

Schon diese knappe Skizze mag illustrieren, daß die vermeintlich objektiven Gegebenheiten historischer Ereignisse nicht von deren Perzeption bei den jeweiligen Akteuren – persönlich-individuell bis öffentlich-national – zu trennen sind. Zivilisatorische Grundmuster, politischer Stil und deren unterschwellige wie explizite Wahrnehmung spielen im Rahmen machtpolitischer Staatenverbindungen eine bedeutende Rolle für den Charakter und die Ausprägung bilateraler wie multilateraler Beziehungen. Perzeption bezeichnet in diesem Zusammenhang etwas Individuelles auch dann, wenn sie, wie selbstverständlich, strukturell beeinflußt ist. Es erscheint daher sinnvoll, nach der Wahrnehmung und den Weltbildern einzelner Akteure, vernetzter Gruppen, generationellen Zusammenhängen und weltbildprägenden Einflüssen zu fragen, um deren Wirkung auf die internationale Politik bestimmen zu können. Wenn dabei ausführlich von aristokratischen und anderen »elitären« Zirkeln die Rede sein wird, in denen politische Entscheidungsprozesse abliefen, wird offenbar, daß »[c]ourt society and the decision-making of aristocratic politicians become more

---

[35] Ähnliches gilt für die Rüstung und Waffentechnik der drei Staaten, deren Flotten 1914 die mit Abstand größten der Welt waren. Zu den »Zukunftsperspektiven« der Großmächte vgl. die umfassenden zeitgenössischen Darstellungen von KJELLEN, Großmächte der Gegenwart, passim, sowie RUEDORFFER, Grundzüge der Weltpolitik der Gegenwart, S. 59–143, 183–247.

[36] The Times, 1. Dezember 1899, S. 7, Mr. Chamberlain at Leicester.

interesting, not less, when we stop treating them as events that occurred in a self-contained world«.[37] Zunächst jedoch ist der Blick auf den Charakter der jeweiligen bilateralen Beziehungen der drei Mächte zu richten, wie er sich in der bisherigen Forschung bietet.

III.

Die Beziehungen Deutschlands, Großbritanniens und der Vereinigten Staaten sind im trilateralen Zusammenhang bislang kaum erforscht worden. Bis in die 1890er Jahre war der einzig direkte machtpolitische Berührungspunkt der drei Staaten die gemeinsame Oberhoheit über Samoa.[38] Es war symptomatisch für die außenpolitische Haltung der Vereinigten Staaten, daß ihre Aufmerksamkeit für diese Regentschaft permanenten Schwankungen unterworfen war. Für Großbritannien war diese Verpflichtung bis kurz vor der Jahrhundertwende selbst im Konfliktfall eine vernachlässigbare Größe, verglichen mit den Auseinandersetzungen, die ihm mit Frankreich in Afrika, mit Rußland in Indien und mit Japan im Fernen Osten drohten. Trotz vielfältiger Interessendivergenzen generierte Samoa daher kein nachhaltiges koloniales Streitpotential. Allerdings läßt sich an der Entwicklung dieses erzwungenermaßen gemeinsamen überseeischen Protektorats und seiner Auflösung zur Jahrhundertwende der Wandel in der gegenseitigen Wahrnehmung und in den politischen Zielen der Schutzmächte exemplarisch nachvollziehen: Das Deutsche Reich nutzte nach britischer Auffassung die Schwächephase des Burenkrieges, um England durch die Beendigung der Dreierherrschaft eine diplomatische Niederlage beizubringen. Und obwohl die Vereinigten Staaten einen Standpunkt eingenommen hatten, der dem des Deutschen Reiches sehr ähnlich war, konzentrierte sich die britische Ursachenwahrnehmung und diplomatische Schuldzuweisung auf Deutschland.[39] Dabei begaben sich die Vereinigten Staaten zu diesem Zeitpunkt sehr viel offensichtlicher in eine Periode politisch-territorialer Expansion als das Deutsche Reich, das gerade erst mit dem Aufbau einer noch kleinen Flotte und eher symbolisch zu nennenden Erwerbungen (Kiautschou) in die Phase der »Weltpolitik« eintrat.

Die deutsch-britischen Beziehungen sind zu einer Art Folie geworden, an der sich nicht nur der vermeintliche deutsche »Sonderweg« in die Moderne, sondern auch in die Weltpolitik ablesen läßt. Die Beziehung zu Großbritannien wurde einerseits zu einem »Sonderverhältnis negativer Natur« stilisiert, dem ein

---

[37] David BLACKBOURN, History of Germany 1780–1918. The Long Nineteenth Century, Oxford 2003 (i. e. 2002), S. XVIII.

[38] Weiterhin die maßgebende Studie: Paul M. KENNEDY, The Samoan Tangle. A Study in Anglo-German-American Relations, 1878–1900, Dublin 1974.

[39] Vgl. GRENVILLE, Lord Salisbury and Foreign Policy, S. 274–281; KENNEDY, Samoan Tangle, S. 178–254.

»dualistisches historisch-politisches Kategoriensystem« zugrundegelegt wurde, in dem man die Differenzen zwischen beiden Staaten »zu welthistorischen Alternativen« erhob.[40] »Konstitutionalismus« gegen »Parlamentarismus«, »Elitenführung« gegen »Massenherrschaft«, eine angeblich höhere »deutsche Kultur« gegen die schlichte »westliche Zivilisation«, »Helden« und »Krieger« gegen »Händler«. Auf die Unterschiede zwischen einem trotz preußischer Dominanz föderal gegliederten und landsmannschaftlich beeinflußten Staatsgefüge und dem auf London fokussierten Empire-Zentralismus ließ sich ebenso verweisen wie auf die Differenzen »zwischen einem historisch-organisch gegliederten Gemeinwesen und einer egalisierenden Industriegesellschaft«. Andererseits wiederum galt Großbritannien, galten die Entwicklung des englischen Parlamentarismus und der angelsächsischen Demokratie als Muster, an dem sich der sogenannte »deutsche Sonderweg« als Fehlentwicklung moderner Geschichte diagnostizieren ließ, gleichsam »mit umgekehrten Vorzeichen zu der gleichen völlig unhistorischen Betrachtungsweise« verleitend.[41] Entsprechend umfangreich ist die Forschung zu den deutsch-britischen Beziehungen vor dem Ersten Weltkrieg und demgemäß vielfältig sind die Antworten auf die Frage, warum und wann die Entfremdung einsetzte und sich der Antagonismus so aufbaute, daß er zum prägenden Element des bilateralen Verhältnisses und zum festen Faktor der multilateralen Staatenbeziehungen wurde.[42]

Das Reich Bismarcks war in seiner außenpolitischen Position noch weitgehend von den Koordinaten der europäischen Großmächtepolitik bestimmt gewesen. Schon gegen Ende seiner Amtszeit traten jedoch die Grenzen des Bismarckschen »Systems der außereuropäischen Ableitung« offen zutage. Daß das Deutsche Reich unter Wilhelm II. eine auch auf die außereuropäische Welt orientierte Politik zu treiben beabsichtigte, war demnach ebenso sinnfällig wie zeitgemäß. Die entscheidende Frage lautete, inwieweit das Deutsche Reich mit dieser Intention über seine geographisch-machtpolitischen Verhältnisse lebte, weil seine geopolitische Position weder eine Außenpolitik analog der insularen britischen oder japanischen, noch eine kontinentalinsulare im US-amerikanischen oder russischen Sinne begünstigte. Zum zweiten stellte sich die Frage, für welches alternative »zivilisatorische Grundmuster« jenseits machtpolitischer Eigengesetzlichkeiten der industrialisierten Moderne das Deutsche Reich ste-

---

[40] Lothar GALL, Bismarck und England, in: Paul KLUKE/Peter ALTER (Hrsg.), Aspekte der deutsch-britischen Beziehungen im Laufe der Jahrhunderte. Ansprachen und Vorträge zur Eröffnung des Deutschen Historischen Instituts London, Stuttgart 1978, S. 46–59, hier S. 51 f.

[41] Ebenda.

[42] KENNEDY, Rise of Antagonism; Klaus HILDEBRAND, Zwischen Allianz und Antagonismus. Das Problem bilateraler Normalität in den deutsch-britischen Beziehungen des 19. Jahrhunderts (1870–1914), in: Heinz DOLLINGER/Horst GRÜNDER/Alwin HANSCHMIDT (Hrsg.), Weltpolitik, Europagedanke, Regionalismus, München 1982, S. 305–331; Friedrich MEINECKE, Geschichte des deutsch-englischen Bündnisproblems 1890–1901, München/Wien 1972 (1927).

hen konnte. Machtstaaten zeichnen sich in ihrer Attraktivität und Anziehungskraft bekanntlich nicht allein durch die pure Machtansammlung aus (die vor allem »bannt«), sondern in erster Linie durch eine »ostensible Idee« (die vor allem »wirbt«), deren Definition dem Deutschen Reich so offensichtlich schwerfiel.[43] Gleichwohl strahlte das Deutsche Reich eine amorphe Großmachtidee aus, ohne daß diese die werbende Kraft des englischen Parlamentarismus, der amerikanischen Demokratie oder des französischen Republikanismus zu entfalten vermochte. Sie erschien nicht allein Großbritannien ebenso bedrohlich wie zuweilen faszinierend, weil sie Effizienz, technischen, wissenschaftlichen und auch materiellen Erfolg mit einem gesellschaftlichen Regulationsprinzip verband, dessen Menschenbild und politische Praxis dem Wesen angelsächsischer Politik widersprach.[44] Das Kaiserreich trat nun just zu jenem Zeitpunkt in einen Dynamisierungsprozeß ein, als die Absorptionsfähigkeit der geographischen Determinanten mit der machtpolitischen Aufteilung der letzten Territorien drastisch kleiner wurde. Zugleich war offensichtlich, daß die Wechselwirkung zwischen außereuropäischen Ablenkungsversuchen und innereuropäischen Konflikten das Verhältnis der europäischen Mächte in ein globales Rückkopplungssystem transformierte[45], dem sich auch Großbritannien mit dem traditio-

---

[43] Zum Schlagwort »Großmacht ohne Staatsidee« vgl. Helmuth PLESSNER, Die verspätete Nation. Über die politische Verführbarkeit bürgerlichen Geistes, fünfte Aufl. Stuttgart u. a. 1969, S. 39. Vgl. schon zeitgenössisch in einem ähnlichen Sinn Friedrich von BERNHARDI, Deutschland und der nächste Krieg, Stuttgart/Berlin 1912, S. 5.

[44] Versteht man unter dem »britischen Regulationsprinzip« die behutsame Demokratisierung mittels Wahlrechtsreform, das reformerische Herantasten politischer Praxis an ökonomisch-gesellschaftliche Strukturwandlungen unter weitgehender Beibehaltung elitenpersonaler Machtnetze vor dem Hintergrund eines freihändlerisch ausgerichteten ökonomischen Utilitarismus und mit der Perspektive eines wettbewerblich ausgerichteten Fortschrittsoptimismus, so steht dem als Verständnis eines gleichsam »deutschen Regulationsprinzips« gegenüber ein obrigkeitlich-patriarchalischer Konsensualismus, monarchisch überhöht, junkerlich durchzogen, gesellschaftlich und ökonomisch oft mehr regulatorisch und affirmativ als wettbewerbsorientiert, einem militärischen Utilitarismus sich leicht ergebend, wissenschaftlich, vor allem in der naturwissenschaftlich-technischen »Entzauberung der Welt« durch die Freiheit von unmittelbaren ökonomisch-utilitaristischen Verwertungszwängen nicht selten hochinnovativ. Für die später zu behandelnde Frage der Wahrnehmung des Deutschen Reiches bei den politischen Eliten der Vereinigten Staaten, vor allem aber Großbritanniens ist bedeutend, daß es in Deutschland keinen engen Zusammenhang zwischen ökonomischem Wachstum, Industrialisierung und Technisierung einerseits sowie Demokratisierung bzw. Parlamentarisierung andererseits gab. Die preußische Form des Obrigkeitsstaates war dem ökonomischen Wachstum jedoch eher förderlich, als daß es dieses aufgehalten hätte. Knut BORCHARDT, Germany 1700–1914, in: Carlo M. CIPOLLA (Hrsg.), The Emergence of Industrial Societies, London 1976, S. 76–160, hier S. 115 f.

[45] Im Rückkopplungsprozeß spielt das personale Element eine doppelte Rolle: Erstens senden und empfangen handelnde Akteure im kybernetischen Prozeß permanent Signale. Die Art ihres Handelns bestimmt den Grad der Stabilität des Gesamtsystems. Wilhelm II. war in diesem Sinn ein permanenter Störsender im kybernetischen Prozeß der internationalen Staatenbeziehungen vor dem Ersten Weltkrieg. Zweitens: Die Weltbildwahrnehmung (strukturell und personal anerzogen und entwickelt) und deren Wandel wirken gleichfalls auf den Rückkopplungsprozeß. Sie sind in der Regel retardierend, weil persönliche Perzep-

nellen Prinzip der *splendid isolation* nicht auf Dauer würde entziehen können.[46] Die Folgen dieses Globalisierungsprozesses spiegelten sich in der Suche Berlins wie Londons nach einer sicheren »Perspektive«, die beide, in unterschiedlichem Maße, auf das Verhältnis zu den Vereinigten Staaten blicken ließ.

Wenngleich auch rückblickend mehr vom Prozeßcharakter der Entfremdung die Rede sein muß, als einzelne »Wendepunkte« identifizieren zu wollen, so lassen sich doch mit Recht nach der Zäsur der Bismarck-Entlassung die Jahre seit 1895 als entscheidend erkennen: Mit den diplomatischen Offensiven Wilhelms II. gegen England seit dem Sommer 1895[47], dem Krüger-Telegramm vom Januar 1896[48] und der Machtbeteiligung der beiden neuen Staatssekretäre Alfred von Tirpitz und Bernhard von Bülow im Jahr darauf begann die eigentliche Kernphase der wilhelminischen Weltpolitik. Der Flottenbau war der symbolische wie reale Ausdruck dieses Anspruchs auf jenen undefinierten »Platz an der Sonne«, den Bülow am 6. Dezember 1897 vor dem Reichstag formulierte.[49] Zugleich wuchs in der britischen Führung das Bewußtsein der globalen Anspannung, ja, einer drohenden Überforderung. Namentlich Joseph Chamberlain sinnierte unter den Auspizien dieser Wahrnehmung auch über die Möglichkeiten einer britisch-amerikanischen oder britisch-deutschen Annäherung oder sogar eines britisch-amerikanisch-deutschen Verbundes unter dem Schlagwort der angelsächsischen und teutonischen Rasse.[50]

Vor dem Hintergrund der internationalen Politik wird diese Zäsur noch deutlicher. Das Deutsche Reich, Rußland und Frankreich intervenierten 1895 im

---

tionen zumeist den »objektiven« Tendenzen hinterhersteuern. Einer spezifischen Ungleichzeitigkeit zwischen den dynamisierenden Elementen – Technisierung, Militarisierung, Rüstungswettlauf, Sozialdarwinismus und »Zivilisationstrieb« – des internationalen Systems stehen sich langsamer wandelnde »traditionale« Wahrnehmungs- und Handlungsmuster der Einzelakteure gegenüber.

[46] Vgl. auch GALL, Bismarck und England, S. 58.

[47] Vgl. zusammenfassend John C. G. RÖHL, Wilhelm II. Der Aufbau der persönlichen Monarchie 1888–1900, München 2001, S. 871–887

[48] Das Krüger-Telegramm wurde schon zeitgenössisch und wird bis in die Gegenwart von den meisten Historikern als Fixpunkt angesehen, an dem die deutsch-britischen Beziehungen einen fundamentalen Bruch erfuhren. Queen Victoria sprach vom »dreadful telegram«, der ehemalige Londoner Botschafter Münster von einem »Zustand des Mißtrauens und des Hasses, der zwischen den beiden großen Kulturstaaten Europas entstanden ist«, wobei das Krüger-Telegramm der »Zünder war, welcher den angesammelten Zündstoff entzündete«. Münster an Holstein, 13. Januar 1896, in: Die geheimen Papiere Holsteins, dt. Ausg. hrsg. von Werner Frauendienst, Bd. 1–4, Göttingen 1956–1963, Bd. 3, S. 523 f., Zit. S. 524. Die Forschung ist dieser zeitgenössischen These ausnehmend häufig gefolgt.

[49] Zur Diskussion um die Bewertung des deutschen Flottenbaus bieten die beste Übersicht: Herbert SCHOTTELIUS/Wilhelm DEIST (Hrsg.), Marine und Marinepolitik im kaiserlichen Deutschland 1871–1914, Düsseldorf 1972, zweite Aufl. 1981, besonders: Friedrich FORSTMEIER, Der Tirpitzsche Flottenbau im Urteil der Historiker, ebenda, S. 34–53.

[50] Vgl. Rede Joseph Chamberlains in Birmingham vom 13. Mai 1898, in: The Times, 14. Mai 1898, und in Leicester, 30. November 1899, in: The Times, 1. Dezember 1899; zum generellen Gedanken dieser »Rassenverbindung« vgl. unten Kap. I.6.

chinesisch-japanischen Konflikt. Dieser »ostasiatische Dreibund« blieb zwar von kurzer Dauer, bewies jedoch die Offenheit des Mächtesystems trotz einer traditionellen Gegnerschaft wie der deutsch-französischen und offenbarte damit grundsätzliche Möglichkeiten einer neuen diplomatischen Konstellation, die weitgehend aus der nunmehr globalisierten Perspektive der internationalen Mächtesituation erwuchs. Das änderte nichts daran, daß Frankreich in Europa nach wie vor der vitalste Bedrohungsfaktor der deutschen Politik bleiben sollte (und umgekehrt), zumal das Zarenreich als Flügelmacht im Osten nach dem deutschen Affront durch die Nichtverlängerung des Rückversicherungsvertrages mit der Revanche- und Flügelmacht im Westen verbündet blieb, wodurch es den Bestand des Deutschen Reiches als Großmacht mit einem (noch unsichtbaren) Fragezeichen versehen hatte.[51] Durch die plötzliche Interessenkonvergenz im Fernen Osten wurde diese europäische Konfliktkonstellation überraschend abgeschwächt. Sie signalisierte den Akteuren eine neue Dimension der internationalen Politik im Verhältnis von weltpolitischer Peripherie und europäischem Zentrum.

Zur gleichen Zeit standen die Vereinigten Staaten, die in den 1890er Jahren mit dem Aufbau einer Schlachtflotte[52] begonnen hatten, in einem Konflikt mit Großbritannien, der auf beiden Seiten als »short of war« wahrgenommen wurde.[53] Nach den Forderungen des amerikanischen Außenministers Olney vom Juli 1895 und der drohenden Rede Präsident Clevelands vor dem Kongreß am 17. Dezember des gleichen Jahres schrieb der britische Premierminister Salisbury am 2. Januar 1896 in einem Privatbrief an seinen Finanzminister Michael Hicks Beach, daß »[a] war with America – not this year but in the not

---

[51] Die russisch-französische Militärkonvention vom August 1892 wurde durch Notenwechsel im Dezember 1893 bzw. Januar 1894 auch politisch als Allianz rechtskräftig. Vgl. Klaus HILDEBRAND, Das vergangene Reich. Deutsche Außenpolitik von Bismarck bis Hitler 1871–1945, Stuttgart 1995, S. 173–175.

[52] Aktuellste Gesamtdarstellung: George W. BAER, One hundred years of Sea Power. The U. S. Navy, 1890–1990, Stanford, Ca. 1994, besonders S. 9–48; nach wie vor Grundlagenwerk: Harold SPROUT/Margaret SPROUT, The Rise of American Naval Power 1776–1918, Princeton 1939, revised 1942 (benutzt), bes. S. 183–303. Zum Vergleich eine detaillierte Übersicht zum deutsch-britischen Rüstungswettlauf in der Dreadnought-Ära 1905–1914 mit Einzelangaben zu Wasserverdrängung, Geschwindigkeit und Hauptbewaffnung in: Robert K. MASSIE, Dreadnought. Britain, Germany, and the Coming of the Great War, London 1992, S. 909–911.

[53] Grundlegende Darstellungen zum Venezuela-Konflikt bei Alexander E. CAMPBELL, Great Britain and the United States 1895–1903, London 1960, S. 11–47; GRENVILLE, Lord Salisbury and Foreign Policy, S. 54–73; Stuart ANDERSON, Anglo-Saxonism and Anglo-American relations, 1895–1904, London/Toronto 1981, S. 95–111; Harry Cranbrook ALLEN, Great Britain and the United States. A History of Anglo-American Relations (1783–1952), London 1954, S. 531–541, sowie allgemein die Literatur bei Charles S. CAMPBELL, The transformation of American Foreign Relations 1865–1900, New York 1976, S. 365–367; Näheres zur Einordnung des Venezuela-Konflikts im Rahmen der Argumentation dieser Untersuchung im Kapitel zu Henry White; vgl. auch Allan NEVINS, Henry White. Thirty years of American Diplomacy, New York/London 1930, S. 96–122.

distant future – has become something more than a possibility; and by the light of it we must examine the estimates of the Admiralty. It is much more of a reality than the future Russo-French coalition.«⁵⁴ Zwei Wochen später schrieb er an Lord Devonshire: »If the quarrel rests not on a passing question like Venezuela but on permanent grounds – then it is bound to come, in a few years. If it is granted that it must come, the question arises – have we any interest in delaying it?«⁵⁵

In dieser erregten Auseinandersetzung zwischen den beiden angelsächsischen Mächten wirkte das Krüger-Telegramm wie eine ablenkende Fanfare, gleichsam, um der englischen Politik absichtslos zu signalisieren, daß Gefährdungen ihrer Weltmachtposition weniger in Konflikten um ferne südamerikanische Gebiete als von unberechenbaren Wünschen europäischer Nachbarn drohten.⁵⁶ Das erwachende Bewußtsein der globalen Interdependenz von Großmachtkonflikten spiegelt sich darin, daß der deutsche Botschafter in Paris, Münster, vor dem Hintergrund der verheerenden Wirkung des Telegramms, umgekehrt auf die entlastende Wirkung der britisch-amerikanischen Auseinandersetzung vertraute.⁵⁷

Das deutsch-britische Verhältnis wandelte sich fortan von relativer Neutralität im Gleichgewichtssystem der Großmächte zur mißtrauischen Machtkonkurrenz einer neuen Zeit. Schon Friedrich Meinecke interpretierte diese Phase als entscheidende Wende im bilateralen Verhältnis. Für ihn lag die Zäsur allerdings im Mißlingen der sogenannten »Bündnisverhandlung von 1901«: »Dies Scheitern aber hatte zur Folge, daß die Weltverhältnisse sich umgestalteten und zur Katastrophe führten.«⁵⁸ Ludwig Dehio konstatierte in seiner Betrach-

---

⁵⁴ Hicks Beach Papers, Salisbury an Hicks Beach, 2. Januar 1896, zit. nach GRENVILLE, Great Britain and the Isthmian Canal, 1898–1901, in: AHR 61 (1955), S. 48–69, hier S. 51; alle weiteren Zitationen dieses Schreibens in der Literatur basieren auf Grenville, der die Hicks Beach-Papiere bei Earl St. Aldwyn einsehen konnte. Ebenda, Anm. 6. Vgl. Kenneth BOURNE, Britain and the Balance of Power in North America 1815–1908, London 1967, S. 339.

⁵⁵ Salisbury an Lord Devonshire, 16. Januar 1896. Zwar war er »rather sceptical«, ob die Vereinigten Staaten einen Krieg mit Großbritannien anstrebten, aber »until a new President is elected we cannot fairly tell«. Prinzipiell ging es darum, im Zweifelsfall selbst die Macht zu sein, die die Ereignisse bestimmte, und nicht allein auf amerikanische Aktionen reagieren zu müssen. Zit. nach Andrew ROBERTS, Salisbury. Victorian Titan, London 1999, S. 632.

⁵⁶ Noch stand Frankreich mit seinen afrikanischen Ansprüchen in dieser Bedrohungsperzeption gleich drohend neben dem Deutschen Reich. Der Faschoda-Konflikt 1898 klärte diese Beziehung langfristig in einer ähnlichen Weise, wie die erste Venezuela-Krise für die britisch-amerikanischen Beziehungen wirkte.

⁵⁷ »Ein Krieg mit Amerika, an dessen Möglichkeit Lord Dufferin [der britische Botschafter in Paris, M. B.] noch immer glaubt, wäre bei der jetzigen so gespannten Situation in vieler Beziehung für uns nicht schlecht.« Münster an Holstein, 13. Januar 1896, in: Holstein Papiere, Bd. 3, S. 523 f., Zit. S. 524.

⁵⁸ »Der Vorgang in der deutschen Entwicklung um die Jahrhundertwende war nicht der einzige seiner Art. Es wird uns heute [1927, M. B.] immer deutlicher, daß damals, von den Zeitgenossen unbemerkt, die entscheidenden Wendungen erfolgten, die uns den Ereignissen

tung über »Gleichgewicht oder Hegemonie« als »[d]as durchgehende Kennzeichen der [...] Hegemonialkämpfe seit Philipp II.« den »Zusammenstoß der jeweiligen Vormacht des alten Kontinentes [...] mit dem oder den Trägern der westlichen Seemacht«.[59] Noch Gregor Schöllgen ist Dehios Auffassung gefolgt, es habe dem Deutschen Reich »fern« gelegen, »die beneidete englische Seesuprematie zu beerben«.[60] Den Deutschen sei es nur darum gegangen, den britischen »Niedergang zu beschleunigen«. Dehio meinte, dazu vor allem habe der Bau einer Schlachtflotte dienen sollen, »fähig, in der Nordsee die Entscheidung zu suchen, durch ihr bloßes Vorhandensein jede Gegnerschaft gegen die Insel zu ermutigen und in den diplomatischen Aktionsradius des Reiches einzubeziehen«.[61] Diesen Gedanken zu Ende führend, wird man allerdings sagen müssen, daß es der Berliner Führung sehr wohl darum zu tun war, die britische Seesuprematie wenn nicht zu »beerben«, so doch in einer Weise zu neutralisieren, die das britische »command of the sea« seines machtpolitischen Kerngehaltes beraubte.

Ähnlich wie für das Phänomen des Imperialismus im allgemeinen gilt, daß Großbritannien in den 1880er Jahren seine in den Jahrzehnten zuvor erworbene Rolle als dominante (See)Macht schon besaß[62], während das Deutsche Reich und die Vereinigten Staaten ihre Rüstungspläne auf diesem Feld erst in einem Maße entwickeln mußten, das je nach bilateraler politischer Konstellation als Bedrohung der britischen Suprematie und Außenpolitik gelten konnte und demnach stets mit den Reaktionen der anderen Nationen gekoppelt blieb. Die Frage, inwieweit das Deutsche Reich und die Vereinigten Staaten in der Zeit vor dem Ersten Weltkrieg überhaupt als Weltmächte apostrophiert werden können, ist in der Forschung umstritten. Die Meinungen reichen von der These, daß die Verei-

---

von 1914 und 1918 zuführten.« MEINECKE, Geschichte des deutsch-englischen Bündnisproblems, S. 5.

[59] Ludwig DEHIO, Gleichgewicht oder Hegemonie. Betrachtungen über ein Grundproblem der neueren Staatengeschichte, Krefeld o. J. [1948], S. 201.

[60] Ebenda, S. 202; Gregor SCHÖLLGEN, Imperialismus und Gleichgewicht. Deutschland, England und die orientalische Frage 1871–1914, München 1984, S. 1. Schöllgen ist zuzustimmen, wenn er für die mittlere Phase der Scharnierzeit den herausragenden Charakter und die langfristige Bedeutung der deutsch-britischen Beziehungen hervorhebt, die in der folgenden Darstellung in den größeren Rahmen des weltpolitischen Wandels in dieser Epoche überhaupt gestellt werden sollen: »Die Jahre 1898–1903 gehören wohl zu den an Ereignissen – zumal auf dem Gebiet der auswärtigen Beziehungen – dichtesten der Wilhelminischen Ära, wenn nicht des Zweiten deutschen Kaiserreiches überhaupt. In dieser Zeit wurden nicht zuletzt die Weichen für das deutsch-englische Verhältnis der folgenden Jahre bis zum Ausbruch des Ersten Weltkrieges gestellt. Bedenkt man die nach 1898 zur Debatte stehenden *Möglichkeiten* eines deutsch-englischen Arrangements in zahlreichen Fragen vor allem ›welt-‹ bzw. kolonialpolitischer Natur, so muß die *tatsächlich* in die Wege geleitete Entwicklung mit dem Ergebnis einer zusehends eskalierenden Entfremdung als erster Schritt in die Katastrophe des Juli 1914 gewertet werden.« Ebenda, S. 86.

[61] DEHIO, Gleichgewicht oder Hegemonie, S. 202.

[62] Paul M. KENNEDY, Aufstieg und Verfall der britischen Seemacht, Herford/Bonn 1978, S. 164–224 (Orig.: The Rise and Fall of British Naval Mastery, London 1976).

nigten Staaten »mit dem Spanisch-Amerikanischen Krieg 1898 ihre Entwicklung zur Weltmacht abschlossen«[63], bis zu der ebenso bestreitbaren Auffassung, daß »in 1914 the United States was only a potential power«.[64] Festzuhalten bleibt: Im Jahr des Kriegsausbruchs 1914 besaß die traditionelle Landmacht Deutsches Reich die zweitmächtigste Flotte des Globus, und die Vereinigten Staaten standen an dritter Stelle.[65]

Die Flottenfrage war folglich seit der Ernennung Tirpitz' und der von ihm gestalteten Politik das Kernelement der britisch-deutschen Entfremdung. Ungeachtet aller späteren Bemühungen um eine »Normalisierung« der bilateralen Beziehungen blieb sie der »Angelpunkt der deutsch-englischen Beziehungen und setzte jeder Annäherung eine unüberwindbare Grenze«.[66] Hierin reflektierte sich nicht zuletzt eine über die Jahrzehnte gewachsene Anglophobie in der deutschen Öffentlichkeit. Hatten während der Bismarckzeit der »Erbfeind« Frankreich und der »Freiheitsfeind« Rußland die deutsche Öffentlichkeit mindestens ebenso, wenn nicht nachhaltiger erregt, so war nun dank einer »erfolgreichen« Marinepropaganda[67] Großbritannien das Land, dessen Wesen und Politik der für angemessen erachteten Entwicklung des Deutschen Reiches als Großmacht im Wege stand.[68] Wie sehr die Wahrnehmung der Flotte durch London auf den Beziehungen lastete, ist in den Äußerungen der britischen Führung über die Jahrzehnte evident und auch an der Erleichterung abzulesen, die das Foreign Office jedesmal signalisierte, wenn sich die deutschen Schiffe auf Reisen außerhalb der Nordsee begaben.[69] Zusammenfassend läßt sich festhalten,

---

[63] Dieter GROH, Imperialismus, USA, in: Geschichtliche Grundbegriffe, Bd. 3, S. 189.

[64] Keith NEILSON, »Only a d...d. marionette«? The influence of ambassadors on British Foreign Policy, 1904–1914, in: Michael Lawrence DOCKRILL/Brian MCKERCHER (Hrsg.), Diplomacy and world power. Studies in British Foreign Policy, 1890–1950, S. 56–78, hier S. 60.

[65] Vgl. Kap. I.

[66] Michael EPKENHANS, Die wilhelminische Flottenrüstung 1908–1914. Weltmachtstreben, industrieller Fortschritt, soziale Integration, München 1991, S. 9.

[67] Vgl. Wilhelm DEIST, Flottenpolitik und Flottenpropaganda. Das Nachrichtenbureau des Reichsmarineamtes 1897–1914, Stuttgart 1976.

[68] Epkenhans spricht zu Recht von »der vielfach künstlich erzeugten und mittlerweile schon fast ›natürlichen‹ Anglophobie in der Öffentlichkeit, die allenfalls verbale, nicht aber substantielle Konzessionen an das ›perfide Albion‹ erlaubte.« EPKENHANS, Die wilhelminische Flottenrüstung 1908–1914, S. 9. Theodor Schieder hat festgehalten, daß der »neue« Nationalismus in Deutschland seit den 1890er Jahren, der sich in erster Linie an der englischen Konkurrenz entzündete, »nicht mehr aus kontinentalem Rivalitätsdenken« erwachsen sei, »sondern aus der neuen Dimension eines weltpolitischen Anspruchs auf Mitbestimmung und aus der Enttäuschung darüber, daß solchem Anspruch nicht Genüge getan wurde«. SCHIEDER, Staatensystem, S. 278.

[69] So wurden etwa die Reisepläne vom Herbst 1913 in London »mit großer Befriedigung« aufgenommen als Zeichen, »daß das manchmal krankhaft gesteigerte Mißtrauen zwischen den beiden großen Völkern in raschem Abnehmen begriffen sei«; PAAA, I. A., Deutschland 138, Bd. 48, Bericht der Deutschen Botschaft London, Kühlmann an Bethmann Hollweg vom 13. November 1913, dazu Bleistiftmarginalien Wilhelms: »Bravo! Das sind andere Tö-

daß der Schatten der Flottenpolitik die Jahre der Scharnierzeit prägte und seinen Höhepunkt erreichte im Bau der *Dreadnought*-Kampfschiffe 1906 sowie der unmittelbaren deutschen Antwort, die Herausforderung dieses revolutionären Rüstungssprungs anzunehmen. In Zusammenschau mit der Konferenz von Algeciras im Frühjahr des Jahres, insbesondere angesichts der Haltung der Vereinigten Staaten in dieser Auseinandersetzung[70], bilden sie den Abschluß dieses »Wendeprozesses«. Das Treffen von Algeciras war zugleich die letzte Zusammenkunft im klassischen Stil großmächtlicher »Krisenbewältigung« durch Konferenzen und Kongresse.[71] Mit dem russischen Beitritt zur britisch-französischen *Entente cordiale* im folgenden Jahr erreichte die Scharnierzeit insofern ihren Schlußpunkt, als sich an der Grundkonstellation des internationalen Staatensystems bis zum Beginn des Ersten Weltkrieges nichts mehr änderte. Der Wandel von einer »relativ offenen« Situation der Großmächtebeziehungen im Jahr 1895 zu einer »relativ geschlossenen« Konstellation zweier »Blöcke« im Jahr 1907 ist mithin evident.

Die Frage nach den grundlegenden Motiven für das expansive Streben der Vereinigten Staaten ist, ebenso wie die nach den Triebkräften der europäischen Großmächte und Japans, von der Forschung kontrovers beantwortet worden. Wie das Deutsche Reich als »verspätete Nation« (Helmut Plessner), so standen auch die Vereinigten Staaten als »insularer Kontinent« (Raymond Aron)[72] zunächst entfernt von ausgreifenden territorialen Ambitionen, als das europäische Mächtesystem in den 1880er Jahren mit der Eroberung Ägyptens durch die Briten und mit der Errichtung des französischen Protektorats in Tunesien in das Zeitalter des Imperialismus eintrat. Die geopolitische Stellung auf einem territorial erschlossenen Globus beförderte das Land potentiell zum »*Reich der Mitte in der planetarischen Situation*«.[73] Wenngleich sich streng genommen schon

---

ne als vor wenigen Jahren!«; Jürgen KLOOSTERHUIS, »Friedliche Imperialisten«. Deutsche Auslandsvereine und auswärtige Kulturpolitik, 1906–1918, Frankfurt a. M. 1994, S. 149. Tirpitz hatte diese Reise gegen Widerstände im Admiralstab und beim Flottenchef mit kaiserlicher Rückendeckung durchgesetzt. Die Hochseeflotte wurde damit in ihrer Kampfkraft um ein Sechstel geschwächt. BA-MAF RM 3/v. 3049, Schreiben des Chefs der Hochseeflotte, von Ingenohl, an das Reichsmarineamt vom 23. Oktober 1913; PAAA, I. A., Deutschland 138, Bd. 48: Aktennotiz über die Bedenken des Admiralstabes vom 9. November 1913; KLOOSTERHUIS, »Friedliche Imperialisten«, S. 148.

[70] Theodore Roosevelt stellte sich bekanntermaßen in den entscheidenden Fragen hinter die englisch-französische Position, was er gegenüber seinem Londoner Botschafter so resümierte: »In this Algeciras business you will notice that while I was most suave and pleasant with the Emperor, yet when it became necessary at the end I stood him on his head with great decision.« Theodore Roosevelt an Whitelaw Reid, 27. Juni 1906, in: The Letters of Theodore Roosevelt, selected and edited by Elting E. Morison, Cambridge 1951–1954, Bd. 5, S. 319.

[71] Vgl. SCHIEDER, Staatensystem, S. 269.

[72] Raymond ARON, Prolog: Der Insulare Kontinent, in: Ders., Die imperiale Republik. Die Vereinigten Staaten von Amerika und die übrige Welt seit 1945, Stuttgart/Zürich 1975 (Orig. Paris 1973).

[73] KJELLEN, Großmächte der Gegenwart, S. 131, Hervorhebung im Original.

aus der Monroe-Doktrin imperiale Ansprüche der Vereinigten Staaten herauslesen lassen[74], so kann doch von den USA als imperialistischer Macht erst mit dem spanisch-amerikanischen Krieg 1898 die Rede sein.[75]

Fragt man nach den Motiven der amerikanischen Expansion in der Phase vor der Jahrhundertwende, i. e. dem Wechsel von Isolationismus zu Expansionismus, so werden traditionell vier Interpretationsrichtungen unterschieden: erstens die Vorstellung von der *Manifest Destiny* der amerikanischen Nation, zweitens die Rolle des Sozialdarwinismus als der zeitgenössisch geschichts- und politikprägenden Elementarkraft, drittens das Motiv wirtschaftlicher Expansionszwänge zur Eroberung neuer Märkte sowie viertens eine Art psychologischer Krise aufgrund gesellschaftlicher Umwälzungen, die vor allem aus der vollendeten Eroberung des Westens herrührte und die Eröffnung einer »new frontier« notwendig erscheinen ließ.[76] Bemerkenswert ist, daß die Vereinigten Staaten, indem sie ihre imperialistische Expansion im Jahr 1898 begannen, diese in territorialer Hinsicht unmittelbar darauf schon wieder abschlossen. Denn mit Ausnahme des Landstreifens für den mittelamerikanischen Kanal war der Gebietserwerb als Kolonialmacht zur Jahrhundertwende schon wieder beendet, und »Imperialism as a current in American public opinion appeared to be dead«, wie Ernest May konstatiert.[77] Neben den vier genannten Interpretationswegen verweist May mit Recht auf »the impact on Americans of English and European examples« als einem motivierenden Faktor der gewandelten amerikanischen Haltung zur Weltpolitik.[78] Es erscheint daher beachtenswert, inwiefern die amerikanische Politik ihr Vorbild oder Gegenbild aus den Beziehungen zu Großbritannien und dem Deutschen Reich zog und welche Formen europäischer Großmachtpolitik als exemplarisch charakterisiert werden können.

Das umfassendste und detaillierteste Werk zu den deutsch-amerikanischen Beziehungen der hier behandelten Gesamtepoche ist nach wie vor die zweitausendseitige Darstellung von Alfred Vagts, die 1935 in deutscher Sprache in New York erschien.[79] Ähnlich quellengesättigt und vom Ansatz her verwandt ist das Werk von Ragnhild Fiebig-von Hase zu Lateinamerika als Konfliktherd der deutsch-amerikanischen Beziehungen bis zum Jahr 1903.[80] Vagts' Werk ist

---

[74] Kjellen nannte sie »die erste vollkommen bewußte Reaktion gegen Europas Universalhegemonie«. KJELLEN, Großmächte der Gegenwart, S. 145; vgl. Günter MOLTMANN, Deutschland und die Monroe-Doktrin, in: Jürgen ELVERT/Michael SALEWSKI, Deutschland und der Westen im 19. und 20. Jahrhundert, Stuttgart 1993, S. 43–66.

[75] MAY, American Imperialism, S. 3 f.

[76] Vgl. ebenda, S. 7–12.

[77] Ebenda, S. 14 f.

[78] Ebenda, S. 16. Schon diese Formulierung – »English and European« – illustriert im übrigen die Dichotomie der Wahrnehmung selbst unter Historikern.

[79] Alfred VAGTS, Deutschland und die Vereinigten Staaten in der Weltpolitik, Bde. 1–2, New York 1935.

[80] Ragnhild FIEBIG-VON HASE, Lateinamerika als Konfliktherd der deutsch-amerikanischen Beziehungen 1890–1903. Vom Beginn der Panamerikapolitik bis zur Venezuelakrise

von so erdrückender Detailliertheit, daß in der Masse der Daten, Fakten und aufgezeichneten Ereignisse der Kern des deutsch-amerikanischen Verhältnisses vor allem in der vom Autor erstrebten Fokussierung auf die wirtschaftlichen Erwägungen und Determinanten deutlich wird. Gleichwohl sieht selbst Vagts den »Hochkapitalismus« in der Scharnierzeit »Halt machend« vor den Dominanten der überkommenen Welt: »[D]er Hochkapitalismus auf der Stufe der Zeit von 1890–1906 machte bei der rationalistischen Verökonomisierung der sozialen Beziehungen, überwiegend wohl aus innenpolitischer, klassenpolitischer Rücksicht, vor der Regelung der außenpolitischen Probleme und damit vor der Beseitigung der Herrschaft der traditionellen Träger von Aussenpolitik und Militarismus durchwegs respektvoll und scheu, wenn nicht geradezu feige, Halt und erlaubte diesen sogar, seine eigenen Werke zu gefährden, wo nicht zu zerstören. Das wird die Schlussfolgerung aus einer historischen Untersuchung der Beziehungen zweier Staaten wie Deutschlands und der Union in dieser Zeit sein müssen.«[81] Selbst Vagts erkennt demnach für die Scharnierzeit eine Sonderentwicklung des internationalen Staatensystems, die seinen auf ökonomisch-strukturellen Determinanten entwickelten generellen Interpretationsansatz zumindest für diesen Zeitraum konterkariert. Der Imperialismus sowohl Deutschlands als auch der Vereinigten Staaten »ist nicht so notgedrungen [...] in unbedingter materialistischer Konsequenz aus der ökonomischen Gesamtverfassung und -struktur entsprungen, sondern aus der teilweise vorkapitalistischen Bildung, Tradition und den Instinkten beider Gesellschaften. Die an den Konflikten Schuldigen sind Minoritäten, kapitalistische und personelle, mit Konfliktinteressen, schmale Segmente der Gesamtwirtschaft (Rüstungsindustrie, Pressekapi-

---

von 1902/03, Bde. 1–2, Göttingen 1986; für den Zusammenhang dieser Untersuchung bes. S. 643–664. Für den Gesamtzeitraum von der Jahrhundertwende bis zum Kriegseintritt: Dies., The United States and Germany in the World Arena 1900–1917, in: Hans-Jürgen SCHRÖDER (Hrsg.), Confrontation and Cooperation. Germany and the United States in the Era of World War I, 1900–1924, Oxford 1993, S. 33–68; dies., Die USA und Europa vor dem Ersten Weltkrieg, in: Amerika-Studien 39/1 (1994), S. 7–41; dies., Zukunftsvorstellungen in den Vereinigten Staaten zur Jahrhundertwende 1900/1901, in: Sönke NEITZEL (Hrsg.), 1900: Zukunftsvisionen der Großmächte, Paderborn 2002, S. 149–172. Fiebig-von Hase gelingt es hier prägnant anschaulich zu machen, wie die inneren Zusammenhänge zwischen dem historisch abgeleiteten ideologischen Grundvertrauen in das demokratisch-republikanische politische System einerseits und das individualistisch-kapitalistisch orientierte Wirtschaftssystem andererseits die optimistischen Zukunftserwartungen motivierten und ihre Relevanz für die seinerzeitige Außenpolitik, namentlich während der Präsidentschaft Theodore Roosevelts, entfalteten. Weitere Überblicksdarstellungen: Reiner POMMERIN, Der Kaiser und Amerika. Die USA in der Politik der Reichsleitung 1890–1917, Köln/Wien 1986; Hans-Jürgen SCHRÖDER, Deutschland und Amerika in der Epoche des Ersten Weltkrieges 1900–1924, Stuttgart 1994; Ute MEHNERT, Deutschland, Amerika und die »Gelbe Gefahr«. Zur Karriere eines Schlagworts in der Großen Politik, 1905–1917, Stuttgart 1995. Veraltet, aber zum Vergleich heranzuziehen: Ilse KUNZ-LACK, Die deutsch-amerikanischen Beziehungen 1890 bis 1914, Stuttgart 1935; John Kenneth KREIDER, Diplomatic relations between Germany and the United States 1906–1913, Ph. D. Pennsylvania State University 1969; personenbezogene Publikationen sind in den einschlägigen Kapiteln nachgewiesen.

[81] VAGTS, Deutschland und die Vereinigten Staaten, Bd. 2, S. 2017.

tal) und – häufiger und primärer – Eliten von Politikern und Bürokraten, deren noblem Tun zu widersprechen das Kapital, in seinem Mehrheitsinteresse gefasst, zu feige war.«[82] Vagts' Fazit ist insofern bemerkenswert, als er in seiner gesamten Darstellung hohen Wert auf die Beschreibung struktureller Pressionen legt und nun resümierend zu Recht auf den hochgradig strukturenthobenen Effekt personaler Kriterien[83] und deren aus Tradition und Beharrungsinteresse, Gegenwartsadaption und menschlicher Unzulänglichkeit[84] resultierende Bedeutung für die Entwicklung des politischen Prozesses in nationalem Rahmen und internationaler Rivalität verweist.[85]

Vagts' ökonomisch abgeleiteter Ansatz der bilateralen Beziehungen ist der Auffassung der sogenannten »revisionistischen« Schule verwandt, wonach die Vereinigten Staaten eine permanent expansive und imperiale Macht darstellen. Dem Land- und Machtzuwachs in der Frühen Neuzeit zu Lasten der alten europäischen Kolonialmächte korrespondierte derjenige auf Kosten der Ureinwohner und des unmittelbaren Nachbarn Mexiko. Nach dem Bürgerkrieg, der inneren Konsolidierung und mit beschleunigter Industrialisierung folgte der Ausgriff über den Kontinent hinaus. Er wurde in dieser Perspektive vorangetrieben von den Eigengesetzlichkeiten des Kapitalismus: die innere ökonomische Notwendigkeit trieb zur äußeren politischen Expansion. Diese These, die nicht zufällig der Auffassung vom »Sozialimperialismus« im Deutschen Kaiserreich wesensverwandt ist, wird allerdings der Heterogenität und Widersprüchlichkeit in der amerikanischen Außenpolitik im Vierteljahrhundert vor dem Ersten Weltkrieg nur unzureichend gerecht. Die Diskontinuitäten in der amerikanischen Selbstverortung im Staatensystem und der Behandlung auswärtiger Angelegenheiten, die in erster Linie in der unterschiedlichen und teilweise gegensätzlichen außenpolitischen Orientierung der Präsidenten Cleveland, McKinley, Roosevelt, Taft und Wilson begründet lagen, gingen einher mit einer unterschwellig drängenden Kontinuität des tatsächlichen Machtzuwachses, der sich nach dem spanisch-amerikanischen Krieg auch offen manifestierte. Dieser Krieg sollte daher als ähnlicher Wendepunkt in der internationalen Politik be-

---

[82] Ebenda.

[83] Vagts betont, daß der »unmittelbar von der Wirtschaft geforderte erkennbare Imperialismus nur unbedeutend« war, »verglichen mit dem ideologisch, bürokratisch und sonstwie geforderten, vagen, objektunsicheren, nach allen Seiten gleich einem Wellenkreis ausgehenden Imperialismus des Bildungsbürgertums, der mit der Furcht vor dem Absinken ins Proletariat, wovor die Beherrschung neuer Räume bewahren soll, nur teilweise und noch zu rationalistisch erklärt wird, und der Bürokratie.« Ebenda, S. 2017 f.

[84] Beachtenswert ist die wiederholte Verwendung des Adjektivs »feige« zur Charakterisierung des »Hochkapitalismus« – gemeint sind wohl dessen Exponenten. Ebenda, S. 2017.

[85] Vagts betont die Wirkung der »nur dem Einfluß von rechts offenstehenden Außenpolitik«, die in diesem Sinn sogar in einem Spannungsverhältnis zu den ökonomischen Bedürfnissen gesehen werden kann, woraus er den bemerkenswerten Schluß zieht: »Ökonomie und Imperialismus stehen im Verhältnis mehr der Kontingenz, nicht der Konsequenz.« Ebenda, S. 2018.

trachtet werden wie der Eintritt Amerikas in den Ersten Weltkrieg und kann im beschriebenen Sinne als »Scharnier« zwischen territorialer und extraterritorialer Orientierung gelten.[86]

Von der revisionistischen Position abweichend, ist das durchweg erkennbare Prinzip der *Open door policy* mit größerem Recht als »Grundaxiom amerikanischer Außenpolitik« bezeichnet worden. Ähnlich wie die *Monroe-Doktrin* reflektierte sie das Selbstvertrauen der Führungseliten in die Zukunftsperspektiven Amerikas.[87] Mit Blick auf die deutsch-amerikanischen Beziehungen ist hieraus die These abgeleitet worden, daß es in der Zeit zwischen 1890 und 1917 einen kontinuierlichen Antagonismus zwischen beiden Staaten gegeben habe, der aus einer jeweils unterschiedlichen Auffassung über die Grundlagen einer Weltmacht resultierte. Während die Vereinigten Staaten auf die Überlegenheit ihrer soziopolitischen und wirtschaftlichen Organisationsprinzipien und dementsprechend auf die Instrumente einer ökonomischen Außenpolitik vertraut hätten, habe das Deutsche Reich vor allem auf militärische Aufrüstung und die Möglichkeiten der Machterweiterung durch Einschüchterung gesetzt. Indem die Vereinigten Staaten also in Rekurs auf die Erfolgsgeschichte ihrer inneren Entwicklung auf die Evolution des globalen Systems hofften, habe das Deutsche Reich dessen Revolutionierung betrieben. Weder die Ziele noch die Methoden der deutschen und der amerikanischen Weltpolitik seien in Einklang zu bringen gewesen.[88] Es wäre sicher verfehlt, demgegenüber ein betont harmonisches Bild der deutsch-amerikanischen Beziehungen zu zeichnen, doch ist zu fragen, inwieweit die zeitgenössische Situation nicht auf beiden Seiten offener war als der hier unterstellte, gleichsam systemimmanente Antagonismus suggeriert; es erscheint demnach sinnfällig zu beschreiben, wie sich dergleichen Perzeptionen im persönlichen Verhältnis einzelner Akteure auf diplomatisch-politischer Ebene widerspiegeln.

Bislang sind die deutsch-amerikanischen Beziehungen kaum vor dem Hintergrund jener globalen Mächteverschiebungen betrachtet worden, in denen insbesondere das »overcommitment« Großbritanniens nach der Jahrhundertwende offenbar wurde. Ute Mehnert hat am Beispiel der Perzeption des japanischen Aufstiegs gezeigt, daß sowohl die USA als auch das Deutsche Reich ihr politisches Kalkül kontinuierlich auf ein weltumspannendes internationales Staatensystem ausrichteten. Damit einher ging ein ausgeprägtes Bewußtsein von der »Wechselwirkung zwischen den Mächtekonstellationen im atlantischen und pa-

---

[86] Zur Bedeutung des Krieges für die britisch-amerikanischen Beziehungen, interpretiert im Sinne des »Anglo-Saxonism«, der hier einen entscheidenden Schub erfuhr: Stuart ANDERSON, Race and Rapprochement. Anglo-Saxonism and Anglo-American relations, 1895–1904, London/Toronto 1981, S. 112–129; vgl. Alexander E. CAMPBELL, Great Britain and the United States, S. 127–155.

[87] Vgl. SCHRÖDER, Deutschland und Amerika in der Epoche des Ersten Weltkrieges, S. 14.

[88] FIEBIG-VON HASE, The United States and Germany in the World Arena, S. 36 f.

zifischen Raum«[89], wobei der Zusammenhang mit der Frage des spezifischen (See)Machtstatus evident ist. Es reicht mithin nicht aus, die deutsche Politik als »eurozentrisch«, die amerikanische als »isolationistisch« zu interpretieren: Die Entwicklung der deutsch-amerikanischen Beziehungen kann nur im weltpolitischen Zusammenhang begriffen werden. Mehnert hat deshalb zu Recht betont, »daß dem Vorkriegsverhältnis zwischen dem Deutschen Reich und den USA insgesamt eine wesentlich größere Bedeutung zugemessen werden muß, als dies in weiten Teilen der Forschung bisher geschieht«.[90] Es erscheint darum im besten Sinne fragwürdig, ob der amerikanische Kriegseintritt 1917 tatsächlich »in der Kontinuität eines weltpolitischen Gegensatzes [stand], der das Verhältnis der beiden aufstrebenden Großmächte bereits seit Ende des 19. Jahrhunderts maßgeblich bestimmte«.[91] Entstand der wachsende Antagonismus aufgrund ökonomischer oder expansionistischer Interessenkonvergenzen, vor allem in Mittel- und Südamerika? Waren es »in erster Linie die grundsätzlichen Ziele und langfristigen Strategien der deutschen und amerikanischen Weltpolitik, die das Kaiserreich und die USA in der Entstehungsphase eines weltumspannenden internationalen Systems auf Konfrontationskurs brachten«[92]? Oder läßt sich nicht darüber hinaus durch den britisch-deutsch-amerikanischen Vergleich das Grundmuster eines Antagonismus der Zivilisationsmodelle konstatieren, der das deutsch-amerikanische Zusammengehen in gleichem Maße behinderte, wie es das britisch-amerikanische Rapprochement vor dem Hintergrund der globalisierten Welt beschleunigte? Die Erörterung und Bewertung dieser Fragen im Kontext transatlantischer Elitenbeziehungen steht im Mittelpunkt der folgenden Untersuchung.

Die Literatur zu den britisch-amerikanischen Beziehungen ist ähnlich umfangreich wie diejenige zum Verhältnis Englands zum Deutschen Reich und steht zumeist unter den Vorzeichen der langfristigen Entwicklung zum sogenannten *special relationship*.[93] Wer sich mit der Geschichte der amerikanischen Außenpolitik zu beschäftigen anschickt, findet sich, wie D. C. Watt kritisch an-

---

[89] MEHNERT, Deutschland, Amerika und die »Gelbe Gefahr«, S. 16.

[90] Ebenda, S. 15; vgl. dies., Deutsche Weltpolitik und amerikanisches Zweifronten-Dilemma. Die »japanische Gefahr« in den deutsch-amerikanischen Beziehungen 1904–1917, in: HZ 257 (1993), S. 647–692; Heinz GOLLWITZER, Die Gelbe Gefahr. Geschichte eines Schlagworts. Studien zum imperialistischen Denken, Göttingen 1962.

[91] MEHNERT, Deutschland, Amerika und die »Gelbe Gefahr«, S. 347.

[92] Ebenda, S. 348.

[93] Der Begriff vom »special relationship« der beiden angelsächsischen Mächte wurde offensichtlich erst von Winston Churchill öffentlich popularisiert, als er ihn im November 1945 in einer Unterhausrede benutzte: The Parliamentary Debates, House of Commons [HCDeb.], 5th ser., Bd. 415, col. 1295, 1299; Churchill to Bevin 13. November 1945, in: Documents on British Policy Overseas [DBPO], ed. by Rohan Butler und M. E. Pelly, ser. 1, Bd. 3, London 1986, no. 102; das Oxford English Dictionary verzeichnet den Begriff seit den frühen 1960er Jahren als auf beiden Seiten des Atlantiks angewendet. Vgl. Anne ORDE, The Eclipse of Great Britain. The United States and British Imperial Decline, 1895–1956, London 1996, S. 6.

gemerkt hat, »confronted in the field of Anglo-American relations with a vast American historical industry, the history of American ›foreign policy‹«.[94] Dabei wird zugleich häufig übersehen, daß das britisch-amerikanische Verhältnis sich bis zur Scharnierzeit keineswegs konfliktfrei entwickelte. Vielmehr stießen US-amerikanische und britische Interessen im nordamerikanischen Raum bis zur Mitte der 1890er Jahre permanent und bis nahe an den Grad kriegerischer Auseinandersetzungen aufeinander.[95] Allerdings bildete sich auf beiden Seiten

---

[94] Klassisches und umfangreichstes Beispiel einer »Erfolgsgeschichte« britisch-amerikanischer Annäherung bleibt ALLEN, Great Britain and the United States; Lionel M. GELBER, The Rise of Anglo-American Friendship: A Study in World Politics 1898–1906, London 1938; Herbert George NICHOLAS, Britain and the United States, London 1954; Charles Soutter CAMPBELL, Anglo-American Understanding, 1898–1903, Baltimore/Maryland 1957; ders., The transformation of American Foreign Relations 1865–1900, New York 1976; William CLARK, Less than Kin. A Study of Anglo-American Relations, London 1957; Bradford PERKINS, The Great Rapprochement. England and the United States, 1895–1914, New York 1968; ANDERSON, Race and Rapprochement. Kritisch dagegen: Max BELOFF, The Special Relationship: an Anglo-American Myth, in: Martin GILBERT (Hrsg.), A Century of Conflict 1850–1950, London 1966, S. 151–171; Donald Cameron WATT, Succeeding John Bull. America in Britain's Place 1900–1975. A study of the Anglo-American Relationship and world politics in the context of British and American foreign-policy-making in the twentieth century, Cambridge 1984; Edward P. CRAPOL, From Anglophobia to fragile Rapprochement: Anglo-American Relations in the early twentieth century, in: Hans-Jürgen SCHRÖDER (Hrsg.), Confrontation and Cooperation, S. 13–31. Zitat in: WATT, Succeeding John Bull, S. 20.

[95] Vgl. BOURNE, Britain and the Balance of Power, S. 3–312. Theodore Roosevelt spottete anläßlich des Venezuela-Konflikts, trotz seiner engen Freundschaft mit dem britischen Diplomaten Cecil Spring Rice, auf die noch näher einzugehen sein wird, über die »anglomaniac mugwumps« und schrieb an Henry Cabot Lodge: »Our peace-at-any-price-men, if they only knew it, are rendering war likely, because they will encourage England to persist; in the long run this means a fight. Personally I rather hope the fight will come soon. The clamour of the peace faction has convinced me that this country needs a war.« Theodore Roosevelt an Henry Cabot Lodge, in: Henry Cabot LODGE, Correspondence of Theodore Roosevelt and Henry Cabot Lodge, Bd. 1, S. 218; 204 f.; William C. WIDENOR, Henry Cabot Lodge and the Search for an American Foreign Policy, Berkeley 1980, S. 79 f. – Von den zahlreichen Beispielen einflußreicher amerikanischer Persönlichkeiten, die die traditionellen Differenzen zwischen England und den Vereinigten Staaten gleichsam biographisch widerspiegeln, seien nur zwei genannt: Alfred Thayer Mahans Vater, Professor Dennis Hart Mahan, bewahrte Zeit seines Lebens ein auch auf seine Kinder und Schüler ausstrahlendes »profound dislike« (A. T. Mahan) für Großbritannien, das sowohl aus seiner irischen Herkunft als auch aus den historischen Erfahrungen mit der englischen Invasion von 1812 herrührte. Er lehrte bis zu seinem Tod 1871 in West Point und »[n]ot only did he exert a significant influence on an entire generation of American army officers, but he also helped through his writings to shape the strategic thinking of the United States Army – as his son was to do for the navy half a century later.« Russell F. WEIGLEY, The American Way of War. A History of United States Military Strategy and Policy, Bloomington 1977, S. 81–88; Alfred Thayer MAHAN, From Sail to Steam, New York 1907, S. IX–XIII. Als zweites Beispiel mag die Familie von Theodore Roosevelt dienen. Seine Mutter, Martha Bulloch Roosevelt, entstammte der Pflanzeraristokratie Georgias. Ihr Bruder Irvine Bulloch kämpfte in der Marine der Konföderierten, ihr Halbbruder James Dunwoodie Bulloch war Admiral der Konföderierten und für den Bau der *Alabama* verantwortlich, deren Aktionen die Vereinigten Staaten und Großbritannien »dangerously close to war« brachten und zu den »Alabama Claims« führten, die »were to poison Anglo-American relations for the better part of a decade«. Auf

des Atlantiks durch die »short of war«-Erfahrung, namentlich in der Venezuela-Krise 1895/96, die Ansicht heraus, daß eine Auseinandersetzung zwischen den beiden angelsächsischen, von gemeinsamer Sprache und verwandter Kultur geprägten Mächten geradezu »unsinnig« sei. »War between the two nations would be an absurdity as well as a crime«, faßte Joseph Chamberlain diese Position zusammen, meinte aber noch Ende 1899 in Leicester, als sich die Beziehungen im Vergleich zu 1895/96 deutlich entspannt hatten: »And yet I remember well when I first visited America my surprise and astonishment at the evidence which was given by statesmen and politicians, by articles in the Press, of the constant suspicion of the objects of Great Britain, the constant doubt of her integrity, and the generally unfavourable estimate which was formed, both of our prospects and of our character.«[96] Henry Adams faßte die überraschende Entwicklung des Wandels während der Scharnierzeit 1903 mit dem für ihn typischen ironisch-distanzierten Unterton zusammen, als er schrieb: »Nothing is more curious to me than the sudden change of our national susceptibilities. Down to 1898 our *bête noire* was England. Now we pay little or no attention to England; we seem to regard her as our property; but we are ridiculous about Germany. The idea of a wretched little power like Germany, with no coast, no colonies, and no coal, attacking us, seems to me too absurd for a thought, but [Henry] Cabot [Lodge] and Theodore [Roosevelt] and the Senate and [Marinesekretär William Henry] Moody seem to have it on the brain.«[97]

Zugleich kann für die 1890er Jahre, namentlich für die Außenpolitik Salisburys, noch nicht von einer britischen »Anerkennung der Vorherrschaft der

---

dem Tribunal, das zur Klärung dieser Auseinandersetzung 1871/72 in Genf zusammenkam, vertrat Charles Francis Adams, der Vater von Henry und Brooks Adams, die Vereinigten Staaten. Vgl. Theodore ROOSEVELT, An Autobiography, New York 1985 (Orig. 1913), S. 12–16; Richard W. TURK, The ambiguous Relationship. Theodore Roosevelt and Alfred Thayer Mahan, New York 1987, S. 7–14, Zit. S. 13; zu Henry Adams und britisch-amerikanischen Beziehungen vgl. unten Kap. II, S. 171–176.

[96] The Times, 1. Dezember 1899, S. 7: Mr. Chamberlain at Leicester; ALLEN, Great Britain and the United States, S. 539; James Louis GARVIN, The Life of Joseph Chamberlain, Bd. 3, London 1934, S. 65–69. Watt weist zu Recht darauf hin, daß der Historiker, der sich mit den britisch-amerikanischen Beziehungen beschäftigt, »has to recognise that Anglo-American relationships were never entirely bilateral, at least on the British side, though they were conceived of as such by American policy-makers until the 1930s, if not beyond. In actuality, they were part of multilateral problems of trade, payments, strategy, the balance of power, the maintenance of Britain's position at a time when its commitments were already outrunning its resources. And even where British and American policy-makers seem to have reached a common perception or common conclusions, they reached that point by separate ways from separate perceptions (or misperceptions) of part or all of external reality.« WATT, Succeeding John Bull, S. 22.

[97] Henry Adams an Elizabeth Cameron, 22. März 1903, in: Letters of Henry Adams, hrsg. von Washington C. Ford, Bd. 2, Boston 1938, S. 401. Moody galt in dieser Zeit als »the new ›strong man‹ of the Administration«. Edmund MORRIS, Theodore Rex, New York/London 2001, S. 270.

Vereinigten Staaten in der westlichen Hemisphäre« gesprochen werden.[98] Denn die anglo-amerikanische Annäherung war für das Inselreich keineswegs eine selbstverständliche Folge vorgegebener außenpolitischer Orientierungsmöglichkeiten, sondern das Ergebnis eines Prozesses, in den sowohl der amerikanische Machtzuwachs als auch die Konflikte mit dritten Staaten, namentlich dem Deutschen Reich, vor dem Hintergrund des Globalisierungsprozesses zurückwirkten.[99] Zugleich standen drei Denkschulen britischer auswärtiger Politik im Wettbewerb. Zum ersten sind die »Neo-Imperialisten« zu nennen, die in einem geeinten Empire die Grundlagen britischer Macht erblickten und nach Möglichkeit bemüht waren, sich nicht in die Händel des europäischen Kontinents verstricken zu lassen. Eine zweite Gruppe bildeten die Anhänger der traditionellen Idee der europäischen »balance of power«, in deren Augen gerade die Angelegenheiten des Fernen Ostens eine ungebührliche Ablenkung von den elementaren Interessen der Mutterinsel darstellten. Für beide Gruppen bildeten das europäische Mächteverhältnis und seine globalen Auswirkungen den Dreh- und Angelpunkt außenpolitischer Orientierung. Eine dritte Gruppe schließlich blickte auf die andere Seite des Atlantiks und hoffte in Anerkenntnis der wachsenden Überforderung eigener Ressourcen auf künftige Rückendeckung durch die Vereinigten Staaten. Von Unterordnung und vorbehaltloser Akzeptanz der amerikanischen Führungsrolle kann jedoch vor 1914 nicht die Rede sein.

Die Beziehungen Großbritanniens und der Vereinigten Staaten lassen sich für den Zeitraum zwischen 1890 und 1914 in drei Phasen einteilen, bei denen 1898 und 1905 die Wendepunkte bilden. Die erste Phase von 1890 bis 1898 bezeichnet noch ein nominelles psychologisches Übergewicht Großbritanniens. Ab dem Jahr 1898 begann Großbritannien, seine Hauptkonfliktpunkte mit den USA in einer Weise zu regeln, daß alle konfliktträchtigen Auseinandersetzungen von Alaska bis Südamerika geklärt waren. Diese Phase dauerte bis etwa 1905 und ist in den politischen Führungen auf amerikanischer Seite vor allem mit der Person John Hays, auf englischer Seite mit Arthur James Balfour verbunden. Der anglo-amerikanische Schiedsvertrag von 1908 und die Konflikte um die »dollar diplomacy« prägen den dritten Abschnitt bis zum Beginn des Ersten Weltkriegs.[100] Zugleich wird an dieser dritten Phase deutlich, daß die vorhergehende

---

[98] Vgl. die These in Raimund LAMMERSDORF, Anfänge einer Weltmacht. Theodore Roosevelt und die transatlantischen Beziehungen der USA 1901–1909, Berlin 1994, S. 21.

[99] Gegen die These Lammersdorfs hält Bourne zu Recht fest: »The Growth of American power in the late nineteenth and early twentieth centuries [...] was at first by no means welcome to the policy-makers in Britain; rather its existence had to be accepted in a world where the crucial dangers loomed elsewhere.« BOURNE, Britain and the Balance of Power, S. 342.

[100] Die anschließenden Phasen, erstens der Neutralität bis 1917 und zweitens die beiden folgenden Jahre der Kriegsbeteiligung bis zur Nichtratifizierung der Versailler Verträge, sind hier nicht mehr von Interesse. Zu dieser Vier-Phaseneinteilung ab der Jahrhundertwende (1898–1905; 1905–1914; 1914–1917; 1917–1919) vgl. WATT, Succeeding John Bull, S. 24.

Annäherung vor allem durch ein defensiv-reagierendes Element gekennzeichnet ist: Indem sich Großbritannien von anglo-amerikanischem Konfliktpotential auch auf eigene Kosten befreite, verschaffte es sich Handlungsfreiheit für die aus den Wandlungen des Staatensystems, namentlich der deutschen Außenpolitik und Rüstung resultierende Herausforderung. Eine offensive Fortentwicklung blieb demgegenüber unfruchtbar, weil weder die amerikanische Politik hierzu bereit war, noch die Wandlungen des Staatensystems eine solche Verengung der Kooperation forderten. Erst der Weltkrieg übte den entsprechenden Druck aus.

Zu fragen ist schließlich, ob neben Stichworten wie »Imperialismus« und »Open Door« nicht eine dritte Kategorie amerikanischer Außenpolitik herauszupräparieren ist, die sich aus dem spezifischen Eigengewicht des ökonomisch-politisch-militärischen Potentials der Vereinigten Staaten ergibt: das selbstinduzierte und gleichsam strukturelle Wesen des Zusammenhangs von wirtschaftlicher Macht und politischer Verantwortung in einer globalisierten Welt. Die Begriffe »Imperialismus« und »Open Door« bilden in dieser Perspektive insofern keinen Gegensatz, als sie das spezifische Eigengewicht aus zivilisatorischer Grundsubstanz des amerikanischen Staatswesens und seinem Glauben an die in der Unabhängigkeitserklärung niedergelegten Werte und Ziele ebenso zum Ausdruck bringen wie dessen ökonomische Triebfeder: das freie Spiel der wirtschaftlichen Kräfte in einem möglichst unbeschränkten Raum. Vernachlässigt wird bislang die grundlegende Problematik des Eigengewichts als Großmacht in einem globalisierten Staatensystem. Isolationismus als Option erscheint und erweist sich in dieser Perspektive als fragwürdig und langfristig nicht durchzuhalten. Anders gefragt: Wurde es nicht auf Dauer unhaltbar, sich in einem »planetarischen« und zunehmend interdependenten System auf eine Insel vermeintlicher Autarkie zurückziehen zu wollen, und sei diese Insel ein militärisch nahezu unantastbarer Kontinent? Ebensowenig wie Rußland bei aller inneren Schwäche durch revolutionäre Bewegungen, mangelnde Regierungskompetenz und verspätete Modernisierung als Faktor internationaler Politik wegzudenken war, weil allein seine Größe die Degradierung zum puren Objekt verhinderte[101], genausowenig konnten sich die Vereinigten Staaten letztlich der internationalen Politik in einer vernetzten Welt (als der »Einheit eines weltpolitischen Geschehenskreises«[102]) auf Dauer entziehen. Dies zu beantworten, blieb eine politische Aufgabe, die, trotz aller inneramerikanischen Diskussion, von Politikern wie Theodore Roosevelt, Henry Cabot Lodge u. a in einer vor der Scharnierzeit wohl nur schwer durchsetzbaren Weise in Richtung eines weltpolitischen Engagements vorangetrieben wurde. Die spannungsge-

---

[101] Es läßt sich sagen, daß Rußland und auch China selbst dann eine grundsätzliche Potenz besitzen, wenn sie zeitweilig nicht in der Lage sind, diese politisch kongruent zu fokussieren. Hofer spricht bspw. vom »sozusagen naturgegebene[n] Druck des russischen Kolosses auf Europa«. Walther HOFER, Von der europäischen zur globalen Weltgeschichte. Eine Skizze, in: Aus Politik und Zeitgeschichte B 29/67 vom 19. Juli 1967, S. 3–13, hier S. 11.

[102] RUEDORFFER, Grundzüge der Weltpolitik der Gegenwart, S. 185.

ladene Koinzidenz von technisch-ökonomischer Globalisierung einerseits und politischer innerer Positionsbestimmung andererseits, dieses über die Jahrzehnte permanent zu konstatierende Schwanken zwischen Isolationismus und internationalem Engagement erwuchs als Grundmuster der internationalen Politik in den zwei Jahrzehnten vor dem Ersten Weltkrieg zur global entscheidenden Größe.

Es ist demnach weniger der »Kapitalismus« oder der »zivilisatorische Missionarismus« – obwohl beide eine energische Schwungkraft außenpolitischer Aktivität zu erzeugen vermögen –, es ist vielmehr die faktische Potenz als wirtschaftlich-militärisch-politisch-ideologische Macht, gespeist aus Geographie, Ökonomie, Ideologie und Demographie, die die Vereinigten Staaten in die Weltarena selbst dann zwingt, wenn die überwiegende Mehrheit innenpolitischer Kräfte dies ablehnt. »Modern«, »wohlstandsproduktiv« und »Modell demokratischer Freiheit« zu sein, kann in dieser Perspektive auch als eine außenpolitische Bürde wirken und ein beschränkendes Momentum entwickeln, das den vollen Nutzen dieser Kräfte nach innen hemmt, weil Teilenergien für die Außenpolitik verbraucht werden müssen, auch dann, wenn man selbst nicht essentiell gefährdet ist. Außenpolitische Handlungsfreiheit wird demnach weniger aus den Energien kapitalistischer Produktivkräfte oder Produktionsverhältnisse beeinflußt (und schon gar nicht determiniert) als vielmehr aus der zunehmenden globalen Vernetzung von Information, Produktwettbewerb, Warenfluß, wissenschaftlicher Innovation, technischer Expertise und eben militärisch-machtpolitischem Wettbewerb.

Die Frage nach dem Wesen der deutschen Anziehungskraft hat von jeher die Beurteilung von Aufstieg und Scheitern der deutschen Großmacht mitbestimmt, am wirksamsten wohl in der schlaglichtartigen Erörterung Hellmut Plessners über die »verspätete« deutsche Nation.[103] Das »deutsche Wesen« und das »deutsche Modell« besaßen durchaus Anziehungskraft. Rudolf Kjellen apostrophierte es am Vorabend des Krieges als »das innere Geheimnis des modernen Imperialismus: nicht bloß ein Streben nach materiellem Gewinn oder nur ein Wille zur Macht, sondern das Verantwortlichkeitsgefühl einer Mission für die Menschheit«.[104] Eine Attraktion dessen, was man sich unter

---

103 Vgl. PLESSNER, Die verspätete Nation.
104 KJELLEN, Großmächte der Gegenwart, S. 82. Kjellen konstatiert zugleich, es sei »[d]ie große Frage, [...] ob diese hohen Lehren bei der tiefen Masse des deutschen Volkes schon hinreichenden Widerhall finden. Die imperialistischen Rufer scheinen manchmal eher daran zu zweifeln als zu glauben. [...] Der Welteroberungstrieb scheint noch nicht in vollem Ernst erwacht zu sein in einem Volk, das dazu verurteilt war, Jahrhunderte in der größten Zersplitterung zu leben, welche die Geschichte kennt. Vielleicht liegt dieser Trieb von Anfang an ihm nicht im Blut, die norddeutsche Ebene bietet ja keine so weiten Perspektiven wie die Steppe Rußlands und die Prärie Nordamerikas oder das Meer an der Küste Englands. Es sah wirklich so aus, als ob das heutige Deutschland, was den Blick über die Welt und das planetarische Machtverlangen betrifft, das die psychischen Voraussetzung für die Großmacht ist, unter den anderen stehe.« Inzwischen stehe das deutsche Volk mit all

»deutschem Wesen« vorstellte, bewiesen die vielen Erörterungen auch in den angelsächsischen Ländern, sei es in der Londoner Fabian Society, sei es in der mehr erinnerungsromantisch-mentalen als realen Anhänglichkeit der deutschstämmigen Amerikaner, die aus diesem Grund nicht selten als Bindestrich-Amerikaner unter dem Verdacht eines mangelnden Patriotismus standen.[105] Das Deutsche Reich schien durch seine Antworten auf die Herausforderungen der Moderne in der Verbindung von Industrie und Technik, Wissenschaft und Sozialordnung für manche Beobachter eine passendere Entsprechung für die Konstitution der Gesamtgesellschaft gefunden zu haben, als dies in den weitgehend frei nach Wettbewerb, Angebot und Nachfrage geregelten Ökonomien Großbritanniens und der Vereinigten Staaten der Fall war. Ungeachtet der Schockwellen, die Gerhart Hauptmanns literarisches Werk auslöste, erscheinen Autoren wie etwa die naturalistisch sozialkritischen Veröffentlichungen Upton Sinclairs[106] auf dem deutschen Markt schwer vorstellbar, nicht, weil es vielleicht verlegerische Bedenken gegeben hätte, sondern weil die im Stil eines kapitalistischen Naturalismus beschriebenen Methoden und Zustände dem paternalistisch-patriarchalischen Selbstverständnis der deutschen Großunternehmer von Krupp abwärts eher widersprachen. Der dafür zu zahlende Preis in Form geringerer individueller Freiheit und politischer Persönlichkeitsrechte schien so im Maß der Masse adäquat. Wenn das größte Glück der größten Zahl auf diese Weise besser zu erreichen und zu organisieren sein mochte, dann war hier vielleicht ein fürsorgliches Zukunftsmodell geschaffen, das den angelsächsischen Laissez-faire-Kapitalismus in seiner Legitimität herauszufordern geeignet war, wenn dieser nicht auf der Seite der politischen Freiheit auch angemessene Lebensumstände für die Mehrzahl der Bevölkerung vom Erwerbsleben bis ins Rentenalter zu gewährleisten vermochte.

Klaus Hildebrand hat mit Blick auf die aus dem Vergleich der politischen Systeme Preußen-Deutschlands und Englands destillierten, seinerzeit weithin als unzeitgemäß perzipierten Thesen Erich Eycks die »dringend als Aufgabe ge-

---

seiner »physischen, psychischen und moralischen Gesundheit [...] auf der Höhe der Kultur, [...] der Lebenskraft und des Lebensmutes«. Durch die Erfahrung der Krisen nach der Jahrhundertwende wuchs auch der »nationale Wille zum Wachstum«. Kjellen resümierte: »Aus solchem Stoff werden Weltmächte geformt.« Ebenda, S. 82 f.

[105] Theodore Roosevelt: »A hyphenated American is not an American at all. This is just as true of the man who puts ›native‹ before the hyphen as of the man who puts German or Irish or English or French before the hyphen. Americanism is a matter of the spirit and of the soul. Our allegiance must be purely to the United States. We must unsparingly condemn any man who holds any other allegiance.« Theodore Roosevelt, Speech in New York, 12. Oktober 1915, in: Theodore ROOSEVELT, The Works, Memorial edition, hrsg. von Hermann Hagedorn, New York 1923–1926, Bd. 2, S. 4.

[106] *The Jungle* betitelte Sinclair bezeichnenderweise das 1906 veröffentlichte Initialwerk einer ganzen Serie von Romanen im Muckraker-Stil über die Folgen eines enthemmten Kapitalismus am Beispiel der betrieblichen und hygienischen Zustände in den Schlachthöfen Chicagos: Upton SINCLAIR, The Jungle, New York 1906; eine erste deutsche Ausgabe erschien schon im selben Jahr in Hannover u. d. T. *Der Sumpf*.

stellte Pflicht« betont, »von der Einseitigkeit der nationalgeschichtlichen Betrachtung zum Vergleich politischer Entwicklungen und Kulturen vorzudringen«.[107] Dergleichen im trilateralen Rahmen zu unternehmen und darin die generellen historischen Entwicklungen und Chancen der jeweiligen zivilisatorischen Grundmuster zu reflektieren, ist die Intention dieser Untersuchung. Sie geht mithin davon aus, daß ökonomische Faktoren die Staatenbeziehungen zwar massiv beeinflussen, daß sie aber keineswegs prädominant oder gar determinierend für die zu beschreibende Entwicklung der Scharnierzeit sind. Die Politiker dieser Zeit dachten in den Perspektiven der Zukunftsgestaltung der machtpolitischen Situation ihrer Mächte. Wirtschaft und Handel waren dabei Orientierungspunkte des gesamtstaatlichen und gesamtgesellschaftlichen Wohlergehens, Prestige und werbende Ideologie mindestens ebenso bedeutende, wenn nicht stärkere Motivationsfaktoren.

Die amerikanisch-britische Annäherung wird exemplarisch reflektiert in der Rolle zweier Diplomaten, des Amerikaners Henry White und des Briten Cecil Spring Rice. Die dauerhafte und grundsätzliche Wirkung ihrer Rolle für die transatlantischen Beziehungen hebt sie, wie gezeigt werden soll, erkennbar von den übrigen Diplomaten beider Länder und vom diplomatischen Korps in London und Washington ab. Ihre Eingebundenheit in sich verdichtende transatlantische Netzwerke spiegelt und illustriert zugleich einen parallelen gesellschaftlichen Annäherungsprozeß der Führungsschichten, der hierdurch eine realpolitische Dimension besaß.[108] Schließlich geht es, ausgehend vom Lebensweg von Spring Rice um die Identifizierung einer »Generationen-Kohorte« von etwa 1856 bis 1864 geborenen britischen Politikern und Diplomaten (also zeitlich etwa parallel zu den in Deutschland so genannten »Wilhelminern«), deren familiärer und Erziehungshintergrund sowie der daraus resultierende Einfluß auf die britische Außenpolitik seit den 1890er Jahren beleuchtet und in den Zusammenhang des weltpolitischen Wandels gestellt wird.[109]

---

[107] Klaus HILDEBRAND, Erich Eyck, in: Deutsche Historiker, Bd. 2, Göttingen 1971, S. 116.

[108] Vgl. dazu Kap. II. Hier sei namentlich Joseph Chamberlain erwähnt, der sich bis zur Jahrhundertwende zu einem der vehementesten Verfechter anglo-amerikanischer Annäherung entwickelte und sein »persönliches« Interesse an einer politischen britisch-amerikanischen Verbindung aufgrund seiner familiären Bindungen dorthin wiederholt öffentlich mit ironischem Unterton ansprach, so beispielsweise am 30. November 1899 in Leicester. The Times, 1. Dezember 1899, S. 7. Entscheidender waren jedoch die herausragenden Funktionen, die Cecil Spring Rice und Henry White beiderseits des Atlantiks erfüllten und auf die ausführlich einzugehen sein wird.

[109] Vgl. Martin DOERRY, Übergangsmenschen. Die Mentalität der Wilhelminer und die Krise des Kaiserreichs, Weinheim/München 1986, sowie für das deutsche Amerikabild: Alexander SCHMIDT, Reisen in die Moderne. Der Amerika-Diskurs des deutschen Bürgertums vor dem Ersten Weltkrieg im europäischen Vergleich, Berlin 1997, dessen Untersuchung im Kern die »Wilhelminer in Amerika« und die gesellschaftliche »Fremd- und Selbstwahrnehmung des deutschen Bürgertums« behandelt. In der vorliegenden Darstellung stehen allerdings nicht diese beiden Konzepte, i. e. die Analyse der »Wilhelminer« und deren »Ame-

Zusammengefaßt läßt sich festhalten: Die deutsch-amerikanischen Beziehungen werden von der Forschung erst in jüngster Zeit im Kontext des europäischen Staatensystems wahrgenommen.[110] Eine Analyse der trilateralen Beziehungen unter den Vorzeichen der skizzierten Globalisierung ist ein Desiderat. Bislang standen die Fragen nach der Vorgeschichte und den Motiven des amerikanischen Eintritts in den Ersten Weltkrieg im Mittelpunkt. Auch die deutsch-britischen Beziehungen unter Wilhelm II. sind insbesondere mit Blick auf die Entwicklung der Bündniskonstellation vor dem Ersten Weltkrieg untersucht worden. Hinsichtlich der britisch-amerikanischen Beziehungen ist dem spezifischen Einfluß des jeweiligen Verhältnisses zum Deutschen Reich wenig Beachtung geschenkt worden. Wenngleich das Jahr 1917 mit dem amerikanischen Kriegseintritt und den russischen Revolutionen als wichtigste Epochenscheide des 20. Jahrhunderts gilt, sollte die vorhergehende Transformation von der »europäischen zur globalen Weltgeschichte«[111] in den zwei Jahrzehnten vor 1914 in ihrem Einfluß auf die Form des Staatensystems bei Kriegsausbruch stärker beachtet werden.

Mit dem Begriff der »Scharnierzeit« erscheint der Wandel des Staatensystems analytisch angemessen charakterisierbar: Japan steigt seit dem chinesisch-japanischen Krieg 1894/95 zur Großmacht auf. Die deutsch-russisch-französische Intervention in diesem Konflikt reflektiert ein nunmehr »planetarisches« Staatensystem, dessen Bündniskonstellationen noch offen und flexibel erscheinen. Die britische Außenpolitik erfährt zunehmend ihre globale Anspannung und mögliche Überdehnung[112] und registriert angesichts der traditionellen Konflikte mit Rußland und Frankreich sowie des Venezuela-Konfliktes mit den Vereinigten Staaten künftige Gefahren der »splendid isolation«. Das Deutsche Reich als möglicher Partner beginnt mit dem Flottenbau als Ausdruck seiner Weltmachtsambitionen, ohne daß deren Konsequenzen zunächst wahrgenommen werden. Zugleich beginnt in diesen Jahren der machtvolle amerikanische Griff über den eigenen Kontinent hinaus, der nicht nur ein vages Wollen, son-

---

rika-Wahrnehmung« im Mittelpunkt, sondern eine spezifische Generationen-Kohorte britischer Diplomaten und Politiker, die seit der Scharnierzeit zunehmend außenpolitischen Einfluß gewannen und die britische Außenpolitik seit der Jahrhundertwende maßgeblich mitbestimmten. Deren Einfluß gilt es im Gesamtzusammenhang britischer Politik vor dem Ersten Weltkrieg, auch in ihrem Verhältnis zum Deutschen Reich, näher zu charakterisieren.

110 Vgl. dazu Hans-Jürgen SCHRÖDER, Deutschland und Amerika in der Epoche des Ersten Weltkrieges, und ders. (Hrsg.), Confrontation and Cooperation.

111 HOFER, Von der europäischen zur globalen Weltgeschichte.

112 Später ausgedrückt in der vielzitierten *Minute* von Thomas Sanderson: »It has sometimes seemed to me that to a foreigner reading our press the British Empire must appear in the light of some huge giant sprawling over the globe, with gouty fingers and toes stretching in every direction, which cannot be approached without eliciting a scream.« Thomas Sanderson, Observations on printed Mem[orandu]m on Relations with France and Germany, January 1907, 21. Februar 1907, abgedr. in: BD 3, London 1928, Appendix B, S. 421–431, hier S. 430.

dern eben ein globales Können ausdrückt. Mit dem Burenkrieg erreicht das Faktum der britischen An-, ja Überspannung das Bewußtsein der diplomatisch-strategischen Akteure. Großbritannien behauptet seine Machtposition in Nordafrika gegen Frankreich, in Südafrika gegen die Buren, bereinigt Richtung Westen nach und nach seine Konflikte mit den Vereinigten Staaten und schließt Richtung Osten ein Bündnis mit Japan. Unter dem maßgeblichen Eindruck der deutschen Außenpolitik beendet es seine Isolationspolitik gegenüber Frankreich und bindet schließlich auch Rußland ein.

In der Scharnierzeit formierte sich mithin jene Machtkonstellation, in der sich die politischen Akteure einer erstmals begrenzten Welt durch technische, militärische und strategische Entwicklungen zum Wandel bisheriger Weltbilder in ein neues, »globalisiertes« Denken gezwungen sahen, ohne daß sie schon, wenn sie sich dieser Veränderungen überhaupt bewußt waren, eine diesem Wandel adäquate neue Form »globaler« Politik zu kreieren vermochten. Ihre naheliegende Antwort war ein Sicherheitssystem, das vornehmlich auf militärischer Konfrontation basierte und sich im Ersten Weltkrieg entlud.

IV.

Die Quellengrundlage dieser Untersuchung bilden neben den Archivbeständen der jeweiligen Außenministerien in Berlin, London und Washington sowie den entsprechenden Akteneditionen[113] vor allem die Briefwechsel der politischen Eliten. In einer Epoche, die noch stark von der Vorstellung geprägt war, daß Politiker, Diplomaten und Staatsmänner ihre motivierenden Gedanken, die Entwicklung ihrer Ideen (wenn vorhanden) und die praktischen Erfordernisse des politischen Tagesgeschäfts (das vorwiegende Sujet) durch briefliche Korrespondenz kommunizieren, kommt diesen Quellen eine größere Bedeutung zu als im bald darauf schon anbrechenden Zeitalter nahezu verzögerungsloser Telekommunikation. Offizielle Briefe des diplomatischen Verkehrs wurden nicht selten durch gleichzeitig versandte private Mitteilungen der Korrespondenten ergänzt, konkretisiert, erläutert oder auch relativiert. Persönlichkeiten wie Arthur Balfour oder Theodore Roosevelt, um nur zwei Beispiele zu nennen, waren wie selbstverständlich davon überzeugt, daß das politisch-diplomatische Geschäft dieser persönlichen Vernetzung bedurfte, um eigentlich zu funktionieren. Sie sahen deshalb auch keinen Anlaß, diese selbstverständliche Herrschafts(kommunikations)technik explizit zu reflektieren. Die Nachlässe der im

---

[113] Für die einschlägigen Archivbestände des Politischen Archivs des Auswärtigen Amtes (ehemals Bonn, jetzt Berlin), des Public Record Office (Kew) und der National Archives and Record Administration (Washington/College Park) sowie die Akteneditionen der Großen Politik (GP), der British Documents on the Origins of War (BD), der British Documents on Foreign Affairs (BDFA) und der Foreign Relations of the United States (FRUS) vgl. das Verzeichnis der Quellen und Literatur.

Mittelpunkt dieser Studie stehenden Persönlichkeiten sind durch mehrere Jahrzehnte der Forschung erschlossen und haben breiten Eingang in die wissenschaftliche Literatur gefunden. Angesichts der Bedeutung, die den Ursachen und der Vorgeschichte des Ersten Weltkrieges historiographisch und – vor allem – politisch zukam, ist dies nicht verwunderlich. »Neue« Nachlässe zu entdecken, konnte daher nicht im Vordergrund des Interesses stehen. Vielmehr geht es darum, bislang verborgene Erkenntnisse der vorhandenen Überlieferung, namentlich zu Theodore Roosevelt, Henry White, Arthur James Balfour und Cecil Spring Rice durch neue Untersuchungsperspektiven herauszufiltern. Allein Theodore Roosevelt hat in seinem Leben rund 100 000 Briefe geschrieben[114], von denen eine Edition aus den fünfziger Jahren etwa ein Zehntel enthält, das als repräsentativ angesehen werden kann.[115]

Auch Arthur James Balfour, Henry White, Cecil Spring Rice und die anderen im Rahmen dieser Analyse untersuchten Persönlichkeiten haben eine umfangreiche Korrespondenz hinterlassen. Diese ist in der Regel nicht so ausufernd wie diejenige Roosevelts, die Zahl der Briefe geht aber stets in die Tausende. Der Briefwechsel Arthur Balfours ist bedauerlicherweise noch nicht in ähnlicher Weise ediert wie derjenige Roosevelts, obwohl seine politische Lebensleistung durchaus an der des amerikanischen Präsidenten zu messen wäre.[116] Die Papiere Henry Whites in der Library of Congress sind nicht vollständig, wie der Vergleich mit den von Whites Biographen Allan Nevins zitierten Briefen zeigt. Nevins erhielt Einsicht in Whites Papiere, als diese sich noch in Familienhand befanden; offensichtlich sind nicht alle Briefe an das Archiv übergeben worden.[117] Quellen zu Cecil Spring Rice sind in den Nach-

---

[114] Er selbst bezifferte bezeichnenderweise die Zahl seiner allein während der Präsidentschaft verfaßten Briefe auf 150 000. MORISON, Letters of Theodore Roosevelt, Bd. 1, S. XV.

[115] MORISON, Letters of Theodore Roosevelt. Roosevelt hat die meisten Briefe während seiner Präsidentschaft diktiert und in die getippte Version bisweilen handschriftliche Änderungen eingefügt. Das geschah nicht allein deshalb, weil er beim Diktat vielleicht allzu impulsiv geäußerte Gedanken präzisieren wollte, sondern bisweilen auch mit der Berechnung, dem Adressaten ein besonders intensives Interesse des Autors an einer präzisen und persönlichen Ansprache zu signalisieren. Dies sollte nicht nur als berechnende Schmeichelei abgetan, sondern durchaus als effektives diplomatisches Instrumentarium verstanden werden, dessen komplexer Wirksamkeit in den Kommunikationsregeln seiner Zeit sich viele Briefkorrespondenten zumindest latent bewußt waren, ohne sie selbst in sämtlichen Varianten zu beherrschen. Der Herausgeber der Roosevelt-Briefe hat auf das Phänomen hingewiesen, daß »societies, unlike individuals, appear to remember only the important things that have happened to them. There seems to be, within the public memory, a kind of centrifugal force that spins the lighter, or at least more inconsequential, elements of the past out and away from recollection. What remains are the heavier particles – the wars, the big ideas, the larger acts of the imagination; these are retained as a continuing part of the cultural heritage.« MORISON, Letters of Theodore Roosevelt, Bd. 1, S. XX–XXII.

[116] Ausnahme bislang: Robin Harcourt WILLIAMS (Hrsg.), Salisbury-Balfour correspondence. Letters exchanged between the third Marquess of Salisbury and his nephew, Arthur James Balfour, 1869–1892, Hertfordshire Record Society 1988.

[117] Nevins selbst hat seine Papiere und Abschriften zu Henry White (etwa 800 Stück)

lässen des Public Record Office und der British Library sowie über die Edition des Briefwechsels durch Stephen Gwynn zugänglich.[118]

Der nähere Blick auf die trilaterale Perspektive fördert zwar insgesamt eine große Zahl von Einzeluntersuchungen zutage, namentlich Separata zum britisch-amerikanischen und zum britisch-deutschen Verhältnis. Zugleich wird jedem, der sich einen Gesamtüberblick verschafft, deutlich, daß derzeit keine dreiseitige Interpretation der internationalen Beziehungen vorliegt; eine solche soll im folgenden unternommen werden.

Das Ziel der folgenden Darstellung ist deshalb keine nacherzählende Beschreibung der Ereignisgeschichte vom Beginn der wilhelminischen Epoche bis zum Ersten Weltkrieg im allgemeinen und dem als »Scharnierzeit« zu charakterisierenden Jahrdutzend zwischen »ostasiatischem Dreibund« 1895 und dem russischen Beitritt zur »Entente cordiale« 1907 im speziellen, sondern deren deutende Synthese. Es geht im folgenden ausdrücklich nicht darum, den zahlreichen bekannten Werken beispielsweise zur Venezuelakrise[119], zum spanisch-amerikanischen Krieg[120], zu den deutsch-britischen[121], deutsch-amerikani-

---

1970 an die Columbia Universiy Libraries (New York City) übergeben (Signatur: MS 71–1007).

[118] The Letters and Friendships of Sir Cecil Spring Rice. A Record, edited by Stephen Gwynn, vols. 1–2, Boston/New York 1929; reprinted: Freeport/New York 1972 (im folgenden: GL). Die Korrespondenz mit seinen Geschwistern Stephen und seiner Schwägerin Julia befindet sich in der John Rylands University Library of Manchester. Vgl. Private Papers of British Diplomats 1792–1900, London 1985, S. 62 f. Auf die weniger extensiv genutzten Nachlässe ist in den Anmerkungen und im Verzeichnis der unveröffentlichten Quellen verwiesen. Generell gilt: Wo eine publizierte Version der Quellen identifizierbar war, ist diese in der zuverlässigsten Form nachgewiesen.

[119] Neben den vielfältigen Schilderungen in Handbüchern und Monographien zum Untersuchungszeitraum (beispielsweise VAGTS, Deutschland und die Vereinigten Staaten; William L. LANGER, The Diplomacy of Imperialism 1890–1902, Bde. 1–2, New York 1935; Howard K. BEALE, Theodore Roosevelt and the Rise of America to World Power, Baltimore 1956) seien als einschlägige Titel genannt (chronologisch): Seward W. LIVERMORE, Theodore Roosevelt, The American Navy, and the Venezuelan crisis of 1902–03, in: AHR 51 (1946), S. 452–471; Erich ANGERMANN, Ein Wendepunkt in der Geschichte der Monroe-Doktrin und der deutsch-amerikanischen Beziehungen. Die Venezuelakrise von 1902/03 im Spiegel der amerikanischen Tagespresse, in: JbA 3 (1958), S. 22–58; Wayne L. GUTHRIE, The Anglo-German Intervention in Venezuela, 1902/03, Diss. Phil. University of California 1983; umfassende und detaillierte Synthese: FIEBIG-VON HASE, Lateinamerika als Konfliktherd.

[120] Alfred Th. MAHAN, Lessons of the War with Spain, and other Articles, London 1899; Howard Wayne MORGAN (Hrsg.), Making Peace with Spain. The Diary of Whitelaw Reid, September – December 1898, Austin 1965; Olli KAIKKONEN, Deutschland und die Expansionspolitik der USA in den 90er Jahren des 19. Jahrhunderts. Mit besonderer Berücksichtigung der Einstellung Deutschlands zur spanisch-amerikanischen Krise, Jyväskylä 1980; John L. OFFNER, An Unwanted War. The Diplomacy of the United States and Spain over Cuba 1895–1898, Chapel Hill 1992; Nils HAVEMANN, Spanien im Kalkül der deutschen Außenpolitik von den letzten Jahren der Ära Bismarck bis zum Beginn der Wilhelminischen Weltpolitik (1883–1899), Berlin 1997 (bes. S. 346–420).

[121] Von den zahlreichen Studien seien hervorgehoben: MEINECKE, Geschichte des deutsch-englischen Bündnisproblems; KENNEDY, Rise of Antagonism; SCHÖLLGEN, Imperialismus

schen[122] und britisch-amerikanischen Beziehungen[123] eine weitere ereignisgeschichtliche Darstellung hinzuzufügen. Daß die Flottenfrage im Zentrum der deutsch-britischen Entfremdung steht, ist umfassend in der Forschung herausgehoben worden und findet auch in dieser Untersuchung im Rahmen der britischen Perzeption deutscher Außenpolitik entsprechende Berücksichtigung. Es geht dabei nicht um eine erneute Rekapitulation der Einzelschritte, sondern um die leitende Frage, was die Führung des Deutschen Reiches annehmen ließ, die schon zeitgenössisch so offensichtlichen außenpolitischen Folgen ihrer Flottenrüstung in ihrer politischen Praxis weitgehend ignorieren zu können, um die Frage also, warum die deutsche Politik so unbeirrbar und bisweilen irrational die Signale und Wandlungen der internationalen Beziehungen mißdeutete und an dem einmal konzipierten, auf Jahrzehnte angelegten Entwurf festhielt, während eine Rückkopplung mit den Prämissen und Reaktionen der anderen Großmächte zu einem Kurswechsel gedrängt hätte. Die Antwort auf diese Frage führt zu einem ähnlichen Befund wie die Frage nach den subkutanen und mentalen Affinitäten, die zur britisch-amerikanischen Annäherung führten: Während im Deutschen Reich ein großer Entwurf mit der illusorischen Zuversicht betrieben wurde, sich über mehr als mindestens ein Jahrzehnt von den Folgen der eigenen Außenpolitik, die zuvörderst Flottenaufrüstungspolitik war, distanzieren zu können, verfolgte die britische Führung eine Politik der rückkoppelnden Machtsicherung, die permanent auf die Gewichtsverschiebungen im internationalen System reagierte. Sie besaß dabei zweifellos die beiden entscheidenden Vorteile von ausreichender Ausgleichs- und Verhandlungsmasse einerseits und dem bereits verfügbaren dominanten politischen Machtinstrument der Flotte andererseits. Aber sie verfügte auch über den politischen Vorteil, von einem politischen und diplomatischen Netzwerk von Persönlichkeiten geführt zu werden, das über Parteigrenzen hinweg eine im Kern überaus homogene Vorstellung, gleichsam eine »Idee« von den Grundlagen und Notwendigkeiten der britischen Machtexistenz besaß. Diese Idee des britischen Führungs- und Gesellschaftsprinzips, in deren Kern persönlichkeitsorientierte Individualität und parlamentarischer wie ökonomischer Wettbewerb standen, hatte nicht nur (in den Augen ihrer Träger) zu Aufstieg und Entwicklung der britischen Weltmacht geführt. Sie bewirkte (rückblickend) zugleich die sensibel-schnelleren und rational-pragmatischeren

---

und Gleichgewicht; Harald ROSENBACH, Das Deutsche Reich, Grossbritannien und der Transvaal (1896–1902). Anfänge deutsch-britischer Entfremdung. Göttingen 1993.

[122] Exemplarisch: VAGTS, Deutschland und die Vereinigten Staaten; POMMERIN, Kaiser und Amerika; LAMMERSDORF, Anfänge einer Weltmacht.

[123] GELBER, The Rise of Anglo-American Friendship; ALLEN, Great Britain and the United States; Charles Soutter CAMPBELL, Anglo-American Understanding; Alexander Elmslie CAMPBELL, Great Britain and the United States; ANDERSON, Race and Rapprochement; WATT, Succeeding John Bull; Alan P. DOBSON, Anglo-American relations in the twentieth century. Of friendship, conflict and the rise and decline of superpowers, London/New York 1995.

Reaktionen auf den Wandel des Staatensystems nach 1890, der zunehmend, von Europa ausgehend und in die Weltpolitik ausstrahlend, als deutsche Herausforderung perzipiert wurde. Zugleich bewirkten diese beiden Voraussetzungen – die machtpolitische Verfügungsmasse als »alte« Macht im globalisierten Zeitalter und das gleichsam »ideologische« Bewußtsein von deren Prämissen in der Führungsschicht – die Hinwendung zu parallelen Schichten in den Vereinigten Staaten.

Der Argumentationsgang dieser Untersuchung entwickelt sich wie folgt: Nach diesem Einleitungskapitel, in dem die Grundfragen der deutsch-britisch-amerikanischen Beziehungen angesprochen sind, geht es im folgenden Kapitel zunächst darum, jenes Geflecht struktureller und ideologischer Faktoren zu beschreiben, dem sich ein Diplomat, Politiker und Staatsmann (was selten in einer Person zusammentraf) im Vierteljahrhundert vor 1914 bewußt wie unbewußt ausgesetzt sah. Dieser Horizont ist eine komplexe Verbindung aus wirtschaftlich-industriellen Bestimmungsfaktoren der Großmächtepotenz einerseits und den ideologischen Grundauffassungen von Groß- und Weltmachtexistenz andererseits. Dabei wird deutlich, daß die drei hier im Mittelpunkt stehenden Mächte von ihren strukturellen und vielfach auch mentalen Voraussetzungen her die Potenz zur Vorherrschaft besaßen. Es gilt also der Frage nachzugehen, warum diese Ähnlichkeiten in der Überlegenheit zu den gegebenen und nicht zu alternativen politischen Konsequenzen im Sinne einer Kooperation führten. Wie und warum entwickelten sich die Beziehungen des Deutschen Reiches zu Großbritannien konfrontativ, die Großbritanniens zu den Vereinigten Staaten kooperativ?

Anschließend folgt einleitend zum zweiten Kapitel ein skizzierender Überblick über generelle britisch-amerikanische Elitenbeziehungen im ausgehenden 19. Jahrhundert und deren schon zeitgenössisch weitreichende politisch-künstlerische Reflexion. Das Beispiel des britischen Diplomaten Cecil Spring Rice, seines Erziehungs- und Karrierehintergrundes sowie seines Generationenzusammenhangs bietet sodann die Folie, um ausführlich die britische Perspektive der außenpolitischen Annäherung an Amerika analytisch zu charakterisieren. Gleichsam spiegelbildlich komplementär folgt die Analyse der Rolle und Funktion des ersten amerikanischen »Karrierediplomaten« Henry White im Kontext der britisch-amerikanischen Elitenbeziehungen sowie des generellen politischen Rapprochements beider Staaten während der Scharnierzeit.

Im dritten Kapitel werden zunächst die wichtigsten Persönlichkeiten und kennzeichnenden Perzeptionsmuster der britischen Außenpolitik während der Scharnierzeit charakterisiert. Kontrastierend dazu werden anschließend Rolle und Funktion des deutschen Kaisers im Kontext der Charakteristika des wilhelminischen außenpolitischen Prozesses beschrieben. Diese werden in den generellen Zusammenhang des britisch-amerikanisch-deutschen Machtverhältnisses gestellt, um Perzeptions- und Reaktionsmuster deutlich werden zu lassen, aus denen sich wiederum Erkenntnisse für die Gesamtentwicklung des

Staatensystems dieser Jahre im Sinne der These von der Scharnierzeit ableiten lassen. Das Resümee bietet schließlich eine konzentrierte Zusammenschau des Argumentationsgangs sowie der wichtigsten neuen Ergebnisse. Die Analyse soll damit einen Beitrag zur Erklärung der internationalen Vorgeschichte des Ersten Weltkrieges im Kontext längerfristiger Entwicklungen der Großmächtepolitik sowie der Haltung politischer Führungseliten zu zivilisatorisch-gesellschaftlichen Grundfragen der jeweiligen Großmachtorientierung anbieten.

Schließlich noch eine generelle Bemerkung: Insofern sich die Untersuchung auf das Thema der transatlantischen Elitenbeziehungen sowie die Dispositionen wichtiger politischer Entscheider konzentriert, setzt sie den Rahmen der generellen außenpolitisch-internationalen Entwicklungsgeschichte der Großmächte zwischen 1890 und 1914 als weitgehend bekannt voraus, um das spezifisch Neue perspektivisch detaillierter hervortreten lassen zu können. Ein anderes Vorgehen, nämlich die jeweiligen bilateralen und trilateralen Ereignisse und die multiplen innenpolitischen Weiterungen dieses diplomatisch lebhaften Zeitraums erneut im einzelnen zu beschreiben, hätte einerseits den Umfang des Werkes deutlich aufgebläht und würde andererseits manche pointierte Erkenntnis verschwimmen lassen. Das hier gewählte Vorgehen geht folglich mit einer gewissen Notwendigkeit von der Bereitschaft der Rezipienten aus, sich auf diese konzentrierte Perspektive einzulassen, in der Hoffnung, daß das so stringenter hervortretende Neue in Anlage und Ergebnis der Untersuchung die Sinnfälligkeit dieser Konzeption erweisen möge.

ERSTES KAPITEL

STRUKTURELLE, IDEOLOGISCHE UND MENTALE FAKTOREN INTERNATIONALER MÄCHTEVERHÄLTNISSE UND DIE ZEITGENÖSSISCHEN PARAMETER DER MACHTPROJEKTIONSFÄHIGKEIT

In welcher Welt, präziser: in welcher Gemengelage struktureller, ideologischer und mentaler Faktoren fanden sich jene Politiker und Diplomaten, die im Vierteljahrhundert vor dem Ersten Weltkrieg die Interessen ihres Landes zu definieren und zu sichern hatten? Von der Annahme ausgehend, daß die dominierende Triebkraft aller Akteure im politischen Geschäft die Sicherung und Erweiterung ihrer Macht und der ihres Staates ist, ganz gleich mit welchen Motiven sie dieses Streben begründen, kann auch für die Jahrzehnte vor dem Ersten Weltkrieg unterstellt werden, daß die politisch-diplomatischen Akteure subjektiv ernsthaft nach einer materiellen und ideellen Festigung und, wo möglich, Besserung ihrer Position, der ihres Landes und seiner Bevölkerung im Wettbewerb der internationalen Mächteverhältnisse strebten. Dies gilt unabhängig davon, ob sie sich auf eine demokratisch-parlamentarische Herleitung berufen konnten wie die Regierungschefs und Minister in Großbritannien und den Vereinigten Staaten oder aber eine göttliche Legitimation ihres Ranges beanspruchten wie Wilhelm II., aus dessen Autorität sich wiederum die Stellung seiner Minister ableitete.

1. Zur Bedeutung materieller Grundlagen von Außenpolitik

Die materiellen Grundlagen der Fähigkeit zur Machtprojektion und damit zur aussichtsreichen Teilnahme an diesem Wettbewerb lagen (und liegen) in der wirtschaftlichen, industriellen und technischen, aber auch der demographischen Potenz eines jeden Staates, weil hierauf die Fähigkeit zur militärischen Gewalt als der seinerzeit international üblichen und akzeptierten ultima ratio zur Klärung und Neutarierung der Machtverhältnisse beruhte. Zugleich stellte sich fortlaufend die Frage, wann und mit welcher Konsequenz dergleichen Machtmittel eingesetzt werden durften, so daß dieser Einsatz noch als legitim im Sinne zeitgenössischer Kategorien und als hinnehmbar in den Auswirkungen auf das Gesamtsystem empfunden wurde. Mit anderen Worten: Eine Analyse der Großmächtesituation im Vierteljahrhundert vor 1914 bedarf einerseits der Darstellung der machtpolitischen Leistungsparameter und verlangt andererseits die Beschreibung der ideologisch-mentalen Akzeptanzkategorien, die man auch als Kategorien des »motivierenden Zeitgeistes« charakterisieren könnte.

Die Bedeutung der ökonomisch-industriellen Grundlagen für die weltpolitische Position des eigenen Landes war nicht allein den politischen Führern bewußt, sondern wurde von den Zeitgenossen publizistisch breit diskutiert, weil sie aufgrund des fortschreitenden Wandels zu weltwirtschaftlicher Konkurrenz die machtpolitischen Kategorien nicht nur zu spiegeln, sondern diese partiell zu verdrängen schienen.[1] Als Rudolf Kjellen am Vorabend des Ersten Weltkrieges die »Großmächte der Gegenwart« verglich, benannte er als »die Grundbedingung einer modernen Großmachtstellung« vor allem »die ökonomische Solidität«.[2] Er verwies damit auf das Bewußtsein, daß jeder politische Wille zur Weltmacht eines materiellen Instruments bedurfte, das wiederum abhängig war von ökonomischen Grundlagen, ohne die weder materielle Instrumente entwickelt werden können noch politischer Wille projizierbar ist. So formulierte beispielsweise der Chef des kaiserlichen Marinekabinetts, Admiral Senden: »Unsere wirtschaftliche u[nd] industrielle Entwicklung schreitet in einem Maße vor, das zur ernsten Konkurrenz mit England führt. Es wäre daher unlogisch, eine Konkurrenz auf

---

[1] Als britisches Beispiel: James Louis GARVIN, Imperial Reciprocity. A study of fiscal policy. In a Series of Articles Revised and Reprinted from The Daily Telegraph, London o. J. [1910]. Garvin beschreibt anhand ausführlicher zeitgenössischer Statistiken über Im- und Exporte, Eisen- und Stahlproduktion, Verbrauch von Baumwolle etc. die britische Entwicklung im internationalen Vergleich seit den 1870er Jahren. Die wichtigsten Vergleichsländer sind Deutschland, die Vereinigten Staaten und Frankreich, daneben Holland, Belgien und Italien. Darin wird vor allem die wachsende ökonomische Potenz des Deutschen Reiches und der Vereinigten Staaten deutlich. Garvin diskutiert Handels- und Zollfragen u. a. unter dem Aspekt der »deutschen Herausforderung« und der Frage möglicher Vergeltungsmaßnahmen bei der Einführung von Schutzzöllen. Ebenda, S. VII–XVIII (Statistical Analysis), S. 5–13 (The German Challenge; Germany and Retaliation), S. 14–18 (Will America Retaliate?). Garvins Untersuchungen entstanden infolge der von Joseph Chamberlain angestoßenen Diskussionen um »imperial preference« und »tariff reform« und sind auch im Zusammenhang zu sehen mit den Diskussionen der *Compatriots* und *Coefficients*, die in Kapitel III näher beschrieben werden. Vgl. Leopold AMERY, My political Life, London 1953, Bd. 1: England before the Storm 1896–1914, S. 266 f.; vgl. auch Jürgen ELVERT, »A Greater Britain of British Race«. Zur Frage der Zukunft des britischen Weltreiches um 1900, in: NEITZEL (Hrsg.), 1900: Zukunftsvisionen der Großmächte, S. 140–146 (mit einer ausführlichen Zusammenfassung von Garvins Vortrag *The Principles of constructive Economics as applied to the Maintenance of Empire* vom 18. März 1904). Umfassende Wiedergabe zeitgenössischer Statistiken vor 1914 in: William PAGE (Hrsg.), Commerce and Industry. A Historical Review of the Economic conditions of the British Empire from the Peace of Paris in 1815 to the Declaration of War in 1914, based on Parliamentary Debates; Tables and Statistics for the British Empire from 1815 (two volumes in one), London 1919, Repr. New York 1968 (benutzt), in denen wiederholt der Vergleich Großbritanniens mit Deutschland, Frankreich und den Vereinigten Staaten, bisweilen auch anderer Mächte, dargestellt ist. Im Rahmen der vorliegenden Untersuchung werden im folgenden die Ergebnisse der wirtschaftshistorischen Forschung und deren Zusammenstellungen auf Basis des zeitgenössischen Materials benutzt.

[2] KJELLEN, Großmächte der Gegenwart, S. 136.

dem Gebiete der Macht für aussichtslos zu erklären.«[3] Schon die Zeitgenossen sammelten und verglichen Zahlenkolonnen zur jeweiligen wirtschaftlichen Stärke und der Bedeutung von Industrialisierung, Handel und Produktion.[4] Europa war im Verlauf der vergangenen zwei Generationen umfassend industrialisiert worden. Gleichwohl war die Qualität und Tiefe dieser Industrialisierung zwischen Baltikum und Mittelmeer höchst unterschiedlich: »Despite the outward similarities, industrialization in Europe was a phenomenon of very

---

[3] BA-MA, NL Senden, N 160/3, Stellungnahme betr. Geschwaderkrieg, o. D. [vermutlich 1899], zit. nach Volker BERGHAHN, Der Tirpitz-Plan. Genesis und Verfall einer innenpolitischen Krisenstrategie, Düsseldorf 1971, S. 184. Admiral Gustav Freiherr von Senden und Bibran (1847–1909) leitete von 1889 bis 1906 das Marinekabinett. Er wurde schon damals aus diplomatischen Kreisen scharf kritisiert, namentlich von Holstein und dem Pariser (und ehemaligen Londoner) Botschafter Münster: »Einer unserer rabiaten Marinehelden war kürzlich hier in Paris und hat bei mir diniert. Es war geradezu himmelschreiend, anhören zu müssen, welchen politischen, größenwahnsinnigen Unsinn er zusammenschwatzte. Ich habe ihm ordentlich eins auf den Kopf gegeben, aber ich fürchte, das nutzt ja bei diesen Herren nichts. Wahrscheinlich wird er mich beim Kaiser deshalb verpetzen, was mir natürlich ganz gleichgültig sein würde.« Graf Münster an Eckardstein, 14. April 1898, abgedruckt in: Hermann Freiherr von ECKARDSTEIN, Lebenserinnerungen und Politische Denkwürdigkeiten, Leipzig 1920/21, Bd. 1, S. 296–299, Zit. S. 298. Zur wiederholten Kritik Holsteins, der Senden auch für das Krüger-Telegramm verantwortlich machte, vgl. Holstein an Eulenburg, 10. November 1897, in: Philipp Eulenburgs politische Korrespondenz, hrsg. von John C. G. Röhl, Boppard a. Rh. 1976–1983, Bd. 3, Nr. 1352 und 1353, S. 1873 f. Nach einem England-Besuch Anfang 1898 berichtete Senden von schlechter Behandlung durch Kronprinz Edward, was zu einer heftigen Reaktion des Kaisers und diplomatischen Turbulenzen führte. Senden war zeitweise als Nachfolger Hatzfeldts für den Londoner Botschafterposten im Gespräch. Es liege »eine gewisse Komik darin«, unterrichtete Eulenburg Bülow, »daß Senden, der ja hauptsächlich von dem vermeintlichen Ansehen, das er in England genießt, getragen wird, sich durch seine ungeschickte und gehässige Berichterstattung selbst sein Paradies verschlossen hat«. Eulenburg an Bülow, 11. Juli 1898, ebenda, Nr. 1378, S. 1905. Zum »Senden-Zwischenfall« vgl. auch RÖHL, Wilhelm II., S. 1080 f. Zum größeren Zusammenhang der Wirkung von dergleichen »typischen« wiederholten atmosphärischen Störungen, die von Wilhelm und seiner Herrschaftsentourage ausgingen vgl. unten Kap. III.

[4] Vgl. dazu KENNEDY, Antagonism, der in Kap. 15, S. 291–305, die »Economic Transformation and Anglo-German Trade Relations« auf einer breiten Basis zeitgenössischer Statistiken erörtert. Darüber hinaus verweist Kennedy in seinem anschließenden Kapitel über »Rising and Declining Empires: Power-Political Interpretations of Global Economic Trends«, S. 306–320, auf die Erörterung dieser Fragen im Kontext der zeitgenössischen Gegenwartsanalyse zur Zukunftsfähigkeit Großbritanniens, namentlich im Verhältnis zum Deutschen Reich, aber auch zu den anderen Großmächten. Er resümiert mit Blick auf die gegenseitigen Perzeptionen der »archnationalists«, daß diese Kreise in beiden Ländern »saw economic strength and military strength as two sides of the same coin« in der Perspektive eines eindeutigen Antagonismus (S. 315). Diese Ansicht von der allseitigen Konfrontation war jedoch, wie auch Kennedy zeigt, in den Elitenzirkeln nicht dominierend. Zwar glaubten sie an die Notwendigkeit der ökonomischen Entwicklung im Wettbewerb als Grundlage von Weltmacht, aber nicht an einen daraus resultierenden Determinismus ökonomisch-militärischer Konfrontation. Ebenda, S. 315 f. Was mit der ökonomischen Potenz und den daraus ableitbaren militärischen Machtmitteln zu geschehen hatte, war mithin das Ergebnis eines *politischen* Prozesses. Edward Grey beispielsweise bestritt die Bedeutung der Handelsrivalitäten für das aufkommende Mißtrauen gegen Deutschland überhaupt. PRO FO 800/61, Grey an Lascelles, 1. Januar 1890; KENNEDY, Antagonism, S. 316.

variable pace and intensity, offering radically different prospects of wealth and power as it crossed frontiers and resource areas.«[5] Zwischen 1860 und 1913 vervierfachte sich das Gesamtvolumen der Weltproduktion; pro Kopf war es immerhin noch eine Verdreifachung.[6] Innerhalb dieser fünf Jahrzehnte sind, aufgrund der »Wachstumsstörungen« nach 1873[7], insbesondere die Zuwächse der zweiten Hälfte, dem Vierteljahrhundert vor Ausbruch des Krieges, signifikant.[8] Anfang 1895 begann ein »furioser wirtschaftlicher Aufschwung«, der bis zum Vorabend des Ersten Weltkrieges eine »anhaltende Hochkonjunkturperiode eröffnete.«[9] Es war »charakteristisch« für die Zeit des Imperialismus, »daß in der Öffentlichkeit ständig Produktionszahlen verglichen, Absatz- und Exportprobleme diskutiert wurden«, wodurch ein »psychologisches Klima« vergleichenden Wettbewerbs entstand. In diesem »Klima« entwickelten sich Phänomene »wie der deutsch-englische ›Handelsneid‹, dem allerdings kein entscheidender Einfluß auf die Verschlechterung der deutsch-englischen Beziehungen zugemessen werden kann«.[10] Demgegenüber war der »moderne« Gedanke noch

---

[5] Clive TREBILCOCK, The Industrialization of the Continental Powers 1780–1914, London/New York 1981, S. 1.

[6] Zeitgenössische Schätzungen und Statistiken bei Michael G. MULHALL, Industries and Wealth of Nations, London 1896; darin Einzelstatistiken zu Großbritannien S. 58–108 und Übersicht XXVIII, zum Deutschen Reich S. 135–155 und Übersicht XXX, zu den Vereinigten Staaten S. 281–314 und Übersicht XXXI. Statistiken zum deutsch-britisch-amerikanischen Vergleich bei GARVIN, Imperial Reciprocity, bes. S. VII–XVIII. Ein Aufriß der Forschung zu den internationalen Industrialisierungsgraden findet sich einleitend bei Paul BAIROCH, International Industrialization Levels from 1750 to 1980, in: Journal of European Economic History 11 (1982), S. 269–333, hier S. 269–272. Zum generellen Hintergrund von Bairochs in mehr als zwanzigjähriger Recherche zusammengetragenem Datenmaterial, der methodischen Grundlage seiner Tabellen und der Definition dessen, was jeweils unter »moderner Industrie« vor dem Ersten Weltkrieg zu verstehen ist: Ebenda, S. 311–329, bes. S. 313–316, 321 f., 325 f. Trotz einer eingestandenen »margin of error which may still seem sufficiently large for those who have not first-hand experience of this type of research, we believe that our calculations have attained limits of accuracy beyond which it will be very difficult to progress further. This is particularly true of pre-1928 date and with the assumption of and individual research effort.« Ebenda, S. 328. Darüber hinaus vgl. Bairochs Argumentation zur nach wie vor gegebenen Notwendigkeit, die Vergleichbarkeit der Wirtschafts- und Wachstumskraft von Nationen am Indikator des Bruttosozialprodukts zu messen: Paul BAIROCH, Europe's Gross National Product: 1875–1975, in: Journal of European Economic History 5 (1976), S. 273–340, hier S. 273. Überblick zur Entwicklung der deutschen Wirtschaft von 1870 bis 1914 mit einschlägigen Tabellen und Statistiken: Alan S. MILWARD/S. B. PAUL, The Development of the Economies of Continental Europe 1850–1914, Cambridge, Mass./London 1977, S. 17–66, sowie die einschlägigen Kapitel in: Hans-Ulrich WEHLER, Deutsche Gesellschaftsgeschichte, Bd. 3: 1849–1914. Von der »Deutschen Doppelrevolution« bis zum Beginn des Ersten Weltkrieges, München 1995.

[7] Zur ökonomischen Entwicklung der sogenannten »Großen Depression«, die vor allem eine »Große Deflation« war, im Grunde jedoch von einem »gesamtwirtschaftliche[n] Aufschwungtrend« geprägt blieb, vgl. zusammenfassend WEHLER, Deutsche Gesellschaftsgeschichte, Bd. 3, S. 100–105, 547–610, Zit. S. 105, 580.

[8] BAIROCH, International Industrialization Levels, S. 274 m. Tabelle 2, S. 275.

[9] WEHLER, Deutsche Gesellschaftsgeschichte, Bd. 3, S. 595.

[10] SCHIEDER, Staatensystem, S. 264 f.; Paul Kennedy hat in seiner Entwicklungsgeschichte

weitgehend fremd, auf die langfristige ökonomische Überlegenheit der eigenen Nation und deren Fähigkeit zur politischen Durchdringung zu vertrauen.¹¹ »We are probably fools not to find a reason for declaring war on Germany before she builds too many ships and takes away our trade«, meinte der ehemalige britische Premierminister Arthur Balfour im Frühjahr 1907 »*somewhat lightly*« gegenüber dem amerikanischen Botschafter in Rom, Henry White, der erschreckt fragte, wie Balfour »anything so politically immoral« erwägen könne wie »provoking a war against a harmless nation which has as good a right to a navy as you have?«, und entgegnete: »If you wish to compete with German trade, work harder.« Balfour führte den Gedanken fort und antwortete: »That would mean lowering our standard of living. Perhaps it would be simpler for us to have a war.« White zeigte sich »shocked that you of all men should enunciate such principles«, worauf Balfour »*again lightly*« erwiderte: »Is it a question of right or wrong? Maybe it is just a question of keeping our supremacy.«¹² Dieses ironisch überspitzte Gedankenspiel eines unbritisch philosophisch veranlagten Staatsmannes sollte zweifellos nicht zum Nennwert kriegerischer Intention genommen werden. Gleichwohl spiegelt sich darin sowohl die vorwaltende Perzeption des Deutschen Reiches als des eigentlichen Herausforderers britischer

---

des deutsch-englischen Antagonismus vor allem auf die Entwicklung der ökonomischen Gegensätze verwiesen, wozu Zara Steiner für die Perspektive der »policy making elites« im Foreign Office, um die es auch im weiteren Zusammenhang dieser Untersuchung gehen wird, bemerkt, daß »[t]hough it may be true that the roots of the Anglo-German antagonism can be found in their economic rivalry this was not the way that struggle was perceived in Whitehall. It is interesting that both [Charles] Hardinge and Crowe, so different in their upbringings and in their treatment of economic questions should have denied the importance of economic factors.« Zara S. STEINER, Elitism and Foreign Policy: the Foreign Office before the Great War, in: Brian J. C. MCKERCHER/D. J. MOSS (Hrsg.), Shadow and Substance in British Foreign Policy 1895–1939. Memorial Essays Honouring C. J. Lowe, Edmonton 1984, S. 19–55, hier S. 36; KENNEDY, Rise of Antagonism, S. 466.

¹¹ Allerdings meinte Bethmann Hollweg am 23. April 1914 in einem Gespräch mit Botschafter von Wangenheim, das deutsche »Nationalvermögen nähme so zu, daß wir in zehn bis fünfzehn Jahren alle Nationen überholt hätten. Dann würden wir in der Weltpolitik, die letzten Endes Wirtschaftspolitik wäre, an gesicherter Stelle stehen. Unsere Aufgabe wäre es, uns ohne große Konflikte durch diese Zeit durchzuwinden.« Zit. nach Alfred von TIRPITZ, Erinnerungen, 5. durchgesehene und verbesserte Auflage Berlin/Leipzig 1927, S. 233; vgl. ebenda, S. 195. Allerdings war diese späte Äußerung im Sinne der »Politik ohne Krieg«, wie Klaus Hildebrand zusammengefaßt hat, keineswegs prägend für seine Gesamtsicht des internationalen Mächtesystems, sondern sein »außenpolitische[s] Kalkül [...] gründete sich im Sinne überlieferter Staatsräson auf einen Begriff der Macht, der vor allem auf militärischen, geographischen und demographischen Elementen basierte und der den Kategorien der Psychologie und des Prestiges hohe Bedeutung beimaß, die neuartige Kraft des Ökonomischen dagegen eher geringschätzte«. HILDEBRAND, Das vergangene Reich, S. 308 f.; vgl. Wolfgang J. MOMMSEN, Großmachtstellung und Weltpolitik 1870–1914. Die Außenpolitik des Deutschen Reiches, Frankfurt a. M./Berlin 1993, S. 293; Rainer LAHME, Die Entwicklung des Zweibundes von Caprivi bis Bethmann Hollweg, in: RUMPLER/NIEDERKORN (Hrsg.), Der »Zweibund« 1879, S. 195–220, hier S. 212.

¹² Gespräch zwischen Arthur Balfour und Henry White, o. D. (Frühjahr 1907), im Zusammenhang mit der Haager Konferenz von 1907, zit. nach NEVINS, White, S. 257 f.

Weltmacht als auch das Spektrum der bis ins Extreme denkbaren Szenarien am Ende der Scharnierzeit.[13] Schon zeitgenössisch wurde sichtbar, daß es für »England nicht mehr möglich« war, wie vor den 1880er Jahren »mit der gesamten übrigen Welt gleichen Schritt zu halten«.[14] Die von Balfour als symptomatisch apostrophierte Rivalität durch Flottenwettlauf und Handelskonkurrenz verweist auf die strukturellen Entwicklungen, die für diese Untersuchung nicht nur im deutsch-britischen, sondern im trilateralen Verhältnis in den Blick genommen werden sollen. Weil »[s]ymbolically, the European civilization of 1914 could be represented as precisely by the steam-hammer or the steam warship as it had once been by the cathedral spire or the knightly banner«[15], interessieren im Zusammenhang dieser Darstellung jene technisch-industriellen Faktoren, die zur Grundlage von Machtprojektion dienen konnten. Es erscheint demnach sinnvoll, sich die statistischen Daten all jener Teile einer Volkswirtschaft anzusehen und zu vergleichen, die im Konfliktfall zur militärischen Potenz eines Staates bzw. zu dessen glaubwürdiger Bedrohung beizutragen vermögen, mithin die Grundlagen der Machtprojektionsfähigkeit indizieren.[16]

In diesem Zusammenhang erscheint als gewichtiges Manko der meisten wirtschaftshistorischen Untersuchungen, daß sie sich auf die ökonomischen

---

[13] Dieses Motiv der koordinierten militärischen Vorbereitung auf alle Möglichkeiten außenpolitischer Entwicklung lag auch der von Balfour nach den schmerzhaften Erfahrungen des Burenkrieges maßgeblich initiierten Gründung des *Committee of Imperial Defence* 1902 zugrunde. Franklyn Arthur JOHNSON, Defence by Committee. The British Committee of Imperial Defence 1885–1959, London 1960, S. 47–81. Auf deutscher Seite war die Furcht vor einem »Copenhagen«, d. h. der überraschenden Zerstörung der im Aufbau befindlichen Flotte, durchaus ernsthaft verbreitet, wenngleich auf englischer Seite nie eine reale Absicht existierte, trotz mancher Äußerungen selbst aus dem Mund des Ersten Lords der Admiralität, John Fisher. Vgl. Jonathan STEINBERG, The Copenhagen Complex, in: JCH 1 (1966), H. 3, S. 23–46.

[14] KJELLEN, Großmächte der Gegenwart, S. 124.

[15] TREBILCOCK, Industrialization, S. 1.

[16] Neben den bereits erwähnten Quellen zeitgenössischer Statistik finden sich weitere statistische Großmachtvergleiche beispielsweise in: Werner SOMBART, Die deutsche Volkswirtschaft im neunzehnten Jahrhundert, dritte, durchgesehene und bis auf die Gegenwart weitergeführte Aufl. Berlin 1913, bes. Anlage 13 bis 18, S. 493–496; KJELLEN, Großmächte der Gegenwart. Kjellens Buch, das in den folgenden zwei Jahrzehnten fünfundzwanzig Auflagen erreichte, verzeichnet das Verhältnis von Mutterland und Kolonien, den räumlichen Umfang und die Bevölkerungszahlen, das Verhältnis von Nativität zu Mortalität, die Länge des Eisenbahnnetzes und die Handels- und Kriegsflotten sowie die militärischen Ausgaben pro Kopf der Bevölkerung, aufgeteilt nach Armee- und Marinebudget. Vgl. »Erklärungen zu den statistischen Angaben«, ebenda (vor Einleitung). Übersichten zur Seerüstung der Großmächte auch in: BERNHARDI, Deutschland und der nächste Krieg, S. 160. Bernhardis 1911 abgeschlossenes und weit verbreitetes Buch kann als Standardwerk eines kampforientierten deutschen Sendungsbewußtseins angesehen werden. Unterschiedlich detaillierte Übersichten der Gegenwart: Brian Redman MITCHELL, International Historical Statistics. Europe 1750–1993, New York/London 1998; ders., International Historical Statistics. The Americas 1750–1993, fourth ed. New York/London 1998. Bairoch verweist auf einen Einschnitt im Jahr 1913, bis zu dem sich das, was »moderne« Industrie sei, klarer definieren lasse als nachher. BAIROCH, International Industrialization Levels, S. 271.

Prozesse und deren oftmals theoriebeladene Validität konzentrieren, während die praktisch-politischen Optionen ökonomischer Entwicklung vergleichsweise untergewichtet bleiben.[17] Eine grundsätzliche Analyse dieser Zusammenhänge von ökonomischer Entwicklung, militärischem Potential und politischer Machtbildung hat in diesem umfassenden Sinn erst Paul Kennedy unternommen.[18] Der Prozeß des ökonomischen Wachstums besaß, obwohl er in den Dekaden vor 1914 europaweit zu beobachten war, eine unterschiedliche Qualität, bei der das Deutsche Reich und Großbritannien herausragten.[19] Das Deutsche Reich war am Vorabend des Ersten Weltkrieges, mit deutlichem Abstand vor Frankreich, die ökonomisch erfolgreichste Kontinentalmacht Europas und stand Großbritannien als dem »industrial prototype across the channel« nicht mehr nach.[20] Darüber hinaus entsprachen allein die Vereinigten Staaten in ihren industriellen und technischen Voraussetzungen dem Niveau dieser beiden europäischen Führungsmächte. Im Gesamtpotential übertrafen die USA das Deutsche Reich und Großbritannien sogar aufgrund ihrer seinerzeit noch nahezu unbegrenzt erscheinenden Ressourcen und einer stetig wachsenden Bevölkerung, mit der sich diese Voraussetzungen ökonomisch entwickeln ließen. Diese technischen und industriellen Potentiale bildeten überhaupt erst die Voraussetzung dafür, daß ein Staat nachhaltig als Groß- oder Weltmacht auftreten konnte.[21] In diesem Sinne ließe sich prima facie behaupten, daß sich

---

[17] Als Beispiele aus der umfangreichen Literatur für die ökonomische Entwicklung dieser Epoche seien aus jüngster Zeit genannt (chronologisch): Walt Whitman ROSTOW, The Process of Economic Growth, second enl. ed. Oxford 1960; Angus MADDISON, Growth and fluctuation in the World Economy 1870–1960, in: Banca Nazionale del Lavoro, Quarterly Review no. 61 (June 1962), S. 127–195; BAIROCH, Europe's Gross National Product; TREBILCOCK, Industrialization; BAIROCH, International Industrialization Levels; William H. BECKER/Samuel F. WELLS (Hrsg.), Economics and World Power. An Assessment of American Diplomacy since 1789, New York 1984; Sidney POLLARD, Britain's Prime and Britain's Decline. The British Economy 1870–1914, London u. a. 1989.

[18] Paul M. KENNEDY, The Rise and Fall of the Great Powers. Economic Change and Military Conflict from 1500 to 2000, London 1988; dt. Ausg.: Aufstieg und Fall der großen Mächte. Ökonomischer Wandel und militärischer Konflikt von 1500 bis 2000, Frankfurt a. M. 1989; die generelle Vernachlässigung dieses Zusammenhangs beklagt auch TREBILCOCK, Industrialization, S. 3, 16 f.

[19] Vgl. ebenda, S. 1–4, 22–111. Trebilcock widerspricht aufgrund der großen Unterschiede in der Entwicklung der einzelnen europäischen Staaten dem Begriff der »industriellen Revolution in Europa«, die einen komplexen und oft langsam, aber stetig ablaufenden Prozeß fehlzeichne. Ebenda, S. 2.

[20] Ebenda.

[21] Frankreich ist insofern ein Sonderfall, als es im Zeitalter des »klassischen Imperialismus« (1880 bis 1914) einerseits sowohl Großmacht war, andererseits auch kolonial- und weltpolitische Ambitionen besaß und durchzusetzen verstand, zugleich aber im Verhältnis der drei hier im Mittelpunkt stehenden Mächte eine mit Abstand nachrangige und fortgesetzt abnehmende Position einnahm. Vgl. KENNEDY, The Rise and Fall of the Great Powers, S. 199–203, Tab. 12–20. In zeitgenössischen Analysen, so durch Kjellen, wurde Frankreich als schrumpfende Großmacht perzipiert, vor allem aufgrund seiner stagnierenden Bevölkerung, vgl. unten Anm. 38. Das Bewußtsein von der Machtpotentialität des Faktors Demogra-

die materielle Potenz des Deutschen Reiches, Großbritanniens und der Vereinigten Staaten[22] im Vierteljahrhundert vor dem Ersten Weltkrieg zusammengenommen zu einem Gewicht summierte, das unter der Voraussetzung eines gemeinsamen politischen Willens schwerlich zu überwinden gewesen wäre. Dies hatte Joseph Chamberlain klar im Auge, als er, wie einleitend bereits zitiert, meinte, eine britisch-amerikanische Verbindung, »if extended to Germany [might] do more perhaps than any combination of arms in order to preserve the peace of the world«, und die Möglichkeit formulierte, »a new Triple alliance« dieser drei führenden Staaten zu bilden.[23] Auch Kaiserin Friedrich unterstützte energisch die Idee einer englisch-deutschen Verbindung, zu der die Vereinigten Staaten hinzukommen könnten.[24] Im Foreign Office reflektierte beispielsweise Francis Bertie ähnliche Überlegungen, als ihn der deutsche Botschafter Hatzfeldt im August 1898 auf die britisch-amerikanische Annäherung in China und durch den spanisch-amerikanischen Krieg ansprach. Bertie »berief sich darauf, daß heutzutage die Rassengemeinschaft eine große Rolle in der Politik spiele.« Als Hatzfeldt einwarf, »daß sich mit einer so starken Flotte wie die englische und die amerikanische zusammen allerdings viel, aber doch nicht alles ohne entsprechende Armee ausrichten lasse«, erwiderte Bertie, »daß dies wohl richtig sei, und fügte dann hinzu, daß die Lage für alle Beteiligten noch viel besser sein würde, wenn England, Amerika und Deutschland zusammengingen«.[25]

phie war auch in Frankreich verbreitet und trug dazu bei, das *jus soli (Bodenrecht)* gegenüber dem *jus sanguinis (Abstammungsrecht)* in den Vordergrund zu setzen. Vgl. Saskia SASSEN, Migranten, Siedler, Flüchtlinge. Von der Massenauswanderung zur Festung Europa. Aus dem Amerikanischen von Irmgard Hölscher, Frankfurt a. M. 1996, S. 80–86; vgl. auch Colin DYER, Population and Society in Twentieth Century France, London 1978; Etienne van de WALLE, The Female Population of France in the Nineteenth Century: A Reconstruction of 82 Departements, Princeton 1974. Gegen die These, wonach die Liberalisierung der Einbürgerung eine Reaktion auf militärische und demographische Notwendigkeiten gewesen sei (nach SASSEN, S. 81 f.): Roger S. BRUBAKER, Citizenship and Nationhood in France and Germany, Cambridge 1992, dt.: »Staats-Bürger«: Deutschland und Frankreich im historischen Vergleich, Hamburg 1994.

[22] Als Überblick zur allgemeinen Entwicklung der US-Ökonomie dieser Zeit vgl. Harry N. SCHEIBER/Harold G. VATTER/Harold Underwood FAULKNER, American Economic History, ninth ed. New York u. a. 1976, Kap. 15–18, S. 221–296 (Manufacturing and the Modern Industrial Nation, The Worker and the Labor Movement, Transportation and Communications, Internal Trade, Foreign Trade, and Imperialism).

[23] The Times, 1. Dezember 1899, S. 7. Vgl. oben S. 8 f.

[24] GStA Berlin, BPHA Rep. 52T Nr. 13, Brief der Kaiserin an Wilhelm, 29. Mai 1898, ausführlich zit. in: RÖHL, Wilhelm II., S. 1083 f.; Antwort Wilhelms, 1. Juni 1898, abgedr. in: Die geheimen Papiere Friedrich von Holsteins, Bd. 4, Nr. 657, S. 73–75, worin er im Zusammenhang mit den Angeboten Chamberlains schrieb: »Now with respect to what you wrote about the Alliance of England–America and Germany, this has very much interested me. The idea has been ventilated in the papers since 2 months [...].« Schon zuvor bemerkte er: Die »idea of an Alliance of the Anglo-Saxon race is not new, the accession of Germany to it however is so, as far at least as the English government is concerned.« Ebenda, S. 73 f.

[25] Hatzfeldt an Holstein, 19. August 1898, ebenda, Nr. 667, S. 83. Zur Persönlichkeit Berties und der Wandlung seiner Deutschland-Perzeption vgl. unten, Kap. III. Vgl. auch Hol-

Bevor im einzelnen die jeweils relevanten Produktionszahlen für Eisen und Stahl, der Energieverbrauch und die demographische Entwicklung beschrieben werden, sei daher zunächst ein vergleichender Blick auf das Gesamtindustriepotential der Mächte sowie die Verhältnisse im Produktionsausstoß des letzten Vorkriegsjahres gerichtet. Diese Statistik (Tab. 1) zeigt erstens die dominante Rolle des Deutschen Reiches, Großbritanniens und der Vereinigten Staaten an sich und zweitens die Tendenz, daß sich deren Übergewicht im Laufe der Jahrzehnte vor dem Ersten Weltkrieg noch erhöhte. Dies unterstreicht der Vergleich aller »führenden« Mächte nach dem Maß ihres Produktionsausstoßes (Tab. 2). Auch ein Überblick über den Anteil der Vereinigten Staaten, Großbritanniens und des Deutschen Reiches an der Entwicklung der Welt-Industrieproduktion und der Welt-Güterproduktion (Tab. 3) unterstreicht die Dominanz der »Großen Drei«. Weitere Analysen zum Pro-Kopf-Niveau der Industrialisierung[26] in den drei Staaten sowie zu ihren relativen Anteilen an der Weltproduktion[27] unterstreichen diesen Befund[28], der damals etwa vom britischen Premierminister Salisbury immer wieder angesprochen wurde, so in einer vielzitierten Grundsatzrede zur britischen Weltpolitik im Mai 1898, als er meinte, man könne »roughly divide the nations of the world as the living and the dying«. Die lebenden Nationen seien eben jene »great countries of enormous power growing in power every year, growing in wealth, growing in dominion, growing in the perfection of their organization«, in denen sich zugleich auch wissenschaftliche und militärische Macht akkumuliere.[29] Salisbury stand mit dieser Wahrnehmung nicht allein, und auf seine Gesamtanalyse wird noch näher einzugehen sein, denn strukturelle Faktoren bedürfen des politischen Willens, oder, wie John Robert Seeley schon 1883 beim Blick auf die Entwicklung der Vereinigten Staaten festhielt: »Bigness no doubt is not necessarily greatness.«[30]

---

steins Eindruck vom November 1898, England sei »neuerdings bemüht, mit seinen deutschen wie mit seinen amerikanischen Beziehungen zu prahlen; dieselben werden als ein Teil der englischen Wehrkraft hingestellt.« Aufzeichnung Holsteins, 12. November 1898, ebenda, Nr. 671, S. 87.

[26] Per Capita Levels of Industrialization (U. K. in 1900 = 100; Triennial Annual Averages, except for 1913), in: BAIROCH, International Industrialization Levels, S. 292, Tab. 9.

[27] Relative Shares of different countries and regions in total world manufacturing output (in percentages; triennial annual averages, except for 1913, ebenda, S. 296, Auszug aus Tab. 10).

[28] Vollständige Tabellen im Anhang. »On the eve of the First World War«, faßt Trebilcock zusammen, »despite [...] rapid expansion of their industries, the industrial new-comers were still relatively unindustrialized. The level of industrialization achieved by Russia in 1913 was pretty much that of the United Kingdom in 1810 or that of France in 1860. The same was also true for Spain, Japan and Italy, which was the most industrialised of this trio.« Ebenda, S. 295.

[29] Salisbury, 4. Mai 1898, in: The Times, 5. Mai 1898, S. 7; vgl. GRENVILLE, Lord Salisbury and Foreign Policy, S. 165 f.

[30] John Robert SEELEY, The Expansion of England. Two courses of lectures, zweite Aufl. London 1895 (Nachdruck 1909), First Course, Lecture VIII: Schism in Greater Britain,

Tab. 1: Gesamtindustriepotential (Zahlen nach Dreijahresdurchschnitt)[31]

Land & Region/Jahr	1880	1900	1913
Europa	196,2	335,4	527,8
Österreich-Ungarn	14,0	25,6	40,7
Belgien	5,7	9,2	16,3
Frankreich	25,1	36,8	57,3
Deutsches Reich	27,4	71,2	137,7
Italien	8,1	13,6	22,5
Rußland	24,5	47,5	76,6
Spanien	5,8	8,5	11,0
Schweden	2,6	5,0	9,0
Schweiz	2,6	5,4	8,0
United Kingdom	73,3	100,0	127,2
Außerhalb Europas	56,9	145,8	335,2
Kanada	1,4	3,2	8,7
USA	46,9	127,8	298,1
Japan	7,6	13,0	25,1
China	39,9	33,5	33,3
Indien	8,8	9,3	13,1
Brasilien	0,9	2,1	4,3
Mexiko	0,8	1,7	2,7
Welt	320,1	540,8	932,5
Anteil D-UK-USA	147,6	299,0	563,0
in Prozent	46,1	55,3	60,4

S. 173. Er kam zu dem Schluß, daß »the peculiarity of this state lies as much in its quality as in its magnitude«.

[31] »Total Industrial Potential (U. K. in 1900 = 100); Triennial Annual Averages, except for 1913«, in: BAIROCH, International Industrialization Levels, S. 292, Tab. 8. »Triennial« bedeutet im eigentlichen Sinne von Bairochs Untersuchung auch für das Jahr 1900 das Mittel der Jahre 1899 bis 1901; vgl. zur Begründung des »Maßstabs« dieser Jahrhundertwende ebenda, S. 328 f. Der Begriff dessen, was »moderne Industrie« ist, wandelt sich über den Gesamtzeitraum von Bairochs Untersuchung von 1750 bis 1980. Nach 1880 gehört hierzu neben der Eisen- und später Stahlindustrie die chemische Industrie. Demgegenüber waren traditionelle Industriesektoren diejenigen von Textilien, Bekleidung, Lebensmittel, Möbeln und Holz. Bairoch zieht eine klare Scheidelinie im Jahr 1913. Die Aluminium- und Zementproduktion zählte demnach erst seit 1913 zur »modernen Industrie«. Ebenda, S. 314.

Tab. 2: Produktionsausstoß des letzten Vorkriegsjahres,
gemessen am britischen Produktionsniveau zur Jahrhundertwende[32]

Land	Jahr 1913
USA	298
Deutsches Reich	138
Großbritannien	127
Summe der »Großen Drei«	563
Rußland	77
Frankreich	57
Österreich-Ungarn	41
China	33
Japan	25
Italien	23
Belgien	16
Indien	13
Schweden	9
Kanada	9
Schweiz	8
Brasilien	4
Niederlande	4
Mexiko	3
Dänemark	2
Rumänien	2
Portugal	2
Summe der übrigen 17 »führenden« Mächte	328

[32] Ebenda, S. 284; Auszug aus Tab. 5: The Twenty leading World Powers in Terms of Total Manufacturing Output [...] relative to the U. K. in 1900 = 100. Rußland, Österreich-Ungarn, Frankreich und Japan zusammen erreichten 1913 gerade die Zahl 200. Selbst bezogen auf die Pro-Kopf-Produktion lagen die Vereinigten Staaten und das Vereinigte Königreich 1913 vorn, das Deutsche Reich an fünfter Stelle, dazwischen nur Belgien und die Schweiz, die aufgrund ihrer geringen Bevölkerungszahl als Groß- oder gar Weltmächte keine Rolle spielten. Ebenda, S. 284, Auszug aus Tabelle 6.

Tab. 3: Relativer Anteil an der Welt-Industrieproduktion
im Großmächtevergleich in Prozent[33]

	GB	D	USA	zusammen	R	F	I	Ö-U	J	zusammen
1880	22,9	8,5	14,7	46,1	7,6	7,8	2,5	4,4	2,4	24,7
1900	18,5	13,2	23,6	55,3	8,8	6,8	2,5	4,7	2,4	25,2
1913	13,6	14,8	32	60,4	8,2	6,1	2,4	4,4	2,7	23,8

Tab. 4: Prozentualer Anteil an der Welt-Güterproduktion[34]

Zeitraum	GB	D	USA	zusammen	Gesamte übrige Welt
1870	31,8	13,2	23,3	68,3	31,7
1881–1885	26,6	13,9	28,6	69,1	30,9
1896–1900	19,5	16,6	30,1	66,2	33,8
1906–1910	14,7	15,9	35,3	65,9	34,1
1913	14,0	15,7	35,8	65,5	34,5

Angesichts dieser »Vorherrschaft« der drei Staaten nach den Maßstäben der industriellen Leistungsfähigkeit (deren weitere Parameter im Hinblick auf ihre Machtprojektionsfähigkeit noch ausgeführt werden) erscheint es sinnvoll zu fragen, warum Großbritannien als Weltmacht in der Herausforderung den Vereinigten Staaten mit einer Annäherung und dem Deutschen Reich mit einer politischen Distanzierung begegnete, während doch die wirtschaftliche Konkur-

[33] Ebenda, S. 296, 304; eigene Berechnungen. Zum bilateralen Vergleich und zu den Ursachen differenter Entwicklung s. auch Philipp S. BAGWELL/Gordon E. MINGAY, Britain and America. A Study of Economic Change 1850–1939, London 1970, S. 158–188, hier S. 158–164, 176–184.

[34] League of Nations, Industrialization and Foreign Trade, Genf 1945, S. 13; Aaron L. FRIEDBERG, The Weary Titan. Britain and the Experience of Relative Decline, 1895–1905, Princeton 1988, S. 26; eigene Berechnungen. Die überwältigende industrielle Führung der Vereinigten Staaten am Vorabend des Ersten Weltkrieges wurde aus zwei Gründen »not fully perceived at the time«: Eine Ursache lag in der generellen Expansionsgeschwindigkeit der Vereinigten Staaten seit den 1880er Jahren. »Even more important, however, was the fact that the United States, because of its size and other geo-economic factors (its distant position, and huge natural resources of raw and agricultural material), only played a very marginal role in the international trade in manufactured goods.« Ein Großteil dessen, was die Vereinigten Staaten produzierten, gelangte nicht auf den Weltmarkt, sondern wurde im eigenen Lande verbraucht. Noch 1913 lag der Anteil der Vereinigten Staaten am Welthandel mit Industrieprodukten noch um den Faktor 2,3 geringer als sein Anteil an der Produktion derselben Güter. Dies führte dazu, daß die gewaltigen Produktionskapazitäten der amerikanischen Industrie selten angemessen verstanden, geschweige denn als machtpolitisches Instrument in jenem Umfang perzipiert wurden, in dem sie bei einem entsprechenden politischen Willen mobilisiert werden konnten. BAIROCH, International Industrialization Levels, S. 297.

renz von amerikanischer Seite mindestens ebenso groß war wie von deutscher. Darüber hinaus wäre die bereits angesprochene Möglichkeit denkbar gewesen, durch eine trinationale Kooperation, wie sie Joseph Chamberlain zur Diskussion stellte, die schon vorhandene Prädominanz zu sichern und auszubauen. Ohne Zweifel, so ließe sich einwenden, war die allgemeine geistige Situation der internationalen Politik durch Rivalität geprägt und nicht durch das Ideal einer auf gemeinsame Wohlfahrt ausgerichteten Kongruenz. Gleichwohl läßt sich Kongruenzbereitschaft eindeutig an den militärisch-machtpolitischen Verbindungen ablesen, die Großbritannien nach der Jahrhundertwende mit Japan, Frankreich und Rußland einging, während die wirtschaftliche Konkurrenz weiter bestand. Zugleich band sich Großbritannien mit den Vereinigten Staaten bei gleichfalls fortbestehender Wirtschaftskonkurrenz zu einem informellen Neutralitätsverhältnis, in dem der Gedanke einer militärischen Auseinandersetzung je länger desto undenkbarer wurde. Militärische Kongruenz und wirtschaftliche Konkurrenz der Großmächte(gruppen) standen in einem Verhältnis, das weiterhin politische Freiheit gewährte – und politisches Handeln verlangte! Isoliert stand am Ende der Scharnierzeit unter den Großmächten allein das Deutsche Reich mit dem nachrangigen Bündnispartner Österreich-Ungarn. »Das Wettrüsten, das die Jahrzehnte vor dem Ausbruch des Ersten Weltkrieges kennzeichnet, kann nicht als eine für sich stehende Erscheinung angesehen werden«, faßte Theodor Schieder die Komplexität dieses Gesamtprozesses vor mehr als zwanzig Jahren zusammen, sondern »es lief dem ökonomischen und technischen Wettlauf parallel und hing in mancher Hinsicht mit ihm zusammen: Denn erst die wachsenden Produktionsziffern von Kohle und Stahl ermöglichten die Perfektionierung der Rüstung und ihre Anpassung an die Fortschritte der Technik.«[35] Im folgenden sollen deshalb zunächst die entsprechenden nationalen Leistungsparameter dieses Prozesses aufgeführt und zueinander bzw. zur Gesamtentwicklung des Machtpotentials der zeitgenössischen Großmächte in Beziehung gesetzt werden.

2. Demographie als Parameter der Machtprojektionsfähigkeit

Der Parameter »Demographie« ist bedeutsam als Vergleichskriterium vor allem in zweierlei Hinsicht. Erstens beschreibt er die potentielle Zahl von Arbeitskräften, die zur Gesamtproduktion materieller Machtfaktoren beitragen können. Zweitens läßt sich daran ablesen, wie groß die Zahl der in einem Machtkonflikt mobilisierbaren Einsatzkräfte sein könnte. Die Indikationsreichweite der Demographie wird eingeschränkt, weil darin Kriterien der Ausbildung einerseits (schulisch, technisch, soldatisch) und der praktischen Mobilisierbarkeit andererseits (Verhältnis von Menschenzahl zu Fläche, Er-

---

[35] SCHIEDER, Staatensystem, S. 267.

schließung des Landes, ideelle Motivierbarkeit) nicht meßbar sind. Gleichwohl gilt prinzipiell: Eine höhere Zahl an Arbeitskräften und Soldaten erhöht das Potential zur Machtprojektion.

Betrachten wir nun die Entwicklung der Gesamtbevölkerung in den hier interessierenden drei Staaten, so zeigt sich, daß deren Einwohnerzahl im Vierteljahrhundert vor dem Ersten Weltkrieg um rund 60 Millionen Menschen oder mehr als vierzig Prozent zunahm. Hiervon profitierten überdurchschnittlich die Vereinigten Staaten.

Tab. 5: Gesamtbevölkerung in Millionen[36]

	GB	D	USA	Gesamt
1890	37,4	49,2	62,9	149,5
Anteil im Verhältnis der drei (in %)	25,1	32,9	42,0	
1900	41,1	56,0	75,9	173,0
Anteil im Verhältnis der drei (in %)	23,8	32,3	43,9	
1910	44,9	64,5	91,9	201,3
Anteil im Verhältnis der drei (in %)	22,3	32,0	45,7	
1913	45,6	66,9	97,3	209,8
Anteil im Verhältnis der drei (in %)	21,7	31,9	46,4	
Zuwachs real	8,2	17,7	34,7	60,6
Zuwachs prozentual	+21,9	+35,9	+55,4	+40,6

Der Bevölkerungsabstand zwischen dem Deutschen Reich und Großbritannien vergrößerte sich von 11,4 Millionen Menschen 1890 bis auf 21,3 Millionen im Jahr vor dem Kriegsausbruch. Der relative Anteil des Deutschen Reiches an der Gesamtbevölkerung der drei Staaten blieb nahezu konstant. Er ging sogar mit einem Prozentpunkt leicht zurück; auch der relative Anteil der Bevölkerung Großbritanniens sank insgesamt knapp über drei Prozentpunkte. Der »Gewinner« dieses demographischen »Wettbewerbs« waren demnach allein die Vereinigten Staaten.[37]

---

[36] MITCHELL, The Americas 1750–1993, S. 6; KENNEDY, Aufstieg und Fall der Mächte, S. 308; eigene Berechnungen. Zum Vergleich: Die russische Bevölkerung stieg von 116,8 Millionen Menschen im Jahr 1890 auf 175,1 Millionen im Jahr 1913, was rund vier Fünfteln der kumulierten Bevölkerungszahl der drei hier untersuchten Staaten entsprach. Vgl. auch Peter MATHIAS, The First Industrial Nation. An Economic History of Britain 1700–1914, London 1969, S. 449.

[37] Auflistung der US-Einwandererzahlen von 1851 bis 1950 mit der eindeutigen Hochphase zwischen 1900 und 1915 in: BAGWELL/MINGAY, Britain and America, S. 113; Auswanderungsstatistik von Großbritannien und Irland (differenziert nach (a) England und Wales, (b) Schottland und (c) Irland) in die Vereinigten Staaten für die Jahre 1853–1914 ebenda, S. 114 f.

Es sei noch einmal betont, daß demographische Kennziffern allein nur eine beschränkte Aussagekraft selbst unter Großmächten haben. Rußlands Bevölkerungszahl war in den zweieinhalb Jahrzehnten vor dem Ersten Weltkrieg stets etwa so groß wie oder größer als die der Vereinigten Staaten und des Deutschen Reiches zusammen. Diese Einschränkung wird durch den Befund unterstrichen, daß die Truppenstärke aller drei Mächte zwischen 1880 und 1914 bedeutend zunahm, ihr relativer Anteil an der Gesamtzahl der Truppen aller Großmächte jedoch nahezu konstant blieb (Tab. 6).

Entscheidend blieb die Verbindung der demographischen Kennziffern mit technisch-industriellen Leistungsparametern, was beispielsweise im Falle Frankreichs trotz einer ähnlich modernen Wirtschaftsentwicklung zum fortgesetzten Abstieg gegenüber dem Deutschen Reich führte, der auch zeitgenössisch so wahrgenommen wurde.[38] Zugleich zeigt sich, daß das Russische Reich in dieser Phase bei der notwendigen Kombination der Parameter auch nicht annähernd eine ähnliche Bedeutung gewann wie die drei hier zur Diskussion stehenden Mächte. Als potentielle Macht war es jedoch aufgrund des demographischen Faktors im Verbund mit seiner geographischen Immunität gegen Eroberungen und der beginnenden Erschließung seiner Ressourcen stets im Bewußtsein der Großmächteperzeption, wenn etwa Bethmann Hollweg »Russland, das wächst und wächst«, als Zukunftsmacht ansah.[39]

---

[38] »Auf dieses auserwählte Volk [die Franzosen, M. B.] fällt aber in unseren Tagen«, so charakterisierte Rudolf Kjellen 1914 Frankreich im Vergleich mit den anderen führenden Staaten, »ein so tiefer Schatten, daß er von vornherein die ganze Prognose der Großmacht verdunkelt. [...] Frankreichs wegen müssen wir jetzt eine ganz neue Seite aufschlagen, um dort das Urteil über eine Großmacht zu lesen, deren Bevölkerung begonnen hat, den Willen zu verlieren, sich selbst durch alle Zeiten hindurch zu erneuern. Über das Zeugnis der Statistik in diesem Punkte kann man nicht hinwegkommen. [...] [E]s ist [...] die Nativität selbst, die versagt.« Der »reingezüchtete Individualismus« der geringen Geburtenzahl (»Zweikindersystem«) »droht für die Nation eine Krankheit zu werden, die zum Tode führen muß.« KJELLEN, Großmächte der Gegenwart, S. 39 f. Ähnlich bemerkte nahezu zeitgleich Kurt Riezler, Frankreich sehe »schon seit mehreren Jahrzehnten mit schmerzlichen Empfindungen die Fruchtbarkeitsziffer sinken [...]. In diesem Umstand konstatiert das moderne Frankreich eine Grundtatsache seiner Entwicklung, ein Schicksal seiner Zukunft.« Er argumentierte ganz im zeitgenössischen Bewußtsein vom unmittelbaren Zusammenhang zwischen Demographie und Großmachtpotenz: »Es gibt nun einen Beweis für ein wirkliches inneres Versiegen der Lebenskraft: das ist der Rückgang der Geburten, das unerbittliche jährliche Memento der Statistik. Dies Memento ist für den Franzosen um so ernster und bitterer, als der Ausfall der Zahl sich für die militärische Macht einem Gegner, der an Qualität der Soldaten und Kanonen konkurrieren kann, durch nichts wettmachen läßt.« RUEDORFFER, Grundzüge der Weltpolitik, S. 77, 82.

[39] RIEZLER, Tagebücher, Aufzeichnung vom 7. Juli 1914, S. 183: »Der Kanzler erwartet von einem Krieg, wie er auch ausgeht, eine Umwälzung alles Bestehenden. Das Bestehende sehr überlebt, ideenlos. [...] Die Zukunft gehört Russland, das wächst und wächst und sich als immer schwererer Alb auf uns legt.« Zu Begründung und Verbreitung dieser »Furcht vor Rußland« vgl. unten die Überlegungen Mackinders (»Geographical pivot of history«) sowie die Erörterungen im Briefwechsel zwischen Spring Rice und Theodore Roosevelt und die Idee des »Anglo-Saxonism«.

Tab. 6: Truppenzahl (Heer und Flotte) der drei Staaten
im Vergleich aller Großmächte 1880–1914[40]

	Groß-mächte	GB	(%)	D	(%)	USA	(%)	Anteil in Relation aller Groß-mächte
1880	2 694 000	367 000	13,6	426 000	15,8	34 000	1,2	30,6
1890 Zuwachs (%)	2 896 000 7,5	420 000 14,4	14,5	504 000 18,3	17,4	39 000 14,7	1,3	33,2
1900 Zuwachs (%)	3 995 000 37,9	624 000 48,6	15,6	524 000 3,9	13,1	96 000 146,1	2,4	31,1
1910 Zuwachs (%)	4 469 000 11,8	576 000 -7,7	12,8	694 000 32,4	15,5	127 000 32,3	2,8	31,1
1914 Zuwachs (%)	5 044 000 12,8	532 000 -6,8	10,5	894 000 28,8	17,7	164 000 29,1	3,2	31,4
Gesamt-zuwachs 1880–1914 (%)	87,2	44,96		109,86		382,35		

---

[40] Vereinigte Staaten, Großbritannien, Frankreich, Japan, Deutschland, Italien, Rußland und Österreich-Ungarn. Quincy WRIGHT, A Study of War. Second Edition, with a Commentary on War since 1942, Chicago/London 1965, S. 670 f., Tab. 58–59; eigene Berechnungen. Statistiken und Tabellen zu den Verteidigungsausgaben der europäischen Großmächte 1900 bis 1913 bei David STEVENSON, Armaments and the Coming of War. Europe, 1904–1914, Oxford 1996, S. 2–8. Sowohl die Vereinigten Staaten als auch Großbritannien besaßen eine natürliche Hemmung gegen dauerhafte Armeen im eigenen Land. Die nahezu zwangsläufige Folge waren blutige und kostspielige Reifeprozesse zu Beginn einer jeden Auseinandersetzung, in der sie sich als Landmacht mit Soldaten engagieren mußten. Die Briten machten diese Erfahrungen auf der Krim ebenso wie in Südafrika, die Amerikaner auf Kuba und den Philippinen; vgl. ALLEN, Great Britain and the United States, S. 42 f. Die Militärausgaben der Vereinigten Staaten lagen im Jahr 1890 noch bei weniger als der Hälfte des britischen militärischen Gesamtbudgets (67 Millionen Dollar im Vergleich zu 158 Millionen Dollar), die Gesamtausgaben des Staates ebenfalls noch deutlich darunter (318 zu 380 Millionen). Die Schere im Gesamthaushalt klaffte bis zum Jahr 1912 sogar noch weiter auseinander. Während die Vereinigten Staaten im Jahr 1912 einen Etat von 690 Millionen Dollar auswiesen, lag das Budget Großbritanniens mit 943 Millionen fast um die Hälfte höher. Zahlen nach ALLEN, Great Britain and the United States, S. 44. Allen legt für den Zeitraum 1830 bis 1939 einen Umrechnungskurs von fünf US-Dollar je Pfund Sterling zugrunde.

Darüber hinaus kann auch die Verstädterung, d. h. der wachsende Anteil in Städten lebender Menschen an der Gesamtbevölkerung, als ein Nebenprodukt und damit zugleich als ein Ausweis der technisch-industriellen Modernisierung und einer gesteigerten Massenmobilisierbarkeit angesehen werden.[41] Auf dem Gebiet der Verstädterung blieb Großbritannien bis zum Vorabend des Weltkrieges das Land mit der in diesem Sinne fortgeschrittensten Entwicklung. Das lag einerseits am frühen Beginn der Industrialisierung auf der Insel, mit der ein wachsender Verlust des agrarischen Sektors und die Abnahme der Zahl der dort Beschäftigten einher ging. Andererseits war Großbritannien ein Land mit einer ohnehin vergleichsweise geringen Gesamtfläche und dem von jeher dominierenden städtischen Konglomerat London, das nun durch industrielle Zentren wie Birmingham und Manchester ergänzt wurde. Die Eigentumsformen der Landwirtschaft trugen zur Verstädterung bei, während die Vereinigten Staaten als noch in der inneren Erschließung befindliches Flächenland für die Entwicklung einer auf persönlichem Eigentum basierenden individuellen Landwirtschaft offen blieben. Das Deutsche Reich war weiterhin trotz des erkennbaren Sprungs in der Verstädterung ein auf Basis seiner landsmannschaftlichen Gliederung geprägtes Flächenland, verfügte aber durch die vergleichsweise moderne und dichte Infrastruktur über eine hohe Mobilisierbarkeit seines demographisch-militärischen Potentials.

Wenn allerdings, um es zu wiederholen, »erst die wachsenden Produktionsziffern von Kohle und Stahl [...] die Perfektionierung der Rüstung und ihre Anpassung an die Fortschritte der Technik« ermöglichten[42], gilt es, die Entwicklung dieser Produktionsbereiche und des Energieverbrauchs im Verlauf der Jahrzehnte vor dem Ersten Weltkrieg näher zu betrachten.

3. Eisen- und Stahlproduktion, Energieverbrauch, Kriegsschifftonnage und Eisenbahnnetz

Betrachtet man die Gesamtentwicklung der Branche von der Mitte des 19. Jahrhunderts bis zum Ersten Weltkrieg, so besaß die Eisen- und Stahlproduktion eine doppelte Signifikanz. Sie war einerseits vor allem in Großbritannien die »driving force of expansion in the 1850s and 1860s« gewesen. Aus dieser Vorbildrolle resultierte zugleich ihre »acceptance as a status symbol at home and abroad«, weil dieser Produktionszweig sowohl die Modernität als auch die Produktionspotenz für Waffen, Artillerie, Schiffe etc. für den Machtwettbe-

---

[41] Vgl. SCHIEDER, Staatensystem, S. 435, Einwohnerzahlen europäischer Großstädte 1850/51–1910/11; Tabelle der zwanzig wichtigsten Städte mit Entwicklung von 1801 bis 1931 in: MATHIAS, First Industrial Nation, S. 451; vgl. auch KENNEDY, Aufstieg und Fall der Mächte, S. 309, Tab. 13: Städtische Bevölkerung der Mächte und deren wachsender Anteil an der Gesamtbevölkerung. Vgl. Tab. 2 im Anhang.

[42] SCHIEDER, Staatensystem, S. 267.

werb symbolisierte. Im Bereich der Stahlproduktion wurde Großbritannien bereits 1886 von den Vereinigten Staaten überholt, vom Deutschen Reich 1893. Mißt man die Produktion pro Kopf der Bevölkerung, so lag dieser Zeitpunkt für die USA im Jahr 1899, für Deutschland im Jahr 1907.[43]

Tab. 7: Eisenproduktion der USA[44], des Deutschen Reiches[45] und des Vereinigten Königreiches[46] 1880 bis 1918 in tausend metrischen Tonnen[47]

	USA	D	UK
1880	3 896	2 468	7 873
1890	9 350	4 100	8 031
1900	14 011	7 550	9 104
1910	27 742	13 111	10 173
1914	23 707	12 481	9 067
Zuwachs 1890–1914	+153 %	+204 %	+12,9 %

Tab. 8: Stahlproduktion der USA[48], des Deutschen Reiches[49] und des Vereinigten Königreiches[50] 1880 bis 1918 in tausend metrischen Tonnen

	USA	D	UK
1880	1 267	690	1 316
1890	4 346	2 135	3 636
1900	10 352	6 461	4 980
1910	26 514	13 100	6 476
1914	23 890	13 810	7 971
Zuwachs 1890–1914	+450 %	+546 %	+119 %

[43] POLLARD, Britain's Prime, S. 27–28, Zit. S. 27; zur Valenz der Pollardschen Daten vgl. die Zahlen zur Stahlproduktion der drei Staaten im statistischen Anhang.
[44] MITCHELL, The Americas 1750–1993, S. 359: Output of Pig Iron (in thousand metric tons).
[45] MITCHELL, Europe 1750–1993, S. 459 f.
[46] Ebenda.
[47] Die kompletten Statistiken mit Angaben zu allen Einzeljahren finden sich im statistischen Anhang.
[48] MITCHELL, The Americas 1750–1993, S. 362.
[49] MITCHELL, Europe 1750–1993, S. 466 f.
[50] Ebenda, S. 466–468.

Dieser Ausschnitt aus den Statistiken[51] unterstreicht die relative Dynamik des Deutschen Reiches durch die insgesamt höchste prozentuale Zuwachsrate der Eisen- und Stahlproduktion der drei Staaten. Die absoluten Zahlen illustrieren jedoch vor allem die enorme Dynamik der Vereinigten Staaten in diesem »ökonomischen und technischen Wettlauf«.[52] Noch bemerkenswerter allerdings ist die frappante Überlegenheit der drei Staaten sowohl als Einzelmächte, vor allem aber zusammen genommen, gegenüber allen anderen zeitgenössischen Großmächten.[53]

In einem Zeitalter, das hinsichtlich Militär und Mobilität von Stahl und Kohle geprägt war – Kriegsschiffe benötigten Eisen- und Stahlproduktion ebenso wie die Artillerie und das Schienennetz; der Energieträger für die Mobilität blieb zunächst Kohle und wurde erst langsam durch Erdölprodukte ersetzt – kommt dem Maß der Energieressourcen wie dem Maß des Energieverbrauchs eine signifikante Aussagekraft über die Fähigkeiten zur Machtprojektion zu.

Tab. 9: Energieverbrauch (in Millionen Tonnen Kohleäquivalenten)[54]

	GB	D	USA	Gesamt der 3	übrige Großmächte zusammen[55]
1890	145	71	147	363	75,7
1900	171	112	248	531	116,5
1910	185	158	483	826	161
1913	195	187	541	923	199,9

Die Dominanz der drei hier untersuchten Staaten für sich genommen wird so offensichtlich wie in keinem anderen Vergleich: Gemeinsam verbrauchten die Vereinigten Staaten, Großbritannien und das Deutsche Reich im Jahr 1913 eine Energiemenge, die 923 Millionen Tonnen Kohle entsprach. Die übrigen Großmächte Frankreich, Österreich-Ungarn, Rußland, Japan und Italien kamen – zusammen – auf knapp 200 Millionen Tonnen![56] Auch in diesem Bild ist ein Wan-

---

51 Vollständige Statistiken im Anhang.
52 SCHIEDER, Staatensystem, S. 267.
53 Die Zahlen finden sich gleichfalls in MITCHELL, Europe 1750–1993, S. 466–468, sollen aber hier nicht einzeln aufgeführt werden. Die Tendenz ist eindeutig: Alle drei hier untersuchten Staaten zeigen durchgehend einen weiten Vorsprung gegenüber Frankreich, Österreich-Ungarn, Rußland, Italien und Japan. Seit 1890 war die Eisen- und Stahlproduktion sowohl des Deutschen Reiches als auch der Vereinigten Staaten größer als die dieser Mächte zusammen, und auch Großbritannien bewahrte, wenngleich es im Verhältnis zum Deutschen Reich und den Vereinigten Staaten relativ abfiel, einen bedeutenden Vorsprung. Vgl. auch die Übersicht in KENNEDY, Aufstieg und Fall der Mächte, S. 310.
54 Ebenda, S. 310, nach dem »Correlates of War«-Datenausdruck, University of Michigan.
55 Frankreich, Österreich-Ungarn, Rußland, Japan und Italien.
56 Genau 199,9 Mio. Tonnen, entsprechend den kumulierten Angaben bei KENNEDY, Auf-

del im Verhältnis des Gewichts zugunsten der Vereinigten Staaten auf Kosten Großbritanniens eindeutig zu konstatieren, während das Deutsche Reich, vor dem Hintergrund eines global wachsenden Energieverbrauchs, mit seinem Anteil nahezu konstant blieb. Die Dominanz der Vereinigten Staaten wird hier im Vergleich mit den anderen Parametern noch offensichtlicher, wenn man sieht, daß sie bei Ausbruch des Weltkrieges allein etwa so viel Energie verbrauchten wie alle anderen Großmächte einschließlich Frankreich, Rußland, Österreich-Ungarn, Japan und Italien zusammen.[57]

Wie bildete sich nun die industrielle Potenz in projizierbarer Machtpotenz aus? Das wichtigste Projektionsinstrument zu Lande war die Dislokationsfähigkeit und -geschwindigkeit durch die Eisenbahn. Im Deutschen Reich hatte sich schon während der Reichsgründungskriege der Vorteil des Eisenbahnnetzes für die »innere Linie« erwiesen. Vor dem Hintergrund der im Anschluß

Tab. 10: Europäisches Eisenbahnnetz vor dem Ersten Weltkrieg

Land/Länge in km	um 1874[58]	1890[59]	1911[60]	Gleise (km) pro 10 000 Ew. (1911)[61]	Territorium (qkm) pro km Gleis (1911)[62]
D	18 876	42 900	61 978	9,55	8,72
GB	21 158	32 300	32 223	7,13	9,7
Rußland	11 214	31 000	68 027	4,23	324,17

zu behandelnden Frage, welche Rüstungsform – zu Land oder zur See – die eigentliche Voraussetzung für eine künftige Weltmachtposition war, läßt sich

---

stieg und Fall der Mächte, S. 310. Dies entsprach einem Verhältnis von 4,6 zu 1 zugunsten der drei hier untersuchten gegenüber den übrigen fünf Mächten.

[57] Das Verhältnis des Energieverbrauchs der Vereinigten Staaten zu den übrigen Großmächten lag 1913 bei 1:1,075 (541 zu 581,9 Millionen Tonnen Kohleäquivalent); Berechnungen auf Basis der Daten bei KENNEDY, Aufstieg und Fall der Mächte, S. 310.

[58] SCHIEDER, Staatensystem, S. 424 f.

[59] TREBILCOCK, Industrialization, S. 443; Margaret Stevenson MILLER, The Economic Development of Russia, 1905–1914, London 1926, S. 214.

[60] MILWARD/PAUL, Development of the Economies, S. 541, Tab. 93; MITCHELL, European Historical Statistics, 1750–1970, London 1975. Vgl. TREBILCOCK, Industrialization, S. 443; MILLER, Economic Development of Russia, S. 214. Teilweise nach unten abweichende Zahlen für das Jahr 1914 bei SCHIEDER, Staatensystem, S. 424 f.: Deutsches Reich (61 749 km), Großbritannien (32 623 km), Rußland (65 983 km), Österreich-Ungarn (22 981 km), Frankreich (37 400 km).

[61] MILWARD/PAUL, The Development, S. 541, Tab. 93, die sich auf MITCHELL, European Historical Statistics, 1750–1970, beziehen.

[62] Ebenda.

angesichts der Infrastruktur für das Deutsche Reich eine hohe Machtprojektionsfähigkeit durch sein Eisenbahnnetz konstatieren (Tab. 10). Dies wurde zeitgenössisch gleichfalls wahrgenommen und bildete die Grundlage der strategischen Zwei-Fronten-Überlegungen des Schlieffen-Plans.

Schließlich ist als letzter Leistungsparameter, auf dessen Begründung ebenfalls anschließend einzugehen sein wird, die Entwicklung der Marinerüstung seit den 1880er Jahren zu nennen. Sie ließ die Flotten der drei hier untersuchten Mächte bis zum Vorabend des Ersten Weltkrieges zu den mächtigsten Seeverbänden der Welt werden (Tab. 11).

Tab. 11: Kriegsschifftonnage 1880–1914[63]

	GB	Zuwachs %	D	Zuwachs %	USA	Zuwachs %
1880	650 000		88 000		169 000	
1890	679 000	4,46	190 000	115,90	240 000[64]	42,01
1900	1 065 000	56,84	285 000	50,00	333 000	38,75
1910	2 174 000	104,13	964 000	238,24	824 000	147,45
1914	2 714 000	24,84	1 305 000	35,37	985 000	19,54
Gesamtzuwachs 1890–1914		299,71		586,84		310,42

Noch einmal sei betont, daß dergleichen »Statistiken abstrakt bleiben, bis man sie in ihren historischen und geopolitischen Kontext setzt«[65], der in den folgenden Kapiteln exemplarisch charakterisiert wird. Zusammengefaßt: Erkennbar ist, daß die Dynamik der technisch-industriellen Entwicklung im Vergleich der drei Staaten für sich genommen auf Seiten des Deutschen Reiches und der Vereinigten Staaten lag. In allen seinerzeit modernen Bereichen wirt-

---

[63] WRIGHT, Study of War, S. 670 f.; eigene Berechnungen. Leicht differierende Zahlen, die aber die Tendenz der drei Führungsmächte bestätigen, in: Elmar B. POTTER und Chester W. NIMITZ, Seemacht, München 1974, S. 294 (Panzerschiffe, Linienschiffe und Schlachtschiffe der großen Seemächte 1860–1914), 314 (Tonnage der Flotten der Großmächte 1. Januar 1889 – 1. August 1914/Schlachtschiffe und Panzerschiffe jünger als 25 Jahre, Panzerkreuzer und geschützte Kreuzer jünger als 20 Jahre); vgl. auch Dislokation der aktiven Flotten der Großmächte Herbst/Ende 1904, ebenda, S. 323. Zur allgemeinen Entwicklung des gesamten Industriezweigs Schiffbau im Mächtevergleich vgl. die Zusammenstellung der zeitgenössischen Statistiken in PAGE, Commerce and Industry, Bd. 2, S. 154, Tbl. 57 (Iron and Steel and New Ships, 1819–1914), S. 155 f., Tbl. 58/58a (Number and Tonnage of Vessels registred), S. 159 (Chart showing Tonnage on Register of the British Empire, France, German Empire and the United States, 1854–1912).

[64] Bei Wright ist hier die Zahl 40 000 aufgeführt, zweifellos ein Druckfehler; vgl. KENNEDY, Aufstieg und Fall der Mächte, S. 313.

[65] Ebenda, S. 311.

schaftlichen Wettbewerbs und am Maßstab der zeitgenössisch relevanten statistischen Indizien gemessen, verlor Großbritannien gegenüber den Parvenues jenseits von Kanal und Atlantik an Gewicht. Unter den beiden aufkommenden Großmächten selbst wiederum lag der eindeutige Vorteil auf Seiten der Vereinigten Staaten, ein Befund, der im Selbstbild der deutschen Eigendynamik bisweilen unterging.

Beeindruckender noch als der innere Vergleich dieser drei Führungsmächte der Moderne erscheint allerdings das kumulierte Potential der drei Staaten im Verhältnis zu den anderen Großmächten. Zusammen genommen besaßen sie ein Potential ökonomisch-industrieller und wissenschaftlich-technischer Expertise, das sie weit über alle weltmächtlichen Konkurrenten erhob. In nahezu allen Bereichen, abgesehen von dem nachrangigen Indikator der Demographie, geboten sie kumuliert über mehr als die Hälfte der zukunftverheißenden Ressourcen.

Die entscheidende Frage lautet: Wo sahen die Führungen der Mächte die Gründe für ihre offensichtlich erfolgreiche Politik, und womit begründeten sie ihre enorme Konzentration der Ressourcen in den wachsenden Rüstungsanstrengungen seit der Scharnierzeit, namentlich im Flottenbau? Hieraus wiederum ergibt sich die Frage, warum Großbritannien auf diesem Gebiet gegenüber der Seemachtbedrohung durch die Vereinigten Staaten anders reagierte als gegenüber der deutschen Herausforderung. Warum meinten die politischen Akteure auf diesen Wegen ihrer Aufgabe der Zukunftssicherung ihres Landes am besten gerecht zu werden? Es erscheint daher sinnvoll, im Anschluß an die Beschreibung der überpersönlich-strukturellen Determinanten der Frage nach den individuell-mentalen Hintergründen dieses politischen Befundes nachzugehen.

4. Mahan, Mackinder und die Grundfragen großmächtlicher Zukunftssicherung

Was bedeutete die Tatsache der neuen »planetarischen Situation« am Ende des 19. Jahrhunderts für die politischen Akteure der Großmächte? Wo lagen die ideologisch-mentalen Begründungen, wenn sie über den künftigen außen-, macht- und sicherheitspolitischen Kurs ihres Staates nachzudenken und Entscheidungen für dessen Zukunft zu treffen hatten, etwa im Bereich der Rüstung? Denn, um es zu wiederholen, es blieb eine *politische* Frage, ob und in welcher Form der Befund der potentiellen Dominanz der drei führenden Großmächte im Bewußtsein der jeweiligen Eliten zu einem Faktor internationaler Beziehungen im globalen Zusammenhang zu werden vermochte. Betrachtet man die offensichtliche Kongruenz der drei Staaten auf zahlreichen technisch-wissenschaftlichen Gebieten, im Bereich religiöser Traditionen und kultureller Normen, wie sie namentlich im Vergleich zu Großmächten wie Rußland oder Japan unterschwellig stets bestanden, so ist zu fragen, welche bewußten und unbewußten Motive in diesem Prozeß einer nicht zum Zuge gekommenen Annäherung und latenten Entfremdung wirkten. Warum schließlich (und diese Frage ist bislang kaum näher vergleichend erörtert worden) verlief dieser Prozeß aus britischer Sicht gegenüber beiden Ländern unterschiedlich, wo doch beispielsweise Peter Mitchell 1896 konstatierte, daß »[o]f European nations, Germany is most alike to England«, um daraus eine natürliche Rivalität abzuleiten[66], die allerdings noch deutlicher gegenüber den Vereinigten Staaten galt: »With America, on the other hand, union has become impossible. The American type is now so distinct, and the American sentiment of nationality is so acute, that all hope of union is gone.«[67] Er prophezeite, daß »America would be our enemy before Germany, but for the accident that America is not yet a nation expanding beyond her own territory.«[68] Warum beschleunigte sich entgegen dieser vielzitierten Prophezeiung der Annäherungsprozeß, als die Vereinigten Staaten zwei Jahre später über ihr eigenes Land hinaus zu expandieren begannen?

Grundsätzlich waren zwei Varianten denkbar, den Herausforderungen im Rahmen des internationalen Machtwettbewerbs zu begegnen. Eine Möglichkeit lag darin, die einer Nation zur Verfügung stehende begrenzte Masse Land und deren Ressourcen intensiver und effizienter als bislang zu nutzen, also gleichsam durch Entwicklung nach innen zu wachsen. Wer dagegen alternativ nach außen wachsen wollte, konnte nicht mehr in unbeherrschte Gebiete ausweichen, sondern mußte, ganz dem Zeitgeist sozialdarwinistischer Konkurrenz entsprechend, vorhandene Herrschaft verdrängen. Hier wurden jene eingangs beschriebenen Parameter der Machtprojektionsfähigkeit und deren Instrumentalisierung zur außenpolitischen Größe.

Während des gesamten 19. Jahrhunderts war die Seemacht – wie vor allem rückblickend deutlich wurde – das überragende Kriterium von Weltmacht gewesen. Großbritannien war in diesem Sinne die einzige wirkliche Weltmacht, schlicht aus dem Grund, weil keine Nation den Willen besaß und zugleich in der Lage war, der britischen Vorherrschaft in Technik und Finanzen etwas entgegenzusetzen, oder, anders gesagt: Keine europäische Macht dachte Mitte des 19. Jahrhunderts daran, mit den Briten vor der Ostküste Afrikas oder bei deren Engagement in südamerikanischen Territorien eine Auseinandersetzung zu suchen. Es ist mit Recht festgehalten worden, daß »if there was any period in history when Britannia could have been said to have ruled the waves, then it was in the sixty or so years following the final defeat of Napoleon«.[69] Mit dem Auf-

---

[66] A BIOLOGIST [= Peter Chalmers MITCHELL], A Biolgial View of Our Foreign Policy, in: Saturday Review, 1. Februar 1896, S. 118–120, hier S. 119.

[67] Ebenda.

[68] Ebenda, S. 119 f.

[69] KENNEDY, Rise and Fall of British Naval Mastery, S. 149. Die Entwicklung und die Hintergründe britischer Seemachtentwicklung im 19. Jahrhundert in militärischer, wirtschaftlicher und strategischer Hinsicht sind in der Forschung breit behandelt. Neben Kennedys Buch ist vor allem zu nennen: Arthur J. MARDER, The Anatomy of British Sea Power. A History of British Naval Policy in the Pre-Dreadnought Era, 1880–1905, New York 1940.

bau des englischen Weltreiches seit dieser Zeit wurde, wie Rudolf Kjellen 1914 resümierte, »die planetarische Epoche der Menschheit im Ernst eingeleitet«.[70]

Allein in Europa war die britische Vorherrschaft durch andere Großmächte konterkariert, und die Erfahrungen beispielsweise im Krimkrieg förderten die insulare Neigung, sich um die Sicherung der Seeherrschaft zu bemühen, statt kontinentale Engagements zu riskieren.[71] Diese Vorherrschaft zur See war zudem noch überaus preiswert, nicht nur im Verhältnis zu Größe und Kosten der Armee, sondern vor allem im Vergleich zu den Aufwendungen nach 1890.[72] Diesen Zusammenhang zwischen ökonomischer Leistungsfähigkeit und imperialer Potenz unterstrich Salisbury noch zur Jahrhundertwende.[73]

Die Herausforderungen dieser Epoche besaßen jedoch nun erstmals einen multilateralen globalen Zusammenhang, der verhinderte, daß machtpolitische Gegensätze, beispielsweise in Südamerika, auf diese peripheren Gebiete begrenzt werden konnten oder sogar nutzbar waren, um Spannungen zwischen den Großmächten dorthin abzulenken. John Seeley reflektierte dies, als er in seiner weit verbreiteten Vorlesung über *The Expansion of England* konstatierte, daß »in the modern world distance has very much lost its effect«. Er prophezeite »a time when states will be vaster than they have hitherto been«[74], und resümierte: »At any rate all the conditions of the world are altered now. The great causes of division [...] have ceased to operate. Vast uniting forces have begun to work.«[75] Dies bedeutete, daß in der »planetarischen Situation« erstmals jeder Konflikt unmittelbar auf die Großmächtebeziehungen insgesamt zurückwirken konnte. Salisbury reflektierte diese Perzeption, als er im Mai 1898 in der Royal Albert Hall vor der Jahresversammlung der Primrose League (mit 1,5 Millionen Mitgliedern eine der wichtigsten imperialistischen Organisationen des Landes) das Wesen der gewandelten Weltpolitik skizzierte und dabei, ohne sie beim Namen zu nennen, die oben skizzierten ökonomischen Führungsmächte vor Augen hatte: Die Gegenwart sehe »great countries of enormous power growing in power every year, growing in wealth, growing in dominion, growing in the perfection of their organization«. Seine Formulierungen spiegeln nicht nur de-

---

[70] KJELLEN, Großmächte der Gegenwart, S. 126; »England hat die Weltgeschichte geschaffen – wenn es auch selbst nie die Welt besitzen wird.« Ebenda.

[71] Vgl. Paul M. KENNEDY, The Realities Behind Diplomacy: Background Influences on British External Policy 1865–1980, London 1981, S. 33.

[72] Ebenda, S. 32, 35 f.

[73] Salisbury meinte unter Berufung auf Disraeli, daß »finance was a question of policy«, und solide Finanzen seien die Grundlage ebenso wie der Ausweis erfolgreicher Politik. Wie die Finanzen des Staates, so weise das »balance sheet of the Empire« den Erfolg seiner Politik aus, und er faßte für die Gegenwart zusammen: »The position of our finance, of our prosperity, is unequalled in the history of the country.« Salisbury, 4. Mai 1898, in: The Times, 5. Mai 1898, S. 7.

[74] SEELEY, Expansion of England, S. 344.

[75] Ebenda, S. 345. Unter »causes of division« verstand Seeley »oceans and religious disabilities«, unter »uniting forces« vor allem »trade and emigration«.

ren abstrakte Machtkonzentration, sondern benennen die Folgen eines neuen weltumspannenden Netzes der Mittel zur Machtprojektion: »Railways have given to them the power to concentrate upon any one point the whole military force of their population and to assemble armies of a magnitude and power never dreamt of in the generations that have gone by. Science has placed in the hands of those armies weapons ever growing in their efficacy of destruction«.[76] Der Mensch als »dominant species has conquered the whole earth; it has broken up into many local varieties, and the local varieties, transcending their own bounds, are pressing upon each other«[77], hatte der bereits erwähnte Peter Chalmers Mitchell 1896 resümiert und prophezeit, daß die »most dramatic period« der Verteilung des Menschen auf der Erde »is now before us«.[78] Diese Konstellation war auch deshalb neuartig, weil »the increase in the means of our information and communication« über zivilisatorische Mißstände, wie Salisbury meinte, »unfortunately [...] draws with darker and more conspicious lineaments in the face of all nations«.[79] Er erkannte zugleich eine zivilisatorische Auseinandersetzung, wenn er die absterbenden Staaten als »weaker, poorer, and less provided with leading men and institutions« charakterisierte.[80] Hieraus resultierte ein neuartiger Handlungsdruck auf die führenden »zivilisierten« Mächte, sich im globalen Maßstab zu engagieren.

Was waren die Grundlagen dieser Überlegenheit, und mit welchen Mitteln waren sie zu erhalten und auszubauen? Für den Maßstab des inneren Wachstums war nicht die Größe eines nationalen Territoriums entscheidend, sondern die Zahl und vor allem die Produktivität seiner Bevölkerung. Halford Mackinder prägte dafür schon zeitgenössisch den Begriff der »Man-Power«.[81] Er plädierte dafür »to turn for a while from the thought of values [im Sinn

---

[76] Salisbury, 4. Mai 1898, Primrose League Speech, in: The Times, 5. Mai 1898, S. 7. Bereits ein halbes Jahr zuvor hatte Salisbury dies in seiner Guildhall-Rede angesprochen: »You notice that on all sides the instruments of destruction, the piling up of arms, are becoming larger and larger. The powers of concentration are becoming greater, and the instruments of death more active and are improving with every year; and every nation is bound, for its own safety's sake, to take part in this competition.« Rede Salisburys vom 9. November 1897, in: The Times, 10. November 1897.

[77] BIOLOGIST, A Biological View, S. 118. Berühmt wurde der Artikel nicht aufgrund dieser Beschreibung der zeitgenössischen Grundbefindlichkeiten, sondern wegen der Schlußfolgerung des Autors: »Germania est delenda«, ebenda, S. 120.

[78] Ebenda, S. 119.

[79] Salisbury, 4. Mai 1898, Primrose League Speech, in: The Times, 5. Mai 1898, S. 7.

[80] Ebenda.

[81] Halford John MACKINDER, Man-Power as a Measure of National and Imperial Strength, in: National Review (1905), S. 136–143; Mackinder hielt diesen Vortrag am 3. Februar 1905 vor dem Kreis der sogenannten *Compatriots*. Zu Entstehung und Zielen der Compatriots: AMERY, My political Life, Bd. 1, S. 264 f. Vgl. zu den Reden und Zukunftsvorstellungen Ewen GREEN (Hrsg.), The Ideals of Empire. Political and Economic Thought 1903–1913, Bd. 3: Compatriot's Club Lectures. With a new introduction by Ewen Green, London 1998. Vgl. auch ELVERT, »A Greater Britain of British Race«, S. 140.

materieller Kennziffern, M. B.], and even of wealth itself, to the output of human energy for which wealth affords but part of the fuel«.[82] Es gehe um »the living realities«, die sich hinter den »equivocal statistics« verbargen: »You may enumerate a population and set it tersely down at so many millions, but you will not thereby measure the strength of a nation in competition with other nations, for that would involve the assumption that all men are equally efficient.«[83] Nicht aus dem Maß des Territoriums und dessen vornehmlich agrarischer und der dazu in Korrelation stehenden demographischen Potenz erwuchs nun vornehmlich die politische Projektionsmacht, sondern aus der wissenschaftlich-technischen Expertise dieser Man-Power.[84] Während die Einsicht in die Validität dieser Hypothese gegenüber den Auffassungen vom Wert äußeren Wachstums zeitgenössisch gering blieb, stellte der Erste Weltkrieg die Richtigkeit dieser Annahme unter Beweis: Nicht mehr der heroisierte Kampf »Mann gegen Mann« prägte das Geschehen auf den Schlachtfeldern, sondern die Entwicklung, der Besitz und die Fähigkeit zur Kombination und Kumulation von technisch-industriellen Produkten (Maschinengewehr, Tank-Panzer, Giftgas, Fern-Artillerie, Flugzeug) und logistischen Großraumoperationen in einer bis dahin unbekannten Geschwindigkeit. Hier begann die Entwicklung des Soldaten zum »Kampftechniker« als Teil einer stets komplexer werdenden kriegstechnischen Maschinerie, für deren »Effizienz« das Maschinengewehr zum Synonym wurde. Über die Mobilisierung der dazu notwendigen Ressourcen wurde die heimische Bevölkerung gleichsam zum verlängerten Bajonettschaft, ohne deren Einbeziehung dieser neuartige Krieg nicht mehr zu führen war.[85] Hier realisierte

---

[82] MACKINDER, Man-Power, S. 136.

[83] Ebenda.

[84] Im Vorwort seines Buches *Democratic Ideals and Reality* von 1919 nimmt Mackinder auf seinen Artikel zu »Man-Power« von 1905 Bezug und meint, dies sei »an article which I believe first gave vogue to the term Man-Power. In that term is implicit not only the idea of fighting strength but also that of productivity, rather than wealth, as the focus of economic reasoning. If I now venture to write on these themes at somewhat greater length, it is because I feel that the war has established, and not shaken, my former points of view.« Halford John MACKINDER, Democratic Ideals and Reality, New York 1962 (Orig. London 1919), S. V.

[85] »Das zwischen 1885 und 1914 geleistete Maß an technologischer Innovation [in der Rüstungstechnik und bei ›Kriegswerkzeugen‹, M. B.] übertraf alles bisher Dagewesene um ein Vielfaches.« Die »ungeheure Entwicklung der Waffentechnik« ebenso wie die »kräftige Entwicklung von Feuerkraft und Bewegung« leitete auf »einen konventionellen Overkill« und »auf ungeheure Blutbäder« zu, die nach zeitgenössischer Auffassung in Kauf genommen werden mußten. Dieter STORZ, Die Schlacht der Zukunft, Die Vorbereitungen der Armeen Deutschlands und Frankreichs auf den Landkrieg des 20. Jahrhunderts, in: Wolfgang MICHALKA (Hrsg.), Der Erste Weltkrieg. Wirkung, Wahrnehmung, Analyse, München 1994, S. 252–278, Zit. S. 270, 273; vgl. auch ders., Kriegsbild und Rüstung vor 1914. Europäische Landstreitkräfte vor dem Ersten Weltkrieg, Herford u. a. 1992; Volker MOLLIN, Auf dem Wege zur Materialschlacht. Vorgeschichte und Funktionieren des Artillerie-Industrie-Komplexes im deutschen Kaiserreich, Pfaffenweiler 1986; Timothy TRAVERS, The killing ground. The British army, the Western Front and the emergence of modern warfare 1900–1918, London 1987; STEVENSON, Armaments and the Coming of War; Jost DÜLFFER, Kriegserwartung und Kriegsbild in Deutschland vor 1914, in: MICHALKA (Hrsg.), Der Erste Weltkrieg,

sich jenes Bewegungsgesetz, dessen Gefahren Salisbury schon vor der Jahrhundertwende benannt hatte, als er von jenen »splendid organizations« sprach, »of which nothing seems to diminish the forces and which present rival claims which the future may only be able by a bloody arbitrament to adjust«.[86]

Während das innere Wachstum der Staaten auf Reform und Ressourcenrationalität zielen mußte und eine permanente politische Reflexion auf die Voraussetzungen dieser Effektivierung gebot, die auch politischen Systemwandel implizieren konnte, war das Wachstum nach außen von vornherein auf internationale Konkurrenz, Wettbewerb und Verdrängung angelegt. Das meinte Tirpitz im Juli 1897 selbst seiner Tochter erklären zu müssen: »Das Zusammenballen von Riesennationen Panamerika, Greater Britain, das Slawentum und möglicherweise der mongolischen Rasse mit Japan an der Spitze werden Deutschland im kommenden Jahrhundert vernichten oder doch ganz zurückdrängen, wenn Deutschland nicht eine politische Macht auch über die Grenzen des europäischen Kontinents hinaus wird. Die unerläßliche Grundlage hierfür in dieser Welt, wo die Dinge hart aufeinanderstoßen – ist eine Flotte.«[87]

Der führende Inspirator des von Tirpitz reflektierten Theorems, wonach Seemacht die Grundlage von Weltmacht sei, war der amerikanische Marineoffizier und Historiker Alfred Thayer Mahan mit seinen Anfang der 1890er Jahre publizierten Werken über *The Influence of Sea-Power upon History*.[88] Bereits 1883 hatte Mahan das Werk »The Gulf and Inland Waters« vorgelegt, das wenig Aufsehen erregte, aber für seine Berufung ans *Naval War College* verantwortlich war, wo er Marinegeschichte und Taktik unterrichtete und als Früchte die Studien zu »The Influence of sea-power« erarbeitete.[89]

Mahan präparierte sechs Faktoren heraus, deren Zusammenwirken die Seegeltung eines Landes beeinflussen: Erstens die »geographische Lage«, zum zweiten die »physikalische Beschaffenheit einschließlich der hiermit zusammenhängenden Produktion und des Klimas«, drittens die »Ausdehnung des Machtbereiches«, viertens die Bevölkerungszahl, fünftens den »Volkscharak-

---

S. 778–798; vgl. auch: The Influence of Military Mechanization upon War costs, in: WRIGHT, Study of War, S. 673–676, Appendix XXIII.

[86] Salisbury, 4. Mai 1898, Primrose League Speech, in: The Times, 5. Mai 1898, S. 7. In der Guildhall-Rede vom 9. November 1897 hatte er noch warnend die Hoffnung beschrieben, »to prevent this competition from ending in a terrible effort of mutual destruction which will be fatal to Christian civilization«.

[87] Tirpitz am 18. Juli 1897 an seine Tochter Blanca, zit. nach Michael SALEWSKI, Tirpitz, Göttingen 1979, S. 52.

[88] Mahans Vorwort zu diesem Buch datiert vom Dezember 1889, das Werk erschien in den Vereinigten Staaten im Mai 1890: Alfred Thayer MAHAN, The Influence of sea-power upon history 1660–1783, Boston 1890, London 1892 (benutzt); Ders., The Influence of sea-power upon the French Revolution and Empire, Bde. 1–2, Boston 1893.

[89] Vgl. TURK, Ambiguous Relationship, S. 9 f.

ter« und schließlich sechstens den »Charakter der Regierungen einschließlich der nationalen Einrichtungen«.⁹⁰

Mahans Kriterien beschreiben schon zeitgenössisch mehr als eigentlich vom Autor beabsichtigt und können von der Verengung auf die Frage nach der Seegeltung gelöst werden. Sie sind der Katalog jener Grundlagen, aus denen sich die politisch-industrielle Großmachtpotenz der Moderne entwickeln kann, sofern sie in der entzauberten Welt die rationalistische Effizienz technisierter Machtprojektion mit einer allteilig mobilisierbaren Gesellschaft zu koppeln vermag. Insofern weckten Mahans Publikationen die Briten aus dem Dornröschenschlaf prosperierender Selbstverständlichkeit, weil sie zwar an sich affirmativ interpretiert werden konnten, zugleich allerdings das Rezept formulierten, wie jeder moderne Staat mit halbwegs ähnlichen Voraussetzungen zur Weltmacht avancieren konnte.

In einem zeitgenössischen Gegenentwurf kritisierte der erwähnte britische Geograph Halford Mackinder diese Fixierung auf die Seemacht als anachronistisch: »The one and continuous ocean enveloping the divided insular lands is, of course, the geographical condition of ultimate unity in the command of the sea, and of the whole theory of modern naval strategy and policy as expounded by such writers as Captain Mahan and Mr. Spenser Wilkinson. [...] But the land power still remains, and recent events have again increased its significance. [...] Thus the modern land-power differs from the sea-power no less in the source of its ideals than in the material conditions of its mobility.«⁹¹ Es ist eine Volte der

---

⁹⁰ MAHAN, Influence 1660–1783, S. 25–89; vgl. Robert SEAGER, Alfred Thayer Mahan. The Man and his Letters, Annapolis 1977, S. 206 f.

⁹¹ Halford John MACKINDER, The Geographical Pivot of History, in: The Geographical Journal, Bd. 23, No. 4, April 1904, S. 421–444, hier S. 432 f. Mackinder hielt diesen Vortrag am 25. Januar 1904 vor der Royal Geographical Society, und unter den Zuhörern befanden sich auch Spenser Wilkinson und Leopold Amery, deren Statements zusammen mit dem Vortrag abgedruckt wurden, ebenda, S. 437–441. Mackinder hat seine Thesen in seinem Buch über »Democratic Ideas and Reality« weiter ausgearbeitet, fand zwar bis zum Zweiten Weltkrieg kaum Resonanz, hatte jedoch Einfluß auf Karl Haushofer und seine Schule der Geopolitik. Vgl. Paul M. KENNEDY, Mahan versus Mackinder. Two Interpretations of British Seapower, in: MGM, 1974/2, S. 39–66. Vgl. auch Mackinders Thesen zum »command of the sea«, in: Ders., Britain and the British Seas, London 1902, S. 309–314 (Strategic Geography). Vgl. auch Jeremy BLACK, Maps and Politics, London 1997, S. 110–112 zum Einfluß der Geopolitik. Black konstatiert, daß Mahans Buch über den Einfluß der Seemacht auf die Geschichte »reflected the immensity of the oceans in the Mercator projection«. Ebenda, S. 111. Mackinder entwickelte sich zur führenden Figur einer »new geography« und organisierte im Sommer 1899 die Erstbesteigung des Mount Kenya, um die letzten weißen Flecken der Landkarte zu erkunden und nicht weiterhin als »mere armchair geographer« zu gelten. James R. RYAN, Picturing Empire. Photography and the Visualization of the British Empire, London 1997, S. 121–127, Zit. S. 122. Mackinder war zugleich wichtiger Teilnehmer der Erörterungen der *Compatriots* und der *Coefficients*, auf deren Rolle noch einzugehen ist. Leopold Amery überzeugte Mackinder 1903 zur Abkehr von seiner freihändlerischen Überzeugung und zum Eintreten für Joseph Chamberlains Forderungen nach »imperial preference« und »tariff reform«. Amery meinte rückblickend, daß er damit Mackinders politische Karriere ruiniert habe: »... for he would almost certainly, if he had stayed with his party, have risen to

Geschichte, oder, wie Gerald Graham resümierte, »ein interessanter Kommentar zum menschlichen Geschick, daß Mahans Buch über den Einfluß von Seemacht auf den Verlauf der europäischen und der amerikanischen Expansion gerade in einer Zeit entstand, zu der seine Grundsätze und Theorien durch neue Elemente der industriellen Revolution brüchig wurden«.[92] Friedrich Ratzels Arbeiten zur politischen Georgraphie beeinflußten dieses Denken ebenso wie Mackinder ähnliche Überlegungen zu einer sinnfälligerweise landgestützten Weltmachtposition des Deutschen Reiches von Otto Delffs.[93]

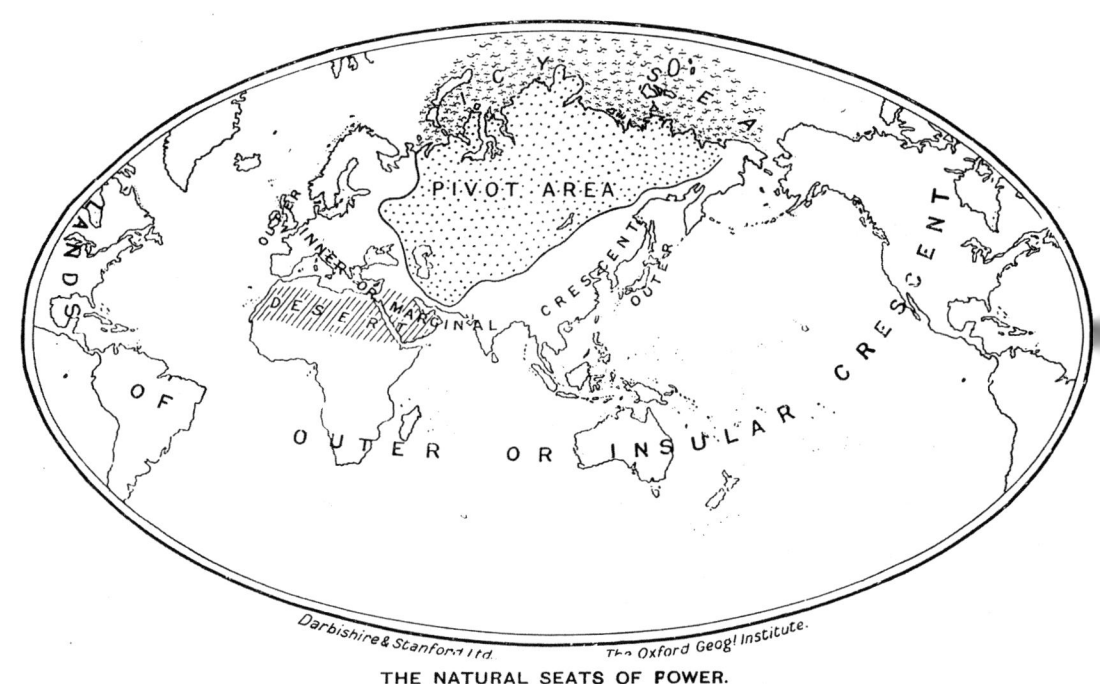

THE NATURAL SEATS OF POWER.
Pivot area—wholly continental. Outer crescent—wholly oceanic. Inner crescent—partly continental, partly oceanic.

Halford Mackinder: The Geographical Pivot of History (1904)

high office in the 1906 Parliament.« AMERY, My political Life, Bd. 1, S. 224; zu Mackinders generellem Einfluß in dieser Zeit ebenda S. 228 f.

[92] Gerald S. GRAHAM, The Politics of Naval Supremacy. Studies in British maritime ascendancy, Cambridge 1965, S. 124; KENNEDY, Aufstieg und Verfall der britischen Seemacht, S. 195.

[93] Friedrich RATZEL, Die Gesetze des räumlichen Wachstums der Staaten. Ein Beitrag zur wissenschaftlichen politischen Geographie, in: Dr. A. Petermanns Mitteilungen 42 (1896), S. 97–107; wieder abgedruckt in: Josef MATZNETTER (Hrsg.), Politische Geographie, Darmstadt 1977, S. 29–53; Friedrich RATZEL, Politische Geographie, München 1897; Otto DELFFS, Deutschlands Aufgaben als Groß- und Weltmacht, Dresden 1901.

Mackinder verwies darauf, daß die Perspektiven der innerkontinentalen Erschließung, namentlich das verdichtete Eisenbahnnetz, die zunehmende Industrialisierung, der technische Fortschritt in der Gewinnung von Rohstoffen und die Intensivierung der Landwirtschaft langfristig die Bedeutung der Meere und der Seegeltung überspielen und jenen »geographical pivot of history« begünstigen könnten, den er im eurasischen Kernland und von der See her unantastbar lokalisierte: »Railways work the greater wonders in the steppe, because they directly replace horse and camel mobility, the road stage of development having« been omitted. [...] Is not the pivot region of the world's politics that vast area of Euro-Asia which is inaccessible to ships, but in antiquity lay open to the horse-riding nomads, and is to-day about to be covered with a network of railways?«[94] Rußland war demnach der »pivot state« und nahm im globalen Maßstab jene zentrale strategische Position ein, die das Deutsche Reich in Europa besaß.[95] Sollte es zu einer russisch-deutschen Verbindung kommen, ständen beiden Staaten zusammen derartige Ressourcen zu Lande und für den Flottenbau zur Verfügung, daß »the empire of the world would then be in sight«. Der Gedankengang war durchaus logisch: Die Konkurrenten Englands – in chronologischer Reihe Spanien, die Niederlande, Frankreich und Deutschland – waren stets sowohl Land- als auch Seemächte, die sich ihrer geographischen Position nicht entbinden konnten. Allein die Hegemonie über den europäisch-asiatischen Kontinent versprach, das geographische Dilemma in einen strategischen Vorteil umzukehren: die bündelbaren Potenzen der Landmasse in der Seerüstung zu konzentrieren, als Kontinentalblock die Inselressourcen zu übertreffen mit der Perspektive, Großbritannien von den vitalen Subsidien abschneiden und zu einem Malta des Nordens degradieren zu können.[96] Prinzipiell war dies der Weg, den später Hitler suchte.

Wenngleich die geographische Überhöhung seiner Ansichten einiges zur relativ geringen zeitgenössischen Resonanz auf Mackinders Thesen beigetragen haben mag, so verwiesen die Kernpunkte seiner Analyse auf die auch bei Mahan anklingenden überzeitlich gültigen Befunde: auf das Maß der Ressourcen, die Fähigkeit der inneren Erschließung mittels Technik und Bevölkerungsexpertise

---

[94] MACKINDER, Pivot of History, S. 434. Vgl. KENNEDY, Mahan versus Mackinder, S. 39–66; ders., Aufstieg und Verfall der britischen Seemacht, S. 195–224. Bekanntlich standen die Aufmarschpläne des Deutschen Reiches am Vorabend des Weltkrieges »unter dem Diktat höchst komplizierter, auf die Minute genau ausgetüftelter Eisenbahnfahrpläne«. MOMMSEN, Großmachtstellung und Weltpolitik, S. 314. Infrastrukturelle Verdichtung korrelierte mit einem Beschleunigungsdruck auf politische Entscheidungsprozesse, der die diplomatische Freiheit erheblich einschränkte. Vgl. HILDEBRAND, Das vergangene Reich, S. 306; James JOLL, The Origins of the First World War, second ed. London/New York, 1992, S. 236 f.; Stig FÖRSTER, Der deutsche Generalstab und die Illusion des kurzen Krieges, 1871–1914. Metakritik eines Mythos, in: MGM 54 (1995), S. 61–95.

[95] »She [Rußland, M. B.] can strike on all sides and be struck from all sides, save the north.« MACKINDER, Pivot of History, S. 436.

[96] Ebenda. Vgl. auch AMERY, My political Life, Bd. 1, S. 229.

sowie die geostrategische Position. Der Vorteil lag in beiden Analysen bei denjenigen Staaten, deren Potential aus geostrategischen Gründen bereits weltmächtlich war: Großbritannien, Rußland und die Vereinigten Staaten. Mackinders Analyse ist insofern bemerkenswert, als er den Gedanken der russisch-deutschen Verbindung als Schlüssel zur Weltherrschaft interpretierte, weil damit die geographischen Koordinaten als grundlegender charakterisiert sind als die ökonomischen. Man wird zugestehen müssen, daß Mackinder wohl keine vergleichenden Kenntnisse über das ökonomische Potential der Großmächte zur Verfügung hatte. Gleichwohl baut seine Argumentation indirekt darauf auf, indem sie die Ressourcen auf der Basis geographischer Ausdehnung in den Mittelpunkt stellt. Allerdings zeigte das russische Beispiel später, daß selbst eine nahezu unangreifbare geographische Position mitsamt einer Fülle von Ressourcen nicht gleichsam »automatisch« zur inneren Entwicklung einer weltweit projizierbaren Macht führt. Es bedurfte (und bedarf) der ökonomischen und technischen Entwicklung, die wiederum sehr viel stärker auf nichtgeographischen, d. h. politischen und individuell-mentalen, Faktoren beruht, als in Mackinders Argumentation berücksichtigt sind. Zeitgenössisch blieben für die politischen Eliten, Publizisten und die interessierte Öffentlichkeit in Deutschland, Großbritannien und den Vereinigten Staaten darum Mahans Ansichten von bestimmender Attraktivität und die Vorstellung prägend, daß Seemacht die entscheidende Voraussetzung von Weltmacht war.[97] In allen drei Staaten wurden neben Mahan und Mackinder politische Theorien diskutiert, die in einer Mischung aus Sozialdarwinismus, zivilisatorischem Sendungsbewußtsein und nationalem Machtinteresse konstatierten, daß das bislang europäisch dominierte Staatensystem in ein Weltstaatensystem übergehe. Für Großbritannien ist namentlich John Robert Seeley zu nennen, für das Deutsche Reich beispielsweise Max Lenz und Erich Marcks, für die Vereinigten Staaten (ausgehend von einem hegelianischen Staats- und Sendungsbegriff der USA) John Burgess.[98]

---

[97] Das Tirpitz-Organ *Marine-Rundschau* konstatierte 1902, daß Mahan »auch in Deutschland, wenn auch in kleinerem Kreise [als in Großbritannien und den Vereinigten Staaten], mächtig gewirkt hat. Aber dieser Kreis war für unsere Zwecke sehr wichtig.« Marine-Rundschau 1902, S. 493, zit. nach BERGHAHN, Tirpitz-Plan, S. 179.

[98] Burgess kam als Austauschprofessor im Herbst 1906 nach Berlin, charakterisierte dort die Monroe-Doktrin seines Landes als überholt und blieb bis in die Kriegsjahre »der getreueste Verehrer des Kaisers, der eifrigste Befürworter deutscher Staatsprinzipien und einer engen deutsch-amerikanischen Verbindung, deren Logik er in sozialdarwinistischer Manier in erster Linie rassisch begründete«. Zur Rolle von Burgess, lange Zeit Dekan der Fakultät für Politische Wissenschaften an der New Yorker *Columbia University*, und zu seiner »Verherrlichung des persönlichen Regiments« (laut *Vorwärts* vom 7. Januar 1909) vgl. Ragnhild FIEBIG-VON HASE, Die politische Funktionalisierung der Kultur: Der sogenannte »deutsch-amerikanische« Professorenaustausch von 1904–1914, in: Dies./Jürgen HEIDEKING (Hrsg.), Zwei Wege in die Moderne. Aspekte der deutsch-amerikanischen Beziehungen 1900–1918, Trier 1998, S. 51, 81–83, Zit. S. 83. Für Ernest May spielte der Sozialdarwinismus bei den Männern des maßgebenden und die Öffentlichkeit dominierenden Establishments gegenüber dem

In Großbritannien konnte Mahans Geschichtsinterpretation weitgehend als Bestätigung bisheriger Politik interpretiert werden, galt doch die geostrategische und politische Machtposition der Insel für Mahan gleichsam als historisches Anschauungsobjekt und vorbildlicher Beleg für die Richtigkeit seiner Analysen. Innenpolitische Diskussionen über Voraussetzungen und politstrategische Folgerungen der aus dem Zusammenspiel dieser Maximen erwachsenden Politik waren gering zu veranschlagen, weil die »importance of England's continuing preeminence was accepted more as a fact of life than as the result of adherence to any abstract theory«.[99] Außenpolitisch blieben beide Regeln stets präsent. Die Kernbegriffe der Seemachtstellung waren »Command of the Sea« und, als praktische Maxime daraus abgeleitet, der »Two Power Standard«, der im *Naval Defence Act* von 1889 auch formal benannt wurde.[100] Die internationale Akzeptanz und die rüstungspolitische Durchsetzung des »Two Power Standard« als Voraussetzung des »Command of the Sea« galt fortan als Gradmesser britischer Sicherheit.

Eine Vielzahl ähnlicher Schriften über den Zusammenhang zwischen Schlachtflottenbau und Weltmachtstellung[101] wirkte nachhaltig sowohl auf das

---

historischen Sendungsbewußtsein und ökonomischen Triebkräften eine untergeordnete Rolle. MAY, American Imperialism, S. 227 f.

[99] FRIEDBERG, Weary Titan, S. 139.

[100] Außenminister John Russell schrieb bereits 1859: »We *ought* to maintain a navy equal to that of the two strongest maritime Powers in the world.« PRO 356/32, Bloomfield Papers, Russell an Bloomfield, private, 3. August 1859, Hervorhebung im Original; vgl. Kenneth BOURNE, The Foreign Policy of Victorian England, Oxford 1970, S. 169.

[101] Von den zahlreichen weiteren Werken seien hervorgehoben: Alfred Th. MAHAN, The Interest of America in Sea Power: Present and Future, London/Cambridge (Mass.) 1897; dt. Ausg. unter dem Titel: Die Weiße Rasse und die Seeherrschaft, Wien/Leipzig 1909; ders., The Life of Nelson: The embodiment of the sea power of Great Britain, Bde. 1–2, London/Cambridge (Mass.) 1897; ders., Naval Strategy, Boston 1911, hier S. 100–301: Foundations and Principles, darin bes. S. 118–131. Für die Analyse und Diskussion der Vorkriegsentwicklung und der deutschen strategischen Stellung in Europa: Ders., The Interest of America in international Conditions, Boston 1915 (1910), bes.: The Origin and Character of Present International Groupings in Europe, S. 3–68, sowie: The Present Predominance of Germany in Europe – Its Foundations and Tendencies, S. 71–124. Quellen und Literatur: Letters and Papers of Alfred Thayer Mahan, Bde. 1–3, hrsg. von Robert Seager II und Doris D. Maguire, Annapolis 1975; Charles Carlisle TAYLOR, The life of Admiral Mahan, Naval Philosopher, London/New York 1920; William A. LIVEZEY, Mahan on Sea Power, Norman (Okl.) 1947; die maßgebende wissenschaftliche Biographie derzeit: SEAGER, Mahan; zum generellen Zusammenhang der Seemachtdiskussion: James GOLDRICK/John B. HATTENDORF (Hrsg.), Mahan is not enough: The proceedings of a conference on the Works of Julian Corbett and Admiral Sir Herbert Richmond, Newport 1993; zum Gesamtwerk Mahans: A Bibliography of Works of Alfred Thayer Mahan, compiled by John B. Hattendorf, edited by Lynn C. Hattendorf, Newport 1986. Weitere biographische Darstellungen: William Dillworth PULESTON, Mahan: The life and work of Captain Alfred Thayer Mahan, New Haven 1939; wenig tiefgründig in der Forschungsverarbeitung und mit einigen eklatanten Fehlern: Michael HANKE, Das Werk Alfred T. Mahan's [sic!]. Darstellung und Analyse, Osnabrück 1974. Hanke meint beispielsweise, die US Navy sei »im Bürgerkrieg zur stärksten Marine der Welt geworden«. Ebenda, S. 38. Sie stand seinerzeit an fünfter Stelle im Weltvergleich, und ihre Fähigkeiten

Denken als auch auf das Handeln in jenen Kreisen ein, die während der Scharnierzeit in den Vereinigten Staaten außenpolitisch entscheidend wurden und für die Theodore Roosevelt und Henry Cabot Lodge repräsentativ sind.[102] Roosevelt rezensierte Mahans Seemacht-Buch im *Atlantic Monthly* vom Oktober 1890 und schrieb dem Autor, es sei »a *very* good book – admirable; and I am greatly in error if it does not become a naval classic«.[103] Die Spannweite der Beurteilungen, wie einflußreich Mahan auf Roosevelt wirkte, ist groß, spiegelt sich aber nach wie vor am treffendsten in Roosevelts eigenen Formulierungen nach Mahans Tod, als er ihn als den »only great naval writer« charakterisierte, »who also possessed in international matters the mind of a statesman of the first class«.[104]

In Deutschland hatte Wilhelm II., wie er selbst es ausdrückte, seit Kindertagen eine »besondere Passion für die Marine« entwickelt.[105] Aber erst die Theo-

---

zur Machtprojektion jenseits der eigenen Küstengewässer waren nahezu irrelevant. Vgl. POTTER/NIMITZ/ROHWER, Seemacht, S. 294.

[102] Vgl. William C. WIDENOR, Henry Cabot Lodge and the Search for an American Foreign Policy, Berkeley 1980. Widenor beschränkt den Einfluß Mahans auf Lodge mit einigem Recht auf die generelle gedankliche Inspiration: »But to say that Lodge followed Mahan closely on those matters does not mean that reading Mahan led him to support a larger navy and expansion [...] He used Mahan's ideas to supplement his own, and [...] would have opted for a powerful navy and for the annexation of Hawaii with or without Mahan.« Ebenda, S. 88 f.; vgl. TURK, Ambiguous Relationship, S. 1–2.

[103] Theodore Roosevelt an Alfred Thayer Mahan, 12. Mai 1890, Library of Congress, Mahan MSS, container 6. Das Buch war am 6. Mai 1890 ausgeliefert worden, und Roosevelt las es am folgenden Wochenende des 11. und 12. Mai. TURK, Ambiguous Relationship, S. 16; vgl. SEAGER, Mahan, S. 209 f. Zur weiteren Wirkung von Mahans Buch auf Theodore Roosevelt vgl. dessen Brief an Charles Henry Pearson, den Autor des gleichfalls heftig diskutierten Werkes *National Life and Character. A Forecast* (New York 1893). Roosevelt hatte Pearsons Buch für die *Sewanee Review* (May 1894, S. 353–376) rezensiert und schrieb an den Autor, daß nur Mahans *Influence of Sea Power* größeres Aufsehen und Interesse erregt habe. Letters of Theodore Roosevelt, Bd. 1, Nr. 462, Theodore Roosevelt an Charles Henry Pearson, 11. Mai 1894, S. 376 f. Zu Pearsons Buch vgl. MAY, American Imperialism, S. 135–137.

[104] Darüber hinaus nannte Roosevelt Mahans »The interest of America in International Conditions« angesichts des Weltkriegs ein Buch »of really capital importance today«, das eine »extraordinary insight« vermittle hinsichtlich jener »tendencies at work«, die zum Krieg geführt hätten. Theodore ROOSEVELT, A Great Public Servant, in: The Outlook 109, 13. Januar 1915, S. 86; TURK, Ambiguous Relationship, S. 2; vgl. auch ANDERSON, Race and Rapprochement, S. 84–86. Zu Roosevelts Perzeption der internationalen Beziehungen und Politik seiner Zeit vgl. Richard H. COLLIN, Theodore Roosevelt, Culture, Diplomacy, and Expansion: A New View of American Imperialism, Baton Rouge 1985.

[105] Kaiser WILHELM II., Aus meinem Leben 1859–1888, Berlin/Leipzig 1927, S. 263. Der exilierte Kaiser schildert hier seitenlang sentimental und weitgehend unbeeindruckt von jeder Reflexion auf die politischen Folgen seiner »Passion«, wie sich seine Begeisterung über die Jahre entwickelte, wobei er u. a. lernte, »Seebilder [zu] malen«, ebenda, S. 263–276, Zit. S. 270. Die Äußerungen über Wilhelms Marinefixierung sind zahlreich. »Er hat nichts wie Marine im Kopf«, notierte beispielsweise Außen-Staatssekretär Marschall am 5. Februar 1895 in sein Tagebuch, zit. nach EULENBURG, Korrespondenz, Bd. 2, S. 1459, Anm. 4; vgl. weitere Äußerungen des Kaisers und Reaktionen in: RÖHL, Wilhelm II. 1888–1900, S. 1109–1113.

rien Mahans und deren Reflexion in den Köpfen der Akteure der internationalen Politik von Japan bis zu den Vereinigten Staaten gaben Wilhelms Spleen einen zeitgenössisch rational erscheinenden Resonanzboden, wonach auch das Deutsche Reich angesichts seiner inneren Kraftentwicklung ein zeitgemäßes außenpolitisches Instrument in Form einer (Schlacht-)Flotte entwickeln müsse, um als Großmacht bestehen zu können. Mahans Einfluß auf das Weltbild des deutschen Kaisers drückt sich am prägnantesten in einem Telegramm an seinen amerikanischen Freund Poultney Bigelow aus, dem er gestand: »I am just now not reading but devouring Captain Mahan's book, and am trying to learn it by heart. It is a first class work and classical in all points. It is on board [of] all my ships and constantly quoted by my Captains and officers.«[106]

Die deutsche Ausgabe des Seemacht-Klassikers erschien wenige Jahre nach der enthusiastischen Rezeption des Kaisers im Verlag E. S. Mittler und Sohn.[107] Wilhelms intensive Detailbeschäftigung mit der Flottenfrage ging bekanntlich so weit, daß er eigenhändig Marinetabellen anfertigte.[108] Als intimer Kenner des kaiserlichen Engagements und Einflusses notierte Wilhelms Hofmarschall Zedlitz-Trützschler im Oktober 1904, er möchte als »Gesamtresultat aller Beobachtungen und Ansichten [...] sagen, daß die Marine aus dem regen Interesse, das für sie an Allerhöchster Stelle herrscht, große Vorteile zieht, ja daß sie ohne dasselbe kaum vorwärts käme, der Kaiser also tatsächlich der Schöpfer unserer Flotte ist«.[109]

Als die Amerikaner am 1. Mai 1898 die spanische Flotte vor Manila vernichteten, schrieb Bülow an Friedrich Alfred Krupp, er empfinde nun »wie richtig auch heute und grade für unser Vaterland die Darlegungen jenes bekannten amerikanischen Schriftstellers Mahan sind, wonach zu allen Zeiten Blüte und Gedeihen großer Staatswesen im engsten Kausalzusammenhang mit der Entwicklung ihrer Seestreitkräfte stehen«. Bülow meinte, »[n]ur wenn die Lücken, welche Deutschlands Kriegsrüstung zur See leider heute noch aufzuweisen hat,

---

[106] Telegramm Wilhelms II. an Poultney Bigelow, 26. Mai 1894, Facsimile in: TAYLOR, Life of Mahan, S. 130.

[107] Alfred Thayer MAHAN, Der Einfluß der Seemacht auf die Geschichte, Bde. 1–2, Berlin 1898–1899. Für die Initiative der Reichsleitung zur Übersetzung des Mahan-Werkes vgl. BA-MA, RMA, 2221, PG 93936. »Die Übersetzung wird von Herrn Vice-Admiral à la s. Batsch bewerkstelligt und die Herausgabe von der *Firma E. S. Mittler & Sohn* derart gefördert, daß das erste, in 8 000 Exemplaren gedruckte Heft voraussichtlich am 1. November [1897, M. B.] erscheinen kann.« BA-MA RM 3/9616, Bl. 73, Knorr an Tirpitz, 22. September 1897. Vgl. Antwort Tirpitz, 10. Oktober 1897, ebenda, Bl. 74.

[108] Vgl. den Abdruck von Wilhelms selbst gezeichneter Marinetabelle aus dem Jahr 1897, in: SCHIEDER, Staatsystem, S. 267, sowie Hans WILDEROTTER, »Unsere Zukunft liegt auf dem Wasser«. Das Schiff als Metapher und die Flotte als Symbol der Politik des wilhelminischen Kaiserreichs, in: Hans WILDEROTTER/Klaus-D. POHL (Hrsg.), Der letzte Kaiser, Gütersloh/München 1991, S. 55–78.

[109] Robert Graf ZEDLITZ-TRÜTZSCHLER, Zwölf Jahre am deutschen Kaiserhof, Stuttgart u. a. 1923, S. 83, Aufzeichnung vom 1. Oktober 1904 im Rückblick auf die Flottenmanöver vom 7. und 10. September.

recht bald und recht vollständig ausgefüllt werden, vermag ich auch meinerseits nach den Allerhöchsten Direktiven gute und erfolgreiche Politik zu machen«. Er forderte von Krupp deshalb die Beschleunigung des Schlachtschiffbaus »soviel nur irgend möglich«.[110] Dem Washingtoner Botschafter Holleben teilte Bülow sechs Wochen später mit, daß der Kaiser es »für eine Hauptaufgabe der deutschen Politik« ansehe, »keine infolge des spanisch-amerikanischen Konflikt sich etwa bietende Gelegenheit zur Erwerbung maritimer Stützpunkte in Ostasien unbenutzt zu lassen«.[111]

Als die Franzosen wenige Monate später vor Faschoda gegenüber den Londoner Drohungen zurückwichen, spottete der deutsche Kaiser im Bewußtsein der Auseinandersetzung um geopolitische Positionen angesichts der letzten unbeherrschten Territorien: »!!! Armes Frankreich! Damit hat es ohne Kampf sich schon für geschlagen erklärt! Das ist auf der See die ›Abdikation‹. Die haben Mahan *nicht* gelesen.«[112] Als Premierminister Salisbury im Zuge der sogenannten Bündnissondierungen vom Frühjahr und Sommer 1898 eine Reihe deutscher Kolonialwünsche ablehnte[113], vermerkte Wilhelm auf dem Rand eines Berichts, der »edle Lord« könne sich nur deshalb so arrogant zeigen, »blos weil er keine Angst vor uns hat, weil *wir keine Flotte* haben, welche mir in den 10 Jahren meiner Regierung von dem eselsdummen Reichstag stets verweigert wurde«.[114]

Zunächst hatte sich Wilhelm noch bis Mitte der 1890er Jahre mit dem Gedanken an eine weltweit einsetzbare Panzerkreuzerflotte beschäftigt, bevor er sich im Sinne der Tirpitzschen Entwürfe für den Schlachtflottenbau entschied.[115] Der chinesisch-japanische Konflikt 1894/95 versetzte den Kaiser in

---

[110] PAAA Deutschland 138, Bd. 14, Bülow an Krupp, 22. Mai 1898; Peter WINZEN, Biographische Einführung, in: Bernhard Fürst von BÜLOW, Deutsche Politik, hrsg. und eingel. von Peter Winzen, Bonn 1992, S. 31. Winzen hat die bis dato konziseste und nach wie vor beachtliche Untersuchung zur politischen Rolle und Wirkung Bülows im Spannungsfeld von Außenpolitik und Schlachtflottenbau bis nach der Jahrhundertwende vorgelegt und dem Außenstaatssekretär und Kanzler ein »Weltmachtkonzept« unterstellt: Peter WINZEN, Bülows Weltmachtkonzept. Untersuchungen zur Frühphase seiner Außenpolitik 1897–1901, Boppard a. Rh. 1977.

[111] GP 15 Nr. 4151, Bülow an Holleben, 1. Juli 1898, S. 44.

[112] Randbemerkung Wilhelms II. auf Schreiben Münster an Hohenlohe zur Faschoda-Krise, 29. Dezember 1898, GP 14/II, Nr. 3926, S. 409; Hervorhebungen im Original.

[113] Vgl. GP 14/I, Nr. 3804–3806, 3835 f.

[114] PAAA R 5802 (ehem. England 78 Nr. 1 secr., Bd. 4), Richthofen an Eulenburg, 20. Juli 1898, zit. nach RÖHL, Wilhelm II. 1888–1900, S. 1090.

[115] Vgl. zum Hintergrund der Diskussion über eine Kreuzerflotte im Sinn der *Jeune École* oder eine Schlachtflotte: Volkmar BUEB, Die »Junge Schule« der französischen Marine. Strategie und Politik 1875–1900, Boppard 1971; BERGHAHN, Tirpitz-Plan, S. 45–68; Jost DÜLFFER, The German Reich and the Jeune École, in: Marine et technique au XIXe siècle, Vincennes 1988, S. 499–516; RÖHL, Wilhelm II. 1888–1900, S. 1113–1128. Röhl verweist darauf, daß der Kreuzerbau im Gegensatz zur Schlachtflotte noch keine eindeutig antienglische Stoßrichtung besaß, sondern vor allem gegen die russisch-französische Entente gerichtet war. Ebenda, S. 1115–1120. Vgl. für die Erörterungen von Handelsschutzpolitik mittels

eine geradezu »fiebrige Aufregung«, weil er »das ersehnte aktuelle Beispiel für die Bedeutung der Seemacht in der modernen Zeit« bot.[116] Wilhelms Vortrag vom 8. Februar 1895, in dem er aus der Koordination von Heer und Flotte durch die Japaner deren militärische Überlegenheit ableitete und damit die Notwendigkeit der eigenen Flottenverstärkung begründete, illustriert diese neue Phase der Weltpolitik auf deutscher Seite.[117]

Wilhelms Flottenwünsche hatten bekanntlich unter Tirpitz' Vorgänger Hollmann regelmäßig parlamentarischen Schiffbruch erlitten.[118] Tirpitz, der von Beginn an in England den Hauptgegner seiner Politik anvisierte, konstatierte in seinem vielzitierten Schreiben an Stosch vom Februar 1896: »*Unserer Politik fehlt bis jetzt vollständig der Begriff der politischen Bedeutung der Seemacht. Wollen wir aber gar unternehmen, in die Welt hinauszugehen und wirtschaftlich durch die See zu erstarken, so errichten wir ein gänzlich hohles Gebäude, wenn wir nicht gleichzeitig ein gewisses Maß von Seekriegsstärke uns verschaffen. Indem wir hinausgehen, stoßen wir überall auf vorhandene oder in der Zukunft liegende Interessen. Damit sind Interessenkonflikte gegeben. Wie will nun die geschickteste Politik, nachdem das Prestige von 1870 verraucht ist, etwas erreichen ohne eine reale, der Vielseitigkeit der Interessen entsprechende Macht? Weltpolitisch vielseitig ist aber nur die Seemacht.*«[119] Tirpitz argumentierte ganz im Sinne des Zusammenhangs von weltwirtschaftlicher Potenz und Flottenrüstung, als er im April 1898 an den Kaiser schrieb: »Die großartige wirtschaftliche Entwickelung Deutschlands in dem letzten Jahrzehnt steht in unmit-

---

Marine sowie den Zusammenhang von Wirtschaftsinteressen und Flottengesetzgebung: DEIST, Flottenpolitik und Flottenpropaganda, 26–31; BERGHAHN, Tirpitz-Plan, S. 129–157.

[116] RÖHL, Wilhelm II. 1888–1900, S. 1113.

[117] Zu den Reaktionen und Befürchtungen innerhalb der politischen Führung über neue »uferlose« (Eugen Richter) Flottenpläne vgl. Alexander Hohenlohe an Eulenburg, 17. Februar 1895, in: Chlodwig zu HOHENLOHE-SCHILLINGSFÜRST, Denkwürdigkeiten der Reichskanzlerzeit, hrsg. von Karl Alexander von Müller, Stuttgart 1931, S. 42. Einen identischen »Mechanismus« in der Ausnutzung internationaler Konstellationen konstatiert Röhl in Wilhelms Reaktion auf den Jameson-Raid, die Krüger-Depesche und die britische Empörung, die der Kaiser gleichfalls für den ersehnten Flottenbau ausnutzen wollte. RÖHL, Wilhelm II. 1888–1900, S. 1121–1123.

[118] DEIST, Flottenpolitik und Flottenpropaganda, S. 20–25; BERGHAHN, Tirpitz-Plan, S. 90–129.

[119] Tirpitz an Stosch, 13. Februar 1896, in: TIRPITZ, Erinnerungen, S. 55, Hervorhebungen im Original. Zum Hintergrund der Tirpitz-Politik (chronologisch): Jonathan STEINBERG, Yesterday's Deterrent. Tirpitz and the Birth of the German Battle Fleet, London 1965; Paul M. KENNEDY, Tirpitz, England and the Second Navy Law of 1900: A Strategical Critique, in: MGM 1970/2, S. 33–57; BERGHAHN, Tirpitz-Plan; Paul M. KENNEDY, Maritime Strategieprobleme der deutsch-englischen Flottenrivalität, in: SCHOTTELIUS/DEIST (Hrsg.), Marine und Marinepolitik, S. 178–210; ders., The Development of German Naval Operations Plans against England, 1896–1914, in: EHR 89 (1974), S. 48–76; EPKENHANS, Wilhelminische Flottenrüstung, S. 1–30; MASSIE, Schalen des Zorns, S. 188–211; RÖHL, Wilhelm II. 1888–1900, S. 1128–1137. Röhl betont den Quellenbefund, »wie fest der Kaiser bereits *vor* der Ernennung von Tirpitz [...] entschlossen war, einen ›Riesenflottenplan‹ um jeden Preis durchzuführen«. Ebenda, S. 1135.

telbarer Beziehung zur Entwickelung der politischen Machtstellung des Reiches.«[120] Für das Deutsche Reich ging es in der Flottenfrage dem Geist der Zeit entsprechend darum, »daß wir bei den großen Liquidationen, die noch bevorstehen, bei allen großen Fragen und Wandlungen der Weltpolitik als gleichberechtigte Macht in Betracht gezogen und nicht zur Seite gedrängt werden«.[121] Es werde künftig nur vier Weltmächte geben, prognostizierte Tirpitz, nämlich Großbritannien, die Vereinigten Staaten, Rußland und das Deutsche Reich. England und die USA waren nur über See zu erreichen, und eben deshalb wäre es für Deutschland, das als Seemacht »besonders zurückgeblieben« sei, eine »Lebensfrage [...], als Weltmacht und grosser Kulturstaat das Versäumte nachzuholen«.[122] Der maßgebliche Einfluß Tirpitz' im Hinblick auf den Erfolg der kaiserlichen Flottensehnsüchte verbreitete sich allgemein und wurde so prägend, daß Albert Ballin ihn »als des Kaisers bösen Geist« ansah, wie Baronin Spitzemberg notierte und ergänzte: »Das Eigene ist, daß S. M. ihn [Tirpitz] eigentlich nicht mag, ja fürchtet, aber dabei eine Art abergläubischer Scheu hat, ihn zu entlassen.«[123]

[120] Tirpitz an Wilhelm II., 24. April 1898, in: HOHENLOHE, Denkwürdigkeiten der Reichskanzlerzeit, S. 441; zu weiteren Argumenten Tirpitz' im Sinne Mahans, wonach als das »erste Ziel [die] Seeherrschaft« anzustreben sei, vgl. Tirpitz, geheime Notizen zu einem Immediatvortrag, o. D., BA-MA Freiburg, NL Tirpitz N253/4, fol. 227, zit. nach RÖHL, Wilhelm II. 1888–1900, S. 1144, sowie die weiteren Immediatvorträge, teilweise zit. ebenda, S. 1144–1147.

[121] Max SERING, Die Handelspolitik der Großstaaten und die Kriegsflotte. Vortrag vom 14. Januar 1900 in der Philharmonie zu Berlin, in: Handels- und Machtpolitik. Reden und Aufsätze im Auftrage der ›Freien Vereinigung für Flottenvorträge‹, Bd. 2, hrsg. von Gustav Schmoller, Max Sering und Adolf Wagner, Stuttgart 1900, S. 1–44, Zit. S. 41; WILDEROTTER, »Unsere Zukunft liegt auf dem Wasser«, S. 63.

[122] BA-MA Freiburg, NL Tirpitz N253/5, Notizen Tirpitz' vom 29. September 1899 über Immediatvortrag Rominten vom 28. September 1899, zit. nach RÖHL, Wilhelm II. 1888–1900, S. 1146. Vgl. zu den Triebkräften der deutschen »imperialistischen Weltpolitik« auch Konrad CANIS, Von Bismarck zur Weltpolitik. Deutsche Außenpolitik 1890–1902, Berlin 1997, S. 223–256. Canis erkennt als Impetus eine Mischung aus Zeitgeist, Konjunktursicherung, Prestigefragen und außenpolitischer Ablenkung innenpolitischer Probleme; er stellt sich gegen Winzens These von »Bülows Weltmachtkonzept« und hebt das Improvisierte in der Politik des Kanzlers hervor. Canis kommt, zumal seine Studie mit einem Blick auf Deutschlands Stellung 1902 endet, allerdings kaum über die (zweifellos richtige) Feststellung hinaus, daß in die »internationale Mächtekonstellation [...] Bewegung gekommen« war, die »in erster Linie von England« ausging und sich gegen den deutschen »Aufsteiger auf dem Kontinent« richtete. Ebenda, S. 395. In der vorliegenden Untersuchung soll demgegenüber beschrieben werden, wie sich die außenpolitischen Entscheidungen beider Staaten in den Machtwandel der Weltpolitik zwischen 1895 und 1907 einfügen und einen Gestaltwandel des gesamten Staatensystems reflektieren. Einen multilateralen Ansatz für die von Canis hervorgehobene Periode verfolgte in seiner breit rezipierten und nach wie vor profunden Studie schon 1935 William L. LANGER, The Diplomacy of Imperialism 1890–1902, New York 1935, zweite Aufl. 1951 (benutzt). Langer begründete mit dieser Untersuchung die »Harvard«-Tradition der »internationalistischen« Schule amerikanischer Diplomatiegeschichte. Vgl. Michael H. HUNT, The Long Crisis in U. S. Diplomatic History: Coming to Closure, in: Diplomatic History 16 (1992), S. 115–140.

[123] Das Tagebuch der Baronin SPITZEMBERG geb. Freiin v. Varnbüler. Aufzeichnungen

Ohne diese Verbindung aus Legitimation durch den Zeitgeist einerseits und die materielle Potenz des Deutschen Reiches andererseits, konzentriert im kompromißresistenten Tunnelblick des Organisators Tirpitz, hätte sich auch Wilhelms missionarische Leidenschaft für die Marine kaum durchsetzen lassen und weiterhin vornehmlich auf »›Bau‹ [und] ›Konstruktion‹« der Wellen in seinen Seebildern beschränken müssen.[124]

Die Flottenrüstung als Faktor der deutschen Außenpolitik entsprach demnach konzeptionell einer rationalen Analyse der zeitgenössisch beherrschenden Axiome aller Großmächte, mithin läßt sich denn auch »beim Flottenbau von einem Primat der Weltpolitik sprechen«.[125] Die »Schaffung einer leistungsfähigen Flotte« war in Tirpitz Augen »für Deutschland eine so unbedingte Nothwendigkeit, dass ohne diese Deutschland dem Ruin entgegengehen würde«.[126] Dem erkennbaren »Primat der Weltpolitik« korrespondiert die unschwer zu konstatierende Einsicht, daß der »Wilhelminismus« im Gegensatz zur sogenannten »sozialimperialistischen« Deutung sehr wohl als »Signatur dieser Epoche« interpretiert werden kann und weniger, wie beispielsweise Hans-Ulrich Wehler meint, »im Grunde als Verschleierung fungierte«, um vom »Zusammenspiel machtbewußter herrschender Klassen und einflußgewohnter Bürokratien, quasi autonomer Institutionen und formell unverantwortlicher Politiker« abzulenken. Es agierten eben keine »Interessenaggregate« oder ein »anonymes Geflecht von Kräften«, sondern es agierten Menschen. Die außenpolitische Bewegung kreiste letztlich um den Kaiser (ohne daß er ein »Mastermind« hätte sein müssen), angefangen von seiner engen Entourage[127] bis hin zu distanzierteren, aber verbun-

---

aus der Hofgesellschaft des Hohenzollernreiches, ausgew. und hrsg. von Rudolf Vierhaus, fünfte Aufl. Göttingen 1989, 29. September 1912, S. 548. Röhl beschreibt den Charakter dieser Beziehung als die eines »Süchtigen«, i. e. Wilhelm, der »in die Hände eines anderen Flottenfanatikers« geraten sei. RÖHL, Wilhelm II. 1888–1900, S. 1152.

[124] WILHELM II., Aus meinem Leben, S. 271; vgl. oben Anm. 105. Am 11. Januar 1895 schickte der Kaiser seinen Flügeladjutanten Kuno Moltke nach Friedrichsruh, um Bismarck für die Unterstützung seiner Flottenpläne zu gewinnen, indem er ihm einige seiner Zeichnungen von amerikanischen Kriegsschiffen überbringen ließ. Eulenburg an Holstein, 21. Januar 1895, in: EULENBURG, Korrespondenz, Bd. 2, Nr. 1075, S. 1446.

[125] SCHIEDER, Staatensystem, S. 268. Die These vom Primat der Innenpolitik findet sich im Anschluß an Eckart Kehr maßgeblich in den Arbeiten von Hans-Ulrich Wehler und der Tirpitz-Plan-Interpretation Volker Berghahns. Vgl. Eckart KEHR, Schlachtflottenbau und Parteipolitik 1894–1901, Berlin 1930; Eckart KEHR, Der Primat der Innenpolitik, hrsg. von Hans-Ulrich Wehler, Berlin 1965; BERGHAHN, Tirpitz-Plan; Hans-Ulrich WEHLER, Das Deutsche Kaiserreich 1871–1918, Göttingen 1973, fünfte durchges. u. bibliogr. erg. Aufl. 1983 (benutzt), S. 165–200, bes. S. 165–185; WEHLER, Deutsche Gesellschaftsgeschichte, Bd. 3, S. 1129–1168, bes. S. 1129–1141. Eine frühe wegweisende Untersuchung über die weltpolitischen Dimensionen der Tirpitz-Politik ist: Rudolf STADELMANN, Die Epoche der deutsch-englischen Flottenrivalität, in: Ders., Deutschland und Westeuropa, Schloß Laupheim 1948, S. 85–146 u. 159–175; vgl. dazu BERGHAHN, Tirpitz-Plan, S. 196 f.

[126] BA-MA Freiburg, NL Tirpitz N253/5, Notizen Tirpitz' vom 29. September 1899 über Immediatvortrag Rominten vom 28. September 1899, zit. nach RÖHL, Wilhelm II. 1888–1900, S. 1146.

[127] Vgl. die Beiträge von Isabel V. HULL, »Persönliches Regiment«, Wilhelm DEIST,

denen Akteuren wie Friedrich von Holstein. Dies wurde (was viel bedeutender ist als die Entscheidungsfindung im Innern) im Ausland so perzipiert und erzeugte entsprechende Reaktionen.[128] Die »wilhelminische Weltpolitik« ist eben weniger, wie (exemplarisch die für die »sozialimperialistische« Interpretation) Wehler annimmt, »in erster Linie wegen der inneren Legitimationsbedürfnisse betrieben worden«, sondern aus der subjektiv ehrlich und zwingend empfundenen, zweifellos ehrgeizigen, bisweilen reichlich aggressiven Überzeugung der Akteure von Wilhelm II. über Bülow bis Tirpitz, daß diese Politik für den Lebenserhalt und die Zukunftssicherung des Reiches als Groß- und Weltmacht notwendig sei, ja, daß man dafür sogar Gegenwartsrisiken auf sich nehmen müsse, selbst wenn diese in der Perspektive der Zeit zunächst vor allem einen unmittelbaren außenpolitischen Nachteil und erst langfristig erkennbare (Macht-)Resultate einbringen würden, wie das beim Schlachtflottenbau ganz eindeutig der Fall war.[129] Die Prägekraft des vom Kaiser stets frisch munitionierten »Flottendiskurses« in der politischen Führung wirkte nachhaltig. Als Holstein, um ein Beispiel herauszugreifen, am 3. Februar 1897 Reichskanzler Hohenlohe aufsuchte, erzählte der, »daß vorhin der Kaiser bei ihm [Hohenlohe, M. B.] war. Die Spuren der Anwesenheit Sr. Maj. sah ich noch herumliegen in Form von großen Bogen, auf denen Geschwader gezeichnet waren. Dieselben stellten Übersichtspläne des Flottenbestandes der verschiedenen Großmächte dar. Der Kaiser hatte sie dem Kanzler gebracht, um demselben die unvermeidliche Notwendigkeit darzulegen, daß unsere Flotte schneller und in größerem Maßstabe, als bisher geschehen sei, vermehrt werden müsse.«[130] Am 11. Februar sandte der Kaiser vier eigenhändige Darstellungen über die Flottenstärke des Deutschen Reiches, Frankreichs, Rußlands, Japans und der Vereinigten Staaten an den Reichstag. Einige Tage zuvor, während er sich mit dem Grafen Waldersee unterhielt, der sich Hoffnung auf den Reichskanzlerposten machte, »vervollständigte der Kaiser mit Buntstift eine graphische Darstellung des Anwach-

---

Kaiser Wilhelm II. als oberster Kriegsherr, Katharine A. LERMAN, The Chancellor as Courtier: The Position of the Responsible Government under Kaiser Wilhelm II, 1900–1909, jeweils in: John C. G. RÖHL (Hrsg.), Der Ort Kaiser Wilhelms II. in der deutschen Geschichte, München 1991, sowie ders., Kaiser, Hof und Staat, Wilhelm II. und die deutsche Politik, München, dritte durchg. Aufl. 1988, bes. Kap. 2–6, S. 35–174.

[128] Zu den Schwierigkeiten des Deutschlandkenners Haldane, seinen britischen Kabinettskollegen zu erklären, daß es neben dem Kaiser auch noch andere außenpolitische Handlungs- und Entscheidungszentren gab, vgl. unten S. 303 f. Haldanes Schilderung in: National Library of Scotland, Haldane Papers MSS 5919, Memorandum of Events between 1906–1915, S. 81.

[129] Thesen zusammenfassend in: WEHLER, Deutsche Gesellschaftsgeschichte, Bd. 3, S. 1000–1020, Zit. S. 1004, 1006, 1018–1020; vgl. ebenda, S. 1129–1137. Die britisch-amerikanische Perzeption des Kaisers und die Folgen für die deutsche Außenpolitik im Mächtewettbewerb wurden schon angesprochen und werden unten weiter diskutiert.

[130] Holstein an Eulenburg, 3. Februar 1897, in: Die geheimen Papiere Holsteins, Bd. 4, Nr. 599, S. 9. Vgl. Aufzeichnung Hohenlohes, 3. Februar 1897, in: HOHENLOHE, Denkwürdigkeiten der Reichskanzlerzeit, S. 295.

sens der französischen und deutschen Marine und kam auch auf die Notwendigkeit der Flottenvermehrung bei uns. Schließlich gab er mir die Zeichnung und empfahl mir deren Studium. [...] Daß der Kaiser mir die Zeichnung mit der betonten Bemerkung übergab, für die Flotte müsse bald Großes geschehen, deutet die Möglichkeit eines Kanzlerwechsels infolge dieses Problems an.«[131]

Neuere Darstellungen der wilhelminischen Weltpolitik interpretieren Deutschlands politische Aktivitäten als Phänomen eines »Zeitalters der Nervosität« und betonen als Erklärung den zeitgenössischen Diskurs über »Nervosität« und »Neurasthenie«.[132] Das ist an sich ein lobenswertes Unternehmen, denn immer wieder finden sich in den Quellen zur Geschichte des Wilhelminismus, den Reflexionen zum nationalen Zustand, zur internationalen Situation und zur deutschen Weltpolitik entsprechende Metaphern. Wilhelm II. apostrophierte selbst einmal Tirpitz gegenüber Reichskanzler Hohenlohe als »Neurastheniker«.[133] Es würde jedoch zu weit führen, daraus Schlüsse abzuleiten, die den politischen Kern als den eigentlichen Nennwert des Diskurses wenn nicht ignorieren, so doch zumindest fehlgewichten. Denn es ging bei allen außenpolitischen Fragen wesentlich um machtpolitische Positionen strategisch denkender Großmächte, wenngleich deren als rational apostrophierte Beweggründe sich – rückblickend – wie im Fall des Deutschen Reiches als fortgesetzte »Selbsttäuschung« offenbarten und im Fall des Kaisers durch eine flirrende Unberechenbarkeit verstärkt wurden. Diese »Selbsttäuschung« war jedoch keineswegs Ausfluß nervöser Kompensationshandlungen, sondern einer ernstgemeinten, im Fall des Kaisers hochgradig ungeduldigen Auffassung von vermeintlicher außenpolitischer Klugheit. Daß diese Rechnung nicht aufging, offenbarte sich allerdings erst im Konflikt des Ersten Weltkrieges.

In Deutschland meinten selbst von Radkau so bezeichnete »trockene« Menschen wie Delbrück, die »strotzende Gesundheit des englischen sozialen Körpers« beruhe »darauf, daß diese junge Mannschaft in den Kolonien Verwendung findet und die mehr als 300 Millionen Inder und Ägypter zu regieren berufen wird«.[134] Als Interpret im Sinne der Nervositätsthese kommentiert

[131] Denkwürdigkeiten des General-Feldmarschalls Alfred Grafen von WALDERSEE, bearb. und hrsg. v. Heinrich Otto Meissner, Stuttgart/Berlin 1922–1923, Bd. 2, Notiz vom 31. Januar 1897, S. 390 f.

[132] Joachim RADKAU, Das Zeitalter der Nervosität. Deutschland zwischen Bismarck und Hitler, München 1998. Michael Stürmer (»Das ruhelose Reich«) und Volker Ullrich (»Die nervöse Großmacht«) lassen dieses Thema im Titel ihrer Bücher zum Kaiserreich anklingen, behandeln die Epoche jedoch ausgewogen und komplex nach dem Vorbild von Handbüchern und nicht entlang eines Begriffs wie beispielsweise »Nervosität«. Michael STÜRMER, Das ruhelose Reich. Deutschland 1866–1918, Berlin 1983; Volker ULLRICH, Die nervöse Großmacht. Aufstieg und Untergang des Deutschen Kaiserreichs 1871–1918, Frankfurt a. M. 1997.

[133] HOHENLOHE, Denkwürdigkeiten aus der Reichskanzlerzeit, S. 463, Journal vom 6. Oktober 1898.

[134] Hans DELBRÜCK, Deutsche Ängstlichkeit, in: Preußische Jahrbücher 149 (1912), S. 362–370, Zit. S. 364.

Radkau, »[b]ei genauem Hinsehen hätte man jedoch sehr daran zweifeln können, ob der Kolonialdienst in Kalkutta oder Bombay der englischen Gesundheit gut bekam und ähnlich die Stationierung in Algerien der Gesundheit der Franzosen«. Er fügt mit Blick auf den von der wilhelminischen Weltpolitik geforderten »Platz an der Sonne« hinzu: »In Samoa gelang es Bülow tatsächlich, den Deutschen einen ›Platz an der Sonne‹ zu verschaffen; nur war dieser sehr klein und so weit weg, daß sehr wenige Deutsche in den Genuß dieser Sonne kamen. In Marokko, das einen etwas weniger imaginären Zugewinn an Solarenergie versprach, scheiterte Bülows Politik.«[135] Dergleichen Interpretationen verkennen wohl (selbst wenn ein ironischer Unterton mitbedacht wird), indem sie die Metapher zu sehr zum Nennwert nehmen, den politischen (und ideologischen) Gehalt solcher Äußerungen. Es ging weder Delbrück noch Bülow im Vergleich mit Großbritannien um irgendeine individuelle »Gesundheit« oder um die tägliche »Lux«-Zahl, nicht einmal vorrangig um Marokko, sondern um Erprobungsgebiete eines weltumspannenden Herrschaftsanspruchs. Delbrück sprach bewußt vom »sozialen Körper«, und »trainieren« sollte stets das nationale Staatswesen als ganzes. Dieses Verständnis war geschichtsmächtig in mehrfacher Hinsicht. Die britische Herrschaft in Indien und in Ägypten war ein Trainingsgelände für welterfahrene Führung (im doppelten Wortsinn) für diesen »sozialen Körper«, weil zahlreiche Mitglieder des politisch-militärischen Nachwuchses hier entscheidende Prägungen erfuhren, die ihren deutschen Altersgenossen fehlten.[136] Dies war in den Augen nicht nur Bülows ein Mangel, weil er die Fähigkeiten der Deutschen im nunmehr »planetarischen« Wettbewerb der Nationen und Kulturvölker unterentwickelt ließ. »Jede Kolonisation ist eben doch ein Teil, und vielleicht der großartigste Teil, des ewigen Kampfes ums Dasein, des Kampfes, in dem sich die tüchtigere und darum lebensfähigere Art gegenüber der weniger tüchtigen durchsetzt«, faßte Bülow das Motiv des sozialdarwinistischen Zeitgeistes zusammen.[137] Wilhelm II., Bülow und ihre Mitstreiter ersehnten keineswegs sonnige Länder, um dort unter Palmen oder am Wasser (ein gleichfalls immer wiederkehrendes Bild) den Deutschen das Leben als planetarische Kurgäste zu ermöglichen. »Platz an der Sonne« bedeutete im Kern vor allem »zum Kolonialerwerb verfügbares Land«. Niemand wäre im Ernst auf die Idee verfallen,

---

[135] RADKAU, Zeitalter der Nervosität, S. 383.

[136] Zu Erziehungshintergrund und Welterfahrung der Führungsschichten im Vergleich s. Kap. II und III.

[137] BA NL Bülow/29, Konzept zur Reichstagsrede vom 28. November 1906, zit. nach WINZEN, Weltmachtkonzept, S. 423, Anm. 139. In seiner offiziellen Version schwächte Bülow die sozialdarwinistischen Töne leicht ab: »Die Frage steht nicht so: ob wir kolonisieren wollen oder nicht; sondern wir müssen kolonisieren, ob wir wollen oder nicht. Der Trieb zur Kolonisation, zur Ausbreitung des eigenen Volkstums, ist in jedem Volke vorhanden [...] und wir werden ein kolonisierendes Volk bleiben, solange wir gesundes Mark in den Knochen haben.« Johannes PENZLER (Hrsg.), Fürst Bülows Reden, Bd. 2, S. 345 f. Vgl. WINZEN, Weltmachtkonzept, S. 423.

einen Anspruch beispielsweise auf Kalifornien und Florida zu erheben oder auf den Süden Spaniens und Portugals, obwohl jeder von diesen Orten unzweifelhaft ein ausgezeichneter »Platz an der Sonne« war. Das Schlagwort blieb eine Metapher für »verteilbare Gebiete«, die sich nach Lage der Dinge auf dem Globus nun einmal vor allem in mehr oder minder großer Nähe zum Äquator befanden. Es ging bei diesen Territorien darüber hinaus um zweierlei: erstens den möglichen wirtschaftlichen Nutzen, auch als prospektives Auswanderungsterritorium, und zweitens, zeitgenössisch nicht selten überwiegend, das Prestige als Groß- und potentielle Weltmacht. Im Deutschen Reich als einer auch in kolonialer Hinsicht »verspäteten Nation« erkannte die politische Führung durchaus, daß zeitgenössisch aus dem weiteren Kolonialerwerb kein unmittelbarer ökonomischer Nutzen zu ziehen war, wie ihn etwa Großbritannien aus Indien und durch seine weltweiten Besitzungen als maritime Handelsmacht einbringen konnte. »Ich weiß,« notierte Bülow in einem Redeentwurf, »daß es im günstigsten Falle noch lange dauern wird, bis wir vermöge unserer Kolonien uns auch nur hinsichtlich einzelner Rohstoffe und Genußmittel vom Ausland würden unabhängig machen können, oder bis das Absatzfeld in unseren Kolonien für unsere Industrie einen Ersatz für Einbußen auf anderen Absatzmärkten würde bieten können. Einen wirtschaftlichen Imperialismus können wir mit unseren Kolonien für absehbare Zeit nicht in den Bereich der Möglichkeit ziehen.«[138] Obwohl dies so war, bemühte die deutsche Außenpolitik sich fieberhaft, einen – bisweilen meinte dies schlicht: irgendeinen – »Platz an der Sonne« zu erwerben. Der Grund lag in der allgemeinen Annahme, daß dies eine Zukunftsnotwendigkeit zum Überleben als Großmacht und deshalb schon um dieses Anspruchs willen notwendig war. Gab man dieses Prestige auf, so gab man in den eigenen Augen – und nach den Kriterien der Großmächtekonkurrenz – seinen Anspruch auf, zur Großmacht willig und fähig zu sein, ganz gleich, ob dies nun gegenwärtig materiellen Ertrag brachte oder nicht. »Das ganze Prestige Deutschlands ginge verloren, wenn man nicht eine führende Rolle übernehme«, fieberte Wilhelm schon 1893, »und ohne eine Weltmacht zu sein, sei man eine jämmerliche Figur.«[139] Der Ertrag solchen Prestigedenkens lag darin, seine Fähigkeit zur Aufrechterhaltung eines Anspruchs im machtpolitisch-sozialdarwinistischen Wettbewerb demonstrieren und damit machtprojektiv im Verhältnis der Großmächte nutzen zu können.

---

[138] BA NL Bülow/29, Konzept zur Reichstagsrede vom 28. November 1906, zit. nach WINZEN, Weltmachtkonzept, S. 423 f., Anm. 139; weitere Beispiele anderer Politiker ebenda, S. 422–424.

[139] Äußerungen Wilhelms Ende Juli 1893 gegenüber Eulenburg anläßlich des britisch-französischen Konflikts um Siam und des Zwangs zur Untätigkeit, weil das Reich noch nicht stark genug war, »um gegen Frankreich und Rußland zugleich zu fechten«. Zit. nach Johannes HALLER, Aus dem Leben des Fürsten Philipp zu Eulenburg-Hertefeld, Berlin/Leipzig 1926, S. 84 f.

Die Interpretation der Flottenpolitik im Stil der Nervositätsthese greift demnach zu kurz, wenn sie den »Sinn« der Flottenrüstung primär darin erkennen will, »öffentlich zielstrebige Energie zu demonstrieren«. »Im Grunde ein Produkt politischer Ziellosigkeit, erzeugte die Flotte neue Ziellosigkeit; denn ein verschwommenes Streben nach Weltgeltung war das, was sie brauchte, um einen Schein von Sinn zu bekommen.«[140] Strebte das Deutsche Reich demnach, so wäre kritisch zu fragen, nicht wirklich nach Weltgeltung? War dieses Streben nur ein Vorwand, um eine Flotte zu bauen? Sollte diese Flotte keine Funktion haben als die, schlichtweg »öffentlich zielstrebige Energie zu demonstrieren«? Wenn Holsteins Beobachtung richtig ist, nie habe »eine Versuchung die Nerven des Kaisers so erregt wie der große ›Flottenplan‹«[141], so war diese Erregung nicht das »Produkt politischer Ziellosigkeit« sondern, im Gegenteil, das Ergebnis einer ideologisch gespeisten, rationalisierten Ungeduld. Der Kaiser kompensierte mit seinen Flottenplänen keineswegs »Nervosität« durch »Demonstration« öffentlicher Energie. »Nervös« war der Kaiser, weil er ungeduldig zu sehen meinte, welche Mittel zu entwickeln und anzuwenden waren, damit aus dem durch ihn von Gottes Gnaden regierten Land eine führende Macht des 20. Jahrhunderts werde, während er gleichzeitig das Gefühl hatte, daß die wenigsten seiner Untertanen in Parlament, Parteien und Öffentlichkeit rechtzeitig die erforderliche Kraft dazu entwickelten. Die für eine Zukunft als Weltmacht als unabdingbar angesehene Flotte war in dieser Perspektive Symbol und Instrument zugleich. Nicht nur, daß er an die Lehren Mahans glaubte und dessen Buch auswendig lernte. Er fühlte zugleich seine eigene göttliche Berufung damit verbunden, das Kaiserreich auf diesen Weg auch gegen dessen inneren Widerwillen zu führen. Wilhelms Glaubensbekenntnis war demnach als Derivat des machtpolitischen Zeitgeistes durchaus simpel: Wer überhaupt in der Zukunft als Groß- und Weltmacht auftreten wollte, der mußte als Voraussetzung über eine Flotte verfügen.[142] Es erscheint daher auch kaum angemessen, anzunehmen, die »provozierende Wirkung [der Flotte] auf England wäre allenfalls dann vermieden worden, wenn sie geräuschlos vor sich gegangen wäre. In Wirklichkeit jedoch vollzog sie sich so geräuschvoll wie nur möglich; denn ihr Sinn bestand ja eben darin, öffentlich zielstrebige Energie zu demonstrieren.«[143]

---

[140] RADKAU, Nervosität, S. 286.

[141] Holstein an Eulenburg, 25. Januar 1896, in: Die geheimen Papiere Holsteins, Bd. 3, Nr. 525, S. 528, Anm. 7; vgl. HALLER, Aus dem Leben des Fürsten Philipp zu Eulenburg-Hertefeld, S. 201.

[142] Zur international weiten Verbreitung sozialdarwinistischen Gedankenguts namentlich in militärischen Kreisen vgl. STORZ, Die Schlacht der Zukunft, S. 272–274; zeitgenössisch konstatierte Alfred Fried die »schablonenhafte Übertragung« der von Darwin »entdeckten Bewegungsgesetze des organischen Lebens auf den gesellschaftlichen Organismus«. Alfred Hermann FRIED, Handbuch der Friedensbewegung, zweite Aufl. Berlin 1911, Bd. 1, S. 43.

[143] RADKAU, Nervosität, S. 286.

Diese These ist in mehrfacher Hinsicht fragwürdig. Erstens mußte jeder Versuch provozieren, über zwei Jahrzehnte die zweitgrößte Flotte der Welt zu bauen, ob er nun »geräuschlos« oder mit Pauken und Trompeten unternommen wurde. Es ging um militärische Gewaltfähigkeit und die Möglichkeiten der Machtprojektion. Keine Macht, schon gar keine Großmacht, und am allerwenigsten das allseits sensibel beobachtete Deutsche Reich *konnte* dies in einem »geräuschlosen«, gleichsam politisch leeren Raum tun. Zweitens: Es war durchaus Tirpitz' Ziel, gegenüber England »geräuschlos« zu sein und nicht »so geräuschvoll wie nur möglich«. Es kam vielmehr »im Interesse der Durchsetzbarkeit des Programms darauf an, die eigenen, letzten Zielsetzungen sorgfältig vor der Öffentlichkeit verborgen zu halten«.[144] Tirpitz nannte diesen Kurs: »Mund halten und Schiffe bauen«[145], und beklagte, daß das nicht auf Dauer gelungen war. Es gelang in den ersten Jahren, weil die britische Außenpolitik von anderen Sujets in Anspruch genommen und die langfristige Rüstungsdimension des »Tirpitz-Plans« noch nicht offensichtlich war. Am 17. Oktober 1902, rund fünf Jahre nach Tirpitz' Amtsantritt, resümierte Selborne als Erster Lord der Admiralität in seiner Kabinettsdenkschrift über *Naval estimates 1903–1904*: »The result of my study is that I am convinced that the great new German navy is being carefully built from the point of view of a war with us. [...] It cannot be designed for the purpose of playing a leading part in a future war between Germany and France and Russia. [...] Sir F. Lascelles [der britische Botschafter in Berlin, M. B.] does not believe that the German Emperor or Government are really unfriendly to this country and he is convinced that the true interests of Germany lie in maintaining friendly relations with us, but he is equally convinced that in deciding on a naval policy we cannot safely ignore the malignant hatred of the German people or the manifest design of the German Navy.«[146] Lascelles, der zunächst kaum die antienglische Stoßrichtung des Flottenbaus wahrnehmen wollte, überzeugte sich im Frühjahr 1902 in einem Gespräch mit dem britischen Marine-Attaché in Berlin, Captain Ewart, daß »the German Navy is professedly aimed at that of the greatest naval Power – us«.[147]

---

[144] MOMMSEN, Großmachtstellung und Weltpolitik, S. 145.

[145] Alfred von TIRPITZ, Politische Dokumente, Bd. 1: Der Aufbau der deutschen Weltmacht, Stuttgart/Berlin 1924, S. 16, Anm. 1.

[146] Birmingham University Library, NL Joseph Chamberlain, JC 14/4/1/33, zit. nach George MONGER, The End of Isolation. British Foreign Policy 1900–1907, London u. a. 1963, S. 82; WINZEN, Bülows Weltmachtkonzept, S. 99, Anm. 10; ders., Biographische Einführung, S. 29, Anm. 66.

[147] PRO FO 800/129, Lansdowne MSS, Bd. 13, Lascelles an Lansdowne, 25. April 1902, Nachschrift vom 26. April 1902. Selborne hatte das Kabinett alarmiert, weil er über die Stoßrichtung des deutschen Schlachtflottenbaus beunruhigt war. Am 21. April 1902 traf er sich mit Balfour, Lansdowne und Chamberlain zu einer »conference on certain naval matters« im Unterhaus. Diese Zusammenkunft führte zur Anfrage bei Lascelles und zu dessen Antwort vom 25. und 26. April. Auf Basis dieser Erörterungen entwickelte Selborne seine Denkschrift vom 17. Oktober, in der er auch eine »margin of strength in battle-ships over those of the next

Und der designierte Premierminister Balfour zweifelte noch im Frühjahr 1902, ob Selbornes Befürchtungen berechtigt seien, und fand es »extremely difficult to believe that we have, as you seem to suppose, much to fear from Germany, in the immediate future at all events«.[148] Daß Tirpitz eine außenpolitische »Geräuschlosigkeit«, zumal im permanent sensiblen Machttarierungsgeflecht der internationalen Beziehungen, für möglich gehalten zu haben scheint, illustriert eine eklatante politische Fehleinschätzung. Sie offenbart eine Mischung aus außenpolitischer Naivität und unkontrollierter, irrationaler, letztlich nahezu autistischer Energie. Sie spiegelte damit eine unkoordinierte und die weltmächtlichen Wettbewerber namentlich in London höchst irritierende Form der Staatsführung, deren um den Kaiser konzentriertes inneres Wesen erst jüngst von John Röhl erneut betont und ausführlich beschrieben worden ist.[149]

Zugleich kontrastierte das Bedürfnis außenpolitischer Ruhe mit der Notwendigkeit der inneren Mobilisierung. Diese diente nicht der »Demonstration«, sondern realen Zwecken: dem via Öffentlichkeit zu induzierenden Druck auf das Parlament, damit dieses die geforderten Budgetmittel für den Flottenbau bewilligte. Die »Flotteneuphorie« wurde pragmatisch erzeugt mit dem Ziel ihrer politisch-militärischen Instrumentalisierung und war folglich nicht Kompensation für »Nervosität«.[150]

Der Flottenbau diente schließlich auch nicht der »politische[n] Bequemlichkeit«, indem er »gestattete, die Entscheidung über konkrete deutsche Ziele in eine weite Zukunft zu verschieben, ohne den Eindruck der Untätigkeit zu erwecken«.[151] Diese Flotte selbst war zunächst das »konkrete deutsche Ziel«, weil Flottenbau das Axiom all derer war, die meinten, ihrem Land die Grundlagen einer Groß- und Weltmachtexistenz im 20. Jahrhundert sichern zu müssen, wie es ihrer zivilisatorischen Potenz und ihrem inneren Selbstverständnis entsprach – das galt für Wilhelm II. und Bernhard von Bülow ebenso wie für Theodore Roosevelt und Henry Cabot Lodge[152] und selbstredend für die gesamte Führung Großbritanniens.[153] So begründete Tirpitz seine Ansichten, als

---

two naval Powers« verlangte, also eine Erweiterung des »Two-Power-Standard«. MONGER, End of Isolation, S. 69, 82; WINZEN, Bülows Weltmachtkonzept, S. 100, Anm. 10.

[148] Bodleian Library, NL Selborne 30, Balfour an Selborne, 5. April 1902; WINZEN, Bülows Weltmachtkonzept, S. 100, Anm. 10.

[149] RÖHL, Wilhelm II. 1888–1900, passim; vgl. die in dieser Darstellung an entsprechenden Stellen regelmäßig gegebenen Hinweise auf Röhls grundlegende Analyse.

[150] Vgl. dazu ausführlich DEIST, Flottenpolitik und Flottenpropaganda, bes. S. 19–145; Jürg MEYER, Die Propaganda der deutschen Flottenbewegung 1897–1900, Bern 1967; WILDEROTTER, »Unsere Zukunft liegt auf dem Wasser«, bes. S. 61–66; RÖHL, Wilhelm II. 1888–1900, S. 1140 f.; vgl. dazu auch die Exil-Erinnerungen des Kaisers selbst: WILHELM II., Ereignisse und Gestalten, S. 196.

[151] RADKAU, Nervosität, S. 287.

[152] Vgl. ANDERSON, Race and Rapprochement, S. 84.

[153] Roosevelt schrieb an Hermann Speck von Sternburg, er sei »glad Mahan is having such influence with your people, but I wish he had more influence with his own. It is very difficult

er selbst Bismarck von seiner Flottenidee zu überzeugen versuchte, mit dem Argument, das Deutsche Reich müsse »mit Rücksicht auf das kommende Jahrhundert ein gewisses Maß politischer Seemacht haben«, die als »Unterlage realer Macht notwendig« sei.[154] Allen Reichstagsabgeordneten wurde folgerichtig als Anlage zur Druckfassung des Flottengesetzes für die Beratungen im Dezember 1897 eine Denkschrift über »Die See-Interessen des Deutschen Reiches« beigelegt.[155]

Wenn die deutsche Politik so wenig konkrete Ziele zu definieren vermochte bzw. in der Definition dieser Ziele permanent zu schwanken schien zwischen Samoa, dem südlichen und dem nördlichen Afrika, möglichen Aspirationen in Südamerika oder dem Fernen Osten, dann war dies die Folge dreier schon zeitgenössisch empfundener Hindernisse: Erstens blockierte die geopolitische Situation eine freie militärpolitische Entfaltung aller im Deutschen Reich vorhandenen modernen Energie, wie sie den insularen Mächten Großbritannien und USA offen stand. Zweitens zwang die deutsche »Verspätung« im Wettlauf um verfügbare Territorien zu Auseinandersetzungen nicht nur mit den Bewohnern der beherrschten Gebiete, sondern mit anderen, ebenfalls »planetarisch« agierenden Großmächten. Diesen etablierten Mächten standen beim Einbringen ihrer Landmassen in früheren Jahrzehnten stets ausreichende Kompensationsgebiete zur Verfügung, die nunmehr vergeben waren und den fordernden Druck in das globale Großmächteverhältnis zurücktrugen. Die vielfältigen politischen Reflexionen auf den Sozialdarwinismus spiegeln dieses Bewußtsein. Drittens

---

to make this nation wake up«. Theodore Roosevelt an Sternburg, 17. Januar 1898, Letters of Theodore Roosevelt, Bd. 1, S. 747, 764. Mahan und Roosevelt waren bereits im August 1888 zusammengetroffen, als Roosevelt am Naval War College einen Vortrag über »The True Conditions of the War of 1812« hielt. Admiral Stephen Luce, der Leiter des College, hatte Roosevelt eingeladen, nachdem er dessen Buch über *The Naval War of 1812* gelesen hatte. Theodore ROOSEVELT, The Naval War of 1812: The History of the United States Navy during the Last War with Great Britain to which is Appended an Account of the Battle of New Orleans, New York 1883. Roosevelt hatte das Buch schon in Harvard begonnen, diskutierte den Inhalt ausführlich mit seinem Onkel James Dunwoodie Bulloch und beendete es im Dezember 1882. »What either man [Roosevelt und Mahan, M. B.] thought of the other on the basis of this initial contact remains a mystery to this day.« TURK, Ambiguous Relationship, S. 15. Peter Karstens Relativierung des Einflusses von Mahan auf Roosevelt ist gegen die rein hagiographischen Formulierungen mancher Autoren ebenso berechtigt wie der Hinweis auf »Roosevelt's own, pre-Mahanite consciousness« und die Tatsache, daß »Roosevelt ›used‹ Mahan«. Karsten geht allerdings zu weit, wenn er annimmt, daß Mahan nur das von Roosevelt und seinen Geistesverwandten begrüßte Sprachrohr ihrer bzw. seinerzeit »in der Luft« liegender Ideen wie der des »command of the sea« gewesen sei. Peter KARSTEN, The Nature of ›Influence‹. Roosevelt, Mahan and the Concept of Sea Power, in: American Quarterly 23 (October 1971), S. 585–600, hier S. 586–588, 598–600, Zit. S. 598, 600.

[154] TIRPITZ, Erinnerungen, S. 89.

[155] Stenografische Berichte über die Verhandlungen des Reichstags, IX. Legislaturperiode, V. Session, 1897/98, Band 162, Nr. 5. Vgl. zu Hintergrund und Entstehung sowie der Rolle Ernst von Halles als wichtigem »Redakteur« dieser und weiterer Denkschriften DEIST, Flottenpolitik und Flottenpropaganda, S. 113 f.; WILDEROTTER, »Unsere Zukunft liegt auf dem Wasser«, S. 62.

»fehlt uns«, wie der Kriegsprophet Friedrich von Bernhardi 1912 resümierte, *»ein klar bestimmtes politisches und nationales Ziel, das die Phantasie gefangen nimmt, das Herz der Nation bewegt und zu einheitlichem Handeln zwingt«.*[156] Auch diese Feststellung war ambivalent, denn sie zielte sowohl auf das Fehlen eines »Einigungsgedankens« im Innern, wie er bis 1870 motiviert hatte, als auch auf das Fehlen eines werbenden Gedankens nach außen, der das Reich und sein politisch-gesellschaftliches System als verheißendes Vorbild oder gar als Zuwanderungsziel erscheinen lassen konnte.

Blicken wir auf die Vereinigten Staaten, so begann der Aufbau der amerikanischen Schlachtflotte im Grunde bereits 1890, beeinflußt von Mahans theoretischem Entwurf, als der Marinesekretär Benjamin Tracy[157] in seinem *Annual Report* eine solche Flotte forderte und der Kongreß per Gesetz den Bau von drei Schlachtschiffen der *Indiana*-Klasse bewilligte.[158] Das war »a culmination and a beginning«.[159] Die möglichen Dimensionen des ambitionierten strategischen Denkens werden dadurch illustriert, daß Mahan Mitte Dezember 1890 sogar einen *Plan for Operations in case of war with Great Britain* entwarf.[160]

In einer Analyse der geographisch-militärischen Position der USA für das britische Foreign Office aus dem Jahr 1893, die vor allem strategischen Überlegungen zu einem möglichen Krieg zwischen den Vereinigten Staaten und Kanada dienen sollte[161], hielt der Autor fest, daß »for the mass of the people the army of the United States has no real existence, and the national uniform is practically

---

[156] BERNHARDI, Deutschland und der nächste Krieg, S. 5; Hervorhebung im Original.

[157] Benjamin Franklin Tracy (1830–1915) war von März 1889 bis zum März 1893 *Secretary of the Navy* im Kabinett des republikanischen Präsident Benjamin Harrison.

[158] Benjamin Franklin Tracy, Annual Report of the Secretary of the Navy for the Year 1889, Washington, D. C. 1890; Harold und Margaret SPROUT, The Rise of American Naval Power 1776–1918, revised and reprinted Princeton 1942, S. 206–217; George W. BAER, One hundred years of Sea Power. The U. S. Navy, 1890–1990, Stanford, Ca. 1994, S. 2. Inwieweit Mahan Tracys Bericht mitformulierte, ist unklar, »but the ideas were indubitably Mahan's«, so SPROUT, Rise of American Naval Power, S. 207. Die »battleship section of the Act of 1890 implied congressional endorsement of a revolutionary departure in our system of naval defense. This legislation, as its sponsors openly admitted, was but the first step toward creating a fighting fleet to seize command of the open sea«. Durch die Einschränkung auf einen Aktionsradius von fünftausend Seemeilen sollte allerdings eine expansive Komponente unterbunden werden. Ebenda, S. 213; 51 Congress, Congressional Record, Bd. 21, S. 3161, 5276. Im Ergebnis dieses *Naval Act* von 1890 wurden die Schlachtschiffe *Indiana*, *Massachussetts* und *Oregon* gebaut.

[159] Robert SEAGER II, Ten Years Before Mahan. The Unofficial Case for the New Navy, 1880–1890, in: MVHR 40/3 (Dec. 1953), S. 491–512; BAER, One hundred years, S. 22.

[160] USNA, Records of the Office of the Chief of Naval Operations, RG 38, Office of Naval Intelligence, file no. S91/734, undatiert und nicht unterzeichnet; Datierung und Einordnung nach BOURNE, Britain and the Balance, S. 321 m. Anm. 1.

[161] BDFA I, Bd. 10, Doc. 109, S. 209.

unknown«.¹⁶² Das Militär werde, wenn überhaupt, nur in außerordentlichen Momenten wie bei Massakern von General Custer oder Indianeraufständen wahrgenommen. Der Berichterstatter wies demgegenüber darauf hin: »As regards their navy, on which they are most dependent for the maintenance of their credit and interests abroad, the United States are displaying fresh energy, and they are now forming a respectable naval force.«¹⁶³

Die nicht durchweg stringente Entwicklung der amerikanischen Flotte, die bis 1914 nach Großbritannien und dem Deutschen Reich zur drittgrößten weltweit anwuchs, verwies gleichfalls auf die Frage, welcher außenpolitischen Instrumentalisierung sie dienen sollte. Mahan brachte dies schon 1892 auf den Punkt, als er den neuen Offiziersjahrgang jenes Jahres am Naval War College begrüßte: »All the world knows, gentlemen, that we are building a new navy. [...] Well, when we get our navy, what are we going to do with it?«¹⁶⁴

Die entscheidende »Probe« und damit die Antwort auf Mahans Frage gab der Krieg mit Spanien, denn dieser »confirmed the new Navalism«.¹⁶⁵ Auch die amerikanische Flotte war nunmehr ein politisches Instrument im Machtwettbewerb, das prinzipiell die britische Seeherrschaft im gleichen, wenn nicht gar aufgrund der geographischen Vorteile des Landes und seiner Ressourcen in einem noch höherem Maße hätte herausfordern können. Gleichwohl war es in Washington wie in London das Deutsche Reich, das nach der Jahrhundertwende zum »prospective enemy« avancierte.¹⁶⁶ »Germany is the chosen foe of the Navy, and not only of the Navy«, erklärte Präsident Roosevelt im Januar 1905 dem britischen Botschafter Mortimer Durand.¹⁶⁷ Dies galt, obwohl zugleich ein »[a]nti-British sentiment remained vigorous in the Department of the Navy until the 1930s«.¹⁶⁸ Richard Turk hat bei seiner Interpretation des Verhältnisses von Roosevelt und Mahan und seiner historischen Wirkung betont, es sei »no coincidence that the period of the Roosevelt administrations's greatest activism in the Western Hemisphere (1902–1905) coincided with the time when a German attack was something more than a theoretical possibility«.¹⁶⁹ Die britische Navy

---

¹⁶² Die reguläre Armee war per Gesetz auf 25 000 Männer beschränkt. Selbst diese geringe Zahl wurde Anfang der 1890er Jahre nicht erreicht. Im Juli 1891 setzte sie sich aus 2 052 Offizieren und 22 143 sonstigen Soldaten zusammen. BDFA I, Bd. 10, Doc. 109, S. 168, 170.

¹⁶³ BDFA I, Bd. 10, Doc. 109, S. 168.

¹⁶⁴ Alfred T. MAHAN, Naval Administration and Warfare. some General Principles with other Essays, Boston 1908, S. 229; Philip A. CROWL, Alfred Thayer Mahan: The Naval Historian, in: Peter PARET (Hrsg.), Makers of Modern Strategy from Machiavelli to the Nuclear Age, Princeton 1986, S. 444–477, Zit. S. 477.

¹⁶⁵ BAER, One hundred years, S. 27.

¹⁶⁶ Ebenda, S. 35.

¹⁶⁷ PRO FO 800/116, Lansdowne Papers, Brief Durands an Lansdowne, 26. Januar 1905, Bl. 31, Hervorhebung M. B.

¹⁶⁸ BAER, One hundred years, S. 35.

¹⁶⁹ TURK, Ambiguous Relationship, S. 3.

betrachteten Roosevelt wie Mahan in dieser Zeit bereits als eine zwar begrenzte, aber berechenbare »added measure of security, [...] as our first line of defense against the Kaiser's high-seas fleet, and so supported continued Anglo-American understanding«.[170] Roosevelts weltpolitische Orientierung hatte, wie noch zu zeigen sein wird, komplexere Motive als eine Annäherung an Großbritannien und speiste sich, wie bei Mahan, aus nationalistisch-sozialdarwinistischen Reflexionen über die Zukunftsfähigkeit des eigenen Landes. Gleichwohl ist auch hier nach den Gründen für die erkennbare militärisch-politische Annäherung zwischen Großbritannien und den Vereinigten Staaten mitsamt der unterschwelligen Abwehrhaltung gegenüber der als bedrohlich wahrgenommenen deutschen Flottenrüstung zu fragen und, nach der Zusammenfassung der zeitgenössischen Kriterien von Weltmacht, ein vergleichender Blick auf die Schlagworte von der »anglo-saxon« und der »teutonic« race zu werfen.

Fassen wir die skizzierten Kriterien zusammen, so können diejenigen Staaten potentiell als Weltmächte verstanden werden, deren politisches und ökonomisches Augenmerk nicht auf die geographische Region ihres territorialen Umfeldes beschränkt ist und die zugleich mittels ihrer Ressourcen in der Lage sind, ihre Macht unmittelbar und nachhaltig in die Regionen ihres Interesses zu projizieren. In diesem Sinne befanden sich sowohl das Deutsche Reich als auch die USA 1914 noch in einem Vorstadium zum Weltmachtstatus, wobei die Vereinigten Staaten trotz einer zahlenmäßig geringeren Flotte aufgrund ihrer geographischen Autarkie und der strategischen Vorteile des 1914 eröffneten mittelamerikanischen Kanals deutlich weiter fortgeschritten waren. Gemessen an den oben skizzierten Kriterien ihres ökonomischen Potentials konnten beide Mächte zweifellos schon zu dieser Zeit als Weltmächte gelten. Es bedurfte allerdings sowohl des politischen Willens als auch des militärstrategisch sichtbaren Ausdrucks dieser ökonomisch-industriellen Ressourcen, um den Weltmachtstatus wirklich zu erlangen. Damit einher ging die Gefahr, mehr auf den symbolischen Status der Technik und Größe im Dienste eines vordergründigen Prestiges zu setzen als auf das Wesen des politischen Instruments, das seine Wertigkeit im internationalen Machtprozeß regelmäßig rational erweisen muß.

Deshalb wurde für das deutsch-britisch-amerikanische Verhältnis die Frage nach der *Form* von Seemacht entscheidend, d. h. dem Wesen der Flotte, die als dem erstrebten Status adäquat angesehen wurde. Entsprechend den Mahanschen Kriterien lag die Grundlage von Weltmacht vor allem in der Beherrschung der Seewege, die als Lebensadern globalisierter Verknüpfung gelten konnten. Großbritannien als Insel mit seinem strategischen Kolonialbesitz[171]

---

[170] Ebenda.

[171] »Five strategic keys lock up the world!«, resümierte der Erste Seelord, John Fisher. Und diese Schlüsselpositionen – Dover, Gibraltar, das Kap, Alexandria und Singapur – befanden sich in britischer Hand. Fisher zit. nach Arthur J. MARDER, From the Dreadnought

und die Vereinigten Staaten als insularer Kontinent waren hier natürlich (im doppelten Sinne) bevorzugt.[172] Die Frage nach der Entscheidung zwischen der seinerzeit diskutierten Alternative von *Schlacht*flotte oder *Kreuzer*flotte war demnach für die »insularen Mächte« einfach zu beantworten: Sie besaßen mutterländisch und kolonial ausreichend eigene Gebiete, von denen aus Schlachtflottengeschwader operieren konnten.

Für das Deutsche Reich war die Entscheidung zwischen konzentriert zu projizierender *Schlacht*flotte und einer auf Handelsschutz ausgerichteten *Kreuzer*flotte nach Theorie der *Jeune École* eine aus geostrategischen (und auch materiellen) Gründen nicht gleichzeitig zu lösende Aufgabe. Eine Schlachtflotte mit entsprechender Machtprojektion mußte heimatnah stationiert bleiben, weil der britischen und amerikanischen Position entsprechende Territorien und Stützpunkte fehlten bzw. vergeben waren. Eine relativ frei dislozierbare Kreuzerflotte, die dem vorgegebenen Motiv des Handelsschutzes globalgeographisch adäquater gewesen wäre, besaß dagegen ein für die Machtprojektion unter Großmächten nur ungenügendes Potential und war ihrem technischen Wesen entsprechend verwundbar.[173] Dieser grundsätzliche Widerspruch zwischen den Mahanschen Theoremen und den geopolitischen Möglichkeiten des Deutschen Reiches ist in der Führung des Kaiserreichs stets mißachtet oder verdrängt worden und spiegelt einen Irrationalismus des Politischen, der für die kaiserlichen Herrschaftsmechanismen in vielen Bereichen typisch erscheint. Dies hatte zur Folge, daß auf der mentalen Landkarte der britischen wie der amerikanischen Führungsschicht die deutsche Schlachtflotte aufgrund der in ihrer Existenz als solcher liegenden strategischen Grundsatzentscheidung mit einer gewissen Notwendigkeit als Bedrohung perzipiert wurde.[174]

---

to Scapa Flow. The Royal Navy in the Fisher Era 1904–1919, Bd. 1: The Road to war, 1904–1914, London 1961, S. 41; vgl. KENNEDY, Maritime Strategieprobleme, S. 178.

[172] Mahan hatte bei der Erörterung der »Elements of Sea Power« zur geographischen Position konstatiert: »... if a nation be so situated that it is neither forced to defend itself by land nor induced to seek extension of its territory by way of the land, it has, by its very unity of its aim directed upon the sea, an advantage as compared with a people one of whose boundaries is continental.« Mahan hatte bei Formulierung dieser Zeilen Ende der 1880er Jahre den historischen Vergleich von England mit Frankreich und Holland vor Augen, doch die Fortschreibung des Gedankens gegenüber der geographischen Position des Deutschen Reiches ist angesichts von dessen Mittellage ebenso evident wie der Vorteil der USA. MAHAN, Influence of Sea Power, fünfte Aufl. Boston 1894 (repr. New York 1987), S. 29.

[173] Vgl. BUEB, Die »Junge Schule« der französischen Marine; DÜLFFER, The German Reich and the Jeune École, S. 499–516.

[174] Mahan schrieb im Frühjahr 1911 einleitend zu seinem Werk »Naval Strategy«, das seine Vorlesungen am Naval War College von 1887 bis 1911 zusammenfaßte: »When Germany shall have finished the ships contemplated in the naval programme which she has formally adopted, she will have a navy much superior to that of the United States, unless we change our present rate of building, and also provide more extensive plants. Upon what then will rest the Monroe Doctrine? and [sic!] upon what the security of the maintenance of the Panama Canal? The maintenance of both these depends upon the fleet.« MAHAN, Naval Strategy, S. 18.

5. Kommunikationsbeschleunigung und Militarisierung als Zeitphänomene

Für eine Antwort auf die eingangs dieses Kapitels aufgeworfene Frage nach der Gemengelage struktureller, ideologischer und mentaler Faktoren, die das Weltbild politischer Akteure im Vierteljahrhundert vor dem Ersten Weltkrieg beeinflußte, bedarf es eines Blicks auf zwei Zeitphänomene, die in dieser Periode eine neue Qualität erreichten und deshalb gleichfalls weltpolitisch relevant wurden. Das erste ist die drahtlose Kommunikation, mit der die kommunikative Erschließung des Globus gleichsam endgültig entgrenzt wurde und »frontiers« in »boundaries« umschlugen[175], das zweite der jahrzehntelange Militarisierungsprozeß.

Halford Mackinder nannte als einen der wichtigsten Bestimmungsfaktoren britischer Seemacht deren »ocean-wide complex of cables and coaling stations«.[176] Alfred Thayer Mahan meinte, daß »[t]he security of the British Empire, taken as a whole with many parts, demands first the security of the British Islands as the corner stone of the fabric; and, second, the security of each of the outlying parts. This means substantially British control, in power if not in presence, of the communications between the central kingdom and the Dominions. This relation is essentially the same as that of a military base of operation to the front of the operations themselves.«[177] Und John Hood argumentierte im September 1900 bei seiner Erörterung des »Pacific Submarine Cable« im Sinne der künftig globalen Bedingungsfaktoren amerikanischer Politik: »We as a nation are following the inevitable law of evolution. We have left behind our swaddling clothes, and have entered the field of competition with the other great nations of the world. We are in the struggle for political supremacy and commercial pre-eminence whether we wish it or not and must advance always; for stopping means stagnation and decay.«[178]

Großbritannien legte die Basis für seine Prädominanz in der globalen Kabelkommunikation in den zwei Jahrzehnten bis 1870; ihre Wirkung dauerte bis

---

[175] Vgl. Jürgen OSTERHAMMEL, Raumbeziehungen. Internationale Geschichte, Geopolitik und historische Geographie, in: LOTH/OSTERHAMMEL, Internationale Geschichte, S. 287–308, hier S. 303; vgl. auch Peter J. TAYLOR, Political Geography. World-Economy, Nation-State and Locality, London/New York 1985, S. 104–106.

[176] MACKINDER, Man-Power, S. 137.

[177] Alfred Thayer MAHAN, Britain & The German Navy, in: The Daily Mail, 4. Juli 1910, wieder abgedr. in: John B. HATTENDORF (Hrsg.), Mahan on naval Strategy, S. 359–367, hier S. 364 f.

[178] John HOOD, The Pacific Submarine Cable, in: United States Naval Institute Proceedings, 26/3 (September 1900), S. 487; vgl. Richard D. CHALLENER, Admirals, Generals and American Foreign Policy 1898–1914, Princeton 1973, S. 12–45 (The ›World View‹ of the Military Services).

nach der Jahrhundertwende an.[179] Die Gesamtlänge aller Unterseekabel wuchs von 46 km im Jahr 1852 auf rund 365 000 km zur Jahrhundertwende[180], und die unterirdische Kabellegung wurde gar als »Vorbedingung für den Imperialismus« apostrophiert.[181] Auch die Geschwindigkeit der Nachrichtenübermittlung beschleunigte sich rasant, namentlich auf der Nordatlantikverbindung. In den 1890er Jahren benötigten Informationen zwischen den Börsen in London und New York nurmehr zwei bis drei Minuten. Es unterstreicht die Besonderheit der britisch-amerikanischen »Verbindung«, daß ein Telegramm von Paris nach London über New York, d. h. den Umweg des Atlantiks, den Adressaten schneller erreichte als direkt durch den Ärmelkanal.[182] Die britische Prädominanz auf diesem Feld, verbunden mit derselben Vorherrschaft in der »praktischen« Seemacht durch Schlachtschiffe, wurde bereits zeitgenössisch als eine Grundlage der britischen Weltmacht beschrieben: »Wie eine ›ungeheure Meeresspinne‹ liegt es [England, M. B.] im Zentrum seines auf dem Grunde aller Meere ruhenden Kabelnetzes, und über alle Ozeane schlägt es mit seinen fliegenden Geschwadern bewegliche Brücken.«[183]

---

[179] Großbritannien besaß 1887 rund siebzig Prozent des Weltkabelnetzes, zur Jahrhundertwende immerhin noch 63 Prozent, so daß mit einigem Recht konstatiert werden kann: »The period from 1866 to 1895 was one of British hegemony in international communications.« Die Vereinigten Staaten kauften ihre Kabel bis in die 1920er Jahre in Großbritannien. Von den dreißig Kabelschiffen, die 1896 existierten, waren 24 britisch. Von den restlichen sechs waren drei in französischem Besitz, stammten aber gleichfalls aus Großbritannien. Daniel HEADRICK, The Invisible Weapon: Telecommunications and International Politics 1851–1945, New York/Oxford 1991, S. 28, 31. Wenngleich die britischen Regierungen sich aus den privatwirtschaftlich geprägten Kabelunternehmen heraushielten, so wurde doch mit der Zeit immer deutlicher, daß »the might of Britain did not just rest on her trade or on the Royal Navy, but on access to the information the cables provided«. Ebenda, S. 46.

[180] Ebenda, S. 28 f. Bis 1908 kamen mehr als 100 000 km hinzu. Die an Land verlegte Kabellänge hatte schon Mitte der 1890er Jahre die Eine-Million-Kilometer-Grenze überschritten.

[181] Vgl. SCHIEDER, Staatensystem, S. 254.

[182] Zur Jahrhundertwende lagen auf dem Atlantikboden sechzehn Kabel, von denen zwölf funktionierten. Zu diesen sieben britischen, drei amerikanischen und einem französischen kamen im folgenden Jahrzehnt zwei weitere amerikanische, ein britisches sowie erstmals zwei deutsche Kabel hinzu. Die Bedeutung der transatlantischen Verbindung zeigt sich auch im generellen Geschwindigkeitsvergleich. Im Gegensatz zu den direkten Nordatlantikverbindungen durchliefen Nachrichten in andere Erdteile Vermittlungsstationen, an denen sie empfangen und weiter gesendet werden mußten. Der Weg von London nach Bombay führte über Porthcurno (Cornwall), Carcavelos (Portugal), Gibraltar, Malta, Alexandria und Aden, was zur Jahrhundertwende 35 Minuten in Anspruch nahm. Ein Telegramm von Großbritannien nach Argentinien benötigte sechzig, nach China achtzig und nach Australien hundert Minuten. HEADRICK, The Invisible Weapon, S. 32–35. Als bemerkenswert und kennzeichnend für die Haltung der Großmächte in diesem Zeitalter mag hinzugefügt werden, daß die Londoner Telegraphenkonferenz 1879 beschloß, für den außereuropäischen Verkehr nur die Sprachen Englisch, Französisch, Deutsch, Italienisch, Niederländisch, Spanisch, Portugiesisch und Latein zu erlauben. Ebenda, S. 45.

[183] KJELLEN, Großmächte der Gegenwart, S. 88.

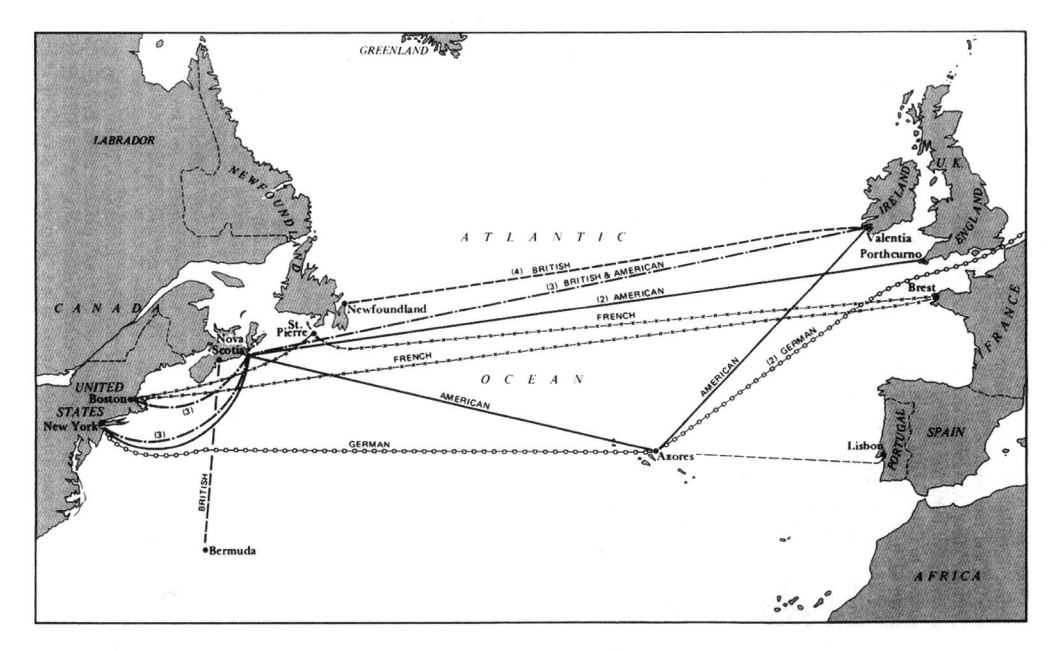

Atlantik-Kabel 1904[184]

Für die transatlantische Kommunikation des Deutschen Reiches diente bis 1882 ein Kabel in der Nordsee bis zur britischen Küste, von wo aus die Landverbindungen auf der Insel und anschließend das britische Atlantikkabel benutzt wurden. 1882 legte die *Vereinigte Deutsche Telegraphengesellschaft* eine direkte Kabelverbindung nach Valentia in Irland, von wo aus wiederum das britische Transatlantikkabel zur weiteren Übermittlung diente. Als das Deutsche Reich 1894 versuchte, eine eigene Verbindung über die Azoren zu legen, wofür die Zustimmung zu einer Zwischenstation an der britischen Küste notwendig war, verweigerte das *General Post Office* diese Genehmigung mit fadenscheinigen Argumenten.[185] Die deutsche Seite empfand dies als bewußte Behinderung und legte zum Jahrhundertende ein direktes Kabel von der eigenen

---

[184] Abbildung aus HEADRICK, The Invisible Weapon, S. 34.
[185] Gegenüber Kolonialminister Kimberley legte das Amt seine eigentlichen Motive offen dar: Mit einer neuen Verbindung über die Azoren drohten sowohl ein Teil der Kontrolle als auch bedeutende Übertragungsgebühren verloren zu gehen. HEADRICK, The Invisible Weapon, S. 80 f.

Küste zu den Azoren. Der politische Eindruck allerdings blieb haften und trug zur allgemeinen Verstimmung zwischen beiden Staaten bei.[186]

Neben die Konkurrenz um die Kabel trat als neuer technischer Sprung diejenige um die Funkübertragung. 1895 erfand Guglielmo Marconi die geerdete Sendeantenne[187], und 1896 gelang ihm die erste Übertragung drahtloser Signale über eine Distanz von drei Kilometern. Bereits 1899 funktionierte die erste Funkverbindung zwischen England und Frankreich und seit 1901 zwischen England und dem 3 600 km entfernten Neufundland. Als mit der Marconi-Technik die Gefahr eines englischen Monopols ähnlich der anfänglichen Dominanz auf dem Gebiet der Kabel am Horizont erschien, forcierte die Reichsregierung eine »Antimonopolbewegung der Schiffahrtsstaaten«, der mit einem gewissen Zögern auch die Vereinigten Staaten beitraten.[188] Dies gemeinsame Bemühen hatte insofern Erfolg, als seitens der Marconi International Marine Communication Co. auch andere Übertragungssysteme anerkannt werden mußten.[189] Die Auseinandersetzungen seit Mitte der 1890er Jahre sowohl um ein eigenes deutsches Atlantikkabel als auch um die Verhinderung eines neuen britischen Monopols in der drahtlosen Übertragungstechnik illustrieren das unter den Auspizien der Globalisierung über die traditionellen Bereiche der Diplomatie hinaus transformierte Konkurrenzverhältnis der Scharnierzeit.[190]

---

[186] Ebenda, S. 82. »Das bis 1900 bestehende englische Kabelmonopol für den Verkehr Europas mit den Vereinigten Staaten«, so resümierte Alfred Vagts, »verstärkte nach deutscher Meinung die proenglische Refraktion der Nachrichten und die englische Kontrolle des deutschen Geschäftsverkehrs noch mehr.« Vagts konstatierte, daß der »erbitterte deutsch-englische Konkurrenzkampf um den Kabeldienst nach Amerika« in seiner »Schärfe der Schiffahrtskonkurrenz nicht nachstand«! Das erste deutsche Kabel nach Amerika im Jahr 1900 wurde daher mit betont nationalistischem Pathos zugleich »als weiterer Schritt der Befreiung von englischer Vormundschaft gefeiert, die angeblich der Vermittlung und Verbreitung der deutschen Wahrheit bisher im Wege gestanden hatte«. VAGTS, Deutschland und Amerika, Bd. 2, S. 2008 f.

[187] Marconi lebte und arbeitete seit 1896 in England, wo er seine Erfindung weiterentwickelte.

[188] Vgl. VAGTS, Deutschland und Amerika, Bd. 2, S. 2009 f. Der amerikanische Geschäftsträger John B. Jackson hatte für den Fall, daß die Briten sich durchsetzen würden, an den Postmaster General Smith geschrieben: »... wireless communication throughout the world would practically be in English hands, and the English would soon occupy the same position with regard to the transmission of such messages as they have long occupied in the case of marine cable communications. Considerable apprehension is now felt (in Berlin) lest a new and dangerous monopoly be created and I have been asked if it be not possible for us to do something to prevent it.« Jackson an Postmaster General Smith, 19. November 1901, zit. nach VAGTS, Deutschland und Amerika, Bd. 2, S. 2010, Anm. 1. Dazu auch ebenda: Jackson an Hay, 14. und 19. März 1902; Promemoria der deutschen Botschaft Washington, 19. März 1903; State Department an Deutsche Botschaft, 8. Juli 1902; Sternburg an Hay, 5. Februar 1902, 2. August 1904 und 4. März 1905.

[189] Am 3. Oktober 1906 versammelte sich auf deutsche Einladung eine Internationale Konferenz über Radiotelegraphie in Berlin. Ebenda; Konvention und Schlußprotokoll in: FRUS 1906, S. 1513 ff.

[190] Auch an der »Kabelfrage« läßt sich der Wandel der britisch-amerikanischen Beziehungen illustrieren: Als sich der amerikanische Flottenverband unter Dewey in der Auseinander-

Die Art der Kommunikation änderte nichts Grundsätzliches an deren Inhalt.[191] Hier liegt die eigentliche Dimension der Frage nach den technischen Neuerungen. Das inhärente Phänomen der Beschleunigung und der globalisierten Rückkopplungsprozesse wurde von Politikern und Diplomaten in der Scharnierzeit noch nicht in seiner grundlegend neuen Dimension wahrgenommen. Zara Steiner hat die politische Reichweite dieses Befundes mit Blick auf die Generation vor dem Ersten Weltkrieg treffend so zusammengefaßt: »In some ways, the ›mental maps‹ of the diplomatic establishment at home and abroad lagged behind contemporary changes. Britain was an island; the seas her highway, the empire a source of strength. Imperial power, as in the past, depended on naval strength and the maintenance of the European balance of power. In diplomatic terms, Europe was the centre.«[192] Die nachhängende Kraft, die alte technische Systeme und die Erfahrung ihrer Anwendung auf das Denken und Handeln während Zeiträumen haben, die an sich schon über neue Dimensionen technischer Möglichkeiten verfügen, wird hier elementar sichtbar.[193] Dies ist ein allgemeines Phänomen menschlicher Wahrnehmung, und es mag die erschrockene Verwunderung über die Totalität der Vernichtungsmaschinerie des Ersten Weltkrieges erklären.[194]

---

setzung mit Spanien 1898 auf dem Weg zu den Philippinen befand, wo er die entscheidende Schlacht gegen die spanische Flotte lieferte (und die äußeren Umstände des deutschen Auftretens für nachhaltige Verstimmung in den USA sowie eine pro-britische Euphorie sorgten), durfte Dewey bereits auf dem Weg nach Manila das britische Hong Konger Kabel benutzen, das seinerzeit die einzige transpazifische Verbindung bildete. Nachrichten über militärische Fragen sollten nicht erlaubt sein, aber Dewey durfte bei der Verschlüsselung selbst entscheiden, was darunter zu verstehen war. PERKINS, Rapprochement, S. 46.

[191] Sie besagt auch nichts über die individuellen Qualitäten und Methoden der Diplomaten, die höchst unterschiedlich sein konnten, aber stets das eine Doppel-Kriterium ihres Erfolges im Auge behalten mußten: Glaubwürdigkeit im Verhältnis zu den Institutionen ihres Gastlandes und in den Augen ihres heimatlichen Auftraggebers. Ob und inwieweit man sich bei der Verfolgung dieses Zieles der jeweils modernsten Kommunikationsmittel bediente, ist eine wichtige, aber keineswegs die entscheidende Frage.

[192] STEINER, Elitism and Foreign Policy, S. 44 f. Zur Erläuterung dessen, was hier unter »mental maps« im Zusammenhang mit den Weltbildern der Vorkriegszeit gemeint ist, vgl. unten S. 105–121.

[193] Vgl. Svante LINDQUIST, Changes in the Technological Landscape: The Temporal Dimension in the Growth and Decline of Large Technological Systems, in: Ove GRANSTRAND (Hrsg.), Economics and Technology, Stockholm 1994, S. 271–288, bes. S. 286; David Paull NICKLES, Telegraph Diplomats. The United States' Relations with France in 1848 and 1870, in: Technology and Culture 40 (1999), Heft 1, S. 1–25, hier S. 24.

[194] Daß die Idee der Macht durch Telegraphie zumindest unterschwellig im Bewußtsein der Menschen weit verbreitet war, zeigte sich dann rasch in den hysterischen Aktionen beiderseits der Front, bei denen zahlreiche Angehörige fremder Nationalität getötet wurden unter dem Vorwurf, Spione ihrer Heimatländer zu sein und hierzu drahtlose Verbindungen – gleichsam das unsichtbare Netz des Feindes im Heimatland – installiert zu haben. Der britische Botschafter in Paris, Lord Bertie, berichtete in seinem Tagebuch laufend über entsprechende Gerüchte: Das Hotel Astoria wurde Anfang August 1914 geschlossen und dessen deutscher Manager verhaftet und sofort erschossen »on the accusation of having installed an apparatus on the roof for intercepting wireless messages from and to the Eiffel Tower«. The

Die technischen Innovationen zeitigten zwangsläufig Folgen für das Funktionieren des politischen Geschäfts. Potentiell erhöhte die kommunikative Vernetzung des Globus mittels Verkabelung und drahtloser Funkübertragung die Fähigkeit der Kontrolle ferner (Kolonial-)Gebiete von der Zentrale aus.[195] Inwieweit dies auch für die Diplomatie galt, ist in der Forschung umstritten.[196] Der durch globale Vernetzung und zeitnahe Kommunikation bewirkte Beschleunigungsprozeß im Verhältnis der Großmächte stand allerdings in unmittelbarer Wechselwirkung mit einem seinerzeit wachsenden Phänomen internationaler Politik: der neuartigen geistigen Mobilisierbarkeit ganzer Nationen durch die Entwicklung der Massenpresse.[197] Denn auch hier gilt: »Alle Fragen

---

Diary of Lord BERTIE OF THAME 1914–1918, ed. by Lady Algernon Gordon Lennox, London 1924, Bd. 1, S. 11, Aufzeichnung vom 6. August 1914. Das Gerücht stellte sich als unwahr heraus. Vgl. ebenda, S. 20, Aufzeichnung vom 20. August 1914. Ein wohlhabender deutscher Kaufmann in Antwerpen wurde als Spion erschossen, weil man in seinem Haus tausend deutsche Uniformen »and a wireless installation« gefunden habe. Ebenda, S. 15, Aufzeichnung vom 10. August 1914. Der Duc d'Arenberg sei erschossen worden, weil »he is said to have established a wireless telegraph at his castle near Liège«. Ebenda, S. 19, Aufzeichnung vom 17. August 1914. – Auf deutscher Seite mußte etwa der kaiserliche Briefpartner Houston Stewart Chamberlain die über seiner Bibliothek gelegene Sternwarte in Bayreuth schließen, weil er geborener Engländer war und ihm vorgeworfen wurde, für sein Mutterland zu spionieren und diese Nachrichten mittels seiner astronomischen Geräte weiterzuleiten.

[195] Headrick geht sogar so weit zu behaupten: »After the turn of the century, one no longer hears much about independent proconsuls.« HEADRICK, Invisible Weapon, S. 68. Die These ist in dieser Schärfe nicht haltbar. Namentlich britische »Prokonsuln« wie Curzon, Selborne, Milner oder auch Kitchener waren darauf bedacht, in ihren Entscheidungen möglichst unabhängig zu bleiben, auch gegen die heftigen Kontrollversuche seitens der Zentrale. Als geradezu klassisch kann die Auseinandersetzung zwischen Curzon als Vizekönig von Indien (1898–1905) in Kalkutta und seinem Studienkollegen St. John Brodrick als Minister für Indien (1903–1905) in London gelten. Zwar mag es als bezeichnend angesehen werden, daß sich der geistig unterlegene und von seinem Amt überforderte Brodrick in der Zentrale gegen den ambitionierten Vizekönig an der Peripherie durchzusetzen vermochte, weil er in London über die besseren, also in diesem Fall direkten Kontakte verfügte. Aber Brodrick selbst war wiederum mehr das Instrument des militärischen *Commander in Chief*, Kitchener, den Curzon selbst gegen zahlreiche Ratschläge nach Indien geholt hatte und der damit via Zentrale einen Machtkampf an der Peripherie für sich entschied. Vgl. David GILMOUR, Curzon, London 1994, S. 296–346. Zur Bedeutung des Erziehungshintergrundes von Brodrick und Curzon vgl. unten, Kap. II.

[196] Nickles ist der Auffassung, daß die Telegraphie die Kontrolle der Heimatbehörde über die diplomatischen Vertretungen im Ausland erhöhte: »By 1870, one could already observe the Atlantic cable's role in increasing the control of the State Department over American diplomats and in more tightly integrating the international community.« NICKLES, Telegraph Diplomats, S. 11–13, Zit. S. 13; im Gegensatz dazu Matthew S. ANDERSON, Rise of Modern Diplomacy, 1450–1919, London 1993, S. 118 f.

[197] Auf dieses Phänomen und seinen wachsenden Einfluß auf Diplomatie und Außenpolitik ist vielfach aufmerksam gemacht worden. Vgl. Klaus HILDEBRAND, Deutsche Außenpolitik 1871–1918, München 1989, S. 23. Zu verweisen ist auf die Gründung der *Daily Mail* 1896 in Großbritannien durch Alfred Harmsworth und den Einfluß namentlich der Pulitzer- und Hearst-Presse in den Vereinigten Staaten. Es waren Pulitzer und Hearst, die im Wettbewerb miteinander über das Instrument der *Yellow Press* in der Auseinandersetzung um Kuba die Massenhysterien gegenüber dem »verrotteten« Spanien in die aufnahmegierigen Köpfe peitschten und dem amerikanischen Sendungs- und Heldenbewußtsein mit Theodore

der Macht verändern ihre Qualität, sobald sie zu Prestigefragen werden, die mit Massenemotionen aufgeheizt sind.«[198] Und Prestige war, wie Salisbury 1898 im Rahmen seiner Schilderung der konkurrierenden Mächte verkündete, »a very powerful missile which anybody can fling in anybody else's face«.[199]

Ähnlich der kommunikativen Globalisierung ist seit der Mitte des 19. Jahrhunderts auch militärtechnisch eine Revolutionierung in Gewaltpotential und Wirkungsradius sowohl an Land wie zur See zu beobachten, dessen Parameter oben beschrieben wurden. Der im Grunde schon mit den bismarckdeutschen Einigungskriegen von 1866 und 1870/71 einsetzende »gesamteuropäische Militarisierungsprozeß«[200] erreichte mit den militärtechnischen Innovationen der Scharnierzeit eine neue, nunmehr global projizierbare Dimension, die mit einer kontinuierlich wachsenden Rüstung nicht nur der europäischen Mächte von der Jahrhundertwende bis zum Weltkrieg einherging.[201]

Roosevelts Rough Riders die lebendige Ikone lieferten. Vgl. zum »Strukturwandel« von Öffentlichkeit und öffentlicher Meinung mit ihren Auswirkungen auf das politische Verhältnis der europäischen Großmächte SCHIEDER, Staatensystem, S. 265–267. Für das Deutsche Reich vgl. WEHLER, Deutsche Gesellschaftsgeschichte, Bd. 3, S. 1238–1240. Schon Alfred Vagts verwies darauf, wie bedeutend es sei, daß Nachrichten aus Deutschland ihren Weg vom Kontinent nach Amerika in der Regel über die britischen Inseln nahmen, »wo sie vielfach eine gewisse proenglische Brechung erfuhren«. VAGTS, Deutschland und die Vereinigten Staaten, Bd. 2, S. 2008–2015, Zit. S. 2008.

[198] SCHIEDER, Staatensystem, S. 267.

[199] Salisbury, 4. Mai 1898, in: The Times, 5. Mai 1898, S. 7. Das hier zugrundeliegende Verständnis, dessen Zusammenhang mit der »kommunikativen Globalisierung« schon Salisbury ansprach, faßte zwei Jahrzehnte später Max Weber so zusammen: »Alle ›Macht‹ politischer Gebilde trägt in sich eine spezifische Dynamik: sie kann die Basis für eine spezifische ›Prestige‹-Prätension ihrer Angehörigen werden, welche ihr Verhalten nach außen beeinflußt.« Weil »jede große politische Gemeinschaft, als potentieller Prätendent von Prestige, also eine potentielle Bedrohung für alle Nachbargebilde bedeutet, so ist sie zugleich selbst ständig latent bedroht, rein deshalb, weil sie ein großes und starkes Machtgebilde ist. Und vollends jedes Aufflammen der Prestigeprätensionen an irgendeiner Stelle [...] ruft kraft einer unvermeidlichen ›Machtdynamik‹ sofort die Konkurrenz aller anderen möglichen Prestigeträger in die Schranken.« Gerade das letzte Jahrzehnt vor dem Ersten Weltkrieg zeige »die eminente Wirkung dieses irrationalen Elements aller politischen Außenbeziehungen«. Max WEBER, Wirtschaft und Gesellschaft. Die Wirtschaft und die gesellschaftlichen Ordnungen der Mächte. Nachlaß, in: Max WEBER Gesamtausgabe Abteilung I, Teilband 22-1: Gemeinschaften, hrsg. von Wolfgang J. Mommsen in Zusammenarbeit mit Michael Meyer, Tübingen 2001, S. 223 f.

[200] Gerhard RITTER, Staatskunst und Kriegshandwerk. Das Problem des »Militarismus« in Deutschland, Bd. 2: Die Hauptmächte Europas und das wilhelminische Reich (1890–1914), dritte Aufl. München 1973, S. 115.

[201] Ebenda, S. 115–343. »Rüsten im ständigen Wettbewerb mehrerer Mächte«, so hat Theodor Schieder mit Konzentration auf das europäische Staatensystem festgehalten, resultierte aus zunehmender Spannung und wachsendem Mißtrauen »und hat von einem bestimmten Moment an die Tendenz, sich zu verselbständigen. Die Politik verliert die Kontrolle, ja sogar ihre Autonomie, sie wird abhängig von militärtechnischen Kalkulationen, von strategischen Konzeptionen, insbesondere wenn Rüstungsmaßnahmen parlamentarisch und publizistisch mit größtem Aufwand vorbereitet und durchgeführt werden müssen. Es tritt dann ein Effekt ein, den man als Militarisierung der Politik bezeichnen kann: Die Ultima ratio, der

Die These vom »gesamteuropäischen Militarisierungsprozeß« ist insofern zu modifizieren, daß erstens auch außereuropäische Staaten wie Japan und die USA ihre Rüstungspotentiale vergrößerten und zweitens eine europäische Militarisierung zwangsläufig Folgen und Rückwirkungen von der globalen auf die europäische (Großmacht-)Perspektive haben mußte.[202] Rudolf Kjellen faßte den Charakter dieses Wandels am Vorabend des Krieges dahin zusammen, daß »in unserer planetarischen Situation« die Folge jedes Versuchs, die Entwicklung an einem Punkt der Erde mit Gewalt zu hemmen, »nur die« sein könne, »daß sich die Entwicklung an einem anderen Punkte steigert«.[203]

Wenngleich die Vereinigten Staaten aufgrund der Flottenrüstung demnach gleichfalls in den Blick des globalen Militarisierungsprozesses gehören und die amerikanischen Verteidigungsausgaben bis 1914 auf das britische Niveau stiegen, so waren die Zuwachsraten bis dahin doch sehr viel bescheidener gewesen als im Kontext des europäischen Rüstungswettlaufs, denn »Europe was the powerhouse of global armaments growth«.[204] Die Entwicklung des amerikanischen Machtprojektionspotentials war jedoch nunmehr zumindest ein indirekter Faktor der europäischen Politik.

Der ehemalige britische Außenminister Edward Grey war nach dem Krieg überzeugt, daß nun klar sei, »how certainly competition in armaments leads to war«.[205] Diese Auffassung ist insofern einzuschränken, daß einerseits Rüstungswettläufe nicht notwendigerweise zur kriegerischen Eskalation führen müssen (wie der Kalte Krieg nach 1945 gezeigt hat) und andererseits nicht jedem großen Krieg ein entsprechender Rüstungswettlauf vorausging.[206] Wichtiger ist, inwieweit die handelnden Akteure, Politiker und Diplomaten, sich der Reichweite ihrer Entscheidungen bewußt waren und die Folgen ihres Handelns kybernetisch reflektierten. Der Umstand, daß der Kalte Krieg nach 1945 nicht in einen heißen umschlug, der »trockene« Krieg[207] nach der Jahrhundertwende jedoch im Ersten

---

Krieg, rückt immer näher; denn strategische und rüstungspolitische Argumente erhalten Vorrang vor der Suche nach politischen Lösungen.« SCHIEDER, Staatensystem, S. 268.

[202] Zur Rüstungsentwicklung der Vereinigten Staaten vgl. oben S. 51–58; zu Japan vgl. Military and Naval Development in Japan 1870–1937, in: WRIGHT, Study of War, S. 670, Tab. 58.

[203] KJELLEN, Großmächte der Gegenwart, S. 124.

[204] STEVENSON, Armaments and the Coming of War, S. 3. Auffallend ist, daß die Briten ihren Verteidigungsetat zwischen 1903 und 1912 nur von 361 auf 362 Millionen Dollar erhöhten, dabei aber massiv umschichteten: Die Marineausgaben wuchsen von 177 auf 222 Millionen Dollar, während der Aufwand für die Armee von 183 auf 140 Millionen reduziert wurde. In den Vereinigten Staaten nahmen demgegenüber sowohl der Marineetat als auch die Ausgaben für die Armee um rund die Hälfte zu (von 119 auf 184 Millionen Dollar für die Armee, von 83 auf 136 Millionen Dollar für die Marine). An den Gesamtzahlen wird aber deutlich, daß in den Vereinigten Staaten eine leichte Verlagerung zugunsten der Armee stattgefunden hat. Zahlen nach ALLEN, Great Britain and the United States, S. 44.

[205] Edward GREY, Twenty five years 1892–1916, London 1925, Bd. 1, S. 301.

[206] Vgl. STEVENSON, Armaments and the Coming of War, S. 14.

[207] Hans DELBRÜCK, In Wehr und Waffen, in: Preußische Jahrbücher 142 (1910), S. 266.

Weltkrieg kulminierte, ist einerseits zweifellos damit zu erklären, daß die veränderten Zerstörungsmittel, i. e. die nach 1945 verfügbaren Atomwaffen, auch das »Wesen des diplomatisch-strategischen Wettstreits« veränderten, weil sie die Existenz der Menschheit an sich in Frage zu stellen vermochten.[208] Andererseits war das Wesen des technologischen Wandels und dessen Rückwirkungen auf die internationale Politik nach 1945 den meisten politischen Akteuren durch die Erfahrung der beiden Weltkriege bewußt. Dieses Erlebnis lag dem Horizont der Generation vor 1914 noch fern. Insofern waren Rüstung und Rüstungswettlauf vor dem Ersten Weltkrieg nicht allein politische Mittel oder die schlichte Ansammlung von Waffen um eines wie auch immer gearteten Gleichgewichts willen, sondern sie waren ein »Wettlauf der Kriegsbereitschaft«[209] aus beinahe notwendigerweise ungenügender Kenntnis der Folgen eines Krieges im globalisierten Maßstab.

Zusammengefaßt läßt sich konstatieren: Wenngleich technologischer Wandel sowie der Druck aufgrund innerstaatlicher Wandlungs- und Modernisierungsprozesse einen großen Einfluß auf die politischen Akteure ausübten[210], so waren es doch, wie unten näher zu zeigen sein wird, vor allem die diplomatischen Krisen und ihre Wahrnehmung, also die Perzeption des gegenseitigen Verhaltens der Großmächte in diesen Auseinandersetzungen, wie sie in den zeitgenössischen Analysen der Diplomatie festgehalten sind, die als »essential destabilizing factor« angesehen werden müssen.[211] Für das Jahrzehnt des Rüstungswettlaufs vor dem Weltkrieg ist daher der Befund zulässig, wonach »European statesmen understood both the risk of unintended escalation and the possibility that heightening military readiness could help them get their way«. Zugleich war eine Gewöhnung an die »[a]rmed diplomacy« unübersehbar,

---

[208] Vgl. dazu Raymond ARON, Frieden und Krieg. Eine Theorie der Staatenwelt, Frankfurt a. M. 1986, S. 181; zum Flottenwettrüsten als Vorläufer der quantitativen Berechnung von Militärpotentialen im nuklearen Zeitalter vgl. auch SCHIEDER, Staatensystem, S. 268.

[209] STEVENSON, Armaments and the Coming of War, S. 10.

[210] Die technische Entwicklung neuer Waffensysteme und die Folgen der Mobilisierung von Millionenheeren im Hinblick auf die Gestalt eines künftigen Krieges wurden immer wieder diskutiert, fanden aber nicht jenes Maß an Resonanz, das den Rüstungswettlauf hätte beeinflussen können. Als Beispiele seien genannt: Johann von BLOCH, Der Krieg. Übersetzung des russischen Werkes des Autors: Der zukünftige Krieg in seiner technischen, volkswirtschaftlichen und politischen Bedeutung, Bde. 1–6, Berlin 1899; Norman ANGELL, The Great Illusion. A Study of the Relation of Military Power to National Advantage, London 1909; weitere, überarbeitete Auflagen, hier benutzt: London 1914; Friedrich von BERNHARDI, Vom heutigen Kriege, Berlin 1912; Artikelserie in der Deutschen Revue vom Sommer 1911 mit Beiträgen u. a. von Graf Schlieffen (»Über die Millionenheere«) und Friedrich von Bernhardi. Charakteristisch für diese »Kriegsfuturologie« ist eine Vermengung realistischer und völlig abstruser Schlüsse. Vgl. Gerd KRUMEICH, Bilder vom Krieg vor 1914, in: Rainer ROTHER (Hrsg.), Die letzten Tage der Menschheit. Bilder des Ersten Weltkrieges. Eine Ausstellung des Deutschen Historischen Museums, Berlin, der Barbican Gallery, London, und der Staatlichen Museen zu Berlin – Preußischer Kulturbesitz in Verbindung mit dem Imperial War Museum, London/Berlin 1994, S. 37–46.

[211] STEVENSON, Armaments and the Coming of War, S. 13.

»although it would be too simple to see a relentless escalatory spiral into hostilities«.[212] Die seit der Jahrhundertwende zu konstatierende bereitwillige Adaption permanent gesteigerter Kriegsbereitschaft in der vermeintlichen Sicherheit von Entente-Bindungen als diplomatischem Mittel anstelle einer auf Flexibilität und Unabhängigkeit durch Offenheit der Partnerwahl angelegten Drohung mit der *ultima ratio* kriegerischer Auseinandersetzung offenbart durch die Tendenz zur »Blockbildung« als der zeitgenössisch opportunsten Form der Existenzsicherung im »planetarischen« Maßstab einen grundlegenden Wandel internationaler Politik. Dieser Entwicklung, die bis 1914 nicht umgekehrt wurde, liegt kein Determinismus zugrunde, sondern sie ist das Ergebnis (macht-) politischer Entscheidungen, die auf Basis zeitgenössischer Weltbilder und der daraus abgeleiteten Sicherheits- und Zukunftsicherungslogik allgemein als »rational« und »logisch« angesehen wurden.[213] Zunächst wird deshalb im folgenden die zeitgenössische Diskussion um mögliche »rassische« Gemeinsamkeiten und Differenzen als Dimension der trilateralen außenpolitischen Beziehungen erörtert. Anschließend werden einige weitere Bestimmungsfaktoren der Weltbilder der politischen Führungsschichten beschrieben.

6. *»Angelsächsische« und »teutonische« Rasse*

Warum fand in Großbritannien und den Vereinigten Staaten das Schlagwort der »gemeinsamen angelsächsischen Rasse« wiederholt Resonanz, während das gleichzeitig immer wieder auftauchende Schlagwort von der »gemeinsamen teutonischen Rasse« unter Einschluß des Deutschen Reiches ohne echte politische Bindekraft blieb? Stuart Anderson hat die entsprechenden »Diskurse« um »Anglo-Saxonism« in beiden Ländern ausführlich beschrieben und (für die intellektuelle Debatte) festgestellt: »By the 1890's, the Teutonic origins doctrine was the dominant historical viewpoint in Great Britain and the United States. [...]. [B]y emphasizing the Anglo-American connection, the historians and political scientists promoted a view of the peoples of the two countries as of one polity and one race. The scholars might call this race ›Teutonic‹ or ›English‹ or ›English folk‹, but most persons in the United States and Great Britain preferred to call it by the name with which they were more familiar: Anglo-Saxon.«[214] Diese Gleichsetzung von »teutonic« und »anglo-saxon« vermengt allerdings zwei Vorstellungen, die nicht nur in der politischen Argumentation deutlich un-

---

[212] Ebenda, S. 11.

[213] »Complex behavior is sometimes less an expression of strategy than an adaption to a complex situation whose ›logic‹ suggests certain particular courses of action rather than others.« Alan K. HENRIKSON, The Geographical »Mental Maps« of American Foreign Policy-Makers, in: International Political Science Review 1 (1980), S. 495–530, hier S. 508.

[214] ANDERSON, Race and Rapprochement; ähnlich schon Cushing STROUT, The American Image of the World, New York 1963, bes. S. 132–156.

terschieden wurden: »teutonic« meinte in diesen Diskursen ganz überwiegend »deutsch«, nicht »anglo-saxon«, und es lag ganz im Sinne der Vorstellung, daß das deutsche Territorium das eigentliche Kernland des »teutonischen« Wesens und Gedankens war.[215] In zahlreichen englischen Äußerungen schwingt beim Begriff »teutonic«, der in der Regel allein auf Deutschland gerichtet ist, eine romantisch-verklärte Note mit.[216] Dieser Auffassung verbunden, charakterisierte der Gesandte Fairfax Cartwright das Kaiserreich im Januar 1907 gegenüber Außenminister Grey: »The heart and nervous centre of the country is not to be found in the north but in the central and southern portions of the Empire; from them – now as in the middle ages – come the artists, the poets and the thinkers of Germany, who exert a vibrating influence on Teutonic life.«[217]

Politiker und Diplomaten sprachen dagegen in der Regel immer dann von »teutonic races«, wenn auf dem Gebiet der internationalen Beziehungen neben den beiden angelsächsischen Mächten auch vom Deutschen Reich als der rassisch-politischen Verwandtschaft oder gar einem möglichen Dritten im Bunde die Rede sein sollte. Hier schwang stets eine deutliche Unterscheidung zwischen »teutonic« und »anglo-saxon« mit, die auch vom Publikum so verstanden wurde.[218] Am 14. Mai 1898 plädierte Kolonialminister Chamberlain, der weni-

---

[215] »Our history begins, the history of the Teutonic race in the three great homes, in the European mainland, in the great island of the Ocean, in the vaster mainland beyond the ocean«, schrieb 1886 der in Oxford als Regius Professor for Modern History lehrende und als »the prince of Teutonists« bespöttelte Edward Freeman. »We have our part in the great deliverance by the wood of Teutoburg; Arminius, ›liberator Germaniae‹ is but the first of a roll which goes on to Hampden and Washington.« Edward FREEMAN, The Chief Periods of European History, London 1886, S. 64. Allerdings war Freeman der Auffassung, daß das moderne Deutschland weniger rein »teutonisch« sei als England, weil ihm inzwischen zuviel »Blut« aus lateinischen Ländern beigemengt sei. Vgl. ANDERSON, Race and Rapprochement, S. 39–45. Vgl. auch BELOFF, Anglo-American Myth, S. 157.

[216] Cynthia Charteris, die Arthur Balfour und den unten ausführlich zu charakterisierenden »Souls« nahestand und einen Sohn von Premierminister Asquith heiratete, illustrierte ihre Vorstellungen von »teutonisch« in der Beschreibung ihrer deutschen Gouvernante, Fräulein Schneider, die bis 1914 in *Clouds*, einem der wichtigsten Treffpunkte der »Souls«, blieb: »Year after year this great lover of England, whose Teutonic exuberance and intense appreciativeness made her intoxicating company to children, would return from a brief visit to the Fatherland, and rattling a box with a slid in its lid, naively invite us all to contribute to the battleship then being built from subscriptions collected by the women of Germany. A curious thought that for several years of my childhood I in all innocence dropped one of my precious pennies down that slot.« Cynthia ASQUITH, Haply I may remember, London 1950, S. 48. Ähnlich »romantisch« beschrieb der Diplomat Esme Howard sein frühes Deutschlandbild, wenn er sein deutsches Kindermädchen Jacobina Bottner aus St. Goar nahe der Loreley als eine Frau von »truly Teutonic sentimentality« charakterisierte, die ihm nicht nur »Ich weiß nicht was soll es bedeuten« beigebracht habe, sondern auch: »Sie sollen ihn nicht haben, den schönen deutschen Rhein.« Esme HOWARD, Theatre of Life 1863–1905, London 1935, S. 14 f.

[217] Fairfax Cartwright an Außenminister Grey, 12. Januar 1907, in: British Documents on the Origins of the War 1898–1914, Bd. 6, London 1930, Dok. 2, S. 9.

[218] Vgl. die Reaktionen auf Joseph Chamberlains Rede in Leicester, in: The Times, 1. Dezember 1899. Zur Rede und zu Chamberlains Auffassung s. oben S. 45 und unten S. 313 f.

ge Jahre zuvor noch einen Krieg mit den Vereinigten Staaten für möglich gehalten hatte[219], für ein anglo-amerikanisches Zusammengehen: »What is our next duty? It is to establish and to maintain bonds of permanent amity with our kinsmen across the Atlantic. [...] And I even go so far as to say that, terrible as war may be, even war itself would be cheaply purchased if in a great and noble cause the Stars and Stripes and the Union Jack should wave together.«[220] Anderthalb Jahre später, am 30. November 1899, erweiterte er diesen Gedanken in einer Aufsehen erregenden Rede in die »teutonische« Dimension, als er in Leicester von einer möglichen »Triple Alliance between the Teutonic race and the two great branches of the Anglo-Saxon race« sprach und auf die enge Stammverwandtschaft anspielte.[221] Einen ähnlichen Ton schlug Wilhelm II. im Dezember 1901 gegenüber seinem Onkel Edward an: England und Deutschland seien »of the same blood, and they have the same creed, and they belong to the great Teutonic race which Heaven has entrusted with the culture of the world«.[222] Nach dem Wechsel von Premierminister Salisbury zu Arthur Balfour im Juli 1902 erinnerte sich der deutsche Botschafter Metternich, daß der neue Premierminister sich im Winter zuvor »noch ungewöhnlich deutschfreundlich« ausgesprochen habe. Balfour sei »bekanntlich seiner politischen Gesamtrichtung nach für ein Zusammenhalten der teutonischen Rassen gesinnt«.[223] Ein vermutlich offiziöser Artikel im *Grenzboten* vom Mai 1905 behandelte das deutsch-amerikanische Machtpotential und kam zu dem Schluß – aus ökonomischer Perspektive völlig zu Recht –, ihre Flotten würden zusam-

---

[219] »[T]he Americans are not people to run away from«, schrieb er am 21. Dezember 1895 auf dem Höhepunkt der Venezuela-Krise an Selborne und ergänzte, »in fact I do not know any nation from whom we can afford to accept a kicking«. Bereits am Tag zuvor hatte er ihm über die Ansichten der gegnerischen Seite geschrieben: »I am afraid that a large number, and probably a majority, of Americans would look forward without horror to a war with this country.« Bodleian Library, Selborne Papers, Joseph Chamberlain an Selborne, 20. und 21. Dezember 1895; zit. nach Denis JUDD, Radical Joe. A Life of Joseph Chamberlain, Cardiff 1993, S. 202 f.

[220] The Times, 14. Mai 1898, S. 12, Mr. Chamberlain in Birmingham.

[221] The Times, 1. Dezember 1899, S. 7, Mr. Chamberlain at Leicester; »I may point out to you that at bottom the character, the main character, of the Teutonic race differs very slightly indeed from the character of the Anglo-Saxon (cheers), and the same sentiments which bring us into close sympathy with the United States of America may also be evoked to bring us into closer sympathy and alliance with the Empire of Germany. What do we find? We find our system of justice, we find our literature, we find the very base and foundation on which our language is established the same in the two countries, and if the union between England and America is a powerful factor in the cause of peace, a new Triple alliance between the Teutonic race and the two great branches of the Anglo-Saxon race will be a still more potent influence in the future of the world.«

[222] FO 800/115, Lansdowne Papers, Abschrift eines Briefes des deutschen Kaisers Wilhelm II. an König Edward VII., 30. Dezember 1901, fo. 128–129.

[223] GP 17, Nr. 5089, Metternich an Bülow, 17. Juli 1902.

men die britische überflügeln und eine »pax teutonica in der Welt verwirklichen« können.[224] Allein, der politische Zug ging nicht in diese Richtung.

Auch in Äußerungen von Spring Rice und Theodore Roosevelt, Henry Cabot Lodge und John Hay wurde dieses Thema wiederholt angesprochen.[225] Auf amerikanischer Seite war regelmäßig von dergleichen Begriffen die Rede, aber »Roosevelt's racial views were [...] more complex than those of the Anglo-Saxon cult«.[226] »We Americans are a separate people«[227], meinte er und äußerte sich gegen jede »›hands across the sea‹ alliance, explicit or implicit, with England«.[228] Roosevelt sprach denn auch von »English-speaking peoples«, weil er die Vereinigten Staaten mit ihrer Vermischung von Abkömmlingen verschiedener »Rassen« als eine gelungene Komposition ansah, die nur teilweise in angelsächsischen Traditionen begründet lag. Gegenüber dem prominenten Deutsch-Amerikaner Hugo Münsterberg meinte er 1903, die »ganze Zukunft« gehöre »dem Zusammenwirken von Deutschland, England und den Vereinigten Staaten; die Slaven haben noch hundert Jahre nötig und die Romanen sind abgetan«.[229] Gegenüber seinem deutschen Diplomatenfreund und späteren Botschafter Speck von Sternburg hatte er einige Jahre zuvor die Hoffnung formuliert, daß »Germany, England and the United States will more and more be able to act together«.[230] Roosevelt deutete laut Münsterberg sogar Flexibilität in der Monroe-Doktrin an, aber das Auswärtige Amt nahm dergleichen Äußerungen zu Recht nicht für bare Münze, sondern allenfalls (sofern Münsterberg den Präsidenten korrekt wiedergab) als ein taktisches Manöver zur Gewinnung der »deutschen Stimmen« beim Blick auf seine Wiederwahl.[231] Roosevelt schmei-

---

[224] VAGTS, Deutschland und die Vereinigten Staaten, Bd. 2, S. 1853, Anm. 2.

[225] Vgl. bes. ANDERSON, Race and Rapprochement, S. 73–94, sowie Howard Kennedy BEALE, Theodore Roosevelt and the Rise of America to World Power, Baltimore 1956, S. 81–171. Während Anderson die motivierende Bedeutung des »Anglo-Saxonism« konzentriert hervorhebt, interpretiert Beale differenzierter und verweist darauf, daß die Haltung von Roosevelt und Henry Cabot Lodge nicht von schlichter Anglophobie geprägt war, sondern von ihrem grundlegenden amerikanischen Nationalismus. In diesem Sinne sollten daher auch die britisch-amerikanischen Beziehungen der Scharnierzeit im Sinne des offenen – und in seinen Konstellationen prinzipiell reversiblen – machtpolitisch-nationalistischen Wettbewerbs und weniger im Sinne einer »angelsächsischen Rassenidee« interpretiert werden. Zu den historiographischen Versuch(ung)en, die anglo-amerikanischen Beziehungen rückwirkend als eine eindimensionale Erfolgsgeschichte zu interpretieren, vgl. WATT, Succeeding John Bull, S. 20–22.

[226] STROUT, American Image, S. 150.

[227] Letters of Theodore Roosevelt, Bd. 4, Nr. 3368, S. 1041; STROUT, American Image, S. 149.

[228] Letters of Theodore Roosevelt, Bd. 8, Nr. 5950, S. 868; STROUT, American Image, S. 149.

[229] Münsterberg an Wilhelm II., 23. Januar 1903, zit. nach VAGTS, Deutschland und Amerika, Bd. 2, S. 1597.

[230] Theodore Roosevelt an Speck von Sternburg, 19. November 1900, in: Letters of Theodore Roosevelt, Bd. 2, 1428.

[231] VAGTS, Deutschland und Amerika, Bd. 2, S. 1597.

chelte mit seinen Äußerungen, wie er es auch gegenüber anderen Politikern und Diplomaten tat, deren Gunst er sichern wollte. Aber er selbst hätte wohl jeden als politisch naiv verlacht, der die Erwartung formuliert hätte, daß er sich gegebenenfalls auch öffentlich an solchen Äußerungen zu orientieren habe. Das politische Geschäft verlangte dergleichen im Dienst der eigenen Interessen, aber deren Durchsetzung blieb stets die orientierende Maxime. Nur eine Woche später berichtete Henry Adams der gemeinsamen Freundin Elizabeth Cameron, »[o]ur Emperor« [= Theodore Roosevelt, M. B.] sei »more irrepressible than ever«, und beschrieb, wie der Präsident »tells his old stories at every Cabinet dinner for two hours running, and sits in the midst of a score of politicians and reporters describing his preparations for war with Germany. The joke is stale. We laugh but shudder.«[232] Roosevelts Credo lag in einer motivierenden Wettbewerbsorientierung für alle Amerikaner. Anstrengung, Ehrgeiz und Konkurrenz als Elemente des amerikanischen Strebens nach Glück sollten die Menschen von ihrer Abstammung – auch der englischen – unabhängig machen. Dies galt, sozialdarwinistisch grundiert, für den einzelnen und sein »strenuous life« ebenso wie für den Gesamtstaat im Rahmen internationaler Konkurrenz.[233]

Die Behauptung, wonach die Deutschen als »enemies of the Anglo-Saxon countries« angesehen wurden, »despite the theoretical racial affinity of all Teutonic peoples«[234], sollte daher als das Ergebnis einer (außen-)politischen Entwicklung und nicht als ein gleichsam konstantes Faktum genommen werden, das 1890 oder 1895 in gleichem Maße wie 1905 oder später gegolten hätte.[235] Der immer wieder zitierte Artikel in der *Saturday Review* vom 1. Februar 1896 endete nicht allein mit der Aufforderung »Germania esse delendam«, sondern zugleich mit dem Appell: »... be ready to fight America when time comes.«[236]

---

[232] Henry Adams an Elizabeth Cameron, 1. Februar 1903, in: Letters of Henry Adams, ed. by Washington C. Ford, S. 394; vgl. Nelson Manfred BLAKE, Ambassadors at the Court of Theodore Roosevelt, in: Mississippi Valley Historical Review 42 (1955/56), S. 189 m. Anm. 43.

[233] »A hyphenated American is not an American at all. This is just as true of the man who puts ›native‹ before the hyphen as of the man who puts German or Irish or English or French before the hyphen. Americanism is a matter of the spirit and of the soul. Our allegiance must be purely to the United States. We must unsparingly condemn any man who holds any other allegiance.« Theodore Roosevelt, Rede in New York 12. Oktober 1915, in: Theodore ROOSEVELT, Works, Memorial edition (1925), Bd. 2, S. 4. Zu Roosevelts Auffassung, wonach »Charakter« die eigentliche Kraftquelle eines Volkes sei, vgl. auch ANDERSON, Race and Rapprochement, S. 76.

[234] Ebenda, S. 67. Anderson verweist darauf, daß die meisten »racethinkers [...] got around the problem by simply refusing to speak of competition in racial terms«.

[235] Anderson bestätigt eher unbeabsichtigt die Prävalenz der Politik über die Rassenideologie, wenn er einerseits die »Slawen« und Rußland und nicht Deutschland als »most serious challenge for racial preeminence and world dominion« charakterisiert, andererseits festzustellen ist, daß sich Großbritannien mit dieser »allerernstesten Herausforderung« 1907 verbündete – eben deshalb, weil die machtpolitische »Herausforderung« durch das Deutsche Reich ernster genommen wurde.

[236] Der Schlußabsatz lautet: »The biological view of foreign policy is plain. First, federate

Die durchweg identifizierbare politische Linie klarer Interessenpolitik im traditionellen Sinne der britischen Außenbeziehungen gegenüber den Vereinigten Staaten beschrieb Salisbury, wie einleitend bemerkt, als er am 16. Januar 1896 – vor dem Hintergrund der enormen Spannungen mit dem Deutschen Reich nach dem Krüger-Telegramm – gegenüber dem Duke of Devonshire meinte: »If the quarrel rests not on a passing question like Venezuela but on permanent grounds – then it is bound to come, in a few years. If it is granted that it must come, the question arises – have we any interest in delaying it?« Zwar war er »rather sceptical«, ob die Vereinigten Staaten einen Krieg mit Großbritannien anstrebten, aber »until a new President is elected we cannot fairly tell«.[237] Diese die Kriegsoption einbeziehenden Gedanken des Premierministers als des entscheidenden Akteurs der englischen Außenpolitik waren seinerzeit gleichsam diplomatisches Allgemeingut, und der deutsche Botschafter in Paris meinte: »Ein Krieg mit Amerika, an dessen Möglichkeit Lord Dufferin [sein englischer Kollege, M. B.][238] noch immer glaubt, wäre bei der jetzigen so gespannten Situation in vieler Beziehung für uns nicht schlecht.«[239]

Hätte Großbritannien die Machtmittel besessen, sich gegen die Vereinigten Staaten wirksam zur Wehr zu setzen und in letzter Konsequenz einen Krieg zu führen, so hätte die britische Führung dies selbstverständlich getan, die »Idee« und die mannigfachen »Diskurse« von der »angelsächsischen Rasse« hin oder her. Doch Großbritannien besaß diese Machtmittel nicht mehr: »In an era in which Great Britain could no longer aim at supremacy everywhere upon the seas the service departments' strategical and statistical calculations necessarily made an independent contribution to the identification of the power who was most dangerous and the power with whom Great Britain could least afford to clash.«[240] Während der Scharnierzeit geriet daher das Deutsche Reich in die erste Kategorie, die Vereinigten Staaten in die zweite. Die Vorstellung von der gemeinsamen angelsächsischen Rasse lieferte gerade deshalb einen Beitrag zu

---

our colonies and prevent geographical isolation turning the Anglo-Saxon race against itself. Second, be ready to fight Germany, as *Germania est delenda*; third, be ready to fight America when time comes. Lastly, engage in no wasting wars against peoples from whom we have nothing to fear.« A BIOLOGIST [= MITCHELL], Biologial View, S. 120.

[237] Chatsworth House, Devonshire Papers, Salisbury an Devonshire, 16. Januar 1896; zit. nach Andrew ROBERTS, Salisbury. Victorian Titan, London 1999, S. 632; vgl auch ANDERSON, Race and Rapprochement, S. 87.

[238] Frederick Temple Hamilton-Temple Blackwood (1826–1902), first marquess of Dufferin and Ava, war von 1891 bis 1896 britischer Botschafter in Paris. Er hatte sein Land zuvor bereits in St. Petersburg, Konstantinopel und Rom vertreten. Vgl. Cynthia GLADWYN, The Paris Embassy, London 1976, S. 138–148. Dufferins älteste Tochter Helen Blackwood hatte im September 1889 Spring Rices engen Freund Ronald Munro-Ferguson geheiratet. Vgl. GL, Bd. 1, S. 98.

[239] Münster an Holstein, 13. Januar 1896, in: Die geheimen Papiere Holsteins, Bd. 3, S. 523 f., Zit. S. 524.

[240] BOURNE, Britain and the Balance of Power in North America, S. 403.

dieser Annäherung, weil sie in die generelle außenpolitische Linie paßte und diese unterstrich.

Es führt mithin zu weit, den Diskurs bzw. das Schlagwort von der gemeinsamen angelsächsischen Rasse als die eigentliche Form oder als das entscheidende Motiv der Annäherung zu betrachten. Auch wenn dieser publizistische und literarische Diskurs die englisch-amerikanische außenpolitische Annäherung begleitete und reflektierte, war er weder deren Auslöser noch deren eigentlicher Motor. Dieser lag in den mehrfach zusammenlaufenden machtpolitischen Interessen beider Staaten in der neuen »planetarischen Situation« und den real-, d. h. machtpolitisch begründeten internationalen Konstellationen der Scharnierzeit. So hielt Chamberlain seine Rede von der teutonischen Dreieinigkeit sechs Wochen nach Beginn des Burenkrieges. Es war schlichtweg ein pragmatischer Gedanke des »Entrepreneur in Politics«[241], denn im Kern wäre die machtpolitische Potenz einer Verbindung zwischen den Vereinigten Staaten, Großbritannien und dem Kaiserreich tatsächlich unüberwindbar gewesen.[242] Aber in der Definition der gemeinsamen Interessen lag das offensichtlich unüberwindliche Hindernis gegen diese Kombination, nicht in »Rassendistanz« oder »Rassenverwandtschaft«. Die *Times* kommentierte denn auch Chamberlains Rede am folgenden Tag mit prägnanter Differenzierung: »Our friendly relations are with the American people, but not with the German government.«[243]

Diese realpolitische Grenze des trilateralen Mächteverhältnisses blieb erhalten, ja, sie wurde von deutscher Seite namentlich durch die Flottenrüstung immer wieder aktualisiert, wie Jahre später in einem Bericht des Londoner Botschafters deutlich wird. Nach einem Gespräch mit dem zur Beerdigung Edwards VII. in London weilenden Kaiser Wilhelm schrieb Metternich im Mai 1910 an Bethmann Hollweg: »Roosevelts Eintreten für das Zusammenhalten der teutonischen Rassen hat, wie ich höre, hier [in London, M. B.] wenig Widerhall gefunden. Die von Deutschland beabsichtigten Machtmittel zu Wasser und zu Lande erscheinen dem Engländer zu groß für eine unabhängige Kooperation, daher er es vorziehe, sich gegen uns zu sichern, anstatt mit uns zu gehen. Hierin liegt der einfache Schlüssel der Situation, mit der wir für die nächste Zukunft zu

---

[241] Vgl. Peter T. MARSH, Joseph Chamberlain. Entrepreneur in Politics, New Haven 1994, S. 434–441, 477–480, bes. S. 479. Die zwiespältige deutsche Reaktion auf Chamberlains Signale war in vielfacher Hinsicht ernüchternd. Offiziell reagierte Bülow zunächst kaum vernehmbar, was auch mit seiner Rücksicht auf die heftigen Proteste in der Presse erklärbar wäre, um dann am 11. Dezember 1899 im Reichstag das Flottenbauprogramm damit zu begründen, »den Angriff jeder Macht auszuschließen«. Zur gleichen Zeit ließ er über Eckardstein mitteilen, »that His Majesty and he are absolutely at one in their desire to bring about a permanent and perfect understanding between the two countries«. Birmingham University Library, Joseph Chamberlain Papers JC7/2/2B/19, Eckardstein an Joseph Chamberlain, 17. Dezember 1899, zit. nach MARSH, Joseph Chamberlain, S. 480; Johannes PENZLER (Hrsg.), Fürst Bülows Reden, Berlin 1907–1909, Bd. 1, S. 88–97, Zitat S. 92.

[242] Vgl. die Äußerungen Chamberlains, Berties u. a. oben, S. 44.

[243] The Times, 2. Dezember 1899.

rechnen haben.«[244] Roosevelt war es allerdings auch, der die generelle gemeinsame Interessenlage der britisch-amerikanischen Annäherung erkannte. Zugleich beharrte er wie seit seinem ersten Auftreten in der Außenpolitik auf dem nationalen amerikanischen Führungsanspruch – und auf der durch die amerikanische Weltmachtpotenz abzuleitenden Führungsverantwortung, als er beispielsweise 1911 gegenüber Eckardstein meinte: »As long as England succeeds in keeping up the ›balance of power‹ in Europe, not only on principle, but in reality, well and good; should she however for some reason or other fail in doing so, the United States would be obliged to step in at least temporally, in order to reestablish the balance of power in Europe, never mind against which country or group of countries our efforts may have to be directed. In fact we ourselves are becoming, owing to our strength and geographical situation, more and more the balance of power of the whole globe.«[245] Diese Argumentation mit der zugrundeliegenden Frage nach dem zivilisatorischen Zukunftsmodell spiegelt sich über die Jahre regelmäßig in Roosevelts noch näher zu behandelndem Briefwechsel mit Cecil Spring Rice, so schon im Februar 1904 anläßlich des russisch-japanischen Krieges: »This is the time when an Englishman thinks with some satisfaction that whatever happens to the old establishment there is a new branch on a larger scale, which no Emperor, however splendid, can do any harm to, and which is ruled as it ought to be.«[246] Rußland repräsentierte als Hort der »slawischen Rasse« mit ihren vermuteten Kraftpotentialen in erster Linie eine antizipierte Zukunftsgefahr. Das Deutsche Reich war in diesem Sinne gegenwärtiger und wurde vor allem deshalb als bedrohlich empfunden, weil es als eine so erfolgreiche Mischung aus Modernität und dirigistischer Autorität wahrgenommen wurde.

Hätte es eine *politische* Übereinstimmung gegeben zwischen dem Deutschen Reich und den Vereinigten Staaten, wie es sie zwischen Großbritannien und den Vereinigten Staaten gab – gegründet auf gemeinsame politische Interessen, wie sie Großbritannien auch mit Japan, Frankreich und Rußland verbanden –, so wäre spekulativ nicht nur eine Konfrontation zu verhindern, sondern vielleicht sogar eine Annäherung möglich gewesen. Wer die Gründe dafür sucht, daß dies nicht geschah, der muß folglich nach der seinerzeitigen Definition der jeweiligen außenpolitischen Interessen und deren Voraussetzungen fragen, weniger nach der sekundären Erörterung gemeinsamer »angelsächsischer« oder »teutonischer« Bande.

In der britisch-amerikanischen Annäherung schwangen zwar die Idee der gemeinsamen »angelsächsischen Rasse« wie auch die Vorstellung einer dreiseiti-

---

[244] Metternich an Bethmann Hollweg, 24. Mai 1910, GP Bd. 28, Nr. 10391, S. 330–333, hier S. 333.
[245] Theodore Roosevelt in einem Gespräch mit Hermann von Eckardstein, o. D. [1911], in: ECKARDSTEIN, Isolierung Deutschlands, S. 175.
[246] Spring Rice an Roosevelt, 11. Februar 1904, GL, Bd. 1, S. 396 f.

gen Verbindung der Staaten »teutonischer Rasse« mit. Auch vermochte die Idee der gemeinsamen »angelsächsischen Rasse« die machtpolitische Annäherung zu begleiten, weil sich in der multilateralen Herausforderung des britischen Weltreiches gemeinsame Interessen ergaben, die auf britischer Seite mit zunehmender Bereitschaft zum Appeasement beantwortet wurden. Das Deutsche Reich besaß demgegenüber, vereinfacht gesprochen, weder ein Kanada noch eine globale Flottenmacht. Insofern war die Vorstellung der deutschen Führung um Wilhelm II., Tirpitz und Bülow, daß man beides benötige, um als Weltmacht mitreden zu können, durchaus rational: Der erfolgreiche deutsche Staat strebte nach weltweiter Verbreitung, um in einer Weise global handeln zu können, wie es Großbritannien längst zu tun vermochte.

Erst die »planetarische Situation« seit der Scharnierzeit machte aus dieser Entwicklung ein weltumspannendes Problem. Die britisch-amerikanische Annäherung war das Ergebnis eines an Machtinteressen orientierten Pragmatismus auf beiden Seiten, der permanent die außenpolitischen Chancen und Risiken aller Schritte mit dem Bemühen um ein Höchstmaß an Machtrationalität überprüfte. Die britische Seite gab hierbei im Grunde regelmäßig nach. Dies geschah nicht aus einer vermeintlichen »angelsächsischen Verbundenheit«, sondern aus realpolitischer Einsicht, ohne daß man dies als fortgesetzte Niederlage empfunden hätte. Eine entscheidende Rolle spielte hierbei die Praxis des diplomatischen Geschäfts beider Seiten, für die, wie im folgenden Kapitel zu zeigen sein wird, Cecil Spring Rice auf britischer und Henry White auf amerikanischer Seite als exemplarisch angesehen werden können. Diese Praxis unterschied sich namentlich während des hier untersuchten Zeitraums im britisch-amerikanischen Verhältnis markant von britisch-deutschen und amerikanisch-deutschen Usancen. Nicht etwa, weil die deutschen Botschafter weniger fähige Diplomaten gewesen wären, oder weil es ihnen nicht gelungen wäre, funktionierende Kontakte zu den politisch-diplomatischen Akteuren ihrer Gastländer aufzubauen. Der Grund lag vielmehr darin, daß sie, obwohl sie als diplomatische Persönlichkeiten höchste Achtung genossen, wie etwa Graf Hatzfeldt als Londoner Botschafter, oder einen freundschaftlich-direkten Draht zur politischen Führung besaßen wie etwa Speck von Sternburg zu Theodore Roosevelt, doch stets und zunehmend als Repräsentanten einer politischen Macht wahrgenommen und behandelt wurden, mit der, so die sich verfestigende Perzeption in London und Washington, eine machtrational-pragmatische Verständigung schwer möglich schien. Betrachtet man unvoreingenommen die Absichten und Visionen, wie sie sich in den Äußerungen, Plänen und Projektionen von Wilhelm II. über Bülow bis zu Tirpitz spiegeln, und registriert den vielfältig unkoordinierten Voluntarismus, den die wilhelminische Außenpolitik ausstrahlte, so kann man dieser distanzierenden Haltung, in der skeptische Vorsicht mit dem Bewußtsein überlegener machtpolitischer Handlungsoptionen verschmolz, zeitgenössischen Realismus und latente Berechtigung schwer absprechen.

7. Mental Maps

Caelum non animum mutant
qui trans mare currunt.
(Horaz)[247]

A. S.: »Die Welt ist groß.«
P. F.: »Das war einmal ...«
A. S.: »Ist die Erde etwa geschrumpft?«
P. F.: »Ohne Zweifel ...«
(Gespräch im Londoner *Reform Club*,
2. Oktober 1872)[248]

Um Weltbilder und Motive von politischen Akteuren näher bestimmen zu können[249], ist es sinnvoll, kursorisch auch die Frage nach ihren *mental maps* einzubeziehen, denn »Fragen des Wo? sind von den Nationalstaaten und ihren intellektuellen Eliten unvermeidlich als Fragen der kulturellen Zugehörigkeit und der nationalen Selbst- und Fremdidentifikation behandelt worden«.[250] *Mental*

---

[247] HORAZ, Epistulae, Buch 1, Nr. 11, Zeile 27.

[248] Gespräch zwischen Andrew Stewart, von Beruf Ingenieur, und Phileas Fogg, von Beruf Gentleman, am frühen Abend des 2. Oktober 1872, aufgezeichnet von Jules VERNE, Le Tour du Monde en quatre-vingts jours; dt. Ausg.: In 80 Tagen um die Welt, Deutsch von Martin Doehlemann und Hans-Jürgen Wagner, Hamburg 1997, Zit. S. 14 f.; die französische Originalausgabe erschien als Fortsetzungsroman in der Pariser Tageszeitung Le Temps vom 6. November bis 22. Dezember 1872 (am Tag zuvor war Fogg verabredungsgemäß nach London zurückgekehrt). Phileas Fogg war Miglied eines »vornehmen Londoner Clubs«, wie es bei Verne allgemein heißt, ebenda S. 5. Die exakte Beschreibung der Entfernung vom Hause Foggs in der Saville Row 7, Burlington Gardens, zum drei Millionen Pfund teuren Clubhaus mit den neun Speisesaal-Fenstern an Pall Mall hat zur Identifizierung mit dem *Reform Club* geführt, ohne daß dies in Vernes Buch explizit zu verifizieren wäre. Stephen KERN, The Culture of Time and Space, 1880–1918, London 1983, S. 211.

[249] Bekanntlich hielt schon zeitgenössisch Max Weber in einer seither vielzitierten These fest, daß zwar »Interessen (materielle und ideelle), nicht: Ideen ... unmittelbar das Handeln der Menschen« beherrschen, daß aber »die ›Weltbilder‹, welche durch ›Ideen‹ geschaffen wurden, [...] sehr oft als Weichensteller die Bahnen bestimmt [haben], in denen die Dynamik der Interessen das Handeln fortbewegte.« Max WEBER, Die Wirtschaftsethik der Weltreligionen. Konfuzianismus und Taoismus, hrsg. von Helwig Schmidt-Glintzer in Zusammenarbeit mit Petra Kolonko, Tübingen 1991 (= Max Weber Gesamtausgabe Bd. I/19), S. 101. Vgl. M. Rainer LEPSIUS, Interessen und Ideen. Die Zurechnungsproblematik bei Max Weber, in: Ders., Interessen, Ideen und Institutionen, Opladen 1990, S. 31–43.

[250] Seit der Abfassung dieser Untersuchung im Jahr 2000 hat das Konzept der »Mental Maps« auch in Deutschland stärkere Beachtung gefunden. Namentlich in der Zeitschrift Geschichte und Gesellschaft erschien 2002 in Heft 3 ein profunder, in seinen Beiträgen vor allem auf Ost-, Südosteuropa und Rußland konzentrierter Überblick, herausgegeben von Christoph CONRAD, aus dessen Vorbemerkung das Zitat stammt (S. 339–342, hier S. 341). Für den Zusammenhang der vorliegenden Darstellung sei vor allem verwiesen auf den Literaturbericht von Frithjof Benjamin SCHENK, Mental Maps. Die Konstruktion von geographischen Räumen in Europa seit der Aufklärung (ebenda, S. 493–514) und den konzisen

maps prägen bewußt und unbewußt unsere Wahrnehmung der Welt und die Verortung unseres eigenen Selbst. Sie können verstanden werden als »an ordered but continually adapting structure of the mind – alternatively conceivable as a process – by reference to which a person acquires codes, stores, recalls, reorganizes, and applies, in thought or in action, information about his or her large-scale geographical environment, in part or in its entirety«.[251] Jeder Mensch vermag im Bedarfsfall eine geistige Landkarte dessen zu zeichnen, was ihm als geographisches Korrelat seiner Lebenswirklichkeit erscheint. Wie die oben genannten Faktoren zu den machtprojektiven Fähigkeiten einzelner Staaten sind *mental maps* von politischen Akteuren eine mehr oder minder bedeutende Komponente ihres komplexen Weltbildes. »At any moment, an individuals's mental map is a composite – of past experience, presence observation, and future expectation. Memory and imagination inform it as well as current realities.«[252] Eine solche Karte ist relevant als »the cognitive frame on the basis of which historians of international relations, like diplomats and others who think and act internationally, orient themselves in the world«.[253] Es ist dabei offensichtlich, ja im Grunde banal, daß wir mehr wissen über unsere unmittelbare Umgebung und diese entsprechend detaillierter imaginieren und höher bewerten als Gebiete, die uns nur indirekt bekannt sind. Unsere Anteilnahme variiert in hohem Maße entsprechend der Einschätzung, wie nah oder fern gedachte Ort unserem tagesrelevanten Bewußtsein liegen.[254] Die Vorstellung unserer unmittelbaren Umgebung, ob Dorf oder Stadt, ist verbunden mit einer entsprechenden Konstruktion und Imagination der weiteren Umgebung von Region und Land[255], die ins immer Unkonkretere abhebt, bis sie schließlich in der

---

Überblick von Hans-Dietrich SCHULTZ, Raumkonstrukte der klassischen deutschsprachigen Geographie des 19./20. Jahrhunderts im Kontext ihrer Zeit (ebenda, S. 343–377).

[251] Alan K. HENRIKSON, Mental Maps, in: Michael J. HOGAN/Thomas G. PATERSON (Hrsg.), Explaining the History of American Foreign Relations, Cambridge 1991, S. 177–192, Zit. S. 177; Roger M. DOWNS/David STEA (Hrsg.), Image and Environment: Cognitive Mapping and Spatial Behavior, Chicago 1973; dies. (Hrsg.), Maps in Mind. Reflections on Cognitive Mapping, New York 1977; Robin Michael HAYNES, Geographical Images and Mental Maps, Basingstoke 1981. In Rekurs auf DOWNS/STEA charakterisiert Schenk eine mentale Landkarte als »ein subjektives, inneres räumliches Bild eines Teils der räumlichen Umwelt eines Menschen«. SCHENK, Literaturbericht Mental Maps, S. 494.

[252] HENRIKSON, »Mental Maps« of American Foreign Policy-Makers, S. 505.

[253] HENRIKSON, Mental Maps, in: HOGAN/PATERSON, Explaining, S. 177; vgl. OSTERHAMMEL, Raumbeziehungen, S. 307.

[254] Peter GOULD/Rodney WHITE, Mental Maps, Harmondsworth 1974, S. 41; HENRIKSON, »Mental Maps« of American Foreign Policy-Makers; Denis COSGROVE (Hrsg.), Mappings, London 1999. Vgl. zum weiteren Zusammenhang von Kartographie und Karten im historischen Kontext: Denis COSGROVE/Stephen DANIELS (Hrsg.), The Iconography of Landscape. Essays in the symbolic representation, design and use of past environments, Cambridge u. a. 1988; Jeremy BLACK, Maps and History. Constructing Images of the Past, New Haven/London 1997; BLACK, Maps and Politics.

[255] Vgl. GOULD/WHITE, Mental Maps, S. 37. Henrikson beklagte schon 1991, daß keine der bis dato verfügbaren Veröffentlichungen zum Thema »mental maps« »applied to really

Vorstellung von einer Verortung des eigenen Selbst im Verhältnis zum Kontinent oder Globus aufgehoben ist. Im Zusammenhang der vorliegenden Darstellung geht es um *mental maps* vor allem als Teilelementen der Analyse von (politischen) Weltbildern.[256]

Die Verschränkung von politischen Weltbildern und »Raumkonstrukten« ist allgegenwärtig und wirkt bewußt wie unbewußt auf das alltägliche Entscheidungshandeln. Dies gilt namentlich in den internationalen Beziehungen, wenn es darum geht, Korrelationen und Zugehörigkeiten, aber auch Divergenzen politischer, kultureller oder mentaler Provenienz zuzuordnen[257], und zwar für das eigene Land über den Kontinent bis zur planetarischen Perspektive. Für Europa hat Hans-Dietrich Schultz die Vielfalt der geographischen Einteilungs-Schemata folgendermaßen systematisiert:

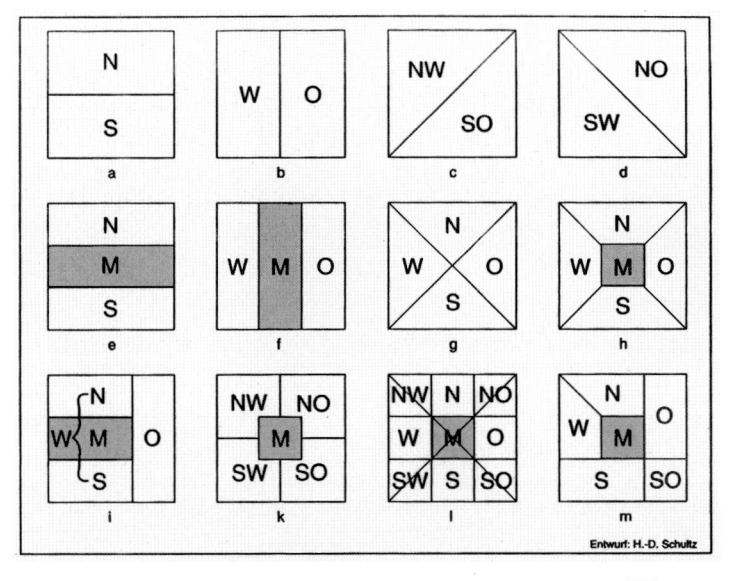

Hans-Dietrich Schultz: Einteilungs-Schemata für Europa[258]

large-scale problems such as issues of international relations«. HENRIKSON, Mental Maps, in: HOGAN/PATERSON, Explaining, S. 177, Anm. 2.

[256] Henrikson charakterisiert *mental maps* als »dynamic cognitive systems that, somewhat like software programs used in computers, can generate images in the mind's eye, much as on a monitor«. Weltbilder spiegeln dabei, was Henrikson partiell einzubeziehen sucht, nicht nur das »geographical environment«, sondern setzen dergleichen *mental maps* in Korrelation zu anderen »weichen« Faktoren wie Werten, Sprache, Ideologie etc.: »Men and milieu blend.« Ebenda, S. 181 f.

[257] Zur generellen Bedeutung von »Vorstellungen, sozialen Bildwelten, Identitäten und Kulturen« vgl. Robert FRANK, Mentalitäten, Vorstellungen und internationale Beziehungen, in: LOTH/OSTERHAMMEL, Internationale Geschichte, S. 173–185.

[258] SCHULTZ, Raumkonstrukte, S. 356–361, Abb. S. 357.

Dergleichen Kategorisierungen lassen sich etwa in allen Diskursen darüber, was Europa sei und wie es sich zusammensetzt, bis in die Gegenwart des europäischen Einigungsprozesses verfolgen.

Politische Botschaften verbinden sich auch in Schulatlanten mit passenden Raumkonstrukten zu jeweils gewünschten »Geschichtsbildern«, wie beispielsweise die Karte eines deutschen Schulatlas von 1930 über die außenpolitische Situation des Reiches in Europa vor Kriegsbeginn 1914 illustriert:

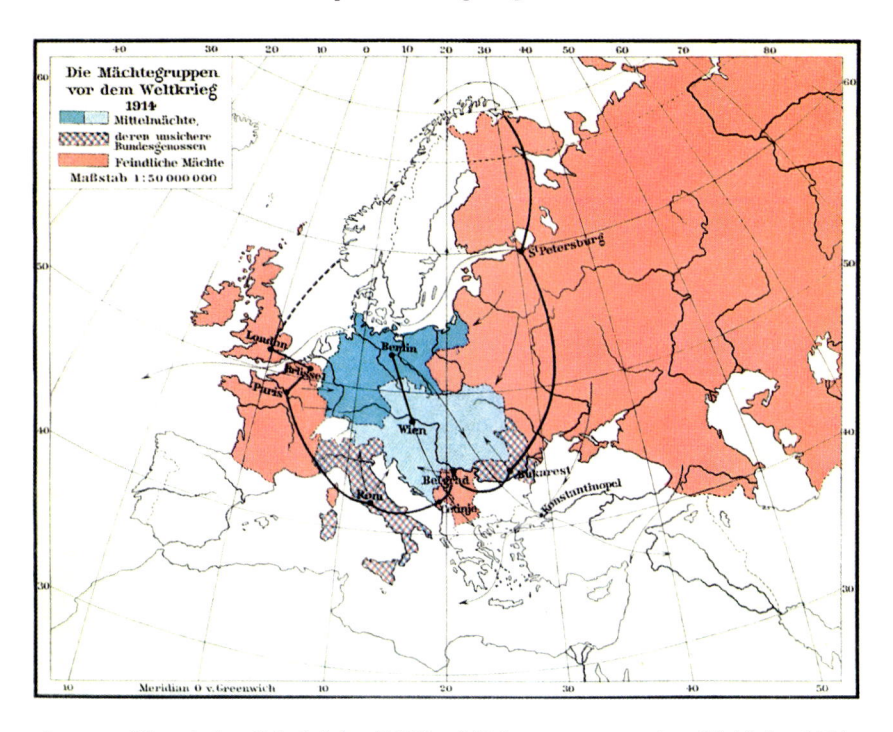

Putzgers Historischer Schul-Atlas (1930): »Mächtegruppen vor dem Weltkrieg 1914«

Diese Karte zu den »Mächtegruppen vor dem Weltkrieg 1914« insinuiert eine umfassende Einkreisung des Deutschen Reiches bzw. der Mittelmächte, deren Hauptstädte Berlin und Wien gleich einer Achse verknüpft sind. Die Mittelmächte werden von »feindlichen Mächten« umschlossen, deren Hauptstädte anschaulich durch Bögen miteinander verbunden werden. Von London verläuft eine direkte Linie nach Brüssel (!), Kreisbögen verbinden Paris, Rom, Cetinje, Belgrad, Bukarest, St. Petersburg, verlaufen weiter bis zum Nordmeer und enden über eine angedeutete Linie von Norwegen aus wieder in London. Nicht nur werden Italien und Rumänien als »unsichere Bundesgenossen« ohne Bedenken den Gegnern des Deutschen Reiches zugeordnet. Pure Geschichtsklitterung ist es, das neutrale Belgien, gleichsam im Vorbeigehen, als – vor dem Krieg! – »feindliche Macht« darzustellen und wie selbstverständlich in eine insinuierte antideutsche Umklammerung einzureihen.[259] In demselben Atlas wird darüber hinaus die permanente geopolitische Bedrohung des Deutschen Reiches durch seine Nachbarn illustriert:

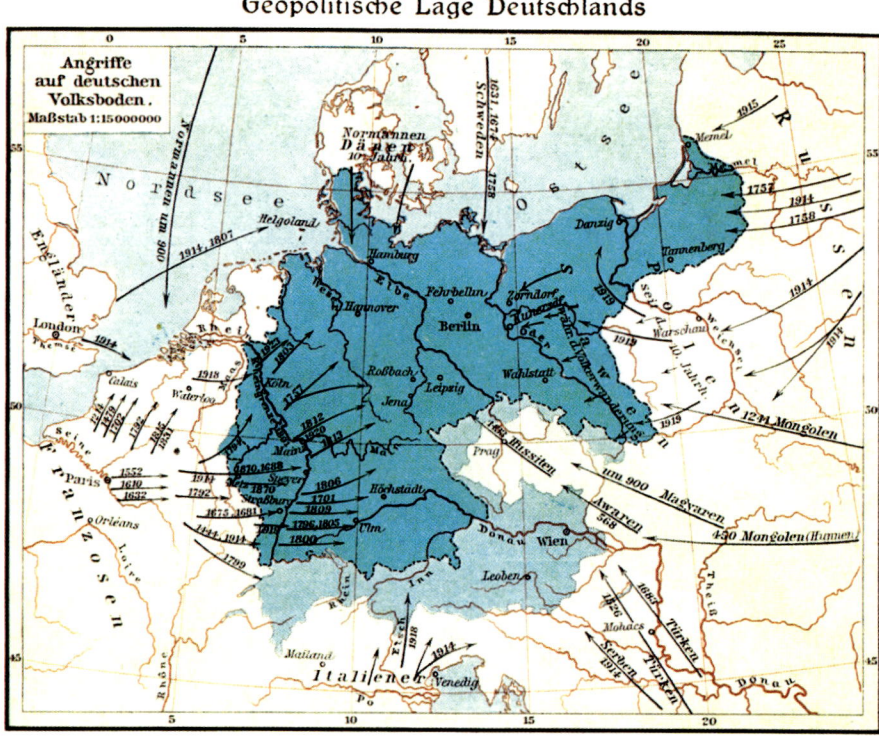

Putzgers Historischer Schul-Atlas (1930): »Angriffe auf deutschen Volksboden«

Deutschland und die von Deutschen besiedelten Gebiete stehen im Zentrum attackierender Pfeile, die von den »Mongolen (Hunnen)« des Jahres 450 über Awaren, Magyaren und Normannen bis 1914/18 reichen. Pfeile von Russen, Serben, Italienern, Franzosen, Belgiern und Engländern bedrohen aus allen Himmelsrichtungen den »deutschen Volksboden«, von dem selbst keinerlei »Streben nach außen« verzeichnet ist.[260]

---

[259] F. W. PUTZGERS Historischer Schul-Atlas. Neue Ausgabe mit besonderer Berücksichtigung der Geopolitik, Wirtschafts- und Kulturgeschichte, bearb. und hrsg. von Max Pehle und Hans Silberborth, Bielefeld/Leipzig 1930, S. 92.
[260] Im dazugehörigen Erläuterungsband heißt es zu den Kriegsursachen, Deutschland sei aufgrund von Bevölkerungsdruck und Raumnot zum Versuch gezwungen gewesen, seinen »Platz an der Sonne« zu suchen. Nach Ansicht der Autoren sollte dieser in Kleinasien liegen

Dergleichen Karten besaßen ebenso die Absicht, das Weltbild der Betrachter zu formen und politisch anzuleiten wie etwa die nicht genordeten und damit für den Betrachter zunächst irritierenden Karten des Amerikaners Richard Edes Harrison aus den 1940er Jahren. Harrison entwarf sie vor dem Hintergrund der Diskussion um das US-Engagement im Zweiten Weltkrieg, um durch diesen Perspektivenwechsel die These von der isolierten Position der Vereinigten Staaten zu relativieren und die Nähe des europäischen Kriegsschauplatzes, aber auch die »geographische« Überlegenheit der Alliierten zu illustrieren[261]:

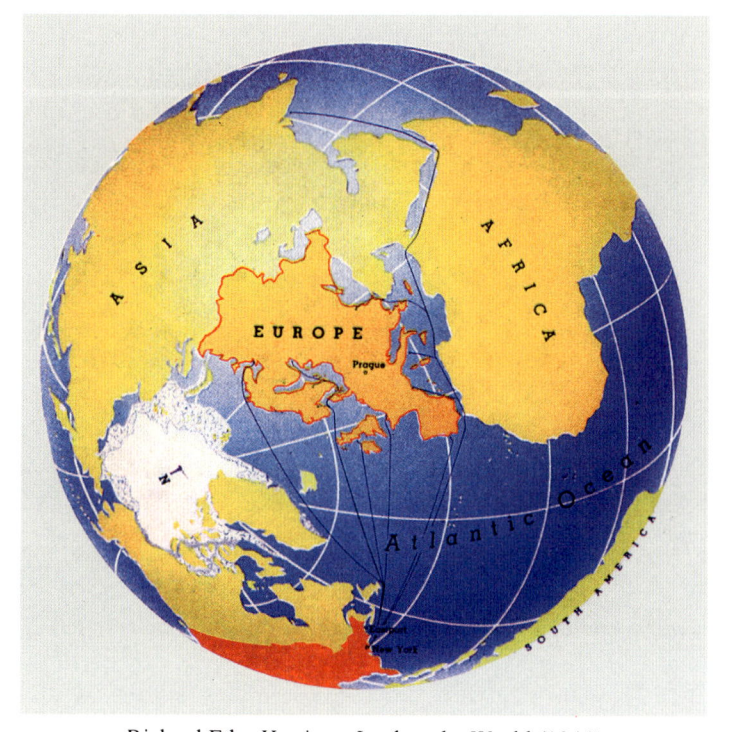

Richard Edes Harrison: Look at the World (1944)

(die Kolonien waren ungeeignet!). Ausschlaggebend für die Fehlentwicklungen der Geschichte und damit den großen Konflikt war demnach das Bedrohungsgefühl in Großbritannien: »England fühlte, daß es [...] alle Kräfte aufs äußerste anspannen müsse, wenn es nicht von dem organisatorisch weit überlegenen, dem sozial fortgeschritteneren, dem wirtschaftlich tatkräftigeren Deutschland überflügelt werden sollte. Der Krieg schien für England das einzige Mittel, den lästigen Konkurrenten loszuwerden.« Erläuterungen zu Putzgers Historischem Schulatlas, Neue Ausgabe, von Max Pehle und Hans Silberborth, Bielefeld/Leipzig 1930, S. 93–96, Zit. S. 95.

[261] Richard Edes HARRISON, Look at the World. The Fortune Atlas for World Strategy, text by the Editors of Fortune, New York 1944.

112   Faktoren internationaler Mächteverhältnisse

Die Irritation des Betrachters war um so größer, wenn Harrison behauptete, daß sämtliche Projektionen und Karten seines Atlasses mindestens ein halbes Jahrhundert älter seien als die vertraute Mercator-Karte aus dem Jahr 1569 – was allerdings so nicht haltbar ist.[262] Jedenfalls gelang es Harrison durch seine ungewöhnlichen »Views of the World« den Einwohnern des nordamerikanischen Kontinents deutlich zu machen, daß die »geographical isolation« der Vereinigten Staaten »more seeming than real« sei.[263]

Eine der markantesten »Provokationen« der gewohnten »Weltsicht« schließlich dürfte *McArthur's Universal Corrective Map of the World* sein, die Australien und die südliche Hemisphäre in die zentrale Perspektive setzt[264]:

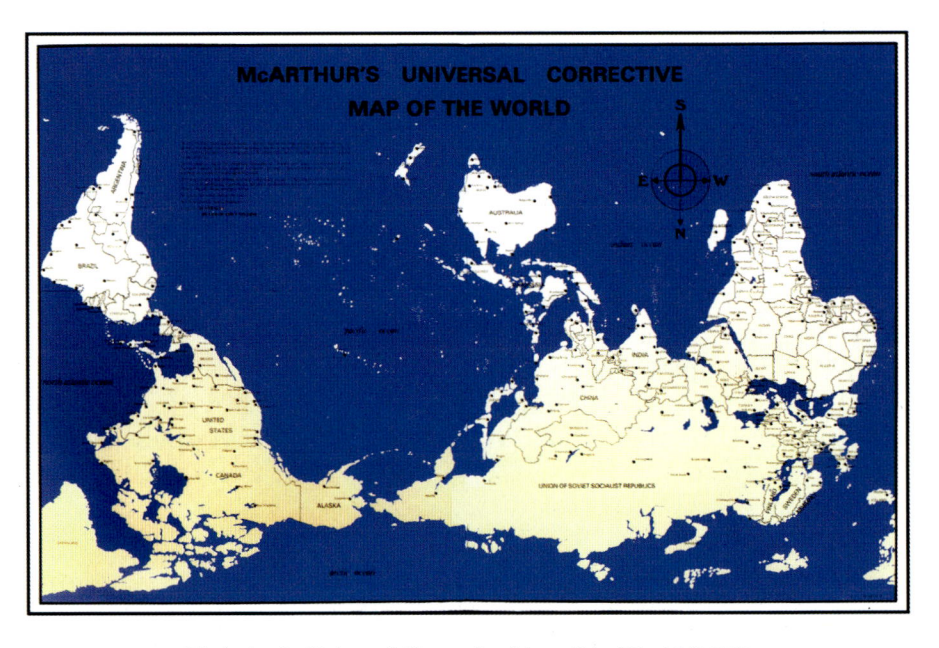

McArthur's Universal Corrective Map of the World (1979)

---

[262] »Some of the maps seem strange and unfamiliar, but the remarkable thing about them is that there is not a single projection or kind of map in this book that does not antedate the Mercator map (1569) by at least half a century.« Harrison behauptet, daß die hier als zweite abgebildete Karte (S. 8 f. seines Atlas) bereits 1510 von »Glareanus« (Heinrich Loriti [1488–1563], genannt Glarean) »erfunden« (»invented«) worden sei. HARRISON, Look at the World, S. 12. Dies kann, wenn überhaupt, allenfalls für die Form der Projektion gelten, keinesfalls für die dargestellten Territorien, die in Harrisons Atlas den kompletten Globus umfassen. Noch auf der hervorragenden Karte des Diego Ribero aus dem Jahr 1529 ist die nordamerikanische Küste nur schemenhaft abgebildet, das Hinterland und die Weite des Kontinents sowie dahinter liegende Gebiete sind nicht verzeichnet und zeitgenössisch unbekannt, schon gar in ihren Dimensionen.

[263] Ebenda, S. 52.

[264] Vgl. BLACK, Maps and Politics, S. 52 f.

Die Relevanz von *mental maps* ist sowohl in den Reflexionen zeitgenössischer Analytiker vor 1914 bis hin zur jüngeren Historiographie zu verfolgen. »Die Entdeckung Amerikas«, resümierte beispielsweise Rudolf Kjellen 1914, »verwandelte England mit einem Schlage aus einem peripherischen, europäischen Staat in einen zentralen, planetarischen, wenn auch die Wirkungen erst allmählich zutage treten.«[265] Michael Howard schrieb noch 1972 über »The Defence of the Empire, 1900–1907«, daß sich in den Jahrzehnten seither zwar vieles geändert habe, aber »at least our geographical location has not. The British Isles will lie adjacent, but not contiguous, to a European continent peopled by nations whose culture has no more in common with our own than has that of countries founded by men of our own stock in such inconveniently distant parts of the world as North America, the Antipodes and even Southern Africa.«[266] Im Gegensatz dazu wird Großbritannien zumindest von den Bewohnern des Kontinents in der Regel fraglos zur europäischen Welt gezählt und etwa im oben genannten Einteilungsschema von Hans-Dietrich Schultz entweder dem Westen oder dem Norden zugerechnet.

Die bereits erwähnte Karte Halford Mackinders mit seiner Theorie vom »Heartland« und dem »Geographical Pivot of History« mit dem Zentrum Rußland gehört ebenso in diese Kategorie der *mental maps*[267] wie spätere Versuche der wissenschaftlichen Literatur, politische Entwicklungen geographisch zu metaphorisieren. Bradford Perkins' Buch über »The Great Rapprochement« beispielsweise sucht mittels zweier Karten das Zusammenwachsen der USA und Großbritanniens über den verschwindenden Atlantik hinweg stilisierend zu insinuieren.[268] Und bei Ernest Mays Essay über den amerikanischen Imperialismus symbolisiert eine dynamisierte Karte mit Pfeilen unterschiedlicher Stärke die Richtung der machtprojektiven Interessen der Vereinigten Staaten.[269]

---

[265] KJELLEN, Großmächte der Gegenwart, S. 91.

[266] Michael HOWARD, The Continental Commitment. The Dilemma of British Defence Policy in the Era of the Two World Wars, zweite Aufl. London 1989, S. 9.

[267] Zum weiteren Einfluß von Mackinders »Heartland«-Konzept bis hin zu der Frage, inwieweit diese Raumkonstruktion die amerikanische Containment-Politik nach 1945 beeinflußte, vgl. HENRIKSON, Mental Maps, in: HOGAN/PATERSON, Explaining, S. 189 f.

[268] Umschlagkarte(n) von PERKINS, Rapprochement.

[269] Umschlagkarte von MAY, American Imperialism. Wenngleich bei Perkins wie bei May verlegerische Überlegungen einen mindestens ebensolchen Einfluß gehabt haben dürften wie die Autoren, so spiegeln sie doch ausdrucksstark sowohl deren Assoziationen wie die Erwartung einer entsprechenden Identifikationskraft dieser Symbole beim Publikum wider. May verweist zudem auf das für die Anlage der vorliegenden Untersuchung relevante Forschungsdesiderat, wonach »[t]he interplay of opinion movements in America, England, and Europe [!] needs very much to be investigated«. MAY, American Imperialism, S. 228, Anm. 44. May bezieht dies auf die Gebiete Protektionismus, ökonomischen Nationalismus und Sozialgesetzgebung, verweist aber auch auf den bislang nicht untersuchten Faktor der »role of foreign reference groups and ›reference idols‹«, deren Bedeutung er selbst in seinem Essay zur Grundlage seiner These von der Vorbildrolle Europas für den amerikanischen Imperialismus macht, ohne allerdings eine eingehende Analyse konkreter (Personen-)Beziehungen zu liefern.

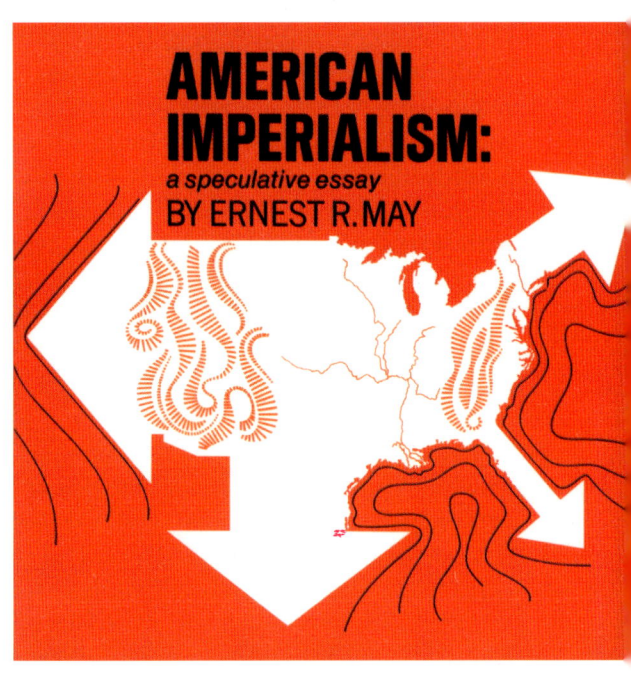

Einschlägige Buchtitel mit Reflexionen auf *mental maps*

Kenneth Boulding hat darüber hinaus behauptet: »It has been seriously suggested that the history of World War I was profoundly affected by the fact that in school atlases of the old German Empire the United States and Germany each occupied a single page. This led to a serious underestimate on the part of the Germans of the size and capacity of the United States.«[270] Eine solche Argumentation, wenn sie denn in der Literatur zu finden sein sollte, hält der Überprüfung nicht stand.[271] In den einschlägigen und weit verbreiteten Schulatlanten des Kaiserreiches waren die Größenverhältnisse zwischen dem Deutschen Reich und den Vereinigten Staaten ohne komplizierte Denkprozeduren evident. Dies ist ersichtlich etwa in Droysens *Historischem Handatlas* von 1886[272], Sy-

---

[270] Kenneth Ewart BOULDING, The Image. Knowledge in Life and Society, Ann Arbor 1961, S. 68.

[271] Bouldings durchaus anregendes Buch besitzt weder einen Anmerkungsapparat noch ein Literaturverzeichnis, so daß die Quellen für seine Thesen nicht identifizierbar sind.

[272] Professor G. DROYSENS Allgemeiner Historischer Handatlas in sechsundzwanzig Karten mit erläuterndem Text, ausgeführt von der Graphischen Anstalt von Velhagen & Klasing in Leipzig unter Leitung von Richard Andree, Bielefeld/Leipzig 1886. Die »Kolonial- und Weltverkehrskarte« (S. 86 f.) ist mittig auf das Deutsche Reich zentriert. Die Größenverhältnisse der Länder und Kontinente sind unzweifelhaft in ihren Dimensionen und Korrelationen erkennbar. Die »Religionskarte der Erde« (S. 88) ist auf den 180. Grad gemittet, d. h. der Pazifik steht im Zentrum, Europa und Afrika liegen im Westen, die amerikanischen Konti-

dow-Wagners Perthes-Atlas von 1889[273] oder dem hervorragenden Diercke-Schulatlas des Jahres 1899 für die höheren Lehranstalten.[274] Allein der wenig verbreitete *Senckpiehl's Schul-Atlas für den Unterricht in der Geschichte* enthält keine gesonderte Karte zu Amerika. Nordamerika ist dort nur im Rahmen der »wichtigsten Entdeckungsreisen« (und hier nur zu etwa einem Viertel) dargestellt. Die Karten des *Senckpiehl* reichen chronologisch lediglich bis zum deutsch-französischen Krieg von 1870/71.[275] Der beinahe jährlich neu aufgelegte *Putzger* hat gleichfalls nur eine nennenswerte Karte zum Komplex »Europäische Kolonien am Ende des 19. Jahrhundert (1900)«.[276] Diese »historischen« Atlanten sind jedoch kaum für die »Raumkonstruktion« der Vereinigten Staaten heranzuziehen, sondern vielmehr die gängigen Schulatlanten, in denen die geographischen Korrelationen des Deutschen Reiches und der Vereinigten Staaten proportionsgerecht ablesbar waren.

Bemerkenswert ist darüber hinaus ein Befund, der sich bei Durchsicht der maßgebenden Bände von Sydow-Wagner und Diercke ergibt. Bei Sydow-Wagner ist die Weltkarte zum Kolonialbesitz nicht auf Europa bzw. Greenwich zentriert, sondern die Kartenmitte ist zwischen den 30. und 40. Grad westlicher Länge verschoben. Nicht nur die europäisch-amerikanischen Größenverhältnisse werden hier überaus plastisch, sondern auch der Eindruck, daß nicht unbedingt Europa im »Zentrum der Welt« steht.[277] Bei der Darstellung »Nord-Amerikas« fällt zudem ins Auge, daß eine Projektion gewählt wurde, die die britischen Inseln gleichsam als nahes »Anhängsel« des nordamerikanischen Erdteils abbildet, angebunden sowohl durch den Atlantischen Ozean als

---

nente im Osten. Die Karte zum »Zeitalter der Entdeckungen« ist auf den 90. Grad gemittet, so daß der nordamerikanische Kontinent im Zentrum steht.

[273] SYDOW-WAGNERS methodischer Schul-Atlas. Entworfen, bearb. und hrsg. von Hermann Wagner. 60 Haupt- und 50 Nebenkarten auf 44 Tafeln, zweite durchgesehene und berichtigte Aufl. Gotha 1889.

[274] DIERCKE, Schul-Atlas für höhere Lehranstalten, bearb. und hrsg. von C. Diercke und E. Gaebler, fünfunddreißigste Aufl., Revision von 1898, 157 Haupt- und 152 Nebenkarten, Braunschweig 1899.

[275] SENCKPIEHL'S Schul-Atlas für den Unterricht in der Geschichte. In 26 Karten, Leipzig o. J. (ca. 1900), Nr. XVIII.

[276] F. W. PUTZGERS Historischer Schul-Atlas zur alten, mittleren und neuen Geschichte. In 234 Haupt- und Nebenkarten, hrsg. und bearb. von Alfred Baldamus und Ernst Schwabe, 26., mit der vermehrten und verbesserten 25. übereinstimmende Auflage, Bielefeld/Leipzig 1902; vgl. Friedrich W. PUTZGER, Historischer Schulatlas zur alten, mittleren und neueren Geschichte, in 68 Haupt- und 71 Nebenkarten, bearb. und hrsg. von Alfred Baldamus u. a., vierundzwanzigste Aufl. Bielefeld u. a. 1900; F. W. PUTZGERS Historischer Schul-Atlas zur alten, mittleren und neuen Geschichte. In 234 Haupt- und Nebenkarten, hrsg. und bearb. von Alfred Baldamus u. a., dreiunddreißigste Aufl. Bielefeld u. a. 1910.

[277] SYDOW-WAGNERS methodischer Schul-Atlas 1889, No. 10. Auf Karte 8 zu den weltweiten Niederschlagsmengen ist die Westverschiebung auf den 60. Grad westlicher Länge noch deutlicher: Die amerikanische Ostküste steht hier im Zentrum der Weltsicht.

auch durch die Kette der nahe beieinander liegenden Landgebiete und Inseln Labrador-Grönland-Island-Faröer bis nach Großbritannien.[278]

Sydow-Wagners methodischer Schul-Atlas (1889): Nordamerika (mit »angehängten« britischen Inseln)

Die realen Größenverhältnisse Europas zu Nordamerika werden wie in anderen Atlanten der Zeit unschwer durch das am Rande ebenfalls noch aufgeführte nordfranzösische Territorium bis einschließlich Paris erkennbar.

Im Diercke-Atlas zur Jahrhundertwende findet sich diese Weltsicht noch verstärkt bestätigt. Die doppelseitige Karte zum Kolonialbesitz der europäischen Staaten (in Mercatorprojektion) ist noch weiter Richtung Amerika, etwa auf den 70. Grad westlicher Länge, zentriert, d. h. auf Labrador und die Küstengewässer der Vereinigten Staaten sowie den Westen des südamerikanischen Kontinents.[279] Dies ist insbesondere deshalb bemerkenswert, weil andere Darstellun-

---

[278] SYDOW-WAGNERS methodischer Schul-Atlas 1889, No. 42; vgl. auch die ähnlich suggestive Darstellung zum Atlantischen Ozean, ebenda No. 34.
[279] DIERCKE, Schul-Atlas für höhere Lehranstalten, fünfunddreißigste Aufl. 1899, S. 18 f.

gen desselben Atlas', wie etwa die »Völkerkarte« und die »Religionskarte«, eindeutig auf Europa zentriert sind.[280] Auch im Diercke-Atlas finden sich die britischen Inseln bei der Darstellung des nordamerikanischen Kontinents in ähnlicher Projektion »angehängt« wie bei Sydow-Wagner.[281] Demnach läßt sich zumindest eine Tendenz erkennen, den britischen Inseln auf realen wie imaginierten Karten eine Sonderstellung zum europäischen Kontinent einzuräumen.[282] Von einer Unterschätzung der realen Größenverhältnisse der Vereinigten Staaten im Verhältnis zu Europa im allgemeinen und zum Deutschen Reich im besonderen während des Kaiserreiches kann demnach insgesamt keine Rede sein. Geographisch abgeleitete Zahlen- und Größenvergleiche wurden allerdings spätestens mit dem Kriegsbeginn 1914 ein willkommenes Mittel, die Berechtigung eigener Ansprüche geltend zu machen. So verfaßte beispielsweise Veit Valentin, seinerzeit Privatdozent an der Universität Freiburg i. Br., in den ersten Kriegstagen 1914 eine Broschüre, die eine Antwort geben wollte auf die Frage: »Wer sind unsere Feinde?«[283] Bemerkenswert im Rahmen dieser Analyse ist Valentins Argumentation zur Legitimität des deutschen Kolonialanspruchs: »Wie bescheiden dieser deutsche, ja wesentlich afrikanische Kolonialbesitz ist, lehrt eine statistische Vergleichung.

Auf 100 qkm des Stammlandes entfallen an Außenbesitzungen:

Großbritannien und Irland	9 030	qkm
Frankreich	1 135	"
Deutsches Reich	485	"
Belgien	7 648	"
Portugal	2 318	"
Niederlande	5 335	"

---

[280] Diese Karten nennen zwischen Indianern und Mexikanern die »Germanen« als prägende Gruppe des nordamerikanischen Kontinents! DIERCKE, Schul-Atlas für höhere Lehranstalten, fünfunddreißigste Aufl. 1899, S. 16 unten.

[281] DIERCKE, Schul-Atlas für höhere Lehranstalten, fünfunddreißigste Aufl. 1899, S. 56 f. und 60 f.

[282] Die »Nordung« geographischer Darstellungen hatte sich seinerzeit im übrigen noch nicht einheitlich durchgesetzt. Der amerikanische Geograph Frederick Gulliver plädierte noch 1907 dafür, daß alle Karten »the same rule in regard to their orientation« folgen sollten, um durch die einheitliche Nordung die kartographische Lesefähigkeit zu erhöhen; Frederick Putnam GULLIVER, Orientation of Maps, in: Journal of Geography 7 (1908), S. 55–58, Zit. S. 55. Es handelt sich um den Abdruck eines Vortrags, den Gulliver am 1. Januar 1907 vor der Association of American Geographers hielt. Warum und seit wann die Nordung der Karten die allgemein übliche Blickrichtung ist, soll hier nicht näher erörtert werden. Vgl. dazu Richard Edes HARRISON, The Geographical Sense, in: HARRISON, Look at the World, S. 10–12, der u. a. festhält: »In fact lettering is the real dictator of the normal position.« Gemeint ist die Nordung aufgrund des Äquators in der horizontalen und des Greenwich-Meridians in der vertikalen Vorstellung, die zu einem »genordeten« Blick führt, eine entsprechende Beschriftung zur Folge hat und somit die Kartenperspektive verselbständigt. Ebenda, S. 10.

[283] Veit VALENTIN, Die Mächte des Dreiverbandes, München/Berlin 1914, S. 47, S. 3 (»geschrieben vom 17.–20. August«).

Auf 100 Bewohner des Stammlandes kommen Bewohner in den Außenbesitzungen:

    Großbritannien und Irland   856
    Frankreich   120
    Deutschland   22
    Belgien   211
    Portugal   169
    Niederlande   753

Und trotz dieses für Deutschland beinahe beschämenden Bestandes sieht England in ihm die große Gefahr!«[284]

Für den Zusammenhang dieser Untersuchung ist neben der Frage nach der mentalen Verortung Großbritanniens und des Deutschen Reiches von besonderer Bedeutung, daß in den meisten US-»Raumkonstrukten« Südamerika unter dem Schlagwort der »westlichen Hemisphäre« ein wie selbstverständlich von den Vereinigten Staaten beanspruchtes Einflußgebiet darstellt. Politisch-mental imaginiert werden der nordamerikanische und der südamerikanische Erdteil in der von Washington aus bestimmten Perspektive der Monroe-Doktrin als macht- und geopolitisch zusammengehörig betrachtet.[285]

Schon Alfred Vagts, dessen Publikationen eines nationalistischen Tones unverdächtig sind, hat vor diesem Hintergrund auf den »Zufall einer gemeinsamen Namensgebung« hingewiesen »für eine kaum schon gekannte Welt aus zwei Kontinenten, [...] für eine Landmasse, die nicht enger zusammenhängt als die drei herkömmlich so genannten und getrennten Kontinente Europa, Asien und Afrika«.[286] Der Geheime Admiralitätsrat Ernst von Halle argumentierte 1905 ähnlich: »Ein unseliger Gelehrtenmißbrauch hat Nord- und Südamerika als einen Kontinent behandelt, dagegen Europa, Asien und Afrika, die doch mindestens in demselben Maße einen Kontinent bilden, bzw. nicht bilden, mit drei Namen belegt. Aus dieser Fiktion heraus konnte die Monroedoktrin neben politischen sich wirtschaftliche Ziele für Mittel- und Südamerika über die beiden Isthmen von Tehuanatepec und Panama hinaus stellen, während bei uns

---

[284] Ebenda, S. 20. Valentins Verdikt gegen England offenbart das grundsätzliche Mißverständnis zwischen beiden Ländern, wie es auch in gebildeten Köpfen geisterte und zum Thema des »Kulturkriegs« avancierte: »Rußlands Nationalhaß und Frankreichs Revanchedurst sind Volksleidenschaften, die irrational sind und deshalb etwas Schicksalsmäßiges haben. England hat ›ohne Haß‹ an Deutschland den Krieg erklärt; mit der verruchten Herzenskälte, mit der ein Trustmagnat dem kleineren fleißigen Konkurrenten den Boykott ansagt, um ihn zu ruinieren.« Ebenda, S. 16.

[285] Zur ökonomischen Motivation dieser Ansichten vgl. FIEBIG-VON HASE, Lateinamerika als Konfliktherd der deutsch-amerikanischen Beziehungen, S. 643–664.

[286] VAGTS, Deutschland und Amerika in der Weltpolitik, Bd. 2, S. 1636.

der Gedanke einer Spezialstellung der Bewohner des europäisch-asiatisch-afrikanischen Kontinents gegenüber Amerika niemals ernsthaft in Betracht gezogen ist. Selbst für Mitteleuropa sind wir ja von einer wirtschaftlichen Monroedoktrin oder auch nur Nachbarschaftsbegünstigung unendlich weit entfernt, und die Entwicklung der Dinge weist uns darauf hin, nicht sie zur Grundlage unserer handelspolitischen Unternehmungen nach außen hin zu machen.«[287]
Was der Admiralitätsrat übersah, ist offensichtlich: Es gab keine Regierung analog zur Washingtoner Administration, die machtpolitisch einen europäischen Anspruch auf vorderasiatische oder afrikanische Gebiete oder gar den ganzen Kontinent hätte erheben *und* durchsetzen können. Ansprüche gab es zur Genüge, der britisch-französische Wettlauf um die Aufteilung Afrikas liefert hier das illustrativste Beispiel. Beide waren allerdings nicht zugleich in der Lage, Europa so einheitlich zu dominieren, wie das die Vereinigten Staaten auf ihrem Staatsgebiet taten, auf einem Kontinent im übrigen, der außer der demographisch und machtpolitisch vernachlässigbaren Größe Kanada keine weitere eigenständige staatspolitische Institution besaß. Zugleich vernachlässigte Halle, daß es auf dem eurasischen Kontinent durchaus eine Macht gab, die gesamtkontinentale hegemoniale Ansprüche in alle geographischen Himmelsrichtungen erhob, nämlich Rußland. In den Überlegungen von Theodore Roosevelt und Cecil Spring Rice über die Zukunft der angelsächsischen Welt, auf die unten näher eingegangen wird, spielte diese Projektion potentieller planetarischer Machtentwicklungen eine bedeutende Rolle. Nur war das Zarenreich weder innerlich so vital, energisch und materiell aufstrebend, wie es der nordamerikanische Kontinent seit seiner Unabhängigkeit in einer nahezu unaufhaltsamen Serie von Wachstumsjahren sowie als ideologischer Vorposten einer »freien Welt« wurde, noch stieß Rußland auf ein ähnlich schwaches Vorfeld. Zwar waren die ostasiatischen Gebiete relativ leicht zu erobern, aber sie brachten keinen vergleichbaren Profit wie die Erschließung des amerikanischen Westens. Sobald Rußland gegen Süden vorstieß, traf es auf härteren Widerstand, als ihn die Vereinigten Staaten zu gewärtigen hatten. Im Westen gar wäre unter den Vorzeichen einer hegemonialen russischen Bedrohung zweifellos eine entsprechende Gegenmacht des »alten Europa« entstanden, die nicht nur zu einem »containment«, sondern vermutlich sogar zur entscheidenden Schwächung des Riesenreiches hätte beitragen können.[288]
Zugleich belegt Halle mit seinem Schlußsatz das (zumindest unterschwellige) Bewußtsein von der Valenz dieser These, wenn er anerkennt, daß auf dem europäischen Kontinent weder von Deutschland noch von anderen Staaten eine Monroedoktrin durchzusetzen sei. Auch eine »Nachbarschaftsbegünsti-

---

[287] Ernst von HALLE, Die Neuregelung der handelspolitischen Beziehungen zu den Staaten Amerikas, in: Preußische Jahrbücher 122 (Oktober 1905), S. 33–68, Zit. S. 61.
[288] Die Gegengewichtung der sowjetischen Hegemonialansprüche im Kalten Krieg mag dafür als Beleg gelten.

gung« hielt er nicht für realisierbar.[289] Der Grund ist ebenfalls offensichtlich: Das Deutsche Reich hätte es hier mit gleichermaßen selbstbewußten Großmächten zu tun, ein Umstand, den ein Ausgriff nach Südamerika nicht mit sich brächte, wenn eben nicht die Vereinigten Staaten dort als Hegemon aufträten. Daraus erschließt sich, daß gleichsam die innereuropäische Stagnation, das retardierende Gleichgewicht sich gegenseitig kontrollierender Großmächte tatsächlich einen für den europäischen Kontinent antiexpansiven Impuls bewirkte, der expansive Energien in die vermeintlich »freien« Gebiete drängen ließ. Das Dilemma der deutschen Weltpolitik lag weniger in diesem zeitgenössisch legitimen Anspruch als in der Begrenztheit des globalen Territoriums und der Tatsache, das just zum Zeitpunkt des deutschen Auftretens die letzten Gebiete vergeben waren. Mithin eine »verspätete Nation« (auch) in dieser Hinsicht.

Gleichwohl erscheint die Frage berechtigt, warum Ambitionen der Vereinigten Staaten auf südamerikanische Territorien als »naheliegend« akzeptiert waren, während dergleichen Bestrebungen von seiten europäischer Staaten zumindest in Washington als Ansprüche auf eine vom alten Kontinent entfernte Welt betrachtet wurden. Von Washington aus gesehen liegen die wichtigsten europäischen Hauptstädte physisch näher als viele Hauptstädte Südamerikas. Wer die Distanz zwischen Washington und London bzw. Washington und Berlin einerseits und Washington und Buenos Aires andererseits nennen sollte, würde vermutlich kaum annehmen, daß die britische Hauptstadt etwa 2 500 km, die deutsche Hauptstadt immerhin noch 1 700 km *näher* an der amerikanischen liegt als die argentinische: London liegt etwa 5 900 Kilometer von Washington entfernt, Buenos Aires aber 8 400 Kilometer.[290] Noch plastischer werden die Unterschiede, wenn man New York als Ausgangspunkt nimmt, das von London knapp 5 600 km entfernt ist, und feststellt, daß nach Buenos Aires fast dreitausend Kilometer mehr zurückgelegt werden müssen (selbst im Vergleich zu Berlin sind es noch 2 100 Kilometer mehr).[291] Vergleiche mit den Distanzen zu anderen Zentren Südamerikas unterstreichen diesen Befund.[292] Betrachtet man dies Bild der realen geographischen Distanzen vergleichend aus der europäischen Perspektive, so stellt sich heraus, daß die Entfernungen nicht drastisch größer sind als von den nordamerikanischen Zentren aus gesehen. Vor allem wird hier im realen Vergleich die relative geographische Nähe der nordamerikanischen Ostküstenstädte zu Europa deutlich.

---

[289] HALLE, Neuregelung, S. 68.

[290] Distanzen im Vergleich, berechnet nach den jeweiligen Graden geographischer Länge und Breite (auf 50 km gerundet): Washington – London 5 900 km; Washington – Berlin 6 700 km; Washington – Buenos Aires 8 400 km.

[291] Distanzen im Vergleich (ca.): New York – London 5 600 km; New York – Berlin 6 400 km; New York – Buenos Aires 8 550 km.

[292] Distanzen im Vergleich (ca.): London – Rio de Janeiro 9 300 km; Berlin – Rio de Janeiro 10 000 km; Washington – Rio de Janeiro 7 750 km; London – Buenos Aires 11 150 km; Berlin – Buenos Aires 11 950 km.

Überspitzt formuliert, läßt sich sagen, daß die Vereinigten Staaten und Europa in mancher Hinsicht näher beieinanderliegen als zahlreiche Territorien Nord- und Südamerikas. Spinnt man diese Gedanken fort und fragt nach den Distanzen zwischen jenen Gebieten, die für die drei Staaten im Untersuchungszeitraum von konfligierender Bedeutung waren, so stellt sich etwa heraus, daß London und Berlin etwa gleich weit von Kapstadt entfernt[293] und zu den Philippinen sogar merklich näher liegen als selbst Westküstenstädte der Vereinigten Staaten wie San Francisco.[294]

Diese Feststellungen sollen keineswegs den Eindruck erwecken, als ließen sich allein aus ihnen historisch-politische Schlüsse ziehen. Sie beleuchten jedoch, daß »objektive« geographische Befunde wie die physische Distanz einerseits und deren subjektive Wahrnehmung und politische Bewertung andererseits etwas völlig Unterschiedliches sein und entsprechend im internationalen Entscheidungshandeln wirken können, woraus sich auch die Frage nach den Gründen für diese Differenz objektiver Distanz und mentaler Nähe (und umgekehrt) ableitet.[295]

Die genannten Beispiele illustrieren zudem die für die Argumentation dieser Untersuchung wichtige Erkenntnis, daß das, was auf einer geistigen Landkarte für bedeutsam und (im Wortsinn) bemerkenswert angesehen wird, notwendigerweise variiert nach Herkunft, Erziehung, Bildung und Welterfahrung. Der Befund, daß ein »Image«[296] den Effekt der geographischen Distanz zu einem anderen Ort zu beeinflussen vermag[297], ist von größter Bedeutung für die britisch-amerikanische Annäherung. Die seinerzeit von den Akteuren verwendeten Formulierungen reflektieren diese Selbstverortung, wenn etwa britische Diplomaten England selbstverständlich als »centre of the world«[298] betrachteten. Zugleich wird ersichtlich, daß die Vereinigten Staaten im Zusammenhang der Imagination des Machtwandels während der Planetarisierung diesem Zentrum trotz aller machtpolitischen Differenzen als zunehmend näherliegend empfunden

---

[293] Distanzen im Vergleich (ca.): London – Kapstadt 9 700 km; Berlin – Kapstadt 9 650 km; Washington – Kapstadt 12 750 km.

[294] Distanzen im Vergleich (ca.): London – Manila 10 750 km; Berlin – Manila 9 900 km; Washington – Manila 13 800 km; San Francisco – Manila 11 250 km.

[295] Wichtig ist demnach zu fragen, welche »Distanz« die politischen Akteure beispielsweise zwischen Washington und London auf ihrer mentalen Karte imaginierten. Wenn Benjamin Levy mit Blick auf Landkarten zu Recht festhält, daß der »Naturraum [...] identitätsleer« sei und »erst der normativ gegliederte Raum – dargestellt etwa durch eine politische Karte – [...] Identität« schaffe, so gilt dies in analoger Weise für die mentale Landkarte: Die objektiv meßbare Distanz des Naturraums ist in der imaginierten *mental map* des politischen Akteurs als Konstrukt variabel entsprechend jenen Faktoren, die sein Weltbild als Ganzes formen. Benjamin LEVY, Raum-Mythen. Vorgaben für Identitätsbildung, in: Sabine THABE (Hrsg.), Räume der Identität – Identität der Räume, Dortmund 1999, S. 59; SCHULTZ, Raumkonstrukte, S. 343.

[296] Vgl. zum Begriff: BOULDING, The Image, bes. S. 3–18.

[297] Vgl. GOULD/WHITE, Mental Maps, S. 17.

[298] Spring Rice an Ferguson, 1. April 1892, GL 1, S. 122.

wurden, während sich tatsächlich »naheliegende« Staaten wie das Deutsche Reich entfernten. *Mental Maps* können mithin als *ein* Element zur Bestimmung der politischen *Weltbilder* vor dem Ersten Weltkrieg verstanden werden.

Zusammenfassend ist festzuhalten, daß die Kombination der vielfältigen »objective-environmental facts that shape a person's mental map«[299], mit den oben skizzierten nationalen »Leistungsparametern« der Mächte die Grundlage dessen bilden, was politischen Akteuren gleichsam als struktureller Rahmen gegeben und verfügbar ist.[300] Wichtiger bleiben gleichwohl die »weichen« Faktoren machtpolitischer Urteilsfindung: »... no matter how firmly grounded in reality a stateman's mental map is, it is the ›soft,‹ the subjective-environmental, phenomena of the world as a whole that govern the deliberate action taken.«[301] Das, was auf einer geistigen Landkarte für entscheidend angesehen wird, variiert notwendigerweise nach Herkunft, Erziehung, Bildung und Welterfahrung. Eine ähnliche Weltbildwahrnehmung, bestimmt von Traditionen der Erziehung und beeinflußt von den Koordinaten des zivilisatorischen Grundmusters, vermag (außen)politische Relevanz zu erlangen.

8. Karrierewege und Denkmuster

»To be really insular, one must have travelled a little, and ›everybody who was anybody‹ had been once to Paris«, faßte Robert Vansittart den Entwicklungsprozeß britischer *mental maps* typisierend nicht allein für die Diplomatie, sondern für die überwiegende Zahl von Angehörigen der politischen und gesellschaftlichen Elite seines Landes zusammen.[302] Gleichsam spiegelbildlich

---

[299] HENRIKSON, »Mental Maps« of American Foreign Policy-Makers, S. 508.

[300] Denn eine »›Sicht der Welt‹, wie auch immer sie beschaffen sein mag, bedarf zu ihrer Existenz reduzierender Filter, die in der Lage sind, die Wirklichkeiten dieser Welt kollektiv begreiflich zu machen.« FRANK, Mentalitäten, Vorstellungen und internationale Beziehungen, S. 167.

[301] HENRIKSON, »Mental Maps« of American Foreign Policy-Makers, S. 508.

[302] Robert Gilbert VANSITTART, The Mist Procession. The Autobiography of Lord Vansittart, London 1958, S. 15. Robert Vansittart (1881–1957) wurde, ebenso wie die meisten Angehörigen der unten näher skizzierten »Wende-Generation«, in Eton erzogen und erfuhr bei seinen Aufenthalten auf dem Kontinent vor der Jahrhundertwende die aufgeladene antibritische Stimmung, namentlich zur Zeit des Burenkrieges. Wegen eines Zwischenfalls beim Tennis stand er kurz davor, ein Duell auszufechten. Charles Hardinge, auf den noch ausführlich einzugehen sein wird, machte ähnliche Erfahrungen in St. Petersburg. Allerdings bleibt mit Keith Robbins festzuhalten: »The experience of ›anti-British‹ sentiment in continental Europe by no means led to a simple and pervasive ›anti-German‹ attitude in diplomatic circles.« Keith ROBBINS, »Experiencing the foreign«. British foreign policy makers and the delights to travel, in: Michael Lawrence DOCKRILL/Brian MCKERCHER (Hrsg.), Diplomacy and World Power. Studies in British Foreign Policy, 1830–1850, Cambridge 1996, S. 19–42, hier: S. 25. Vansittart blieb allerdings nicht frei von (Vor-)Urteilen und sprach in seinen Erinnerungen nicht vom Ersten Weltkrieg, wie allgemein gebräuchlich, oder vom Großen Krieg,

hatte Walther Rathenau lange vor dem Ersten Weltkrieg gegenüber Stefan Zweig geäußert: »Sie können England nicht verstehen, solange Sie nur die Insel kennen«, und fügte mit Blick auf die mentalen Perspektiven des eigenen Landes hinzu: »Und nicht unseren Kontinent, solange sie nicht mindestens einmal über ihn hinausgekommen sind.«[303]

Generell gehörte die Reise in die Welt, die »Grand Tour«, seit Jahrhunderten zu den festen Erziehungs- und Ausbildungscurricula der englischen Oberschicht.[304] Selbst wenn Harold Laski in seiner sarkastisch pointierten Illustration zum Wesen des Gentleman meinte, »[i]f, finally, he travels he must return without having suffered the deformation of a broader mind«[305], so förderten ein Erziehungsweg und eine Familie, die auf Auslandserfahrung Wert legten, durchaus die Chancen auf eine überdurchschnittliche Karriere.[306] »The Allure of Far-off Places« hat David Cannadine die verbreitete Mode britischer Aristokraten genannt, sich auf Reisen zu begeben und dabei in irgendeiner Weise »heldenhafte Bewährung« zu suchen.[307] Arthur Balfour und Randolph Churchill unternahmen Weltreisen, George Curzon begab sich gleich mehrfach auf solche Touren, dabei stets das Streben nach Auszeichnung durch besondere Leistungen und Entdeckungen im Sinn, das ihn schließlich dazu brachte, als erster an die Quelle des Oxus vorzudringen. Lord Desborough, wie Balfour und Curzon ein Mitglied des »Souls«-Kreises, auf dessen politisch-gesellschaftliche Rolle noch einzugehen ist, durchschwamm mit ähnlichen Ambitionen zweimal den Niagarasee.[308] Dergleichen unternehmerische Selbstherausforderungen bedurften einer materiellen Freiheit, die nur in einer bestimmten Schicht von Persönlichkeiten gegeben war, jedoch vorbildlich ausstrahlte und über Pressereportagen und Erlebnispublikationen der ganzen Gesellschaft zur leuchtenden

---

wie das besonders in Großbritannien üblich ist, sondern vom »first German war«. VANSITTART, Mist Procession, S. 22.

[303] Zit. nach Stefan ZWEIG, Die Welt von gestern. Erinnerungen eines Europäers, Stockholm/Berlin 1962, S. 171. Die Äußerung ist von Zweig nicht exakt datiert; aus dem Zusammenhang läßt sich auf das Jahr 1907 schließen. Zweig befolgte Rathenaus Rat, bereiste Amerika und Indien und resümierte: »Veränderte Distanz von der Heimat verändert das innere Maß. Manches Kleinliche, das mich früher über Gebühr beschäftigt hatte, begann ich nach meiner Rückkehr als kleinlich anzusehen und unser Europa längst nicht mehr als die ewige Achse unseres Weltalls zu betrachten.« Ebenda, S. 173.

[304] Eingehende und auf das Thema im engeren Sinne anwendbare Untersuchungen zur Bedeutung dieser »Grand Tour« für das ausgehende 19. Jahrhundert sind bislang ein Desiderat. Zur generellen Orientierung über Theorie und Praxis der »Grand Tour« vgl. Jeremy BLACK, The British Abroad. The Grand Tour in the Eighteenth Century, London 1999.

[305] Harold LASKI, The Danger of Being a Gentleman: Reflections on the Ruling Class in England (1932), in: Ders., The Danger of Being a Gentleman, and other Essays, New York 1940, S. 13–32, hier S. 15.

[306] Vgl. ROBBINS, »Experiencing the foreign«, S. 19–42.

[307] David CANNADINE, The Decline and Fall of the British Aristocracy, revised edition London 1992, S. 370–386.

[308] Ebenda, S. 371.

Orientierung präsentiert werden konnten.³⁰⁹ Sie gaben damit Zeugnis von den weltweiten Interessen des britischen Imperiums und unterstrichen die Fähigkeit ihrer berufenen Schichten, sich dessen Herausforderungen zu stellen. In der politischen Praxis zusammengehalten wurde das Empire jedoch von einem Netz aus Soldaten, Matrosen und Diplomaten, deren unterschiedliche Karrierewege auch zu unterschiedlichen Schulen in der außenpolitischen Sichtweise führten.

Eine typische Soldatenkarriere führte zu Verwendungen in Übersee. Sie schlossen in der Regel Indien und Afrika ein und waren auch auf kriegerische Bewährung ausgelegt.³¹⁰ Angehende Diplomaten hatten zunächst die französische und die deutsche Sprache zu lernen, so daß sie in der Regel einige Monate in beiden Ländern verbrachten, um sich entsprechende Kenntnisse anzueignen.³¹¹ Der weitere Karriereweg führte dann nicht nach Indien, sondern in die wichtigsten europäischen Hauptstädte. Diejenigen Abteilungen des Foreign Office, die sich mit Lateinamerika, der islamischen Welt und dem Fernen Osten beschäftigten, »tended to become self-contained sub-sections within the diplomatic service«.³¹² Marineoffiziere wiederum erfuhren auf ihren Karrierewegen mehr Parallelen mit Diplomaten als mit Soldaten³¹³, was den engen Zusammenhang von militärisch-maritimer und außenpolitischer Orientierung am Maßstab des »command of the sea« als Basis britischer Weltmacht unterstreicht.

---

³⁰⁹ So hatte Curzon von seinen Reisen in Briefen an die *Times* berichtet und in jungen Jahren bereits mehrere umfangreiche Bände publiziert, die ihn als Asienexperten ausweisen konnten: George Nathaniel CURZON, Russia in Central Asia in 1889, and the Anglo-Russian Question, London 1889; ders., Persia and the Persian Question, London 1892; ders., Problems of the Far East. Japan, Korea, China, London 1894. Letzteres war ein Produkt jener Reise, die er von Tokio aus mit Spring Rice unternommen hatte.

³¹⁰ WATT, Succeeding John Bull, S. 16. Als schillerndstes Beispiel kann Winston Churchill gelten, der nach seiner Ausbildung in Sandhurst am 11. September 1896 mit hundert anderen Offizieren an Bord der S. S. Britannia nach Indien reiste, um dort seinen Dienst in der südindischen Garnison Bangalore aufzunehmen. Er kehrte Indien im Juni 1898 den Rücken, nachdem er sein erstes Buch (Malakand) geschrieben hatte. Die Verbindungen seiner Mutter, der Erfolg des Buches, das von seinen indischen Kampfeinsätzen handelte, und die eigene Umtriebigkeit verschafften ihm die Hilfe und Protektion Premierminister Salisburys für eine Position in Ägypten und schließlich in Südafrika. Diese Soldaten-, Reporter- und Schriftstellerkarriere wurde instrumentell für seinen politischen Erfolg. Charakteristisch für die mentale Landkarte des welterfahrenen Churchill, der Indien, Afrika, Kuba und Nordamerika aus intensiver eigener Anschauung kannte, ist ein Zitat gegenüber seinem Arzt Lord Moran aus späteren Jahren: »Die Welt ist zusammengeschrumpft, seit die Brüder Wright in die Luft gestiegen sind; das war eine verhängnisvolle Stunde für das arme England.« William MANCHESTER, Churchill. Der Traum vom Ruhm 1874–1932, München 1989, S. 279–422, bes. S. 298–340; Lord MORAN, Churchill. Taken from the Diaries of Lord Moran. The Struggle for Survival 1940–1965, Boston 1966, S. 595; MANCHESTER, Churchill, S. 21.

³¹¹ Harold Nicolson hat anschaulich die Atmosphäre des Pariser Hauses von Jeanne de Hénaut beschrieben, wo er, Vansittart, Duff Cooper und andere Französisch lernten. Harold NICOLSON, Some People, London 1927.

³¹² WATT, Succeeding John Bull, S. 16.

³¹³ Ebenda.

Die geistige Landkarte eines durchschnittlichen preußisch-deutschen Offiziers war im Vergleich zu der seines Indien- und Afrikaerfahrenen britischen Kollegen mit einiger Notwendigkeit kontinentalfixiert, mithin im Zeitalter zunehmender globaler Vernetzung »beschränkter«. Dies strahlte auch in die Bevölkerung: Die Vielzahl überseeischer Besitzungen und der entsprechende Karriereweg englischer Matrosen und Soldaten sowie die Erlebnisberichte ihrer reisenden Elite bewirkten eine Multiplikation von direkter und indirekter Welterfahrung, die dem »kontinentalen Durchschnittsmenschen« nicht im gleichen Umfang und in der gleichen Unmittelbarkeit geboten war. Selbst Bernhard von Bülow, neben Tirpitz der wichtigste Exekutor der wilhelminischen Weltpolitik und im Grunde ein weitgereister Mann, der viel »internationaler« erzogen war als beispielsweise Bismarck, kannte Großbritannien nicht, besuchte die Insel vor seiner Zeit als Staatssekretär kein einziges Mal und hatte keinen unmittelbaren Eindruck der »Bedürfnisse und Bedingungen der Politik des von ihr regierten Imperiums«.[314]

Die exponierteste Position auf der mentalen Landkarte der britischen Führungsschicht besaß zweifellos Indien. Nächst der Gefahr einer Invasion vom europäischen Kontinent, wobei das Feindbild Frankreich um die Jahrhundertwende auf das Deutsche Reich überging, galt Indien das Hauptaugenmerk britischer Sicherheit.[315] Der ferne Subkontinent erschien gleichsam als das ergänzende Gewicht zum Mutterland, mit dem dieses seine Weltmachtrolle über den Globus zu spannen vermochte. In »Imperial Defense«, der maßgebenden Darstellung zur strategischen Sicherung des Weltreiches aus der Feder von Charles Dilke und Spenser Wilkinson, war mehr als ein Viertel des Werkes den Fragen der nordwestlichen Verteidigung Indiens gegen Rußland gewidmet.[316] Halford Mackinder sah Indien als strategischen Schutzwall gegen die expansiven Potentiale des »pivot state« Rußland.[317] Von den mehr als achtzig Sitzungen des *Committee of Imperial Defence*, die zwischen 1902 und 1905 unter der Premierministerschaft Balfours stattfanden, befaßten sich mehr als fünfzig mit Indien, einige davon ausschließlich.[318] Dilke und Wilkinson hatten zugleich das Wesen der informellen Herrschaft beschrieben, das die Entwicklung des britischen Weltreiches von den Herrschaftsformen anderer Kolonialmächte zum Vorteil höherer eigener Wirksamkeit abhob, nämlich den Glauben an die Überlegen-

---

314 Siegfried A. KAEHLER, Legende und Wirklichkeit im Lebensbild Kanzler Bernhard von Bülows, in: Ders., Studien zur deutschen Geschichte des 19. und 20. Jahrhunderts. Aufsätze und Vorträge, hrsg. und mit einem Nachwort versehen von Walter Bußmann, Göttingen 1961, S. 220–240, hier S. 228. Peter Winzen meint, daß Bülow London bewußt gemieden habe WINZEN, Biographische Einführung, S. 7.
315 Vgl. HOWARD, Continental Commitment, S. 13–15.
316 Charles DILKE/Spenser WILKINSON, Imperial Defense, London 1892; HOWARD, Continental Commitment, S. 15.
317 MACKINDER, Pivot of History, S. 436.
318 HOWARD, Continental Commitment, S. 16.

heit, ja Allmacht der britischen Autorität, aus der abzuleiten war, daß »[a]ny weakening of this confidence in the minds of the English or of the Indians would be dangerous«.[319] Indien mußte gegen Rußland zu Land gesichert werden, und diese Verteidigung war »as essential to the defence of the Empire as the defence of the Channel itself«, wie George Curzon nach seiner Rückkehr vom Amt des Vizekönigs predigte.[320] Indien wurde gleichsam zum Gradmesser des britischen Weltmachtgefühls: »As long as we rule India we are the greatest power in the world. If we lose it we shall drop straight away to a third rate power.«[321]

Weil die Kosten für die Seemacht zur Kontrolle des Kanals mit der Sicherheit Indiens korrelierten und diese Aufwendungen durch die deutsche Herausforderung provokativ stiegen, konnte die Tirpitzsche Flottenrüstung auf der mentalen Landkarte daher zugleich auch als Bedrohung Indiens perzipiert werden. Nicht nur die europäische Geographie ließ daher einen Ausgleich mit Rußland geraten erscheinen. Diese Komplexität und Interdependenz der britischen Position war die eine Seite. Auf der anderen Seite fehlte auch nicht das kühle Kalkül, Deutschland müsse schon aus Eigeninteresse zur Abwehr einer russischen Kontinentaldominanz in dem Moment zugunsten der Insel intervenieren, wenn es dem Zarenreich allein oder zusammen mit Frankreich gelingen sollte, die britische Macht entscheidend zu beschneiden.[322] Diese englische Doppelperzeption, abgeleitet aus den Axiomen der Sicherheit seiner Weltmachtposition und der Interdependenz globaler Machtverschiebungen unter den veränderten technischen Voraussetzungen der Scharnierzeit, sowie die daraus resultierenden Konsequenzen für das Deutsche Reich wurden in Berlin in keiner Weise angemessen wahrgenommen.[323]

Staaten seien, resümierte Rudolf Kjellen am Vorabend des Krieges, »nicht nur geographische, statistische und politische Fakta, sondern vor allem *Lebensformen*«.[324] Welchen Einfluß, so ist nach dieser kursorischen Übersicht zum materiellen und mentalen, ideologischen und ideellen Horizont der Zeit zu fragen, hatten nun diese »Lebensformen« auf die internationale Politik des Vierteljahrhunderts vor dem Ersten Weltkrieg, namentlich der Scharnierzeit? Und wie

---

[319] DILKE/WILKINSON, Imperial Defense, S. 102.

[320] George Nathaniel CURZON, Frontiers. The Roman Lecture at the University of Oxford (delivered in the Sheldonian Theatre, November 2, 1907), Oxford 1907; vgl. HOWARD, Continental Commitment, S. 16.

[321] George Curzon, zit. nach HOWARD, Continental Commitment, S. 14.

[322] Vgl. dazu die Aufzeichnung Berties, BD 2, No. 91 vom 9. November 1901.

[323] Ähnlich konstatierte der die politischen Aktionen des wilhelminischen Deutschland in vielerlei Hinsicht eher verständnisvoll interpretierende Gerhard Ritter: »Je tiefer man [...] in das Geflecht der deutsch-englischen Beziehungen vor dem ersten Weltkrieg und der sie begleitenden Publizistik eindringt, um so erschütternder wird deutlich, daß diesseits und jenseits des Kanals eine andere Sprache geredet, in anderen politischen Begriffen gedacht wurde.« Gerhard RITTER, Das deutsche Problem. Grundfragen deutschen Staatslebens gestern und heute, zweite neu durchgearbeitete und erweiterte Aufl. München 1966, S. 131.

[324] KJELLEN, Großmächte der Gegenwart, S. 3; Hervorhebung im Original.

spiegeln sich das Entstehen und die Wirkung der jeweiligen Weltbilder im außenpolitischen Prozeß der britisch-amerikanischen Annäherung? Um dies zu zeigen, wird in den folgenden zwei Hauptkapiteln die Entwicklung der diplomatischen Arbeit und des politischen Denkens von Henry White und Cecil Spring Rice als den zwei, wie sich zeigt, herausragenden Verbindungspersönlichkeiten zwischen der britischen und der amerikanischen Führung sowie deren Einbindung in die jeweiligen transatlantischen Netzwerke analysiert. In ihrem familiären Lebenslauf und ihrer Erziehungsentwicklung, ihren diplomatischen Erfahrungen und Einflüssen, ihren Positionen und Reflexionen spiegelt sich exemplarisch der generelle Wandlungsprozeß der anglo-amerikanischen Eliten- und Politik-Beziehungen ebenso, wie zugleich eine fortschreitende Bewußtseinsschärfung und latent wachsende Distanzierung zum perzipierten Bild des »deutschen Zivilisationsmusters« im Kontext der außenpolitischen Staatenverhältnisse identifizierbar wird.

ZWEITES KAPITEL

NETZWERKE UND POLITIK: PUBLIC SCHOOLS, »BALLIOL« UND »SOULS« – EDUKATIVE SOZIALISATION UND GESELLSCHAFTLICHE KONGRUENZ ALS GENERATIONENWIRKSAMES ELEMENT POLITISCHER IDENTIFIKATION

»Die historische Umwelt der andern ist ein *Teil ihres Wesens*, und man versteht niemand, wenn man sein Zeitgefühl, seine Idee vom Schicksal, den Stil und Bewußtseinsgrad seines Innenlebens nicht kennt. Was hier sich nicht unmittelbar in Bekenntnissen auffinden läßt, müssen wir also der Symbolik der äußern Kultur entnehmen. So erst wird das an sich Unbegreifliche zugänglich, und dies gibt dem historischen Stil einer Kultur und den dazu gehörigen großen Zeitsymbolen ihren unermeßlichen Wert.«[1]

»While every view is unique in the quite trivial sense [...], there may be considerable overlap between the mental maps of people. The more homogeneous the group in terms of age and experience, the more overlap we might expect between the mental images.«[2]

»We lead the country, don't we? People who lead deserve their privileges. What would happen to the country, I should like to know, if people at the top enjoyed no leisure? What would happen to the dressmakers, if your mother had no more pretty frocks? Besides, the country likes it. Don't you make any mistake about that. People must have something to look up to. It's good for 'em; gives 'em an ideal. They don't like to see a gentleman degrading himself.«[3]

---

[1] Oswald SPENGLER, Der Untergang des Abendlandes. Umrisse einer Morphologie der Weltgeschichte, Bd. 1, sechste Aufl. München 1920, S. 184; Hervorhebung im Original.

[2] GOULD/WHITE, Mental Maps, S. 52.

[3] Äußerung der Dowager Duchess of Chevron, Großmutter der Hauptfigur Sebastian, Lord Chevron, zu ihrem Enkel, in: Vita SACKVILLE-WEST, The Edwardians, Leipzig 1931, S. 130 (erstmals erschienen London 1930). Sackville-West ließ sie weiter ausführen, er solle sich vor Juden, Geschäftemachern und zu viel »Geist« hüten: »A name like yours would be the making of them. Don't you listen. And don't have ideas. Ideas upset everything. Things are quite pleasant, even to-day. Let 'em alone. Don't have ideas.«

1. Porträts und Präludien

Im Mittelpunkt der britisch-amerikanischen Annäherung während der Scharnierzeit lassen sich zwei auf den ersten Blick nachrangige Diplomaten identifizieren, deren Rolle in der bisherigen Forschung kaum beachtet wurde und deren komplementäre Wirkung in der internationalen Politik bisher nicht analysiert worden ist: Henry White und Cecil Spring Rice. Das Wesen ihrer Wirksamkeit resultierte aus der Verwobenheit von offiziellen und persönlichen Beziehungen, die sich im letzten Viertel des 19. Jahrhunderts durch eine wachsende Zahl familiärer und freundschaftlicher Verbindungen zwischen der britischen Aristokratie und der amerikanischen Elite zu bilden und in überpersönlichem Maße politisch wirksam zu werden vermochte.

Schon Ernest May hat auf die Bedeutung dieser neuen transatlantischen Familienbindungen für das Interesse der amerikanischen Öffentlichkeit an der Welt jenseits ihres Kontinents hingewiesen. Er ging sogar so weit zu vermuten, »that some of these women may have married as they did in part because opportunities to take part in high politics seemed surer in England and France than in the United States«. May nahm damit eine Aussage Palmerstons auf, dem die Prophezeiung zugeschrieben wird, noch ehe das 19. Jahrhundert vorüber sei, würden »diese klugen und schönen Frauen aus New York in der Hälfte aller europäischen Staatskanzleien die Fäden in der Hand halten«.[4] Obgleich dies bewußt ironisch pointiert formuliert war und sich historisch selbstredend nicht einmal ansatzweise bewahrheitete, wenn man die politischen Einflüsse der amerikanischen Ehefrauen auf ihre Männer in der Praxis britischer Politik analysiert, so ist May gleichwohl zuzustimmen, daß »their service as connecting links between the continents ought not to be overlooked«.[5] Genau hier lag ihre eigentliche, letztlich auch politische Bedeutung: Über familiäre und gesellschaftliche Bindungen entwickelte sich ein bilaterales Netzwerk, das die nationalen Grenzen und kulturellen Aversionen glaubwürdig und nachhaltig abzubauen geeignet war. Diese transatlantischen Verbindungen bildeten sich nicht zufällig zwischen vergleichbaren »Klassen« der beiden Länder. Sie überbrückten damit die horizontale Trennung der Gesellschaften, ohne die vertikale zu tangieren.[6]

---

[4] Zit. nach MANCHESTER, Churchill, S. 131; Ralph G. MARTIN, Jennie. The Life of Lady Randolph Churchill, Bde. 1–2, New York 1969–1971, Bd. 1, S. 99.

[5] MAY, American Imperialism, S. 91 f., Zit. S. 92. Aus Minnie Stevens wurde Lady Paget, Mrs. Arthur Post wurde Lady Barrymore, Consuelo del Valle, eine Mitschülerin von Winston Churchills Mutter Jenny Jerome, wurde Herzogin von Manchester, die Kaufmannstochter Louisa Caton wurde in erster Ehe Lady Hervey-Bathurst, später Herzogin von Leeds. Vgl. MANCHESTER, Churchill, S. 131.

[6] Schon zeitgenössisch wurde die vertikale Trennung zwischen den Nationen und die horizontale Trennung zwischen den sozialen Klassen der Einzelstaaten als das entscheidende Krisenkriterium der Zukunft charakterisiert, so in: C. F. G. MASTERMAN, The Condition of England, London 1909. Vgl. zu Masterman unten Kap. III, S. 288 f. m. Anm. 67.

Es soll im folgenden nicht das hohe Lied der »ruling few«[7] gesungen werden, auch wenn dies zeitgenössisch durchaus ein bewußtseinsprägendes Element der herrschenden Eliten im Wandel von der persönlichkeitsgeprägten Politikpraxis des 19. zum politischen Massenmarkt des 20. Jahrhunderts bildete.[8] Die Liste politisch nennenswerter Verbindungen ist lang: Randolph Churchill heiratete die New Yorker Millionärstochter Jennifer Jerome (sieben Monate nach der Hochzeit kam Winston Churchill zur Welt).[9] George Curzon nahm Mary Leiter zur Frau, die älteste Tochter eines Chicagoer Kaufhausmillionärs[10], Joseph Chamberlain heiratete in dritter Ehe Mary Endicott, Tochter des amerikanischen Kriegsministers, erfolgreichen Juristen und Unternehmers William C. Endicott.[11] Consuelo Vanderbilt wurde zur Duchess of Marlborough[12], und auch zwei Dukes of Manchester und der Earl of Essex ehelichten Amerikanerinnen.[13] Der langjährige Finanzminister William Harcourt war mit

---

[7] David KELLY, The Ruling Few, or The Human Background to Diplomacy, London 1952.

[8] Bernhard von Bülow reflektierte dieses elitäre Staats- und Politikverständnis, wenn er in seinem Notizbuch festhielt: »Was ist ›Volk‹, ›öffentliche Meinung‹? Die Ansicht, welche – zuerst meist im Widerspruch zu den Anschauungen der großen Menge – 80 bis 90 intelligente und einflußreiche Köpfe gebildet haben und die sie dann allmählich verbreiten und zur communis opinio machen.« BAK, Nachlaß Bülow/151, Merkbuch C, S. 71 b, einen Ausspruch Anton Monts' zitierend; hier nach WINZEN, Weltmachtkonzept, S. 67 m. Anm. 22. Monts wiederum war als Botschafter in Rom eng vertraut mit Henry White, der ihm mit seinen Verbindungen in die britische und amerikanische Politikszene durchaus als ein Beispiel vor Augen gestanden haben kann. Für die amerikanische Seite vgl. die Analyse von MAY, American Imperialism, bes. die Zusammenfassung seiner These S. 226–230.

[9] Zum Hintergrund vgl. MANCHESTER, Churchill, S. 130–139.

[10] Levi Zeigler Leiter, Nachfahre Schweizer Mennoniten, hatte in Chicago das Marschall Field department store gegründet und damit ein Vermögen gemacht. Auf Drängen seiner sozial ambitionierten Frau Mary Teresa Carver zog die Familie 1881 mit ihren vier Kindern nach Washington in ein großes Haus am Dupont Circle. Mary Leiter traf mit Curzon erstmals 1890 zusammen, als sie ihre Mutter auf einer Europareise begleitete. Sowohl als Tochter eines wohlhabenden Unternehmers wie als enge Freundin der Ehefrau von Präsident Cleveland erschien sie als eine nicht nur gesellschaftlich »gute Partie«. Als Curzon, selbst ein prospektiver Millionenerbe, der allerdings den Tod seines Vaters abwarten mußte, im Wahlkampf 1895 für Southport kandidierte, erhielt er von seinem zunächst zögerlichen Schwiegervater £ 1 000,- für den Wahlkampf. Die maßgebende Biographie Curzons ist derzeit: David GILMOUR, Curzon, London 1994. Als offiziöse Biographie mit den entsprechenden Einschränkungen nach wie vor heranzuziehen: Earl of RONALDSHAY, The Life of Curzon. Being the Authorized Biography of George Nathaniel, Marquess Curzon of Kedleston, London 1928. Zu Curzons weiterer Bedeutung vgl. unten S. 225–228.

[11] Vgl. MARSH, Joseph Chamberlain, S. 288–312. Chamberlain hatte bei seinem ersten Besuch im Dezember 1887 freudig bemerkt, die Familie seiner künftigen Frau sei »of the bluest New England blood«. Joseph an Beatrice Chamberlain, 9. Dezember 1887, zit. ebenda, S. 288.

[12] Consuelo VANDERBILT BALSAN, The Glitter and the Gold, New York 1952.

[13] Namentlich die Dukes of Manchester suchten reiche amerikanische Frauen aus purer Geldnot. Als der neunte Duke sich um Mary Goelet bemühte, titelte eine US-Zeitung: »England's poorest duke after our richest heiress.« CANNADINE, Decline and Fall, S. 398. Consuelo Duchess of Manchester wurde die Taufpatin von Consuelo Vanderbilt, deren Mut-

der Tochter des amerikanischen Bismarck-Studienfreundes John Lothrop Motley verheiratet.[14] Auch Harcourts Sohn Lewis (Loulou) ehelichte eine Amerikanerin[15], ebenso der Diplomat und Washingtoner Botschafter Michael Herbert[16], Rudyard Kipling[17] und Moreton Frewen.[18] Ein enger Freund Theodore Roosevelts, Arthur Hamilton Lee, der als britischer Militärattaché mit Roosevelt und seinen »Rough Riders« in Kuba gewesen war, heiratete 1899 Ruth Ellen Moore, gleichfalls eine amerikanische Erbin.[19] Lee berichtete später dem Präsidenten, daß die Tatsache der vielen transatlantischen Verbindungen von britischer Oberschicht und amerikanischem Geldadel inzwischen ihren Weg bis in die Schlager der Music Halls gefunden habe, wo es hieß, die englische Gesellschaft werde nun kontrolliert von »Duchesses and other American ladies«.[20] Auch die amerikanischen Zeitungen zeigten »much more interest in international marriages than in Congress«, hatte Spring Rice aus Washington schon anläßlich der Heirat von George Curzon und Mary Leiter spöttisch kommentiert.[21] *Harper's Weekly* sprach angesichts der vielen in London verkehrenden US-Bürger von »an American army of occupation, hope-

---

ter mit einem geradezu gewaltsamen Ehrgeiz Zugang zur europäischen Aristokratie suchte. Vgl. VANDERBILT BALSAN, The Glitter and the Gold, S. 31–38.

[14] Harcourt war Finanzminister der Kabinette Gladstone (August 1892 bis März 1894) und Rosebery (März 1894 bis Juni 1895). Alfred George GARDINER, The Life of Sir William Harcourt, London 1923; vgl. PERKINS, Rapprochement, S. 25.

[15] Lewis (»Loulou«) Harcourt (1863–1922) heiratete 1899 die New Yorkerin Mary Ethel Burns.

[16] Zu Michael Herbert vgl. unten S. 179 f.

[17] Kipling heiratete am 18. Januar 1892 die Amerikanerin Caroline Starr Balestier, ihr Brautführer war Henry James. Vgl. Andrew LYCETT, Rudyard Kipling, London 1999, S. 241. Zu Kiplings Beitrag zum »cult of Anglo-Saxonism« und seinen »mixed« »feelings towards Americans« vgl. ANDERSON, Race and Rapprochement, S. 57 f.

[18] Moreton Frewen (1853–1924) war Unterhausabgeordneter und Schriftsteller. Zu nennen wären weiter General Arthur Henry Fitzroy Paget (1851–1928), Benjamin Francis Conn Costelloe (1855–1899) und Lyon Playfair, first baron Playfair of St. Andrews (1818–1898).

[19] Ruth Moore war die Tochter des New Yorker Bankiers John Godfrey Moore.

[20] Arthur Hamilton Lee an Roosevelt, 22. November 1903, Roosevelt MSS, zit. nach David Henry BURTON, Theodore Roosevelt and his English Correspondents. A Special Relationship of Friends, Philadelphia 1973, S. 9 m. Anm. 23. Lee (1868–1947) war von 1900 bis 1918 Unterhausabgeordneter der Konservativen für Hampshire (Fareham), von Oktober 1903 bis Dezember 1905 Civil Lord of the Admiralty im Kabinett Balfour, 1921–1922 Erster Lord der Admiralität und werde 1922 erhoben zum Viscount Lee of Fareham. Das Ehepaar Lee erwarb 1909 das Estate Chequers in Buckinghamshire und vermachte es 1917 nach einer vollständigen Renovierung zusammen mit mehr als 400 Hektar Land und £ 100 000 einem Trust, der es auf Dauer den britischen Premierministern als Wochenendsitz zur Verfügung stellte, wie es in dieser Form bis heute genutzt wird. Eine der Bedingungen des Chequers Trust für die Übereignung an die Regierung sollte sein, daß das Portrait der Viscountess Lee – gemalt von John Singer Sargent – auf Dauer in der Eingangshalle über dem Gästebuch hängt.

[21] Spring Rice an seine Schwestern, 12. März 1895, GL Bd. 1, S. 174.

lessly dominant, unescapably pervasive«.[22] Arthur Lee übte zudem eine gewisse Informations- und Vermittlerfunktion zwischen Roosevelt und der britischen Führung aus.[23] Sie reichte allerdings bei weitem nicht an die von Spring Rice und Henry White heran, die noch zu beschreiben sein wird.[24] Roosevelt selbst blieb allerdings stets »contemptuous of Americans that married European titled folk«.[25]

---

[22] Harper's Weekly vom 30. Juli 1904, Anglo-American, The American Colony in London, S. 1176; STROUT, American Image, S. 140.

[23] Zu nennen sind hier vor allem Lansdowne und Balfour. Vgl. BURTON, Roosevelt and his English Correspondents, S. 11. Lee hatte seine einflußreichste Position während der Verhandlungen um die Regelung der Grenzfragen zwischen Kanada und Alaska 1903, als er zahlreiche Kontakte zwischen Premierminister Arthur Balfour und amerikanischen Vertretern, namentlich Henry Cabot Lodge, in London begleitete. Lee spielte auch eine Rolle in der Schlußphase der schwierigen Botschafterzeit von Sir Mortimer Durand, als er im Oktober 1906 nach Washington kam, um mit Theodore Roosevelt direkt über Angelegenheiten wie die Folgen der Konferenz von Algeciras, die russisch-japanischen Friedensverhandlungen und die Haager Friedenskonferenz zu sprechen. Vgl. BLAKE, Ambassadors, S. 201 f.; zu Durand vgl. unten S. 208–210 und Kap. III, Anm. 38.

[24] Lee wandte sich beispielsweise gegen die Ernennung Michael Herberts zum Washingtoner Botschafter, konnte sich aber als politisches Leichtgewicht nicht durchsetzen. Ob Roosevelt tatsächlich so ernsthaft Lee selbst als Botschafter gewünscht hat, wie er das diesem gegenüber in Briefen andeutete, muß mehr in Zweifel stehen, als dies etwa Burton und Blake annehmen, da Lee einerseits als Abgeordneter im Unterhaus saß und Roosevelt andererseits zweifellos Spring Rice als seinen Wunschkandidaten ansah. Roosevelt konnte Lee gegenüber großzügig dessen Entsendung wünschen, weil er einigermaßen sicher sein konnte, daß sie angesichts der Absichten des Foreign Office nie Realität werden würde. Vgl. BURTON, Roosevelt and his English Correspondents, S. 12; BLAKE, Ambassadors, S. 85. Lee drohte am 3. Februar 1905 als Civil Lord of the Admiralty in einer aufsehenerregenden Rede, daß die britische Flotte zuschlagen könne, noch bevor auf der anderen Seite der Nordsee die Kriegserklärung in der Zeitung zu lesen sei. Er traf damit eine verbreitete deutsche Angst vor einem »Copenhagen«. Der Kaiser reagierte entsprechend seinem Temperament und schrieb an Tirpitz in einer Weise, die in Inhalt und Stil das Wesen der kaiserlichen Führung exemplarisch zusammenfaßt: »Lieber Maestro. Sie werden die geradezu verblüffende Rede des Zivillords of Admiralty mit der offenen Kriegsdrohung gegen uns wohl eben im Wolff gelesen haben. Ich habe eben Lascelles hier gehabt und habe ihm in einer nicht mißzuverstehenden Weise klar gemacht, daß dieser racheschnaubende Korsar *morgen* von seiner Regierung desavouiert und offiziell rektifiziert werden müsse. Sonst würde in unserer Presse ein solcher Sturm losgehen, wie er nur durch das schleunige Einbringen eines kolossalen Neubautenprogramms welches uns durch ›public opinion‹ *aufgenötigt* werden werde, abgewendet werden könne. Er ist total zerschmettert und verzweifelt und hat sofort telegraphiert. Er will mit ihnen noch über die Sache sprechen! Machen Sie das niederträchtigste ›Gesichte‹, dessen Sie fähig sind, wenn er kommt, und lassen Sie ihn ordentlich zappeln und Angst kriegen.« Wilhelm II. an Tirpitz, 4. Februar 1905, in: TIRPITZ, Aufbau der deutschen Weltmacht, S. 14; vgl. auch Schreiben von Müllers an Tirpitz, 8. Februar 1905, ebenda, S. 15.

[25] Aus ähnlichem Grund hatte Roosevelt, der empfindlich und mit ungebremster Verachtung auf die Snobismen jener Mitglieder des britischen Establishments reagierte, die nichts außer ihrem eigenen Land, den eigenen Charakterqualitäten und Errungenschaften gelten lassen wollten, nach seiner Präsidentschaft beim Besuch in London 1910 eine scharfe Auseinandersetzung mit Margot Asquith, die sich höflich herablassend über Eitelkeit und Charakter in England lebender Amerikaner ausgelassen hatte, worauf Roosevelt antwortete, diese entsprächen wohl genau denen ihrer jeweiligen Gastgeber. BEALE, Theodore Roosevelt and the Rise, S. 82

Als literarisch herausragend gehörten Henry James und Edith Wharton zu diesem Kreis transatlantischer Geister[26], die sich kulturell europäisch und finanziell amerikanisch orientierten; zahlreiche von James' Schriften spiegeln die Lebenswelt und Charaktere dieser Schicht.[27] Noch anschaulicher hat John Singer Sargent dem Selbstbewußtsein dieser aristokratischen Elite in seinen Bildern und Zeichnungen schmeichelhaft Ausdruck gegeben.[28] Er malte Joseph Chamberlains Frau Mary Endicott[29], Margaret (»Daisy«) White[30], die drei Wyndham-Schwestern[31] und zeichnete Jennie Churchill.[32] Später porträtierte er auch Edward Grey, Henry James, George Curzon und Evelyn Baring (Lord Cromer).[33] Aus dem Umkreis der »Souls«, auf die im Zusammenhang mit der Rolle Henry Whites für die britisch-amerikanische Annäherung noch einzugehen sein wird, zeichnete oder malte Sargent neben den genannten Wyndham-Schwestern, Margaret White, Henry James und George Curzon auch Margot Asquith, Arthur Balfour und Lord Ribblesdale.[34]

---

[26] Vgl. Jane ABDY/Charlotte GERE, The Souls, London 1984, S. 162 f.

[27] James' Roman *The Ambassadors* erschien zunächst von Januar bis Dezember 1903 als Fortsetzung in der *North American Review*, anschließend in zahlreichen Buchausgaben. Er beschreibt die Auseinandersetzung zwischen dem kapitalistisch erfolgreichen Amerikanismus und den kultivierten Erfüllungen Europas, namentlich der französischen Hauptstadt.

[28] Auguste Rodin charakterisierte ihn prägnant als »Van Dyck of our times«, zit. nach Robert ROSENBLUM u. a., 1900. Art at the Crossroads, London 2000, S. 423. Zu Sargent und den »Souls« vgl. auch ASQUITH, Haply I may remember, S. 87 f.

[29] Gemalt 1902, heute in der Washingtoner National Gallery of Art (Nr. 1958.2.1.), abgebildet in: GARVIN, Life of Joseph Chamberlain, Bd. 3, S. 296 f. Sargent hatte 1896 bereits Joseph Chamberlain selbst gemalt, National Portrait Gallery London NPG 4030.

[30] Gemalt 1883, ausgestellt in der Londoner Royal Academy im gleichen Jahr; vgl. ABDY/GERE, The Souls, S. 161.

[31] Mary Elcho, Pamela Tennant, Madeline Adeane, von denen die beiden erstgenannten bedeutende Mitglieder der »Souls« waren, gemalt 1900. Ebenda, S. 100.

[32] Vgl. MANCHESTER, Churchill, S. 133.

[33] National Portrait Gallery London NPG 1767 (Henry James), NPG 2534 (George Curzon), NPG 5525 (Edward Grey), NPG 2901 (Evelyn Baring, first Earl of Cromer). Zum Hintergrund des Porträts von Henry James vgl. James LOMAX/Richard ORMOND, John Singer Sargent and the Edwardian Age, London 1979, S. 69 f. Während und nach dem Weltkrieg porträtierte er vor allem führende Militärs; vgl. die insgesamt 45 Porträts in der National Portrait Gallery London: *http://www.npg.org.uk*.

[34] National Portrait Gallery London, NPG 4155 (Margot Asquith) und National Gallery, London NG 3044 (Lord Ribblesdale); das Porträt von Arthur Balfour gab der Carlton Club 1908 in Auftrag, wo es sich bis auf den heutigen Tag befindet. Vgl. LOMAX/ORMOND, Sargent, S. 68 f.

John Singer Sargent: Mrs. Henry White (1883)

John Singer Sargent: Lord Ribblesdale (1902)

Sargents Porträt von Lord Ribblesdale aus dem Jahr 1902 gehört zweifellos zu den charakteristischen Symbolen der aristokratischen Elite Großbritanniens.[35] Es drückt alles aus, was die herrschende Klasse jener Zeit ausmachte: Selbstsicherheit, Eleganz, Herrschaftswillen, ein inneres Überlegenheitsgefühl, das nach außen strahlt, sportlich-gelassene Distanziertheit, vornehm und sorgfältig, gleichwohl leger in der Kleidung, imperial die herrische Haltung mit dem noblen Hintergrund verbindend, antikisierend und doch modern, die ererbte Position, eine bewußte Tradition und die gegenwärtige Macht ausstrahlend.[36] Signifikant, doch erst beim Blick hinter das Porträt erkennbar ist, daß Ribblesdale zugleich den aristokratischen Wandel repräsentierte. Einen Gutteil seines Wohlstandes verdankte er der Heirat mit Charlotte Tennant, einer Schwester von Margot Asquith, die beide wie die anderen zwei Töchter des großzügigen schottischen Magnaten Charles Tennant seinerzeit Aufsehen erregten.[37] Das Bild ist auf den zweiten Blick zugleich Reminiszenz des Wandels der aristokratischen Herrschaftsschicht unter den Folgen des 20. Jahrhunderts: Der erste Sohn der Ribblesdales fiel 1904 mit 26 Jahren in Somaliland. Der zweite Sohn, Charles Lister, war in Eton und Oxford als Sozialist aktiv, lebte zeitweise im East End, galt als einer der vielversprechendsten Diplomaten seiner Generation, diente im Ersten Weltkrieg in der Royal Naval Division und wurde bei Gallipoli tödlich verwundet.[38] Die überlebenden drei Töchter waren nicht erbberechtigt, so daß die »barony« Ribblesdales neben Compton-Thornhill und Graves-Sawle die einzige war, die nach dem Ersten Weltkrieg mit Listers Tod 1925 ausstarb, weil auch in der ferneren Verwandtschaft kein Erbe existierte.[39]

---

[35] Thomas Lister, 4th Baron Ribblesdale (1854–1925). Das überlebensgroße Ölbild (258,5 x 143,5 cm) vermachte Ribblesdale 1916 der Londoner National Gallery zum Andenken an seine Frau und seine gefallenen Söhne Thomas und Charles. Vgl. Trevor FAIRBOTHER, John Singer Sargent, New York 1994, S. 116 f.

[36] Das Curzon-Gedicht über Ribblesdale anläßlich des Dinners von 1890 lautete entsprechend: Tommy in style and garb betrays/ A courtly elegance of ways,/ Werewith in Pope of Dryden's days/ Less rarely was a man born.
Zit. nach Kenneth ROSE, Superior Person. A Portrait of Curzon and his Circle in late Victorian England, New York 1969, S. 162.

[37] Ribblesdale und Charlotte (»Charty«) Tennant (1858–1911), zweite der vier Töchter des Großindustriellen Charles Tennant (1823–1906), waren seit 1877 verheiratet. Sir Charles Tennant (first baronet seit 1885), ein bedeutender Industrieller und Großhändler, war von 1879 bis 1886 auch Unterhausabgeordneter der Liberalen und zudem ein wichtiger Kunstmäzen und -sammler. Zur Familie Tennant, zu deren Verbindungen zur englischen und internationalen Politik und zu ihrer Bedeutung in der britischen Gesellschaft vgl. unten S. 255 ff.

[38] Vgl. CANNADINE, Decline and Fall, S. 74, 80; Jeanne MACKENZIE, The Children of the Souls, London 1986, S. 47 f., 125 f., 193, 212–214. Zum weiteren Kreis der Souls und ihrer Verbindung mit Sargent sowie weiteren Künstlern und Publizisten wie Max Beerbohm, einem Bewunderer von Henry James und Porträtisten dieser Epoche aus eigenem Recht, vgl. David CECIL, Max. A Biography, London 1964, S. 205–207, 263 f.

[39] Vgl. Madeleine BEARD, English Landed Society in the Twentieth Century, London 1989, S. 26 u. 176. Vgl. auch Lord RIBBLESDALE, Impressions and Memories. With Preface by his daughter Lady Wilson, London u. a. 1927. Ribblesdales Memoiren sind nicht im ge-

Sargent wurde ob seines schönheitsschmeichelnden Stils derart populär, daß er Eingang in die Literatur fand[40] und schon zeitgenössisch ironische Karikaturen beispielsweise von Max Beerbohm provozierte:

Max Beerbohm: Kundinnen vor John Singer Sargents Atelier

Beerbohm ironisiert nicht allein die noble weibliche Kundschaft, die sich, von Lakaien begleitet, zum Atelier des Malers begibt, sondern auch die sehr englische Eigenschaft des »queuing«, dem sich selbst gekrönte Häupter zu ergeben haben.[41]

Sargent porträtierte Vertreter dieser Schicht auf beiden Seiten des Atlantiks, und auf amerikanischer Seite ist neben den erwähnten Porträts von Mary Endi-

---

planten Umfang vollständig, weil er während der Abfassung erkrankte und starb. Seine Tochter gab die Fragmente in dem Bewußtsein heraus, keine anderen Versionen mehr liefern zu können. Die Memoiren reichen im Kern nur bis in die 1890er Jahre. Politisch sind die Schilderungen belanglos, sie illustrieren jedoch Erziehung und gesellschaftliche Formung Ribblesdales in England und Frankreich. Lady Ribblesdale hatte über die noch zu behandelnden »Souls« ein Verhältnis mit George Curzon, erkrankte nach der Jahrhundertwende an Schwindsucht und starb 1911 nach einem dreijährigen heftigen Kampf gegen die Krankheit. Während dieser Zeit lebte sie meist getrennt von Mann und Kindern in Sanatorien in der Schweiz, in Wales und in England. Ribblesdale heiratete 1919 die reiche amerikanische Witwe Ava Astor, die wiederum gleichfalls ein enges Verhältnis zu George Curzon hatte. Vgl. ABDY/GERE, The Souls, S. 136; GILMOUR, Curzon, S. 467.

[40] Dazu die Bemerkungen zu Vita SACKVILLE-WEST, The Edwardians, unten S. 139.

[41] Zu Max Beerbohm und Sargent sowie Beerbohms eigenen Kontakten zu Mitgliedern der »Souls« vgl. CECIL, Max, S. 204 f.

cott und Henry Cabot Lodge[42] namentlich sein Bild des Präsidenten Theodore Roosevelt für das Weiße Haus hervorzuheben.[43]

John Singer Sargent: Theodor Roosevelt (1903)

[42] Zu Endicott s. oben Anm. 29. Cabot Lodge hatte sich bereits 1898 von Sargent malen lassen; National Portrait Gallery Washington (Smithsonian Institution) NPG 67.58.

[43] FAIRBOTHER, Sargent, S. 118 f. m. Abb. des Roosevelt-Porträts, das den Präsidenten in entschlossener Pose, die linke Faust in die Hüfte gestemmt, zeigt, während die rechte Hand eine faustgroße Kugel umgreift, die den Abschluß der Geländersäule des neuen Treppenhauses im Weißen Haus bildete, aber mit etwas Phantasie auch den Globus assoziieren läßt. Henry Adams sah das Bild als einer der ersten und kommentierte: »The portrait is good Sargent and not very bad Roosevelt. It is not Theodore, but a young intellectual idealist with a taste for athletics, which I take to be Theodore's idea of himself.« Das 1903 fertiggestellte Porträt befindet sich bis heute im Weißen Haus und spielt bis in die Gegenwart eine wichtige Rolle, wenn es darum geht, eine repräsentative Reminiszenz an »TR« zu illustrieren. Die derzeit maßgebende Biographie zur Präsidentschaft Roosevelts nutzt Sargents Porträtkopf als Titel: Edmund MORRIS, Theodore Rex, New York/London 2001. Filmisch nimmt etwa Oliver Stone in »Nixon« starken Bezug auf die Präsidentenporträts im Weißen Haus und zeigt Sargents Rooseveltporträt ausführlich, als Nixon am 9. August 1974 mit Bezug auf Theodore Roosevelt die Schlußansprache an seine Mitarbeiter im *East Room* des Weißen Hauses hält. Ausführlich wiedergegeben in: Richard NIXON, The Memoirs of Richard Nixon, New York 1978, S. 1087–1089; vgl. auch Henry A. KISSINGER, Memoiren 1973–1974, München 1982, S. 1415 f.

Dies Bild ist wiederum zugleich Ausweis der ins Politische wirkenden Sonderbeziehungen dieses Netzes von Persönlichkeiten, denn der Vermittler des Porträts war der erwähnte und noch näher zu charakterisierende Henry White.[44]

Illustrativ für Sargents Verarbeitung in der Literatur über diese Epoche ist vor allem Vita Sackville-Wests Roman *The Edwardians*, in dem die Autorin bedeutungsvoll an den Anfang stellte: »No character in this book is wholly fictitious.« Als Sackville-West zu Beginn das aristokratische Weekend-Landleben im Sommer 1905 in den üblichen Ritualen schildert, charakterisiert sie ihre Figur Sylvia »Lady Roehampton« in den seinerzeit typischen Schablonen ihrer Gesellschaftsschicht: »[S]he looked exactly like her own portrait by Sargent, which had been the sensation of that year's Academy, and it was not difficult to believe that she was popularly accepted as a professional beauty.«[45] Sackville-West läßt auch die Hauptfigur des Romans, Sebastian Lord Chevron, vom »fashionable painter« Sargent[46] zeichnen (»with an open shirt, a muscular throat, springing hair, and a fearless gaze«) und das Portrait als Geschenk der Gutspächter im *sitting room* der Hausherrin hängen.[47]

Auch dem generellen Geist des britisch-amerikanischen Rapprochements, von Sackville-West als »American invasion« persifliert[48], hat Sargent ein repräsentatives Spiegelbild gemalt, das sich erst beim zweiten Blick in seiner

---

[44] Whites Rolle ging hierbei vor allem um die Summe, die für dies »offizielle« Porträt vom Kongreß zu erhalten war. Es gab Befürchtungen bei Henry Cabot Lodge und anderen, daß Sargent mit den zunächst avisierten $ 800,- nicht zufrieden sein könnte. White, durch dessen Frau bzw. deren Porträt der Maler auf der Insel mit einem Schlag bekannt geworden war, versicherte, daß Sargent den Präsidenten im Zweifelsfall auch ohne Honorar porträtieren würde. Schließlich bewilligte der Kongreß dann die angemessene Summe von $ 2 500,-. Henry Cabot Lodge an Henry White, 27. März 1902 und 5. Mai 1902. Vgl. NEVINS, White, S. 226. Das Porträt von »Mrs. Henry White« entstand 1883 in Sargents neuem Atelier am Boulevard Berthier. Es hing im Speisezimmer der Whites am Grosvenor Crescent und erregte viel Aufsehen in deren illustrem Freundeskreis, so daß »it fulfilled a missionary and educational purpose, making the name of Sargent familiar to many and gradually enrolling supporters to a new canon of taste in portraiture«. Evan CHARTERIS, John Sargent, London/New York 1927, S. 66. Es ist also nicht übertrieben, wenn ein Sargent-Biograph festhält, daß »[m]uch-needed support for Sargent's career as a portraitist was garnered in that dining room«; FAIRBOTHER, Sargent, S. 43. Die Whites waren »the first really well-off international patrons for whom Sargent worked«. »The success of this picture was fundamental to Sargent's future career in England and America«; LOMAX/ORMOND, Sargent, S. 31.

[45] SACKVILLE-WEST, The Edwardians, S. 12. Sargent hatte im Januar und Februar 1905 Vitas Mutter in mehreren Sitzungen in Öl gemalt. Er selbst war mit dem ersten Bild unzufrieden, die Porträtierte mit seinem zweiten Versuch. So blieben beide Bilder unvollendet und sind nicht überliefert; vermutlich hat Sargent sie vernichtet. Zur Entschädigung zeichnete Sargent Mrs. Sackville-West in Kohle und widmete das Bild »for Vita's birthday 1905«. LOMAX/ORMOND, Sargent, S. 76–78. Der Name Roehampton assoziiert im übrigen jenen einflußreichen Whig-Parteiführer Lord Roehampton aus Benjamin Disraelis Memoirenroman *Endymion*, der für Lord Palmerston stand. Benjamin DISRAELI, Endymion, London 1880.

[46] SACKVILLE-WEST, The Edwardians, S. 125.

[47] Ebenda, S. 187.

[48] Ebenda, S. 179.

John Singer Sargent: The Marlborough Family (1905)

tiefen Symbolik erschließt: Auf seinem Gemälde *The Marlborough Family*[49] aus dem Jahr 1905 steht im Zentrum der Komposition die junge amerikanische Ehefrau, Consuelo Vanderbilt, hocherhoben und stolz unter der Büste des ersten Duke, vor ihr der Erbsohn des Hauses, während ihr Mann Charles, der neunte Duke of Marlborough, in dunklem Gewand sitzend zur Seite gerückt ist, ebenso

[49] Vgl. CANNADINE, Decline and Fall, S. XIII f.

der zweite Sohn zur anderen Seite.⁵⁰ Allein der Kopf des Duke erhält noch einen Abglanz vom leuchtenden Zentrum, dessen Licht zugleich eine distanzierende Leere zwischen den Ehegatten widerspiegelt. Die Heirat war arrangiert worden, weil Consuelos Mutter voller Ehrgeiz nach einer Verbindung zu den ersten Kreisen der britischen Aristokratie strebte und der Duke dringend Mittel benötigte, um Schloß Blenheim und seine weiteren Besitzungen standesgemäß zu sichern.⁵¹ Die Botschaft des Bildes ist bei näherer Betrachtung ebenso bemerkenswert wie vielsagend: Die erleuchtete Position einer amerikanischen Millionärstochter spendet die Fortexistenz der britischen Herrschaftsgenealogie.⁵² Sargents Bild mag demnach als Motiv dienen, die britisch-amerikanischen Beziehungen im Verhältnis von Politikern und Diplomaten beider Länder aus dieser Schicht zu betrachten, um näher bestimmen zu können, inwieweit die Symbolik und Metaphorik des Marlborough-Bildes auch eine bilateral-überindividuelle Entwicklung reflektiert.

---

⁵⁰ Charles (»Sunny«) Richard John Spencer Churchill (1871–1934), der Cousin Winston Churchills, wurde nach dem frühen Tod seines Vaters 1892 bereits mit 21 Jahren der neunte Duke of Marlborough und heiratete die junge Consuelo Vanderbilt (1877–1964) vornehmlich aus finanziellen Gründen. Die Ehe wurde 1921 geschieden. VANDERBILT BALSAN, The Glitter and the Gold, S. 44–148; vgl. CANNADINE, Decline and Fall, S. 398.

⁵¹ Schon sein Vater hatte in zweiter Ehe die reiche Amerikanerin Hammersley geheiratet und mit ihrem Geld eine Zentralheizung anlegen und das Haus elektrifizieren lassen. Der neunte Duke gestand Consuelo schon bald nach ihrer Heirat, daß er eine andere Frau geliebt hatte, sich aber im Dienst des Familienbesitzes verpflichtet fühlte, eine Frau zu heiraten, die das Erbe sicherte. Vgl. VANDERBILT BALSAN, The Glitter and the Gold, S. 42, 45.

⁵² Consuelo Vanderbilt, die sich von Marlborough scheiden ließ, um Jacques Balsan zu heiraten, stellte das Bild denn auch neben den Titel ihrer Memoiren, die distanziert und kritisch von diesem wenig glücklichen Vierteljahrhundert ihres Lebens berichten. VANDERBILT BALSAN, The Glitter and the Gold, S. 71–167.

2. Freundschaften, Weltbilder und internationale Politik I: Cecil Spring Rice

> »To reduce friction is the chief use of friendship, and in politics the loss by friction is outrageous.«[53]

> »Looking back on my many years spent in Washington [...] the memory is one of a bright vista of friends. Whatever may be said of the relations, politically speaking, of England and America, one thing is absolutely certain – in no other country can an Englishman make such friendships.«[54]

2.1. Zwischen Schatten und Dämonie

Cecil Arthur Spring Rice, der bis zu seiner Berufung auf den Washingtoner Botschafterposten im Jahr 1913 eine äußerlich kaum imposant oder glanzvoll zu nennende Karriere absolvierte, war für die britisch-amerikanischen Beziehungen und damit für die Weltpolitik in den zwei Jahrzehnten bis zum Ende der Scharnierzeit von einer Bedeutung, die bislang in der Forschung wenig beachtet und nicht angemessen kategorisiert worden ist. Bemerkenswert ist nicht allein, daß Spring Rice nach 1886 mit Unterbrechungen fast ein Jahrzehnt in den Vereinigten Staaten verbrachte, sondern vor allem, daß er anschließend drei Jahre in Deutschland lebte zu einer Zeit, als das britisch-deutsche Verhältnis sich von neutraler Freundschaft zu einem mißtrauischen Beobachten zu wandeln begann. Wenngleich Spring Rice einige Jahre auch in Japan, Persien und Schweden Dienst tat, so bleiben die Aufenthalte in den Vereinigten Staaten und Deutschland doch deshalb herausragend, weil sie seine Weltsicht von Gegenwart und Zukunft der internationalen Beziehungen grundlegend prägten. Von Herkommen und Erziehung war Spring Rice in seinem zutiefst britischen Elitismus gegen die politische Kultur und die gesellschaftliche Organisation beider Staaten in hohem Maße eingenommen. Seine unterschwellige Abneigung gegen große Teile der amerikanischen politischen und gesellschaftlichen Kultur wurde aufgewogen und modifiziert durch vielfältige einflußreiche Freundschaften mit amerikanischen Politikern und anderen Exponenten vor allem des geldaristokratischen Ostküsten-Establishments. Hier amalgamierte eine transatlantische angelsächsische Geisteshaltung zu einer neuen Qualität persönlich-politischer Kooperation, wie sie in dieser Form und mit diesen (welt-)politischen Auswirkungen in den Generationen zuvor nicht bestanden hatte (und wohl kaum denkbar gewesen wäre). Spring Rices Eindrücke in Berlin dagegen verhärteten, bei

---

[53] So Henry Adams 1905, vgl. Henry ADAMS, The Education of Henry Adams. An Autobiography, introduction by Edmund Morris, New York 1996, S. 436. »The Education of Henry Adams« wurde 1905 geschrieben und 1906 in einem Privatdruck von hundert Exemplaren an interessierte Personen versandt. Erst 1918 wurde der inzwischen weithin bekannte Band von Henry Cabot Lodge öffentlich herausgegeben. Ebenda, S. XXXIII–XXXV.

[54] Spring Rice an William Jennings Bryan, 12. Januar 1918, GL 2, S. 432; vgl. GL 1, S. 51.

allem Verständnis für die geographisch abgeleiteten Existenzsorgen des Reiches, seine mißtrauische Haltung gegen die Kernelemente des preußisch-deutschen Staatslebens und seine Skepsis gegenüber den Möglichkeiten einer deutsch-britischen Annäherung. Eustace Percy, zeitweilig Mitarbeiter von Spring Rice in der Washingtoner Botschaft, meinte, daß sich der romantisch veranlagte Spring Rice lange vor dem Ersten Weltkrieg einem »crusade against Prussianism« verschworen habe.[55]

Die Veränderungen in seiner Haltung von der Mitte der 1880er bis zum Ende seiner Berliner Jahre (und damit prägend für die Scharnierzeit) waren nicht nur die einseitige Reaktion auf die strukturellen Veränderungen der internationalen Beziehungen durch den fortschreitenden Machtwandel, der auf ihn als einen Diplomaten in mittlerer Position einwirkte. Es war Spring Rice selbst, der durch seine diplomatische Arbeit in den Vereinigten Staaten und Deutschland und insbesondere über das Kernverhältnis seiner Freundschaft zu Theodore Roosevelt den britisch-amerikanischen Beziehungen einerseits und der Wahrnehmung und Einrechnung des Deutschen Reiches im trilateralen Zusammenhang andererseits eine eigene Dimension und Dynamik gab.

Spring Rice hat bislang keinen angemessenen Biographen gefunden. Die profunde und weitgehend zuverlässige Edition seines umfangreichen Briefwechsels durch Stephen Gwynn liefert nur en passant biographische Daten und Details. David Burtons schmaler Band über Spring Rice aus dem Jahr 1990 ist in vielerlei Hinsicht unbefriedigend, namentlich was die Analyse der politischen Bedeutung des Diplomaten und seiner Entwicklung über die Jahrzehnte betrifft.[56] Spring Rice taucht in einschlägigen Darstellungen zu den britisch-amerikanischen Beziehungen zur Jahrhundertwende zwar immer wieder auf, jedoch ohne daß sein Hintergrund und seine Rolle ausführlich analysiert worden wären.[57]

Als Hermann Lutz 1932 ein Pamphlet über »Deutschfeindliche Kräfte im Foreign Office der Vorkriegszeit«[58] veröffentlichte, mußte neben dem unvermeidli-

---

[55] Eustace PERCY, Some Memories, London 1958, S. 52.

[56] David H. BURTON, Cecil Spring Rice. A Diplomat's Life, Rutherford/London 1990. Burtons Schwerpunkt liegt auf der Zeit nach 1914 und konzentriert sich auf den »Literary Impulse«.

[57] Am ausführlichsten noch in: BEALE, Theodore Roosevelt. Beale ergänzte Spring Rices Einfluß um den von St. Loe Strachey, Henry White, Brooks Adams, Captain William Kimball, Henry Cabot Lodge und John Hay. BEALE, Theodore Roosevelt, S. 391. Die deutlichste Meinung bei William Langer, für den Spring Rice »fanned the flames of American suspicion of Germany«. Spring Rice sei auch für die Ausprägung der antideutschen Ressentiments bei Theodore Roosevelt verantwortlich. LANGER, Diplomacy of Imperialism, S. 517. Langer fügte allerdings hinzu: »The German attitude and policy certainly served as an effective cement for the entente between the Anglo-Saxon countries.« Ebenda, S. 518. Es erscheint bemerkenswert, daß Spring Rice beispielsweise in einem so bedeutenden Buch wie dem von Kenneth Bourne über Großbritannien und das Gleichgewicht der Mächte in Nordamerika nicht auftaucht: BOURNE, Britain and the Balance of Power.

[58] Hermann LUTZ, Deutschfeindliche Kräfte im Foreign Office der Vorkriegszeit. Materialien zu Band VII der »Britischen Dokumente«, Berlin 1932.

chen Eyre Crowe – diesem »bösen Geist« hatte Lutz im Jahr zuvor schon eine selbständige Publikation gewidmet[59] – auch »des Diplomaten Cecil Spring Rice (stark irischen Bluts) gedacht werden. Er war einer von jenen, die durch die unselige Krügerdepesche tief mißtrauisch gestimmt wurden«.[60] Unter den deutschsprachigen Veröffentlichungen ist jedoch die Untersuchung von Evelene Peters aus den dreißiger Jahren über »Roosevelt und den Kaiser«[61] bemerkenswerter, weil sie Spring Rice in ungewöhnlicher Ausführlichkeit behandelt und seine prinzipielle Bedeutung hervorhebt. Analytisch wandelt sie allerdings zwischen verblüffender Naivität und unhistorischer Dämonisierung. So vertritt Peters die Auffassung, daß Theodore Roosevelt und Wilhelm II. sich »als Menschen innerlich nahe« gestanden hätten.[62] Die »Schuld« am Fehlschlag einer dauernden Beziehung trug für Peters vor allem Spring Rice[63], den sie als »König Eduard's Vermittler und des Kaisers große[n] Gegenspieler« darstellt.[64] Roosevelt war für Peters, »was seine Ideen betraf, sehr leicht fremden Einflüssen zugänglich«, die in hohem Maße von Spring Rice gekommen seien.[65] Während der Präsidentschaft Roosevelts seien die Briefe von Spring Rice an Roosevelt und seine Familie »in Wirklichkeit nichts anderes [...] als englische Richtlinien für die amerikanische Außenpolitik« gewesen![66] Ist allein dies schon eine irritierend naive Verkennung der Rooseveltschen Persönlichkeit, seines sendungsbewußten Wesens und seiner zutiefst eigenständigen, ja egozentrischen Politik, so gleitet Peters' Beschreibung von Roosevelts Außenminister John Hay völlig ins Groteske, wenn sie meint: »Tatsächlich stammt alles, was Hay, dessen Politik immer eine Spitze gegen Deutschland trug, von Deutschland und seinen führenden Männern sowie deren Politik wußte, fast einzig und allein aus der Quelle Spring Rice.«[67]

---

[59] Hermann LUTZ, Eyre Crowe, der Böse Geist des Foreign Office, Stuttgart 1931.

[60] LUTZ, Deutschfeindliche Kräfte, S. 7.

[61] Evelene PETERS, Roosevelt und der Kaiser. Ein Beitrag zur Geschichte der deutsch-amerikanischen Beziehungen 1895–1906, Leipzig 1936.

[62] Man mag konzedieren, daß sie einige Charakterzüge gemein hatten, »innerlich nahe« standen sie sich niemals. Selbst wenn sie offiziell mancherlei Lippenbekenntnisse der gegenseitigen Hochachtung ablegten, so ist zumindest Roosevelts innere Distanz bei der Analyse seiner Äußerungen zum Kaiser unübersehbar. Wilhelm II. besaß eine gewisse Achtung für Roosevelt, aber ob er in seinem egozentrischen Sendungsbewußtsein zu einem Gefühl »innerlicher Nähe« überhaupt fähig war, darf bezweifelt werden.

[63] Peters fügt an manchen Stellen relativierende Floskeln ein (»zu einem gewissen Teil«, »in gewissem Maße«), doch im Kern hält sie Spring Rice eindeutig für den Einflüsterer der amerikanischen Außenpolitik, wie im folgenden gezeigt wird.

[64] PETERS, Roosevelt und der Kaiser, S. 9. »All dies« habe Spring Rice »mit Wissen und Einwilligung seiner vorgesetzten Behörde in London« getan.

[65] Ebenda, S. 10 f., Zit. S. 10.

[66] Ebenda, S. 13.

[67] Ebenda. Hay hatte schon in den 1870er Jahren Europa bereist und verbrachte noch kurz vor seinem Tod am 1. Juli 1905 einige Wochen (von April bis zum 26. Mai) zur Kur in Bad Nauheim, wo er sich untersuchen ließ. Wochenlang war das Auswärtige Amt mit der Frage beschäftigt, ob er mit dem Kaiser zusammentreffen solle und wenn ja, wie dieses Treffen, das

Peters ist darüber hinaus der Auffassung, Hay habe Roosevelt in die »außenpolitischen Pläne« der McKinley-Administration »eingeweiht« und ihn dazu gebracht, »sich mit ihren Plänen zu identifizieren, [so] daß er von dem von ihnen eingeschlagenen Kurs [als Präsident, M. B.] nicht mehr abweichen konnte«.[68] Zugleich behauptet sie, Spring Rice habe »[u]rsprünglich [...] hauptsächlich ein deutsch-englisches Bündnis« erhofft.[69] Dergleichen Thesen offenbaren wenig anderes als eine verblüffende Mischung aus erkennbarer Ferne zu den einschlägigen Quellen mit einem stupenden Mut zur Meinung. So bleibt als Erkenntnis von Peters' Untersuchung vor allem zweierlei: erstens die Einsicht in die Notwendigkeit, sich für die Analyse der internationalen Politik mit den personalen Beziehungen zwischen der britischen und der amerikanischen Führungsschicht zu beschäftigen, sowie zweitens die Mahnung, sich dabei vor der Überbetonung personaler Faktoren gegenüber strukturellen Zusammenhängen ebenso zu hüten wie vor einer unhistorischen Mystifizierung einzelner Persönlichkeiten.

Doch auch in der angelsächsischen wissenschaftlichen Literatur ist Spring Rice kaum angemessen behandelt worden. Exemplarisch illustriert Kenton Clymer den Kenntnis- und Reflexionsstand der Forschung, wenn er noch Mitte der siebziger Jahre in seiner Biographie John Hays auf die jahrzehntelange persönliche Freundschaft zwischen Hay und Spring Rice kaum eingeht und den britischen Diplomaten in Unkenntnis von dessen Lebenslauf und Karriere für das Jahr 1898 als »British ambassador to Berlin« bezeichnet.[70] Wer war nun Cecil Spring Rice, und was gibt ihm eine historische Bedeutung im internationalen Zusammenhang der Scharnierzeit?

2.2. Prägung und Vernetzung: Eton und Balliol

Cecil Arthur Spring Rice, der am 27. Februar 1859 in London geboren wurde und am 14. Februar 1918 in Ottawa starb, war ein in vielerlei Hinsicht typisches Produkt der Regeln und des Wandels der britischen Aristokratie im 19. Jahrhundert. Als zweiter Sohn des zweiten Sohnes von Thomas Spring Rice, des first Baron Monteagle, eines führenden irischen Politikers der ersten Jahrhunderthälfte, blieb er von den aristokratischen Vorteilen wie einem Titel und eventuell zu erbendem Vermögen ausgeschlossen.[71] Schon sein Vater Charles Spring

---

dann doch nicht zustande kam, zu organisieren sei. Vgl. den umfangreichen Schriftverkehr in: PAAA R 17227.

[68] PETERS, Roosevelt und der Kaiser, S. 15.

[69] Ebenda, S. 20.

[70] Kenton J. CLYMER, John Hay, The Gentleman as Diplomat, Ann Arbor 1975. Für die zeitgenössische Literatur bezeichnet ist, daß Spring Rice in den Erinnerungen des amerikanischen Botschafters dieser Jahre in Berlin, Andrew D. White (1897–1902), keinerlei Erwähnung findet. [Andrew Dickson WHITE,] Autobiography of Andrew Dickson White, Bde. 1–2, New York 1905; dt. Ausg.: Aus meinem Diplomatenleben, Leipzig 1906.

[71] Cecil Spring Rice war das dritte von acht Kindern (vier Jungen, vier Mädchen). Thomas Spring Rice (1790–1866), seit 1839 first Baron Monteagle of Brandon, war Abgeordneter für

Rice hatte aus diesen Gründen einen Karriereweg im Foreign Office eingeschlagen, auf dem er es bis zum stellvertretenden Unterstaatssekretär gebracht hatte, als er 1870 mit gerade 51 Jahren starb.[72] Cecils Mutter Elizabeth Margaret war die Tochter von William Marshall, dem Unterhausabgeordneten für Hallstead und Patterdale in Cumberland.[73] Cecils »aristokratisches Schicksal« war damit grosso modo durchaus mit dem 15 Jahre jüngeren Winston Churchill vergleichbar, dessen Vater als zweiter Sohn immerhin noch als Lord Randolph Churchill[74] eine schnelle Karriere machte, während sein älterer Bruder den Titel des Duke of Marlborough mitsamt Blenheim Palace und dem sonstigen Vermögen erbte.[75] Und obwohl das erste Kind Lord Randolphs und seiner amerikanischen Frau, war der Sohn doch von Geburt an nurmehr Mr. Winston Leonard Spencer Churchill und mußte arbeiten, um ein Leben zu führen, das seinem Standesempfinden entsprach.[76]

Mit Blick auf Spring Rice ist mit einigem Recht festgehalten worden: »Such a lineage was typical of the working aristocracy that made and managed the British Empire into the twentieth century.«[77] Auch David Cannadine führt Cecil Spring Rice in seiner brillanten Analyse des materiellen Verfalls der britischen Oberschicht als ein Beispiel für jene Teile der anglo-irischen Aristokratie an, die als nachgeborene Söhne von nachgeborenen Söhnen gezwungen waren, ihren Lebensunterhalt selbst zu verdienen und dabei kaum oder gar nicht von jenen Vermögen profitieren konnten, die im Hauptzweig der Familien ungeteilt vererbt wurden.[78] Von einem in unterschiedlichem Maße ähnlichen Schicksal

---

Limerick und von Juli 1827 bis Januar 1828 Unterstaatssekretär im Innenministerium, dann von November 1830 bis Juni 1834 Secretary to the Treasury, von Juni bis November 1834 Secretary of State for Colonies and War im ersten und von April 1835 bis September 1839 Chancellor of the Exchequer im zweiten Kabinett Melbourne.

[72] Charles William Thomas Spring Rice (1819–1870) war von 1866 bis 1869 Leiter der Handels- und Konsularabteilung und von 1869 bis zu seinem Tod assistant under-secretary. Vgl. Private Papers of British Diplomats 1782–1900, London 1985, S. 63.

[73] GL 1, S. 4; vgl. BURTON, Spring Rice, S. 20 f.

[74] Randolph Churchill (1849–1895) war als dritter Sohn geboren worden, sein Bruder Frederick starb aber mit vier Jahren (1846–1850).

[75] George Charles Spencer Churchill (1844–1892), achter Duke of Marlborough.

[76] Allerdings unterstützte ihn sein Cousin, der oben erwähnte neunte Duke of Marlborough, in den Anfangsjahren der politischen Karriere, indem er ihm für den Wahlkampf 1900 einmalig £ 400 sowie jährlich £ 100 für die Arbeit in seinem Wahlkreis zusicherte. Vgl. MANCHESTER, Churchill, S. 417.

[77] BURTON, Spring Rice, S. 21.

[78] Cannadine vergißt nicht zu erwähnen, daß Spring Rice bei seinem Tod 1918 ein so geringes Vermögen hinterließ, daß seine amerikanischen Freunde £ 15 000 für seine Witwe zusammenlegten. CANNADINE, Decline and Fall, S. 288. Hintergrund war, daß das Foreign Office keine Pension ihrer ehemaligen Bediensteten vorsah, so daß deren Angehörige, wie hier, in eine ernsthafte finanzielle Krise geraten konnten, wenn sie nicht von Haus aus vermögend waren oder während ihrer Lebenszeit als Botschafter oder auch Pensionär genügend Ersparnisse aus ihrem Einkommen abzweigten, was bei Spring Rice beides nicht der Fall war. GL 2, S. 436. Ein ähnliches Schicksal traf die Witwe von Lord Lytton, die

betroffen waren auch andere Diplomaten wie der langjährige Botschafter im Deutschen Reich und Bismarck-Freund Odo Russell[79] oder Francis Bertie, der sowohl im Foreign Office als auch als langjähriger Botschafter in Paris für eine Reihe antideutscher Konnotationen der britischen Außenpolitik verantwortlich war.[80] Mit ähnlichem Hintergrund und mindestens ebenso einflußreich waren Charles Hardinge[81], der unter Edward Grey eine herausragende Position zwischen dem Außenminister und seinen Botschaftern einnahm, sowie beispielsweise Ronald Lindsay[82] oder Gerald Lowther[83], die im britisch-amerikanischen

daraufhin von Queen Victoria zur Lady of the Bedchamber berufen wurde. CANNADINE, Decline and Fall, S. 286.

[79] Odo Russell, 1829 als dritter Sohn geboren, 1881 zum Lord Ampthill erhoben, starb 1884 auf seinem Berliner Botschafterposten. Russells Vater war der zweite Sohn des sechsten Duke of Bedford. Vgl. Karina URBACH, Bismarck's favourite Englishman. Lord Odo Russell's Mission to Berlin, London/New York 1999.

[80] Sir Francis Leveson Bertie (1844–1919), seit 1915 Lord Bertie of Thame, war der zweite Sohn des sechsten Earl of Abingdon. Bertie kam 1863 in den diplomatischen Dienst. Berties Vater, Lord Montagu Norreys, der spätere sechste Earl of Abingdon, saß seit 1830 für Oxfordshire auf Seiten der Konservativen im Unterhaus. Seine Frau, Elizabeth Lavinia Harcourt, war die Tochter des zweiten »sitting member« dieses county. Obwohl es seit 1857 einen Wettbewerb für den Eintritt ins Foreign Office gab, blieben Auswahl und Zutritt schon allein dadurch begrenzt, daß der Außenminister die Kandidaten vorzuschlagen hatte. Berties Vater wandte sich im August 1862 ohne Skrupel an Außenminister Lord John Russell und verwies auf die Unterstützung, die er als Abgeordneter dem Premierminister Russell stets bewiesen hatte. Im Jahr darauf war Bertie mit 813 von 930 möglichen Punkten der beste von drei Kandidaten für die Aufnahme als junior clerk. Auch Bertie war (man möchte sagen: selbstverständlich) in Eton gewesen, wo er den ein Jahr jüngeren späteren Außenminister Lansdowne kennenlernte. Als er das Internat 1860 verließ, ging er zunächst zwei Jahre nach Bonn. Der Jugendliche lernte die deutsche Sprache, aber es ist nicht ganz deutlich, inwieweit seine spätere Germanophobie in dieser vorbismarckschen Zeit ihre Wurzeln hatte, zumal das Rheinland kaum dazu angetan war, übertriebenen Borussianismus zu präsentieren und entsprechende Abwehrgefühle zu erzeugen. Allerdings behauptete er 1919, daß ihm dieser Aufenthalt, der mehr als ein halbes Jahrhundert zurücklag, ermöglicht habe, den »real German character« kennenzulernen. Keith HAMILTON, Bertie of Thame. Edwardian Ambassador, Woolbridge 1990, S. 17; Raymond A. JONES, The Nineteenth Century Foreign Office. An Administrative History, London 1971, S. 49 f.

[81] Charles Hardinge (1858–1944), seit 1910 Baron Hardinge of Penshurst, war der zweite Sohn des zweiten Viscount Hardinge (Charles Stewart Hardinge) und trat 1880 in den Dienst des Foreign Office, wo er dem German department zugeordnet war. Seine Mutter (Lavinia Bingham) war die Tochter des dritten Earl of Lucan. Zum Familienhintergrund sowie zu der Erziehung in Harrow und am Trinity College in Cambridge vgl. seine postum erschienenen Memoiren: Charles HARDINGE, Old Diplomacy. The reminiscences of Lord Hardinge of Penshurst, London 1947. Hardinges außenpolitisch einflußreichste Zeit lag in den zwei Jahrzehnten bis 1910, als er Vizekönig in Indien wurde. Dazu unten S. 298–300.

[82] Sir (seit 1925) Ronald Charles Lindsay (1877–1945) war der fünfte Sohn des 26. Earl of Crawford and Balcarres, seit 1898 im Foreign Office, 1905 bis 1907 als Sekretär an der Botschaft Washington und nach dem Ersten Weltkrieg Botschafter in der Türkei, Deutschland und den Vereinigten Staaten. Seine Verwendung in Washington verdankte er vor allem der Fürsprache von Spring Rice. Vgl. Memo Spring Rice, Februar 1905, PRO FO 800/116, Lansdowne Papers. Alle genannten »nachfolgenden« Söhne waren auf die Unterstützung ihrer Familien angewiesen, die bisweilen nur aus geringen Summen bzw. Immobilien bestand.

[83] Gerald Augustus Lowther (1858–1916) war der zweite Sohn des zweiten Sohn des first

Verhältnis eine Rolle spielten. Und selbst manche Erben von Titeln und Vermögen sahen sich bisweilen zu diesem wenigstens halbwegs einkommenssicheren und prestigefähigen Karriereweg gedrängt, wenn die Größe ihrer Familienressourcen bescheiden war.[84]

Spring Rices Privatleben blieb, abgesehen von den Annehmlichkeiten und Kontakten, die sich aus dem Prestige und den Aufgaben des diplomatischen Dienstes ergaben, ähnlich unspektakulär wie das der meisten Diplomaten und Politiker, bei denen die aufsehenerregenden Ausnahmen zumeist nur die Regel des Gewöhnlichen bestätigen. Bemerkenswert ist allenfalls, daß auch Spring Rice zunächst Ambitionen zu einer anglo-amerikanischen Eheverbindung hatte und seine Liebe zu Mary Leiter, der späteren Frau George Curzons, ihn erfolglos um ihre Hand anhalten ließ. Erst 1904, im Alter von Mitte vierzig, heiratete er Florence Lascelles, die einzige Tochter seines Chefs aus Berliner Zeiten.[85] Spring Rices Bedeutung lag vielmehr in der Mischung von nationalem Selbst- und Sendungsbewußtsein und generationellen Verbindungen zu einem international politisch und diplomatisch einflußreichen Netzwerk, das seine höchste Wirksamkeit im Vierteljahrhundert vor dem Ersten Weltkrieg und insbesondere in der Scharnierzeit entfaltete. Die Wurzel dieser Wirksamkeit lag in der edukativen Sozialisation und Verflechtung dieser Generation in den public schools und hier namentlich in Eton.

Eine nahezu generelle Gemeinsamkeit aller nachgeborenen Söhne der Aristokratie war, daß sie zwar von Titel und Familienvermögen verschont blieben, jedoch stets erwarten durften, das Recht auf eine erstklassige Ausbildung eingelöst zu finden, soweit die intellektuellen Voraussetzungen und persönlichen Ambitionen gegeben waren. So kam Spring Rice im August 1871 nach Eton, wo

---

Earl of Lonsdale. Er ist im Zusammenhang dieser Arbeit in zweierlei Hinsicht erwähnenswert. Als Sekretär an der britischen Botschaft in Washington von 1899 bis 1901 amtierte er als Chargé d'Affaires vom 5. Juni bis 2. November 1901. Foreign Office List 1906, S. 290. Während dieser Zeit ergab sich eine heftige Auseinandersetzung mit Henry Cabot Lodge, die dazu beitrug, daß Lowther 1906 das Angebot ausschlug, britischer Botschafter in Washington zu werden. Laut Cabot Lodge hatte Lowther anläßlich von Dinnerabenden geäußert, »that American soldiers cannot fight; that our government in Manila is more corrupt than that of the Spaniard; that eighty percent of our population is scum, and so on«. Cabot Lodge benutzte bezeichnenderweise Henry White, um seine Beschwerden gegen Lowther an die britische Regierung zu leiten. Henry Cabot Lodge an Henry White, 22. Mai 1900, Library of Congress, Papers Henry White. Lowthers Rückzug hing auch mit den bekannten Absichten Theodore Roosevelts zusammen, der vergebens Spring Rice als Botschafter wünschte. Edward Greys Mitarbeiter William Tyrrell informierte Spring Rice darüber, daß Lowther »declined as Amb[assador]«. Tyrrell an Spring Rice, 28. November 1906, PRO FO 800/241.

[84] So beispielsweise Arthur Nicolson, »a Scottish baronet with distinctly meagre resources«, Lord Lytton oder der zweite Lord Sackville, der als Gesandter in Washington Spring Rices Chef war. Auch Frank Lascelles ist hier zu nennen, der in Berlin Spring Rices Vorgesetzter wurde. Dazu unten S. 191 f.

[85] Vgl. DNB 1912–1921, S. 505 (Valentine Chirol). Frank Lascelles gehörte als dritter Sohn des dritten Sohns des zweiten Earl of Harewood ebenfalls in die Kategorie jener nachgeborenen Söhne, die den diplomatischen Dienst als Kompensationsweg nutzten.

er wie sein älterer Bruder aufgrund besonderer Begabung als »colleger« aufgenommen wurde. Spring Rice entwickelte rasch eine selbstbewußte Persönlichkeit. Er schrieb amüsante wie schaurige Gedichte und unterhielt die anderen Schüler mit flüssig erfundenen Geistergeschichten. Aber sein Humor war nicht oberflächlich, er entsprang der Wurzel eines tiefen Selbstwertgefühls und hoher Selbstachtung, verbunden mit einem elitären Stilempfinden, dem alles Triviale sichtbares Unbehagen bereitete. So wurde er von seinen Mitschülern in einem ähnlichen Maße geachtet wie gefürchtet.[86] Die eigentliche Vaterfigur in Eton wurde sein zweiter Tutor H. E. Luxmoore, mit dem ihn später eine lebenslange Brieffreundschaft verband. Neben seiner Heimat Ullswater wurde Eton für Spring Rice der Inbegriff englischer Existenz und maßgeblichen Lebens.[87] Noch aus Washington schrieb er 1895 an seinen ehemaligen Tutor, er werde wohl Ende Mai in England, zurück sein »and the first thing I shall do is to go to Eton«.[88] Abgeleitet aus den Etonschen Prägungen entwickelte Spring Rice seine Vorstellung, seine »Idee« von England, dem britischen Empire und dessen zivilisatorischer Rolle in der Welt, das in der Vision mündete, »that the history of England in the next fifty years could be divined in the Eton pupil rooms«.[89]

Spring Rice reflektierte gleichsam Eton als Führungsprinzip, wenn er in der Umbruchphase des britischen Weltreiches um die Jahrhundertwende an Luxmoore schrieb: »No doubt it is a good thing that the rich and noble should send their sons to a beautiful place where they can live happy and active lives. But [...] if the governors come from the upper classes and the upper classes go to Eton, we haven't much more credit in educating governors than the P.&O. steamers: they mostly go to India by them. Still, it is tremendously important as things are now, that the upper classes who are to rule us, should be under good influences at Eton and I should think there can be no doubt about that [...] But the question still remains – what are the influences beside courage, truth and gentlemanly feeling? Are they taught to love power, wealth and ostentation – the glory, not the thing? Do they admire their country because it is large or because it is great? [...] How are our future rulers? Are they physically healthy and mentally vigorous – above all, have they courage of body and mind. [...] Rome finished, as we all know, from internal and not external reasons. The cause of their fall was in the Romans, not the barbarians. How are our young Romans?«[90] Spring Rices Denken fügt sich zugleich in die dem Zeitgeist ent-

---

[86] Arthur Christopher BENSON, Memories and Friends, New York/London 1924, S. 346–359, hier S. 358. Der drei Jahre jüngere Benson bewohnte in Eton das Zimmer gegenüber von Spring Rice.

[87] Vgl. GL 1, S. 17.

[88] Spring Rice an Luxmoore, 18. März 1895, GL 1, S. 176.

[89] Spring Rice an Luxmoore, 15. November 1898, GL 1, S. 18.

[90] Spring Rice an Luxmoore, 15. November 1898, GL 1, S. 17 f. Vgl. zur generellen Verbreitung dieser Vergleiche von klassischer Antike und Gegenwart die Beispiele bei STEINER, Elitism and Foreign Policy, S. 28 f., die darauf hinweist, daß die »virtues extolled by Homer

sprechenden geopolitischen Erörterungen um die Zukunftsfähigkeit der Nationen, wie sie bei Mahan und Mackinder sowie in Deutschland bei Friedrich Ratzel zu finden sind.[91] Er selbst fühlte sich stets aufgerufen, im Sinne seiner Analyse bezüglich der Voraussetzungen und Gefährdungen britischer Größe den eigenen Lebensentwurf als Teil der imperialen Gesamtverantwortung seiner Person und seiner Schicht zu begreifen.

Eton war mithin ein Ort, den Umgang mit »höheren Söhnen« als so selbstverständlich zu empfinden wie den Sonntagsgottesdienst. Niemand konnte einen künftigen Duke als etwas besonderes empfinden, wenn er mit dergleichen Nachwuchsaristokraten im Dutzend täglich den Nachtisch aß und sich diese selbst nicht ihrerseits durch Leistung und Charakter auszuzeichnen vermochten. Die daraus erwachsenden lebenslangen Verbindungen waren denn auch kein Produkt eigener Berechnung, sondern Resultat eines überlegten Formungs- und Erziehungswillens der führungsklassenfixierten Eltern, die vielfach selbst ehemalige Etonians oder Absolventen anderer Public schools waren. Sie wußten mithin um den persönlichen und gesellschaftlichen Wert eines generationsübergreifenden Netzwerkes von Führungsreserven, das zwar schichtenspezifisch dominiert, aber gleichwohl via Intelligenz und Leistung in nicht geringem Maße aufstiegsoffen blieb. Eton war bei aller kasernierten Strebsamkeit in erster Linie ein Ort disziplinierenden Wettbewerbsgeistes. Je älter der Schüler, desto lockerer liefen die Zügel in der Erwartung, daß der reifende Charakter sich schon selbst Ziele setzen und diese ambitioniert verfolgen werde, dabei allerdings stets des geistigen Reizes und fordernder Förderung gewiß sein mußte.

Spring Rice erfuhr seine Prägung in Eton neben seinem Tutor Luxmoore vor allem durch Oscar Browning.[92] Über diesen knüpfte sich auch jenes Netzwerk nicht selten lebenslanger persönlicher Verbindungen, das Spring Rice wohl vor Augen hatte, wenn er von der imperialen Reichweite der pupil rooms schwärmte. Oscar Browning, zugleich unsportlich, korpulent und eingebildet, war von hohem Einfluß auf die geistige Entwicklung seiner Schüler. Er öffnete gewöhnlich am Sonntagabend sein Haus, wo er Musik arrangierte und die Schüler seine selbst für Oxforder Gelehrtenverhältnisse ungewöhnlich reichhaltige Bibliothek durchstöbern oder über Gott und die Welt diskutieren konnten. Arthur (»A. C.«) Benson hat beschrieben, wie er selbst als Zwölfjähriger, mit einem Buch in einen Sessel geschmiegt, die Szene in der prachtvoll aufgebauten Bibliothek beobachtete, wo beispielsweise der brillant eloquente George Curzon etwa mit

---

were the same found in Alfred Austin and Henry Newbold, in Southey's *Nelson* [...] and in *Scouting for Boys.*« Ebenda, S. 29.

[91] Vgl. oben S. 59–87; RATZEL, Die Gesetze des räumlichen Wachstums der Staaten; SCHULTZ, Raumkonstrukte.

[92] Vgl. Oscar BROWNING, Memories of sixty years at Eton, Cambridge and elsewhere, zweite Aufl. London 1910; Ian ANSTRUTHER, Oscar Browning. A Biography, London 1983; Hugh Evelyn WORTHAM, Oscar Browning, London 1927; ders., Victorian Eton and Cambridge. Being the life and times of Oscar Browning, new ed. London 1956.

James Kenneth (»J. K.«) Stephen[93], John Fellowes Wallop[94] und Alfred Lyttelton[95] in einem anderen Teil des Raumes literarische oder politische Fragen diskutierte.[96] Auch Cecil Spring Rice nahm an solchen Erörterungen teil[97], wenn er sich nicht wie George Wyndham[98] in ein Buch vergraben hatte.[99] Auch

---

[93] James Kenneth (»J. K.«) Stephen (1859–1892), »most brilliant of all in Cecil Spring Rice's group of King's Scholars«, war auch dessen engster Freund. Als Stephen gerade 33jährig starb, hatte er ebenso wie Spring Rice und Benson einige bemerkenswerte Gedichte geschrieben. James Kenneth STEPHEN, Quo musa tendis, Cambridge 1891; ders., Lapsus Calami, Cambridge 1891; GL 1, S. 11; GILMOUR, Curzon, S. 14. Vgl. unten Anm. 136.

[94] John Fellowes Wallop, siebter Earl of Portsmouth (1859–1925).

[95] BENSON, Memories and Friends, S. 100–110. A. C. Benson war der Sohn von Edward White Benson (1829–1896), dem Erzbischof von Canterbury. Benson war später bis 1903 selbst master bzw. housemaster in Eton, wurde 1904 Fellow des Magdalene College in Cambridge und 1915 dessen master. Seit 1884 verband ihn eine Freundschaft mit Henry James. Auf eine Anregung seines Vaters geht James' Erzählung »The Turn of the Screw« zurück. Philip HORNE (ed.), Henry James. A Life in Letters, London 1999, S. 276, 297. Alfred Lyttelton (1857–1913), achter und jüngster Sohn des vierten Baron Lyttelton, ist im Rahmen dieser Darstellung von zweifacher Bedeutung. Zum einen gehörte er zur Gruppe der »Souls«, deren gesellschaftliche und politische Bedeutung noch darzustellen ist (der frühe Tod seiner Frau wird in einigen Quellen als Initialereignis zur Formierung der »Souls« genannt). Zum zweiten war er in seiner späteren politischen Karriere neben George Wyndham ein Schützling Arthur James Balfours. Vgl. Jason TOMES, Balfour and Foreign Policy. The International Thought of a Conservative Statesman, New York 1997, S. 292; GILMOUR, Curzon, S. 300 ff. Nach seinem Tod (er starb an den Folgen eines Balltreffers beim Cricket) stellte seine Witwe die bislang einzige Biographie zusammen: Alfred Lyttelton. An Account of his Life by Edith Lyttelton, London 1917. Alfreds nächstjüngerer Bruder Edward (1855–1942) wurde 1882 selbst Lehrer in Eton. Vgl. Edward LYTTELTON, Memories and Hopes, London 1925. Alfred Lyttelton gehörte in seiner Zeit in Eton außerdem zum Freundeskreis des fünf Jahre älteren Reginald Baliol Brett (1852–1930, seit 1899 2nd Viscount Esher). Von 1895 bis 1902 arbeitete dieser als Sekretär im Office of Works, saß seit 1903 dem War Office Reconstruction Committee vor, wurde 1904 Mitglied des Committee of Imperial Defence und unterstützte planerisch und politisch die Armeereformen von Richard Haldane. Esher verfügte zudem über enge Beziehungen zum Königshaus, hatte Zugang zum Kreis um Königin Victoria, war verantwortlich für die Feierlichkeiten zum Diamantenen Jubiläum 1897, für die Trauerfeierlichkeiten 1901 sowie für die Krönung Edwards VII. 1902 und wirkte als Kommunikator zwischen König und Ministerien. Vgl. Journals and Letters of Reginald Viscount ESHER, ed. by Maurice V. Brett, London 1934.

[96] BENSON, Memories and Friends, S. 145.

[97] Ebenda, S. 113.

[98] George Wyndham (1863–1913), »the handsomest man in England«, war politisch stark beeinflußt von Arthur Balfour und avancierte 1887 zu dessen Privatsekretär, bevor er 1889 ins Unterhaus gewählt wurde. Wyndham spielte ebenso wie Curzon, Lyttelton und Balfour eine zentrale Rolle im Kreis der »Souls«. ABDY/GERE, The Souls, S. 92–99; ASQUITH, Haply I may remember, S. 49–58.

[99] BENSON, Memories and Friends, S. 145; vgl. GILMOUR, Curzon, S. 14. Benson konnte Curzon nicht ausstehen, beschuldigte ihn sexueller Unmoral und schrieb später anläßlich von Curzons Tod in sein Tagebuch: »It is strange to remember how *entirely* we disliked and mistrusted him at Eton.« Eintrag Bensons in sein unveröffentlichtes Tagebuch vom 22. März 1925, Bd. 179, S. 22, zit. nach GILMOUR, Curzon, S. 18.

St. John Brodrick[100] gehörte zu dieser Generation der Eton-Schüler[101], und Benson resümiert, daß »[m]any boys of that date owe their intellectual interests to O. B.«.[102] Oskar Browning war zudem ein extensiver »traveller«, und von diesen Reisen schrieb er Berichte an ausgewählte Schüler, unter anderen an Spring Rice und Curzon, die er auch ermunterte, miteinander in Briefwechsel zu treten.[103] Es war nicht allein schmeichelhaft für zwei Fünfzehnjährige, umfangreiche, von Bildung sprühende Briefe ihres Lehrers aus Italien, Korsika oder Lappland zu erhalten, es inspirierte auch ihre eigene Weltsicht, weitete den Horizont, öffnete mentale Perspektiven und beflügelte ihre Motivation, Ähnliches zu erreichen, wenn auch auf anderen beruflichen Wegen. Das Wirken Brownings endete abrupt, als er 1876 vom headmaster Hornby entlassen wurde, weil er angeblich zu liberale Ansichten vertrat und in Verdacht stand, zu enge Kontakte zu bestimmten seiner Schüler zu pflegen. Schon Spring Rices Bruder Stephen, der die Rolle eines Ersatzvaters für den drei Jahre jüngeren Cecil innehatte, selbst in Eton gewesen war und nun am Trinity College in Cambridge studierte, hatte entsprechende Warnungen an seinen Bruder gerichtet. Cecil Spring Rice hatte Browning jedoch vehement ob seines inspirierenden und fördernden Geistes verteidigt.

Als Etons höchste Errungenschaft galt das Newcastle Scholarship, das für Oxford und Cambridge gleichermaßen berechtigte.[104] Spring Rice verfehlte zu seiner Enttäuschung die Aufnahme in den Kreis der Auserwählten. Er gewann statt dessen eine »open exhibition« am Balliol College in Oxford, was weder materiell noch vom Nimbus einem Stipendium gleichkam, aber aufgrund des Ansehens, das dessen Headmaster Jowett genoß, alle anderen Colleges überragte.[105] Benjamin Jowett[106] war seit 1870 Master des Balliol College und

---

[100] William St. John Brodrick, erster Earl of Midleton (1856–1942); im Kabinett Balfour von 1902 bis 1903 Secretary of State for War und von 1903 bis 1905 Secretary of State for India, wo er heftige Auseinandersetzungen mit Curzon als dem Vizekönig von Indien hatte. Vgl. oben S. 93, Anm. 195.

[101] Vgl. BENSON, Memories and Friends, S. 83.

[102] Ebenda, S. 146.

[103] Vgl. GL 1, S. 8.

[104] Vgl. auch MACKENZIE, The Children of the Souls, S. 45 f.

[105] Daß Spring Rice nicht nach Cambridge ging, wie es der Familientradition entsprach, ist neben Hinweisen von Luxmoore vor allem auf den Rat von dessen Freund Henry Butcher zurückzuführen. Butcher war selbst ein »Cambridge-Mann«, seinerzeit jedoch als Tutor in Oxford und meinte, daß die Erziehung in Oxford mit ihrer Betonung auf dem Schreiben im Gegensatz zu dem in Cambridge hervorgehobenen Wissenserwerb für Spring Rice die bessere Lösung wäre, zumal sich schon abzeichnete, daß Spring Rice in den Civil Service gehen wollte, für dessen Aufnahmeprüfungen der Oxforder Ausbildungsmodus als passender angesehen wurde. Vgl. GL 1, S. 15–17.

[106] Benjamin Jowett (1817–1893). Vgl. National Portrait Gallery NPG 2389 u. 3475; Letters of Benjamin Jowett, Master of Balliol College, Oxford. Arranged and edited by Evelyn Abbott and Lewis Campbell, London 1897; Lionel A. TOLLEMACHE, Benjamin Jowett, Master of Balliol, London/New York 1895; vgl. John JONES, Balliol College. A History, 1263–1939, Oxford 1988, Kap. 15: On the Crest of a Wave: Jowett's Balliol, S. 202–224.

Freundschaften, Weltbilder und internationale Politik I: Cecil Spring Rice 153

eine weit über den Kreis seines Colleges und der Universität hinaus bedeutende, prägende Figur, nicht allein für Spring Rice.[107] In seiner Ära – und von einer solchen läßt sich sprechen – wurde eine ganze Generation von Staatsmännern, Politikern, Diplomaten und Journalisten in ihrer geistigen Entwicklung und Orientierung geformt, die für die britische Politik bis zum Ersten Weltkrieg (und darüber hinaus) von höchster Bedeutung war. Zu ihnen gehörten Herbert Henry Asquith, Alfred Milner, Henry Charles Petty-Fitzmaurice, besser bekannt als Lord Lansdowne[108], William St. John Brodrick[109], Arthur Hardinge und George Curzon. Auch William Waldegrave Palmer[110], später Lord Selborne, studierte in dieser Zeit in Oxford, jedoch am University College[111], und war seit diesen Jahren eng mit Curzon und St. John Brodrick befreundet.[112] Selborne war nicht in Eton, sondern in Winchester erzogen worden, ebenso wie der drei Jahre jüngere Edward Grey. Auch Edward Grey kam 1880 ans Balliol College, verfehlte aber die Erwartungen, die dort in ihn gesteckt wurden. Das Balliol minute-book vom Januar 1884 verzeichnet lapidar: »Sir Edward Grey, having been repeatedly admonished for idleness, and having shown himself entirely ignorant of the work set him in vacation as a condition of residence, was sent down, but allowed to come up to pass his examination in June.«[113] Von späteren Diplomaten, die ihre Prägung in der

---

[107] J. A. Spender schrieb in seinen Erinnerungen: »To Balliol men of my time the word ›Master‹ means Jowett and never can mean anything else [...] I was not as a youth given to abase myself before authority, but, frankly, I quailed before Jowett.« John Alfred SPENDER, Life, Journalism and Politics, London u. a. 1927, Bd. 1, S. 22.

[108] Lord NEWTON, Lord Lansdowne. A Biography, London 1929, S. 4–10. Jowett schrieb Lansdowne, nachdem der im Examen im Herbst 1867 nur ein »second« erreicht hatte, in einem belehrend-motivierenden Ton, der exemplarisch ist für die Art seines Einflusses: »I was sorry about the Class List, both for your sake and Lady Lansdowne's, and also for the sake of Oxford and Balliol. You failed not from want of ability, but from a certain want of interest and from the cares of this world coming upon you too soon [Lansdowne hatte noch während seines Studiums im Jahr zuvor die Nachfolge seines plötzlich verstorbenen Vaters angetreten, M. B.]; and I failed in making you understand the amount of interest and hard work which was required. But I should be much more sorry if I thought that you were going to settle down ›second class‹ for life. Don't allow yourself to think this for a moment. You have certainly far greater ability than many First Classmen, and by good management, with your opportunities you may make every year a progress on the one before.« Zit. ebenda, S. 9.

[109] St. John Brodrick war zwar in Oxford und mit Spring Rice befreundet, aber nicht am selben College. Vgl. GL 1, S. 20.

[110] William Waldegrave Palmer (1859–1942), zunächst Viscount Wolmer, ab 1895 second Earl of Selborne.

[111] Vgl. GILMOUR, Curzon, S. 300 ff. m. Photo Nr. 8.

[112] Beim Zerwürfnis zwischen Curzon und St. John Brodrick nach der Jahrhundertwende blieb Selborne ein Vertrauter des letzteren. Vgl. den intensiven Briefwechsel der beiden: Bodleian Library, Selborne Papers 2.

[113] Aufzeichnung im Balliol minute-book vom 19. Januar 1884, unterzeichnet von Jowett, zit. nach George Macaulay TREVELYAN, Grey of Fallodon. Being the Life of Sir Edward Grey, afterwards Viscount Grey of Fallodon, London 1937, S. 20; vgl. Keith ROBBINS, Sir Edward Grey. A Biography of Lord Grey of Fallodon, London 1971, S. 16. Tatsächlich

Jowett-Ära erfuhren, finden sich James Rennell Rodd[114] sowie Louis Mallet, ein enger Mitarbeiter sowohl von Lansdowne[115] als auch von Grey[116] und in der Forschung als »the most avid anti-German at the [Foreign] office«[117] charakterisiert, außerdem Charles Eliot[118] und eben Cecil Spring Rice. Bedeutende und einflußreiche Journalisten der Jowett-Zeit waren St. Loe Strachey, später Herausgeber und Eigentümer des *Spectator*[119], John Alfred (»J. A.«) Spender[120], Herausgeber der *Westminster Gazette*[121] und neben Charles Prestwich (»C. P.«)

kam Grey im Juni zurück und erhielt ein »Third« in Jurisprudenz. Weil er drei Jahre zuvor schon ein »Second« in Classical Moderations erhalten hatte, wäre er berechtigt gewesen, den B.A.-Titel zu tragen. Grey lehnte dies aber ab. Ebenda.

[114] James Rennell Rodd (1858–1941), seit 1883 im diplomatischen Dienst, war Mitte der achtziger Jahre Sekretär an der britischen Botschaft in Berlin und von 1908 bis 1919 Botschafter in Rom. Vgl. James Rennell RODD, Social and Diplomatic Memories, 1884–1919, London 1922–1925.

[115] Mallet (1864–1936) war von 1902 bis 1905 Lansdownes »précis writer« wie Spring Rice in den 1880er Jahren bei Rosebery.

[116] Von 1906 bis 1907 war Mallet, beeinflußt durch Charles Hardinge, Greys Privatsekretär, anschließend bis 1913 assistant under-secretary im Foreign Office.

[117] Zara S. STEINER, The Foreign Office and Foreign Policy, 1898–1914, Cambridge 1969, S. 104; ROBBINS, Grey, S. 139. Mallet wurde 1913 als Nachfolger von Lowther zum Botschafter in Konstantinopel berufen. Dazu schrieb Valentine Chirol charakterisierend an Charles Hardinge: »I think the appointment [von Mallet, M. B.] may turn out a good one in itself. But there is the danger of his being as jumpy as Lowther was phlegmatic.« Hardinge MSS, Bd. 93, Chirol an Hardinge, 2. Juni 1913; STEINER, Foreign Office and Foreign Policy, S. 106, Anm. 2.

[118] Charles Norton Edgecumbe Eliot (1862–1931), bis 1884 vielfach preisgekrönter Student am Balliol College und anschließend fellow am Trinity College, bevor er 1887 in den diplomatischen Dienst wechselte, den er 1904 nach einer Auseinandersetzung mit dem Foreign Office verließ, um seine akademische Karriere wieder aufzunehmen.

[119] John St. Loe Strachey (1860–1927), der zweite Sohn des dritten baronet of Sutton Court, studierte von 1878 bis 1882 am Balliol College, übernahm 1898 den *Spectator* von Meredith White Townsend und blieb in dieser Position bis Dezember 1925. Er gehörte nach Spring Rice und neben James Bryce, Arthur Lee und George Otto Trevelyan zu den vertrauten Korrespondenzpartnern von Theodore Roosevelt. BURTON, Roosevelt and his English Correspondents, S. 15 f.; John St. Loe STRACHEY, The Adventure of Living. A Subjective Autobiography, London 1922.

[120] John Alfred Spender (1862–1942), seit 1881 am Balliol College, stand neben seinen Studienfreunden auch mit John Morley bis zu dessen Tod in engster Verbindung. Spender arbeitete zunächst für verschiedene Provinzblätter und die *Pall Mall Gazette*, bevor er sich 1893 an der Gründung der *Westminster Gazette* beteiligte, für die er das nächste Vierteljahrhundert, seit 1896 als Herausgeber, arbeitete. Nach dem Ersten Weltkrieg schrieb er umfassende Biographien zu Campbell-Bannermann und Asquith.

[121] Die *Westminster Gazette* hatte trotz ihrer vergleichsweise geringen Auflage von max. 27 000, in der Regel sogar von weniger als 20 000 Exemplaren, einen außergewöhnlichen Einfluß, der vor allem aus dem Hintergrundwissen Spenders resultierte. Seit den Zeiten von Balliol mit vielen führenden Politikern bekannt oder befreundet, konnte Spender nach der Jahrhundertwende, insbesondere nach Regierungsübernahme der Liberalen, dank der Freundschaften mit der Mehrzahl der Kabinettsmitglieder als eine der bestinformierten Personen des Königreichs gelten. Zur außenpolitischen Position Spenders vgl. Christel GADE, Gleichgewichtspolitik oder Bündnispflege. Maximen britischer Außenpolitik (1909–1914), Göttingen 1997, S. 115–120; SPENDER, Life, Journalism and Politics. Spender schreibt in seinen Erinne-

Scott, dem Chefredakteur und Herausgeber des *Manchester Guardian*[122], der bedeutendste liberale Journalist der Vorkriegszeit und ein enger Vertrauter des Außenministers Edward Grey.[123] Benjamin Jowett ließ das College durch seinen Einfluß zu einem Ort intellektueller Fruchtbarkeit und inspirierten politisch-staatsmännischen Talents werden[124], an dem angelsächsisches Weltbild und pragmatisierte abendländische Kulturtradition zu einem charakterbildenden Amalgam aus Ehrgeiz und Verantwortungsbereitschaft verschmolzen, das im

rungen beispielsweise über die langen und sorgfältigen Briefe, die er von Spring Rice aus St. Petersburg erhielt. Er selbst wiederum versuchte, Spring Rice über die Politik in London auf dem laufenden zu halten. Ebenda, Bd. 1, S. 215. Einige warnend-germanophobe Briefe zur »Gefahr einer deutschen Hegemonie in Europa« schrieb Spring Rice 1905 in Reaktion auf zwei Artikel, in denen Spender nach Ansicht von Spring Rice die englische Unterstützung für die französische Außenpolitik ungenügend formuliert hatte. BL Add Ms 46391, S. 142–149, Spring Rice an Spender, 11. August 1905. In einem Brief wenige Tage später nannte er Spenders außenpolitische Position in dieser Frage »a most embarrassing one«, weil Deutschland im Falle einer Annäherung mit Frankreich »could reduce her army and devote herself to the fleet«. Spring Rice an Spender, 14. August 1905, ebenda, S. 150.

[122] Charles Prestwich Scott (1846–1932) hatte ebenfalls in Oxford, allerdings am Corpus Christi College, studiert und dort 1867 mit einem »Second« in Classical moderations und 1869 mit einem »First« in Literae Humaniores abgeschlossen. Scott war von 1872 bis 1929 Chefredakteur bzw. Editor des *Manchester Guardian*, den er 1905 nach dem Tod seines Cousins John Edward Taylor auch erwarb. Seine Unterstützung galt vor dem Ersten Weltkrieg in erster Linie dem Gegner von Greys Außenpolitik, Lord Loreburn (Robert Reid, 1846–1923), später dann Winston Churchill und Lloyd George.

[123] Spender war im Dezember 1905 neben Arthur Acland entscheidend daran beteiligt, Edward Grey davon zu überzeugen, entgegen dem »Relugas Compact« mit Asquith und Haldane, das Foreign Office zu übernehmen. Campbell-Bannerman sollte sich nach dem Willen von Asquith, Grey und Haldane auf den Vorsitz im Kabinett beschränken, einen Sitz im Oberhaus einnehmen und die Führung im Unterhaus Asquith überlassen. Haldane sollte Lord Chancellor, Grey Außenminister und Asquith Chancellor of the Exchequer werden. Als Balfour am 4. Dezember 1905 zurücktrat und die Regierungsbildung anstand, konnten die »Compactanten« nur die beiden letzten Punkte durchsetzen. Campbell-Bannerman wollte auf die Führung im Unterhaus nicht verzichten. Haldane nannte den »Relugas Compact« später »a private arrangement of a purely defensive character«. Im Dezember 1905 war dies gleichwohl eine Auseinandersetzung, von der der künftige Weg britischer Außenpolitik partiell mitbestimmt wurde. Richard Burdon HALDANE, An Autobiography, London 1929, S. 159; Memorandum of Events between 1906–1915, National Library of Scotland, Haldane Papers MSS 5919, S. 23; vgl. TREVELYAN, Grey of Fallodon, S. 98.

[124] Als weitere bedeutende Namen dieser Generation sind zu nennen der Journalist und Autor Sidney Low (1857–1932), von 1877 bis 1879 in Balliol, und Cosmo Gordon Lang (1864–1945), der spätere Erzbischof von Canterbury und von 1882 bis 1886 an Jowetts College. Als Historiker nennenswert sind John Horace Round (1854–1928), Richard Lodge (1855–1936), Thomas Frederick Tout (1855–1929), Charles Harding Firth (1857–1936), Reginald Lane Poole (1857–1939), als Philosoph vor allem Samuel Alexander (1859–1938), der nach seinen Abschlüssen in Classical moderations (1879) und Literae humaniores (1881) der erste praktizierende Jude war, der an einer der alten Universitäten ein Fellowship erhielt. Der gleichfalls zu dieser Generation zu zählende Biologe Peter Chalmers Mitchell (1864–1945), der 1896 durch einen Artikel in der *Saturday Review* mit seiner Forderung »Germania est delenda« Aufsehen erregte (vgl. oben S. 59–62), hatte 1888 als einer der Jahrgangsbesten sein naturwissenschaftliches Studium am Oxforder Christ Church College abgeschlossen. Vgl. BIOLOGIST (= MITCHELL), Biological View.

»Staatsmann als Gentleman« seine höchste Weihe erblickte.[125] Jowett war in der Tat die prägende Figur dieser Jahre und für Spring Rice und viele seiner Generation[126] von noch größerer Bedeutung als Browning und andere einflußreiche Eton-Tutoren[127], wie auch aus einer Vielzahl von Memoiren ablesbar ist.[128] Arthur Balfour, der zwar in Eton erzogen worden war, dann aber gemäß der Familientradition nach Cambridge ging, traf (anläßlich eines Besuchs bei

[125] Exemplarisch für die Erinnerungsliteratur sei verwiesen auf die Bemerkung des Diplomaten David Kelly, der noch in den fünfziger Jahren die besondere Bedeutung der englischen Eliteausbildung im Dreivierteljahrhundert vor dem Ersten Weltkrieg betonte. Er war der Auffassung, daß kein ehemaliger Botschafter in seinen Reminiszenzen das Thema »Public School« auslassen dürfe, »as the public school formation has so much influenced English diplomacy and political life generally«. Aus dieser Institution erwuchs seit der Mitte des 19. Jahrhunderts ein »complete social product [...], in which the sons of landowners and businessmen became indistinguishable, and England became the only country in which the privileged classes asked a young man not ›Who was his father?‹ but ›Where was he at‹?« KELLY, The Ruling Few, S. 8 f.

[126] Vgl. Harold HARTLEY, Benjamin Jowett: An Epilogue, in: H[enry] W[illiam Carless] DAVIS, A History of Balliol College, Oxford 1963, S. 200–220.

[127] Cecil Spring Rice hatte schon 1878 an seinen Bruder Stephen über Jowett geschrieben: »He is the most splendid institution here, if it was only for the way he stimulates the imagination of undergraduates in the fabrication of stories about him. There was a secret society of undergraduates here who met every Saturday and invented authentic anecdotes of ›the Jowler‹. I invented one, which was told me with great gusto the other day as coming from a very trustworthy source. He is really very pleasant indeed if conversation is started for him: he won't start talking of himself, and he does unobtrusive kind things that no one could without a very good heart. But he is fearfully commonsensical. The only prudent man in Oxford, they say.« Cecil an Stephen Spring Rice, 14. März 1878, GL 1, S. 20 f. Die bis in die Gegenwart immer wieder zitierte Charakterisierung Jowetts in einer 1881 von Studenten des Colleges über Kommilitonen, Lehrer und Zeitgenossen verfaßten Satireschrift mit dem Titel The Masque of B-ll-l lautete: »First come I. My name is J-W-TT./ There's no knowledge but I know it./ I am Master of this College,/ What I don't know isn't knowledge.« Zit. nach ROSE, Superior Person, S. 48.

[128] Am Beginn der vielfältigen, bisweilen stark anekdotenhaften Erinnerungsliteratur über die »Ära Jowett« steht William TUCKWELL, Reminiscences of Oxford, London/New York 1900. Der in Frankreich geborene und noch unter Jowett ausgebildete Schriftsteller und Poet Hilaire Belloc (1870–1953), der vor dem Ersten Weltkrieg eine Reihe satirischer Bücher zu Stil und Methoden zeitgenössischer englischer Politik schrieb und selbst von 1906 bis 1910 für die Liberalen im Unterhaus saß, faßte imperiale Sendung und generationellen Zusammenhalt 1910 im Gedicht »To the Balliol Men Still in Africa« zusammen:

»Balliol made me, Balliol fed me,/ Whatever I had she gave me again:/ And the best of Balliol loved and led me./ God be with you, Balliol men.«

Bereits 1898 brachte er im »Modern Traveller« das durchsetzungswillige Selbstbewußtsein der britischen Überlegenheit mit einem vielzitierten Zweizeiler auf den Punkt:

»Whatever happens we have got/ The Maxim Gun, and they have not.«

Die prägnanteste Satire Bellocs über die Politik der edwardianischen Zeit mit zahlreichen zeitgenössischen Anspielungen ist: A Change in the Cabinet, London 1909. Selbst Karl Alexander von Müller, der 1903/04 als einer der ersten fünf Rhodes-Stipendiaten in Oxford war, berichtet in seinen Jugenderinnerungen über die legendäre Jowett-Zeit und zitiert den Jowett-Reim (fehlerhaft) aus dem Gedächtnis: Karl Alexander von MÜLLER, Aus Gärten der Vergangenheit. Erinnerungen 1882–1914, Stuttgart 1951, S. 318; vgl. auch DAVIS, A History of Balliol College, S. 173–199: The Making of Modern Balliol.

Jowett) in den hinteren Winkeln des Gebäudes auf einen Freund, der erstaunt ausrief: »Why, what on earth are you doing here?« »I am«, antwortete Balfour, »trying to discover the secret of Balliol.«[129] Selbst bei Studenten, auf die seine zeitgenössische Kraft die zwingend-fördernde Prägung offensichtlich verfehlte, wie bei Edward Grey, blieb ein lebenslanger, unterschwellig wirkender Eindruck.[130]

Spring Rice war in Oxford ein erfolgreicher Student, der sich auch als Autor der *Oxford Rhymes* einen gewissen Ruf erwarb, aber er war nicht der Typus des brillanten Überfliegers, wie es etwa Asquith gewesen war oder wie sein Studienkollege Curzon ihn verkörperte.[131] Spring Rice war zugleich »highly intelligent and eloquent«[132], allerdings auch in einem selbst für britische Maßstäbe hohen Maße exzentrisch. Schon sein erster Tutor in Eton, William Johnson[133], charakterisierte ihn gegenüber der Mutter nicht nur als »frail in body«,

---

[129] Zit. nach HARTLEY, Benjamin Jowett, S. 200.

[130] Grey war, wie oben S. 153 beschrieben, insofern eine Ausnahme, daß er in den Kategorien Jowetts eigentümlich müßig und unangemessen eigensinnig blieb. In seiner unveröffentlichten *Autobiography* – die von Greys Erinnerungswerk *Twenty-Five Years* streng zu unterscheiden ist – scheint noch nach Jahrzehnten die gerührte Bewunderung für Jowetts Verhalten durch: »Though I was sent down he [Jowett, M. B.] asked me to stay with him in one of his customary week-end parties and I had to leave the breakfast-table to catch the early morning train. Jowett in those days sat with his back to the entrance. I shook hands and explained why I had to go. To my surprise I heard Jowett's feet following me out after I had said ›good-bye.‹ In the passage he took me by the arm and said in a pleading voice: ›You will read, won't you? Please do!‹ then hurried back into the breakfast room. That was the only reference he had made to my present predicament and the reason why I had been sent down. I have told this story because it happened to myself and bears no trace of the ordinary pungency of Jowett stories.« Zur Charakterisierung der Art Jowettscher Wirkung schreibt Grey: »Jowett was not a great talker, in fact he said very little, but what he said was like the result of distilled thought with a sort of finality about it, as if it was an opinion arrived at after all excrescences of language and fancy and imagery had been cleared away, and only real truth about the matter remained. It was as if he made thought visual. Many of the stories about him are misleading because they do not give the impression of the real kindness which was part of his nature. To merit which had real need he was really kind, but merit by itself did not necessarily appeal to him.« Grey, Autobiography (unveröffentlicht), zit. nach TREVELYAN, Grey of Fallodon, S. 19 f.

[131] Der unzweifelhaft hochbegabte Curzon wurde in *The Masque of Balliol* von 1881 zur entsprechenden Zielscheibe des immer wieder zitierten Spotts:

»My name is George Nathaniel Curzon,/ I am a most superior person./ My cheek is pink, my hair is sleek,/ I dine at Blenheim once a week.«

Allerdings erschienen nur die zwei ersten, Professor Mackail zugeschriebenen Zeilen in *The Masque*. Zeile drei und vier, die nicht in der gedruckten Version auftauchen, hat vermutlich Cecil Spring Rice verfaßt. GL 1, S. 24.

[132] Zara S. STEINER, The Diplomatic Life: Reflections on Selected Diplomatic Memoirs Written Before and After the Great War, in: George EGERTON (Hrsg.), Political Memoir: Essays on the Politics of Memory, London 1994, S. 167–187, hier S. 183.

[133] William Johnson wurde später unter dem Namen William Johnson Cory als Lyriker bekannt und hatte bereits in den 1850er Jahren einen Gedichtband *Ionica* veröffentlicht. Die poetische Neigung Spring Rices fand für kurze Zeit ein Pendant, doch blieb Johnsons Einfluß auf Spring Rice gering.

»eager for knowledge« und ausgestattet mit »gracious manner«, sondern auch mit der Neigung »to fall away into something like silliness«.[134] Seine Neigung zum skurrilen Humor war offensichtlich noch um einige Grade stärker ausgeprägt, als es dem ohnehin »sense of humour«-süchtigen Ton der englischen Umgangsformen entsprach. In Oxford hatten seine phantasievollen Erzählungen frei erfundener Geschichten ebenso Erfolg wie später bei der Familie des amerikanischen Präsidenten Roosevelt[135], die er gleichfalls mit amüsanten Gedichten bedachte. Spring Rice war zugleich ein ernsthafter Poet, der mit seinen Versen das Licht der Publizität jedoch weitgehend scheute.[136] Darüber

---

[134] William M. Johnson an Mrs. Charles Spring Rice, 18. Dezember 1871, GL 1, S. 7.

[135] In *The Masque of Balliol* heißt es über Spring Rice:

»Can story telling be a vice/ When you've an uncle like Sp--- R---e?/ My versatility is such/ None likes me little, or knows me much.«

Die Verse, verfaßt von John William Mackail (1859–1945), persiflieren die Gewohnheit von Spring Rice, in seinen Erzählungen häufig auf einen imaginierten »Onkel« als Gewährsmann der von ihm reportierten Geschichten Bezug zu nehmen. Zit. nach GL 1, S. 25. Spring Rice war, worauf noch einzugehen sein wird, in seinen Washingtoner Jahren ein häufiger Gast der Familie Roosevelt. Im August 1897, als Spring Rice in Berlin lebte, fügte Roosevelt einem dutzendseitigen Grundsatzbrief, in dem er sich zur inneren und äußeren Lage der Vereinigten Staaten, den Möglichkeiten künftiger Weltpolitik und den darin absehbaren Perspektiven von Angelsachsen, Germanen und Slawen äußerte, das handschriftliche Post Scriptum hinzu: »Mrs. Roosevelt sends you her love, and wishes to know whether you would be very good and write out the lovely ballad of ›Hurry my Johnny, the jungle's afire‹ for her? The children are always asking for it.« Theodore Roosevelt an Spring Rice, 13. August 1897, in: Letters of Theodore Roosevelt, Bd. 1, Nr. 773, S. 649. Spring Rice sandte aus Deutschland des öfteren Bücher für die Roosevelt-Kinder. Vgl. Brief an Mrs. Roosevelt, 27. März 1897, GL 1, S. 217. In seiner Washingtoner Zeit nahm Spring Rice den Erzähler-Topos aus Oxfordzeiten im Verkehr mit seinen amerikanischen Freunden wieder auf, wenn er Henry Adams als »dear Uncle Henry« apostrophierte (wie es auch die Kinder von John Hay und Henry Cabot Lodge taten). Henry Adams nannte ihn im Gegenzug »my gentle diplomate«. Vgl. GL 1, S. 209, 316. Zur Bedeutung der Beziehungen Theodore Roosevelt-Henry Adams-John Hay-Henry Cabot Lodge-Cecil Spring Rice vgl. unten S. 171–182.

[136] Am bekanntesten wurde sein Hymnus *I Vow to Thee, My Country*, das er im Januar 1918 vor seinem Abschied aus Washington schrieb und das von Gustav Holst in seiner Orchestersuite *The Planets* vertont wurde. Das Gedicht, »yet another candidate for a truly national anthem« (Norman DAVIES, The Isles. A History, London 1999, S. 820) spiegelt jenen sendungsbewußten Patriotismus und gläubigen Nationalismus, der für die Motivation seiner diplomatischen Laufbahn und seines Bemühens um Einfluß auf die britisch-amerikanischen Beziehungen seit den Tagen von Eton prägend war. Die ersten zwei Strophen lauten (vgl. GL 2, S. 432 f.):

»I vow to thee, my country – all earthly things above –/ Entire and whole and perfect, the service of my love./ The love that asks no questions: the love that stands the test,/ That lays upon the altar the dearest and the best:/ The love that never falters, the love that pays the price/ The love that makes undaunted the final sacrifice./ And there's another country, I've heard of long ago –/ Most dear to them that love her, most great to them that know –/ We may not count her armies; we may not see her King,/ Her fortress is a faithful heart, her pride is suffering –/ And soul by soul and silently her shining bounds increase,/ And her ways are ways of gentleness and all her paths are Peace.«

Es ist bemerkenswert, daß der bereits erwähnte drei Jahre jüngere Zimmernachbar von Spring Rice in Eton, A. C. Benson, gleichfalls eines der wichtigsten Werke dieses Genres ge-

hinaus übersetzte er, was wiederum nur die engsten Freunde wußten, Gedichte und Erzählungen aus dem Persischen. Zwei Übersetzungsbücher von ihm erschienen fast unbemerkt zur Jahrhundertwende.[137]

2.3. Diplomatie und Amerika

Spring Rices jugendliche Existenz war zunächst stark von wechselvoller Suche nach den Perspektiven eines erfüllenden Lebens geprägt. Erst nach längerem Wanken in der Frage, was er nach dem erfolgreichen Studienabschluß beginnen sollte, absolvierte er eher unentschlossen und am Erfolg zweifelnd im Herbst 1882 die Aufnahmeprüfung für das Foreign Office. Er bestand problemlos. Sein Eton-Freund Arthur Hardinge, ein Cousin von Charles Hardinge, gratulierte aufmunternd: »As I told you, and as everybody but yourself felt certain would be the case, you were easily the first.«[138] Am 9. September 1882 wurde Spring Rice als »clerk« aufgenommen und nach einigen Jahren grundsätzlicher Ausbildung und Orientierung im Frühjahr 1885 zum assistant private secretary des Außenministers Lord Granville befördert. Im Frühjahr des nächsten Jahres wählte ihn der neue Außenminister Rosebery zum précis writer, einer Position ähnlich der eines Privatsekretärs. In dieser Zeit des Jahres 1886 begann auch die lebenslange enge Freundschaft mit Ronald Munro-Ferguson (später Viscount Novar[139]), den Rosebery auf den Posten des parlamentarischen Privatsekretärs berufen hatte.[140] Spring Rices Sympathien lagen eindeutig auf Seiten der Liberalen.[141] Weil Rosebery kein wirklicher Parteisoldat, sondern eher eine sensitive, bisweilen genialisch-unberechenbare Künstlernatur war, faszinierte er auch Spring Rice. Obwohl Spring Rice dem Außenminister nur etwa acht Monate als précis writer diente, war er offensichtlich ebenso wie Munro-Ferguson eingenommen von Roseberys »brilliant and versatile intelligence. There was in him

---

schaffen hat, die 1902 für das Finale der Krönungsode Edward Elgars geschriebenen Verse »Land of Hope and Glory«. Vgl. oben Anm. 93; vgl. auch ELVERT, »A Greater Britain of British Race«, S. 130–132.

[137] Cecil A. SPRING RICE, Songs from the Book of Jaffir, London 1900; ders., The Story of Valeh and Hadijeh, translated from the Persian by Mizra Mahomed and C. Spring Rice, London 1903. Spring Rices Gedichte erschienen erst nach seinem Tod: Cecil A. SPRING RICE, Poems, London 1920; seine Erzählung *The Adventurers of James* erschien im Privatdruck.

[138] Arthur Hardinge an Spring Rice, o. D. [Oktober 1882], GL 1, S. 27 f.

[139] Ronald Crauford Munro-Ferguson (1860–1934), Viscount Novar (1920), verheiratet seit September 1889 mit Helen Blackwood, der ältesten Tochter von Lord Dufferin, war Unterhausabgeordneter der Liberalen für Ross und Cromarty von 1884 bis 1885 und (als Nachfolger William Gladstones) für Leith Burghs von 1886 bis 1914.

[140] GL 1, S. 36; vgl. BURTON, Spring Rice, S. 26. Als die Liberalen im August 1892 erneut an die Regierung kamen und Grey unter Rosebery zum Unterstaatssekretär im Foreign Office ernannt wurde, meinte Spring Rice, er habe diesen Posten Ferguson gewünscht, obwohl auch Grey »a good man« sei. Spring Rice an Ferguson, 18. September 1892, GL 1, S. 124. Ferguson war während Roseberys Zeit als Außenminister 1886 und 1892 dessen Privatsekretär und hatte Rosebery 1886 auch auf dessen Indienreise begleitet.

[141] Vgl. Spring Rice an Ferguson, 10. Juli 1891, GL 1, S. 114.

much of the instinctive hero-worshipper, and Lord Rosebery was perhaps his first hero«.[142]

Die erste entscheidende Wende in Spring Rices Leben brachte sein Aufenthalt in Nordamerika 1886, als er seinen Bruder Gerald in Pense im kanadischen North-West Territory besuchte. Spring Rice kehrte im November 1886 nach London zurück, wo er vor allem für berichtenswert hielt, wie sehr man in Kanada Gladstone verehre und Randolph Churchill verabscheue. Auf seiner Reise über den Atlantik lernte Spring Rice auch jenen Mann kennen, der für die britische Außenpolitik und die Zukunft der Vereinigten Staaten, Großbritanniens und Deutschlands in der Weltpolitik von herausragender Bedeutung werden sollte: Theodore Roosevelt.[143] Roosevelt hatte gerade den Kampf um den New Yorker Bürgermeisterposten verloren und fuhr nach England, um zu heiraten. Ihre Freundschaft entwickelte sich spontan so eng, daß Spring Rice von Roosevelt als Trauzeuge bei dessen zweiter Eheschließung verpflichtet wurde. So war Spring Rice nach wenigen Tagen Bekanntschaft Roosevelts »best man«, als dieser am 2. Dezember 1886 Edith Carow in der St. George's Church am Londoner Hanover Square heiratete, »which made me feel«, wie Roosevelt in seinen Erinnerungen schrieb, »as if I were living in one of Thackeray's novels«.[144] Spring Rices persönliches Verhältnis zu Roosevelt wurde enger, je häufiger sie sich trafen. Er besuchte Roosevelt schon Ende März 1887 für eine Woche in New York[145] und notierte nach seiner Rückkehr von einem erneuten Zusammentreffen in Long Island, er möge ihn »better every day I see him«.[146] An seinen Freund Ferguson schrieb er über die frische Bekanntschaft: »Did I tell you about my acquaintance, Roosevelt? He has been married – I had to be his best man as he knew nobody in London. I wore my frock coat. [...] He is in Italy. When he comes back, you must be civil to him as he is one of the most amusing people one can meet, and his wife is charming. You must also try to induce our Lord [Rosebery] to be kind to him.«[147]

---

[142] GL 1, S. 38.

[143] Die Darstellung über das Kennenlernen Spring Rices und Theodore Roosevelts bei BURTON, Spring Rice, S. 26–29, ist unpräzise und fehlerhaft.

[144] Edith Kermit Carow (1861–1948). Theodore ROOSEVELT, An Autobiography, New York 1913, Nachdruck 1985, S. 33. Spring Rice sollte später auch Trauzeuge George Curzons werden, nicht nur, weil sie seit Eton und Balliol bekannt waren, sondern auch, weil Spring Rice einer der wenigen verbliebenen Junggesellen in Curzons Generation war. Die Absicht wurde fallen gelassen, vermutlich weil Spring Rice selbst vergeblich um die Hand von Curzons Frau angehalten hatte und nicht über Curzons Affären schweigen mochte. Vgl. GILMOUR, Curzon, S. 118 f. St. Georges, Hanover Square, war in diesen Kreisen eine bevorzugte Heiratsadresse, und so wie Roosevelt sich in einen Roman Thackerays versetzt fühlte, wurde diese Kirche literarisch benutzt, um sozialen Aufstieg zu symbolisieren, wenn etwa George Bernard Shaws Alfred P. Doolittle nach seiner Erbschaft dort heiratet.

[145] Spring Rice an Ferguson, 25. März 1887, GL 1, S. 60.

[146] Spring Rice an Ferguson, 17. Juni 1887, GL 1, S. 67.

[147] Spring Rice an Ferguson, o. D., GL 1, S. 50.

Spring Rice erkannte in seiner Neigung zur Heldenverehrung in der politischen Kraftnatur Roosevelt, die zugleich die Dimension des Rustikalen und Naturverbundenen einschloß, einen verehrungswürdigen Freund, der in hohem Grade dem entsprach, was er selbst als »Idee« in der Politik[148] verstand und verfolgte. Zweifellos profitierte jeder von der ehrlichen Freundschaft des anderen, weil diese ihnen den Weg in die Gesellschaft der anderen Nation ebnete und den Schlüssel zu deren Führungsschicht bilden konnte. Das war allerdings eine zusätzliche Dimension der Beziehung, die erst langfristig, dafür aber um so nachhaltiger von politischer Bedeutung wurde. Die Unvorhersehbarkeit und generelle Unberechenbarkeit kommen in einem Kommentar Arthur Hardinges zum Ausdruck, als dieser von »Springys« Wunsch erfuhr, nach Washington versetzt zu werden: »I hope you may get your exchange, though why choose Washington which is out of all politics? Of course it is interesting in a way, and [Lionel Sackville-] West [der britische Gesandte, M. B.] is a charming chief. But still it seems so off the line.«[149] Die Freundschaft zwischen dem aufstrebenden amerikanischen Politiker und dem exzentrisch-gewitzten, gleichwohl umgänglichen britischen Diplomaten mit seinen Verbindungen zur heimischen Politik hob in diesen Jahren zu ihrer langfristigen historischen Bedeutung an.

Spring Rice machte auf seine Umwelt, ob in London oder später in Washington und Berlin, meist einen exzentrischen Eindruck, weil er Gedichte schrieb und Karikaturen zeichnete, mit denen er die Langeweile der bürokratischen Tagesroutine humorvoll zu kompensieren vermochte. Hinzu kam, daß er in seinem äußeren Auftreten stets etwas wirr und in seinen Reaktionen nicht wirklich berechenbar schien, so daß ihm in den 1880er Jahren der Hauch des »wicked wit of the F. O.« umwehte.[150] Ferguson beschrieb plastisch die Erscheinung des jungen Diplomaten: »Springy's table – and he had a very big table – was always two feet deep in paper, and, there was Springy with his hair standing on end.«[151] Spöttelnde Ironie und stiller Sarkasmus, mitunter zynische Schroffheit durchziehen auch die meisten von Spring Rices Briefen, die er häufig mit einem anschaulich assoziativen »C. A. S. R.« unterzeichnete. Arthur Hardinge schilderte einige Jahre später, als Spring Rice schon diplomatisch in den Vereinigten Staaten wirkte, unverblümt die Eindrücke einer gemeinsamen Bekannten über Spring Rices »behaviour at Washington, but said that you were very eccentric and that one never knew what you would do or say next, which I said was my opinion too«.[152] Es ist nicht übertrieben zu konstatieren, daß die etwas welt-

---

[148] Vgl. GL 1, S. 49.

[149] Arthur Hardinge an Spring Rice, o. D., GL 1, S. 49.

[150] Zit. nach GL 1, S. 35.

[151] Munro-Ferguson, zit. nach GL 1, S. 45. Spring Rice revanchierte sich, wenn er beispielsweise aus Japan bei Ferguson anfragte: »Is your table still the office-keepers' admiration?« Spring Rice an Ferguson, 24. Oktober 1892, GL 1, S. 136.

[152] Arthur Hardinge an Spring Rice (1888), zit. nach GL 1, S. 110.

Cecil Spring Rice 1914 als britischer Botschafter in Washington

fremd-künstlerische Art, mit der Spring Rice sein äußeres Erscheinungsbild gegenüber seinem gepflegten und spritzigen Geist vernachlässigte, bei einigen Damen der amerikanischen Gesellschaft gewisse Bemutterungsinstinkte auslöste. Der Briefwechsel mit den Frauen bedeutender amerikanischer Politiker, beginnend mit der Gattin Theodore Roosevelts, ist umfangreich. Mrs. Lodge, die Frau des einflußreichen Senators Henry Cabot Lodge, soll ihm geraten haben, seinen scharfen Zungenschlag, dem nicht selten undiplomatische Spitzen entsprangen, unter jenes Maß an Kontrolle zu bringen, das für einen nach Erfolg strebenden Diplomaten unabdingbar zu sein pflegt, wenn er denn nicht nur als unterhaltend, sondern auch als glaubwürdig und zuverlässig angesehen werden möchte. Spring Rice wurde »Dear Springy« (oder auch »Springey«) für die Mehrzahl seiner Korrespondenzpartner, für Theodore Roosevelt ebenso wie später für Edward Grey.[153] Als Spring Rice einige Zeit nicht auf ein Schreiben Roosevelts antwortete, erhielt er einen halb ironischen, halb fordernden Brief, der in die Klage mündete: »Oh Springie, Springie! I fear you are forgetting your barbarian friends on this side of the water.«[154]

Roosevelt war gegenüber dem nahezu gleichaltrigen Spring Rice um Jahre reifer – als Politiker, als Schriftsteller und als Unternehmer. Roosevelt machte seinen Weg in der amerikanischen Politik – und dieser Erfolg war entscheidend, bevor Roosevelt jenseits persönlicher Freundschaft für irgendjemand in Großbritannien bedeutend werden konnte – selbstverständlich ohne Spring Rice.[155] Spring Rice wiederum ging seinen diplomatischen Weg gleichfalls aufgrund interner Beachtung und Förderung und nicht aufgrund seiner Beziehungen nach Amerika. Die enge Verbindung mit Roosevelt war sogar ein gewisses Karrierehindernis für Spring Rice auf dem Weg zum Washingtoner Botschafterposten.[156]

Die Eindrücke seines Besuchs in den Vereinigten Staaten vom Frühjahr 1887 waren ambivalent. Er genoß die amerikanische Freundlichkeit und oberflächliche Offenheit, die seinem Wesen entgegenkamen, und fühlte sich »as much at home here [in Washington, M. B.] as in London«.[157] Der diplomatische Dienst sagte ihm nicht in gleicher Weise zu, er fühlte sich in dessen Regeln noch nicht heimisch und schrieb an Ferguson: »I only like this out of pure luxury and wickedness.«[158] Die Bedeutung gegenseitiger Dienste im eigenen und im politischen Interesse seines Landes waren ihm vollkommen bewußt. Er bemühte sich deshalb fortwährend, seine amerikanischen und britischen Verbindungen zu verknüpfen, so, indem er beispielsweise Ferguson in London bat, sich einer Reihe amerikanischer Besucher anzunehmen, von Roosevelts Bruder Elliot (»with a very charming wife«) bis zu Senator Hale aus Maine, der gern das Unterhaus

---

[153] Mrs. Cabot Lodge (mit beiden stand er in regelmäßigen Briefwechsel) sprach ihn etwas unbeholfen mit »Dr. Mr. Springy« an. GL 1, S. 15.

[154] Theodore Roosevelt an Spring Rice, 28. April 1897, in: Letters of Theodore ROOSEVELT, Bd. 1, Nr. 711, S. 604.

[155] Burtons These, daß Springy »was the one Roosevelt profited the most from knowing«, daß also der Amerikaner der eigentliche Nutznießer dieser Freundschaft war, ist nicht haltbar. BURTON, Spring Rice, S. 9.

[156] Im Gegensatz zur deutschen Diplomatie, die Roosevelts Wünschen in der Berufung seines Freundes Speck von Sternburg entgegenkam, weigerte sich das Foreign Office, dem Präsidentenwunsch entsprechend Spring Rice zum Nachfolger des erfolglosen Mortimer Durand zu berufen. Das war ein Signal an beide Seiten, ohne daß es den persönlichen Beziehungen der Akteure den leisesten Abbruch tat.

[157] Spring Rice an Ferguson, 10. April 1887, Papers Churchill College Cambridge; BURTON, Spring Rice, S. 29.

[158] Ebenda, S. 28.

besuchen wollte. »I am sure you would like to have done your good turns before you receive them«, resümierte er das Wesen dieser Bemühungen.[159]

Vom Sommer 1888 bis zum Herbst 1889 war Spring Rice wieder in London und tat Dienst im Foreign Office. Er sinnierte skeptisch vergleichend über die politischen und gesellschaftlichen Zustände jenseits des Atlantiks, behielt aber eine faszinierte Neigung zu den Vereinigten Staaten und seinen Menschen.[160] Während dieser Zeit wohnte er mit seinen Geschwistern in 113A Queen's Gate und beherbergte nun selbst Gäste aus den Vereinigten Staaten, darunter Brooks Adams, den Bruder seines väterlichen Freundes Henry.[161] Im Herbst 1889 wurde er erneut nach Washington gesandt, diesmal als Sekretär der Internationalen Marinekonferenz, an der auch das Deutsche Reich teilnahm. Die Konferenz endete zum Jahresschluß ohne bedeutende Ergebnisse[162], aber Spring Rice konnte in Washington bleiben. Seine Arbeit hatte dem britischen Gesandten vor Ort, Julian Pauncefote, so zugesagt, daß er ihn vom Foreign Office als zweiten Sekretär anforderte. Die bisherige Unentschiedenheit Spring Rices, ob er nun als Mitarbeiter im Foreign Office seinen überfließenden Schreibtisch zu beherrschen lernen oder in den reiseintensiven diplomatischen Dienst wechseln sollte, war entschieden: »Life in the outside service«, schrieb er an Ferguson, »is fuller than life in the Foreign Office because the work is at first hand.« Außerdem sei Washington »a grand post for interest«.[163]

Spring Rice machte sich keine Illusionen über die Fährnisse der politischen Praxis in den Vereinigten Staaten, wo Geld und Patronage, protegierende persönliche Netzwerke und materieller Einfluß auf die Presse eine enorme und bis-

---

[159] Spring Rice an Ferguson, 29. März 1887, GL 1, S. 60.

[160] Noch aus Washington hatte er über das Wesen der kapitalistischen Gesellschaft in den Vereinigten Staaten geschrieben: »The rich are beginning to show their sense of responsibility by endowing schools and hospitals. But as regards the poorer classes, they regard them as fools for not being richer, and don't show them much sympathy. The consequence is that the feeling of the poor is something awfully bitter in the big towns. [...] A New York ›Machine Politician‹ told me that there was only one class of men who couldn't be bribed, and that was the poorest.« Spring Rice an Ferguson, 26. Mai 1887, GL 1, S. 64.

[161] Vgl. GL 1, S. 97. Brooks Adams landete 1895 mit seinem Buch über das Gesetz von Zivilisation und Zerfall einen *succès de scandale*. Brooks ADAMS, A Law of Civilization and Decay. An Essay on History, New York/London 1895; vgl. PERKINS, Rapprochement, S. 69.

[162] Spring Rice meinte denn auch im März 1890: »Our relations are on the whole good, but one has to remember that in a happy country like this where politics don't affect great questions, or the happiness of the nation, the people who run them are apt to be a pretty poor lot. [...] I suppose that there never has been an administration so absolutely unworthy of a great nation as this one. It is universally acknowledged, but it does not affect the happiness of the people. In fact, the only sensation they derive from it is the amusement of the Sunday press.« Spring Rice an Ferguson, 28. März 1890, GL 1, S. 104.

[163] Spring Rice an Ferguson, 22. Januar 1892, Papers Churchill College Cambridge; BURTON, Cecil Spring Rice, S. 29.

weilen korrumpierende Rolle spielten.[164] Wohlhabende betrachteten die Armen als »fools for not being richer«.[165] Die enge Verflechtung wirtschaftlicher und politischer Interessen und die skrupellose Verquickung beider mit dem reinsten Gewissen einer auf harten Wettbewerb orientierten Gesellschaft machten das Geschäft eines an britischen Gentleman-Maßstäben geschulten Diplomaten nicht einfacher: »A member of the Cabinet is a member of the land company. We are not at all sure that the Cabinet have not been given an interest in the Bering Sea Company which stiffens their attitude. The papers have been considerably interested, too. It's a difficult country for diplomacy.«[166] Gleichwohl und grundsätzlich wurde schon seinerzeit deutlich: Das Ergebnis dieser gegenseitigen Beeinflussung und Bevorteilung schien sich im Wettbewerb der Parteien und Interessengruppen wieder aufzuwiegen und auszugleichen. Trotz dieses stupenden Egoismus entstand durch den harten Wettbewerb ein gedeihlich funktionierendes Gesamtwerk politischer Praxis, das zugleich einen Zuwachs an Macht und Wohlstand mit einer vergleichsweise geringen Bedeutung politischer Tagesgeschäfte für das Wohlergehen des durchschnittlichen US-Amerikaners verband. Diesem Umstand kam zweifellos auch die riesige Ausdehnung des Landes, die damit verbundene Anonymität und der allerorten fühlbare prinzipielle Reichtum an natürlichen Ressourcen entgegen.

Wenngleich Washington eine kleine Stadt mit (zumal gegenüber Diplomaten) überaus gastfreundlichen Bewohnern war[167], so stand das Leben der Sommermonate doch ganz im Zeichen des schwülen Malariaklimas, das auch Spring Rice zu schaffen machte und ihn ebenso traf wie seinen Kollegen Charles Hardinge.[168] Seinerzeit war es noch nicht erlaubt, mit den Personen auch die Geschäfte der Gesandtschaft nach Norden umziehen zu lassen.[169] Diejenigen, die in Washington blieben, lebten »most of the day in a partially dressed state«, um sich dann am Abend zu treffen.[170] Gleichwohl entstanden auch hier persönliche Verbindungen, die sich für die britische Diplomatie langfristig als nützlich erwiesen. So lernte Hardinge im Sommer 1886 Außenminister Bayard kennen.

---

[164] Vgl. Spring Rice an Ferguson, 15. November 1889, GL 1, S. 100 f. »A man has just paid a million for a seat in the Senate. No one makes any complaint but thinks him pretty smart. [...] Politics is all dullness relieved by rascality. They have never been as bad as now.« Cecil an Stephen Spring Rice, 24. Januar 1890, GL 1, S. 102.

[165] Spring Rice an Ferguson, 26. Mai 1887, GL 1, S. 64. Vgl. oben Anm. 160.

[166] Spring Rice an seinen Bruder Stephen, 24. Juni 1890, GL 1, S. 105.

[167] Charles Hardinge, der 1886 als Botschaftssekretär in Washington war, hebt hervor, daß gerade die britischen Diplomaten sich in »an exceptionally favoured position« befanden. HARDINGE, Old Diplomacy, S. 32.

[168] Die Sumpfwiesen des Potomac reichten in dieser Zeit noch bis in unmittelbare Nähe des Weißen Hauses. Im Sommer gab es regelmäßig Malariafälle, und auch Hardinge mußte das Land auf ärztlichen Rat im Herbst verlassen, ähnlich wie Spring Rice einige Jahre später. Ebenda.

[169] Ebenda.

[170] Spring Rice an seinen Bruder Stephen, 30. Juni 1887, GL 1, S. 67.

Als Zweiter Sekretär der Gesandtschaft führte er während der schwülheißen Monate für den in gesünderes Klima gereisten Gesandten Sackville-West die Geschäfte[171], ritt jeden Abend mit dem Außenminister (und späteren ersten Londoner Botschafter) in Rock Creek aus und erhielt bei dieser Gelegenheit Informationen, die ihn gegenüber der Londoner Zentrale als ungewöhnlich gut unterrichtet auswiesen und seinen diplomatischen Ruf festigten.[172]

Bevorzugtes »Fluchtgebiet« in den Washingtoner Sommermonaten war (und ist) das nördliche Massachussets, Neu-Englands Küstenlinie, beginnend in Boston über Salem Richtung Norden. Die deutschen Diplomaten zogen nach Beverly Farms nahe Manchester by the Sea[173], ähnlich hielten es die Briten mit ihrem Sekretär Spring Rice, der auf diese Weise auch nach Nahant kam, dem Wohnsitz von Henry Cabot Lodge, dem wohl einflußreichsten politischen Freund Theodore Roosevelts. Henry Cabot Lodge war nun, ebenso wie viele aus seiner politischen Umgebung, keineswegs ein Freund der Engländer, im Gegenteil.[174] Spring Rice notierte später, Lodge sei zwar der Enkel eines Engländers, »but a very anti-English member of Congress«[175], was ihn nicht von einem engen persönlichen Verhältnis zu Spring Rice abhielt. Die Wertschät-

---

[171] HARDINGE, Old Diplomacy, S. 31. Spring Rice charakterisierte seinen Chef Sackville-West als »a curious person. His conversation is just like his correspondence – when it exists at all. At first sight you would think he was about as bad a man as you could have here. But I can't think he is at all a bad man. The American thoroughly understand him and tell him all sorts of things they don't to anyone else. They have a common taste for whiskey, poker and business, and a common hatred for female society. He never humbugs anyone, and never makes any bones over asking for what he wants, and he always gets it. To our Government he is so hopelessly reserved that unless he is directly asked for anything he never gives anything at all.« Spring Rice an Ferguson, 18. März 1887, GL 1, S. 56 f. Charles Hardinge hielt fest: »Sir Lionel was one of the most silent men that I have ever met, and it was really a strange freak of fortune that this most taciturn of men should in the end have been recalled at the instigation of the American Government for political indiscretion in writing.« HARDINGE, Old Diplomacy, S. 29. Auch Spring Rice lernte wie Hardinge Außenminister Bayard näher kennen, der ihm als das Gegenbeispiel seines Chefs Sackville-West erschien: »He is very intellectual and cultured: he has a most captivating manner and striking appearance. And they all hate him. [...] They don't like to call him their superior and so say he is a pompous ass. I like him tremendously and as I had said I was précis writer to Lord Rosebery (which on enquiry turned out to be true) he was very jolly to me and I see him pretty often. We have made friend also over Wordsworth, who is my love.« Spring Rice an Ferguson, 18. März 1887, GL 1, S. 58.

[172] HARDINGE, Old Diplomacy, S. 31. Hardinge erhielt seine Reitponys vom Sekretär der russischen Botschaft, Isvolsky [Izvol'skij], dem späteren Außenminister. Zu Hardinges Familienhintergrund s. oben S. 147 zur Rolle im Foreign Office unter Edward Grey und seine Bedeutung auch für die britisch-deutschen Beziehungen s. unten S. 298–300.

[173] Vgl. Friedrich von PRITTWITZ UND GAFFRON, Zwischen Petersburg und Washington. Ein Diplomatenleben, München 1952, S. 28.

[174] Vgl. GL 1, S. 54.

[175] Spring Rice an Daisy, 6. September 1887, GL 1, S. 76. Er fügte hinzu: »His wife is pretty and very pleasant. I hope they will come to England some day [...]«. Ebenda.

zung gegenüber Cabots Frau änderte auch nichts an »Springys« Zorn über die amerikanischen Drohungen in der Venezuela-Krise von 1895.[176]

Im nahe gelegenen Beverley pflegte auch Senator Cameron ein Sommerhaus zu mieten, der zusammen mit seiner allseits bewunderten Frau gleichfalls zum einflußreichen Freundeskreis um Spring Rice gehörte und wiederum mit Henry White in Verbindung stand, der in London eine ähnliche und politisch noch bedeutendere Position einnahm als Spring Rice in der amerikanischen Gesellschaft.

Die Verbindungen Spring Rices seit seinem ersten Aufenthalt 1887 blieben erhalten und wurden zu einer gleichsam natürlichen Beziehung, wie sie unter befreundeten Geschäftspartnern üblich ist, ausgeweitet. Spring Rice verkehrte regelmäßig im Haus von Theodore Roosevelts Schwester Anna Cowles, und die Vertrautheit war so augenfällig, daß Ferguson bei seinem Besuch 1888 meinte: »You might have thought they had been brought up together when I joined the circle.«[177] Der Kreis dieser miteinander verbundenen und sich gegenseitig besuchenden Haushalte war weitgehend von der Republikanischen Partei geprägt, wenngleich Ausnahmen wie der aus Massachusetts stammende Demokrat Endicott, Kriegsminister unter Präsident Cleveland, diese Regel bestätigen.[178] William C. Endicott, neben der Politik auch als Jurist tätig und erfolgreicher Eisenbahninvestor, gehörte sowohl zu den Kennern des amerikanischen Establishments als auch der transatlantischen Netzwerke und wurde von amerikanischen Politikern wie Journalisten als außenpolitische Autorität angesehen[179], was wiederum einen reziproken Einfluß auf sein Ansehen vor allem in Großbritannien hatte. Endicotts Tochter Mary, die regelmäßig in diesem Kreis vertreten war, wurde die bereits erwähnte dritte Frau von Joseph Chamberlain.[180] Diese Verbindung war ein weiterer bedeutender Faden im Netz transatlantischer Verbindungen und wurde anläßlich von Chamberlains Amerikabesuch 1887 während des Aufenthalts von Spring Rice geknüpft.[181]

---

[176] Vgl. unten, Anm. 509.

[177] Zit. nach GL 1, S. 52.

[178] So lebte Spring Rice beispielsweise im Sommer 1890 in Salem bei den Endicotts. Vgl. Spring Rice an seinen Bruder Stephen, GL 1, S. 53, 106, 17. Juli 1890.

[179] Vgl. MAY, American Imperialism, S. 48.

[180] Mary Endicott und Chamberlain verlobten sich während dessen Amerikareise im März 1888. Spring Rice kommentierte, Endicotts »family is the oldest in the county, being descendent from the first – the very first – Governor of Massachussets. They have provided many other Governors to the State, and members of the Cabinet to the Union. The present man is Secretary of War – a lawyer and a gentleman. The lady is very English – no accent, quiet, pretty, very dignified and staid for 21 years and perfectly true and straight. He [Chamberlain] is very fortunate in his choice.« Spring Rice an Stephen, 16. März 1888, GL 1, S. 88. Infolge der Heirat mit Mary Endicott wurde Joseph Chamberlain »one of the English statesmen whom Americans watched with special interest«. MAY, American Imperialism, S. 154.

[181] Der bereits erwähnte Finanzminister Harcourt sprach Joseph Chamberlain in einem Schreiben mit »We semi-Americans« an. Auch die Art, wie er von ihren Ehefrauen sprach, ist aufschlußreich (es ging um den Wahlsieg McKinleys über Bryan 1896): »We semi-

Joseph Chamberlain hatte im Gegensatz zu vielen britischen Aristokraten den Atlantik Ende Oktober 1887 nicht in der Absicht überquert, sich eine vermögende Frau zu suchen (Geld besaß er zur Genüge), sondern um als politischer Emissär vor allem in der Irlandfrage zu sondieren.[182] Als Spring Rice von der Reise hörte, die er diplomatisch zu betreuen hatte, war er mehr als skeptisch: »What does the Gov[ernmen]t mean by sending Jo. here. They might as well send Judas Isariot as Ambassador to Heaven as Chamberlain to America!«[183] Doch der selbstbewußte Selfmademan machte sich besser, viel besser als erwartet, wie selbst der skeptische Spring Rice einsehen mußte: »Chamberlain has arrived and is in high spirits – very popular and conciliatory and getting on capitally with everyone, women, children and politicians. [...] He had an interview with the reporters which did him credit and was a success. He had all fifty with cigars and spirits and *carte blanche* as to questions. His readiness was very much admired.«[184] Selbst kein Aristokrat, sondern ein Unternehmer und durch Reichtum aufgestiegen, fühlte Chamberlain gleichwohl eine gewisse nationalenglische Überlegenheit und meinte nach seinen Erlebnissen mit der New Yorker Elite von den Astors über Whitelaw Reid bis zu den Vanderbilts im November 1887 leicht snobistisch, diese hätten »learned to create wealth« but have not reached a stage where they know how to spend or enjoy it«.[185]

Spring Rice hatte Whitelaw Reid, den Chef der *New York Tribune* und späteren Gesandten in Paris und Botschafter in London[186], bereits im April 1887 bei einem gemeinsamen Besuch mit Theodore Roosevelt und Henry Cabot Lodge kennengelernt. Dabei durfte er »the first real piece of political wire pulling« miterleben (»a curious thing to watch«). Im Gegensatz zu Chamberlain war er vom Geschmack der amerikanischen *nouveau riche* angetan: »You can have no idea of the magnificence of the house. There was nothing vulgar about it, but its splendour was astonishing.«[187] Bemerkenswert ist jedoch vor allem die Selbstverständlichkeit, mit der Spring Rice in den Kreis der politischen und gesell-

---

Americans have much reason to rejoice over the defeat of Bryan, and your ›sound money‹ democrat wife and my republican wife may embrace one another like Mercy and Truth.« Harcourt an Chamberlain, 17. November 1896, in: GARDINER, Harcourt, Bd. 2, S. 403.

[182] MARSH, Joseph Chamberlain, S. 285 f.

[183] Spring Rice an seinen Bruder Stephen, 28. Oktober 1887, GL 1, S. 77.

[184] Spring Rice an seinen Bruder Stephen, 23. November 1887, GL 1, S. 78.

[185] Joseph an Beatrice Chamberlain, 14. November 1887, zit. nach MARSH, Joseph Chamberlain, S. 286.

[186] Zu Reids späterer Karriere als Diplomat und seiner Rolle beim britisch-amerikanischen Rapprochement s. unten S. 243.

[187] Spring Rice an seine Schwester Margaret (»Daisy«) Reynardson, 5. April 1887, mit einer ausführlichen Beschreibung der in Marmor, Holz und Leder gehaltenen Innenarchitektur. GL 1. S. 61.

schaftlichen Elite aufgenommen wurde[188] und als Ausländer an hochpolitischen Erörterungen teilnahm, bei denen es, wie in diesem Fall, um die Frage ging, ob James G. Blaine erneut von den Republikanern für die Präsidentschaft nominiert werden sollte.[189]

Chamberlain erhielt auch weiterhin wider Erwarten positive Resonanz, und seine Reise wurde zum Überraschungserfolg für die bilateralen Beziehungen: »He has been frank and outspoken to the last degree, but as far as I can make out has offended nobody really. It has been great sport watching his proceedings. He has taken to dancing: is an accomplished flirt: and the representatives' wives make it very rough for their husbands if they are not civil to him.«[190] Chamberlain erschien vielen Amerikanern ungewöhnlich, weil er so gar nicht ihren Vorstellungen eines Engländers entsprach: »He continues his course of popularity and is become [sic!] a great element in this society. Everybody admires his wonderful cleverness and readiness of tongue. He has two great advantages. First he has not the slow reserve associated here with the character of an official Englishman [...]. Then he has so much self-control. He can utter a short sentence and argue with quick returns; he doesn't preach and he doesn't wrangle. That gives him a great advantage as they have not much social practice here as to men's society. The men are business men or politicians or club men; society men have practice of women's society but seldom of men's.«[191]

Chamberlain wiederum nahm zwar den Reichtum der Oberschicht mit klarem Bewußtsein der darin liegenden Kraftquelle zur Kenntnis, fühlte aber die englische Gesellschaftsordnung der amerikanischen nach wie vor überlegen – nicht nur in der Fähigkeit ihrer Oberschicht, den Reichtum zu genießen. Er hatte seine Eindrücke auch Spring Rice beschrieben, der sie für seinen Bruder Stephen zusammenfaßte: »That if you want to be rich and then richer, this country is the best to live in. That if you want real life and not the means of living, England is the place. Dullness he finds rampant everywhere! Dullness in Society – in politics – *ad libitum*. A general and hopeless stagnation without any moment of emotion to relieve it. He uses his tongue with great freedom in this sense and surprises people with his frankness. They don't mind and as a rule concur as to its truth.«[192]

Spring Rice teilte diese Kritik in weitem Maße, blieb aber trotz aller sozialen Mißstände und entgegen aller Erfahrungen mit politischer Korruption und Ma-

---

[188] Er wurde in dieser Zeit auch im »Century Club« eingeführt, »where all the learned men go. They are exactly like English literary men, and the club is like a glorified Savile.« Ebenda.

[189] Ebenda. James G. Blaine (1830–1893), von 1881 bis 1885 Außenminister der Präsidenten Garfield und Arthur, war als Kandidat der Republikaner 1884 ebenso wie der Prohibitionist John Pierce Saint John gegen Grover Cleveland unterlegen.

[190] Spring Rice an seinen Bruder Stephen, 20. Dezember 1887, GL 1, S. 79.

[191] Spring Rice an seinen Bruder Stephen, 15. Dezember 1887, GL 1, S. 84.

[192] Spring Rice an seinen Bruder Stephen, 10. Februar 1888, GL 1, S. 84 f.

nipulation fasziniert von der kraftvoll Lebendigkeit der amerikanischen Gesellschaft. Auch hinsichtlich der in den Vereinigten Staaten akkreditierten Diplomaten war er mit Chamberlain in vielem einer Meinung: »Chamberlain shares my hatred of the Diplomatic body, who seem to me the most odious set of men I have ever seen in my life. They give one some amusement by their various ways of pronouncing the English language, but by few other means.«[193] In der wenig herausragenden Qualität der in Washington stationierten Diplomaten spiegelte sich nicht zuletzt die nachrangige Rolle, die der Weltmacht in nuce seitens der etablierten Großmächte noch beigemessen wurde.

Die allgemeine diplomatische Arbeit dieser Zeit war, passend zum britisch-amerikanischen Verhältnis, nicht sonderlich aufregend.[194] Charakteristisch erscheint die leicht sarkastische Beschreibung der Atmosphäre der deutsch-britisch-amerikanischen Samoa-Konferenz, der Spring Rice im Juli 1887 als Protokollant zugeordnet war: »The Secretary of State [Thomas Bayard, M. B.] sits at the table head; the German to his right and West [der britische Gesandte, M. B.] to his left. The Secretary clears his throat and makes a speech in senatorial style – very eloquent and rather long. The shorthand writer takes it down. He and the German Secretary and I sit at the table foot. Then the German says (in English) he will read a written statement. Of course, wholly irrelevant to Bayard's speech. Then West reads a written statement. Then Bayard asks questions but is too deaf to hear the answers, and resumes his speech where he let it off. Then another written statement. Then a remark from the German that if an agreement is come to, his Gov[ernmen]t would be glad to see it in the following form, which is read; but as the American view happens to be wholly different, the exordium ›Agreement between the U.S., Germany and Gt. Britain‹ sounds odd. Then we all get hungry and yawn. Then the sitting is adjourned and we telegraph home. This has been going on for days.«[195] Das einzig wirklich aufregende diplomatische Ereignis dieser Zeit zwischen den beiden angelsächsischen Staaten resultierte aus den unvorsichtigen Äußerungen des Gesandten West im Präsidentschaftswahlkampf, die seiner Washingtoner Karriere ein abruptes und unerwartetes Ende setzten und zugleich eine eruptive Unberechenbarkeit der amerikanischen Politik auch nach außen offenbarten.[196]

---

[193] Ebenda, S. 85 f.

[194] Die Affäre um den Gesandten Sackville-West war eine Ausnahme, s. unten Anm. 196.

[195] Spring Rice porträtierte mehr karikierend als naturalistisch die Teilnehmer der Samoa-Konferenz, als der amerikanische Außenminister Bayard bemerkte, wie er auch ihn gerade zeichnete. Es blieb ohne größere Folgen, weil sie bereits ein persönliches Verhältnis entwickelt hatten. Spring Rice an seinen Bruder Stephen, 12. Juli 1887, GL 1, S. 69.

[196] Lionel Sackville-West war seit 1847 im diplomatischen Dienst Großbritanniens, unverheirateter Vater von fünf Kindern der spanischen Tänzerin Josepha Duran, Künstlername Pepita. Seit 1881 Gesandter in Washington, fragte ihn im Wahlkampf 1888 ein angeblich in Kalifornien lebender englischstämmiger Amerikaner namens Charles F. Murchison um Rat für die Präsidentschaftswahl. Sackville-West antwortete in einem Brief, daß Cleveland den Briten freundlicher gesinnt sei als der republikanische Kandidat Harrison. Der *New York*

Spring Rice führte in Washington ein diszipliniertes Leben zwischen den diplomatischen Aufgaben der Vertretung als zweiter Sekretär des neuen Gesandten Julian Pauncefote, den bereitwillig absolvierten Verpflichtungen in der Washingtoner Gesellschaft und namentlich in seinem engeren Freundeskreis um Henry Adams und John Hay sowie der fortgesetzten Lektüre, mit der er seine in Oxford angewurzelte Bildung gedeihen ließ. Er blieb hierbei bemerkenswert eng im angelsächsischen, ja britischen Kanon. Obwohl er deutsch und französisch las, war ihm die Literatur und Philosophie beider Länder kaum bekannt. Gleiches gilt für die russischen Autoren, von denen zeitgenössisch einige, wie Tolstoj oder Dostojevskij, zu Weltruhm gelangten, während Spring Rice noch die Vorzüge von Walter Scott pries.

Es war im übrigen ein gemeinsames Merkmal der amerikanischen Freunde von Spring Rice, daß auch sie allesamt »bookish« waren. Neben Roosevelt, der trotz seines deftigen Auftretens Bücher mit der Besessenheit eines aufgestiegenen Autodidakten verschlang, verkehrte Spring Rice vor allem im Kreis um Henry Adams und John Hay. Beide gehörten einer älteren Generation an und waren schon als Schriftsteller hervorgetreten. Beide waren über ihre gesellschaftliche Position auch politisch einflußreich, wobei John Hay seine bedeutendsten Jahre noch vor sich hatte, während Henry Adams ein einflußreicher, aber für die Tagespolitik irritierend unpraktisch veranlagter bis zynisch-absenter Intellektueller blieb.

2.4. Henry Adams, Freundschaften und Politik

Um ein originelles Leben zu führen, das auch als solches mit dem gebührenden Maß an stiller Achtung und heimlichem Neid wahrgenommen wird, benötigt man zweierlei: den Willen zur kulturell-gesellschaftlichen Extrovertion und

---

Herald veröffentlichte den Brief, der eine veritable Sensation auslöste, die Sackville-West noch dadurch anheizte, daß er ein unvorsichtiges Interview mit Whitelaw Reids *New York Tribune* führte. Seine Position war in amerikanischen Augen unhaltbar, aber Salisbury weigerte sich, ihn abzuberufen, worauf die amerikanische Regierung den Gesandten offen vor die Tür setzte. Sackville-Wests Nachfolger wurde im April 1889 Julian Pauncefote. Damit setzte eine personale Kontinuität für anderthalb Jahrzehnte ein, denn auf Pauncefote folgte der damalige zweite Sekretär Michael Herbert, der schon zwischen der Abreise von Sackville-West im November 1888 und Pauncefotes Ankunft die Geschäfte führte. Vgl. Further Correspondence respecting the Demand of the United States' Government for the Recall of Lord Sackville [In continuation of ›United States No. 4 (1888).‹]. Presented to both Houses of Parliament by Command of Her Majesty, march 1889, London: HMSO 1889; Lord Sackville. Message from the President of the United States transmitting A report from the Secretary of State in relation to the case of Lord Sackville, February 21, 1889 – Referred to the Committee on Foreign Affairs and ordered to be printed (50th Congress, 2d session, House of Representatives, Ex. Doc. No. 150); vgl. auch David CANNADINE, Portrait of More Than a Marriage. Harold Nicolson and Vita Sackville-West Revisited, in: Ders., Aspects of Aristocracy, S. 210–241, hier S. 213; Charles S. CAMPBELL The Dismissal of Lord Sackville, in: Mississippi Valley Historical Review 44 (1958), S. 635–648. Zu Whitelaw Reid und Michael Herbert im amerikanischen Establishment s. S. 168, 179; zu Julian Pauncefote und Michael Herbert als Botschaftern s. unten S. 256–259.

eine flüssige Extraportion Geld. Fehlt das erste, so endet der Mensch meist in dumpfsinnigem Materialismus, fehlt zweites, so lebt er nicht selten in gesellschaftlicher Fragwürdigkeit. Henry Adams besaß beides[197], verbunden mit einer überdurchschnittlich hohen Begabung. Doch wird man sagen müssen, daß Adams mehr unter dem Schicksal seiner Gaben litt, als sich, bei aller selbstdisziplinierten schöpferischen Produktivität, an ihnen zu erfreuen. Als seine ähnlich brillant begabte, zugleich manisch-depressive Ehefrau Clover 1885 den Freitod suchte[198], öffnete dies die letzten Einfassungen seiner snobistischen Exzentrizität, die von nun an ungefiltert in die Washingtoner Atmosphäre des politisch-gesellschaftlichen Lebens strömte. Adams war ein lese- und bildungsversessener Mensch, aber indem er diese Haltung zur Pose übersteigerte, trug er nicht wenig dazu bei, daß er als Politiker niemals wirklich ernst genommen wurde. Er war zweifellos ein blendender Analytiker und hervorragender Schriftsteller, aber niemand übertrug ihm eine herausragende Stellung in der Administration oder Diplomatie.[199]

Dabei war Henry Adams' politischer Stammbaum zweifellos beeindruckender als der nahezu aller anderen Amerikaner: Sein Urgroßvater John Adams war der zweite Präsident der Vereinigten Staaten, sein Großvater John Quincy der sechste gewesen. Henry Adams konnte von sich sagen, in seinem Leben sowohl den sechsten als auch den zweiunddreißigsten Präsidenten kennengelernt zu haben. Letzteren, Franklin Delano Roosevelt, lernte er noch als einen jungen Mann kennen und meinte zu ihm, es mache kaum einen Unterschied, wer im Weißen Haus wohne.[200]

Die zwei berühmtesten Vorfahren, der zweite und der sechste Präsident, waren zuvor Gesandte gewesen, der eine in London, der andere in Berlin. Auch Henrys Vater Charles Francis Adams wurde Gesandter in Großbritannien, just

---

[197] Wegweiser durch die umfangreichen Publikationen zu Henry Adams: Earl N. HARBERT, Henry Adams. A reference guide, Boston 1978; James Truslow ADAMS, Henry Adams, London 1933; Elizabeth STEVENSON, Henry Adams. A Biography, New York 1955; Richard Palmer BLACKMUR, Henry Adams, London 1980.

[198] »He found his wife dead on the floor one day and the next was the first day since they had been married that they were separated. Since then he has regarded life with a frivolity which rather shocks people who don't know him well; but I can quite understand that there are griefs so great that after them one is independent of joy and sorrow or the respect of men.« Spring Rice an seinen Bruder Stephen, 4. November 1887, GL 1, S. 77 f. Vgl. Otto FRIEDRICH, Clover, New York 1979.

[199] »In Adam's defense, one might argue that he could not help giving an élitist impression, since he belonged, demonstrably, to the élite. Not only was his blood the bluest in the land, but he rarely, if ever, met anybody brighter than himself. The geologist-engineer Clarence King, the biographer-diplomat John Hay, the naturalist-politician Theodore Roosevelt, could compete with Henry Adams in their various specialties, but none could match his omniscience in virtually every discipline covered by the *Encyclopedia Britannica*.« Edmund MORRIS, in: ADAMS, The Education of Henry Adams, S. XII.

[200] Vgl. Golo MANN, Henry Adams, in: Der Monat 6 (August 1954), S. 485–488, abgedr. in: Golo MANN, Geschichte und Geschichten, Frankfurt a. M. 1961, S. 395–402, hier S. 398.

zum Beginn des amerikanischen Bürgerkrieges 1861. Der Sohn begleitete ihn als persönlicher Sekretär für die sieben Londoner Jahre.[201] Adams junior ging auch deshalb nach Übersee, weil er mit seinen dreiundzwanzig Jahren so »undersized, weedy, and bookish« war, daß er für die republikanische Armee nicht in Frage kam.[202] Nach anderer Charakterisierung war er »a highly intelligent, somewhat introspective youth, who had not yet decided upon a career – who, indeed, never decided, but drifted through life for the next fifty years, one of the ablest, most independent and most solitary figures of his time«.[203] Sein Vater, der weniger von Präsident Abraham Lincoln selbst als von Außenminister Seward ausgewählt worden war[204], hatte als Gesandter des Nordens keinen leichten Stand gegen die vielfach vernehmbaren britischen Sympathien für den Süden.[205] Adams Zusammenfassung seiner Londoner Eindrücke spiegelt, wenngleich sarkastisch überspitzt, symptomatisch den Kern der amerikanischen Perzeptionen Großbritanniens im Halbjahrhundert vor dem Ersten Weltkrieg.[206] Er meinte rückblickend auf seine Londoner Jahre, daß »England was a social kingdom whose social coinage had no currency elsewhere. [...] Close relations in a place like London is personal mystery as profound as chemical affinity.«[207]

[201] Henry Allen beschreibt die Wirkung des Gesandten Charles Francis Adams während dieser elementaren, d. h. bis an den Rand des Krieges reichenden Krise des britisch-amerikanischen Verhältnisses stark harmonisierend: »He [C. F. Adams] was an individual symbol, as well as an agent, of that Anglo-American *rapprochement* which had gone far by 1860 and which was able to triumph even over the difficulties arising from the War between the States.« ALLEN, Great Britain and the United States, S. 455. Andere Historiker haben mit einiger Berechtigung, vor allem mit Blick auf die fehlgeschlagene Gesandtschaft von Adams' Nachfolger Reverdy Johnson, festgestellt, daß »at no time since the war of 1812 had the relations between the United States and Great Britain worn so menacing an aspect as that which they assumed after the close of the Civil War.« Johnson war Gesandter in London vom 18. August 1868 bis zu seiner vorzeitigen Abreise am 22. Mai 1869 (er segelte los, ohne schon zurückberufen zu sein). Vgl. Beckles WILLSON, America's Ambassadors to England (1785–1928). A Narrative of Anglo-American Diplomatic Relations, London 1928, S. 336 u. 341 f.

[202] Edmund MORRIS, in: ADAMS, The Education of Henry Adams, S. VIII.

[203] WILLSON, America's Ambassadors, S. 317.

[204] Vgl. ebenda, S. 313.

[205] Sein Eindruck von London und der englischen Gesellschaft war nüchtern: »I think I have attained a tolerable idea of the texture of London society. I have seen most of the men of any reputation, literary or political. The conclusion is not favourable, so far as the comparison with other periods is concerned. [...] The general aspect of society is profound gravity. People look serious at a ball, at a dinner, on a ride on horseback or in a carriage, in Parliament or at court, in the theatres or at the galleries. The great object in life is social position. To this end domestic establishments are sustained to rival each other. The horses must be fine, the carriage as large and cumbrous as possible, the servants as showy in livery as anybody's, the dinners must be just so, the china of Sèvres and the plate of silver, the wines of the same quality and growth, not because each person takes pleasure in the display, but because everybody else does the same thing.« Charles Francis Adams an seinen Sohn Charles, 18. Juli 1861, zit. ebenda, S. 318.

[206] Adams schrieb die Erinnerungen 1905 mit rund vierzig Jahren Abstand zu den persönlichen Erfahrungen und reflektierte indirekt auch die Erlebnisse bei späteren Besuchen.

[207] ADAMS, The Education of Henry Adams, S. 203.

Unter Berufung auf Lothrop Motley konstatierte er, daß »the London dinner and the English country house were the perfection of human society«[208], und spottete, daß das nicht an der Küche liegen konnte, denn außer bei einigen Bankiers oder in Haushalten von Ausländern gab es keine nennenswerten Köche. Neunzig Prozent aller sonstigen Dinner-Mahlzeiten, die er selbst besuchte, wurden von Gunter's geliefert, und schmeckten entsprechend ähnlich, woraus er den Schluß zog, daß »he could not think that Motley meant to praise the English *cuisine*«.[209] Auch die Kleidung konnte es seiner Ansicht nach nicht sein. Ebensowenig »the taste or the manners«, denn: »The manners of English society was notorious, and the taste was worse. Without exception every American woman rose in rebellion against English manners.«[210] Adams' spöttischer Sarkasmus war stilisiert, aber er charakterisierte jene schwer definierbare Anziehungskraft des englischen Oberschichtenlebens, die mehr war als der Austausch von Dinner-Einladungen oder das Setzen alljährlicher Modemaßstäbe.

Generell übten London und die englische Gesellschaft auch auf amerikanische Diplomaten eine ähnlich adaptierende Anziehungskraft aus, wie sie von Berliner Seite den deutschen Vertretern unterstellt wurde.[211] Präsident Harrison hielt es 1889 für notwendig, eine Delegation irischstämmiger Amerikaner, die der Diplomatie der Vereinigten Staaten solche Anpassung vorwarf, um Verständnis dafür zu bitten, daß wohl jede Persönlichkeit, die er entsenden werde, »if brought within the influence of English social life, be less acceptable to his sturdy fellow-patriots at home at the end of his term than at the beginning«.[212] Aus seinen eigenen Erfahrungen in London mag Adams den Schluß gezogen haben, daß die amerikanische Gesellschaft die diplomatischen Vertreter anderer Mächte mit wohlwollender Offenheit aufnehmen sollte.[213] Er selbst jedenfalls

---

[208] John Lothrop Motley, »impulsive, indiscreet, and incurably opinionated«, der bekannteste Jugendfreund Bismarcks und Schwiegervater von William Harcourt, wurde später als zweiter Nachfolger von Charles Francis Adams selbst Gesandter in London. WILLSON, America's Ambassadors, S. 342.

[209] ADAMS, The Education of Henry Adams, S. 200.

[210] Ebenda, S. 201.

[211] Vgl. Magnus BRECHTKEN, Personality, Image and Perception: Patterns and Problems of Anglo-German Relations in the 19th and 20th Centuries, in: Adolf BIRKE/Magnus BRECHTKEN/Alaric SEARLE (Hrsg.), An Anglo-German Dialogue: The Munich Lectures on the History of International Relations, München 2000, S. 13–40, bes. S. 21 f.

[212] The Times, 22. März 1889, zit. nach WILLSON, America's Ambassadors, S. 398.

[213] In der bereits mehrfach zitierten, an Thomas Carlyles *Sartor Resartus* orientierten Darstellung seiner eigenen intellektuellen Entwicklung, die unter dem Titel *The Education of Henry Adams* erschien, klafft die bemerkenswerte Lücke der zwei Jahrzehnte von Anfang der siebziger bis zum Beginn der neunziger Jahre. ADAMS, The Education of Henry Adams, Kap. XX–XXI. Vgl. Thomas CARLYLE, Sartor Resartus: The Life and Opinions of Herr Teufelsdröckh, in three Books, Chapman & Hall 1831; Sartor Resartus, in three books, reprinted for friends from Fraser's magazin, London 1834; Boston 1836 (erste US-Ausgabe); dt. Ausg.: Sartor Resartus oder Leben und Meinungen des Herrn Teufelsdröckh, in drei Büchern, Halle a. d. S. 1900. In dieser überaus produktiven Periode von zwanzig Jahren schrieb Adams *Albert Gallatin* (1879), *Democracy* (1880), *John Randolph* (1882), *Esther* (1884),

tat dies, befand sich damit allerdings in einer allgemein geübten Gewohnheit des Washingtoner Establishments, die von zahlreichen Diplomaten in ihren Erinnerungen hervorgehoben wird.[214]

Schon seit seiner ersten Zeit eng mit ihm befreundet, hatte es sich Spring Rice spätestens seit Anfang 1890 zur Regel gemacht, das Dinner nahezu täglich bei Henry Adams in Haus Nr. 1603 H Street einzunehmen[215]: »He is a very cultivated man but rather a cynic«, schrieb er an seinen Bruder Stephen.[216] Gegenüber seiner Schwester Margaret hatte er Adams schon 1887 als »a great friend of mine« charakterisiert und auf die anderen Freundschaften und Familienverbindungen hingewiesen: »He is queer to the last degree; cynical, vindicative, but with a constant interest in people, faithful to his friends and passionately fond of his mother and all little children ever born; even puppies. He lives in a Japanese house full of strange trophies from Japan [...]. Next door is the house of John Hay, the poet, who drops in to talk and chat and argue and compare notes; the best story-teller I have ever heard, and such a good start too. My other friends of the sober kind are the Secretary of State, Bayard, [...] and a Boston family, Endicott, Secretary of War – who are of real New England Puritan stock whose ancestors hung Quakers in irons at Salem.«[217]

Adams selbst reflektierte diesen Eindruck im Hinblick auf die politische Dimension solcher Netzwerke: »In a small society, such ties between houses become political and social force. Without intention or consciousness, they fix

---

publizierte die neun Bände der *A History of the United States During the Administration of Jefferson and Madison* (1889–1891) und gab die *North American Review* heraus, während er außerdem in Harvard mittelalterliche Geschichte unterrichtete. Adams war kein düsterer Misanthrop wie Carlyle, besaß jedoch unangenehme Charaktermerkmale, die in seinen Erinnerungen deutlich zum Ausdruck kommen: »envy, timidity, and anti-Semitism«. Zugleich verfügte er als Autor über jene von Keats so genannte »negative capability«, die es ihm ermöglichte, zugleich in der wirklichen und in einer erdachten Welt zu leben. Vgl. Edmund MORRIS, in: ADAMS, The Education of Henry Adams, S. XII–XV. Auch beispielsweise bei Spring Rice und Charles Hardinge sind im übrigen antisemitische Untertöne deutlich zu vernehmen, die einer eigenen Darstellung wert wären, auf die jedoch im Zusammenhang des Themas dieser Untersuchung nicht näher eingegangen werden kann. Vgl. unten S. 199 f.

[214] Das galt für die Diplomaten der meisten Nationen, zumindest der Großmächte. Vgl. PRITTWITZ UND GAFFRON, Zwischen Petersburg und Washington, S. 31. Spring Rice berichtete schon 1887 von der zuvorkommenden Aufnahme selbst seitens amerikanischer Kabinettsmitglieder: »I am now staying (in rather a lordly fashion) with the Secretary to the Navy and the Secretary of War who live outside the town. The kindness of the former (who saw I looked ill and carried me off in his carriage) surpasses everything I ever dreamed of. I wish I could return half the kindness I have received here!« Spring Rice an Ferguson, 26. Juli 1887, GL 1, S. 72.

[215] Henry Adams' »household was conducted on simple and regular lines, by a negro major-domo and a negress housekeeper. At breakfast – for he lived in the continental fashion – covers were laid for six; at dinner for four; intimates came when they pleased and at the midday meal there was often a search for chairs. Nobody had a better established footing in this hospitable house than ›Springy‹.« GL 1, S. 53.

[216] Spring Rice an seinen Bruder Stephen, 24. Januar 1890, GL 1, S. 102.

[217] Spring Rice an seine Schwester Margaret (»Daisy«), 15. Dezember 1887, GL 1, S. 81.

one's status in the world. Whatever one's preferences in politics might be, one's house was bound to the Republican interest when sandwiched between Senator Cameron, John Hay, and Cabot Lodge, with Theodore Roosevelt equally at home in them all, and Cecil Spring Rice to unite them by impartial variety. The relation was daily, and the alliance undisturbed by power or patronage, since Mr. Harrison[218], in those respects, showed little more taste than Mr. Cleveland[219] for the society and interest of this particular band of followers, whose relations with the White House were sometimes comic, but never intimate.«[220]

Brooks Adams, »uncle Henry's« jüngerer Bruder[221], gehörte mit leichten Abstrichen gleichfalls in die Kategorie dieser anglo-amerikanischen Annäherer, wenngleich seine Charakterisierung der britischen Inseln als »fortified outpost of the Anglo-Saxon race« eine mentale Landkarte projizierte[222], die das Verhältnis aus britischer Sicht umkehrte. Schließlich waren es die Vereinigten Staaten, die sich langsam zum Mutterland und zu der Dominanz dieser Wurzeln in Nordamerika bekannten.[223] 1897 schrieb Adams in einem Brief: »Der Prozeß der Gewichtsverlagerung zentriert meiner Meinung nach weder in Rußland noch bei uns; er zentriert in Deutschland. Seit 1865 war Deutschland der große Unruheherd, und solange seine expansive Kraft nicht erschöpft ist, gibt es weder politisches noch wirtschaftliches Gleichgewicht. Rußland kann sich ausdehnen, ohne zu explodieren, Deutschland nicht. Rußland ist in vieler Hinsicht schwach und verrottet. Deutschland ist ungeheuer stark und konzentriert [...]«; 1901 meinte er: »Deutschland, von hier aus gesehen, wird zum Pulverfaß. Alle seine Nachbarn zittern davor, daß es explodieren wird, und früher oder später muß es explodieren.«[224]

John Hay, zu dem Spring Rice gleichfalls ein vertrautes Verhältnis entwickelte, war an sich Schriftsteller und Publizist und erst in zweiter Linie zum Politi-

---

[218] Gemeint ist Benjamin Harrison (1833–1901), von 1889 bis 1893 der 23. Präsident der Vereinigten Staaten.

[219] Grover Cleveland (1837–1908), 1885 bis 1889 und 1893 bis 1897 der 22. bzw. 24. Präsident.

[220] ADAMS, The Education of Henry Adams, S. 332.

[221] Brooks Adams (1848–1928) war wie sein Bruder Historiker und wurde vor allem durch sein 1895 erschienenes Buch *A Law of Civilization and Decay* bekannt.

[222] Brooks ADAMS, America's Economic Supremacy, New York 1900, S. 10; PERKINS, Rapprochement, S. 53.

[223] Zum Gedanken der Westverlagerung des Zentrums der Welt und zum Einfluß der Gebrüder Adams auf John Hay und Theodore Roosevelt im weiteren Zusammenhang der Frage um die künftige Gestalt und Rolle der Vereinigten Staaten vgl. auch FIEBIG-VON HASE, Zukunftsvorstellungen in den Vereinigten Staaten, in: NEITZEL (Hrsg.), 1900: Zukunftsvisionen der Großmächte, S. 163 f.

[224] Zit. nach Golo MANN, Henry Adams, S. 399. Mann schreibt, es sei Henry Adams gewesen, »der zuerst den Ausdruck ›Atlantic Community‹ gebrauchte und eben dies, die Schicksalsverbundenheit der Länder um den Nordatlantik, längst prophezeit und anempfohlen hatte. Er war ›Internationalist‹, zu einer Zeit, als es nicht einmal das Wort ›Isolationismus‹ gab, weil die Sache sich von selber verstand.« Ebenda, S. 400.

ker geworden. Ähnlich Bayard und Henry Cabot Lodge verehrte er Literatur, namentlich die englische Poesie. In diese Geisteshaltung paßte Spring Rice geradezu idealtypisch mit seiner eigenen poetisch-literarischen Veranlagung und seiner Liebe zur englischsprachigen Poesie und Prosa. Trotz seiner vielfältigen Sprachkenntnis und obwohl er mehr als dreißig Jahre eines diplomatischen Wanderlebens verbrachte, standen englischsprachige Autoren stets dominierend im Mittelpunkt seiner literarischen Interessen. Allein das Persische vermochte ihn, vornehmlich als Übersetzer, anzuziehen; ansonsten muß man von einer bemerkenswerten Eindimensionalität sprechen, die in der bereits erwähnten besonderen Verehrung Spring Rices für Walter Scott gipfelte.[225] Hay, der auch mit Roosevelt und Henry White in enger Verbindung stand, erlangte später als Botschafter in London und vor allem als Roosevelts Außenminister herausragende Bedeutung für die britisch-amerikanische Annäherung.[226]

Spring Rice perzipierte deutlich die Unterschiede des britischen und des amerikanischen Politikstils. Jenseits des Atlantiks kam es angesichts des Wahlsystems, das keinen Einzelkampf ehrgeiziger Persönlichkeiten um Wahlkreise im britischen Sinne nach Art der Parlamentskarrieren von George Curzon oder Winston Churchill kannte, in viel geringerem Maße auf Rhetorik und die Fähigkeit zur öffentlichen Rede an und wesentlich stärker auf das Geschick der Interessenbündelung durch die Beschaffung von Geld oder die Beförderung passender Persönlichkeiten in die entscheidenden Positionen. Als er im Juli 1887 mit Marineminister Whitney zusammentraf, schrieb er analytisch vergleichend an Ferguson: »One of the odd things about this country is that most people can speak, but that so little is thought of speaking. This man [Whitney, M. B.], the most prominent citizen of New York, whose influence with that of one or two others elected Cleveland, has never or hardly ever made a public speech. He talks of speaking as one of the ›intellectual means‹ of securing an election. The ›material means‹ and the ›personal means‹ are of much greater importance. This reduces politics to a level which you may sneer at, if so inclined. Yet the system resulted in the election of the most honest politician, because he was the most honest.«[227] Spring Rice war verblüfft, wie angesichts des allgegenwärtigen Einflusses von Geld und Big Business, der zahlreichen Pressure Groups und vielfältigen Interessenorganisationen gleichwohl eine nicht nur halbwegs funktionierende Gesellschaftsordnung bestand, die dem »größten Glück der größten Zahl« so viel näher zu kommen schien als alle wohlmeinenden patriarchalischen Versorgungssysteme: »And yet you hear so little and read so little (except

---

[225] GL 1, S. 94 f. Spring Rice war Anfang des Jahrhunderts für drei Jahre in Rußland, ohne daß dessen gewaltige literarische Potenz und Fruchtbarkeit irgendeinen erkennbar nachhaltigen Eindruck bei ihm hinterlassen zu haben scheint.

[226] Vgl. zu Hays Rolle im Kontext des Diskurses um die »angelsächsische« Gemeinsamkeit zwischen den Vereinigten Staaten und Großbritannien: ANDERSON, Race and Rapprochement, S. 82–84.

[227] Spring Rice an Ferguson, 19. Juli 1887, GL 1, S. 70 f.

in the Mugwump papers) which would lead you to suppose honesty was the best policy here. I firmly believe that there is very little internal corruption. The wirepulling and underground organisations imply an enormous amount of it, just as the conduct of a business transaction by the sharp speculators in corn here implies a large amount of trickery: and yet it results in good corn being sold to the people who want it, and on the whole, being sold cheap.«[228] Diese Analyse verdichtete sich bei aller immer wieder erkennbaren Abscheu gegen die Auswüchse des entfesselten Kapitalismus, der zynisch auch die Politik durchdrang[229], zu der Überzeugung, daß die mit dem amerikanischen Machtwettbewerb verbundenen Kosten an Korruption durch den Nutzen der Freiheit aufgewogen wurden und daß der konkurrierende Egoismus für die Mehrzahl am Ende adäquater war als jede Alternative. Immer wieder fragte er vergleichend nach dem Wesen dessen, was die Zukunft des gefährdeten britischen Empire gewährleisten konnte. Im Prinzip individueller und wettbewerblicher Freiheit erkannte Spring Rice die eigentliche Nähe zu den Grundmustern des englischen Staatslebens und formulierte einige Jahre später gleichsam als »Glaubenskatalog« und missionarische Zivilisationsidee, die zugleich ein universeller Anspruch an das eigene Wirken war: »First of all, we are human beings, we are also Protestants and free men, and if we are, for the sake of illustrating an economical thesis, to throw over the traditions to which we owe everything we are, we forfeit our right to profit by the achievements won by those traditions.«[230]

Die Differenz der außenpolitischen Situation beider Länder, entscheidend abgeleitet aus ihrer geographischen Position der kontinentalinsularen Unabhängigkeit Amerikas einerseits und dem Machtprojektionseinfluß des europäischen Festlandes auf Großbritannien andererseits, stand ihm dabei klar vor Augen: »One feels almost inclined to envy this country where the only question of foreign policy relates to mackerel and seals, and the only question of foreign policy is whether one set of men or another shall have the right of appointing consuls and postmasters. But ours is certainly more dramatic.«[231]

---

[228] Ebenda.

[229] Spring Rice beschrieb die Schwierigkeiten in der Beziehung von politischer und geistiger Welt, die über Washington hinaus wohl für das gesamte Establishment der Ostküste zutrafen: »There's something rather melancholy about the talk of educated men here. Either they are in politics or out. If the first, they will talk perfectly fairly and honestly about ordinary subjects, but the moment they come to politics they are not only bitter as we are in England, but they make an open profession of partizanship and bitterness, with an open contempt of any of the ordinary considerations of honour or honesty or high feeling. If they are not in politics they speak honestly about everything, politics included. But when they get to talking politics, they have a sort of bitter despair in their minds which is hard to describe and not pleasant to listen to.« Spring Rice an seinen Bruder Stephen, 24. Januar 1890, GL 1, S. 102.

[230] Spring Rice an Edith Roosevelt, Weihnachten 1896, GL 1, S. 215.

[231] Spring Rice an seinen Bruder Stephen, 28. Oktober 1887, GL 1, S. 77.

Freundschaften, Weltbilder und internationale Politik I: Cecil Spring Rice

Mit der Ausnahme Theodore Roosevelts gehörten Spring Rices einflußreiche Freunde aus dem Establishment zu einer Generation, die etwa zwanzig Jahre älter war als er selbst und ihre Prägung im amerikanischen Bürgerkrieg erfahren hatte.[232] Seine Eindrücke vom amerikanischen Nachwuchs waren dagegen wenig schmeichelhaft: »The young men, if born rich, become drunkards, perhaps this is exaggerated, but all the same nobody can deny that it is the dullest country in the world to be rich in, and the bitterest perhaps to be poor.«[233] Ausdruck des Luxuslebens an sich war die Sommersaison in Newport und Umgebung an der Atlantikküste, die Spring Rice 1887 kennenlernte und mit einer Mischung aus eingestandener Faszination und leichter Verachtung detailliert festhielt: »At the bottom of the town lies the old fishing village and harbour, filled now with all sorts of beautiful yachts. Away out on the point are two long rows of cottages – built of wood with double coach-houses and wonderful lawns. There is a walk from garden to garden by the rocks on which the Atlantic breaks. Two or three of the cottages are fine houses; the rest are small but infinitely luxurious. The inhabitants are the richest men and the most beautiful women in the world. Their life is everything that riches and beauty ought to entail. It begins at 11, when all society meets at a place called the Casino, where a band plays and where a rare lawn tennis player appears every now and then. But the chief occupation then and afterwards is talking. They all suffer from a ›determination of words to the mouth‹ which is surprising to the Briton. One sees there in a horse-shoe cloister crowds of these beautiful and gorgeous creatures (all of whom one soon learns to know by sight) sitting and talking with heroes in white flannel (put on for ornament, not for tennis), white straw hats, and instead of a waistcoat a wondrous coloured sash round the waist. [...] There is also a pretty and graceful Miss Wilson, who is the beloved of the phoenix of our diplomatic service – a brother of Lady de Grey's.«[234] Der Phoenix des diplomatischen Dienstes war Michael »Mungo« Herbert, der »Miss Wilson«, die Schwester der Frau von Cornelius Vanderbilt, bald heiratete, später zum Botschafter in Washington avancierte und gleichfalls in den weiten Kreis der transatlantischen Verbindungen gehörte, die politische Relevanz erlangten.[235] Cornelius' Bruder

---

[232] Zu Theodore Roosevelts Stellung im Generationenzusammenhang s. unten S. 187 f.

[233] Spring Rice an Ferguson, 26. Mai 1887, GL 1, S. 65. Eine spiegelbildlich ähnliche Sicht auf den verwöhnten Nachwuchs der englischen Oberschicht findet sich bei H. G. Wells in *New Machiavelli*, wo ausdrücklich eine Parallele zu Wells' Eindrücken in den Vereinigten Staaten gezogen wird. H. G. WELLS, The New Machiavelli, S. 180. Ausgangspunkt der Gedanken über die allgemeine Jagd dieser Reichen und Schönen waren die Cousinen des Ich-Erzählers Remington, die nichts im Kopf, aber um so mehr auf der Tasche bzw. dem Konto ihres geistlosen fabrikbesitzenden Vaters hatten. Zu H. G. Wells' *New Machiavelli* mit seiner Gesellschafts- und Politikanalyse Großbritanniens um die Jahrhundertwende s. unten S. 285–291.

[234] Spring Rice an seine Schwester Margaret, 6. September 1887, GL 1, S. 74.

[235] Michael Henry Herbert (1857–1903), Bruder des Earl of Pembroke, war von 1882 bis 1892 zweiter Sekretär, anschließend bis 1893 erster Sekretär der Washingtoner Gesandt-

William K. Vanderbilt und seine überaus ehrgeizige Frau Alva Erskine, die ihre älteste Tochter Consuelo 1895 in die Ehe mit dem neunten Duke of Marlborough zwang, bewohnten in Newport ein imposantes Marmorhaus.[236]

Spring Rice analysierte und beschrieb immer wieder diese Freizeitexistenz der ebenso reichen wie einflußreichen Oberschicht, von deren angenehmen Seiten er in nicht geringem Maße profitierte. Hier knüpfte er ähnliche Verbindungen wie Henry White in Großbritannien, mit dem Unterschied, daß das amerikanische Luxusleben einige Grade dekadenter und sinnleerer wirkte als das Pendant der englischen Oberschicht und damit Joseph Chamberlains snobistischen Formulierungen von 1887 eine gewisse Berechtigung verlieh. Bei seinem Sommeraufenthalt in Newport 1890 formulierte Spring Rice mit geradezu soziologischem Blick auf jene Wesen der amerikanischen High Society, die hier ihr Freizeitleben in ehrgeiziger Langeweile verdämmerten: »[T]he society is, I suppose, the vulgarest in the world; the refinement of vulgarity. The entertainments are magnificent but not pretentious; the houses small and cottage-like with wonderful lawns and, of course, double coach-houses. The people beautifully dressed; their features and figures delicate and refined. They are as hospitable as can be. The sea is splendid – the Atlantic swell rolling under the cottage windows. In fact it is the perfection of watering places; and I suppose there is no place like it in the world where there are so many means of enjoying oneself, and where people have put themselves to so much trouble and expense to get the means of happiness. The universal result is boredom. I don't know why. They don't seem to care for anything in the world. They have nothing to talk about, except each other, and nothing to do except to talk. The whole thing is so unreal, that I heard a lady there say that she wondered the water was wet. They are all strugglers in society, some of them succeeding, some of them having succeeded. Those that have succeeded look across the water, sighing for new fields. They count up each others advantages, as money, looks, dress. They say that if Washington is the town to study the American eagle, Newport is the place to study the American mocking bird. The odd thing is, that in society as in politics, the corruptest outside covers a most respectable and religious interiour.

---

schaft. Nach Stationen in den Niederlanden (Chargé d'Affaires 1893–1894), der Türkei (Botschaftssekretär 1894–1897), in Italien (1897–1898) und Frankreich (1898–1902) wurde Herbert 1902 Pauncefotes Nachfolger. Vgl. Private Papers of British Diplomats 1782–1900, London 1985, S. 32. Die Karrieren von Spring Rice und Herbert weisen einige Parallelen auf, wobei Herbert dem zwei Jahre Jüngeren immer um einige Schritte voraus war. Es ist bemerkenswert, daß Herbert 1902 sogar Botschafter Pauncefotes Nachfolger wurde – einerseits wegen seiner relativen Jugend, andererseits wegen seiner amerikanischen Frau. Als Herbert nach einem knappen Jahr starb, wurde nicht Spring Rice sein Nachfolger, obwohl dies der deutlich nach London signalisierte Wunsch seines Freundes, des Präsidenten Theodore Roosevelt, war, auch Spring Rice langjährige Erfahrungen in Washington gewonnen hatte sowie zudem im Falle einer Berufung etwa das gleiche Alter wie Herbert bei seinem Amtsantritt gehabt hätte.

[236] Vgl. VANDERBILT BALSAN, The Glitter and the Gold, S. 19, 27.

The people are all good and kind. They are generally the children of virtuous, hardworking parents who attended Methodist chapels in country villages and would have turned green at the thought of an evening dress. I only wonder what the next generation will be. This is engaged in ineffectual attempts to blacken its own character, which everyone knows to be perfectly good.«[237]

Aber Newport war nicht nur der Freizeitort der Reichen und Schönen, die ihre Tage dahinplätschern ließen. Hinter dem Reichtum und der zur Schau getragenen Lässigkeit verbargen sich nicht selten ehrgeizige Familientraditionen, hartes Unternehmertum und erfolgreiche Politiker.[238] In Newport lebte beispielsweise auch die Familie Stuyvesant Rutherford, deren Tochter Margaret die Frau von Henry White wurde. Sie war es, die White aus religiös gespeister Überzeugung von der Notwendigkeit des Dienstes für das eigene Land zu seiner Diplomatenkarriere bewog, bei der allerdings auch die kulturelle Motivation mitschwang, in Europa zu leben und womöglich gesellschaftlich zu reüssieren.[239] Ihre Nachbarfamilie war die der Schriftstellerin Edith Wharton[240], die wiederum eng mit Henry James in Verbindung stand[241], die beide lange in Europa lebten. Wharton und James waren wiederholt Gäste der »Souls« und James ein enger Freund und Briefpartner des Ehepaars White.[242] Auf diese Weise bildeten sich scheinbar beiläufig Netzwerke von Persönlichkeiten, die dank ihres Wohlstands und ihrer internationalen Mobilität gesellschaftliche, diplomatische und politische Rollen zu übernehmen in der Lage waren, die eine überpersönliche Wirkung auf das britisch-amerikanische Verhältnis entfalteten.

Ende 1890 wurde Spring Rice aus Washington zurückberufen und in gleicher Funktion zum Jahresbeginn 1891 als Zweiter Sekretär an die Gesandtschaft Brüssel versetzt. Hier blieb er allerdings nur knapp zwei Monate, bevor ihn das

---

[237] Spring Rice an seine Schwester Margaret, 12. September 1890, GL 1, S. 107 f. »Newport is an extraordinary place. They say the only doctrine thoroughly realised here is that dollars are worth a hundred times as much as a sense, which is intended for a joke but is true. You never hear anything but remarks about people, dress, dinners and London society, especially the latter, which they talk about much as Scotch ministers talk about heaven, half familiarity and half awe.« Spring Rice an seinen Bruder Stephen, 1. September 1891, GL 1, S. 115 f.

[238] Consuelo Vanderbilt sprach in ihren Erinnerungen treffend von der »competitive atmosphere of Newport's plutocracy«. VANDERBILT BALSAN, The Glitter and the Gold, S. 27.

[239] Vgl. zu Henry White Kapitel II.3.

[240] Lebensbeschreibung und ausführliche Informationen neben der einschlägigen Literatur: *http://www.edithwharton.org/index.html*

[241] Henry James hat das britisch-amerikanische Zusammentreffen in Newport und überhaupt die Kontakte zwischen amerikanischer Oberklasse und britischer Aristokratie in seiner Erzählung *An international Episode* schon Ende der 1870er Jahre satirisch überspitzt. Die Erzählung erschien zunächst 1878 bis 1879 in Fortsetzungen im *Cornhill Magazine*, anschließend in zahlreichen Buchausgaben.

[242] Wharton wie James lebten lange Monate des Jahres in Europa. Sie konnten ihre enge Freundschaft persönlich weiter pflegen, weil die Whites als Angehörige der Pariser Gesandtschaft in dieser Zeit (nach der Hochzeit 1879) ebenso wie Wharton in Frankreich lebten. ABDY/GERE, The Souls, S. 160.

Foreign Office wieder in die amerikanische Hauptstadt sandte.²⁴³ Im Sommer 1891 lebte er mit Theodore Roosevelt in einem Haus von Henry Cabot Lodge in Washington, während Roosevelts Frau wegen der bevorstehenden Geburt von Tochter Ethel die Stadt verlassen hatte. Wie immer war Spring Rice, wie Roosevelt schrieb, »*so* gentle and pallid and polite«. Sie gaben gelegentlich Einladungen »in a mild way. Millie, the colored one cooks very well and we have California claret for the guests – twenty-five cents a bottle. None of the guests have died yet.«²⁴⁴ Roosevelt ließ allerdings auch wissen, Spring Rice sei »querrelous toward America. He oughtn't to be a diplomat: he is too serious.«²⁴⁵ Dies mochte daher rühren, daß Spring Rice sich bei seinen diplomatischen Aufgaben, die er bei aller Freundschaft schließlich auch noch zu erledigen hatte, durchaus nicht zuvörderst aus innerer Zuneigung, sondern aus kalter Notwendigkeit den Ansinnen der amerikanischen Gegenseite, sei es bei den Verhandlungen um die Fischereirechte in der Beringsee, sei es um die Fangrechte vor Neufundland, beugte. Wenn die britische Politik hier dem massiven Druck der Amerikaner nachgab, dann verprellte sie zugleich ihre kanadischen Untertanen, die entsprechend reagierten. Spring Rices Begründung, formuliert im Sommer 1891, war hart, einleuchtend und »global« gedacht: »Of course, one might say: What on earth have we to do with the U.S.? How can their feeling affect us? It is a question of supply. We get an enormous proportion of our food supply from the U.S. In case of war in Europe, our enemy will attack our food supply. Under the rule accepted by France, Germany and Russia, the necessaries of life are contraband of war; this doctrine was protested against by the U.S. and ourselves. So in case of a European naval war in which we are engaged, the U.S. navy is bound to protect our commerce and food supply, which is an important consideration. Besides this, our trade with them is six hundred million out of a total of sixteen hundred, and our interests are bound up inextricably.«²⁴⁶ Über diese Fragen sprach er zweifellos auch mit Roosevelt, und beider Freundschaft vertrug nicht nur ein offenes Wort, sondern zeigte sich gerade darin, daß der exzentrisch-realistische Brite und der voluntaristisch-energische Amerikaner einander in der Sache intellektuell beharkten, ohne diese Kontroversen auf das persönliche Verhältnis durchschlagen zu lassen. Wenngleich seine frühere Abscheu gegen den amerikanischen Politikbetrieb etwas abgeklungen sein mochte, so blieb sein Blick auf die amerikanischen politischen Verhältnisse dennoch weiterhin von einer Mischung aus Verwunderung und Ärger gekennzeichnet: »I must say that the country is an odd one and although I don't mind the things that happen so much as I did, I sometimes get rather angry.«²⁴⁷

---

²⁴³ Vgl. GL 1, S. 109 f.
²⁴⁴ Vgl. GL 1, S. 113.
²⁴⁵ Zit. nach Henry Fowler PRINGLE, Theodore Roosevelt, New York 1995, S. 90.
²⁴⁶ Spring Rice an Ferguson, 7. Juni 1891, GL 1, S. 113.
²⁴⁷ Ebenda.

Spring Rice verließ Washington Ende Januar 1892 und ging nach Tokio. Die neue asiatische Perspektive modifizierte sein Weltbild insofern, daß sie seine Auffassung von der Bedeutung der Vereinigten Staaten noch verstärkte. Beim Nachdenken über die britisch-amerikanischen Beziehungen formulierte er resigniert und eindeutig: »That we can't possibly effort to quarrel, and that if we did, not only would it be an immense disaster, but we couldn't beat them. At bottom the character of the nation isn't bad. The worst faults are on the surface, though I own they are the very faults which are most irritating.«[248] Als Konsequenz seiner Analyse des britisch-amerikanischen Verhältnisses fügte er sich in die pragmatische Einsicht »[t]o keep friends at almost any cost«.[249] Das konnte im Gegenzug auch bedeuten, daß es nicht die jeweilige politische Situation an sich oder die Kongruenz gesellschaftlicher Prinzipien waren, die die Vereinigten Staaten attraktiv oder abschreckend machten, sondern schlichtweg ihre Macht. Aber es war doch mehr als dies, weil ihm die Perzeption der amerikanischen Politik und Gesellschaft in seinen Analysen diese eben als näher, verwandter, vertrauter und rationaler erscheinen ließ als andere. Der Grund für sein unterschwelliges Entgegenkommenwollen lag in dem Gefühl, daß eine existentielle Konfrontation kaum realistisch, die gemeinsame zivilisatorische Grundschwingung aber letztlich dominierend schien: »Our destruction is not desired. And I can't help thinking that our offensive power is vastly overrated. It is quite absurd to see the enormous importance attached to the slightest word of the *Times* or of an English statesman. Americans are still very colonial.«[250] Es gab in seinen Augen allerdings auch keine Alternative, da ein Bruch der Beziehungen – und hier dachte er wiederum global – »might mean almost any disaster – in the Pacific, on the Atlantic, and in Europe too«.[251]

2.5. Entfernt vom Zentrum der Welt

Japan, dieses nach europäischen, namentlich nach englischen Maßstäben exotische und auf der mentalen Karte entlegene Land (»at a sufficient distance from the centre of the world«[252]) faszinierte ihn. Er begann, die Landessprache zu lernen (wie an jedem anderen Ort in der Fremde, an dem er tätig sein sollte), ohne in den knapp zwei Jahren seines Aufenthalts allzu erfolgreich zu sein.[253] In der Gesandtschaft lebte er zusammen mit dem Sekretär Maurice de Bunsen, der auch zeitweise als Vertreter des Gesandten Hugh Fraser sein Chef war.[254] »The general feeling in Japan is that England is her natural ally; not for love of us, but

---

[248] Spring Rice an Ferguson, 25. April 1892, GL 1, S. 119.
[249] Ebenda.
[250] Ebenda.
[251] Ebenda.
[252] Spring Rice an Ferguson, 1. April 1892, GL 1, S. 122.
[253] Vgl. GL 1, S. 121 f.
[254] Spring Rice an seinen Bruder Stephen, 27. Juni 1892, GL 1, S. 124.

for hatred of Russia.«[255] Auch hier begann er sofort, die außenpolitische Situation im Verhältnis zu den anderen Großmächten zu analysieren und war »very much impressed with Japan as a power, and it will be interesting to see what it turns out to be – bubble or nugget. In England we regard it as a practical joke – and there are a good many arguments in favour of the view, but I shouldn't wonder if it turned out wrong.«[256]

Von Japan aus unternahm er mit seinem Eton-Kollegen Curzon, der am 14. September 1892 in Tokio eingetroffen war, eine zwei Monate lange Reise durch Korea und China.[257] Zwar kannten sie einander seit den Tagen in der Bibliothek von Oscar Browning und lobten sich in ihren Briefen gegenseitig als gute Reisebegleiter, aber Spring Rice war von der selbstverständlichen Anspruchshaltung, die der pompöse Attitüden ausstrahlende Curzon hier wie allerorten an den Tag legte, doch etwas irritiert: »He thinks the Consular service appointed to help him on his journey, feed him and provide him material for his letters to the *Times*. He is deeply offended if the beds are not soft or the information not complete. He says that they live so out of the world that they must be delighted at seeing anyone who ›freshens them up‹ – I suppose he is right, but I don't know whether the Foreign Office takes the same view of consular functions.«[258] Korea lag für Curzon »out of the world«[259], wie Spring Rice nach ihrer gemeinsamen Reise berichtete und ihm darin grundsätzlich zustimmte. Gleichwohl war die gesamte Region als »out-of-the-way corner of the world«[260] aufgrund der Seemacht-Projektionsmöglichkeiten seiner eisfreien Häfen von strategischem Interesse und führte zu seltsamen Konstellationen der Großmächte, wenn etwa England und Deutschland auf der einen, Frankreich und Rußland auf der anderen Seite standen und von den Vereinigten Staaten Unterstützung erhielten.

Curzon notierte seinerseits, Spring Rice sei »the best, cheeriest, most unselfish, most amusing of travelling companions [...] For nearly two months we have been together at most hours of the day and night and have not exchanged

---

[255] Spring Rice an Ferguson, 28. Mai 1893, GL 1, S. 146.

[256] Ebenda, S. 145.

[257] GILMOUR, Curzon, S. 89–91. Beschreibung der Reise in: George Nathaniel CURZON, Problems of the Far East. Japan, Korea, China, London 1894.

[258] Spring Rice an Ferguson, 24. Oktober 1892, GL 1, S. 136 f.

[259] Als sie eine Audienz beim koreanischen König erhielten, machte Curzon im Palast einige Fotos. Spring Rice im Tagebuch für seinen Bruder Stephen, 17. Oktober 1892, GL 1, S. 134. »Curzon stood the Ministers in a row and Kodaked them, as he said, to give their photos to the Queen.« Der chinesische Vizekönig Li, den sie ebenfalls trafen, um über Korea, Indien und die allgemeine Lage in Asien zu sprechen (Curzon war *Under-Secretary of State* for India), ließ eine Karte holen, die sich als Produkt der britischen Geographical Society entpuppte, worauf Curzon erklärte, die Karten des Intelligence Departments seien noch besser. Spring Rice an Ferguson, 24. Oktober 1892, GL 1, S. 139.

[260] Spring Rice an Ferguson, 24. Oktober 1892, GL 1, S. 137.

one jarring word.«[261] Sein Geist und seine Unterhaltung waren demnach »equally provided with philosophic reflection and bawdy anecdote«.[262] Curzon hielt während der Reise Henry White brieflich über seine Abenteuer auf dem Laufenden[263], Spring Rice fiel besonders die Bewunderung seines Begleiters für Arthur Balfour und Oscar Wilde auf.[264]

Ganz gleich, wo sie sich befanden, für Spring Rice und seinesgleichen waren England, Eton und Oxford überall: Als er mit Curzon nach zehntägiger, anstrengender Reise durch das unerschlossene Korea im Oktober 1892 schließlich in Seoul ankam und nach einstündigem Ritt durch »inconceivably dirty streets« endlich den Union Jack der britischen Gesandtschaft »in its habitual modesty« flattern sah, setzten sie sich nach dem obligatorischen heißen Bad zum Dinner mit dem auch hier zu findenden obligatorischen jungen Oxford-Absolventen – »and talked Oxford, rowing, debating, societies, etc. etc.«.[265] Im Oktober 1893 reiste Spring Rice nach Shanghai, »landed and explored the club and race course and lawn tennis grounds and all the apparatus which make Englishmen happy«.[266] In Bangkok hielt er für bemerkenswert, daß es einen Club gab, »at which whist is played from 4 to 8, and ladies admitted one evening in the week«.[267] Die Mönche dort, die er auf zehntausend bezifferte, waren ihm allesamt Diebe und die Pagoden »absolutely useless things«.[268] Auf seiner Reise von Tokio Richtung Heimat, machte er nicht nur Halt im Club von Shanghai, sondern notierte auch sonst alle Eigentümlichkeiten der Reisestationen. In Hong-Kong »[e]veryone is good-natured and lazy in this delicious warm, soft, do-nothing climate. They are not particularly good, but it is really too hot to be energetically bad.«[269] Er verzichtete darauf, zu reflektieren, inwieweit man das vom europäischen bzw. englischen Klima sagen konnte.

Auf seiner Rückreise über Shanghai, Bangkok, Hong-Kong und Singapur traf Spring Rice im Dezember 1893 in Kairo mit seinem Eton-Schulfreund Arthur

---

[261] Aus Curzons Tagebuch dieser Reise, zit. nach RONALDSHAY, Life of Curzon, Bd. 1, S. 191.

[262] Spring Rice Papers, Curzon an Spring Rice, 18. November 1892, zit. nach GILMOUR, Curzon, S. 91.

[263] Vgl. Brief vom Oktober 1892, abgedr. in NEVINS, White, S. 95. White und Curzon hatten den Atlantik gemeinsam im Staats-Appartment auf der *Fürst Bismarck* der Hamburg-Amerika-Linie überquert, das ihnen, weil nicht belegt, ohne Extrakosten zur Verfügung gestellt worden war.

[264] Die weit verbreitete Abneigung seiner Generation gegen Curzon, die aus Eton und Balliol herrührte, klang auch bei Spring Rice noch an, wenn er schrieb: »He has improved, I think, and has been working hard. He was always a good fellow.« Spring Rice an Ferguson, 18. September 1892, GL 1, S. 125.

[265] Spring Rice im Tagebuch für seinen Bruder Stephen, 17. Oktober 1892, GL 1, S. 130 f.

[266] Spring Rice an seine Schwägerin Julie, 11. Oktober 1893, GL 1, S. 147.

[267] Cecil an Stephen, 23. Oktober 1893, GL 1, S. 149.

[268] Ebenda, S. 149 f.

[269] Spring Rice an seine Schwägerin Julie, 11. Oktober 1893, GL 1, S. 148.

Hardinge zusammen, fuhr über Paris, wo er den Botschafter Lord Dufferin traf, und erreichte Anfang Januar 1894 London. Ihm war nun durchaus bewußt, daß er zwar Nordamerika und den Fernen Osten kannte und auch mancherlei dazwischen gesehen hatte, daß ihm aber Europa selbst als Erfahrung noch fehlte. Er fürchtete, daß es bald zu spät sein könnte, einen passenden Posten auf dem Kontinent zu finden und daß dies seine diplomatische Karriere behindern, wenn nicht gar entscheidend hemmen werde, indem er auf einer mittleren Stufe stekkenblieb: »But nothing is worse than a grumbling diplomat, and there is always a fair chance of finding a permanent opening in America.«[270] Als Spring Rice 1889 wieder einmal auf der Suche nach dem richtigen Lebensweg gewesen war und auf seinem Posten in den Vereinigten Staaten hin- und hergerissen schien, hatte ihm Arthur Hardinge prophetisch und tröstend geschrieben: »You will become quite an American specialist and be consulted on all U.S. matters till the day you become Minister in Washington.«[271] 1894 kehrte Spring Rice nach Washington zurück, eine Versetzung, die ihm schon im Mai des Vorjahres in Tokio mitgeteilt worden war.[272]

Als er Washington verlassen hatte, war der republikanische Präsident Harrison etwa in der Mitte seiner Amtszeit gewesen, und Spring Rice hätte bei der Abstimmung 1892 dessen Wiederwahl bevorzugt. Als er nun zurückkehrte, regierte im Weißen Haus wieder der vergleichsweise antienglisch eingestellte Grover Cleveland, mit dem es in den folgenden Jahren eine Reihe ernsthafter Konfrontationen gab. Die Konflikte schienen Lappalien zu sein, aber die US-Diplomatie war nicht nach den Maßstäben europäischer Großmächte zu berechnen. So war nach wie vor die Frage der Fischereirechte in der Beringsee nicht geklärt. Eine Schiedskommission, an der nach den Verhandlungen der Jahre 1891 und 1892 neben den Kontrahenten Großbritannien und USA auch Frankreich, Italien, Schweden und Norwegen teilnahmen, legte im August 1893 einen Kompromißvorschlag vor, der zwar die amerikanischen Territorialansprüche auf die Beringsee ablehnte, die allgemeinen Fangrechte anderer Staaten aber stark beschnitt. Ein weiterer Konfliktherd war Hawaii, wo die bisherige Königin gestürzt worden war und der amerikanische Gesandte ein Protektorat ausgerufen hatte. Dies wollte Präsident Harrison durch eine offizielle Annexion besiegeln, was der Senat jedoch ablehnte. Auf republikanischer Seite war stets das Argument zu hören, wenn die USA die Inseln nicht annektieren würden, könnte Großbritannien zugreifen. Diese Perzeption, die in der US-Presse angeheizt wurde, war geeignet, die antibritischen Vorbehalte in den Vereinigten Staaten zu verstärken. Spring Rice meinte allerdings wahrzunehmen, daß die Briten durch Integrität einiges an Glaubwürdigkeit gewonnen hätten, weil sie zumin-

---

[270] Undatierter Brief (Januar 1894), zit. nach GL 1, S. 152.
[271] Arthur Hardinge an Spring Rice, 1. Juni 1889, Papers Churchill College Cambridge; BURTON, Spring Rice, S. 31; GL 1, S. 110.
[272] Spring Rice an Ferguson, 28. Mai 1893, GL 1, S. 145.

dest den entscheidenden Leuten hätten klar machen können, daß sie weder in dem einen noch dem anderen Fall die unterstellten Absichten gehabt hatten, d. h. weder eine Zerstörung der amerikanischen Fischerei noch eine Annexion Hawaiis anstrebten.[273]

Die chilenische Krise von 1892 war in den Augen Spring Rices gleichfalls ein warnendes Vorzeichen für die Unberechenbarkeit der amerikanischen Außenpolitik gewesen. Außenminister Blaine, als Jingo ausgewiesen, setzte sich massiv für den Frieden ein (der dann durch vollständiges Nachgeben der Chilenen auch erhalten wurde), während der Präsident und der Marineminister massiv für die bewaffnete Auseinandersetzung eintraten, »one to get re-elected, the other to see his new ships fight. [...] [T]he moral for us is: what will the U.S. be like when their fleet is more powerful, if the administration acts in a similar manner?« Blaine hatte, so Spring Rice, »like all Americans, a strong feeling against foreigners: of course he hates England, but hates foreigners infinitely more, and his hatred for us is mixed with respect. Indeed, there is too much respect about it, as no one realises how weak our position really is [...]. They seem to think us designing tyrants who are doing everything in our power to destroy America.«[274] Auch fand er die Presse »on both sides [...] particularly irritating. The danger is a real one, I think, but I can't say that it seems to be realized at home.«[275]

Ohne Verzögerung konnte Spring Rice an seine persönlichen Kontakte zur amerikanischen Führungsschicht anknüpfen. Er war nun Mitte dreißig und zweiter Sekretär der britischen Botschaft. Das war zwar keine berauschende Karriere, aber doch überdurchschnittlich, vor allem insofern, als seine Stellung durch seine Beziehungen, namentlich durch die Freundschaften zu Henry Adams und John Hay ergänzt, und durch zahlreiche wohlwollende Bekanntschaften wie zur Familie Endicott und anderer umrandet wurde. Spring Rice war ein anerkanntes und gern gesehenes Mitglied dieser amerikanischen Ersatzaristokratie. Doch vor allem sein längstes und vertrauensvollstes Verhältnis entwickelte sich bald zu weltpolitischer Bedeutung: die Freundschaft mit Theodore Roosevelt.

2.6. Theodore Roosevelt

Theodore Roosevelt gehörte qua Geburt einer anderen Generation an als diejenigen, die auf amerikanischer Seite für das *Anglo-American Rapprochement* verantwortlich zeichneten. Roosevelt zählte zur Generation von Woodrow Wilson (1856–1924), William Jennings Bryan (1860–1925), Josephus Daniels (1862–1948), Charles Evans Hughes (1862–1948), Frank Kellog (1856–1937),

---

[273] Vgl. Spring Rice an Ferguson, 19. März 1894, GL 1, S. 154 f.
[274] Spring Rice an Ferguson, 10. Juli 1891, GL 1, S. 114 f.
[275] Cecil an Stephen Spring Rice, 19. Januar 1892, GL 1, S. 118.

Philander Case Knox (1853–1921), Robert Lansing (1864–1928) und Walter Hines Page (1855–1918), die alle erst nach dem Ende seiner Präsidentschaft zu internationaler politischer Bedeutung gelangten. Außenminister John Hay und Marineminister John Davis Long waren zwanzig Jahre älter als der Präsident, sein Kriegsminister und späterer Außenminister Elihu Root immerhin noch dreizehn Jahre – Altersdifferenzen, die der zur Mehrzahl der Kabinettsmitglieder entsprachen. Henry Adams, selbst Jahrgang 1838, formulierte mit brillanter Prägnanz: »To them at sixty-three, Roosevelt at forty-three could not be taken seriously in his old character, and could not be recovered in his new one. Power, when wielded by abnormal energy, is the most serious of facts, and all Roosevelt's friends knew that his restless and combative energy was more than abnormal. Roosevelt, more than any other man living showed the singular primitive quality that belongs to ultimate matter – the quality that medieval theology ascribed to God – he was pure act.«[276]

Die eigentliche »Roosevelt-Generation« erreichte ihre internationale politische Wirksamkeit erst mit dem Weltkrieg und danach.[277] Es war auf amerikanischer Seite die Generation der in den 1830er Jahren geborenen Bürgerkriegsjugend, exemplarisch John Hay als Botschafter und Außenminister sowie Joseph Hodges Choate (1832–1917) und Whitelaw Reid (1837–1912) als Londoner Botschafter, die, vermittelt durch Henry White, die amerikanisch-britische Annäherung umsetzten. Sie traf dabei auf englischer Seite auf jene jüngere »Wende-Generation« im Alter Roosevelts und Spring Rices, die maßgeblich den außenpolitischen Wandel des britischen Empire in der Scharnierzeit betrieb und dabei in hohem Maße von ihrer gewandelten Perzeption des Deutschen Reiches, insbesondere des gleichaltrigen Kaisers, motiviert war.[278] Wenngleich nicht alle in gleicher Weise »aktiv« waren wie Spring Rice, bilden sie doch eine zusammengehörige politische »Wende-Generation« mit einem enormen Einfluß auf die britische Außenpolitik im Vierteljahrhundert vor dem Weltkrieg. Es war

---

[276] Zit. nach PRINGLE, Theodore Roosevelt, S. 171; vgl. ADAMS, The Education of Henry Adams, Introduction, S. XIII f.

[277] Es ist bemerkenswert, daß es diese Generation war, welche die Vereinigten Staaten auch in die Verflechtungen der Weltpolitik einband, in die sich Roosevelt nur sporadisch, aber bewußt einmengte, ohne sich völlig festzulegen. Als später der Wille zur Nichteinmischung vorherrschte, ließ die interdependente Struktur der internationalen Beziehungen einen Isolationismus ähnlich dem der Jahrzehnte vor der Scharnierzeit nicht mehr zu.

[278] Richard Haldane (geb. 1856), Charles Hardinge, James Rennell Rodd (geb. 1858), George Curzon, Arthur H. Hardinge, John Jellicoe, Cecil Spring Rice, William Waldegrave Palmer (Lord Selborne) (geb. 1859), Rufus Daniel Isaacs (Lord Reading), Ronald Munro-Ferguson (Viscount Novar), John St. Loe Strachey (geb. 1860), Vincent Corbett, Halford Mackinder (geb. 1861), Edward Grey, John Alfred Spender (geb. 1862), Austen Chamberlain, David Lloyd George, Lewis Harcourt, Arthur Henderson, Esme Howard, Reginald McKenna, George Wyndham (geb. 1863), Eyre Crowe, Louis Mallet, Henry Wilson (geb. 1864), Alfred Harmsworth (geb. 1865), Hugh O'Beirne, William Tyrrell (geb. 1866). Vgl. auch WATT, Succeeding John Bull, S. 26; BURTON, Roosevelt and his English Correspondents.

Spring Rice, der diese generationelle Verbindung, zuvörderst auf informellem Weg, in die politisch-diplomatische Praxis umsetzte.

Als Spring Rice Ende August 1894 wieder einmal (»thank goodness«) mit Roosevelt zusammentraf, diskutierten sie wie üblich »all manner of things, chiefly politics, which are in a most complicated state, as all parties unite in hating and abusing the President, and yet can't get on without him, for there he is; firm for two years more. But I have got a sick of the papers and their abuse of each other and especially of us.«[279] Roosevelt wiederum nutzte die Gespräche mit Spring Rice, um sein ohnehin ausgeprägtes missionarisches Selbstbewußtsein weiter zu schärfen, und bekannte resümierend drei Jahre später: »You happen to have a mind which is interested in precisely the things which interest me, and which I believe are of more vital consequence than any other to the future of the race and of the world«.[280] Einer voluntaristisch-expansiven Haltung amerikanischen Sendungsbewußtseins bei Roosevelt entsprach ein affirmativ-britisches Sendungsbewußtsein von Spring Rice, das in der Zukunft der englischsprachigen Welt und der »angelsächsischen Rasse« sein komplementäres Motiv fand.

Spring Rices Haltung zu den Vereinigten Staaten und vor allem zu seiner politischen Kultur blieb durchaus gespalten. Kurz bevor er Washington im Frühjahr 1895 verließ, begleitete er Rudyard Kipling zu einer Sitzung des Kongresses. Seine Schilderung des flegelhaften, chaotischen und nach britisch-europäischen Maßstäben reichlich unzivilisierten Verhaltens der dort herumlungernden Politiker und Journalisten läßt in ihrem angewiderten Unterton an Deutlichkeit nichts vermissen.[281] Auch die Vielschichtigkeit sowie die innere, geographisch bestimmbare Mentalitätsdifferenz der Gesellschaft wurden ihm nun bewußter als früher. Er sah die amerikanische Nation in Nord, Süd und West merklich unterschieden und sprach sogar von »different peoples«.[282] Noch in Washington hatte Spring Rice sich vor allem über die amerikanische Presse mokiert und mit Blick auf seine bevorstehende Zeit in Berlin die Hoffnung geäußert: »[...] it will be rather a comfort to go to a country where one can read the news without finding in every paper an article accusing one's country of every conceivable crime.«[283] Der Hintergrund dieser optimistischen Erwartungshaltung war die heraufziehende Venezuela-Krise und das allgemeine Verhalten der demokratischen Administration seit deren Machtübernahme. »The jealousy of England is so acute that nothing we can do will do the slightest good. Suppose we are

---

[279] Spring Rice an seine Schwester Margaret, 23. August 1894, GL 1, S. 160.

[280] Theodore Roosevelt an Spring Rice, 13. August 1897, in: Letters of Theodore Roosevelt, Bd. 1, Nr. 773, S. 644. Gegenüber Henry Cabot Lodge hatte er schon 1891 über den exakt vier Monate Jüngeren geschrieben: »Sensible, appreciative boy, Springy – very.« Theodore Roosevelt an Henry Cabot Lodge, 19. Juni 1891, ebenda, Bd. 1, Nr. 329, S. 252.

[281] Spring Rice an seine Schwestern, 12. März 1895, GL 1, S. 173 f.

[282] Cecil an Stephen Spring Rice, 18. Mai 1894, GL 1, S. 158.

[283] Spring Rice an seine Schwestern, 12. März 1895, GL 1, S. 175.

civil to their naval officers – still, our ships are larger and more numerous. Suppose we entertain their Ambassador – the English lord on the continent is still a greater personage than the American patriot etc., etc. Then there is the question of international marriages. It is a most irritating thing for instance, that a beautiful and wealthy girl like Miss Leiter goes abroad to marry.[284] The fact is that as long as we exist and talk English we shall be hated here. No one has a right to exist and talk English who isn't an American. Then we should remember that their feeling for the rest of the world is one of pure and undisguised contempt.«[285] Er konnte sich schwerlich vorstellen, daß dergleichen Erfahrungen andernorts zu überbieten waren.

Spring Rice vermochte gerade in Amerika persönliche Freundschaft und politische Analyse sehr wohl zu trennen. Der Maßstab seiner Beurteilung blieb dabei stets und selbstverständlich die Weltmachtposition seines Heimatlandes. Ein entscheidender Wandel in der Gesamtrelation seines Weltbildes setzte ein, als er zum Herbst 1895 als zweiter Sekretär an die britische Botschaft in Berlin versetzt wurde. Er kehrte nach Europa zurück, weil er sich in Asien mit Malaria angesteckt hatte und das berüchtigte Klima der amerikanischen Hauptstadt eine Gefahr für seine Gesundheit blieb.[286] Seine Empfindlichkeit gegen die Folgen von Hitze ließ ihn auch über die grundsätzlichen Perspektiven seiner Karriere nachdenken, weil wichtige Posten des britischen Weltreiches damit für ihn unzugänglich bleiben würden.[287] Berlin als Hauptstadt der wichtigsten europäischen Kontinentalmacht schien im Moment sowohl im Hinblick auf diplomatische Erfahrung als auch klimatisch ein Ort, sich hierüber Klarheit zu verschaffen. Zudem versprach das Deutsche Reich in kultureller Hinsicht ein Niveau, wie er es sich unter einer zivilisiert fortgeschrittenen Nation, stets gemessen an seinen britischen Maßstäben, vorstellte.

Auch in Deutschland begann sein analytischer Verstand die Politik und Gesellschaft in ähnlicher Weise zu beobachten und zu sezieren, wie er dies in den Vereinigten Staaten getan hatte. Die widersprüchlichen Erfahrungen seiner Berliner Jahre allerdings modifizierten seine Weltsicht, namentlich zum Wesen des deutsch-britischen Verhältnisses. Nach seinen umfangreichen Amerika-Erlebnissen, die seine geistige Landkarte der Weltpolitik bereits verwandelt hatten, zog er aus den Berliner Eindrücken Schlüsse hinsichtlich der Chancen und vor allem der Gefahren für die weltpolitischen Perspektiven Großbritanniens. Indem er daraus Konsequenzen für seine Haltung zum britisch-amerikanischen Verhältnis und für seine eigenen künftigen außenpolitischen Aktivitä-

---

[284] Spring Rice hatte vergeblich um Mary Leiters Hand angehalten, doch heiratete sie am 23. April 1895 in der Washington St. John's Episcopalian Church George Curzon. Vgl. GILMOUR, Curzon, S. 119.

[285] Spring Rice an Villiers, 12. April 1895, GL 1, S. 175.

[286] Vgl. Spring Rice an Villiers, 12. März 1895, GL 1, S. 172.

[287] Vgl. Spring Rice aus Berlin an Theodore Roosevelt in New York, 18. Juli 1896, GL 1, S. 207.

Freundschaften, Weltbilder und internationale Politik I: Cecil Spring Rice 191

ten ableitete, bildeten die Jahre in Deutschland den zweiten Wendepunkt in seiner Karriere.[288]

2.7. Deutschland und die Zukunft der angelsächsischen Welt

Spring Rice hatte nurmehr schemenhafte Erinnerungen an jenes Deutschland, das er in seinen letzten Etoner Weihnachtsferien Mitte der 1870er Jahre mit seinem Tutor Luxmoore bereisen durfte. Er hatte seinerzeit den Kölner Dom besucht, im Museum nebenan Albrecht Dürers Arbeiten intensiv studiert und in Leipzig Johannes Brahms beim Vortrag seiner eigenen Kompositionen gehört.[289] Im Vierteljahrhundert seit der Reichsgründung hatte sich das Land merklich verändert. Es war moderner, wohlhabender und selbstbewußter geworden, und es hatte neben der politischen Entwicklung zur halbhegemonialen Kontinentalmacht auch seine ersten ökonomischen Krisen überstanden. Eine Begleiterscheinung hiervon war, daß die britische Botschaft nun im grandiosen Palais des ehemaligen »Eisenbahnkönigs« Bethel Henry Strousberg residierte.[290]

Als Spring Rice seinen Posten als zweiter Sekretär übernahm, stand zugleich ein Wechsel in der Leitung bevor. Ende Oktober stattete der bisherige Botschafter, Sir Edward Malet, symbolisch dem ihm jahrelang vertrauten Bismarck einen letzten Besuch ab.[291] Sein Nachfolger wurde Frank Lascelles, der bisherige Botschafter in St. Petersburg und ab 1904 Spring Rices Schwiegervater. Lascelles gehörte zu den qua Geburt entfernten Ästen des aristokratischen Kernstammes seiner Familie und war als dritter Sohn des dritten Sohns

---

[288] Gwynn meint sogar: »Berlin marked a dramatic stage in Cecil Spring Rice's career.« GL 1, S. 178.

[289] GL 1, S. 18. »He began a lifelong education in nations and peoples as diverse as the Persians and the Swedes, the Japanese and the Russians. [...] At that early age travel appealed to him because it enabled him to learn about the world by seeing it. The cathedral at Cologne, Dürer's etchings, Brahms' performance of his own compositions at Leipzig – these were the forerunners of a life of wandering and noting, where his observations became increasingly acute and of increasing usefulness to the Foreign Office.« BURTON, Spring Rice, S. 28.

[290] Vgl. Laurenz DEMPS, Berlin-Wilhelmstraße. Eine Topographie preußisch-deutscher Macht, zweite durchg. Aufl. Berlin 1996, S. 114–116. Carl Fürstenberg, selbst einer der vermögendsten Bankiers seiner Zeit, bezeichnete Strousbergs Haus als das »bei weitem anspruchsvollste« und »mit einem Prunk eingerichtet, wie ihn die Hauptstadt Preußens bei einem Privatmann bisher noch kaum gesehen hatte«. Carl FÜRSTENBERG, Lebensgeschichte eines deutschen Bankiers 1870–1914, hrsg. von Hans Fürstenberg, Berlin 1931, Neudruck Wiesbaden o. J. [1961], S. 65, 71. Auch nach der Jahrhundertwende galt in den Augen der arrivierten Gesellschaft jener Teil der Wilhelmstraße mit dem Reichskanzlerpalais Radziwill und der englischen Botschaft im Hotel Strousberg »als das vornehmste Viertel der Residenz«. Fedor von ZOBELTITZ, Chronik der Gesellschaft unter dem letzten Kaiserreich (1894–1914), Hamburg 1922, Bd. 2, 13. März 1905, S. 67.

[291] Sir Edward Malet (1837–1908) war als Nachfolger von Odo Russell seit 1884 britischer Botschafter in Berlin gewesen.

des Second Earl of Harewood[292] so weit von deren Reichtümern entfernt, daß er seinen eigenen Lebensunterhalt in einer Diplomatenkarriere suchen mußte, die ihm allerdings glänzend gelang. Als er den Berliner Posten antrat, konnte er an alte Kontakte aus seiner Zeit als Botschaftssekretär in den 1880er Jahren anknüpfen, beispielsweise zum Salon der Fürstin Marie Radziwill, bei der auch Spring Rice bald verkehrte.[293]

Schon nach dem ersten Monat seines Berliner Aufenthalts konstatierte Spring Rice irritiert, »how detested we are«, und empfand als besonders merkwürdig, »to find that in Germany we are hardly ever mentioned without some term of abuse or reproach. I suppose our existence is an offence to everyone and their only consolation is to abuse us.«[294] Spring Rice begann auch hier, die Landessprache zu lernen, und meinte in einem Brief an Henry Adams, dieser werde froh sein zu erfahren, »that the British nation is even more disliked in Germany than it is in America«.[295] Allerdings betrachtete er England und Deutschland in einer »fairly peaceful condition« und nannte dafür den bemerkenswerten Grund, das Kaiserreich sei »solely occupied with making money. I should think that never since man began to adorn the universe, was a whole nation so entirely and exclusively engaged in the occupation of money making. To call the Americans and the English dollar-worshippers! An occasional flirtation in face of a constant and unswerving devotion!«[296] »The odd thing is«, schrieb er an Theodore Roosevelt, »that this Government which is entirely carried on by the anti-commercial class is the most frankly commercial Government in the world.«[297] Die deutsche Gesellschaft war in seinen Augen dementsprechend gespalten zwischen »the monarch with the history of blood and iron and the army of (in theory) absolute slaves« auf der einen Seite und auf der anderen »all the people who are liberal, who read, think, work, make money or books«.[298] Wenngleich beide »Parteien« eine potentielle Gefährdung der britischen Position darstellten, weil militärische wie ökonomische Expansion gleichermaßen als bedrohlich erscheinen konnten, so waren es doch die unterschwelligen und offenen Formen des militärzivilisatorischen Regelungsprinzips, die ihm den entscheidenden Unterschied zu Großbritannien und den Vereinigten Staaten deutlich werden ließen.

---

[292] Sir Frank Cavendish Lascelles (1841–1920). Vgl. CANNADINE, Decline and Fall, S. 287.

[293] Sie bemerkte über Lascelles, er sei »ein Mann von Geist, anders glänzend in dieser Hinsicht, als Malet war, und sehr angenehm«. Marie Fürstin RADZIWILL, Briefe vom deutschen Kaiserhof 1889–1915, ausgewählt und übersetzt von Paul Wiegler, Berlin 1936, S. 103, 20./21. Dezember 1895.

[294] Spring Rice an seinen Bruder Stephen, 2. November 1895, GL 1, S. 182 f.

[295] Spring Rice an Henry Adams (den er als »dear Uncle Henry« apostrophierte, wie es die Kinder von John Hay und Henry Cabot Lodge taten), 24. August 1896, GL 1, S. 209.

[296] Ebenda.

[297] Spring Rice an Theodore Roosevelt, 3. November 1897, GL 1, S. 233.

[298] Ebenda.

Sein Sensorium für die Art der vom Deutschen Reich ausgehenden Bedrohung war schon außergewöhnlich entwickelt, als er im Sommer 1897, lange vor der Verabschiedung des ersten Flottengesetzes, zur Frage der immer wieder auftauchenden Kriegsbefürchtungen und der allgemeinen Haltung gegen England schrieb: »There can be no doubt of the wish to be as hostile as they dare, but there can be no thought of war, everyone agrees on that. Their great desire is to be rich and have peace till they have a navy strong enough to cover their supplies. However, it is notorious that every officer has to make a scheme in the staff college for the invasion of England.«[299]

Zugleich waren ihm die Gesamtprobleme des britischen Weltreiches im Verhältnis zu den deutsch-britischen Beziehungen durchaus bewußt. Im Zusammenhang mit den aufgeregten politischen und öffentlichen Diskussionen um den Jameson Raid und das Krüger-Telegramm hoffte er, »that we shall recognise our real friends and shake hands again with Germany. We hate one another because we are near enough to each other to dislike each other, but it's absurd to suppose that either can assist at the destruction of the other.«[300] Auch hier dachte er in den größeren Zusammenhängen der Weltpolitik, wenn er unter Bezug auf Bismarck meinte: »If the Teutons quarrel now, the world will be Slav.« Zugleich wollte er an den Fortschritt der Zivilisation glauben und vertraute darauf, daß ein Krieg inzwischen schwieriger vom Zaun zu brechen sei als ehedem.[301] Auch in der öffentlichen Meinung des Kaiserreiches sah er die unausgesprochene Annahme vorherrschen, ein Krieg zwischen beiden Ländern sei im Grunde unmöglich: »That is the very reason of their violent abuse.«[302] Die Deutschen, so seine Einschätzung im Januar 1896, könnten sich einfach nicht vorstellen, »that we could really ›betray the Teutonic cause‹, as they would put it, by joining their enemies«.[303]

Spring Rice erkannte deutlich die Problematik der deutschen geopolitischen Situation und deren ins Globale reichende Folgen: »The sensitive point is that the expansion of Germany is barred in Europe, and that out of Europe Germany encounters England everywhere. Australia, Africa and America are machines for teaching Germans English. German emigrants are increasing the strength of Anglo-Saxondom every day. Naturally there is a bitter feeling. You can see only

---

[299] Spring Rice an Villiers, 24. Juli 1897, GL 1, S. 225.

[300] Spring Rice an seinen Bruder Stephen, 11. Januar 1896, GL 1, S. 188. Das war die gleiche Argumentation, die etwa Arthur Balfour zu den Konflikten im Verhältnis Großbritannien zu den Vereinigten Staaten gebrauchte, s. dazu unten S. 255 f.

[301] Cecil an Stephen Spring Rice, 11. Januar 1896. Allerdings war auch er nicht frei von reichlich irrationalen Verschwörungstheorien, wenn er etwa meinte, daß die offizielle deutsche Presse in den Monaten vor dem Krüger-Telegramm einen »plot against England on an enormous scale« vorbereitet habe. Spring Rice an Francis Villiers, 11. Januar 1896, GL 1, S. 188, 190.

[302] Spring Rice an Villiers, 25. Januar 1896, GL 1, S. 196.

[303] Spring Rice an Villiers, 18. Januar 1896, GL 1, S. 195.

one place in the world outside Europe [i. e. Südafrika, M. B.] where a dialect of German is still spoken – and there –!«[304] Es erschien ihm daher nur natürlich, daß das deutsche Interesse auf Südafrika zielte: »The real and deep-seated object of the German Colonial party is to find some part of the world where Germans can emigrate to and live as Germans. They look on South Africa, if ruled by the Dutch element, as such a place, and therefore they all do everything possible to keep up the strength of the Dutch element; they would gladly surrender all interest in the Nile valley for the sake of the Transvaal.«[305] Hiermit waren zugleich die Grenzen eines Rapprochements von »Germanen« und »Angelsachsen« beschrieben. In gemeinsamen Unternehmungen würde immer das angelsächsische Kulturelement vor allem aufgrund der Sprache überwiegen und das eigentlich deutsche sich verlieren. Wollte man dies erhalten, so konnte das in dieser Perspektive, wenn überhaupt, nur gegen die englischsprachige Dominanz erfolgreich sein.

Die Wandlungen des deutsch-britischen Verhältnisses in diesen Jahren wurden von vielen Seiten wahrgenommen und beschrieben. So begann in dieser Zeit eine enge Freundschaft zwischen Spring Rice und dem Berliner *Times*-Korrespondenten Valentine Chirol[306], die sich nach Chirols Beförderung zum Foreign Editor der *Times* 1899 noch vertiefte. Chirol war deshalb in einer besonderen Position, weil er früher selbst im Foreign Office gearbeitet hatte und weiterhin gute Kontakte, beispielsweise zu Charles Hardinge, unterhielt. Auch der Militär-Korrespondent des Blattes, Charles Repington, verfügte als ehemaliger Offizier über exzellente Kontakte. Diese vielfältigen informellen Verbindungen eröffneten analytische Einblicke, mit denen im Zweifelsfall die Politik auch publizistisch gezielt zu beeinflussen war – und sie verstärkten den Mythos von der besonderen Offiziosität der *Times*, so daß die Zeitung einen Status »sui generis« besaß.[307] Chirol, der lange auch mit Friedrich von Holstein in enger Verbindung stand[308], erkannte gleichfalls den allgemeinen Wandel der politi-

---

[304] Spring Rice an Villiers, 17. Januar 1896, GL 1, S. 191 f.

[305] Spring Rice an Villiers, 21. März 1896, GL 1, S. 201. Am selben Tag schrieb er an seinen Bruder Stephen: »The Germans, remember, emigrate and want a healthy place to emigrate to where they will continue speaking German and drinking beer. It looks as if S[outh] Africa were their only chance – under Dutch rule, of course.« GL 1, S. 202 f.

[306] Vgl. Spring Rice an seinen Bruder Stephen, 7. Dezember 1895, GL 1, S. 184 f.

[307] Keith ROBBINS, Public opinion, press and pressure groups, in: Francis Harry HINSLEY (Hrsg.), British Foreign Policy under Sir Edward Grey, Cambridge u. a. 1977, S. 70–88, hier S. 82.

[308] Die Freundschaft zwischen Chirol und Holstein wurde durch das Krüger-Telegramm stark belastet. Rosen gibt an, beide hätten auf seine Initiative kurzzeitig wieder zueinander gefunden, bis weitere Meinungsunterschiede die Oberhand behielten. Friedrich ROSEN, Aus einem diplomatischen Wanderleben, Bd. 1: Auswärtiges Amt, Marokko, Berlin 1931, S. 58 f. Auch Rosen kannte Chirol und stellte ihn wegen übertriebener Berichte in der *Times* zur Rede, mußte aber feststellen, daß sie Ausdruck eines allgemeinen Mißtrauens gegen Deutschland waren; er konstatierte, »wie schwierig schon damals jede Verständigung mit den Eng-

schen Verhältnisse in der Scharnierzeit nach 1895[309] und betonte rückblickend den Eindruck, den diese Jahre in Deutschland auf ihn, Spring Rice und damit indirekt auch auf die britische Außenpolitik und das Verhältnis zu den Vereinigten Staaten hatten.[310]

Kulturell empfand Spring Rice Berlin als einen bedeutenden Ort (»splendid concerts and excellent theatres and the way they give Shakespeare is superb«), aber die politische Klasse war ihm ebenso suspekt[311] wie die allgemeine Ausstrahlung der von ihm als vorherrschend empfundenen Charaktereigenschaften, die sich zu einer unterschwelligen Bedrohung für das Schicksal des eigenen Landes summierten: »The political world is in a highly excitable condition and is almost entirely inspired by envy, hatred, malice, and all uncharitableness. When they are tired of abusing each other, they pitch into us. What a chorus of hatred and calumny rises around us like a fountain day and night! Do we deserve it? I suppose if we ceased to be successful we should cease to be abused. But as it is, the hatred and abuse is most unquestioned, and we ought to be prepared, and young people ought to know that if they want to enjoy their country long, they must be prepared to suffer for it if needs be. I wish people would learn defensive patriotism – that is to love their own mothers without abusing other people's. These people are exactly the contrary; they have a perpetual well of malice springing in their hearts. It doesn't make an Englishman's love for his country less.«[312] Hier liefen generationelles und individuelles Selbstbild und Verantwortungsgefühl für die künftigen Perspektiven des eigenen Landes patriotisch-nationalistisch in dem Bewußtsein einer allgemeinen Bedrohung zusammen, wie es Spring Rice bei ähnlichen Analysen in den Vereinigten Staaten nicht empfunden hatte.

Die Berliner Gesellschaft bemühte sich um »ihre« Diplomaten ähnlich wie die Washingtoner, doch unterschied sich die Atmosphäre der preußischen Hauptstadt nach Spring Rices Eindruck merklich von seinen amerikanischen Erfahrungen. So war er wiederholt Gast im Haus der Fürstin Marie Radziwill,

---

ländern geworden war, und welche Rolle das Persönliche oft genug gespielt hat«. Ebenda, S. 59.

[309] »Chirol is the most ardent advocate of a good understanding with Germany and always has been so. He has also a great admiration for several members of the present administration. But he is rather a warm-hearted man and takes things seriously. He thinks that the German press has been encouraged for years to answer all our ouvertures with contempt and that advantage has been taken of the first difficulty to stab us in the back. Naturally he is in a rage and shows it.« Spring Rice an Villiers, 17. Januar 1896, GL 1, S. 191.

[310] »The turning point of his career was his transfer as Second Secretary to the Embassy in Berlin in 1895. For, in the three years which he spent in Germany, he witnessed some of the most significant manifestations of the aggressive spirit infused into the ›higher policy‹ of the German Empire after its youthful sovereign had thrown off the old Chancellor's tutelage.« Valentine CHIROL, Cecil Spring-Rice. In Memoriam, London 1919, S. 9.

[311] »The entire absence of any representation of Liberalism in the society circles is a striking fact.« Spring Rice an seinen Bruder Stephen, 24. Juli 1897, GL 1, S. 226.

[312] Spring Rice an seinen ehemaligen Tutor Luxmoore, o. D. (Ende 1896), GL 1, S. 206.

dessen Eindruck er mit spöttischem Unterton beschrieb: Die Fürstin sei eine »elderly lady«, ihr Mann ein »old fat Prince, who loves to talk English«. Dessen Bruder, ein Russe, »expediated on the mutual hatred of England and America«, bis um Punkt elf die Gäste das Haus verließen. »This goes on every evening and you are considered very impolite if you don't go rather often. I believe sometimes the conversation is interesting but generally turn on the *Revue des deux Mondes*; a great thing to have a regular standard of conversation!«[313] Den allgemein ambivalenten Eindruck resümierte er wie stets sarkastisch überspitzt: »Society goes on being very kind to us, but the language they use about England, when we are not there, is appalling. The only friend we have is the socialist, Bebel!«[314]

»This is a very interesting country. The things that happen are quite incredible«, faßte er nach knapp zwei Jahren Aufenthalt in Deutschland gegenüber Theodore Roosevelt zusammen.[315] In hohem Maße prägend wirkten Spring Rices Erfahrungen mit Kaiser Wilhelm II., über den er sich immer wieder ausführlich mit Roosevelt austauschte.[316] Zu Wilhelms Regierungsstil gab es laut Spring Rice »as many stories in Berlin as in Rome under Tiberius«.[317] Er sah die deutsche Führungsschicht, zumindest was die unmittelbare Umgebung des Kaisers und den Einfluß Holsteins betraf, in eindeutig englandfeindlicher Position verharren: »The entourage of the Emperor, the East Prussians, hate us as representatives of a constitutional monarchy.«[318] Holstein war für ihn »[t]he underground inspirer of the Foreign Office«, der seinen Einfluß gleichfalls im antienglischen Sinne nutze.[319]

Beim Besuch des Kaisers in der britischen Botschaft Mitte März 1896 fiel Spring Rice auf, daß Wilhelm »talked continually, giving hardly any time to answer – about ›grand mamma‹ and Cowes, and Lord Dunraven and his journey in Cumberland. This was about 12.30 and he had come at 10. Then he rose, asked if he could have a cigar and whisky and soda, and back he went to Sir F.'s [Frank Lascelles, M. B.] room, where he talked, walking about rather excitedly, with gesticulations – not waiting for an answer.«[320] Dergleichen Auftritte schlugen weite Wellen in die diplomatischen Beziehungen, die sich mit der Zeit von Irritation zu Reserviertheit, Vorsicht und Ablehnung aus Furcht vor Unberechenbarkeit steigerten. Der Londoner Botschafter Hatzfeldt

---

[313] Spring Rice an seinen Bruder Stephen, 7. Dezember 1895, GL 1, S. 184 f.
[314] Spring Rice an Villiers, 22. Februar 1896, GL 1, S. 199.
[315] Spring Rice an Theodore Roosevelt, 1. August 1897, GL 1, S. 227.
[316] »I find him the most interesting study«, schrieb er über den Kaiser an Roosevelt. Ebenda, S. 228.
[317] Spring Rice an Villiers, 1. Februar 1896, GL 1, S. 198.
[318] Spring Rice an Francis Villiers, 18. April 1896, GL 1, S. 204.
[319] Ebenda.
[320] Spring Rice an Villiers, 14. März 1896, GL 1, S. 200.

berichtete Holstein, der Auftritt Wilhelms gegenüber Lascelles habe Salisbury »geradezu entsetzt«.[321]

Der Regierungsstil Wilhelms veranlaßte Spring Rice immer wieder zu dergleichen Kommentaren des Unverständnisses und der Frage, wie ein solches Land auf diese Weise gelenkt werde.[322] Spring Rice und Theodore Roosevelt waren in ihren Analysen des kaiserlichen Regierungsstils deckungsähnlich, ohne daß es erlaubt wäre zu sagen, daß Roosevelt, der Wilhelm noch nicht persönlich kannte, seine Ansichten von Spring Rice und dessen ausführlichen Berliner Schilderungen kopiert habe. Spring Rice war zweifellos ein guter Beobachter, aber als Politiker und letztlich auch als politischer Analytiker seinem amerikanischen Freund unterlegen. Und Spring Rice war im übrigen nicht die einzige Quelle, aus der Roosevelt die Informationen bezog, die sein Bild des Kaisers prägten. Spring Rice war einflußreich vor allem deshalb, weil er als guter Beobachter prägnant, oft sarkastisch oder ironisch überspitzt, formulierte, so, wenn er im Sommer 1897 konstatierte, daß Wilhelm »means to be his own Minister now«.[323] Bei aller Verwunderung über das kaiserliche Gehabe, das allenthalben und nicht nur in Diplomatenkreisen Verwunderung auslöste, war auch Spring Rice klar, daß Wilhelm offensichtlich in gewisser Weise den Bedürfnissen seiner Untertanen entsprach und deren Weltbild spiegelte: »What a curious master to serve. But it doesn't follow that he is a bad ruler for all that; and we make a mistake in laughing at him.«[324] Gegenüber seinem Bruder Stephen charakterisierte er Wilhelm als »an able man, although he is vain and exaggerates everything he does or says. But a man doesn't necessarily tell a lie because he talks loud. We may very well undervalue him.«[325] In ähnlicher Weise wiederholte er dies gegenüber Roosevelt: »I don't think, however, people are quite on the right track who say, because the august ruler here does things in a way which would be thought odd in enlightened circles in London or Wyoming, that therefore the things he does are wrong as well as the way in which he does them.«[326]

Die von Befremden geprägten Analysen des kaiserlichen Regierungsstils wurden unterstrichen durch elementare Botschaftserfahrungen mit »Wilhelm dem Plötzlichen«. So erschien der Kaiser an einem Dezembermorgen des Jahres 1896 unangemeldet in der Botschaft, als Sir Frank Lascelles noch im Bett

---

[321] Hatzfeldt an Holstein, 15. März 1896, Die geheimen Papiere Holsteins, Bd. 3, Nr. 532, S. 535.

[322] So im Zusammenhang mit der kaiserlichen Einladung anläßlich des Diamantenen Thronjubiläums der Queen, zu der die Angehörigen der Botschaft nach Kiel expediert worden waren und eine Auseinandersetzung des Kaisers mit seinem Reichskanzler miterleben konnten. Spring Rice an seinen Bruder Stephen, 7. Juli 1897, GL 1, S. 223.

[323] Spring Rice an Villiers, 24. Juli 1897, GL 1, S. 224.

[324] Spring Rice an Ferguson, 17. Juli 1897, GL 1, S. 224.

[325] Spring Rice an seinen Bruder Stephen, 24. Juli 1897, GL 1, S. 226.

[326] Spring Rice an Theodore Roosevelt, 1. August 1897, GL 1, S. 227.

lag. Spring Rice suchte Wilhelm zu beruhigen, »whom I found rampaging about with a clattering sword – confidential print lying everywhere about; and he immediately announced his intention of seeing the Ambassador in bed. I rushed up to announce the august visitor and found the Ambassador in pink pyjamas, two horror-stricken servants rushing about his room. He said he would be down at once if the Emperor would wait, but it was a difficult matter to get him to do that; however, he consented and in five minutes an unwashed and strangely apparelled Ambassador shot down the stairs. Shortly after a telegram was demanded, and, of course, it was lost. The delay gave the Emperor huge enjoyment and he asked whether Sir Frank's secretaries were as bad as his own aides-de-camp. Such were the Imperial words which will naturally live for ever in my mind.«[327]

Spring Rices Analysen blieben nicht an der oberflächlichen Sprunghaftigkeit des »august ruler« haften, denn schließlich war Wilhelm der autoritäre Kaiser eines der technisch-industriell modernsten Länder des Globus mit unüberhörbaren Ambitionen in der Weltpolitik.[328] So kam er im August 1897 zu der Ansicht, der Kaiser habe »a clear and definite plan and not a bad one. Germany has lost more than a million of her best citizens in the last ten years. Not only has she lost them, but they have gone to swell the ranks and increase the power of her adversaries. And not only are these peoples she is feeding opposed to her commercially, but they are the incarnation of the spirit of Liberalism which is by far the most dangerous system of all in the eyes of the ruling classes here. [...] Germans can't catch Russian absolutism or South American anarchy. But they are extremely liable to catch Anglo-Saxon Liberalism, especially when imported by their own returned emigrants. You see the argument. At least you can guess at its working in the official mind.«[329] Daher rührte seiner Ansicht nach die vehemente Suche nach einem deutschem »Texas« in Südafrika oder Südamerika. Die deutsche Bevölkerung stand diesen von Spring Rice perzipierten Verheißungen kolonialer Abenteuer

---

[327] Spring Rice an Helen Ferguson, 26. Dezember 1896, GL 1, S. 214. Es war nicht das erste Mal, daß der Kaiser die englische Botschaft auf diese überraschende Weise heimsuchte. Am 31. Juli 1895 erschien Wilhelm um acht Uhr morgens bei Botschafter Malet, um sich über dessen bevorstehenden Rücktritt zu beschweren; Malet an Bigge, 1. August 1895, in: George Earl BUCKLE (Hrsg.), Letters Queen Victoria, third series, Bd. 2 (1891–1895), London 1931, S. 542 f.; RÖHL, Wilhelm II. 1888–1900, S. 1336, Anm. 34. Malet, der aus gesundheitlichen Gründen zurücktrat, überreichte sein Abberufungsschreiben am 23. Oktober 1895.

[328] Chirol berichtet, Spring Rice sei zu der Auffassung gekommen, daß trotz allgemeinen Wahlrechts und nennenswerter Wählerschaft der Sozialdemokratie »the whole power was concentrated in a masterful ruling case, itself dominated by a masterful young sovereign, whose genius was a strange but vital blend of medieval mysticism and modern materialism fired by overweening ambition.« CHIROL, Spring-Rice, S. 12.

[329] Spring Rice an Theodore Roosevelt, 1. August 1897, GL 1, S. 227.

nach seinem Eindruck völlig indifferent gegenüber, was der Kaiser durch »Erziehung« zu ändern suche.[330]

Aufmerksam hatte Spring Rice von jeher die Folgen des militärzivilisatorischen Erziehungsmusters registriert, nach dem die deutsche Jugend durch die allgemeine Wehrpflicht herangebildet und trainiert wurde. »It must be a good thing to take poor people just at the age and give them a thoroughly good physical training and teach them to be clean and feed them well. I should think that the nations which do this would have the advantage eventually over our people who to a great extent get no physical training at all.«[331]

Im Winter 1897 erschien Spring Rice als das vorherrschende Motiv der deutschen Politik »peace and commercial progress«, und er glaubte deshalb nicht an ein deutsches Engagement zugunsten Spaniens in einem eventuellen Konflikt mit den Vereinigten Staaten.[332] Auch die deutsche Diplomatie sah er im Dienste der staatlichen Wirtschaftsinteressen und ansonsten vom Schlagwort der »Realpolitik« bestimmt. Spring Rice nahm unausgesprochen einen Gedanken Seeleys auf, wenn er meinte, der Grund für dieses gefühllose deutsche Verhalten liege darin, »that the whole nation is now, and has been for centuries, under the tremendous load of political anxiety which has crushed out every feeling except the intense desire to exist.«[333]

In diesem Zusammenhang kommt auch Spring Rices antisemitische Grundhaltung zum Ausdruck. Immer wieder finden sich in seinen Briefen sarkastische und spöttische Bemerkungen über Juden und deren Rolle und Einfluß, die einen meist unterschwelligen, bisweilen deutlichen Antisemitismus offenbaren. Sowohl in Deutschland wie in den Vereinigten Staaten störte ihn der »jüdische

---

[330] Ebenda, S. 228.

[331] Cecil an Margaret Spring Rice, 9. November 1895, GL 1, S. 183. Denselben Tenor in fast der gleichen Wortwahl enthält ein Brief an Theodore Roosevelt, 18. Juli 1896, GL 1, S. 208. Dieser Befund galt natürlich nicht für die englische Oberschicht, in deren Erziehung der Sport eine herausragende Rolle spielte. Es erscheint daher bemerkenswert, daß sich der deutsche Rhodes-Stipendiat Karl-Alexander von Müller im Rückblick auf seine Zeit in Oxford nach der Jahrhundertwende ähnliche Gedanken zur mangelhaften physischen Präsenz der Deutschen machte und demgegenüber das Vorbild der britischen Elitenerziehung hervorhob: »Der Grundcharakter der Hochschule [Oxford, M. B.] war bis zu meiner Zeit [1903/04, M. B.] noch völlig unverändert geblieben; sie erzog nicht zur Gelehrsamkeit, sondern zum Handeln; ihr oberstes Ziel war nicht, eine bestimmte Summe von Fachkenntnissen zu vermitteln, sondern einen bestimmten Typus des englischen Menschen heranzubilden. Ihre Haupterziehungsmittel dazu waren nicht Vorlesungen und Übungen, sondern das tägliche gemeinsame Zusammenleben im College und der Gemeinschaftssport. Das wichtigste akademische Ereignis des Jahres war der Ruderwettkampf mit Cambridge, und die Vorkämpfer bei diesem Spiel waren die berühmtesten Studenten des Jahres.« MÜLLER, Gärten der Vergangenheit, S. 378.

[332] Spring Rice an Theodore Roosevelt, 3. November 1897, GL 1, S. 232.

[333] »All appeals to passions, except simply the love of country and the hatred of the foreigner, are eliminated.« Ebenda, S. 234. Ähnlich in einem Schreiben an Henry Adams, 7. November 1897, GL 1, S. 239.

Einfluß«. Berlin war für ihn »the city of Jews«.[334] Er lebte während seiner Berliner Zeit meist in Potsdam, »a pretty place, all lakes and trees – with a few rococo places scattered about and many villas inhabited by Jews. Royalty and Jews! the acme of our modern civilisation [...]«[335] An Roosevelt schrieb er, ihr gemeinsamer Bekannter Brooks Adams solle nach Berlin kommen, »to see the Jew at home and to hear what people who know him well think of him«.[336] Er überspitzte, Deutschland sei »the country of the soldier and the Jew, but between the soldier and the Jew everyone else is crushed«, und fragte Roosevelt apodiktisch: »Which side would you take? I would like to see you here for a time and hear your opinions. I believe you would go on the side of the Soldier and drink the Kaiser's health with tears in your eyes.«[337] Die Grundhaltung der preußisch-agrarischen Militärkaste sei, so schrieb er an Henry Adams, daß diese »don't do as the English do, marry a Jew's daughter when the property is in a bad way«.[338] Spring Rice war im übrigen nicht der einzige Diplomat mit dieser Geisteshaltung. Auch Charles Hardinge war offen antisemitisch, was noch dadurch verstärkt wurde, daß in seinen Augen vornehmlich Juden für einen allgemeinen »Internationalismus« britischer Firmen und die engen britisch-deutschen Wirtschaftsverflechtungen verantwortlich waren.[339]

Spring Rices permanente Beobachtungen und Analysen zum Deutschen Reich und zu den Perspektiven der Weltpolitik kulminierten in seinem Briefwechsel mit Roosevelt vom Sommer und Herbst 1897. Ihre Darlegungen, namentlich Roosevelts ausführliche Analyse der weltpolitischen Optionen vom August des Jahres, können als ein Glaubensbekenntnis beider interpretiert werden. Darin werden die amerikanisch-britischen Beziehungen und die deutsche Position in ein Verhältnis gesetzt, das zu dieser Zeit noch in der Zukunft des praktischen weltpolitischen Einflusses beider Briefpartner verborgen lag. Gerade in dieser Beziehung und dem frühen Einverständnis über grundlegende Fragen des globalen Mächteverhältnisses liegt jedoch seine Bedeutung.

Roosevelt spöttelte, er sei »by no means sure that I heartily respect the little Kaiser, but in his colonial plans I think he is entirely right from the standpoint of the German race«.[340] Er entwickelte die strategischen Linien aller außenpolitischen Varianten entlang der kalten Logik des internationalen Machtwettbewerbs, der auch seine künftige Außenpolitik prägte, wenn er weiter festhielt:

---

[334] Spring Rice an Henry Adams, 7. November 1897, GL 1, S. 239.
[335] Spring Rice an seinen Bruder Stephen, 24. Juli 1897, GL 1, S. 226.
[336] Spring Rice an Theodore Roosevelt, 3. November 1897, GL 1, S. 233.
[337] Ebenda, S. 234.
[338] Spring Rice an Henry Adams, 7. November 1897, GL 1, S. 236.
[339] Zu denken ist vor allem an Albert Ballin und Sir Ernest Cassel, der Teil der königlichen Entourage war und den Hardinge nicht ausstehen konnte. STEINER, Elitism and Foreign Policy, S. 34 f.
[340] Theodore Roosevelt an Spring Rice, 13. August 1897, in: Letters of Theodore Roosevelt, Bd. 1, Nr. 773, S. 644.

»International law, and above all interracial law, are still in a fluid condition, and two nations with violently conflicting interests may each be entirely right from its own standpoint.«[341] In dieser Perspektive war die Auseinandersetzung zwischen »germanischer« und amerikanisch-angelsächsischer Zivilisation und »Rasse« ein ebenso natürlicher Prozeß, wie deren prospektive Gemeinsamkeiten gegen Dritte zu einer eventuellen Verständigung führen konnten. »If I were a German«, fuhr Roosevelt fort, »I should want the German race to expand. I should be glad to see it begin to expand in the only two places left for the ethnic, as distinguished from the political, expansion of the European peoples; that is, in South Africa and temperate South America. Therefore, as a German I should be delighted to upset the English in South Africa, and to defy the Americans and their Monroe Doctrine in South America.«[342] Das waren klare Optionen eines strategischen Denkens, wie sie Roosevelt aus eigener Machtrationalität als logisch unterstellte. In der deutschen Führung, so wird man sagen müssen, wurden die Konturen einer solchen Politik nie wirklich erörtert oder gar rational formuliert und auf ihre Durchsetzbarkeit hin durchdacht.

Roosevelt entwarf zugleich in ähnlicher Klarheit die alternativen Optionen: »As an Englishman, I should seize the first opportunity to crush the German Navy and the German commercial marine out of existence, and take possession of both the German and Portuguese possessions in South Africa, leaving the Boers absolutely isolated.«[343] Dies waren gedankliche Perspektiven von einer Reichweite, die den voluntaristischen Möglichkeiten des amerikanischen Präsidialsystems vielleicht angemessen sein mochten (aber auch das ist zweifelhaft), die angesichts der abwägenden Vorsicht, an der die Londoner Kabinettspolitik stets orientiert blieb, der britischen Art politischer Führung wesensfremd sein mußte. Am bemerkenswertesten ist allerdings seine Definition der amerikanischen Position schon zu diesem Zeitpunkt: »As an American I should advocate – and as a matter of fact do advocate – keeping our Navy at a pitch that will enable us to interfere promptly if Germany ventures to touch a foot of American soil. I would not go into the abstract rights or wrongs of it; I would simply say that we do not intend to have the Germans on this continent [Roosevelt spricht, wohlgemerkt, von *einem* Kontinent, M. B.], excepting as immigrants whose children would become Americans of one sort or another, and if Germany intended to extend her empire here she would have to whip us first.«[344]

Roosevelt erkannte die strategische Grundposition des Deutschen Reiches als dessen Dilemma an und zeigte Verständnis, wenn es durch einen Schlag gegen Rußland versuchen sollte, sich aus dieser Zwangslage zu befreien: »Of

---

[341] Ebenda, S. 644 f.
[342] Ebenda, S. 645.
[343] Ebenda.
[344] Ebenda.

course it would be useless to whip her [Russia, M. B.] without trying to make the whipping possibly permanent by building up a great Polish buffer State, making Finland independent or Swedish, taking the Baltic Provinces etc. *This* would have been something worth doing; but to run about imprisoning private citizens of all ages who do not speak of ›Majesty‹ with bated breath seems to me foolish, at this period of the world's progress.« Das war im Kern die korrekte Analyse der Differenz zwischen pragmatischer Machtrationalität einerseits und letztlich unkoordinierter Bramabarsiererei andererseits. Während er die Berechtigung des Grundanliegens Deutschlands anerkannte, perzipierte er das entscheidende Defizit seiner inneren Verfassung: in hohem Maße nicht rationale, sondern symbolisch-emotionale Politik zu treiben. Er zeigte auch Verständnis für die antiliberale Grundhaltung des Kaisers, obwohl er damit zugleich doch einen entscheidenden Unterschied zwischen beiden Systemen unterstellte: »Liberalism has some great vices, and the virtues which in our opinion outweigh these vices might not be of weight in Germany.«[345]

Die hier erkennbare Differenz in seinen Grundannahmen zu Deutschland einerseits und den angelsächsischen Ländern andererseits beschreibt zugleich die Grenze jeglicher Perspektiven eines engeren Zusammenschlusses, solange Deutschland diesem Wesen und dieser Regierung(sform) treu blieb. »That the Germans should dislike and look down upon the Americans is natural. Americans don't dislike the Germans, but so far as they think of them at all they look upon them with humorous contempt.[346] The English-speaking races may or may not be growing effete, and may or may not ultimately succumb to the Slav; but whatever may happen in any single war they will not ultimately succumb to the German.«[347]

Die eigentliche Gefahr war zwar Rußland, aber dennoch nicht grundsätzlich, denn »the people who have least to fear from the Russians are the people who can speak English«. Die Russen waren seiner Meinung nach »below the Germans just as the Germans are below us; the space between the German and the Russian may be greater than that between the Englishman and the German, but that is all.«[348] Die eigentliche Stärke Rußlands lag demnach in seiner geographischen Position und der offensichtlichen Potenz seiner Ressourcen. Daran fehlte es dem Deutschen Reich, und es fehlte ihm und seiner Führung offensichtlich an Kraft, dies gewaltsam zu ändern. Roosevelt akzeptierte damit im Grunde das deutsche Bedürfnis nach Kontrolle über den europäischen Kontinent und der Degradierung Rußlands. Weil Deutschland aber dazu nicht

---

[345] Ebenda, S. 646.

[346] »Humorous contempt« war trotz allen verbalen Hofierens auch Roosevelts Grundhaltung gegenüber dem Kaiser.

[347] Ebenda, S. 646. Er fügte hinzu: »[A]nd a century hence he will be of very small consequence compared to them.«

[348] Ebenda.

in der Lage schien, war es zu einer Positionierung hinter den angelsächsischen Ländern verurteilt, und Rußland blieb die potentiell bedrohlichere Macht, ohne daß diese allerdings die weltpolitische Position der angelsächsischen Vorherrschaft zu gefährden vermochte: »They may overrun the continent of Europe, but they cannot touch your [the English, M. B.] people or mine, unless perhaps in India.«[349]

Letztlich lief die Frage wieder auf die Entscheidung zwischen Freiheit und Unfreiheit hinaus, zwischen den freien Republiken wie den Vereinigten Staaten und der »free monarchy« in England sowie der »unfree monarchy of Prussia« und der »unfree Republic of France«. Auf diese Wahl hatte sich auch Rußland vorzubereiten, wenngleich Roosevelts Vertrauen auf die Durchsetzungsfähigkeit der amerikanisch-englischen Form von Freiheit stets elementar durchschien.

Aus der geographischen Grundposition ergab sich die Frage nach der jeweils besten Regierungsform, und daraus wiederum ergab sich das Grundvertrauen in die angelsächsische Vorherrschaft, weil beide Reiche, das britische Empire und der von den Vereinigten Staaten beherrschte Doppelkontinent, sich in ihren Grundlagen ergänzten, während sowohl das deutsche als auch das russische Reich allenfalls ihre Kontinente beherrschen, aber mit ihren »Grundsystemen« diese Gebiete nicht überschreiten konnten, da ihnen die notwendige Attraktivität für die jetzt schon »frei« regierten Territorien fehlen würde.

Die Rooseveltsche Analyse prolongierte die neuen Möglichkeiten globalisierter Machtprojektion in die Zukunft und brachte die Optionen der Weltpolitik der drei Staaten in ihrem gegenseitigen Verhältnis insofern auf den Punkt, daß die Gedankenspiele bis zur ultima ratio entwickelt waren. Wer die nunmehr globalen machtpolitischen Realitäten, wie sie sich in dieser Scharnierzeit herauskristallisierten, zu Ende dachte, der mußte im Grunde zu ähnlichen Ergebnissen hinsichtlich der Optionen des jeweiligen Staates kommen.

Ähnlich wie Roosevelt nahm auch Spring Rice das russische Potential zum Ausgangspunkt seiner Perspektiven. Beide formulierten in mancher Hinsicht die erst sieben Jahre später entwickelten Gedanken Halford Mackinders zum »geographical pivot of history« vorweg. Auf Spring Rices mentaler Landkarte war Rußland »self-sufficient« und »practically invulnerable«, zugleich im Wachstum begriffen und mit dem notwendigen »room to grow« ausgestattet, wie ihn sonst im unmittelbaren Nahbereich ihres Herrschaftsgebietes nur die Vereinigten Staaten besaßen. Die prospektiven Eroberungsgebiete wie die Mongolei würden nach der Einverleibung wiederum frische Soldaten liefern. Im Vergleich zur deutschen Bedrohung erschien ihm die russische daher als ungleich ernster, weil das Land eine »power really barbarous« sei, die in absehbarer Zeit mit einer schlagkräftigen militärischen Organisation aufwarten könne, nicht zuletzt dank der Hilfe »Europas«, wobei er die Bedeutung der zeitgenössi-

[349] Ebenda.

schen technischen Wandlungen klar perzipierte: »Europe is busy providing Russia with the means of perfecting that organization and the communications to bind the Empire together.« Wenngleich Spring Rice hier von »Europa« sprach, so lag dem kein näher definierter Europabegriff zugrunde, sondern die Vorstellung von der Summe der europäischen Nationen gegenüber dem eurasischen Riesenreich Rußland mit seinen unverwundbaren Ressourcen. Hieraus folgerte er: »Russia therefore has simply to bide her time.«[350] Spring Rice schrieb dies in Reaktion auf den strategischen Entwurf Roosevelts, den er in Berlin auch einer Reihe von Leuten zu lesen gegeben hatte, und er kam zu dem Schluß, er denke, »we understand another pretty well now and I hope that we may be able to help one another«.[351]

Indem Spring Rice und Roosevelt die weltpolitische Situation in gemeinsamer Reflexion auf die nunmehr globalen machtpolitischen Möglichkeiten der Scharnierzeit von den Fixpunkten der Expansion und Unbezwingbarkeit Rußlands einerseits sowie des deutschen Expansionswillens andererseits her dachten, waren alle Optionen künftiger Außenpolitik, sofern diese Koordinaten konstant blieben, hieran zu orientieren. Und tatsächlich ist sowohl die spätere Außenpolitik des Präsidenten Theodore Roosevelt als auch die weitere außenpolitische Aktivität von Cecil Spring Rice aus diesem Weltbild ableitbar. Denn auch in den kommenden Jahren kreisten ihre Erörterungen immer wieder um die Frage nach der Rolle Deutschlands und Rußlands für das Schicksal der angelsächsischen Welt. Während seiner Petersburger Zeit tendierte Spring Rice dazu, Rußland als akute Gefahr zu betrachten. Roosevelt dagegen projizierte: »For a generation or two, probably for the present [= 20th, M. B.] century, Germany may show herself an even more formidable rival [than Russia, M. B.] of the English-speaking peoples; perhaps in warlike and almost certainly in industrial, competition.«[352] Im April 1901, als er bereits Vizepräsident war, schrieb er an George von Lengerke Meyer, seinerzeit Botschafter in Rom, die Vereinigten Staaten müßten Deutschland »keeping out of this hemisphere. It seems to me that Germany's attitude toward us makes her the only power with which there is any reasonable likelihood or possibility of our

---

[350] Spring Rice an Theodore Roosevelt, 14. September 1896, GL 1, S. 210 f. Er sah »Europa« vor allem wegen der deutsch-französischen Zwistigkeiten um Elsaß-Lothringen »hopelessly divided« und durch das deutsch-britische Verhältnis mit seinen kommerziellen und kolonialen Streitigkeiten belastet.

[351] Spring Rice an Theodore Roosevelt, 3. November 1897, GL 1, S. 232.

[352] Theodore Roosevelt an Spring Rice, 16. März 1901, in: Letters of Theodore Roosevelt, Bd. 3, S. 15. Roosevelt fügte hinzu, daß er die die russische Fähigkeit zur Machtoffensive für überschätzt halte und meinte: »Neither Germany nor Russia can ever stand to the civilized world as for a brief period the Macedonian, and for many centuries, the Roman, stood.« Roosevelt verzeichnete Deutschland auf seiner mentalen Landkarte als konfrontiert mit den Slawen zu Lande und den englischsprachigen Völkern zur See. Das werde verhindern, daß es zur Führungsmacht aufsteige (»can take the first place«): »I think the twentieth century will still be the century of the men who speak English.« Ebenda, S. 16.

clashing within the future. A few years ago the Anglomania of our social leaders and indeed of most of our educated men, made me feel that we should be extremely careful to teach England her proper position. But the last four years have worked a great change.«[353] Angesichts der realpolitischen Koordinaten dieses Weltbildes, wie es Roosevelt über die Jahre immer wieder zu verstehen gab, besitzt die konfrontative Verfestigung der Staatenbeziehungen zum Ende der Scharnierzeit eine innere Konsequenz.[354]

Dies verbindet sich auf englischer Seite mit einer allgemeinen Ideologisierung des Foreign Office durch eine jüngere Generation, wie sie neben Spring Rice und Charles Hardinge auch von Eyre Crowe repräsentiert wurde. Spring Rice blickte mit Distanz auf weniger welterfahrene Geister des Foreign Office und warf gerade dem bis 1906 amtierenden Unterstaatssekretär Thomas Sanderson vor, die politische Dimension der auswärtigen Beziehungen, namentlich das Verhältnis zu Deutschland, aus mangelnder persönlicher Erfahrung zu unterschätzen: »Sanderson never listens to anyone«, schrieb er Anfang 1903 an Rosebery. Sanderson habe »no personal knowledge of Europe and no general ideas: is an ideal official for drafting despatches and emptying boxes: but this is not the business of the head of the office: he should have time to think and the art to make other people do the current work. And as you [Rosebery] know, and Lord Salisbury knew, he has the faculty of carrying out his master's orders but

---

[353] Theodore Roosevelt an George von Lengerke Meyer, 12. April 1901, in: Letters of Theodore Roosevelt, Bd. 3, S. 52. Roosevelt fuhr fort: »There is no danger to us from England now in any way. I think there never will be. Germany is the great growing power, and both her faults and her virtues, at least of the superficial kind, are so different from ours, and her ambitions in extra-European matters are so great, that they may clash with us. I earnestly hope not, for after all the Germans in their fundamental, not their superficial qualities, are essentially the same as ourselves [...] and a war would be a great misfortune.« George von Lengerke Meyer, den Präsident McKinley im Dezember 1900 zum Botschafter in Rom berufen hatte, bemühte sich eine Zeit lang vergeblich, als Nachfolger von Andrew White nach Berlin gehen zu können. Wilhelm II. schätzte Meyer und traf während dessen Zeit als römischer Botschafter wiederholt zu Sondierungen mit ihm zusammen (Juni 1902, Mai 1903, Juni 1903, Februar 1904). Meyer wechselte schließlich 1905 für zwei Jahre nach St. Petersburg, wo er eng mit Spring Rice zusammenarbeitete. Sein Nachfolger in Rom wurde Henry White. Zu Meyer und Wilhelm II. vgl. Wayne A. WIEGAND, Ambassador in absentia: George Meyer, William II and Theodore Roosevelt, in: Mid-America 56 (1974), S. 3–15, bes. S. 4–7. Zu Meyer und Spring Rice vgl. Brief Roosevelts an Spring Rice, 27. Dezember 1904, in: Letters of Theodore Roosevelt, Bd. 4, S. 1084; BEALE, Theodore Roosevelt, S. 279.

[354] Insofern trug Rußlands Schwäche, seine Niederlage gegen Japan 1905, in gleicher Weise zu den britisch-amerikanischen Reaktionen auf die Außenpolitik des Deutschen Reiches bei wie dessen eigene Stärke – zumal das Kaiserreich indirekt dadurch gefördert wurde, daß es einen größeren Teil seiner Rüstungsressourcen ohne Besorgnis in die Seemacht investieren konnte, statt weiter mit entsprechender Kraft gegen die östliche Landmacht rüsten zu müssen. Rußlands Rolle in Asien galt bis dahin auch die strategische Aufmerksamkeit des Committee of Imperial Defence. Weil diese Gefahr zumindest vorläufig gebannt war, konnte sich die Gefahrenperzeption um so klarer auf das Deutsche Reich konzentrieren, das in Europa in der Vorstellung des Foreign Office seit der Jahrhundertwende sowie in den strategischen Planungen des CID seit 1904 als Hauptbedrohung an die Stelle Frankreichs trat. Vgl. JOHNSON, Defence by Committee, S. 82–122.

not of independent suggestion or intelligent understanding. And his influence on the office and the diplomatic service is paralysing. As long as he is there the officials at home & abroad are simply useful as machines and the Foreign Office is like Johnson's definition of fishing: a line with a fool at one and and a worm at the other.«[355]

An seine spätere Frau, die Deutschland als Botschaftertochter aus jahrelanger persönlicher Erfahrung kannte, schrieb Spring Rice im April 1902: »Everyone in the [Foreign] office and out talk as if we had but one enemy in the world, and that [is] Germany. It is no manner of good trying to assure us unofficially or officially that they are really our friends. No one believes it now and the only effect is to disgust. The change in Chamberlain's mind is most remarkable. The last time I saw him he was a mad philogerman, and now!«[356] Tatsächlich fürchtete Spring Rice eine deutsche Hegemonie in Europa, »which is not yet the case«[357], und sah für diesen Fall England »face to face with the same state of things which existed in Europe under Charles V, Louis XIV and Napoleon. The only issue is either submission to the dictator or a defensive war.«[358] Frankreich war in Reichweite der deutschen Truppen, »England is not«, deshalb sei es »the plain duty of France & England to stand together under all circumstances and to consult one another in every possible way«.[359]

Die deutsche Gefahr sei verglichen mit Faschoda »a much more serious one«.[360] »The fact that Germany is strong in an unexampled degree and that Russia and Austria in the first time for 100 years are practically eliminated from Europe, is a good reason for avoiding a policy of provocation towards Germany. But it is an even better reason for being on Guard because the independence of Europe is menaced and we and France are practically the only safeguards. The more reason we have for avoiding an unnecessary struggle, the more reason there is for being prepared for an eventual struggle – because a man is very strong there is an excellent reason to avoid a row with him: but also for learning to box in case there is a row: and the smaller boys in the school will also do well to arrange in joint defence if the big boy bullies.«[361]

---

[355] Spring Rice an Rosebery, 8. Januar 1903, NLS Rosebery MSS 10116; vgl. HAMILTON, Bertie of Thame, S. 12. Das prägnante Zitat von Samuel Johnson (»Fly fishing may be a very pleasant amusement; but angling or float fishing I can only compare to a stick and a string, with a worm at one end and a fool at the other.«) ist apokryph. Es taucht 1859 in der elften Auflage von Peter Hawkers Instructions to Young Sportsmen auf und wurde zuvor schon Jonathan Swift zugeschrieben. The Indicator, 27. Oktober 1819, S. 4.

[356] Spring Rice an Florence Lascelles, 17. April 1902, GL 1, S. 350.

[357] Spring Rice (aus Raith Kirkcaldy) an Spender, 11. August 1905, BL Add Ms 46391, 142–149, hier fo. 144.

[358] Ebenda, fo. 145.

[359] Ebenda.

[360] Ebenda, fo. 148.

[361] Ebenda, fo. 146–147.

Falle Frankreich als Großmacht aus, weil es die Engländer nicht genügend unterstützten und es sich deshalb notwendigerweise mit Deutschland arrangieren müsse, bleibe England »quite alone in Europe«.[362] Spring Rice nahm die weitere Entwicklung der entente cordiale gedanklich vorweg, wenn er meinte, er wolle die französische Kriegsbereitschaft durch englische Unterstützung gesichert sehen, um Deutschland abzuschrecken: »The little friend is our best preservation against the big bully, if he attacks either of us: & the first principle of our policy should be that the two smaller boys must stand together.«[363]

Spring Rice, der selbst den Frühsommer 1902 in den Vereinigten Staaten verbrachte und dort »a good deal of a number of old friends« wie die Cabot Lodges traf, interpretierte den Amerika-Besuch Prinz Heinrichs als einen Versuch der Reichsführung, die deutschstämmigen Amerikaner über deren Wahlbedeutung zu einem diplomatischen Instrument werden zu lassen. In den Vereinigten Staaten lasse man sich jedoch nicht täuschen, »and they [die deutsche Regierung, M. B.] are regarded there as the natural enemies of England. America won't take sides but will profit by the disunion of Europe and get what she can out of the scramble. It is absurd to suppose that princely visits and gifts of royal statues will alter the policy of the most practical people on earth. All these French and German flatteries have no other effect but simply just to amuse and then bore them. [...] America is not in the least like France, to be won over by social attentions.«[364]

Mit Blick auf das russisch-deutsche Verhältnis in der polnischen Frage schrieb Spring Rice im September 1905 an Spender: »Those Gentlemen who have the same wolf by the ear can hardly afford to quarrel.«[365] Er war zutiefst überzeugt, beinahe fixiert von einer deutschen Bedrohung Europas, namentlich durch den Ausfall Rußlands 1905.[366] Dies stand nicht zuletzt in einem engen Zusammenhang mit seinen Erfahrungen als Botschaftssekretär in St. Petersburg von 1903 bis 1906.[367]

Trotz der geographischen Distanz nahm er weiterhin Einfluß auf die britisch-amerikanischen Beziehungen, vor allem aufgrund seiner Vertrautheit mit

---

[362] Ebenda, fo. 148.

[363] Spring Rice (Britische Botschaft Petersburg) an Spender, 26. September 1905, BL Add Ms 46391, 160–164, hier fo. 160.

[364] Spring Rice an Florence Lascelles, 2. Juni 1902, GL 1, S. 352.

[365] Spring Rice an Spender, 11. August 1905, BL Add Ms 46391, fo. 148.

[366] Der ganze Brief atmet dies wie so viele andere: Spring Rice an Spender, 26. September 1905, BL Add Ms 46391, 160–164; er schloß den Brief mit einer Zusammenfassung der unübersichtlichen und widersprüchlichen Zustände in der russischen Außenpolitik und den politischen Verhältnissen überhaupt.

[367] Spring Rice war hier, soweit sich der Besuch Wittes in Deutschland im September/Oktober 1905 als Beispiel nehmen läßt, nicht sonderlich gut informiert, wenn er etwa meinte, der Kaiser und Bülow hätten Witte voll auf die antienglische Linie gezogen. Das wurde im Foreign Office sehr bezweifelt. Spring Rice an Louis Mallet, 4. Oktober 1905, PRO FO 800/116, Lansdowne Papers, fo. 212–215.

dem US-Präsidenten sowie der Disharmonie zwischen Theodore Roosevelt und dem britischen Botschafter in Washington, Sir Mortimer Durand. Roosevelt hätte seinen Freund Spring Rice gern statt in Petersburg in Washington gesehen. Henry Cabot Lodge hatte sich dafür eingesetzt, als er während der Verhandlungen um die Alaska-Grenze als Mitglied der entsprechenden Untersuchungskommission in London war[368], und Henry White hatte sogar Signale erhalten, daß Spring Rice tatsächlich nach Washington versetzt werden würde. Roosevelt selbst drängte ihn ebenfalls, sich um diese Versetzung zu bemühen[369], aber das Foreign Office beließ es bei seiner offiziellen Bestallung als Sekretär in der russischen Hauptstadt. Der deutsche Botschafter Sternburg nahm fälschlicherweise an, daß Edward VII. und das Foreign Office sich gegen Spring Rices Ernennung ausgesprochen hätten, da dieser »nicht zu den Günstlingen des Königs gehöre«.[370] Das Motiv des Foreign Office lag jedoch eher darin begründet, nicht so offensichtlich dem Wunsch des amerikanischen Präsidenten nachzugeben, sich sein diplomatisches Korps selbst zusammenzustellen. Gerade weil die Sonderrolle von Spring Rice unter der Präsidentschaft Roosevelt auf beiden Seiten bekannt war, wollten die Briten, im Gegensatz zum Deutschen Reich, das den Roosevelt-Freund Speck von Sternburg berief, den präsidentiellen Wünschen nicht einfach nachgeben.[371] Roosevelt zeigte hier im übrigen sein typisch flexibles Verhaltensmuster, die Dinge ganz nach seinem Gutdünken zu interpretieren, sofern er damit durchkam. Denn einerseits hatte er in Berlin regelmäßig zu verstehen gegeben, daß er Sternburg in Washington wünschte.[372] Als Sternburg dann tatsächlich Botschafter wurde, zeigte er sich andererseits »much amused at the German Emperor having sent

---

[368] Zur Alaska-Grenzfrage und der Rolle von Lodge s. unten S. 257 f.

[369] Roosevelt an Spring Rice, 9. November 1903, in: Letters of Theodore Roosevelt, Bd. 3, Nr 867, S. 650.

[370] Sternburg an Bülow, 6. Dezember 1906, PAAA R 17268. Sternburgs Informationen waren offensichtlich nicht zuverlässig. Wenngleich Spring Rice nicht zu den »Günstlingen« Edwards VII. gehörte, so wurde er von diesem doch gefördert. Daß Lansdowne ihn noch zum Ende seiner Außenministerzeit zum Gesandten in Persien berief, wo Spring Rice von 1906 bis 1908 blieb, verdankte er dem Wohlwollen des Königs. Lansdowne hatte die Besetzung eigentlich offen lassen wollen, um seinem Nachfolger freie Hand zu geben, aber der König hatte ihn, wie er durch Charles Hardinge an Spring Rice mitteilen ließ, gegen Lansdownes »Opposition« durchgesetzt. »You are very much in the King's good books and he is very pleased with your despatches.« Charles Hardinge an Cecil Spring Rice, 7. Dezember 1905, GL 2, S. 17.

[371] Gerald Lowther schlug den Posten des Botschafters in Washington aus, »according to his own account«, wie Tyrrell an Spring Rice schrieb, »he would not have been a persona grata with the President & his set. It was noble & wise of him to say so.« Tyrrell an Spring Rice, 28. November 1906, PRO FO 800/241. Lowther war im Juli 1899 zum Sekretär der Botschaft in Washington befördert worden und amtierte dort als Chargé d'Affaires vom 5. Juni bis 2. November 1901. Foreign Office List 1906, S. 290.

[372] Theodore Roosevelt an Andrew D. White, 7. Dezember 1901, in: Letters of Theodore Roosevelt, Bd. 3, S. 208.

Speck over here as ambassador. I rather suppose it is because he heard Speck had been staying with me at the White House.«[373]

Auch die englische Seite empfing regelmäßig Signale des Präsidenten, daß er Spring Rice allen anderen Diplomaten bevorzuge.[374] So reiste Spring Rice Anfang 1905 zusammen mit Valentine Chirol über den Atlantik, um, wie es hieß, auf Einladung von Botschafter Durand mit Erlaubnis des Foreign Office mit seinem Freund Theodore Roosevelt die Ferien zu verbringen.[375]

Die Spannungen zwischen dem Präsidenten und der britischen Diplomatie waren nicht unbekannt, und Roosevelt nutzte es aus, daß diese Differenzen allgemein wahrgenommen wurden. Ende September 1904 konstatierte er gegenüber seinem deutschen Freund Sternburg kaiserschmeichelnd: »England has not a man I can deal with. I do not think much of Balfour and less of Lansdowne. Chamberlain is quite unreliable [...] And how am I to deal with this creature of an ambassador (Sir Mortimer Durand). If I had Spring Rice here things might be different. With France I am in a similar position. The only man I understand and who understands me is the Kaiser.«[376] Roosevelt wußte, daß diese Worte ihren Weg nach Berlin finden und ihre Wirkung nicht verfehlen würden. Mit ähnlichen Motiven Richtung London hatte er zwei Jahre zuvor den britischen Botschafter Michael Herbert wissen lassen, er hoffe, »that you do not think that I believe everything the Kaiser tells me«[377], und meinte im März 1905 selbst gegenüber Herberts ungeliebtem Nachfolger: »You need never be the least afraid that I shall take the Kaiser seriously.«[378]

Roosevelt drängte, selbstredend über Henry White, Ende Dezember 1904 wegen der Entsendung von Spring Rice nach: »I wonder if you could arrange to have the Foreign Office send Spring-Rice over here to see me for a week? I understand he is to be in London for a little while. There is no one in the British Embassy here to whom I can talk freely [...] I think that all that can be done at present is to try to get a clear idea of the respective mental attitudes of the two governments. But I think it would be an advantage to have this clear idea. I do

---

[373] Theodore Roosevelt an Theodore Roosevelt junior, 20. Januar 1903, in: Letters of Theodore Roosevelt, Bd. 3, S. 408; vgl. BLAKE, Ambassadors, S. 182, 189.

[374] Im Nachlaß Lansdowne finden sich zahlreiche Hinweise auf seine regelmäßigen Signale an das Foreign Office. PRO FO 800/115–146; vgl. auch den Brief König Edwards an Campbell-Bannerman mit dem Vorschlag, Charles Hardinge zum Botschafter in Washington zu machen und in einigen Jahren durch Spring Rice zu ersetzen. PRO Hardinge Papers 9, 20. November 1906; zu Spring Rices Bedeutung für die Entwicklung der Beziehungen zwischen Theodore Roosevelt und Edward VII. vgl. BLAKE, Ambassadors, S. 196.

[375] Ebenda, S. 195; NEILSON, »Only a d...d. marionette«?, S. 71.

[376] Speck von Sternburg an das Auswärtige Amt, 27. September 1904, GP 19/II, Nr. 6266, S. 542.

[377] Theodore Roosevelt zu Michael Herbert, zit. nach NEWTON, Lord Lansdowne, S. 256.

[378] Theodore Roosevelt in einem Gespräch mit dem britischen Botschafter Mortimer Durand, Brief Durands an Lansdowne, 10. März 1905, PRO FO 800/116, Lansdowne Papers, fo. 56.

not know whether it is my fault or Sir Mortimer's, but our minds do not meet; and in any event I should be unwilling to speak with such freedom as I desire to any one in whom I had not such absolute trust as I have in Spring-Rice, both as regards his intelligence, his discretion and his loyalty. This may be an impossible thing which I suggest and you may deem it inadvisable to try it; but I think it is worth while.«[379] Spring Rice fertigte dann im Februar 1905 über seine USA-Reise ein ausführliches Memorandum an, um das Foreign Office authentischer über die amerikanische Haltung, präziser: die des Präsidenten, zu informieren, als dies über den Botschafter während dieser Jahre jemals möglich war.[380] Faktisch war seine Reise in die Vereinigten Staaten also das Ergebnis des ungenügenden Drahtes zwischen Roosevelt und dem britischen Botschafter Durand, dessen »utter worthlessness« er nicht eher zu beklagen aufhörte, bis das Foreign Office Ende 1906 diesen endlich abberief.[381] Auch wenn Roosevelt mit seinem Ruf nach Spring Rice als Botschafter in Washington nicht in gleicher Weise durchdrang wie mit seinem Ruf nach Sternburg, so reflektiert dies gleichwohl anschaulich, inwieweit die eigentlich bedeutenden Jahre des Diplomaten Spring Rice in den zwei Jahrzehnten bis zum Ende der Präsidentschaft Theodore Roosevelts und damit namentlich in der Scharnierzeit lagen.[382] In der weiteren Perspektive einer Zusammenschau mit der Rolle Henry Whites, dessen Wirksamkeit nahezu parallel verlief, wird die historische Rolle dieser beiden nachrangigen Diplomaten auch für die Gesamtentwicklung der internationalen Beziehungen dieser Jahre plastisch.[383]

---

[379] Theodore Roosevelt an Henry White, 27. Dezember 1904, Library of Congress, Papers Henry White, Box 28. Vgl. Letters of Theodore Roosevelt, Bd. 4, Nr. 3412, S. 1082. Zum seinerzeitigen Verhältnis zu Spring Rice vgl. Roosevelts memorandenlangen Brief an diesen vom selben Tag, in dem er gleichfalls auf dessen Kommen drängte: »[...] unfortunately there is no one in your embassy here to whom I can speak with even reasonable fullness. I wish to Heaven you could come over, if only for a week or two; I think it would be very important for your Government that you should come over.« Roosevelt an Spring Rice, 27. Dezember 1904, ebenda, Nr. 3413, S. 1082–1088, Zit. S. 1084 f.

[380] Memo Spring Rice's, Februar 1905, PRO FO 800/116, Lansdowne Papers. Vgl. NEILSON, »Only a d...d. marionette«?, S. 71.

[381] Zitat in einem Brief Theodore Roosevelts an seinen Londoner Botschafter Whitelaw Reid, 27. Juni 1906, in: Letters of Theodore Roosevelt, Bd. 5, S. 318–320. Zwei Monate später schrieb er an Reid, er wünsche, die Briten würden Durand weitersenden »on some mission of vital importance to Timbuctoo or Tibet or the Antarctic and give us a competent man in his place«. Roosevelt an Reid, 27. August 1906, zit. nach BLAKE, Ambassadors, S. 200.

[382] Es ist allerdings nicht nur eine starke Übertreibung, sondern im Grunde eine Fehlwahrnehmung der Person und der Intentionen Roosevelts, wie Blake anzunehmen, der Präsident habe davon geträumt, »to build some kind of Anglo-American-German collaboration, with himself, Sternb[u]rg, and Spring Rice pulling the wires«. BLAKE, Ambassadors, S. 196.

[383] Von 1908 bis 1913 schließlich war Spring Rice Gesandter in Schweden. Er wies seinen Nachfolger Esme Howard auf die große Bewunderung der Schweden für Deutschland hin, von deren Ausmaß Howard bei Kriegsausbruch dann doch überrascht war. HOWARD, Theatre of Life, Bd. 2, S. 209. Die Ernennung von Spring Rice zum Botschafter in Washington wurde im November 1912 bekanntgegeben. Er trat diesen Posten im Jahr darauf an und war vermeintlich am Ziel seines Berufslebens. Aber nicht sein Freund Theodore Roosevelt saß im

3. Freundschaften, Weltbilder und internationale Politik II: Henry White

America lends,/ Nay, she gives when she sends/ Such treasures as HARRY and DAISY;/ Tho' many may yearn,/ None but HARRY can turn/ That sweet little head of hers crazy.[384]

Happy is the ambassador who has such a counsellor![385]

3.1. Von der Wirkung des Unscheinbaren

Ähnlich der Rolle von Cecil Spring Rice hat die Bedeutung von Henry White, hat sein persönlicher und überpersönlicher Rang in den internationalen Beziehungen der zwei Jahrzehnte bis zum Ende der Scharnierzeit bislang weder in der angelsächsischen noch gar in der deutschen Forschung angemessene Beachtung gefunden. Was die Beziehung von Cecil Spring Rice zu Theodore Roosevelt für die britische Diplomatie bedeutete, fand eine Entsprechung in Henry Whites Kontakten zur britischen Führungsspitze, namentlich zu Arthur Balfour und dem weiteren Umkreis der sogenannten »Souls«, einem Zirkel vornehmlich von Aristokraten und Politikern, der in der Scharnierzeit eine nennenswerte politische Rolle spielte. Zugleich war Henry White ähnlich wie Cecil Spring Rice mit Theodore Roosevelt lange vor dessen Zeit als bedeutender Politiker bekannt und diente ihm während der Präsidentschaft von 1905 bis 1909 als Botschafter in Rom und Paris. Entscheidend jedoch waren seine Londoner Jahre zuvor als Sekretär an der Gesandtschaft und Botschaft der Vereinigten Staaten. Henry White wurde für die amerikanisch-britische Annäherung in mindestens gleichem Maße bedeutsam wie Spring Rice, war in seinem Einfluß noch wirksamer und übertraf die wechselnden Gesandten und Botschafter durch seine intimen persönlichen Kontakte zu den politischen

---

Weißen Haus, sondern der ihm ungleich schwieriger gegenüber tretende Woodrow Wilson. Der Druck des Ersten Weltkrieges tat ein übriges, daß Spring Rice unter der Verantwortung seines Postens mehr zu leiden hatte, als ihn, wie unter den Umständen einer ähnlichen Berufung zehn Jahre früher, einflußreich genießen zu können. »By 1918, he was ambassador in name only, isolated from Wilson's administration and completely bypassed in the essentials of Anglo-American relations. The lessons of 1905 to 1913 had been ignored, and the result was chaos.« NEILSON, »Only a d...d. marionette«?, S. 75; BURTON, Spring Rice, S. 153–203; Kathleen BURK, Britain, America and the Sinews of War 1914–1918, Boston 1985; vgl. Lichnowsky (London) an Bethmann Hollweg, 14. November 1912, PAAA R 17269. Anfang 1918 wurde Spring Rice von der Regierung Lloyd George entlassen. Er starb wenige Wochen später in Ottawa, bevor er nach England zurückkehren konnte.

[384] Aus George Curzons Limerick auf seine Gäste anläßlich des »Souls«-Dinners vom 10. Juli 1889. Diese Strophe für die Whites schloß sich unmittelbar der für Arthur Balfour an. Erstmals veröffentlicht in: Margot ASQUITH, The Autobiography of Margot Asquith, London 1920, S. 177.

[385] John Hay an Henry White, 14. Mai 1905 (geschrieben in Bad Nauheim, sechs Wochen vor Hays Tod, in Reminiszenz an das gemeinsame Jahr 1897/98 als Botschafter und Botschaftsrat in London), in: NEVINS, White, S. 246.

Führungspersönlichkeiten beider Staaten. White erfüllte diese Funktion in einer bemerkenswert unauffälligen Weise, und es erscheint bezeichnend für die Lücken und Unübersichtlichkeiten der Forschung, daß zwei Autorinnen in ihrem Buch über die Gruppe der »Souls« nicht in der Lage waren, Henry White auf einem Foto (hinter Margot Tennant neben George Curzon stehend) zu identifizieren[386], obwohl White und seine Frau Margaret in diesem Zirkel eine besondere Rolle spielten, die im selben Buch ausdrücklich berücksichtigt und beschrieben ist.[387]

Alfred Vagts ist bislang der einzige deutschsprachige Historiker, der sich mit der Bedeutung Henry Whites auseinandergesetzt hat und ihm mehr Aufmerksamkeit widmete als einige wenige Sätze im Zusammenhang mit anderen Themen der internationalen Politik in der Scharnierzeit. Vagts' Artikel aus dem Jahr 1931 hatte das Erscheinen der bislang einzigen White-Biographie aus der Feder von Allan Nevins zum Anlaß. Vagts verurteilte Nevins Buch als zu unkritisch und positivistisch[388], erkannte aber zugleich die Bedeutung Whites und seiner (vor allem sozialen) Position für die Professionalisierung der amerikanischen Außenpolitik[389] und charakterisierte ihn später als »Prototyp dieser Entwicklung«[390] zur berufsmäßigen Diplomatie.[391]

Zu Recht wird Henry White denn auch als der erste »professional diplomatist« der Vereinigten Staaten bezeichnet[392] und hat als solcher inzwischen Eingang zumindest in einige einschlägige Lexika gefunden.[393] White war weder ein ehrgeiziger Staatsmann noch ein profilierter intellektueller Kopf noch ein geltungsbedürftiger Karrierist, aber gerade darin lag sein eigentümlicher politischer Wert, der sich vor allem aus seiner Persönlichkeit und Funktion

---

[386] ABDY/GERE, The Souls, S. 10, vgl. unten S. 227.

[387] Ebenda, S. 159–162.

[388] Alfred VAGTS, Henry White, in: Europäische Gespräche. Hamburger Monatshefte für Auswärtige Politik 9 (1931), S. 484–495, hier S. 485, Anm. 1.

[389] Ebenda, S. 487.

[390] VAGTS, Deutschland und die Vereinigten Staaten, Bd. 1, S. 276, Anm. 1.

[391] Von amerikanischer Seite war die Professionalisierung des diplomatischen Dienstes seinerzeit keineswegs einhellig gewünscht, wie der deutsche Geschäftsträger in Washington, Graf Quadt-Wykrath-Isny, noch kurz nach der Jahrhundertwende verwundert in einem Gespräch mit dem früheren Botschafter in Rom, MacVeagh erfuhr. Der meinte, ein professioneller Dienst habe den Nachteil, daß »tüchtige Leute auf lange Zeit den inneren Verhältnissen ihres Landes entzogen und dadurch entfremdet würden«. Er habe »mit der echten Überhebung eines Yankee« hinzugefügt, daß »Amerikaner keine diplomatische Schulung« benötigten: »Er sei Botschafter in Rom gewesen und habe dort diplomatische Erfolge erzielt, sei sich jedoch durchaus bewußt, daß jeder einzelne von seinen 80 Millionen Landsleuten, selbst wenn man ihn vom Pfluge wegnehme, dasselbe erreicht haben würde wie er. Jeder Amerikaner sei geborener Diplomat.« Quadt an das Auswärtige Amt, 27. September 1902, hier nach VAGTS, Deutschland und die Vereinigten Staaten, Bd. 1, S. 275.

[392] NEVINS, White, S. 1.

[393] Vgl. Thomas H. JOHNSON in consultation with Harvey Wish, The Oxford Companion to American History, New York 1966, S. 854.

entwickelte: Er war ein verläßlicher, fleißiger, unabhängiger und zum Dienst für eine Sache jenseits der schlichten Karriere bereiter Diplomat. Man wird White nicht unrecht tun, wenn man ihn in einem schlichten, angesichts der Erfordernisse des politischen Geschäfts geradezu irritierenden Sinn als gutmütig bezeichnet. White war zugleich äußerlich ungebunden, wie innerlich am amerikanischen Erfolg orientiert. Vagts betont zu Recht die Offenheit und prinzipielle Beeinflußbarkeit Whites für diplomatisch-professionelle und rationale Argumentation im Hinblick auf dessen politisches Urteil.[394] Spring Rice meinte ohne den sonst in seinen Worten bei dergleichen Charakterisierungen mitschwingenden spöttischen Unterton, Henry White sei »good nature itself and agrees with everyone in turn without irritating them as much as one would expect from the habit«.[395] Im Grunde war White ein Diplomat »too good to be true« für seine Profession.[396]

3.2. Werden und Berufung

Henry White, der am 29. März 1850 in Baltimore geboren wurde und am 15. Juli 1927 in Lenox (Massachusetts) starb, war der Sproß zweier alteingesessener Familien britischen Ursprungs, die ihre Wurzeln schon Jahrhunderte zuvor in Nordamerika geschlagen hatten. Whites Familie besaß ansehnliches Vermögen aus einem florierenden Destilleriegeschäft und zudem nennenswerte Ländereien. Er kam siebenjährig zu einer Rundreise nach Europa und verlebte die Erziehungsjahre ab 1866 in England und Frankreich, bereiste den Kontinent in weiten Teilen und verbrachte etwa den Winter 1867/68 in Rom. Deutschland besuchte er gleichfalls, aber das Land erschien ihm provinziell, namentlich die preußische Hauptstadt Berlin. Unter der Kontrolle seiner Mutter erhielt White eine umfassende Ausbildung, der aufgrund des Einzelunterrichts allerdings jeder Korpsgeist à la Eton und anderer public schools fehlte, von dem so viele seiner Bekannten durchdrungen waren. Im deutsch-französischen Kriegswinter des Jahres 1870 siedelte White nach England über, das fortan eine prägende Kraft für Charakter und Lebensorientierung behielt.[397]

White führte ein Leben frei von öffentlichen Pflichten, verbrachte die Winter mit Jagden und Besuchen bei Freunden, fuhr ab und an nach Paris, um seine Mutter zu besuchen, war aber ansonsten weitgehend damit beschäftigt, das Leben in freudiger Gelassenheit auf sich einfließen zu lassen. Rückblickend konstatierte er, daß »the nine winters of fox-hunting[398] were the best preparation which I could have had for the twenty-one years of diplomacy of which I was

---

[394] Vgl. VAGTS, Henry White, S. 495.
[395] Spring Rice an seine Schwester Agnes, 1. April 1895, GL 1, S. 169.
[396] »He lived to increase the happiness of others«, schrieb Lord Robert Cecil pathetisch überhöht an Whites Biographen. NEVINS, White, S. 77.
[397] NEVINS, White, S. 14–25.
[398] Gemeint sind die Jahre 1870 bis 1879.

subsequently (though I little knew it at the time) to have experienced in England; not only because of the opportunities for acquiring a thorough knowledge of the different classes, but of meeting many of the leading men of the period, and also those who became more or less prominent, politically or otherwise, during the years which were to follow.«[399] Neben zahlreichen Landhäusern besuchte er auch Oxford, aber er war nicht veranlagt, sich dem vorherrschenden Intellektualismus zu ergeben. Gleichwohl nahm ihn die Atmosphäre der vom Universitätsleben geprägten Stadt umgehend gefangen, und er schloß dort Freundschaften, die sein Leben lang von Bedeutung blieben. So lernte er Maurice de Bunsen kennen, der später eine wichtige Position in der britischen Diplomatie einnahm[400] und den wiederum eine Diplomatenfreundschaft mit Cecil Spring Rice verband.[401] Beide, Bunsen und Spring Rice, waren 1908 für den Posten des britischen Botschafters in Berlin im Gespräch, wurden aber von der deutschen Seite abgelehnt.[402]

Die entscheidende Wende in Whites Leben war die Heirat mit Margaret (»Daisy«) Stuyvesant Rutherford im Dezember 1879. Auch Margaret Rutherford entstammte einer wohlhabenden und alteingesessenen Familie.[403] Lewis Morris, ein Vorfahre väterlicherseits, gehörte zu den Unterzeichnern der amerikanischen Unabhängigkeitserklärung, während sie über ihre Mutter mit der Familie Stuyvesant verbunden war. Margaret White hatte trotz der geographischen und gesellschaftlichen Nähe ihrer Familie zum legeren Ostküstenestablishment in Newport entschieden ethische Ansichten und ein höchst entwickeltes Bewußtsein hinsichtlich ihrer Rolle, Stellung und Verantwortung in der Gesellschaft. Spring Rice charakterisierte sie gegenüber seiner Schwester als »stately, clever and cold, with a very determined will which makes itself felt«[404], fügte

---

[399] Henry White, zit. nach NEVINS, White, S. 28.

[400] Maurice William Ernest de Bunsen (1852–1932), 1879 bereits an der Gesandtschaft in Washington, wo ihn White besuchte, später Sekretär in Madrid und Tokio, von 1902 bis 1905 Sekretär der Botschaft Paris, 1905 bis 1906 Gesandter in Lissabon, 1906 bis 1913 Botschafter in Madrid, 1913 bis 1914 Botschafter in Wien.

[401] Spring Rice lebte während seines Aufenthaltes in Tokio (1892–1894) in der Gesandtschaft mit dem damaligen Gesandtschaftssekretär de Bunsen zusammen und hatte zuvor schon in Madrid einige Zeit gemeinsam mit ihm verbracht. Spring Rice an Ferguson, 1. April 1892, GL 1, S. 122.

[402] Tyrrell an Spring Rice, 16. Juli 1908, FO 800/241; STEINER, Foreign Office and Foreign Policy, S. 102, Anm. 1. Bunsens Berufung scheiterte am deutschen Veto, nicht zuletzt weil Bunsens Großvater preußischer Gesandter in London gewesen war. Großvater Bunsen hatte in dieser Funktion u. a. den Ehrendoktor der Universität Oxford erhalten, eine Auszeichnung, die einem deutschen Diplomaten erst wieder in der Person Lichnowskys im Sommer 1914 zuteil wurde. Vgl. Bernhard Fürst von BÜLOW, Denkwürdigkeiten, hrsg. v. Franz von Stockhammern, Bd. 1: Vom Staatssekretariat bis zur Marokko-Krise, Berlin 1930, S. 321; Carl Max Fürst LICHNOWSKY, Meine Londoner Mission 1912–1914 (mschr. Kuchelna, August 1916), S. 37.

[403] Margaret Stuyvesant Rutherford (1854–1916) war die älteste Tochter von Lewis Morris Rutherford, einem Professor für Astronomie an der New Yorker Columbia University.

[404] Diese Charakterisierung spiegelt sich deutlich im Ausdruck der jungen Mrs. White auf

aber mildernd hinzu, daß sie »generally wishes her friends to enjoy themselves and carries out her wish«.[405]

In ähnlicher Weise wie Henry White während seiner Erziehung von den umfassenden und strengen Vorgaben seiner Mutter geleitet worden war[406], begann nun Margaret White den Sinn ihres Mannes für die »öffentlichen Pflichten« zu entwickeln und zielte hierbei auf die Diplomatie.[407] Seine Bemühungen um Aufnahme in den diplomatischen Dienst waren allerdings zunächst wenig erfolgreich, nicht zuletzt deshalb, weil White die meiste Zeit seines Erwachsenenlebens außerhalb der Vereinigten Staaten verbracht hatte und dementsprechend wenige jener Kontakte knüpfen konnte, die im »spoils system« der amerikanischen Politikpraxis unabdingbar waren. Zwar kannte er Persönlichkeiten aus mehreren Dutzend führenden Häusern Europas, besonders in England und Frankreich, besaß aber keine vergleichbaren Verbindungen im Establishment seines Heimatlandes. So verbrachte er zwar einige Zeit in Washington, ging dann aber, auch aus familiären Gründen, wieder nach Paris. Hier lernte er unter anderen den deutschen Botschafter Hohenlohe-Schillings-

---

John Singer Sargents Aufsehen erregendem Porträt aus dem Jahr 1883, das 1884 in der Royal Academy in London ausgestellt wurde (Abb. oben S. 134). Etwa zeitgleich kam Sargent auf die Insel und begann seine Karriere als Porträtist der englischen Aristokratie. Henry James, der Sargent zu seiner Reise nach England ermutigt hatte, beschrieb das Bild in einem Brief als »splendid and delightful. She is at full length (a very big canvas) in white satin and white lace, with a vague, pinkish, pearly background. It is a masterpiece (*selon moi*) of style and tone, and had had, among the artists, an immense success.« Vgl. ABDY/GERE, The Souls S. 160 f.; FAIRBOTHER, Sargent, S. 43. James war es auch, der Sargent mit einer Reihe seiner englischen Freunde bekanntmachte und ihn so in den Kreis jener einführte, aus denen in den folgenden Jahrzehnten seine Auftraggeber und Objekte kamen. James bewunderte Margaret White als »far & away one of the most charming women I've ever known«. Zugleich charakterisierte er den luxuriös-elitären Stil dieser Wohlstandselite, deren Lebenswandel häufigen Kontakt behinderte, weil er selbst einräumen mußte: »Yet I see her rarely«, schrieb er Etta Reubell, die Margaret White gerade kennengelernt hatte, »one can't live in her world & do any work or save any money or retain control of 3 minutes of one's time. So a gulf separates us. I'm too poor to see her! She has extraordinary harmony & grace.« Henry James an Etta Reubell, 12. November 1899, in: Philip HORNE (Hrsg.), Henry James. A Life in Letters, London 1999, S. 152, 329 f.

[405] Spring Rice an seine Schwester Agnes, 1. April 1895, GL 1, S. 169.

[406] Vgl. NEVINS, White, S. 15.

[407] Mit einem gewissen Maß halb echter, halb affektierter Bescheidenheit gegenüber sich selbst und den gesellschaftlichen Ambitionen seiner Frau schilderte er später: »Up to the time of my marriage I had lived a life of enjoyment, with no thought of doing any serious work, or of making myself useful in the world other than by the cultivation of friendships, and the promotion thereby of good-fellowship and good feeling among those by whom I was surrounded, both at home and abroad. But shortly after my marriage, my wife, who had an exceptionally interesting mind and a strong sense of public duty, began to talk to me about doing something useful in the world, a matter which we thereupon began to discuss from time to time. Eventually we came to the conclusion that diplomacy would be on the whole the best way in which I could serve my country, especially as she would be of great assistance to me in the pursuit of that profession.« Unveröffentlichte Erinnerungen, zit. nach NEVINS, White, S. 35 f.

fürst kennen und war mehrfach Gast in der Botschaft an der Rue de Lille. White stach vor allem die prunkvolle Würde und der Aufwand ins Auge, den die europäischen Mächte auf die Einrichtung ihrer Botschaften verwandten, während die Vereinigten Staaten nicht nur in Paris, sondern auch in den anderen europäischen Hauptstädten meist nur temporär angemietete und kaum mehr als bescheiden zu nennende Unterkünfte besaßen.[408] Schon 1881 konnte White dann in Washington Kontakte bis ins Weiße Haus knüpfen. Allerdings hielten ihn private Bindungen, vor allem die Krankheit des Großvaters und Familienoberhauptes, von einem vollen Engagement für eine diplomatische Karriere ab. Als der Großvater Weihnachten 1882 starb, war White nicht nur von diesen Verpflichtungen befreit, sondern er verfügte auch als neues Familienoberhaupt mit gerade 32 Jahren über ein Jahreseinkommen von etwa 30 000 bis 35 000 Dollar. Das erlaubte ihm für die Zukunft reichlich Freiheit in der Wahl seiner Lebensführung, sobald das zugrundeliegende Vermögen erst einmal geordnet war.[409] Um diese Vermögensfragen zu klären, reiste er in die

---

[408] Vgl. NEVINS, White, S. 39 f. Die Klage der amerikanischen Diplomaten über die ungenügende materielle Ausstattung ihrer Vertretungen wurde in den folgenden Jahrzehnten ein regelmäßiger Gegenstand der Diskussion zwischen diplomatischem Dienst und Außenministerium bzw. den für die finanzielle Ausstattung entscheidenden Regierungsbehörden. Schriftverkehr hierüber findet sich in der gesamten diplomatischen Korrespondenz bis zum Ersten Weltkrieg. Die Klagen wurden dringender (und berechtigter), weil die Vereinigten Staaten einerseits mit zunehmendem Großmachtstatus auftraten und diesen Anspruch nach Meinung der Diplomaten auch repräsentativ entsprechend untermauern mußten und weil die amerikanische Außenpolitik andererseits immer professioneller wurde, wofür sie besserer materieller und institutioneller Grundlagen bedurfte. Vgl. beispielsweise für die amerikanische Botschaft in Berlin Phelps an Blaine, 13. März 1891, NARA CP, M 44, Despatch No. 253; Phelps an Gresham zur Amtsübergabe an Runyon, 30. Mai 1893, NARA CP, M 44, Despatch No. 577. White hielt dazu 1894 fest: »I may say moreover that I have been for many years – and still am – of the opinion that our Government should buy a lease for a term of years in each of the important capitals of European countries, a house large enough to contain the offices of the Embassy or Legation in addition to the appartments of the ambassador or minister and his family. This has been done in London by all the other Great Powers (Turkey and Spain included) and by most of them – certainly Great Britain, Germany and Russia – in Paris; and I believe in every other leading European capital. As you are doubtless aware Great Britain has built and owns in Washington a handsome Embassy building in which the amb[assado]r resides and which contains his offices; and I think one or two foreign Gov[ernmen]ts own theirs also.« White an Scott, 26. Februar 1894, Library of Congress, Papers Henry White, Box 15, General Correspondence. Die Frage des Ankaufs von Botschaftsgebäuden blieb jahrelang auf der Tagesordnung amerikanischer Haushaltsdiskussionen. Erst 1908 brachte das Hauskomitee für Auswärtige Angelegenheiten einen Gesetzentwurf vor, wonach jährlich eine Million Dollar zum Kauf von Diplomaten- [!] und Konsulatsgebäuden bereitgestellt werden sollte. Die Hälfte dieser Million sollte für den Erwerb von Botschaftsgebäuden in Berlin und Mexiko genutzt werden; Sternburg an Bülow, 5. Mai 1908, PAAA R 17260. Vgl. auch *Washington Post* vom 7. April 1902: Homes for Our Foreign Corps.

[409] Henry Mattox verweist zu Recht darauf, daß die erwähnte schlechte Bezahlung der Diplomaten »tended to make wealth a prerequisite to the Diplomatic Service« und nennt hierfür Henry White als Beispiel. Henry E. MATTOX, The Twilight of Amateur Diplomacy. The American Foreign Service and its Senior Officers in the 1890s, Kent (Ohio)/London 1989, S. 17. Die Professionalisierung war ein Prozeß, in dem die Vereinigten Staaten, wie geschildert, auch in den von Mattox betonten 1890er Jahren noch in den Anfängen steckten und in

USA und verband dies mit einem erneuten Versuch bei der Regierung.[410] Außenminister Frederick T. Frelinghuysen war ein Nachbar der Familie Rutherford in Newport[411], und dessen assistant secretary, John A. Kasson, setzte sich für Whites Einstellung ein. Auch Präsident Arthur empfing White, gemeinsam mit dem Außenminister, im Weißen Haus. Zurück in England, erhielt er das Angebot, Sekretär an der Wiener Botschaft zu werden, wo Kasson von 1877 bis 1881 Gesandter gewesen war. So begann Henry Whites diplomatische Karriere im Juli 1883 in der Hauptstadt des Habsburgerreiches.[412]

Whites Chef auf diesem ersten diplomatischen Posten war der Gesandte Alphonso Taft, der Vater des späteren Präsidenten, zu dem er sofort ein ausgezeichnetes Arbeitsverhältnis entwickelte.[413] Dagegen erschienen ihm die Bewohner der österreichischen Metropole wenig attraktiv; deren geistige Enge und Vorurteile gegen Fremde irritierten ihn ebenso wie die ungewöhnlichen Riten und Vorschriften der Etikette. White fand die Bewohner des Vielvölkerreiches und selbst seiner Hauptstadt »narrow minded to a degree, and most inhospitable to all strangers«.[414] Die Aufnahme in den Tennisclub und die Möglichkeit, die deutsche Sprache intensiv zu lernen, konnten darüber nicht hinwegtrösten. Die österreichische Diplomatie behandelte die Vereinigten Staaten noch als eine exotische Macht, die auf ihrer mentalen Landkarte mit Persien und Uruguay vergleichbar lokalisiert war.[415] So drängte White wieder fort und war froh, nur ein halbes Jahr in Wien verbringen zu müssen – in London wurde die Stelle des zweiten Sekretärs frei. White gelang es über seine

---

dem die amerikanische Diplomatie gegenüber den europäischen Großmächten noch deutlich zurückhing. Vgl. auch VAGTS, Deutschland und die Vereinigten Staaten, Bd. 2, S. 1924 ff. – In der Wahrnehmung aus europäischer Sicht wird dies unterstrichen, wie D. C. Watt mit Berufung auf A. E. Campbell zusammenfaßt: »In 1897 [...] élite British opinion did not recognize the United States as a country conforming to the same standards as those of the major European powers. United States government was regarded as ignorant of the conventions of civilized diplomatic intercourse. The Washington Embassy was recognized to require quite a different type of emissary from that required by Paris, Berlin, Rome or St Petersburg.« WATT, Succeeding John Bull, S. 27.

[410] Vgl. NEVINS, White, S. 41–44.

[411] Darüber hinaus waren Frelinghuysen und Margarets Vater Studienfreunde. Vgl. Brief Whites an seine Frau, zit. in: NEVINS, White, S. 44. Zu Frelinghuysen vgl. Philip Marshall BROWN, Frederick T. Frelinghuysen, in: Samuel Flagg BEMIS (Hrsg.), The American Secretaries of State and their Diplomacy, Bd. 8, New York 1928, S. 3–43.

[412] Vgl. NEVINS, White, S. 45. White stimmte Wien als Bestimmungsort nur widerstrebend zu, weil er um die Gesundheit seiner Frau fürchtete, die in den Jahren zuvor ernsthaft erkrankt war.

[413] Es war eine Ironie des Schicksals, daß der Sohn als Präsident den verdientesten, zumindest professionellsten Diplomaten seines Landes 1909 aus einem weitgehend persönlichen, fast ein Vierteljahrhundert zurückliegenden Anlaß entlassen sollte – entgegen anderer Signale an seinen Vorgänger Theodore Roosevelt und führende Außenpolitiker. Vgl. unten S. 272, Anm. 648.

[414] Zit. nach NEVINS, White, S. 48.

[415] Vgl. ebenda, S. 47.

Beziehungen zum Außenminister, diese Position zu erhalten, die seinem weiteren Karriereweg als Diplomaten so hervorragend entsprach und der Außenpolitik seines Landes weit über das Maß der gewöhnlichen diplomatischen Routine hinaus nützlich wurde.

3.3. Diplomatie und Professionalisierung

Von einer Professionalität nach dem Muster der europäischen Großmächte war die amerikanische Diplomatie jener Jahre noch weit entfernt. Diplomatische Posten gehörten, wie auch Whites Beispiel zeigt, zur beliebigen Verfügungsmasse des innenpolitischen Machtspiels. In der Regel wechselten die wichtigsten diplomatischen Vertreter parallel zu den Mehrheitsverhältnissen ihrer Gönner und Protektoren entlang den parteipolitischen Linien. Das führte bisweilen zu beschämenden Blamagen wie der Ernennung von General Robert Cumming Schenck zum Gesandten in London 1871. Schenck war als Experte für draw-poker ausgewiesen, beteiligte sich an dubiosen Investmentgeschäften und verließ London Anfang März 1876 unter dem Druck dieser skandalösen Umstände.[416] Auch der bieder-trockene und auf der Insel gesellschaftlich wenig kompatible Jurist Edmund John Phelps, den Cleveland im Mai 1885 ernannte, entsprach kaum dem Bild eines professionellen Gesandten. Das Idealbild des Diplomaten, der für seine Sache ausgebildet wird, allein der Professionalität seiner Aufgabe verpflichtet ist und diese nach den politischen Direktiven der jeweiligen Regierung umsetzt, blieb ignoriert, weil man auch das diplomatische Metier nach Maßgabe des innenpolitischen Tagesgeschäfts gestalten zu können meinte. Für die langfristige Planung einer diplomatischen Karriere waren das keine vielversprechenden Aussichten.[417] Und in der Tat war Henry White der erste, dem die Etablierung einer solchen »normalen« Karriere gelang, wenngleich auch diese nicht unerheblich durch Protektion gefördert wurde und von unprofessionellen Hindernissen nicht verschont blieb, wie sein knapp vierjähriges Intermezzo außer Dienst von 1893 bis 1897 schmerzhaft bewies, als auch White zum Opfer politischer Auseinandersetzungen und daraus abgeleiteter persönlicher Angriffe wurde.[418] White selbst plä-

---

[416] Der Gesandtschaft war bereits – unter Mißachtung des exterritorialen Status des Gesandten – ein Strafbefehl gegen Schenck zugestellt worden. WILLSON, America's Ambassadors, S. 358–367.

[417] Die Regierung Cleveland wechselte zwischen dem 4. März und 31. Dezember 1893 nicht weniger als 30 von 35 Generalkonsuln, 133 von 183 Konsuln erster Klasse und Handelsagenten, darunter alle sieben Generalkonsuln in Großbritannien. Vgl. Henry WHITE, Consular Reforms, in: North American Review 49 (Dezember 1894), No. 457 S. 711–721, hier S. 712.

[418] Selbst in einschlägigen Werken zur amerikanischen Diplomatie wird das bisweilen übersehen, da White nach wie vor enge Kontakte zur britischen Führung pflegte, eben weil ihm die wichtigsten Persönlichkeiten nicht nur seit langem bekannt waren, sondern freundschaftlich mit ihm verbunden blieben, unabhängig von seiner offiziellen Position. So vertraute beispielsweise Salisbury White noch im Juni 1896 an, daß Großbritannien gegenüber

dierte 1894 ausführlich für die Befreiung des diplomatischen und konsularischen Dienstes von den Unwägbarkeiten des parteipolitischen Einflusses und des »spoils system«.[419] Nach seiner Entlassung durch Cleveland schrieb er, der Konsulardienst der Vereinigten Staaten sei »a very costly training-school, from which the country derives little or no benefit«[420], und er sprach sich rückblickend schon für die Zeit der achtziger Jahre das Motiv zu, »to become the nucleus, if possible, of a permanent service«.[421] Alfred Vagts hat daher mit einer gewissen Berechtigung geurteilt, die Whites seien »Civil Service-Reformer auf eigene Faust« gewesen.[422]

Daß die Vereinigten Staaten keine ihre Auslandsvertretungen vor 1893 zur Botschaft aufwerteten, wurde zum einen mit dem demokratischen Selbstverständnis begründet, wonach solche Titulatur eine Reminiszenz monarchischer Verhältnisse widerspiegele. Zugleich repräsentierte dieses diplomatische Auftreten auch das entsprechende außenpolitische Selbstverständnis. Jeder Wandel symbolisierte mithin auch einen politischen Anspruch: Die Aufwertung von Gesandtschaften zu Botschaften in den wichtigsten europäischen Staaten im Jahr 1893 implizierte gleichsam automatisch die prospektive Ambition auf Gleichberechtigung als Großmacht.[423]

Aus dem seit 1. März 1893 geltenden Gesetz, wonach die Ernennung eines fremden Botschafters in Washington mit der Ernennung eines amerikanischen Botschafters bei dieser Macht zu beantworten war, entstanden mit der Zeit Schwierigkeiten eigener Art. Zum einen gab es Staaten, wie die Türkei, in die man amerikanischerseits gern einen Botschafter entsandt hätte, die aber selbst nicht bereit waren, ihren Washingtoner Posten zur Botschaft zu erheben. Andererseits gab es eine Reihe von nachrangigen Mächten, die ihre Gesandten in Washington zu Botschaftern beförderten, bei denen die Vereinigten Staaten

---

einer möglichen amerikanischen Annexion Kubas eine indifferente Position einnehme. White war seit Oktober 1893 nicht mehr im diplomatischen Dienst, firmiert aber beispielsweise in dem ansonsten zuverlässigen Standardwerk von Bemis für diese Zeit nach wie vor als »secretary at the London Embassy«. Samuel Flagg BEMIS, A Diplomatic History of the United States, 5. Auflage New York 1965, S. 422, Anm. 2.

[419] Henry WHITE, Consular Reforms, S. 719. Selbst Roosevelt gelang es später nicht wirklich, sich gegen das »spoils system« durchzusetzen. Als er nach seiner Wahl 1904 von allen Botschaftern und Gesandten Rücktrittsgesuche verlangte, um diese nach seinen eigenen Wünschen ablehnen oder akzeptieren zu können und damit die Position für eigene Favoriten frei zu bekommen, stieß er auf heftigen Widerstand im Senat. Vgl. Hays Brief an White vom Frühjahr 1904 bei NEVINS, White, S. 236 f.

[420] Henry WHITE, Consular Reforms, S. 711.

[421] Zit. nach NEVINS, White, S. 45. Nevins spricht denn auch zu Recht von der »signal importance in the evolution of our [American, M. B.] foreign service«, die von Whites Ernennung und Ambition ausging. Ebenda, S. 46.

[422] VAGTS, Henry White, S. 486.

[423] Vgl. William BARNES/John H. MORGAN, The Foreign Service of the United States, Washington 1961, S. 146 f.; Clare Boothe LUCE, The Ambassador Issue: Professionals or Amateurs, in: Foreign Affairs 36/1 (10/1957), S. 105–121, hier S. 105.

gern darauf verzichtet hätten, mit Ernennungen auf dem gleichen Niveau antworten zu müssen.[424]

Die häufigen Personenwechsel in der US-Diplomatie zeugten von einer Unprofessionalität, die von der amerikanischen Presse wiederholt kritisiert wurde.[425] Während der ersten Präsidentschaft McKinleys waren je zwei Gesandte in Spanien, Belgien und Österreich und je zwei Botschafter in Großbritannien, Italien und Rußland ernannt worden. Nach der Präsidentschaftswahl zur Jahrhundertwende standen die dritten Berufungen ins Haus.[426] Auch für den konsularischen Dienst wurde Kritik artikuliert, die vor allem auf die unprofessionelle Auswahl und Ausbildung zielte.[427]

---

[424] Vgl. Bussche an Bülow, 11. Januar 1905, PAAA R 17258, Botschaft Washington. Hilmar Freiherr von dem Bussche-Haddenhausen (1867–1939) war von Februar 1903 bis März 1906 an der Botschaft Washington, seit Juli 1903 als erster Sekretär und seit Juni 1904 als Botschaftsrat. Vgl. zu seiner Gesamtkarriere Biographisches Handbuch des deutschen Auswärtigen Dienstes 1871–1945, Bd. 1, Paderborn 2000, S. 358 f. Als Bussche, der seit 1899 mit der gebürtigen Argentinierin Maria Martinez des Hoz verheiratet war, im Februar 1910 zum Gesandten in Buenos Aires ernannt wurde, widersprach dies in gleicher Weise den diplomatischen Gepflogenheiten wie die Ernennung des mit einer Amerikanerin verheirateten Speck von Sternburg zum Botschafter in Washington. U. a. aus diesem Grund war es zu Differenzen zwischen Sternburg und seinen in Washington vorgefundenen Mitarbeitern Quadt und Ritter (Erster und Zweiter Sekretär) gekommen, so daß Sternburg beider Abberufung erwirkte, die dazu führte, daß Bussche, bis dato Legationsrat und zweiter Sekretär in London, nach Washington versetzt wurde.

[425] Washington Times vom 22. November 1900: Our Ambassadors and Ministers Abroad.

[426] Die *Washington Times* persiflierte diese Entwicklung treffend, indem sie ein fiktives Tagebuch des Kaisers Franz Joseph zitierte: 17. März 1897: Verabschiedete den amerikanischen Gesandten. 25. April 1897: Neuer amerikanischer Gesandter, sein Name: Charlemagne. 12. Januar 1899: Wieder neuer amerikanischer Gesandter, sein Name: Harris. 15. November 1899: Amerikanischer Gesandter verabschiedete sich. Namen habe ich vergessen.

[427] *New Yorker Staatszeitung* vom 20. September 1901: Eine wichtige Aufgabe. Die Folge des bisherigen Auswahlverfahrens sei, »daß junge Politiker [sic!] ohne geschäftliche Erfahrung, ohne Sprachkenntnisse und ohne gesellschaftlichen Schliff, was in Europa häufig ins Gewicht fällt, auf vier Jahre als Konsuln irgendwo im Ausland angestellt werden. In der Regel ist der Mann in seinem Anstellungsgesuch als ›Linguist‹ bezeichnet, aber ebenso regelmäßig beschränken sich seine linguistischen Kenntnisse auf ein paar Redensarten einer fremden Sprache, die er im Verkehr mit ein paar Bekannten irgendwo in einer Kneipe aufgeschnappt hat.« Auch hier sei das Resultat eine völlige Überforderung des Konsuls mit der Folge, so der Autor, daß die eigentlichen Geschäfte vom Vizekonsul erledigt würden. So konnte es vorkommen, daß der ehemalige Eisenbahn-Bremser David E. Thompson aus Nebraska 75jährig zum Gesandten in Brasilien aufstieg. Telegramm Quadt (Manchester, Mass.) an Bülow, 27. September 1902, PAAA R 17257; Boston Evening Transcript vom 26. September 1902: Diplomats to move up. Thompson machte ein Vermögen mit einer Gaststätten-Konzession entlang der Burlington & Missouri Linie, für die er zuvor als Bremser gearbeitet hatte. Die Erfolgsgeschichte vom Tellerwäscher zum Millionär fand hier ihre Entsprechung in der Karriere vom Bremser und Bulettenbrater zum Gesandten. Das deutsche Konsulat in Chicago bezeichnete Thompsons Bildung zwar als »mangelhaft«, doch sei er ein »untiring and indefatigable moneymaker«. Konsulat Chicago an Reichskanzler Bülow, 22. Dezember 1902, R 17257. Zur Frage der Professionalisierung vgl. auch New York Times vom 17. Oktober 1902: Some Diplomatic Promotions, sowie The Evening Star vom 15. Oktober 1902: The Diplomatic Service; vgl. auch Bericht Quadt an Reichskanzler Bülow, 18. Oktober 1902, PAAA R 17257.

Mit boshaftem Unterton persiflierte ein Autor den Hintergrund dieser überraschenden Berufungen und schnellen Wechsel, wenn er darauf verwies, daß sie nicht selten Belohnungen für Wahlkampfhilfe waren: »In most of the instances cited[428] the wives of the appointees wished to make some sort of an appearance at some European court, and as their husbands' checkbooks had been very much at Mr. Hanna's[429] disposal in 1896 their wishes where complied with. Tiring at court etiquette as soon as or before their selfmade husbands did, they naturally demanded to be taken home.«[430]

Zu Recht ließ sich vermuten, daß solchermaßen ausgewählte Amateur-Diplomaten höchst selten und wohl eher zufällig irgendeinen Einfluß am Ort ihrer Akkreditierung ausüben konnten. Es fehlte ihnen an Ausbildung, Wissen und Erfahrung, um sich dem eingespielten und gewiß elitären Comment ihrer etablierten Großmachtkollegen einzufügen, und es fehlte ihnen die Zeit, diese Defizite zu beseitigen, wenn sie solcherlei beschwerliches Studieren denn überhaupt auf sich zu nehmen bereit waren.[431] Eine der wenigen Ausnahmen bildete der mit Henry White nicht verwandte Andrew D. White, der als ausgewiesener Landeskenner gleich mehrfach ins Deutsche Reich entsandt wurde.[432] Dessen unterschwellige Germanophilie sollte sich allerdings als sein Nachteil herauskristallisieren, trug sie doch dazu bei, ein nicht immer realistisches Bild von den

---

[428] Gemeint waren beispielsweise die Entsendung von Harris nach Wien, Hitchcock und Tower nach St. Petersburg oder General Draper nach Rom. Spöttisch fragte der Autor nach den diplomatischen Expertisen von »Mr. Charles P. Bryan of Chicago, Mr. Godfrey Hunter of Kentucky, Mr. Powell Clayton of Arkansas, or Mr. Bellamy Storer of Ohio«, *Washington Times* vom 22. November 1900: Our Ambassadors and Ministers Abroad. Storer versuchte später, sich bei Theodore Roosevelt, mit dem er privat bekannt war, für den Berliner Botschafterposten ins Gespräch zu bringen, wurde aber von ihm brüsk abgefertigt: »I know they don't want you at Berlin.« Sternburg an Bülow, 11. Oktober 1903, PAAA R 17258. Als Draper 1900 in den Ruhestand ging, wollte Hay Henry White als Nachfolger berufen, mußte aber auf Druck der Senatoren Cabot Lodge und George F. Hoar George von Lengerke Meyer den Vorzug geben. NEVINS, White, S. 239.

[429] Mark Hanna, »allmächtiger« Chef der Republikanischen Partei; vgl. John G. SPROAT, The Best Men, Washington 1968, S. 249 f.

[430] *Washington Times* vom 22. November 1900: Our Ambassadors and Ministers Abroad.

[431] Mattox ist dagegen der Auffassung, es habe schon in den 1890er Jahren einen »broad scope for effective diplomatic service by amateurs at senior levels« gegeben. »Without downgrading totally the benefits of experience, a career of preparation in foreign affairs is not indicated as an absolute prerequisite to a successful tour as the head of a diplomatic or large consular post.« MATTOX, Twilight of Amateur Diplomacy, S. 132 f. Das Beispiel des von Mattox weder in seiner Londoner Arbeit noch in seiner generellen Wirkung als »erstem Karrierediplomaten« analysierten Henry White zeigt dagegen, wie hilfreich ein »professionelles« diplomatisches Korps hätte sein können und warum die zahlreichen zeitgenössischen Kritiken an der unprofessionellen Auswahl des diplomatischen Personals angesichts des Vergleichs mit den europäischen Großmächten immer wieder Nahrung und Berechtigung fanden. Denn im Vergleich zu Henry White waren die »amateurs at senior levels« in der Regel deutlich weniger »effective«.

[432] Vgl. Wolfgang DRECHSLER, Andrew D. White in Deutschland. Der Vertreter der USA in Berlin 1879–1881 und 1897–1902, Stuttgart 1989.

gegenseitigen Verhältnissen zu zeichnen. Die generelle Lösung des grundlegenden Problems, mehr Professionalität zu erreichen, schien einfach: »Banish ward politics and the reform would be complete.«[433]

Das Modell der europäischen Großmächte wurde in dieser Perspektive mit einigem Recht hochgehalten: »They select men for foreign missions who have been trained in the diplomatic service and who know how to speak not only the language of diplomacy, but the language of the people with whom they are to live. Once stationed at an important post they remain there, and their influence is in direct ratio to their experience.«[434] Richtig daran war vor allem: Selbst wenn sie nicht, wie in manchen Fällen üblich, über Jahrzehnte blieben, so wurden die europäischen Diplomaten doch in der Regel nicht als Belohnung für Wahlkampfhilfe oder zur gesellschaftlichen Freude und zum Fortkommen der Frau Gemahlin entsandt.

Aus dieser prägnanten zeitgenössischen Analyse geht indirekt hervor, welche Folgen das unprofessionelle Klientelsystem für die Praxis der amerikanischen Diplomatie hatte: Die eigentliche Tagesarbeit lag in den Händen der Sekretäre. Das bedeutete, daß selbst an Orten wie London, dem zweifellos bedeutendsten Auslandsposten der Vereinigten Staaten, die Personen der zweiten Reihe die eigentlichen Scharniere der bilateralen Beziehungen bildeten. Diese Funktion lag fast zwei Jahrzehnte in den Händen von Henry White.

Vor dem Hintergrund der beschriebenen Unprofessionalität des amerikanischen diplomatischen Dienstes, der zugleich auch eine Mangelhaftigkeit an Ausstattung und Ressourcen entsprach, wog Whites finanzielle Unabhängigkeit doppelt und trug viel zu seiner offenen und gelassenen Haltung bei.[435] Ebenso beflügelte ihn das Bewußtsein, einer Macht zu dienen, die das Momentum der Geschichte auf ihrer Seite hatte. An Wachstum und Einfluß dieser Macht in einem wenn auch prima vista nur geringen Maße aktiv zu partizipieren, vermochte auch ihm eine gewisse Genugtuung zu liefern. Vor allem aber lebte White in der Diplomatie umfassend zugleich sein entspanntes Wesen und seine unabhängige Persönlichkeit aus, die in bemerkenswertem Kontrast stand zu den häufig kalten Erfordernissen des internationalen Machtspiels im diplomatischen Tagesgeschäft und die vor allem von einem Charakterzug geprägt war: seinem »genius for friendship«.[436] Weil er selbst glaubhaft keinen politischen Ehrgeiz besaß, ja in mancher Hinsicht im Grunde ein bemerkenswert unpolitischer

---

[433] *Washington Times* vom 22. November 1900: Our Ambassadors and Ministers Abroad.

[434] Ebenda.

[435] White war wie erwähnt durch großes Immobilienvermögen spätestens seit Anfang der 1890er Jahre finanziell unabhängig und konnte sich vollständig der Diplomatie und seinen gesellschaftlichen Beziehungen widmen. Vgl. die umfangreiche Business Correspondence im Nachlaß; auch in der General Correspondence sind einige Briefe enthalten, die sich mit Vermögensfragen, Nachbarschaftsangelegenheiten (mit George Gordon King auf Rhode Island) und dem Familientrust befassen.

[436] NEVINS, White, S. 2.

Mensch blieb, weil er trotz harter politischer und diplomatischer Erfahrungen auch zu kalkulierender Intriganz so offensichtlich unfähig blieb, erwies er sich als idealer Katalysator und »Erfüllungsgehilfe« außenpolitischer Strategien, die von anderen konzipiert wurden.[437]

3.4. Zwischen englischer Gesellschaft und US-Diplomatie

Henry Whites Bestellung zum zweiten Sekretär an der Londoner Gesandtschaft, wo er seine Arbeit zum Jahresbeginn 1884 aufnahm, erwies sich als eine Entscheidung von langfristiger historischer Wirkung für die britisch-amerikanischen Beziehungen. Schon in den ersten Jahren seiner Tätigkeit konnte er seine weitverzweigten sozialen Kontakte zu einem engen Netz auch politisch relevanter Verbindungen knüpfen. Er traf »Bertie«, den Kronprinzen, zum Dinner im Bachelors' Club[438] und besuchte Salisbury in Hatfield House.[439] Für den zweiten Sekretär einer Botschaft waren dies keine selbstverständlichen Kontakte, zumal Thronfolger und Premierminister nur die Spitze der politisch-gesellschaftlich einflußreichen Gesprächspartner darstellten.

Mit dem Regierungswechsel in Washington zur ersten Präsidentschaft Clevelands 1885 kündigte sich auch ein Wandel in der Londoner diplomatischen Vertretung an. Der bisherige Gesandte Lowell wurde durch Edmund J. Phelps ersetzt. Es war trotz des Parteienwechsels ausgemacht, daß White den Posten des Ersten Sekretärs erhalten sollte. White hatte zahlreiche persönliche Kontakte in der Heimat genutzt, um seine Beförderung voranzutreiben, doch wäre sie zweifellos nicht erfolgt, wenn nicht auch ein überzeugender Grund in der Sache vorgelegen hätte: seine enge persönliche Bindung an die britische Führungsschicht, die auch unter wechselnden politischen Vorzeichen in Washington ein Element dauerhafter Verläßlichkeit zu verbürgen schien.[440]

Der neue US-Gesandte Phelps ging mit Hilfe Whites auf die Suche nach neuen Räumlichkeiten für die amerikanische Vertretung, um dieser auch einen angemessenen äußeren Rahmen zu bieten, hinterließ aber, abgesehen von der Regelung einiger Fischereifragen in Neufundland und der Tatsache, daß in seine Amtszeit die bilaterales Aufsehen erregende Affäre um den britischen Gesandten Sackville-West fiel, kaum nennenswerte Spuren in den diplomatischen

---

[437] Wenngleich das Wort »Erfüllungsgehilfe« pejorativ konnotiert ist, beschreibt es im eigentlichen Wortsinn prägnant das Wesen der diplomatischen Funktion Henry Whites.

[438] Hier gab Curzon auch seine »Souls«-Dinner 1889 und 1890; vgl. S. 232.

[439] Vgl. NEVINS, White, S. 57.

[440] Bemerkenswert ist vor allem, daß es White gelang, den neuen Außenminister Bayard für sich zu gewinnen (zumindest nicht gegen sich einzunehmen), der später selbst Londoner Botschafter und für den einzigen »Karriereknick« in Whites Laufbahn verantwortlich wurde. Lester B. SHIPPEE, Thomas Francis Bayard, in: BEMIS (Hrsg.), The American Secretaries of State, Bd. 8, S. 47–106; Charles Callan TANSILL, The Foreign Policy of Thomas F. Bayard, 1885–1897, New York 1940.

Beziehungen beider Staaten.⁴⁴¹ White selbst erhielt durch seine Beförderung die äußere Anerkennung seines internen Einflusses, was auch dazu führte, daß er während der regelmäßigen Vakanzen der Gesandten die allgemeine Verantwortung für die amerikanische Diplomatie in London übernahm.

Nach dem Regierungswechsel 1889 ersetzte der neugewählte Präsident Harrison Phelps durch den Präsidentensohn Robert T. Lincoln, der allerdings erst vier Monate nach Phelps' Abreise eintraf, so daß inzwischen wiederum White die Geschäfte führte.⁴⁴² Es erschien angesichts des weiterhin vorherrschenden Klientelsystems bei Regierungswechseln um so bemerkenswerter, daß Whites Position unangetastet blieb. Das wiederum verdankte White seinen exzellenten Verbindungen über die Parteigrenzen hinweg, in diesem Fall namentlich zum neuen Vizepräsidenten Levi Morton und zu seinem späteren Vorgesetzten John Hay.⁴⁴³

Inhaltlich bemühte sich White, neben der Behandlung allgemeiner Fragen des britisch-amerikanischen Verhältnisses (die seinerzeit vor allem um Probleme der Fischerei vor den kanadischen Küsten kreisten) und der Hilfe für amerikanische Staatsbürger bei ihren nicht selten extravaganten Dienstleistungswünschen⁴⁴⁴, engagiert um die Erhebung der diplomatischen Niederlassung in Großbritannien zur ersten Botschaft seines Landes. Das hatte praktische und politische Motive: Die aufkommende Machtstellung der Vereinigten Staaten sollte nach Whites Ansicht in der amerikanischen Diplomatie auch äußerlich reflektiert werden. Weil die Vereinigten Staaten keinerlei Botschaften besaßen, mußte White beispielsweise an seinem ersten Verwendungsort Wien erleben, daß die spanische Botschaft protokollarisch vor der amerikanischen Gesandtschaft rangierte. Nach Whites Auffassung verurteilte diese traditionelle Praxis die diplomatischen Vertretungen seines Landes zu einer Existenz zweiter Klasse und verzerrte die tatsächlichen Verhältnisse, statt sie protokollarisch widerzuspiegeln. Es dauerte wie erwähnt noch einige Jahre, bis auch dieser Ruf nach dergleichen Professionalisierung erhört wurde, und es war eine ironische Volte der Geschichte, daß White gerade von jener Persönlichkeit für einige Zeit aus dem diplomatischen Dienst entlassen wurde, die als erster amerikanischer Botschafter in London eintraf, dem ehemaligen Außenminister Thomas Bayard.⁴⁴⁵ White nahm dies mit schicksalsergebener Gelassenheit in

---

⁴⁴¹ Zur Affäre Sackville-West s. oben S. 170, Anm. 196.

⁴⁴² Auch während der langen Abwesenheit Robert Lincolns im Sommer und Herbst 1892 agierte White als *chargé d'affaires*.

⁴⁴³ Vgl. NEVINS, White, S. 67 f.

⁴⁴⁴ Dies galt sowohl für die stetig steigende Zahl der amerikanischen London-Besucher als auch für skurrile Ansprüche amerikanischer Familien auf englische Erbschaften und Besitztümer. Vgl. WILLSON, America's Ambassadors, S. 389 f.

⁴⁴⁵ Thomas F. Bayard (1828–1898), von 1893 bis 1897 US-Botschafter in London. Ebenda, S. 402–411. White hatte im Zusammenhang mit seiner Entlassung 1893 ernste Differenzen mit Bayard und mußte sich etwa gegen Unterstellungen wehren, »that I advised

dem Bewußtsein hin, seine Rolle schon gefunden zu haben und in jedem Fall weiterhin auszufüllen, mochte sie nun mit den Insignien offizieller Diplomatie versehen sein oder nicht. Denn unberührt von jeder Korrelation mit dergleichen administrativer Anerkennung umfing ihn weiterhin ein Netz wohlwollender Beziehungen, das gesellschaftliche Stellung, persönliche Freundschaft und politische Wirksamkeit in selbstbewußter Gelassenheit miteinander verband.

3.5. »Souls«, Diplomatie, Politik und Wettbewerbsgeist

»No history of our time will be complete unless the influence of the Souls upon society is dispassionately and accurately recorded«, resümierte Arthur Balfour, der ungekrönte König dieser Gruppe aus Politikern, Künstlern, Intellektuellen und Aristokraten (bisweilen waren sie alles zugleich).[446] Die »Souls« haben spätestens seit der ausführlichen Selbstdarstellung von Margot Asquith immer wieder faszinierte Beachtung in der Literatur gefunden.[447] Selbst Alfred Vagts hat in seiner ökonomisch abgeleiteten Interpretation der internationalen Beziehungen darauf hingewiesen, welche Bedeutung soziale Verbindungen, gesellschaftliche Kontakte und persönliche Netzwerke für die (Außen-)Politik besitzen und (auch mit Blick auf die »Souls«) abschätzig-anerkennend die »sozialkreative Kraft von Snobismen zumal in der angelsächsischen Welt« hervorgehoben.[448]

Es ist mit Blick auf die britisch-amerikanischen Beziehungen von bislang kaum beachteter Relevanz, daß neben so illustren Namen wie Arthur Balfour und George Curzon auch Henry White und seine Frau bedeutende Mitglieder

---

Ambassador Bayard to get a house as far removed from the Legation buildings as possible«. White an Scott, 26. Februar 1894, Library of Congress, Papers Henry White.

[446] Zit. Balfours wiedergegeben bei Margot ASQUITH, Autobiography, S. 139.

[447] Ebenda, S. 173–215; ABDY/GERE, The Souls, 1984; GILMOUR, Curzon, S. 100–120. Vgl. auch Richard Haldane, Further Memories (datiert 16. Januar 1925), National Library of Scotland, Haldane Papers MSS 5921, p. 16 ff. Schon zeitgenössisch waren sie ein wiederkehrendes Thema in den Gesellschaftskolumnen der Presse, und ein Journalist von *The Queens* charakterisierte sie 1894 als »the insidious dry rot of mutual admiration«. Zit. nach GILMOUR, Curzon, S. 101. Der Name »Souls« wird in der Literatur verschiedenen Erfindern zugeschrieben: Ronaldshay hält für wahrscheinlich Lady Randolph Churchill. RONALDSHAY, Curzon, Bd. 1, S. 163. Andere Quellen nennen mit größerer Übereinstimmung Lord Charles Beresford, der anläßlich eines Dinners bei Lord Brownlow im Frühsommer 1888 geäußert haben soll: »You all sit and talk about each others' souls – I shall call you the ›Souls‹«. Zit. in einem anonymen Brief an die *Times* in Reaktion auf einen Beitrag Richard Haldanes aus seinen Erinnerungen in der *Times* vom 17. Januar 1929. Haldane hatte die Gruppe angegriffen, zu der er selbst nur sporadisch gehörte. Autorin des Leserbriefes war vermutlich Lady Desborough. ABDY/GERE, The Souls, S. 16. Margot Asquith resümierte 1920: »No one ever knew how it came about that I and my particular friends were called ›the Souls'«, sieht aber einen Zusammenhang mit dem Tod ihrer Schwester Laura. Margot ASQUITH, Autobiography, S. 173.

[448] VAGTS, Henry White, S. 487.

dieses Kreises waren. Zu diesem Zirkel meist wohlhabender und gesellschaftlich selbstbewußter Persönlichkeiten beiderlei Geschlechts, die sich untereinander nicht »the Souls«, sondern »the gang« nannten[449], gehörten zudem Margot Tennant, seit 1894 die Frau des Innen- und späteren Premierministers Herbert Henry Asquith[450], außerdem Alfred Lyttelton (ein Neffe Gladstones)[451], George Wyndham und St. John Brodrick, wie Curzon allesamt Schulfreunde von Cecil Spring Rice aus den Tagen von Eton und später Minister unter Balfour oder Asquith. Margot Tennants Schwester Charlotte gehörte mit ihrem Mann Lord Ribblesdale ebenso dazu wie Lady Gladys de Grey, deren Bruder Michael Herbert zunächst als Botschaftssekretär und nach der Jahrhundertwende als Botschafter in Washington eine nennenswerte Rolle in den britisch-amerikanischen Beziehungen spielte und schon 1887 von Spring Rice als »phoenix of our diplomatic service« beschrieben worden war.[452]

Zweifellos bestand ein Gutteil der Aktivitäten dieser regelmäßig sich versammelnden Individualisten darin, die gegenseitige Bewunderung zu zelebrieren und sich ihrer eigenen Besonderheit durch Geist, Stil und Lebenshaltung zu versichern. Indem sie sich bewußt an einem intellektuell fundierten geistigen Wettbewerb orientierten, unterschieden sie sich erkennbar von den Freizeithohlheiten sowohl der amerikanischen Newport-Coterie als auch den gängigen Luxus-Zirkeln des eigenen Landes. Die Saison der »Souls« begann in der Osterzeit, gewöhnlich in *Clouds*, dem Landsitz der Wyndhams[453], wurde fortgesetzt beispielsweise im Londoner Haus der Familie Tennant am Grosvenor Square oder im Haus der Cowpers, 4 St James's Square. In Belgrave Square lebten die Wyndhams, und in der Arlington Street empfing Violet Duchess of Rutland.

---

[449] GILMOUR, Curzon, S. 100.

[450] Asquith war Innenminister der Kabinette Gladstone (August 1892 bis März 1894) und Rosebery (März 1894 bis Juni 1895). Als Witwer mit fünf Kindern (seine erste Frau Helen war im September 1891 an Typhus gestorben) hatte Herbert Asquith am 10. Mai 1894 Margot Tennant in der St. George's Kirche am Hanover Square geheiratet, in der auch Spring Rice im Dezember 1886 Trauzeuge bei Theodore Roosevelts zweiter Hochzeit gewesen war. Vgl. MASSIE, Schalen des Zorns, S. 466–473. Benjamin Jowett soll Margot Asquith als »the most educated uneducated woman I ever knew« charakterisiert haben. Eine faszinierte, bisweilen leicht irritierte Bewunderung für ihre vitale, von Konventionen und überkommenen Regeln kaum zu bändigende Energie durchzieht nahezu alle Äußerungen über sie. Zit. nach MACKENZIE, Children of the Souls, S. 10.

[451] Alfred Lyttelton hatte 1885 Margot Tennants Schwester Laura geheiratet, die im Mai 1886 im Kindbett starb. Margot sah in den häufigeren Treffen des Freundeskreises nach Lauras Tod ein Initialmotiv zur Formierung der »Souls«. Margot ASQUITH, Autobiography, S. 173.

[452] Spring Rice an seine Schwester Margaret (»Daisy«), 6. September 1887, GL 1, S. 74. Zu Michael Herbert, der mit der Schwester der Frau von Cornelius Vanderbilt verheiratet war, vgl. oben S. 179 und unten S. 259.

[453] Zu Clouds und den »Souls« vgl. ASQUITH, Haply I may remember, S. 40–58.

Außerdem traf man sich in *Taplow, Stanway*⁴⁵⁴, oder auf Tennants Landsitz *The Glen*.⁴⁵⁵

Treffen in *Taplow Court* 1887. Stehend: St. John Brodrick, Mrs. William Grenfell, Lord Elcho, George Curzon, Henry White; sitzend: Duchess of Leinster (?), Willy Grenfell, Margot Tennant

Die Bedeutung des Lebensgefühls und der dazugehörigen Riten und Institutionen wird illustriert, wenn Frances Graham, die spätere Lady Horner, Tochter des wohlhabenden Indien-Händlers und liberalen Unterhausabgeordneten William Graham, beklagte, daß sie auf Grund des unaristokratischen Familienhintergrundes nicht die gleiche Form ritualisiert-vergnügungsreicher Jugendjahre verbracht hatte wie ihre Freunde im Kreis der »Souls«: »I longed to go to balls, but were never asked to any [...] I think all my later life I suffered from never having had the ordinary friendships and amusements and society of girls of my own age. A girl who has not been out, or danced, is like a boy who grows up without going to public school.«⁴⁵⁶ Als Lady Horner gehörte Frances

---

⁴⁵⁴ Zu *Stanway* und den »Souls« vgl. ebenda, S. 1–39.
⁴⁵⁵ Zu Glen und zahlreichen Besuchern aus dem späteren Kreis der »Souls« vgl. Margot ASQUITH, Autobiography, S. 16–52; Abb. ebenda nach S. 16; ABDY/GERE, The Souls, S. 15.
⁴⁵⁶ Frances HORNER, Time Remembered, London 1933, zit. nach ABDY/GERE, The Souls, S. 131.

Graham zum Kern der »Souls«.[457] Sie war es, die ab 1893 auch Richard Haldane durch Einladungen auf ihren Landsitz *Mells* in Somersetshire an den Kreis heranführte. Haldanes Meinung von den Ehepartnern Horner war ungewöhnlich hoch. Er hielt Frances für »one of the cleverest women I have seen, and as full of insight as she was clever«, und ihren Mann nannte er »one of the most perfect gentlemen I ever knew, and also a considerable scholar«.[458] Die Freundschaft zu beiden wurde mit den Jahren noch enger, und im Gegensatz zu anderen ließen die Horners Haldane auch nicht fallen, als dieser später wegen angeblicher Germanophilie heftig attackiert wurde. Haldanes Meinung über die »Souls« blieb dagegen gespalten; rückblickend hielt er fest, daß sie »sometimes took themselves much too seriously, and on the whole it is doubtful whether their influence was on balance good«.[459] Dem stand allerdings anerkennend gegenüber, daß »they cared for literature and art, and their social gifts were so high that people sought much to be admitted into their circle«.[460] Anläßlich seines Besuchs bei den Horners in *Mells* zu Weihnachten 1893 lernte Haldane auch das Ehepaar White kennen.[461]

Die »Souls« unterschieden sich in ihrem intellektuellen Anspruch von jenen Cliquen, die sich etwa in *Blenheim* trafen und als »Marlborough set« charakterisiert worden sind. Im Vergleich zur Einfachheit und Klarheit in Äußerlichkeiten, die für so viele »Souls« typisch war, läßt sich der weit luxuriösere Auftritt des Marlborough-Zirkels schon dadurch illustrieren, daß der in vielerlei Hinsicht tonangebende Kronprinz Edward ein regelmäßiges und ästhetisch-stilistisch konstitutives Element jener Gruppe war.[462]

Im »Crabbet-Club« wiederum traf man sich auf Einladung des irrlichternden und pathologisch unberechenbaren Wilfrid Blunt.[463] Auch Curzon war hier zu Gast, ebenso wie das »Souls«-Mitglied Harry Cust oder auch Oscar Wilde.[464]

---

[457] Lady Paget nannte sie »the High Priestess of the Souls«. Zit. nach ABDY/GERE, The Souls, S. 127.

[458] HALDANE, Autobiography, S. 119.

[459] Ebenda, S. 120.

[460] Ebenda.

[461] ABDY/GERE, The Souls, S. 127.

[462] Wenngleich White und seine Frau auch mit dem Prince of Wales in gesellschaftlichem Kontakt standen, einige Male zum Dinner mit ihm zusammentrafen und von der Queen auch nach Balmoral in die Ferien eingeladen wurden (1897), so blieben die Verbindungen zum königlichen Haus doch vergleichsweise oberflächlich. Zu Edward und Queen Victoria, die sie im Oktober 1897 in Balmoral besuchten, vgl. NEVINS, White, S. 89.

[463] Vgl. Elisabeth LONGFORD, A Pilgrimage of Passion. The Life of Wilfrid Scawen Blunt, London 1979, S. 289–293. Wenn jemand wie Blunt aus den privaten Gesprächen, etwa mit Arthur Balfour in *Clouds*, politische Munition fabrizierte, war der soziale Ausschluß, wie Blunt erfahren mußte, die unmittelbare Folge. CANNADINE, Decline and Fall, S. 537; LONGFORD, Pilgrimage, S. 153 f., 167.

[464] RONALDSHAY, Curzon, Bd. 1, S. 160–163; vgl. Frank HARRIS, Oscar Wilde. His Life and Confessions, New York 1918, Bd. 2, S. 440–443. Cust war in Eton erzogen worden und dort Captain der Oppidans gewesen, bevor er ans Trinity College in Cambridge ging, diesel-

Wilde gehörte nur zu den »occasional Souls«, stand aber schon seit Jahren in Verbindung mit einzelnen Mitgliedern des Kreises. Herbert Asquith, der Henry und Margaret White seit 1891 kannte, also noch bevor er Innenminister wurde, war in den folgenden Jahren einige Male zu Gast in deren Landhaus in Ramslade. Asquith verabscheute Wilde und war dem Ehepaar White dankbar, daß diese sich bemühten, seine künftige Frau Margot Tennant vom »wahren Charakter« Wildes zu überzeugen. Auch aus dieser Beziehung entwickelte sich eine dauernde Freundschaft.[465] Die gesellschaftlichen Verbindungen vermischten sich mit den Möglichkeiten politischer Kommunikation, ohne daß hier eine klare Trennlinie zu ziehen möglich war.[466]

Von diesen diversen Zirkeln und Gruppen des aristokratischen Establishments spielten die »Souls« die vergleichsweise bedeutendste politische Rolle. Sie übten intellektuellen Einfluß aus, indem sie Belesenheit und geistreichen Umgang zelebrierend miteinander verbanden. Wie selbstverständlich wurden Männer und Frauen, die einmal in den Kreis aufgenommen waren, nach dem gleichen Maßstab behandelt: Bildung, Geist, Charme und Witz. Als Gastgeberinnen stachen oft die Frauen heraus, namentlich Lady Desborough[467] im Haus der Grenfells in *Taplow* und der Cowpers[468] in London sowie Lady Elcho[469] in

---

ben Stationen, die Balfour gewählt hatte. Cust gehörte auch zum inneren Kreis der »Souls« und war von 1892 bis 1896 Herausgeber der *Pall Mall Gazette*, ein Posten, der ihm »over the luncheon-table« von deren neuem Eigentümer William Waldorf Astor angeboten worden war. Vgl. ABDY/GERE, The Souls, S. 73.

[465] Vgl. NEVINS, White, S. 84.

[466] So traf Oscar Wilde, als er 1894 ins Haymarket Theatre ging, um Mrs. Patrick Campbell in *John-a Dreams* zu sehen, und in der Königlichen Loge Platz nahm, die Ribblesdales, Henry White mit seiner Frau sowie Innenminister Asquith. ABDY/GERE, The Souls, S. 136. Zur Bedeutung der Schauspielerin Patrick Campbell (Beatrice Stella Patrick Campbell, 1865–1940) im Kreis der Souls vgl. auch ASQUITH, Haply I may remember, S. 88 f.; Mrs. Patrick CAMPBELL, My Life and some Letters, 1922; Alan DENT (ed.), Bernard Shaw and Mistress Patrick Campbell. Their correspondence, London 1952; ders., Mistress Patrick Campbell, London 1961; Margot PETERS, Mistress Pat. The Life of Mrs. Patrick Campbell, New York 1984; National Portrait Gallery London NPG P229.

[467] Ethel (»Ettie«) Fane (1867–1952) heiratete 1887 William Grenfell (1855–1945), »the celebrated athlete«; er wurde 1905 zum Baron Desborough.

[468] Ethel Fanes Mutter war eine Schwester von Lord Cowper. Als sie jung starb, nahm Cowper seine Nichte ins Haus in Panshanger auf, das sie 1913 erbte. ABDY/GERE, The Souls, S. 182.

[469] Mary Constance Wyndham (1861–1937), älteste Tochter von Percy Wyndham, heiratete 1883 Hugo Charteris (Lord Elcho, 1857–1937). Hugo Charteris war der vierte Sohn des zehnten Earl of Wemyss, aber die drei älteren Brüder starben vor dem Vater, so daß Hugo Titel und Vermögen erbte. Zwei ihrer drei Söhne (Hugo, genannt »Ego«, verheiratet seit 1911 mit Violet Manners, der Tochter des Duke und der Duchess of Rutland, sowie Ivo) fielen im Ersten Weltkrieg. Vgl. ABDY/GERE, The Souls, S. 182. Vgl. auch Jane RIDLEY/Clayre PERCY (Hrsg.), The Letters of Arthur Balfour and Lady Elcho 1885–1917, London 1992. Violet Lindsay heiratete 1882 Henry Manners, den zukünftigen Duke of Rutland. Zur Zeit ihrer Hochzeit war Manners Privatsekretär von Lord Salisbury. Die Tochter Diana wurde die Ehefrau Duff Coopers. ABDY/GERE, The Souls, S. 50. Vgl. Alfred Duff COOPER, Old Men Forget, London 1953, hier sechste Aufl. 1954; Diana COOPER, The Rainbow Comes and

Stanway. »Thanks to the ›Souls‹ it was no longer fashionable to be dull«, resümierte Violet Bonham Carter.[470] Auch »Weekend« und Politik wurden in unscheinbarer Effizienz vermischt. Es lag keine konkret berechnende Absicht, kein schlichtes Kalkül darin, was dem Erfolg informeller politischer Kommunikation nur um so dienlicher sein konnte. Bei allem aristokratischen Standesbewußtsein illustriert dies ein halbwegs offenes Verhalten der britischen, namentlich der ihr Zentrum in London sehenden und politisch involvierten Oberschicht. Quereinladungen und Dinners mit gemischten, auch für »Aufsteiger« und intelligente »Exoten« offenen Gesellschaften trugen das ihrige zur geistigen Vermengung bei. Die »Souls« blieben offen für Gäste und nicht strikt nach dem Numerus clausus von Geburt, Stand und Beruf geschieden.[471]

Viele Erinnerungen an die »Souls« sind dementsprechend von heldenhafter Glorifizierung der männlichen wie der weiblichen Akteure durchwoben. Keine der »Souls«-Frauen, die nicht »beautiful« gewesen wäre, keiner der Männer, der sich nicht durch eine geistig-literarische oder sportlich-körperliche Großtat ausgezeichnet hätte. Denn geistige und körperliche Entwicklung und Ausbildung gehörten, wie auch Spring Rice in seinen Reflexionen auf die Grundlagen der Lebenskraft des britischen Empire stets hervorhob, stilbildend zusammen. Körperliche Aktivität und die Erfahrung des sportlichen Wettkampfes bildeten zugleich den Charakter, und schon zeitgenössisch charakterisierte ein Analytiker des »imperialist sentiment« auch den Sport als elementaren Bestandteil imperialistischen Denkens. Seiner Auffassung nach waren die Briten auf diesem Weg am weitesten fortgeschritten.[472]

Beispiele lassen sich mühelos sowohl aus dem Kreis der »Souls« wie aus dem Personal der Diplomatie und Außenpolitik insgesamt anführen. So waren Reiten, Cricket und Tennis die sportlichen Leidenschaften von Charles Hardinge.[473] Als junger Attaché in Konstantinopel war er vor allem deshalb vom deutschen Botschafter Hatzfeldt angetan, weil dieser genauso tennisbesessen war wie er selbst. Sie spielten drei- bis viermal pro Woche zu festen Terminen in

---

Goes, London 1958. Der dritte Sohn, Guy, heiratete eine Enkelin von Charles Tennant, Frances. Eine der drei Töchter, Cynthia, heiratete 1910 Herbert Asquith. Eine zweite Tochter, Irene, heiratete Ivor Windsor Clive, den späteren Lord Plymouth. Alle Genannten waren durch die »Souls« gesellschaftlich-politisch über zwei Generationen verbunden. Vgl. ABDY/GERE, The Souls, S. 182.

[470] Zit. ebenda, S. 14.

[471] Vgl. unten S. 285–291 zu H. G. Wells und *The New Machiavelli*.

[472] In einer Analyse der Gemeinsamkeiten von Joseph Chamberlain, Theodore Roosevelt und Wilhelm II. zeigte sich demnach die breite Übereinstimmung im imperialistischen Überlegenheitsgefühl der drei Staaten. Léon HENNEBICQ, L'Imperialisme Occidental. Genèse de l'imperialisme anglais, Paris/Brüssel 1913, S. 10–19; KOEBNER/SCHMIDT, Imperialism, S. 260, die in Anlehnung an Hennebicq vom »imperial mysticism« sprechen, der den drei Ländern gemeinsam gewesen sei, und konstatieren: »Sports activities assisted in fomenting and promoting that imperial spirit.«

[473] HARDINGE, Old Diplomacy, S. 12; vgl. auch die bezeichnend ausführlichen Schilderungen seiner sportlichen Leistungen in Harrow und Cambridge ebenda S. 6–9.

einer der beiden Botschaften, und Hatzfeldt achtete darauf, alle Konferenzen, denen er vorsaß, ungeachtet der besprochenen Themen so pünktlich zu schließen, daß die Match-Termine eingehalten wurden.[474] Als Sekretär in Washington ritt Hardinge fast täglich mit Außenminister Bayard aus.[475] Auch Spring Rice berichtete laufend über seine Reittouren in der Washingtoner Umgebung und verglich die Gesundheit des Körpers mit dem Leben als Weltmacht[476], wobei er wiederholt auf die möglichen Parallelen zum Untergang des Römischen Reiches reflektierte.[477]

Edward Grey spielte Tennis für die Universiät Oxford gegen Cambridge, gewann fünfmal die Tennismeisterschaft der Amateure im Queen's Club und wetteiferte jahrelang mit Alfred Lyttelton um das »Gold Racket«, die Tennismeisterschaften der Amateure im Lord's Club, die er 1896 schließlich gewann.[478] Als er sie im Jahr darauf gegen Eustace Miles wieder verlor, reflektierte er in einem Brief an seine Frau über die höhere Bedeutung dieser Erfahrung: »One or two little buds seem to have opened in me under the influence of defeat and I am rather pleased with them. It was a good match, but Miles was too strong for me. [...] All my tennis so far has been improvement and increasing success. This is the first step, and a very marked one, downhill. I was really pleased to find that it didn't affect my spirits at all. I walked about the garden this morning thinking it over, remembering how keen I had been some years ago, and the recollection of that made me realize how much more pleasure Miles must now be feeling than I should have had in beating him, and it seemed as if it would have been wasteful and not in the fitness of things for me to have won. Years, which bring defeat, bring also ›the philosophic mind.‹ «[479] Sport und Jagd verbanden, neben vielem anderen, auch Henry White mit zahlreichen Mitgliedern der englischen Oberschicht, namentlich mit Arthur Balfour, der Golf und Tennis spielte sowie einer der ersten Autobesitzer seines Landes war.[480] Auch Asquith fand sein ohnehin gleichmütiges Temperament durch Sport entspannt, und der deutsche Botschafter Lichnowsky resümierte, Asquith behandle »alle Fragen mit der heiteren Ruhe und Sicherheit eines erfahrenen Geschäftsmannes, dessen gute Gesundheit und vortreffliche Nerven durch fleißiges Golfspielen gestählt sind«.[481]

---

[474] Ebenda, S. 12.
[475] Ebenda, S. 31.
[476] Spring Rice an Mrs. Roosevelt, Weihnachten 1896, GL 1, S. 215.
[477] Zum Zusammenhang des zivilisatorischen Sendungsbewußtseins von römischem Imperium zu britischem Imperialismus vgl. S. 149.
[478] TREVELYAN, Grey of Fallodon, S. 43; ROBBINS, Grey, S. 55.
[479] Edward an Dorothy Grey, 21. Juli 1897, zit. nach TREVELYAN, Grey of Fallodon, S. 43 f.
[480] Wie Edward Grey war White ein begeisterter Radfahrer und brachte Balfour ein amerikanisches Exemplar mit. Vgl. NEVINS, White, S. 237.
[481] LICHNOWSKY, Meine Londoner Mission, S. 34.

Die politisch bedeutendsten Mitglieder der »Souls« waren zweifellos Arthur Balfour und George Curzon. Curzon, laut Lady Paget der »Captain of the Souls«[482], war es, der die Gruppe am stärksten auch halböffentlich zelebrierte. So lud er am 10. Juli 1889 in den Bachelors' Club[483] zu einem Dinner[484], das er am 9. Juli des nächsten Jahres wiederholte, »given by the same host to the same guests and in the same place«.[485] Die 49 Gäste dieses Abends bildeten den eigentlichen Kern der Gemeinschaft.[486]

Trotz Curzons anerkannt herausragenden Fähigkeiten, gesellschaftliche Ereignisse zu zelebrieren, blieb Arthur Balfour das bedeutendste Mitglied der »Souls«. Ohne ihn hätte die Gruppe wohl weder die gesellschaftliche noch die politische Bedeutung erlangt, die sie so bemerkenswert machte, ja vielleicht hätte sie ohne sein Vorbild nicht einmal über so viele Jahre Bestand gehabt: »His public stature, his formidable intellect [...] and his celebrated charm lifted their group above a merely social standing.«[487] Balfour selbst hielt dem Kreis besonders zugute, daß hier prominente Politiker beider Parteien zusammentrafen, was vor dessen Existenz höchst selten der Fall gewesen war.

Henry White berichtete seiner Frau, die oft krankheitshalber nicht zu den Treffen der »Souls« reisen konnte, per Brief ausführlich über seine Erlebnisse, die ebenso aus persönlichem Tratsch wie aus politischen Erörterungen und

---

[482] Zit. nach GILMOUR, Curzon, S. 102; Lady Alberta (»Gay«) Paget, seit ihrer Heirat 1883 Lady Windsor und nach der Erhebung ihres Mannes zum Earl of Plymouth 1905 Lady Plymouth, war die Tochter des Diplomaten Augustus Paget, der 1876 bis 1883 Botschafter in Rom und 1884 bis 1893 Botschafter in Wien war. Ihr Bruder Ralph war 1909 bis 1910 britischer Gesandter in München und 1913 bis 1915 assistant under-secretary im Foreign Office.

[483] Der Bachelors' Club, gelegen in 8 Hamilton Place, nahm entgegen seinem Namen auch verheiratete Männer auf. Allerdings mußten die ehemaligen Junggesellen nach der Heirat einen Antrag auf Neuaufnahme stellen und eine Strafe von £ 25,- entrichten. Sogar Frauen waren, entgegen den Regeln in den meisten anderen Londoner Clubs, als Gäste zugelassen. ABDY/GERE, The Souls, S. 17.

[484] Nach einer anderen Version geschah die Namensgebung geschah anläßlich dieses Dinners durch Curzon, der reimend seine Gäste charakterisierte und unter anderem schrieb:

Around him that night –/ Was there e'er such a sight?/ Souls sparkled and spirits expanded;/ For them critics they sang,/ That tho' christened the Gang,/ By a spiritual link they were banded.

Vgl. ABDY/GERE, The Souls, S. 17.

[485] Margot ASQUITH, Autobiography, S. 176.

[486] Sie schenkten Curzon ein Album mit unterschriebenen Photographien ihrer selbst. An erster Stelle stand Margaret White, hervorzuheben sind darüber hinaus Henry White, Arthur Balfour, Alfred Lyttelton, St. John Brodrick, Margot Tennant und die Ribblesdales. Vgl. Wiedergabe der Teilnehmerliste in: ABDY/GERE, The Souls, S. 19.

[487] Ebenda, S. 35. Curzons Gedicht anläßlich des »Souls«-Dinners vom 10. Juli 1889 unterstreicht Balfours Position als Primus inter pares:

There was seen at that feast/ Of this band, the High Priest,/ The heart that to all hearts is nearest;/ Him may nobody steal/ From the true Common weal,/ Tho' to each is dear ARTHUR the dearest.

Zit. nach Margot ASQUITH, Autobiography, S. 177.

(Vor-)Entscheidungen bestanden. Der vertrauliche Umgang und die liebenswürdige Zuneigung, die White in diesem Kreis einflußreicher Politiker genoß, können für die sich jenseits des reinen Tagesgeschäfts und der Fragen der »großen Politik« erstreckenden Dimensionen der britisch-amerikanischen Beziehungen kaum hoch genug eingeschätzt werden. Der Vergleich zum Deutschen Reich ist sprechend. In Paul Hatzfeldt besaß auch das Kaiserreich einen gewandten, beliebten und überaus fähigen Botschafter, dessen Berichte sich durch kluge Komplexität in der Analyse britischer Politik und ihrer Protagonisten auszeichneten, doch fehlte ihm bei aller ehrlichen Anerkennung dieses enge persönliche, aus wirklicher Freundschaft geborene Netzwerk.[488] White besaß darüber hinaus den Vorteil, in den Vereinigten Staaten über ein entsprechendes Geflecht von politisch einflußreichen Freunden zu verfügen, von John Hay über Henry Adams bis zu Theodore Roosevelt. Ähnliche Verbindungen besaß Hatzfeldt in seiner Heimat nie. Er wurde stets als außerordentliches diplomatisches Talent anerkannt, teils sogar bewundert. Aber er blieb dabei im Verdacht der »Unbotmäßigkeit« und konnte selbst kaum nachhaltig auf die politische Entwicklung in der Wilhelmstraße einwirken.[489]

Zusammengefaßt: Die freundschaftliche Verbindung der »Souls« und namentlich ihrer politisch einflußreichsten Mitglieder mit dem Ehepaar White war kein oberflächlicher Gesellschaftskontakt, sondern besaß ein langfristig wirksames politisches Element, daß bis in die Entwicklung der Staatenbeziehungen zwischen Großbritannien und den Vereinigten Staaten durchschlug und beiderseits des Atlantiks in den Zirkeln der politischen Eliten perzipiert wurde.

---

[488] Selbst der ansonsten seine Kollegen stets herablassend bewertende Bernhard von Bülow konzedierte, daß Hatzfeldt »Persona gratissima bei der Königin Victoria wie beim Prinzen von Wales und sehr geachtet von Salisbury« gewesen sei. BÜLOW, Denkwürdigkeiten, Bd. 1, S. 324. Trotz seines persönlichen Ansehens in Regierungs- und Diplomatenkreisen konnte er nicht dasselbe Maß persönlicher Intimität mit einer vergleichbaren Zahl von Regierungsmitgliedern und nahestehenden Persönlichkeiten entwickeln wie Henry White, zumal Hatzfeldt gegen Ende seiner Dienstzeit zunehmend häufig erkrankte.

[489] Schon Bismarck hatte den deutschen Botschaftern in Großbritannien ein Übermaß an Wandlungs- und Adaptionsfähigkeit vorgeworfen. Das tiefgründige Verständnis von Hatzfeldts Vorgänger Münster für das britische Wesen erschien Bismarck mit der Zeit ausgesprochen »unbotmäßig«. Gemeint war damit die allzu verständnisvolle Interpretation des britischen Standpunktes in diplomatischen Auseinandersetzungen. Für den Reichskanzler war dies ein Quell wiederkehrender Irritation. Er bezeichnete ihn als einen jener Botschafter »qui se sont tellement acclimatés qu'ils ont perdu le sentiment de leur propre pays, et appartiennent en réalité à celui où ils résident«. Courcel an Jules Ferry, 15. September 1884, in: Documents Diplomatiques Français (1871–1914) I/V, Paris 1933, Dok. 399, S. 409–413, Zit. S. 410. Auch über Münsters Nachfolger Metternich und Lichnowsky waren bei graduellen Unterschieden ähnliche Vorwürfe zu hören. Das britische Leben adaptierte, so schien es, den politischen Charakter der Diplomaten so sehr, daß es dem Auswärtigen Amt und insbesondere Wilhelm II. wie ein Anglophilie-Virus erscheinen mußte, mit dem die Londoner Botschafter bei Dienstantritt infiziert wurden und der sie nach und nach, so meinte man in Berlin, der eigenen Interessenvertretung entfremdete. Vgl. Gregor SCHÖLLGEN, Die Unbotmäßigen? Des Kaisers Londoner Botschafter, in: Neue Politische Literatur 24 (1979), S. 384–398.

Am nachhaltigsten politisch wirkte der über die Jahrzehnte enge Kontakt zwischen Henry White und Arthur Balfour, ergänzt durch Whites Kontakte zu John Hay und Theodore Roosevelt und über diesen gleichsam zurückgespiegelt durch Cecil Spring Rice.

3.6. Amerikanische Verbindungen und Wandlungen

Theodore Roosevelt und Henry White waren erstmals im März 1887 in London zusammengetroffen.[490] Auch aus diesem Kontakt entwickelte sich eine lebenslange freundschaftliche Beziehung, die besonders für Whites Rückkehr in den diplomatischen Dienst bedeutend wurde.[491] White respektierte dabei ähnlich wie Cecil Spring Rice das energische Talent und die politische Kraftnatur des acht Jahre Jüngeren. Spring Rice und das Ehepaar White trafen sich vermutlich erstmals im März 1895.[492] Sie folgten gemeinsam einer Einladung Senator Don Camerons[493] und seiner prominenten Frau[494]; Spring Rice charakterisierte das

---

[490] Vgl. NEVINS, White, S. 69.

[491] Nach der Entlassung durch die Regierung Cleveland schrieb Roosevelt an White: »I wish to see you not only to thank you for your courtesy to me when in London some years ago and to express the earnest hope that if my party ever comes back to power I might be of some assistance to you if you cared to re-enter the diplomatic service (my action being based purely with regard to the good of the service), but also to talk over various matters connected with our diplomatic and consular service.« Theodore Roosevelt an Henry White, 19. März 1894, Library of Congress, Papers Henry White, Special Correspondence, Box 28.

[492] White war in der zweiten Januarwoche 1895 mit seiner Familie nach Washington gezogen.

[493] James Donald (»Don«) Cameron (1833–1918), Senator von Pennsylvania 1877–1897. Cameron hatte auf einer Insel in South Carolina ein Haus erworben und Freunde dahin eingeladen. Cameron und seine Frau waren Gäste der Whites, wenn sie London besuchten, mieteten aber auch selbst ein altes Haus (Surrenden Derring) in Kent, das wie eine Art Landhaus für die amerikanische Botschaft in London benutzt wurde. NEVINS, White, S. 91; ADAMS, The Education of Henry Adams, S. 364.

[494] Elizabeth Sherman Cameron (1857–1944) war die Nichte von John Sherman (1823–1900), dem Senator von Ohio von 1877 bis 1891, Finanzminister unter Präsident Rutherford B. Hayes von 1877 und 1881 und (völlig überforderten, weil senilen) Außenminister unter McKinley von März 1897 bis April 1898 (Sherman war ins State Department gehievt worden, um im Senat einen Platz für den republikanischen Strippenzieher Mark Hanna freizumachen). Mrs. Cameron, wie sie seit ihrer Hochzeit 1880 hieß, war seinerzeit eine gefeierte Schönheit (Henry Adams verehrte sie als »Madonna«), und neben Anna (»Nanny) Cabot Lodge (1850–1915) war sie die wichtigste Gastgeberin der Washingtoner Gesellschaft dieser Jahre, »a reign of sixteen years [bis 1897, M. B.], during which Mrs. Cameron and Mrs. Lodge led a career, without precedent and without succession, as the dispensers of sunshine over Washington«, wie Henry Adams enthusiastisch resümierte. ADAMS, The Education of Henry Adams, S. 332, 356. Cameron gab beim Amtsantritt McKinleys sein öffentliches Leben auf, Spring Rice wurde, wie Adams meinte, »in Persien begraben«, Hay ging nach London und Rockhill nach Athen, so daß der Präsidentenwechsel auch eine Zäsur im gesellschaftlichen Leben Washingtons darstellte. Von nun an begann der Motor der britisch-amerikanischen Annäherung auf Londoner Seite sehr viel stärker zu laufen als in Washington, dank Hay, White und der weltpolitischen Entwicklungen der Folgejahre. Vgl. ebenda, S. 355 f.

Ehepaar White als »great social lights in London« und Margaret White als »a queen among the ›Souls‹ «.[495] Es war dies die Zeit, kurz bevor sich die bilateralen Beziehungen zu ihrer großen Krise um Venezuela verschärften, die eine kathartische Wirkung hatte und im Kontext der globalen Großmächtebeziehungen einen Ausgangspunkt der Scharnierzeit bildete.

Es ist wohl kein Zufall, daß diese ernste Krise der britisch-amerikanischen Beziehungen, der Venezuela-Konflikt des Jahres 1895, just in jene Zeit fällt, als Henry White von Präsident Cleveland aus dem Dienst entlassen worden war.[496] Die Spekulation hat einiges für sich, daß sich die Venezuela-Krise vermutlich weniger steil aufgeschaukelt hätte, wenn White in Großbritannien wie üblich als kommunizierendes Bindeglied zwischen seiner Regierung und der britischen Führung agiert hätte, wie dies sonst keinem anderen Diplomaten in London möglich war. Zweifellos überraschte Präsident Cleveland mit seiner harten Attacke gegen Großbritannien in der *message* vom 17. Dezember 1895 auch seinen Botschafter Bayard, und das eigentliche Problem – der Ton der ganzen Auseinandersetzung – hatte seine Ursache mehr im Weißen Haus als in Whitehall. Aber eben hierfür fehlten in dieser Zeit die gegenseitigen Sensoren, wie der Hintergrund der gesamten Episode illustriert: Der amerikanische Außenminister Richard Olney hatte am 20. Juli 1895 seinem Botschafter Bayard eine eindeutige Stellungnahme der Vereinigten Staaten zur Venezuelafrage zukommen lassen, die dieser an Premierminister Salisbury weitergab. Olneys Schreiben war ein bemerkenswertes Dokument in zweierlei Hinsicht: Es spiegelte in seiner schroffen Klarheit einerseits den noch weitgehend amateurhaften Zustand der amerikanischen Diplomatie. Andererseits repräsentiert die Note unter Bezug auf die Monroe-Doktrin apodiktisch den Anspruch der USA, ihre Interessen auch unter den Vorzeichen der nunmehr weltpolitischen Koordinaten solcher Konflikte durchzusetzen, wobei die Beweisführung sowohl geographisch als auch imperial hergeleitet war und letztlich schon die globale Perspektive des amerikanischen Machtpotentials öffnete.

Olneys Argumentation begann unverhohlen machtrational: »The people of the United States have learned in the schools of experience to what extent the relations of States to each other depend not upon sentiment nor principle, but upon selfish interest.« In seinem Fokus standen Großbritannien und Frankreich, denen er eine mögliche »temptation to destroy the predominance of the Great Republic in this hemisphere by furthering its dismemberment« unterstellte. Vor dieser Gefahr habe die Monroe-Doktrin stets geschützt und zugleich die Ruhe und Sicherheit für die innere Entwicklung der Vereinigten Staaten gewährlei-

---

[495] Spring Rice an seine Schwester Agnes, 1. April 1895, GL 1, S. 169.
[496] White an Gresham, Entlassungsgesuch vom 27. Oktober 1893, Library of Congress, Henry White Papers, General Correspondence, Box 15; vgl. ebenda Brief des amerikanischen Botschafters in London, Bayard, an Secretary of State Gresham, 10. Oktober 1893. Für die grundlegenden Darstellungen zum Venezuela-Konflikt vgl. oben S. 14, Anm. 53.

stet, weshalb sie auch in Venezuela angewendet werden müsse.[497] Entscheidend blieb das Kriterium der abhängigen Verbindung zu einem europäischen Staat, die nicht geduldet werden konnte.[498] Sollten die Briten bei ihrer starren Haltung bleiben, dann »the transaction will be regarded as injurious to the interests of the people of the United States«, wobei Olney deutlich drohte, daß Gegenmaßnahmen »are to be determined by another branch of the Government«, lies: dem Kriegsministerium.[499] Kurzum: Wenn die Briten ihre Grenzen zwischen Guayana und Venezuela nach ihren Vorstellungen ziehen sollten, würde dies als Eroberung betrachtet und von den Vereinigten Staaten mit allen Mitteln verhindert werden.

Olney vermengte resümierend geographische und imperiale Argumente, wenn er behauptete: »That distance and three thousand miles of intervening ocean make any permanent political union between an European and an American state unnatural and inexpedient will hardly be denied.«[500] Der südamerikanische Kontinent war auf der mentalen Landkarte des Außenministers gleichsam ein Territorium vor der Haustür, Europa dagegen ozeanweit entfernt. Wenngleich »both physical and geographical considerations are the least of the objections of such a union«, blieb der entscheidende Grund, daß »Amerika« (in eins gedacht) in die Konflikte Europas nicht hineingezogen werden wolle.[501] Olney argumentierte aber nicht nur defensiv, sondern behauptete: »The states of America, South as well as North, by geographical proximity, by natural sympathy, by similarity of governmental constitutions, are friends and allies, commercially and politically, of the United States.« Diese Argumente drückten mehr die imperiale Machtrealität als die spezifische Situation der Einzelstaaten aus, denn auch Olney mußte klar sein, daß er in Südamerika recht lange nach der

---

[497] Olney an Bayard, 20. Juli 1895, weitergereicht an Salisbury am 7. August 1895, in: British Documents on Foreign Affairs [BDFA Part I]. Reports and Papers from the Foreign Office Confidential Print, General Editors Kenneth Bourne and D. Cameron Watt, Part I: From the Mid-Nineteenth Century to the First World War, Series C, North America 1837–1914, Bd. 10: Expansion and Rapprochement, 1889–1898, Doc. 137, S. 247–261, hier S. 258. Die mögliche britische These, es handle sich um einen inneramerikanischen Konflikt, weil British Guayana ein südamerikanisches Land sei, akzeptierte Olney unter der Bedingung, daß dann Guayana und Venezuela ihren Disput unter sich austragen sollten, ohne die Hilfe des »europäischen« Großbritanniens. Das war der entscheidende Punkt, denn mit dem Argument, daß Großbritannien auch ein amerikanischer Staat sei, könnten ebenso andere europäische Staaten dort Territorien erwerben und sich mit ähnlichen Argumenten in diese für Olney strikt inneramerikanischen Angelegenheiten einmischen.

[498] Olney warf in dem Schreiben Großbritannien dessen Unwilligkeit zur »arbitration« vor: »›It is to be so because I will it to be so‹ seems to be the only justification Great Britain offers.« Ebenda, S. 258 f.

[499] Ebenda, S. 260.

[500] FRUS 1895/I, S. 556.

[501] »Europe, as Washington observed, has a set of primary interests which are peculiar to herself. America is not interested in them and ought not to be vexed and complicated with them.« Ebenda.

»similarity of governmental constitutions« zu seinem Land würde suchen müssen, zumal wenn er ergänzte: »The people of the United States have a vital interest in the cause of popular self-government.«[502] Daß das Verhältnis der Vereinigten Staaten zu seinen südamerikanischen Nachbarn nicht von der Förderung des »popular self-government« bestimmt war, konnte auch Olney nicht verborgen geblieben sein.

Die gesamte Argumentation mündete denn auch dort, wo sie ihren Ausgangspunkt genommen hatte – in der schlichten Machtrationalität, die besagte, daß die Ressourcen der Vereinigten Staaten jeder anderen Form von Machtprojektion überlegen sein würden: »Today the United States is practically sovereign on this continent, and its fiat is law upon the subjects to which it confines its interposition.« Und auch die Begründung war von undiplomatischer Prägnanz: »Why? It is not because of the pure friendship or good will felt for it. It is not simply by reason of its high character as a civilized state, nor because wisdom and justice and equity are the invariable characteristics of the dealings of the United States. It is because, in addition to all other grounds, its infinite resources combined with its isolated position render it master of the situation and practically invulnerable as against any or all other powers.«[503]

Mit Olneys Formulierungen war unverblümt beschrieben, daß die Regierung der Vereinigten Staaten sich der Kraft zur Beherrschung zumindest des halben Globus bewußt war und diese unter den Vorzeichen der Monroe-Doktrin je nach politischer Opportunität einzusetzen willens und in der Lage sein würde.[504] Und klarer als in Olneys Schlußstakkato hätte sich auch die Perspektive eines potentiell globalen Anspruchs nicht formulieren lassen.

Botschafter Bayard sollte diese Note Salisbury vorlesen und ihm, wenn gewünscht, eine Kopie überlassen. Er sollte dem Premierminister aber vor allem deutlich machen, daß diese Ansichten nach einer »definite decision« verlangten, ob die Briten einem Schiedsverfahren in der venezolanischen Grenzfrage zustimmten.[505] Sollten sie dem nicht zustimmen, werde der Präsident die Fra-

---

[502] Ebenda, S. 557

[503] Ebenda, S. 558.

[504] Drastische Formulierungen wie diejenige Olneys gegenüber Salisbury haben eine wiederkehrende Tradition in der amerikanischen Außenpolitik des 19. Jahrhunderts. Als die österreichische Regierung dagegen protestierte, daß der amerikanische Handelsagent A. Dudley Mann während des Ungarnaufstandes Kontakt zur Revolutionsregierung aufnahm, antwortete US-Außenminister Daniel Webster dem österreichischen Geschäftsträger in Washington, Johann Hülsemann: »The power of this republic at the present moment is spread over a region one of the richest and most fertile on the globe, and of an extent in comparison with which the possessions of the house of Hapsburg are but as a patch on the earth's surface.« US-Außenminister Daniel Webster an den österreichischen Geschäftsträger in Washington, Johann Hülsemann, in: The Senate of the United States, Executive Documents, 31st Congress, Second Session, December 2, 1850, Bd. 3, Washington 1851, S. 4–13, Zit. S. 7; vgl. Winfried BAUMGART, Europäisches Konzert und nationale Bewegung. Internationale Beziehungen 1830–1878, Paderborn 1999, S. 469.

[505] BDFA I, Bd. 10, S. 261.

ge in seiner nächsten Jahresbotschaft vor den Kongreß bringen.[506] Salisbury nannte Olneys Schreiben in der ihm eigenen ironischen Gleichmütigkeit ein »elaborate and exhaustive statement«. Er ließ sich nur einen Teil vorlesen, weil es für ein gewöhnliches diplomatisches Gespräch viel zu lang war. Dann leitete er es zur juristischen Prüfung weiter, obwohl ihm zweifellos bewußt war, daß es weniger um juristische Feinheiten als um die Frage ging, wer in Südamerika wie weit bestimmen durfte.[507]

Die Antwort des Premierministers ließ vier Monate auf sich warten. Das war ein Signal gelassener Geringschätzung einerseits und ein Ausdruck der Vielfalt außenpolitischer Anforderungen im Foreign Office andererseits. Aber diese leichtfertige Reaktion verkannte zugleich die reale Intention der amerikanischen Seite, zumal die britische Antwort in der kühlen Mitteilung gipfelte, daß sich doch bitte auch die Vereinigten Staaten an das internationale Recht halten sollten. Selbst wenn die Ansprüche der Monroe-Doktrin allgemein geläufig seien und ganz gleich wie machtvoll ein Staat auch immer sei: im internationalen Recht existierte sie nicht. Und was den Grenzstreit in Südamerika betreffe, gehe es nicht um europäische Herrschaftsansprüche, sondern um die Grenzen eines Territoriums, das schon zu England gehört habe, bevor der Nachbar Venezuela überhaupt entstanden sei.[508] Dies kaum intendierte Aufschaukeln von machtrationaler Forderung und diplomatischer Perzeption hatte die bekannte »message to Congress« des Präsidenten Cleveland vom 17. Dezember 1895 zur Folge. Cleveland zielte auf die Einrichtung einer Kommission zur Grenzfeststellung, deren Ergebnis er mit allen Mitteln durchzusetzen beabsichtigte, was der zwangsweisen Bestimmung der venezolanisch-britischguayanischen Grenze durch die Vereinigten Staaten gleichkam.[509]

Henry White empfand diese sanguinische Adresse Clevelands im Kern als gerechtfertigt, aber diplomatisch höchst ungeschickt. Es ist aus Whites Briefen nicht ersichtlich, daß die Venezuela-Frage in seinen Gesprächen mit britischen Politikern eine besondere Rolle spielte. Er glaubte offensichtlich nicht an die Möglichkeit eines ernsthaften Zusammenstoßes und war überzeugt, daß die Monroe-Doktrin jederzeit durchzusetzen war: »As to the Monroe-Doctrine, I do not find the modern interpretation[510] extravagant, considering the great power

---

[506] Ebenda.

[507] Salisbury an Gough, 7. August 1895, ebenda, Bd. 10, Doc. 138, S. 261.

[508] Vgl. ALLEN, Great Britain and the United States, S. 535 f.

[509] FRUS 1895, Bd. 1, S. 542 ff.; vgl. auch die einschlägige Senatsrede von Henry Cabot Lodge am 30. Dezember, publiziert Washington 1896. Die oben beschriebene Wertschätzung von Spring Rice für seine Washingtoner Freunde und namentlich gegenüber Mrs. Cabot Lodge änderte nichts an »Springys« Zorn darüber, wie vehement sich Lodge hinter die Forderungen seines Präsidenten Cleveland stellte. Spring Rice kommentierte ironisch, Lodge wolle sich wohl um den Gesandtenposten in London bewerben, und schloß undiplomatisch deutlich: »[...] let them all go and be damned.« Spring Rice an Ferguson (undat., Dezember 1895 während seines Aufenthaltes mit Curzon in *The Priory*, REIGATE), GL 1, S. 185.

[510] Gemeint sind die Äußerungen von Cleveland und Olney.

of the United States. It is evidently not a piece of international law, but what matter so long as the United States has the power to maintain it as a policy?«[511]

White war also keineswegs naiv oder zaudernd im Hinblick auf das Wesen der amerikanischen Macht und ihrer Interessen. Es waren vor allem Clevelands Methoden, die White kopfschüttelnd betrachtete, zeigten sie doch »absolute lack of diplomatic knowledge or training«.[512] Die »Cleveland message« war für ihn »only another proof of his ignorance of diplomacy«.[513] White ging es um die Form des Clevelandschen Vorgehens, nicht um den Inhalt. Ihm war bewußt, daß Großbritannien von der Führung bis zur politischen Öffentlichkeit eine stupende Furcht vor einer kriegerischen Auseinandersetzung mit den Vereinigten Staaten hatte. Es bedurfte dazu keiner schroffen Kriegsdrohung, wie sie Olneys Schreiben und Clevelands Rede implizit enthielten. Das feine Instrumentarium diplomatischen Drucks durch Forderungen und Offerten hätte nach Whites Auffassung allemal ausgereicht, um das gleiche Ziel zu erreichen, ohne bilaterales Porzellan zu zerschlagen und international als parvenühafter Kraftmeier zu erscheinen.[514] Der amerikanischen Außenpolitik kam in dieser heiklen Situation zugute, daß mit dem Krüger-Telegramm Kaiser Wilhelms vom Januar 1896 deutscherseits alles getan wurde, um die britische Öffentlichkeit von den Invektiven Olneys und Clevelands abzulenken und auf das aufmerksamer beobachtete Deutsche Reich zu konzentrieren.[515]

White wurde nun, obwohl er keinerlei offizielle Funktion ausübte, an der Beilegung des Venezuela-Konflikts maßgeblich beteiligt.[516] Als er im April 1896 von London nach Washington kam, klinkte er sich sofort in das dortige politisch-gesellschaftliche Leben ein und traf Anfang Mai bei einem Dinner im Haus von Henry Cabot Lodge mit Außenminister Olney zusammen. Beide waren sich rasch über die Situation einig, auch über die von Olney zugestan-

---

[511] White (der sich gerade auf einer Ägyptenreise befand) an seinen Stiefbruder, William H. Buckler, 21. Februar 1896, zit. nach NEVINS, White, S. 110.

[512] Henry White an William H. Buckler, 22. Dezember 1895, ebenda, S. 109 mit Anm. 12.

[513] Henry White an William H. Buckler, 21. Februar 1896, ebenda, S. 110.

[514] Vgl. ebenda.

[515] Vgl. Montgomery SCHUYLER, Richard Olney, in: BEMIS (Hrsg.), The American Secretaries of State, Bd. 8, S. 273–325, hier S. 313. Schuyler bezeichnet Henry White (der im Juni 1896 mit Salisbury zusammentraf und hinsichtlich einer möglichen amerikanischen Annexion Kubas von diesem hörte: »It's not affair of ours«) als »United States chargé at London«, ebenda, S. 314; zum Salisbury-Zitat vgl. Henry JAMES, Richard Olney and his Public Service, with documents including unpublished diplomatic correspondence, Boston 1923, S. 244.

[516] Das englische Einlenken erfolgte nicht, wie bei WILLSON, America's Ambassadors, S. 409 f., insinuiert, vornehmlich durch einen Vorschlag über Bayard, den dieser am 13. Januar 1896 an Staatssekretär Olney telegraphiert hatte. Zunächst war eine Konferenz unter Beteiligung anderer europäischer Mächte vorgeschlagen, aber Cleveland bevorzugte bilaterale Verhandlungen. Denen stimmte Salisbury im Mai 1896 zu und entschärfte damit die Konfrontation.

dene Unzulänglichkeit Bayards im Umgang mit der britischen Führung. Olney lud White ins State Department ein und versah ihn auf der Rückreise nach London Ende Mai mit dem Auftrag, die wichtigsten Vertreter der britischen Führung zu treffen und halboffiziell nach Washington zu berichten.[517] Innerhalb von zehn Tagen nach seiner Rückkehr hatte White alle maßgeblichen Persönlichkeiten einschließlich Salisbury, Balfour, Asquith und Harcourt quasi »privat« getroffen, ohne Aufsehen zu erregen.

Außenminister Olney hatte White sogar angeboten, für die Kommunikation mit ihm das Chiffriersystem der Botschaft zu benutzen, also den Code zu erhalten, wenn er ihn benötigte.[518] Das ist bemerkenswert gegenüber einem Diplomaten, der von derselben Administration entlassen worden war.[519] Es zeugt von der neuen Wertschätzung des Außenministeriums für Whites britische Kontakte, die Olney veranlaßte, diesen zum inoffiziellen Unterhändler in der Venezuelakrise zu berufen.

Die Einblicke, die White dem Außenministerium in Washington darüber zu geben vermochte, namentlich Olney selbst, wie sein Verhalten und seine Motive in England interpretiert wurden, eröffneten dem State Department einen neuen Blick auf die britischen Axiome und Motive in den Verhandlungen.[520] Als schwierigster Gesprächspartner erwies sich Kolonialminister Chamberlain, der in einem Gespräch mit White drohend von der Möglichkeit eines Krieges sprach, falls die Amerikaner Großbritannien zu einem Schiedsgerichtsverfahren zwingen würden. Chamberlain fürchtete, daß damit in der Zukunft ein Anreiz für fremde Mächte geschaffen sein könnte, an allen Ecken des Empire Territorien von Großbritannien zu fordern, und daß dieses auch in solchen Fällen der Gefahr von Schiedsgerichtsverfahren ausgesetzt wäre. Ein solches Einfallstor wollte der Kolonialminister mit allen Mitteln verhindern.[521] Salisburys Reaktion war im Bewußtsein der britischen Machtgrenzen

---

[517] Vermutlich rührt hierher das Mißverständnis beispielsweise bei Bemis, wonach White weiterhin im Amt gewesen sei. Vgl. oben Anm. 418.

[518] Richard Olney an Henry White, 28. Mai 1896, Library of Congress, Papers Henry White, Box 15, General Correspondence.

[519] White benutzte die Chiffrierverbindung der Botschaft, so daß Bayard über seine Aktivität prinzipiell unterrichtet war. Vgl. NEVINS, White, S. 111–113. In Reaktion auf Whites Berichte schrieb Olney in bemerkenswerter Offenheit über Botschafter Bayard an White, es habe sich gezeigt, »how this Government has been handicapped by having in England a diplomatic agent who has not sympathized with its policy, and who through sentiment, self-conceit, physical infirmity, and otherwise, has been practically disabled from rendering the services rightfully expected from him.« Olney an White, 30. Juni 1896, zit. ebenda.

[520] White an Olney, 17. Juni 1896, zit. ebenda, S. 115.

[521] Ebenda. White und Chamberlain hatten sich auf einer Gartenparty der Queen über das Thema ausgesprochen. Der Briefwechsel zwischen Pauncefote und Salisbury, vor allem die Berichte Pauncefotes über Hintergründe, Fortgang und Ergebnis der Verhandlungen in: Salisbury-Papers Hatfield House A 139. Am 13. November 1896 faßte Pauncefote die Entwicklung bis zur Unterzeichnung des Vertrages zusammen und charakterisierte es als »a very fair arrangement and it has given great Satisfaction over here except to some ›disgruntled‹

moderater, und der am 2. Februar 1897 offiziell beigelegte Konflikt bedeutete im Ergebnis einen klaren Sieg der amerikanischen Seite.[522]

Olney war im Mai 1897 schon nicht mehr im Amt, als er versöhnlich an White schrieb (der dies an die britische Führungselite kommunizieren sollte): »[...] the American people are proud of their lineage; set the highest value upon the laws, the institutions, the literature, and the language they have inherited; glory in all the achievements of the Anglo-Saxon race, in war, in politics, in science, in literature, and in art; and feel themselves to be not merely in name but in fact, part of one great English-speaking family whose proud destiny it is to lead and control the world.«[523]

Journals who are vexed at not learning all the details and the peaceful termination of the controversy which they hoped would supply them with material for abuse of England during many more months and possibly end in war. These Journals whenever they hear of any agreement between the two countries and before they know what the agreement is, invariably pull out their old ›Head Lines‹ about England ›backing down‹ which are kept in readiness for the purpose. Their columns are full of imaginary accounts of the agreement and they seem to have persuaded the French Journalists that we have accepted the Monroe Doctrine as applicable to the case, whereas we have accepted nothing but the good offices of America and the use of her Judicial Officers to carry out an arbitration with Venezuela which otherwise would have been impossible. I am very glad that the cabinet accepted Mr. Olney's counterdraft with the modifications they suggested.« Pauncefote an Salisbury, 13. November 1896, Salisbury-Papers Hatfield House A 139.

[522] Vgl. 54th Congress, 2d session, Message from the President, Arbitration with Great Britain, January 11, 1897, February 1, 1897; vgl. auch SCHRÖDER, Epoche des Ersten Weltkrieges, S. 18 f. Pauncefote hatte zur Jahreswende berichtet: »The great Arbitration Treaty will take the wind out of the Sails of the Jingoes as regards Great-Britain, and the Eagle will have to screech at the other Powers, and let the British Lion nurse his tail. The Press here is more odious than ever, but when it finds that it cannot blow up a war against us it will probably leave us alone.« Pauncefote an Salisbury, 1. Januar 1897, Salisbury-Papers Hatfield House A 139.

[523] Richard Olney an Henry White 14. Mai 1897, BL Balfour Papers, Add. MS 49742, fol. 45–54, Zit. fol. 46; vgl. NEVINS, White, S. 125 (m. abweichender Datumsangabe 8. Mai 1897). Der zehnseitige maschinenschriftliche und von Olney mit Datum des 14. Mai 1897 unterzeichnete Text, in dem die Hintergünde der Ablehnung des Senats ausführlich beschrieben sind, war an White adressiert. Er findet sich in Balfours Nachlaß, und es kann davon ausgegangen werden, daß Olney die Absicht hatte, durch die Vermittlung von White die britische Regierung zu informieren. Olney nannte als wichtigste Gründe: das allgemeine Streben des Senats nach einer stärkeren politischen Rolle (wobei die Schiedsfrage als Test diente), die »Silber«-Frage (Großbritannien verteidigte den Goldstandard) und das Verhalten des amerikanischen Botschafters Bayard (dessen Position in Amerika unakzeptabel und von den Briten mißdeutet worden sei). Olneys Schluß sollte die britische Regierung beruhigen: »If I am right, there is no occasion to conclude that the cause of general arbitration between the two English speaking countries has received more than a temporary set back. ›Silver‹ can not long stand in the way – it is unlikely that another United States Ambassador to England will soon draw down upon himself the displeasure and condemnation of the great body of his country men – and public opinion, while its operation upon the United States Senate is abnormally slow, is sure to have its way and in the end to overcome even the obdurate prejudices and the extravagant pretensions of that body.« Richard Olney (Boston, Mass., 23 Court St.) an Henry White, 14. Mai 1897, BL Balfour Papers, Add. MS 49742, fo. 53.

Whites Verdienste im Venezuela-Konflikt, der Regierungswechsel und seine persönlichen Kontakte ließen es nur als eine Frage der Zeit erscheinen, bis er wieder in den diplomatischen Dienst zurückkehren konnte. So schrieb ihm Roosevelt am 8. März 1897, es sei »perfectly incredible to me that there should be any other possible solution than your re-appointment«[524], und fügte in einem weiteren Brief vier Tage später hinzu: »Now, old man, don't you bother about me. I can say quite sincerely that I am much more anxious to have you go back to London as First Secretary than I am to be Assistant Secretary of the Navy, for I think it is a much more important thing that you should go back, and as for me, I am pretty well accustomed to the buffeting of American political life, and take things with much philosophy. I try to give as good as I get.«[525] Roosevelts affektierte Bescheidenheit kaschierte seinen Ehrgeiz nur fadenscheinig, das war jedermann, der ihn kannte, bewußt. Aber ihm lag an einer effektiven Administration ebenso wie an einer Professionalisierung der Diplomatie. Und Henry White, der sich inzwischen auch publizistisch zu diesem Thema geäußert hatte[526], war hier in jeder Hinsicht die erste Wahl.

So schrieb Roosevelt denn auch an seine durchaus kritische Schwester und Vertraute Anna Cowles, alles, was man möglicherweise an Fehlern bei Henry und Daisy White finde[527], werde »altogether outweighed by Harry White's special and really extraordinary fitness for and services as a diplomat in London; fitness and service which would entitle him to a far higher position if they were all that were to be considered. Phelps and Lincoln are never tired of singing his praises; but the conclusive testimony has been given within the last year, and by the very administration that removed him. [...] I have as my authorities the letters I have seen from Salisbury, Harcourt and Balfour, and what Olney and Rockhill[528] have themselves told me. White knows the very men whom it is all-important he should know; and he knows them in just the right way for the purposes of the position. During the exceedingly delicate negotiations of the last ten months [Venezuela-Krise, M. B.] he has rendered invaluable services, and has been trusted as no man not in official position has before been trusted; and he has helped undo the damage Bayard did.«[529] So

---

[524] Theodore Roosevelt an Henry White, 8. März 1897, Library of Congress, Papers Henry White, Special Correspondence, Box 28.

[525] Theodore Roosevelt an Henry White, 11. März 1897, ebenda.

[526] Henry WHITE, Consular Reforms, S. 711–721.

[527] Sie hatte beispielsweise dagegen Stellung bezogen, daß die Whites ihren Kindern eine unamerikanische Erziehung angedeihen ließen, und Roosevelt selbst gestand zu, daß »Daisey White is in feeling not an American atall [sic!], though she is very charming«. Theodore Roosevelt an Anna Cowles Roosevelt, 8. Januar 1897, in: Letters of Theodore Roosevelt, Bd. 1, Nr. 682, S. 575.

[528] William Woodville Rockhill war in Hays Augen der fähigste Vertreter der amerikanischen Diplomatie nach Henry White, THAYER, Hay, Bd. 2, S. 244.

[529] Roosevelt schrieb dies streng vertraulich an seine skeptische Schwester (»you must not say anything about this«, »you must not say a word of this«) und ergänzte zur Charak-

war es nur folgerichtig, daß White tatsächlich Ende März 1897 unter dem neuen Botschafter John Hay auf seine Position als Erster Sekretär der Londoner Vertretung zurückkehren konnte.

3.7. John Hay

John Hay, der mit dem Geburtsjahr 1838 zwanzig Jahre älter war als Roosevelt, zählte gleichwohl zu dessen wichtigsten politischen Begleitern. Auch mit Spring Rice war Hay seit dessen erstem Aufenthalt in Washington ähnlich eng verbunden wie sie beide mit Henry Adams.[530] Als Hay 1897 zum Botschafter in London berufen wurde, blickte er, der von 1862 bis 1865 Privatsekretär Abraham Lincolns gewesen war, schon auf eine lange, vor allem schriftstellerisch erfolgreiche Karriere zurück.[531] Nach dem Bürgerkrieg hatte er verschiedene diplomatische Posten in Paris, Wien und Madrid inne, bevor er 1870 in die Vereinigten Staaten zurückkehrte.[532] Er hatte sehr erfolgreich als Journalist gearbeitet, wobei er insbesondere zu Whitelaw Reid ein enges, nicht immer spannungsfreies Verhältnis entwickelte.[533] Hay, der im Mai 1897 nach London kam, aber schon ein Jahr später als Außenminister McKinleys nach Washington zu-

---

terisierung Bayards, für diesen empfänden »Olney and everybody at Washington [...] utter contempt«. Theodore Roosevelt an Anna Cowles Roosevelt, 8. Januar 1897, Letters of Theodore Roosevelt, Bd. 1, Nr. 682, S. 575.

[530] Als Ferguson 1887 die Vereinigten Staaten besuchte, riet ihm Spring Rice zu einem Treffen mit Hay, den er zugleich charakterisierte: »I hope you will meet John Hay; if not, I shall in any case take you to see him either at Cleveland, Ohio or in Washington, as he is a brick.« Spring Rice an Ferguson, 26. Juli 1887, GL 1, S. 71.

[531] Hay hatte neben einigen Romanen, von denen vor allem der zunächst anonym veröffentlichte *The Bread Winners* ein überraschender Erfolg wurde, eine zehnbändige Biographie Lincolns verfaßt.

[532] Vgl. THAYER, Hay, Bd. 1, S. 221–328; Tyler DENNETT, John Hay, New York 1933; CLYMER, Hay, S. 92–95.

[533] Auch Reid zielte seit langem auf den Botschafterposten in London und hatte Präsident McKinley bewegen können, ihn im Sommer 1897 zum Sonderbotschafter in London anläßlich des Diamantenen Regierungsjubiläums von Queen Victoria zu ernennen, so daß er hier in Konkurrenz zum neuernannten Botschafter trat. Hay, der an sich schon die zahlreichen öffentlichen Verpflichtungen, die mit seiner Aufgabe verbunden waren, wenig mochte (»I have declined twenty-six invitations to dinner and make speeches«, schrieb er am 6. Mai 1897 an Samuel Mather), war von Reids Mission wenig begeistert. THAYER, Hay, Bd. 2, S. 160 f.; Bingham DUNCAN, Whitelaw Reid. Journalist, Politician, Diplomat, Athens 1975, S. 168–175. Anderer Meinung zu Hays Haltung ist NEVINS, White, S. 126. Eine (übertrieben) harmonische Darstellung des Verhältnisses Reid-Hay in: Royal CORTISSOZ, The Life of Whitelaw Reid, New York 1921, Bd. 1, S. 105. Skeptischer zu den Anfängen ihrer Beziehung: DUNCAN, Whitelaw Reid, S. 24. Zur komplizierten Entwicklung des Verhältnisses zwischen Hay und Reid vgl. CLYMER, Hay, S. 19–29. Gerade hier zeigt sich, daß Hay keineswegs der naive »Gutmensch« war, als der er häufig beschrieben wird. Ein gewisses Maß an Doppelzüngigkeit, gerade gegen Reid, ist ebenso zu konstatieren wie ein klares Auge für die Durchsetzung eigener Interessen.

rückkehrte[534] und dies auch unter Theodore Roosevelt bis zu seinem Tod am 1. Juli 1905 blieb, war unbestritten anglophil.[535] Das hat zu zahlreichen Mißdeutungen seiner Haltung gegenüber anderen Staaten, namentlich dem Deutschen Reich, geführt, dem er zweifellos skeptisch und mißtrauisch gegenüberstand. Eine bewußt antideutsche Politik wird man gleichwohl nicht unterstellen dürfen, zumal er spätestens seit der Amtsübernahme Rooseveits diesem in den außenpolitischen Linien folgen mußte, zumindest keine eigene, vom Präsidenten grundsätzlich unabhängige Politik hätte betreiben können. Aber Roosevelt und Hay waren sich in der Grundanalyse der Staatenbeziehungen ähnlich einig wie Roosevelt und Spring Rice. Zugleich war Roosevelt aus eigenem Sendungsbewußtsein und nationalem Pathos weniger konzessionsbereit als Hay, der von Persönlichkeit und Charakter eher zu hartem Kompromiß als zu bereitwilliger Konfrontation neigte. Das trug ihm auch auf amerikanischer Seite den Vorwurf ein, zu weich und zu nachgiebig in der Durchsetzung der Interessen der USA zu sein, weil dergleichen »Hardliner« stets auf das unerschöpfliche Potential der nationalen Ressourcen vertrauen zu sollen meinten, statt sich dem internationalen Geschäft des Machthandels im Stil der europäischen Diplomatie zu

---

[534] Die Rolle des bereits erwähnten John Sherman in seiner kurzen Außenministerschaft von März 1897 bis April 1898 blieb im Kern bedeutungslos für die internationalen Beziehungen, nicht zuletzt aufgrund der geschwundenen Kraft des 74jährigen Politikers. Pauncefote schrieb unmittelbar nach dem Regierungswechsel im Frühjahr 1897 an Salisbury, Präsident McKinley sei »evidently disposed to be most friendly to us, and will I think exercise a powerful and much needed control over his Secr[etary] of State - who has surprised his friends by putting on in his old age the garb of a Jingo«. Pauncefote an Salisbury, 19. März 1897, Salisbury-Papers Hatfield House A 139. Vgl. Louis Martin SEARS, John Sherman, Secretary of State March 5, 1897, to April 27, 1898, in: BEMIS (Hrsg.), The American Secretaries of State, Bd. 9, S. 323.

[535] Wolfgang Drechsler meint, daß Hay einen »Großteil seiner Ansichten [...] von seinem Freund Henry White« übernommen habe, »einem Musteranglomanen«, sowie von dem »britischen germanophoben Diplomaten Sir Cecil Spring-Rice [sic!]«, der »großen Einfluß auf Hay« gehabt habe. DRECHSLER, Andrew D. White, S. 141. Unschwer ist in dieser Beurteilung des Hay-White-Verhältnisses die These von Alfred Vagts zu identifizieren, wonach »White die Funktion des diplomatisch-gesellschaftlichen Introdukteurs für Hay wahrnahm«. Wenn Vagts Hay als eine »urteilsschwache, dem Amateurismus nie entwachsene« Persönlichkeit charakterisierte, verkannte auch er dessen über die Jahrzehnte gewachsenes Gewicht im informellen Establishment Washingtons und seine grundsätzliche politische Orientierung, die nur deshalb Whites Linie zu folgen schien, weil sie mit dessen Axiomen einer britisch-amerikanischen Verständigung übereinstimmte. Dies geschah nicht aus unreflektierter Folgsamkeit gegenüber White, sondern aus eigener Überzeugung, wie sie in den zwei vorangegangenen Jahrzehnten gereift und auch gegenüber Spring Rice immer wieder zu vernehmen war, lange bevor Hays Berufung zum Botschafter in London oder gar zum Außenminister in Aussicht stand. VAGTS, Henry White, S. 488. Ein leicht naives Verständnis von den Gepflogenheiten der amerikanischen Administrationen offenbart Drechslers Charakterisierung von Hay, wenn er schreibt: »Umso mehr überraschen die problemlosen, geradezu freundschaftlichen Beziehungen zwischen Hay und [Andrew D.] White. Trotz fundamentaler Differenzen haben sich beide auf der persönlichen Ebene wie auch im politisch-diplomatischen Alltagsgeschäft doch sehr gut verstanden.« DRECHSLER, Andrew D. White, S. 141. Auch die Charakterisierung Henry Whites durch Drechsler wird weder dessen Persönlichkeit noch der Komplexität seiner Bedeutung gerecht. Ebenda, S. 184 m. Anm. 9–12.

ergeben. Von englischer Seite schwangen Hay dagegen von Beginn an große Sympathien für die britisch-amerikanische Annäherung entgegen. Er bewahrte gleichwohl seine ironische Distanz und kommentierte die britischen Ovationen anläßlich des diamantenen Thronjubiläums (für ihn »a Welsh-rabbit dream«) als »an explosion of loyalty that amazed John Bull himself«.[536] Auch Hay perzipierte sehr wohl die egozentrische Arroganz des britischen Establishments gegenüber allem, was sich nicht an den Gepflogenheiten, Werten und Errungenschaften des Empire orientierte: »If it were not so offensive the ignorance of people over here [in Großbritannien, M. B.] about American politics would be very amusing. [...] I occasionally relieve my mind in saying something offensive in return. But it does not generally pay – they are too apt to take a kick for a compliment.«[537] Angesichts der gewandelten weltpolitischen Situation, namentlich im Zusammenhang mit der Auseinandersetzung mit Spanien im Frühjahr 1898 erschien ihm die »friendship and sympathy of this country [England, M. B.] [...] important and desirable in the present state of things, as it is the only European country whose sympathies are not openly against us. We will not waste time in discussing whether the origin of this feeling is wholly selfish or not. Its existence is beyond question. I find it wherever I go – not only in the Press, but in private conversation. For the first time in my life I find the ›drawing room‹ sentiment altogether with us. If we wanted it – which, of course, we do not – we could have the practical assistance of the British navy – on the *do ut des* principle, naturally. I think, in the near future, this sentiment, even if it amounts to nothing more, is valuable to us.«[538] Die innenpolitischen Vorhaltungen der Nachgiebigkeit gegenüber London konterte er mit leichter Irritation: »All I have ever done with England is to have wrung great concessions out of her with no compensation, and yet these idiots say I am not an American, because I don't say ›to hell with the Queen‹ at every breath.«[539] Auch Hay sah den Grund hierfür vor allem in der amerikanischen Mischung aus Selbstbewußtsein und Unvertrautheit mit den Usancen und Zusammenhängen der Weltpolitik: »The most of the worry comes from the perfectionists on our own side, who always treat a

---

[536] John Hay an Samuel Mather, 7. Juli 1897, zit. nach THAYER, Hay, Bd. 2, S. 160.

[537] John Hay an Henry Cabot Lodge, 30. August 1894, HCL MSS, zit. nach BEALE, Theodore Roosevelt, S. 82.

[538] John Hay an Henry Cabot Lodge, 5. April 1898, zit. nach WILLSON, America's Ambassadors, S. 415. Die von Hay angesprochene Idee einer britischen Marineunterstützung, die Theorie blieb, wurde später von den Gegnern einer anglo-amerikanischen Allianz aufgegriffen. In der *Saturday Review* hieß es 1913: »[...] we in effect lent America the use of our Navy to prevent a European combination against America.« Saturday Review 115 (1913), S. 639; vgl. PERKINS, Rapprochement, S. 43.

[539] John Hay an John W. Foster, 23. Juni 1900, John Hay MSS, zit. nach BEALE, Theodore Roosevelt, S. 83.

diplomatic negotiation as if it were an entirely new subject with which they were qualified to deal *in vacuo*, without any regard to actual circumstances.«[540]

Roosevelts Einstellung zu Hay als Außenminister war zumindest im Nachhinein nicht so uneingeschränkt positiv, wie er das in manchen zeitgenössischen Formulierungen zum Ausdruck gebracht hatte (»I tell him everything«[541]). Bei Erscheinen einer Edition von Hays Briefen und Tagebüchern, ausgewählt von Henry Adams und herausgegeben von Hays Witwe Clara Louise Stone[542], die am Ende seiner Präsidentschaft gedruckt wurde, schrieb er an Cabot Lodge, daß Hay bei allen sonstigen gesellschaftlichen und persönlichen Qualitäten »was not a great Secretary of State«.[543] Zugleich charakterisierte Roosevelt die Eigenschaften Hays in einer Weise, die zwar seiner eigenen Weltanschauung und seinem Politikstil widersprachen, die sich aber gerade für die amerikanisch-britische Annäherung als vorteilhaft erwiesen: »He was no administrator. He had a very ease-loving nature and a moral timidy which made him shrink from all that was rough in life, and therefore from practical affairs. He was at his best at a dinner table or in a drawing room, and in neither place have I ever seen anyone's best that was better than his; but his temptation was to associate as far as possible only with men of refined and cultivated tastes, who lived apart from the world of affairs, and who, if Americans, were wholly lacking in robustness of fiber. His close intimacy with Henry James and Henry Adams – charming men, but exceedingly undesirable companions for any man not of strong nature – and the tone of satirical cynism which they admired, and which he always affected in writing them, marked that phase of his character which so impaired his usefulness as a public man.«[544] Diese Charakterisierung illustriert sowohl den egozentrischen Charakter Roosevelts, der schon auf sein eigenes Bild in den Geschichtsbüchern schielte, als auch die Bedeutung der beschriebenen personalen Beziehungen und Netzwerke für die internationale Politik der Vereinigten Staaten.

---

[540] John Hay an Henry White, 31. Januar 1902, Library of Congress, Papers Henry White, Special Correspondence, Box 28. Hintergrund waren die Diskussionen um den möglichen Ankauf der Virgin-Islands von Dänemark.

[541] Brief Durands an Lansdowne, 26. Januar 1905, PRO FO 800/116, Lansdowne Papers. Bei der Diskussion um den von Roosevelt abgelehnten Hay-Pauncefote-Vertrag hatte er dem Außenminister sogar als »the greatest Secretary of State I have seen in my time« geschmeichelt. Theodore Roosevelt an John Hay, 18. Februar 1900, zit. nach BEALE, Theodore Roosevelt, S. 104.

[542] Clara S. HAY, Letters of John Hay and Extracts from his Diary, vols. 1–3, Washington 1908.

[543] Theodore Roosevelt an Henry Cabot Lodge 28. Januar 1909, in: Letters of Theodore Roosevelt, Bd. 6, Nr. 5143, S. 1490.

[544] Ebenda.

Die Vermutung liegt nahe, daß John Hay, als er zum Außenminister berufen wurde, gern Henry White zu seinem Nachfolger befördert hätte.[545] White hatte mehrfach in Hays Abwesenheit die Geschäfte geführt[546] und war durch seine Kontakte im Grunde jedem anderen Bewerber überlegen. Aber die Londoner Botschaft war noch immer der höchste zu vergebende Preis für verdiente Partei-Förderer und die Netzwerker der politischen Cliquen daheim. So war es in den Augen der Strategen des politischen Establishments naive Verschwendung, eine solche Position an einen schlichten Karrierediplomaten zu vergeben, wenn man sich damit andernfalls politische Neigung erhalten oder solche in Aussicht stellen konnte.[547] Als Hay am 14. September 1898 von Liverpool aus seine Atlantikreise in die Heimat antrat, übernahm White die Amtsgeschäfte wie so oft vorher. Es dauerte ein halbes Jahr, bis der neue Botschafter Choate eintraf.[548] Auch während dessen Amtszeit behielt White seine einflußreiche Position bei und führte regelmäßig die Botschaftsgeschäfte. Es war White, der im Burenkrieg, ausgelöst durch einen Appell der Buren an die Mächte, Premierminister Salisbury im März 1900 als amerikanischer Geschäftsträger im Auftrag Hays »die guten Dienste der Vereinigten Staaten zur Friedensvermittlung« anbot.[549]

Das Verhältnis zwischen White und McKinleys Außenminister wurde noch enger, als der Nachfolger Roosevelt ins Weiße Haus einzog. Der Präsident mußte die Intervalle seines Briefwechsels mit White aufgrund der vielfältigen Administrationsverpflichtungen reduzieren, wohingegen Hay und White ihre Korrespondenz bis in engste persönliche Angelegenheiten vertieften.[550] Zugleich begann in dieser Zeit eine andere Freundschaft zu tragen, die für die britisch-amerikanischen Beziehungen von kaum zu überschätzender Bedeutung war: Henry Whites Kontakt zu Arthur Balfour. Es ist bemerkenswert, daß

---

[545] Neben Hay machten sich auch George Smalley und einige weitere Korrespondenten für White als Botschafter stark. Hay hätte es wohl auch begrüßt, wenn Henry White die Nachfolge des von ihm wenig geschätzten Andrew D. White in Berlin angetreten hätte. NEVINS, White, S. 141, 158.

[546] So vom 18. Januar bis 21. März 1898 (also während der spanisch-amerikanischen Eskalation um Kuba etc.), als sich Hay mit Henry Adams und Henry James auf einer Ägyptenreise befand. Vgl. NEVINS, White, S. 129, 132; PERKINS, Rapprochement, S. 33; Roosevelt an White, 9. März 1898, Letters of Theodore Roosevelt, Bd. 1, Nr. 947; Roosevelt an White, 30. März 1898, Bd. 2, Nr. 975.

[547] WILLSON, America's Ambassadors, S. 419.

[548] Choate erschien in Großbritannien erst am 2. März 1899.

[549] Telegramme Metternichs an das Auswärtige Amt, 13. März 1900, GP 15, Nr. 4488 und 4489, S. 531 f., Zit. S. 532. Metternich berichtete die Vermutung, daß Hay diese Initiative nur »aus inneren Parteirücksichten« ergriffen habe. Ebenda, S. 531. Salisbury, der das amerikanische Vermittlungsangebot ablehnte, charakterisierte es gegenüber Metternich gleichfalls als »Wahlmanöver«. Metternich an das Auswärtige Amt, 14. März 1900, ebenda, Nr. 4490, S. 532.

[550] Vgl. NEVINS, White, S. 229 ff.

3.8. Arthur Balfour

Arthur Balfour entwickelte sich auf englischer Seite zum bedeutendsten und in mancher Hinsicht entscheidenden Beschleuniger der britisch-amerikanischen Annäherung. Er förderte diese Entwicklung aus Einsicht wie aus Notwendigkeit gleichermaßen während der Zeit seines höchsten politischen Einflusses, zunächst als First Lord of the Treasury im Kabinett seines politischen und in vielerlei Hinsicht auch persönlichen Ziehvaters Salisbury von 1895 bis 1902, dann ab Juli dieses Jahres als Premierminister bis zum Dezember 1905. Daß sich das britisch-amerikanische Verhältnis in diesen zehn Jahren von jener »Short of war«-Konfrontation um Venezuela in der zweiten Jahreshälfte 1895 zur amerikanischen Unterstützung britischer Politik wandelte, die ihren spezifischen Ausdruck in der amerikanischen Unterstützung auf der Konferenz von Algeciras fand, hing unmittelbar mit Balfours politischem Wirken und in hohem Maße auch mit seiner engen Beziehung zu Henry White zusammen.

Balfours Weltbild war trotz geringer Auslandskenntnisse – eine achtmonatige Weltreise 1875 bis 1876 nannte er bezeichnenderweise »hurrying round the English-speaking world« – vom utilitaristischen Pragmatismus britischer Weltläufigkeit durchzogen, in dem sich das Bewußtsein von der englischen Machtstellung und die Überzeugung von der Valenz der ihr zugrundeliegenden Prinzipien zu selbstbewußter, bisweilen fast spielerisch anmutender Gelassenheit verbanden.[552] Balfours legendär gewordener entspannter Pragmatismus sollte

---

[551] Es ist bezeichnend, daß Henry White in der Lebensbeschreibung Balfours durch dessen Nichte ebensowenig Erwähnung findet wie in der Balfour-Biographie von Kenneth Young. Blanche Elizabeth Campbell DUGDALE, Arthur James Balfour, First Earl of Balfour, London 1936; Kenneth YOUNG, Arthur James Balfour. The happy Life of the Politician, Prime Minister, Statesman and Philosopher, 1848–1930, London 1963. Selbst Jason Tomes hat in seiner fast 300seitigen Untersuchung zu »Balfour and foreign policy« aus dem Jahr 1997, in der er auch dessen Briefwechsel mit Henry White erwähnt, diesen als Diplomaten nur mit dem schlichten Satz erwähnt, White sei »a personal friend« gewesen. TOMES, Balfour, S. 180. Auch in anderen einschlägigen Personenbeschreibungen, etwa der mehr als 700seitigen Biographie Joseph Chamberlains von Peter Marsh, findet sich Henry White nicht, überhaupt die Verbindung zur amerikanischen Politik stark unterbelichtet ist. Marsh hat etwa 140 Nachlässe (!) eingesehen, doch die Papiere Henry Whites befinden sich nicht darunter. MARSH, Joseph Chamberlain, bes. S. 712–715. Auch in Ernest Mays »speculative Essay« über den amerikanischen Imperialismus, in dem er Dutzende Vertreter der angelsächsischen und insbesondere amerikanischen »foreign policy public« charakterisiert und völlig zutreffend festhält, daß »[m]en of the establishment belonged both to their own country and to a larger Atlantic community«, fehlt der Name Henry White, der geradezu den Prototyp für die Prägnanz dieser These darstellt. MAY, American Imperialism, S. 229.

[552] Arthur BALFOUR, Chapters of Autobiography, London u. a. 1930, S. 91. Balfours »Grand Tour« hatte auch therapeutischen Charakter. Im März 1875 war Mary (»May«) Lyttelton, wohl die einzige wirkliche Liebe Balfours gestorben (er blieb bis an sein Lebens-

nicht dahingehend täuschen, daß er sich der grundlegenden Machtfragen nicht bewußt gewesen wäre.[553] Als ihn seine Nichte und Biographin Blanche Dugdale wenige Monate vor seinem Tod anläßlich eines Artikels im *Literary Supplement* der *Times* zum Thema »Toryism«[554] nach seinen Prinzipien des Politischen fragte, wandte er sich gegen jede Art dergleichen spekulativer Abstraktionen und antwortete: »I suppose the principles of common sense, to do what seems to be the right thing in a given case.«[555] Diese banal anmutende Formulierung ist keineswegs der Ausdruck eines Denkens, das sich geweigert hätte, über Fragen von Mensch und Gesellschaft, Philosophie und Politik zu reflektieren, im Gegenteil. Balfour war neben Richard Haldane wohl der einzige Politiker in der britischen Führungsschicht, der neben der Politik über philosophische Fragen ernsthaft nachdachte und zugleich dafür ein umfassendes intellektuelles Rüstzeug besaß.[556] Gerade aus dieser jahrzehntelangen Reflexion

ende Junggeselle), und er begab sich mit Spencer Lyttelton (dem Bruder der Verstorbenen) und Mary Gladstone (der Tochter des Politikers) nach Düsseldorf, um sich ein Musik-Festival von Mary Ponsonby anzusehen, der Frau des königlichen Privatsekretärs Sir Henry Ponsonby. Dann folgte die Weltreise, wiederum mit Spencer Lyttelton, wobei er Kanada, die USA, Neuseeland und Australien besuchte und über Ceylon und das Rote Meer nach Großbritannien zurückkehrte. Für seine politische Erfahrung bedeutend wurde sein Besuch des Berliner Kongresses 1878, als er seinen Onkel, Außenminister Salisbury, als Privatsekretär begleitete. Vgl. TOMES, Balfour, S. 11; ABDY/GERE, The Souls, S. 38 f. Erst 1917 führte ihn ein Besuch in den Vereinigten Staaten wieder über den schmalen Horizont britischer Inseln und schottischer Golfplätze hinaus. »Travelling is worse than drinking«, schrieb er denn auch an Curzon, als dieser sich im Herbst 1889 wieder einmal nach Asien aufmachte. »Take my blessings with you, and come back full of beans, and without another book in embryo. Authorship is killing work.« Balfour an Curzon, undatiert (1889), zit. nach GILMOUR, Curzon, S. 76. Wenngleich Balfour und Curzon derselben Partei anhingen, zugleich die herausragenden Politiker und Intellektuellen im Kreis der »Souls« waren und im persönlichen Umgang stets »Dear Arthur« und »Dear George« blieben, so unterschieden sich ihr persönliches Auftreten und ihre politischen Ansätze deutlich, was nicht selten zu Spannungen führte. Als Balfour wiederholt die Amtsgeschäfte seines Onkels im Foreign Office übernahm, fühlte sich Curzon, während er dort als Unterstaatssekretär arbeitete, von dessen Einmischung gegängelt. Vgl. TOMES, Balfour, S. 12. Der Ausdruck ihrer grundsätzlichen Fremdheit wird daran ablesbar, daß es 1923 Balfours Rat an König George V. war, der diesen veranlaßte, nicht, wie allgemein erwartet, Curzon, sondern Stanley Baldwin zum neuen Premierminister zu berufen. Vgl. GILMOUR, Curzon, S. 579–586, bes. S. 583.

553 Das gilt im übrigen in ähnlichem Maße für Edward Grey. Beide machten immer wieder deutlich, daß sie nicht um jeden Preis an ihren Posten hingen, sondern gern ihren sportlichen Freizeitbeschäftigungen nachgingen und sich ein Leben ohne aufreibende Tagespolitik leicht vorstellen konnten. Um die Diskrepanz zwischen deutscher und britischer politischer Elite lebendig werden zu lassen, vergleiche man die Lebensläufe von Arthur Balfour und Paul von Hindenburg. Balfour war im Juli 1848 geboren worden und damit rund neun Monate jünger als Hindenburg. Balfour starb im März 1930, Hindenburg knapp viereinhalb Jahre später im August 1934.

554 *The Times Literary Supplement*, 26. September 1929.

555 DUGDALE, Balfour, Bd. 2, S. 404.

556 »Balfour has the finest brain that has been applied to politics in our time«, konstatierte Austen Chamberlain, immerhin der Sohn des überaus selbstbewußten Kolonialministers, in Anlehnung an F. E. Smith (Lord Birkenhead). Austen CHAMBERLAIN, Down the Years, London 1935, S. 206–230, Zit. S. 206. Es erscheint zunächst verblüffend, daß einige der

kam er zu dem Ergebnis, daß je mehr sich die Menschen um die Formulierung abstrakter und vermeintlich einfacher Regeln bemüht hätten, »the greater has been the confusion and the controversy«.[557] Politik war demnach nicht das Derivat hegelianischer Metaphysik oder ihrer marxistischen Spiegelung, sie war kein Produkt philosophischer oder ideologischer Abstraktion, deren Prinzipien die Menschen nach ihrem Maß zu formen trachteten, sondern sie war, überspitzt formuliert, das situationsadäquate, womöglich opportunistische In-den-Tag-hinein-administrieren pragmatisch analysierter Probleme im Vertrauen auf die diskursive Rationalität parlamentarischer, i. e. im englischen Fall: politisch-dichotomer Prozesse. Das konnte an sich als einziges Prinzip gelten, gewonnen ebenso aus der politischen Tradition wie aus der Abstraktion des zugrundeliegenden Menschenbildes. In diesem Sinne war sein »Progress is with the West«

---

ausführlichsten Briefe zwischen Balfour und Haldane sich nahezu ausschließlich mit philosophischen Fragen befassen. Beide führten einen ernsten Diskurs, der von der Tagespolitik abgehoben war und umso ungewöhnlicher erscheint, als es Balfour ansonsten vermied, mehr als notwendig zu schreiben. Vgl. NLS Haldane Papers, MSS 20049–20078: Correspondence and papers of (MSS. 20049–20066) and relating to (MSS 20067–20078) Richard Burdon Haldane. Mackay hat mit seiner Klage, Balfour habe eine »lifelong disinclination to hold a pen« gehabt, reichlich übertrieben. Ebensowenig läßt sich angesichts des in der British Library verwahrten Nachlasses von einer »notable scarcity of minutes handwritten by Balfour« sprechen. Ruddock Finley MACKAY, Balfour. Intellectual Statesman, Oxford 1985, S. V. Selbst wenn er weniger schrieb als mancher Kabinettskollege und Aufgaben präferierte, mit denen dies vereinbar war, so ist seine Korrespondenz doch umfangreich und in ihrer gedanklichen Dichte bemerkenswert, zumal dann, wenn ihn eine Sache, wie der philosophische Diskurs mit Haldane, auch jenseits der Politik interessierte. Selbst wenn er zum gleichen Ergebnis wie seine Kabinettskollegen kam, so geschah dies nach allgemeinem Eindruck auf Balfours eigenem gedanklichem Weg und mit eigenen Gründen. CHAMBERLAIN, Down the Years, S. 214. Haldane berichtet, daß er, obwohl er ein exponierter Politiker der Oppositionspartei war, »used to go and see Mr Balfour in the morning at 10 Downing Street a little while before he got up, and the Secretary would take me up to his bedroom where he made plans for the new Universities and a number of other things. The result was that Mr W. T. Stead, who heard of this, wrote a book half complaining of it, half praising it, and in this book he gave a description of myself which he published under the title of ›The Brain of the Empire‹ «. Further Memories (datiert 16. Januar 1925), National Library of Scotland, Haldane Papers MSS 5921, p. 54 f. Die 16seitige Broschüre »The Brain of the Empire« erschien in London 1905 als siebter Band der Reihe »Coming Men on Coming Questions«. Zur Korrespondenz Balfours mit Haldane im Nachlaß Balfours s. BL Add MSS 49724.

[557] DUGDALE, Balfour, Bd. 2, S. 405. Jason Tomes will in Balfours außenpolitischem Ansatz ein »system« entdecken, »though it would be inappropriate to attempt a schematic exposition of it«. TOMES, Balfour, S. 8. Tomes konterkariert – zu Recht – seine eigene These, denn in der Tat läßt sich in Balfours Außenpolitik keine übergeordnete Systematik erkennen, sondern allenfalls das Ziel einer pragmatisch-rationalen Politik, das keineswegs aus Systemen oder unverrückbaren Prinzipien abgeleitet war. Schon die Dauer von Balfours außenpolitischem Einfluß, beginnend mit dem Privatsekretärsposten bei seinem Onkel Salisbury anläßlich des Berliner Kongresses und auslaufend in seinen Commonwealth-Funktionen in den zwanziger Jahren, hätten angesichts der gewandelten Vielfalt ein solches »System« nicht praktikabel erscheinen lassen. Balfour hatte bestimmte Grundsätze und allgemeine Lebensprinzipien, nach denen er auch seine politische Arbeit gestaltete, aber kein ausgeklügeltes »System« außenpolitischen Handelns.

schlagwortartiger Ausdruck sowohl elementarer Erfahrung als auch grundlegender zivilisatorischer Überzeugung.[558]

Wie Spring Rice dachte Balfour über die Ursachen des Untergangs des Römischen Reiches nach und war der Auffassung, daß die Regeln und Werte, die dem antiken Staat zu Blüte und Herrschaft verholfen hatten, nicht oder nur sehr begrenzt auf die unterworfenen Völker zu übertragen gewesen waren. Dies war eine Überzeugung philosophischer Skepsis, die er auch für die Übertragbarkeit von britischen Werten im Verhältnis zu den Untertanen des Imperiums annahm: Auf Dauer würde das Moment der Fremdheit überwiegen.[559] Als Grund für die Dominanz der europäisch-westlichen Herrschafts- und Zivilisationsform betrachtete er die Fähigkeit, »to cultivate in the same class both the love of commerce and the love of fighting«.[560] Im Unterhaus hatte er Ende April 1898 formuliert: »Observe that as the world is constituted there is a struggle – sometimes industrial, sometimes military, sometimes diplomatic – going on between the leading nations of the world. I am glad to think that this is not the only way in which we can contemplate a display of civilized forces, but that is the way we have to keep in view.«[561] Balfour hielt deshalb die Aufrechterhaltung einer einheitlichen Sprache im angelsächsischen Raum für entscheidend und befürwortete »the maintenance of the Anglo-Saxon language [sic] in a single undifferentiated form«.[562] Die Vereinigten Staaten mit ihrem englischsprachigen »Brudervolk«[563] waren ihm so etwas wie eine Versicherung auf die britische Zukunft als Großmacht. Auch wenn sie zu seinen Lebzeiten nur zögerlich Verantwortung in der internationalen Politik übernahmen, erschien ihm doch eine langfristige Grundsicherheit gewährleistet: Großbritannien hatte gemäß der Maxime des »command of the sea« so lange als möglich

---

[558] Arthur BALFOUR, Fragment on Progress, Edinburgh 1892, S. 4; vgl. ders., Decadence, Cambridge 1908, S. 42; TOMES, Balfour, S. 29.

[559] Ebenda, S. 32.

[560] Balfour an Ronaldshay, 3. November 1906, BP 49859; TOMES, Balfour, S. 31.

[561] Arthur Balfour am 29. April 1898, in: PD 4th ser. Bd. 56, col. 1590; TOMES, Balfour, S. 21.

[562] Balfour an Le Maistre, 6. Juli 1911, BP 49861; TOMES, Balfour, S. 38.

[563] Daß die Gemeinsamkeit der Sprache nicht eo ipso ein Vorteil der britisch-amerikanischen Beziehungen sein muß, war schon in der ersten Hälfte des 19. Jahrhunderts eine wiederkehrende Beobachtung: »An Englishman it is said has the advantage of knowing the language better; and this is true but only to a certain extent, as it sometimes leads him into serious mistakes. We speak not of insulated words but rather of sentiments; and there is undoubtedly much in current language of American society which conveys to an Englishman's mind a very different class of impressions from what the self-same words do to the understanding of a native. [...] There is so very much in the institutions of America which assimilates them to the mother country that an Englishman is extremely apt to overlook essential dissimilarities in the general resemblance; and then on many occasions he may miss those very points of distinction upon which the real merits of the question turn.« Quarterly Review 57 (September 1836), S. 134–136, Autor des Beitrags war vermutlich Basil Hall; zit. nach Max BELOFF, Is there an Anglo-American Political Tradition?, in: History 36 (1951), S. 73–91, wieder abgedruckt in: Ders., The Great Powers, London 1959, S. 143–161, hier S. 145.

die vitalen Lebenswege seines Empire, d. h. seine Seewege, selbst zu beherrschen.[564] Sollte es aber zu einem Großkonflikt kommen, dann war er optimistisch, daß auch die Vereinigten Staaten in den notwendigen Kampf für die Sicherheit der »angelsächsischen weißen Rasse« eintreten würden.

Die Beziehung zwischen Arthur Balfour und Henry White war im persönlichen Umgang und diplomatischen Verkehr von einem bemerkenswerten Maß an Vertrauen und Offenheit charakterisiert. Das ist angesichts des sonst üblichen, konkurrenzgeprägten Mißtrauens verblüffend, das die Korrespondenz der Großmächte im allgemeinen prägte, denn schließlich hatten sie beide die außenpolitischen Interessen ihres Landes zu vertreten. Das »Funktionieren« dieser Verbindung resultierte aus einer über zwei Jahrzehnte im freundschaftlichen Umgang als glaubwürdig und bestimmend empfundenen Kongruenz ihrer Weltbilder. Individuelle »mental maps«, persönlich-gesellschaftliche Netzwerke und außenpolitische Praxis standen hier wie im weiteren Zusammenhang der skizzierten Personenkreise in einem kybernetischen Wechselverhältnis, das beide Staaten unter den strukturellen Wandlungen globalisierter internationaler Politik in der Scharnierzeit zueinander führte.

Balfour und White waren seit den 1880er Jahren befreundet. Neben den Zusammenkünften in den Häusern der anderen »Souls« war Balfour wiederholt Gast der Whites, oder diese besuchten ihn in Whittingehame. Regelmäßige Treffen in London waren ohnehin eine Selbstverständlichkeit.[565]

Während der spanisch-amerikanischen Auseinandersetzung reiste White Anfang April 1898 in die Vereinigten Staaten und war bei seiner Ankunft in Washington überrascht angesichts des offensichtlichen Wandels in der allgemeinen Haltung gegenüber England, namentlich im Kongreß.[566] Er sprach im Weißen Haus zweimal mit Präsident McKinley über die englische Position zum Krieg, und in der Presse erschienen Gerüchte, White verfolge einen geheimen diplomatischen Auftrag, wobei namentlich auf seine engen persönlichen Kontakte zur britischen Führung verwiesen wurde.[567] Als er im Früh-

---

[564] Vgl. generell zur Geschichte der Überseebesitzungen: PAGE (Hrsg.), Commerce and Industry, Appendix III: A Chronicle of the British Empire beyond the Seas, S. 449–459.

[565] Vgl. z. B. die Briefe Balfours an Mary Elcho, 31. August 1887, 6. Oktober 1887, 21. August 1890, 3. Juli 1894, 11. Juli 1894, 8. August 1894, 20. August 1894, 11. Oktober 1895, 16.–17. Juni 1901, 13. Februar 1903, in: RIDLEY/PERCY, Letters, S. 38 f., 41, 72, 106, 108 f., 112, 131, 179, 196.

[566] Vgl. NEVINS, White, S. 133. Zur Literatur über den spanisch-amerikanischen Krieg vgl. Kap. I, Anm. 115; ANDERSON, Race and Rapprochement, S. 112–129; CAMPBELL, Great Britain and the United States, S. 127–155.

[567] Artikel im *New York Herald*, vgl. NEVINS, White, S. 135. Vgl. auch den Bericht des deutschen Botschafters Holleben, der berichtete, White komme »angeblich in geheimer Mission«. Holleben an Hohenlohe, 22. April 1898, GP 15 Nr. 4143, S. 28. Der Kaiser kommentierte Hollebens Bericht und die darin reportierte zwiespältige Haltung der britischen Diplomatie zum spanisch-amerikanischen Krieg mit dem Vorwurf, die Briten wollten die anderen Mächte nur zum eigenen Vorteil in Zwistigkeiten versetzen, und resümierte: »England will eben nicht zu Europa gehören, it wont [sic!] throw in its lot with the Continental

sommer wieder in Großbritannien war, begab sich White auf die übliche Tour der informellen Diplomatie: Er spielte Golf mit Balfour in Hall Barn, jagte in Mentmore mit Rosebery, traf Herbert Henry und Margot Asquith zum Dinner und wirkte überhaupt als kommunizierendes Gelenk zwischen britischer Außenpolitik und amerikanischer Diplomatie.[568]

Im Oktober 1898 war White erneut vier Tage zu Gast bei Arthur Balfour in Whittingehame (zum Golfspielen). Balfour war gerade von einer Deutschlandreise zurückgekehrt und berichtete, daß das Verlangen der Deutschen nach Kolonialbesitz nur von ihrer Furcht übertroffen werde, es sich mit den Vereinigten Staaten zu verscherzen.[569] Intensiv und erfolgreich wie zuvor gelang es White, seine beruflichen Aufgaben mit den sozialen Erfordernissen des Diplomatenlebens aufs effektivste zu verbinden: Er traf die Queen und ihre Tochter Kaiserin Friedrich in Windsor, William Waldorf-Astor in Cliveden, sprach nach einem Dinner zu Ehren Kitcheners mit Salisbury über die Faschoda-Krise und nahm an Abschiedsveranstaltungen zu Ehren George Curzons teil, als dieser sein Amt als Vizekönig in Indien antrat.[570]

Wer Whites Briefwechsel liest, der wird nicht nur von der Vielzahl seiner Kontakte mit führenden britischen Persönlichkeiten überrascht sein, er mag auch staunen über den vertrauten, bisweilen fast familiären, jedenfalls mehr als geschäftsmäßigen Ton, in dem viele dieser Korrespondenzen gehalten sind.[571] Dies enge persönliche Verhältnis war schon in vielen Äußerungen anläßlich der Entlassung Whites abzulesen gewesen.[572] Die Verbindungen reichten nicht nur zu alten Vertrauten wie St John Brodrick oder Asquith. Auch Kriegsminister Lansdowne beispielsweise stellte seinen ersten Kontakt zum amerikanischen Botschafter Hay 1897 über White her, indem er an diesen schrieb und ihm die Einladung für den neu ernannten Diplomaten beifügte.[573]

Das besondere Verhältnis zwischen Balfour und White kam nicht nur in ihrer Vertrautheit seit den Zeiten der »Souls« zum Ausdruck, sondern zeigte sich auch in der täglichen Außenpolitik. Als White am 31. März 1898, inmitten der heißen Phase der spanisch-amerikanischen Auseinandersetzung, zum Frühstück als Gast bei Balfour weilte, kam der Unterstaatssekretär des Foreign Office, Thomas Sanderson, um Balfour über die aktuelle außenpolitische Lage zu unterrichten. Als er sich angesichts des amerikanischen Gastes verstört zeigte, erklärte ihm Balfour: »[...] we have no secrets from Harry White«, und

---

Powers, sondern will einen selbständigen Welttheil [sic!] für sich zwischen dem Continent und Amerika oder Asien darstellen.« Ebenda, S. 29.

568 Vgl. NEVINS, White, S. 135.
569 Ebenda, S. 140.
570 Ebenda, S. 141 f.; ABDY/GERE, The Souls, S. 20.
571 Library of Congress, Papers Henry White, Box 13–15, General Correspondence.
572 Vgl. beispielsweise Briefe unmittelbar nach dem Oktober 1893, ebenda.
573 Lansdowne an White, 15. Mai 1897, Library of Congress, Papers Henry White.

besprach die Angelegenheiten in dessen Gegenwart.[574] Auch der Ton im Schriftverkehr zwischen Balfour und White war außerordentlich freundschaftlich, fast familiär. White schrieb an ihn adressierte private Briefe mit Bleistift ab und sandte sie an Balfour zur Kenntnisnahme der Hintergründe amerikanischer Regierungskreise, damit dieser gegebenenfalls auf britischer Seite sein Hintergrundwissen zur Moderation anwenden konnte.[575] Henry Cabot Lodge beispielsweise sandte White am 24. Dezember 1900 seine ausgearbeiteten Ansichten zu den Hay-Pauncefote-Verhandlungen, dem Clayton-Bulwer-Vertrag und der Kanalfrage im allgemeinen zu, die er eine Woche zuvor ausführlich zu Papier gebracht hatte.[576] Henry White leitete nicht nur diese Ausarbeitung an Balfour weiter, sondern auch das an ihn persönlich gerichtete Begleitschreiben, damit Balfour einen Eindruck von Lodges Haltung erhielt, der u. a. schrieb: »The ignorance of the London papers is something appalling. I do not mean their opposition to the amendments but their utter ignorance in regard to all the facts and the situation here.«[577] Lodge konnte auf diesem Weg signalisieren, daß »there was no hostility to England in outting [sic!] on the amendments and no desire to have the treaty fail [...] If England refuses it will be believed that she wishes to keep the Clayton-Bulwer Treaty alive in order to hamper us and that she has some sinister motive in doing so.«[578] White fügte einen weiteren an ihn adressierten Brief in anonymisierter Abschrift bei, um Balfour zu informieren, und ergänzte, daß er »should send you the original, but you will recognize the style and I must ask you to consider it as particularly confidential«.[579] Nicht nur solche Töne bezeugen ein tiefes Einvernehmen, das weit über das hinausgeht, was im diplomatischen Verkehr als üblich anzusehen war. Dies wird durch Whites Bemerkung unterstrichen, er schreibe »hurriedly without the Ambassador's [Joseph Choate, M. B.] knowledge or that of anyone. He is to see Lord Lansdowne [den Außenminister, M. B.] on Monday and of course I have no desire to enter into negotiations in this matter on my own account.«[580] Dergleichen informelle »Nebendiplomatie« konnte nur dann ohne negative Folgen und Friktionen

---

[574] Brief Henry Whites an seine Frau, 1. April 1898, nach NEVINS, White, S. 130 f.

[575] Henry White an Balfour, 12. Januar 1901, BL Balfour Papers, Add. MS 49742, fo. 71–74; die Abschriften Whites fo. 79–84.

[576] Zum diplomatisch-politischen Hintergrund und der Entwicklung des Hay-Pauncefote-Vertrages vgl. Robert Balmain MOWAT, The life of Lord Pauncefote. First ambassador to the United States, London 1929, S. 260–291; THAYER, Hay, Bd. 2, S. 202–230, 296–331; DENNETT, Hay, S. 248–263; CLYMER, Hay, S. 173–189; vgl. auch CAMPBELL, Great Britain and the United States, S. 48–88.

[577] Henry Cabot Lodge an Henry White, 24. Dezember 1900, BL Balfour Papers, Add. MS 49742, fo. 78; Lodges Ausarbeitung vom 18. Dezember 1900 ebenda, fo. 75–77.

[578] Henry Cabot Lodge an Henry White, 24. Dezember 1900, BL Balfour Papers, Add. MS 49742, fo. 78.

[579] Henry White an Balfour, 12. Januar 1901, BL Balfour Papers, Add. MS 49742, fo. 73.

[580] Ebenda.

bleiben, wenn ein Fundament glaubwürdiger Übereinstimmung existierte, das jenseits der stets vorhandenen bilateralen Interessenkonvergenzen und persönlicher Ambitionen der Akteure Bestand hatte.

Das bedeutete keineswegs, daß Balfour oder andere britische Politiker die Positionen und Interessen ihres Landes vergaßen, wenn Balfour etwa Ende November 1898 (man traf sich in Panshanger bei Lord Cowper zur Jagd) gegenüber White hinsichtlich der Ergebnisse des spanisch-amerikanischen Krieges meinte, »that he would never question the right of any country to make such arrangements [...]; but that of course if it should ever turn out that the result of American expansion [gemeint waren die Philippinen, weniger Kuba, M. B.], upon which the people of this country now look with such particular favor, is the crippling of British trade, undoubtedly there will be a considerable change in public opinion here on that point, which would be regrettable to those desirous of seeing the closest possible intimacy between the two countries.«[581]

Im Dezember 1900 resümierte Balfour gegenüber White den Zustand der britisch-amerikanischen Beziehungen, analysierte die bilateralen Perspektiven und kam zu dem Ergebnis, daß »harmonious cooperation between the two great Anglo-Saxon states« ein schwieriges Unterfangen sein werde, weil »large numbers of the most loyal citizens of America are not of British descent, or, if of British descent, came from that part of Ireland which has never loved England«.[582] Mit Blick auf dieses Schreiben hat D. C. Watt die These aufgestellt, Balfour sei erst später zum Atlantiker geworden. Der tatsächliche Tenor des Schreibens im vollen Wortlaut erschließt allerdings eine ganz andere Deutung: »Now, I fully believe that America has developed, and is destined to develop, on lines of its own, it is something much more than a magnified replica of G[rea]t Britain; and, like (say) Germany and France, will contribute something to the common stock of civilization which is individual and special and therefore such

---

[581] Henry White an John Hay (o. D.) (November 1898), zit. nach NEVINS, White, S. 165 f. Balfour war sich bei allem Willen und der Notwendigkeit des britisch-amerikanischen Wettbewerbs doch des Potentials der Vereinigten Staaten vollkommen bewußt. Als er im Juli 1902 Premierminister wurde, schrieb er in seiner Antwort auf die Glückwünsche John Hays, es sei »thrice fortunate in receiving the good wishes of old friends like yourself; especially when those old friends are carrying on, as you are, a similar work, under not very dissimilar conditions in what is *destined to be the mightiest of all English-speaking communities*«. Arthur Balfour an John Hay, 8. August 1902, BL Balfour Papers, Add. 49742, fo. 119. Hervorhebung M. B.

[582] Balfour an Henry White, 12. Dezember 1900, Balfour Papers, Add. MS-49742, fo. 68; vgl. WATT, Succeeding John Bull, S. 27, Anm. 7. Nach zwei Dekaden englisch-amerikanischer Annäherung formulierte Balfour in seinen Gedanken zu »English Speaking Patriotism« im Jahr 1923: »Churches, Universities, Schools, Representative Assemblies, Debating Societies, Games, Sport, Charitable Institutions, Religion, Irreligion, Modes of philosophic thought, Quality of moral judgements, Political aptitudes, National ambitions, Individualistic preferences. These are but samples: but does not each one of them suggest points on which, for good or evil, the English-speaking peoples instinctively resemble each other, and instinctively differ from the rest of the world.« BL Balfour Papers, Add. MS 49959, fo. 312; TOMES, Balfour, S. 36.

as no other nation can produce. Yet the fact that its laws, its language, its literature, and its religion, to say nothing of its constitution are essentially the same as those of English speaking peoples elsewhere, ought surely to produce a fundamental harmony, – a permanent sympathy – compared to which all merely political alliances with other States should prove to be evanescent result of temporary diplomatic convenience. Such at all events is my creed. It has obviously a wider application than any founded upon physical descent alone: it may well be professed by all who have elected to become citizens either of America or England, whatever the place of their birth or the home of their ancestors: and I am firmly convinced that the more fully it be accepted, the better for the interests of humanity.«[583] Es handelt sich demnach um nicht weniger als das überzeugte Glaubensbekenntnis eines angelsächsischen Transatlantikers, der im Diskurs mit einem Geistesverwandten die Perspektiven eines gemeinsamen, ins Globale reichenden britisch-amerikanischen Zivilisationsbewußtseins beschreibt. Auch der Kontakt zwischen dem Vizepräsidenten Theodore Roosevelt und Arthur Balfour schließlich war bewußt über White hergestellt worden: Roosevelt sandte einen für Balfour bestimmten Brief zunächst an White, und dieser übermittelte ihn mit einer persönlichen Erläuterung an Balfour.[584] Diese enge Verbindung fand ihren abschließenden Ausdruck, als die Whites im Frühjahr 1905 London verließen, um den Botschafterposten in Rom zu übernehmen. Wie selbstverständlich lud der Premierminister Balfour für den scheidenden Botschaftssekretär die engsten Freunde aus Politik und Aristokratie zu einer »farewell dinner party«, deren Gästeliste in der *Times* erschien.[585]

3.9. Politische Fragen und Diplomatie

Die zwei wichtigsten Probleme der bilateralen Beziehungen dieser Zeit waren die Regelung der Rechte an einem künftigen mittelamerikanischen Kanal sowie Grenzfragen in Alaska.[586] Am 5. Februar 1900 unterzeichneten der britische Botschafter in Washington, Julian Pauncefote, und Außenminister Hay einen ersten Vertrag, der den Amerikanern weitgehende Freiheiten bei der Konstruktion eines Kanals in Mittelamerika zugestand, in politischen Kreisen Washingtons aber wegen des fehlenden Rechts auf militärische Befestigungen

---

[583] Balfour an Henry White, 12. Dezember 1900, BL Balfour Papers, Add. MS 49742, fo. 68–69.

[584] Henry White an Arthur Balfour, 9. Dezember 1900, BL Balfour Papers, Add. MS 49742, fo. 66–67.

[585] Vgl. Mary Elcho an Balfour, 3. April 1905, in: RIDLEY/PERCY, Letters, S. 220–222, mit Hinweis auf *The Times* vom 8. April 1905.

[586] Vgl. CAMPBELL, Great Britain and the United States, S. 89–126; THAYER, Hay, Bd. 2, S. 202–230; DENNETT, Hay, S. 350–363; ALLEN, Great Britain and the United States, S. 609–614.

als zu eng angesehen wurde.[587] Im April 1900 hatte Balfour wieder einmal die Verantwortung des Foreign Office für seinen abwesenden Onkel übernommen. Der Entwurf des Hay-Pauncefote Vertrages blieb derweil in der Schwebe, weil die Senatoren zahlreiche Ergänzungen forderten, die eine amerikanische Kontrolle garantierten. Aufgrund der Präsidentschaftswahlen im Herbst trat jedoch der Senat zwischen März und Dezember 1900 nicht zusammen. Zwar wurde der Vertrag dann im Dezember von den Senatoren ratifiziert, aber mit drei Ergänzungen versehen, von denen die wichtigste das amerikanische Recht auf die militärische Sicherung des Kanals betraf, wodurch die Wasserstraße ihren neutralen Charakter verlor. Die britische Seite sah sich gezwungen, die einseitigen Veränderungen zu akzeptieren oder langfristig möglicherweise sogar ohne Vertrag vor vollendete Tatsachen gestellt zu werden.[588] Henry White, der auch hier als Kommunikator hinter den Kulissen wirkte, schrieb zu den gewünschten Veränderungen schon am 12. Januar 1901: »[...] the only practical difference which I can discover, to the interests of this country in the Hay-Pauncefote Treaty as amended is, that in the case of war between the two Countries which I cannot bring myself to consider as ever possible, we determine to ourselves the sight to keep the British fleet from using the Canal.«[589] Bei einem Wochenendaufenthalt im Juli 1901 in Hatfield erörterte er mit Salisbury den schwebenden Konflikt und protestierte vehe-

---

[587] Hay empfing einen geharnischten Protestbrief von Roosevelt, den der Außenminister ironisch, doch klar konterte, weil er sich vom Gouverneur des Staates New York bei aller Freundschaft ungern außenpolitische Direktiven zukommen lassen wollte: »Cannot you leave a few things to the President and the Senate, who are charged with them by the Constitution?« John Hay an Theodore Roosevelt, 12. Februar 1900, so nach BEALE, Theodore Roosevelt, S. 102–106, Zit. S. 103.

[588] Henry Cabot Lodge, der den Hay-Pauncefote-Vertrag aus ähnlichen Gründen wie Roosevelt ablehnte, schrieb nach der Verabschiedung im Senat im Dezember 1900: »[...] we made a promise there [im ursprünglichen Hay-Pauncefote-Vertrag, M. B.] which we ought not to make. We engage to keep the canal open in time of war as in time of peace and thereby to allow an enemy's fleet, if we were at war, to pass unmolested through the canal if they could get within the three mile limit. [...] The plain facts of the case are these: the American people will never consent to building a canal at their own expense, which they shall guard and protect for the benefit of the world's commerce, unless they have virtually complete control. There is no use arguing about the wisdom of this attitude. The American people mean to have the canal, and they mean to control it. A prompt assent to the Senate amendments would have an admirable effect on the relations of the countries. A refusal would alienate American sentiment from England to a degree which I should esteem very unfortunate, and which I hope that English statesmen would think unfortunate too.« Aufzeichnung Henry Cabot Lodge, 18. Dezember 1900. Diese Aufzeichnung reichte White offensichtlich einschließlich eines Begleitschreibens vom 24. Dezember 1900 an Balfour weiter. Lodge wollte über White klare Signale an die britische Führung senden, wie die Stimmung im Senat war, und deutlich machen, daß es »would be still worse if she [England] is led off by any idea that she can trade on the Clayton-Bulwer Treaty for concessions in Alaska. That would be at once hopeless and irritating.« Brief Henry Cabot Lodge an Henry White, alle Zitate in BL Balfour Papers, Add. MS 49742.

[589] Henry White an Arthur Balfour, 12. Januar 1901, BL Balfour Papers, Add. MS 49742, fo. 71–74, hier 72.

ment gegen die Verknüpfung dieser Frage mit der Einigung um die Alaska-Grenze. White argumentierte eindeutig machtpolitisch, wenn er darauf hinwies, daß der Clayton-Bulwer Vertrag von 1850, der nun auf jeden Fall abgelöst werden würde, die Machtverhältnisse zur Jahrhundertmitte repräsentierte. De jure schuf der Vertrag für Salisbury zwar eine einwandfreie Machtbasis, de facto war er aber nicht stabiler als das Papier, auf dem das Abkommen unterzeichnet worden war. Salisbury lenkte ein und ließ die Fragen unverknüpft.[590] Wenngleich die Briten die Ergänzungen des Vertrages zunächst abgelehnt hatten, gestanden sie nach lebhaften informellen Verhandlungen, von denen erneut viele über die britische Botschaft in London arrangiert wurden, die amerikanischen Vorrechte zu. Der im November 1901 unterzeichnete neue Vertrag war ein eindeutiger Sieg der amerikanischen Seite.[591]

In der Auseinandersetzung um die Grenze zwischen Alaska und Kanada, die nach den Goldfunden am Klondike in den Jahren 1896 und 1897 aufgrund der hereinströmenden Abenteurer akut wurde, spielte White wiederum die Rolle eines vermittelnden Kommunikators. Die zur Klärung einberufene Kommission, angeführt auf amerikanischer Seite von John W. Foster, auf britischer Seite von Lord Herschel, fand nach Ansicht der amerikanischen Regierungskreise um Roosevelt, Hay und Cabot Lodge nicht die nötige Bereitschaft zu Konzessionen. Insbesondere Lord Herschel wurde von den Amerikanern als Fehlbesetzung wahrgenommen, weil er »cantankerous« sei, außerdem »technical, sharp, often violent«, wie Cabot Lodge an White schrieb.[592] Als White sich vertraulich an Joseph Chamberlain wandte, reagierte der mit einem Brief voll ähnlicher Klagen über die Haltung des amerikanischen Kommissionsleiters. Die Amerikaner lehnten ein Schiedsgerichtsverfahren ab, die Briten dagegen eine Juristenkommission. So gerieten die Beratungen im Februar 1899 in eine Sackgasse, die faktisch den Amerikanern Vorteile brachte, indem sie den Status quo perpetuierte.

---

[590] Hay hatte White geschrieben, daß der Vertrag bis zum Dezember 1901 vereinbart sein müsse, weil andernfalls der amerikanische Kongreß die Vereinbarung von Clayton und Bulwer einseitig aufheben werde. Diese Drohung eröffnete White auch Salisbury. Brief Hay an White, 18. Juni 1901; Brief White an Hay, 24. Juli 1901, nach NEVINS, White, S. 158, Anm. 16. White war regelmäßig in Hatfield zu Gast, so auch wieder für drei Tage in der dritten Novemberwoche. Bei dieser Gelegenheit berichtete er Hay nicht nur über Salisburys Abneigung gegenüber Wilhelm II. (»he is always delighted when the German Emperor, who is not sympathetic to him, gets a snub or has to climb down«), sondern auch über den frisch angelegten Fahrradweg des Premierministers, auf dem der Siebzigjährige jeden morgen drei Meilen auf einem Dreirad fuhr. Salisbury gestand bei dieser Gelegenheit zu, daß »the Senate was quite within its right in its amendment of the first Hay-Pauncefote Treaty, and that there was nothing necessarily offensive to this country [Großbritannien, M. B.] in its manner of so doing«. White an Hay, 25. November 1901, zit. nach NEVINS, White, S. 222.

[591] Zu den informellen Gesprächen, zu denen beispielsweise Henry Cabot Lodge im Juni, September und Oktober 1901 nach London reiste, vgl. BEALE, Theodore Roosevelt, S. 108 f.

[592] Cabot Lodge an White, November/Dezember 1897, zit. nach NEVINS, White, S. 187.

Einmal im Amt, war Präsident Roosevelt angesichts der machtpolitischen Realitäten von Beginn an nicht bereit, den kanadisch-britischen Auffassungen nachzugeben. Indem er im März 1902 Truppen nach Alaska entsandte, signalisierte er den Willen und das Vermögen, seinen Willen gegen jegliche britische Widerstände gegebenenfalls auch militärisch durchzusetzen.[593] Es war wiederum White, der als Mittler für die Wiederbelebung der Verhandlungen diente. Als der kanadische Premierminister Sir Wilfried Laurier[594] und Generalgouverneur Lord Minto[595] anläßlich der Krönungsfeierlichkeiten für Edward VII. in London weilten, besuchte White den Premierminister als alten Bekannten ohne Intention oder gar Auftrag, die Alaska-Frage zum Gesprächsgegenstand zu machen. Wie White an Hay berichtete, kam Laurier selbst rasch auf diese Frage zu sprechen, weil sie ihm offensichtlich als möglicher Konfliktherd bei eventuellen weiteren Goldfunden so brisant erschien, daß er sie gern vorher beigelegt hätte.[596]

Die hieraus resultierende Vereinbarung vom 23. Januar 1903 über die Grenze zwischen Kanada und Alaska war der wichtigste (und im Grunde einzige Erfolg) in der kurzen Washingtoner Botschafterzeit von Michael Herbert, der nach Pauncefotes Tod im Mai 1902 dessen Nachfolger geworden war.[597] Der Vertrag wurde im Februar 1903 im Senat verabschiedet und entsprach substantiell dem, was die Briten drei Jahre zuvor noch abgelehnt hatten: Je drei »unabhängige Juristen«, die von beiden Seiten zu bestimmen waren, sollten entscheiden. Die Briten wählten Lord Alverstone, den Lord Chief Justice of England, Sir Julius Jette, ein ehemaliges Mitglied des Quebec Supreme Court, und den Rechtsanwalt A. B. Aylesworth aus Ontario. Die Auswahl Roosevelts war demgegenüber geradezu eine Frechheit gegen den Geist der Vereinbarung: Kriegsminister Elihu Root (der zweifellos ein ausgezeichneter Anwalt war, nur übertroffen von Joseph Choate, dem Botschafter in London[598]), so-

---

[593] Roosevelt erörterte diese Fragen brieflich eingehend mit Arthur Lee, der inzwischen auf Seite der Konservativen im Unterhaus saß, und St. Loe Strachey. Vgl. BURTON, English Correspondents, S. 42–45. Zur Rolle und Bedeutung Arthur Lees im transatlantischen Kontext sowie für die britische Politik s. oben S. 131 m. Anm. 20.

[594] Wilfried Laurier (1841–1919) war von Juli 1896 bis Oktober 1911 Ministerpräsident Kanadas.

[595] Gilbert Elliot, 4. Lord Minto (1845–1914), war von Juli 1898 bis September 1904 Generalgouverneur von Kanada.

[596] Brief White an Hay, 28. Juni 1902, nach NEVINS, White, S. 192 f.; vgl. BEALE, Theodore Roosevelt, S. 114 f. Beale weist darauf hin, daß Botschafter Choate, als er von Außenminister Lansdowne aufgefordert wurde, mit den Kanadiern Kontakt aufzunehmen, über die diplomatischen Aktivitäten seines Untergebenen White offensichtlich uninformiert war, also nicht zum »Lodge-Roosevelt-White inner circle« gehörte. Ebenda. Die Sonderrolle Whites wird hier, wie anläßlich des Verhältnisses zu Arthur Balfour schon beschrieben, erneut deutlich.

[597] Vgl. BEALE, Theodore Roosevelt, S. 117; zu Herbert und Roosevelt vgl. auch BLAKE, Ambassadors, S. 186–191.

[598] Zu den Gründen, warum Choate die Aufgabe ablehnte, THAYER, Hay, Bd. 2, S. 212 f.

wie die Senatoren Henry Cabot Lodge, mit Sicherheit kein unparteiischer Jurist, und George Turner aus Washington.

Schon mit dieser undiplomatisch brüsken Auswahl[599], die in Großbritannien selbst in amerikafreundlichen Kreisen auf Unverständnis stieß[600], machte Roosevelt klar, daß er nicht gewillt war, auch nur den leisesten Versuch eines ausgleichenden Kompromisses zu akzeptieren. Die Verhandlungen sollten schlicht die nahezu vollständige Aufgabe der britisch-kanadischen Position mit dem Mäntelchen diplomatischer Zivilisiertheit versehen, und deshalb war eben schon die Benennung der Kommissionsmitglieder der Ausdruck purer amerikanischer Machtpolitik. Am 25. Juli 1903 schrieb Roosevelt an Judge Holmes: »Let me add that I earnestly hope the English understand my purpose. I wish to make one last effort to bring about an agreement through the commission, which will enable the people of both countries to say that the result represents the feeling of the representatives of both countries. But if there is a disagreement I wish it distinctly understood, not only that there will be no arbitration of the matter, but that in my message to Congress I shall take a position which will prevent any possibility of arbitration hereafter; a position, I am inclined to believe, which will render necessary for Congress to give me the authority to run the line as we claim it, by our own people, without any further regard to the attitude of England and Canada. If I paid attention to mere abstract right, that is the position I ought to take anyhow. I have not taken it because I wish to exhaust every effort to have the affair settled peacefully and with due regard to England's dignity.«[601]

Als im Herbst des Jahres die Erörterungen des Untersuchungsausschusses in London in eine Sackgasse gerieten, weil die zwei Kanadier und drei Amerikaner sich konfrontativ gegenüberstanden, war es wiederum White, der durch einen Besuch bei seinem Freund und Premierminister Balfour die Wege zu einer Lösung ebnete, nach der das britische Kommissionsmitglied Lord Alverstone zur Parteinahme für die Amerikaner bewogen werden sollte. White schrieb nach seinem Wochenendaufenthalt in Whittingehame an Außenminister Hay: »I took occasion on the Sunday afternoon, the 4th, to have a long talk with him [Arthur Balfour, M. B.], during which I left no doubt upon his mind as to the importance of a settlement nor as to the result of a failure to agree. [...] I explained to him very fully the position of Alverstone, and intimidated that I thought it would be very desirable that he should be told that the [British, M. B.] Government, without in any way wishing to influence him, was very anxious for a decision. I never heard directly whether he did anything nor if so what; but two days

---

[599] Lord Minto nannte die Entscheidung »monstrous«, zit. nach NEWTON, Lansdowne, S. 261.

[600] Henry White an John Hay, 1. April 1903, nach BEALE, Theodore Roosevelt, S. 119.

[601] Theodore Roosevelt an Judge O. W. Holmes (London), 25. Juli 1903, Library of Congress, Papers Henry White, Box 28.

afterwards his confidential secretary, Sandars[602], who is a friend of mine, let me know very confidentially that he had two interviews with Lord Alverstone.«[603] Roosevelt hatte White Ende September 1903 brieflich eindeutig zu verstehen gegeben, daß für den Fall eines Stillstands der Verhandlungen aufgrund des englischen und kanadischen Verhaltens »it would leave me no alternative but to declare as courteously, but as strongly, as possible that the effort to reach an agreement having failed, I should be obliged to treat the territory as ours, as being for the most part in our possession, and the remainder to be reduced to possession as soon as in our judgement it was advisable – and to declare furthermore that no additional negotiations of any kind would be entered into.«[604] Eine Woche nach dem Treffen in Whittingehame brachte White auch Cabot Lodge auf dessen Wunsch mit Balfour zusammen.[605] Cabot Lodge drängte nun in ähnlicher Weise auf Balfour, wie White das schon am Wochenende zuvor getan hatte: »[...] only manifesting more anxiety than I should as to the probability of failure. Whenever things seemed to be approaching a deadlock – as they did once or twice during the past week – I only attributed it to Lord Alverstone's very natural and proper desire to do the best and make all the fight possible for the Canadians on the question of the width of the *lisière*, and I never for a moment doubted that the undercurrent of diplomacy, the force and quiet working of which you and I appreciate more than those who have not been trained as we have to that profession, would bring about a decision in the end.«[606] Im Ergebnis bekam die US-Seite das, was sie erwartete: Lord Alverstone stimmte mit den Amerikanern gegen die Kanadier, und die Vereinigten Staaten erhielten die Grenzziehung in dem von Roosevelt und Cabot Lodge gewünschten Sinn.[607]

Die Brutalität des Rooseveltschen Vorgehens schadete der beiderseitigen Annäherung nicht, im Gegenteil. Zwar war die kanadische Regierung überzeugt, es mit einem gewaltbereiten und diplomatisch unberechenbaren Nachbarn zu tun zu haben, der jederzeit auch ungerechtfertigten Druck auf das dünn besiedelte und militärisch nicht zu haltende Land im Norden ausüben konnte. Aber zwischen Großbritannien und den Vereinigten Staaten waren gleichsam die Fronten geklärt und keine weiteren Dispute dieser Art abzusehen, so daß Roosevelt

---

[602] John Satterfield Sandars (1853–1934), Privatsekretär Arthur James Balfours 1892–1905.

[603] White an Hay, 2. November 1903, zit. nach NEVINS, White, S. 200.

[604] Roosevelt reklamierte später, daß er es gewesen sei, der mit diesem entscheidenden Brief an White Balfour und Chamberlain die Ernsthaftigkeit seiner Absichten signalisiert habe, »that I [Theodore Roosevelt, M. B.] was not bluffing, and that the consequences would be very serious for them if there was a failure to adopt was practically our position«. Theodore Roosevelt an Henry Cabot Lodge, 28. Januar 1909, in: Letters of Theodore Roosevelt, Bd. 6, Nr. 5143, S. 1493; Roosevelt an Henry White, 26. September 1903, ebenda, S. 1495.

[605] Das Treffen fand am 9. Oktober 1903 in London bei White statt.

[606] White an Hay, 20. Oktober/2. November 1903, zit. nach NEVINS, White, S. 200 f.

[607] Vgl. BEALE, Theodore Roosevelt, S. 116–118.

rückblickend mit einiger Zufriedenheit gegenüber Alfred Th. Mahan feststellen konnte: »The settlement of the Alaskan boundary settled the last serious trouble between the British Empire and ourselves as everything else could be arbitrated.«[608]

In der zweiten Venezuela-Krise stand Henry White gleichfalls an zentraler Stelle, zumal er seit November 1902 als Chargé d'Affaires Botschafter Choate vertrat. White besprach auch hier die amerikanische Position mehrfach in privaten Unterredungen mit Premierminister Balfour[609], vor allem die möglichen Auswirkungen einer Entscheidung in der Venezuelafrage für das Verhältnis zu den Vereinigten Staaten einerseits und dem Deutschen Reich andererseits. Die britische Öffentlichkeit war nach Whites Eindruck stark daran interessiert, keine Konflagrationen mit den Vereinigten Staaten zuzulassen, schon gar nicht aufgrund von Zugeständnissen an die deutsche Seite.[610] White entwickelte in der zweiten Venezuela-Krise außerdem einen engen persönlichen Kontakt zu Außenminister Lansdowne[611], was eine korrigierende und kalmierende Wirkung auf die erkennbaren Vorbehalte Roosevelts gegen den britischen Außenminister hatte.

In der zweiten Venezuela-Krise wurde außerdem deutlich, daß an ein gemeinsames deutsch-britisches Vorgehen gegen die amerikanische Politik von britischer Seite nicht zu denken war. Wenngleich Roosevelt mit der ihm eigenen geschichtsbildwandelnden Imaginationskraft seine Rolle im Nachhinein übertrieb, indem er 1906 behauptete, den Kaiser durch amerikanische Flottendrohung zum Einlenken bewogen zu haben[612], so war die Durchsetzung des amerikanischen Standpunktes auch ohne konkrete Drohung mit der Marine ein bedeutender Beleg, wie White an Hay schrieb, für »the acceptance of the Monroe Doctrine, and indeed to establish it on a very firm footing«.[613]

---

[608] Theodore Roosevelt an Mahan, 8. Juni 1911, abgedr. in: TAYLOR, Mahan, S. 203. Vgl. TURK, Ambiguous Relationship.

[609] White an Hay, 13. Dezember 1902, vgl. NEVINS, White, S. 210.

[610] White an Hay, 31. Dezember 1902, ebenda, S. 211.

[611] In den Turbulenzen gegen Jahresende 1902 sah er ihn fast täglich und konnte bei Bedarf jeden Morgen in Lansdowne House erscheinen. White meinte sogar, daß die amerikafreundlichen Stellungnahmen von Lansdowne und Balfour im Parlament das Ergebnis seiner Argumente gewesen seien. Ebenda, S. 211 f.

[612] Roosevelt an Henry White, 14. August 1906, in: Letters of Theodore Roosevelt, Bd. 5, Nr. 4004, S. 357–359, bes. S. 358 f. In diesem Brief auch eine der typisch-ambivalenten Charakterisierungen des Kaisers durch Roosevelt: »You know all the inside of my dealings with the Kaiser at Algeciras, and know how very limited my influence over him is. My course with him during the last five years has been uniform. I admire him, respect him, and like him. I think him a big man, and on the whole a good man; but I think his international and indeed his personal attitude one of intense egoism.« Er, Roosevelt, habe dem Kaiser immer goldene Brücken gebaut und doch die amerikanischen Interessen immer nur mit klaren Kraftdemonstrationen durchsetzen können. Ebenda.

[613] Henry White an Hay, 31. Dezember 1902, nach NEVINS, White, S. 216.

Wie so oft, hatte Henry White sowohl bei dem Streit um die Alaska-Grenze als auch bei den Konflikten um Venezuela oder den Bau des mittelamerikanischen Kanals wie das Getriebeöl im Motor gewirkt. Er trieb die Diplomatie nicht eigentlich an, er war auch nicht der Initiator außenpolitischer Prozesse oder der Entwickler großer Entwürfe und langfristiger Strategien. Er war im besten Sinne lange Zeit das, was er auch der Position nach war: ein Sekretär. Zugleich war er ein Mittler und Kommunikator sowohl auf offiziellem Posten als auch, und vor allem, auf informellen Wegen. Selbst Edward VII. ließ bei White immer wieder die diplomatische Kompatibilität mancher an ihn gerichteten Bitten klären.[614] Weil White »nur« Sekretär war, konnte er um so effektiver wirken. Die offiziellen Konnotationen des Botschafterpostens blieben ihm erspart, ohne daß er auf deren praktische Konnotationen verzichten mußte. Whites Sicht der internationalen Politik blieb dabei pragmatisch realistisch, zugleich stets im Rekurs auf die Stellung der eigenen Nation im neu formierten, nunmehr globalen Staatengefüge.

Der Briefwechsel Whites dokumentiert generell einen eigenständigen amerikanischen Außenpolitikstil. Sei es im Austausch mit Theodore Roosevelt oder mit Henry Cabot Lodge, es offenbart sich ein robustes Selbstbewußtsein der aufsteigenden Nation, hinter dem das Gefühl einer unangreifbaren Immunität immer wieder durchschimmert, das aber zugleich bemüht ist, sich dem nach wie vor europäisch dominierten Staatensystem zu adaptieren. Darin kommt sowohl das Bewußtsein von der Involviertheit in die Staatenbeziehungen einer globalisierten, weil begrenzten Welt zum Ausdruck als auch ein parvenühaftes Bedürfnis nach diplomatischer Anerkennung im Verein des traditionellen Konzerts der Mächte.

3.10. Henry White und Deutschland

Whites Perzeption des Wandels in den internationalen Beziehungen während der Scharnierzeit war zweifellos lange mit einem Mißtrauen gegen das Deutsche Reich verbunden, das sowohl durch seine Kontakte in Großbritannien wie durch seine Erfahrungen in den Vereinigten Staaten, insbesondere den Austausch mit Roosevelt und Hay, motiviert wurde. Seit der Jahreswende zu 1899 war er mit Sondierungen zum Erwerb der Virgin Islands von Dänemark betraut.[615] Im Sommer 1901 ging er erneut nach Kopenhagen, um über den Kauf zu verhandeln. Das Ergebnis war ein Vertrag, der am 17. Februar 1902 vom Senat angenommen wurde, aber nach langen Debatten am 22. Oktober

---

[614] Vgl. Knollys/Edward an Henry White, 10. September 1904, Library of Congress, Papers Henry White, Box 17, General Correspondence. Das gilt im übrigen auch für die amerikanische Seite. So war White dem Industriellen Cornelius Vanderbilt selbst bei der Butlersuche behilflich. Anfrage Vanderbilts an White, 9. Februar 1892, Library of Congress, Papers Henry White, Box 14, General Correspondence.

[615] Vgl. NEVINS, White, S. 147.

des Jahres im dänischen Oberhaus durchfiel.[616] White war naturgemäß enttäuscht und vermutete die Ursache des Mißerfolgs in deutschen Aktionen, als er an Hay schrieb: »I have little doubt that the result is largely due to German intrigue, and F[rancis] Bertie [im Foreign Office, M. B.] agrees with me.«[617] White stimmte hier ungewöhnlich heftig in die germanophoben Attacken Berties ein, wenn er diesen zustimmend wiedergab, wonach »they [die Deutschen, M. B.] are at it everywhere, all the time, against England as well as us«.[618] Diese Stimmen reflektieren den allgemeinen Perzeptionswandel gegenüber dem Deutschen Reich, der sich seinerzeit aus britisch-amerikanischer Perspektive verfestigte und namentlich die jüngere Generation britischer Außenpolitiker zu bestimmen begann. Whites Haltung gegenüber dem Deutschen Reich wandelte sich insofern, als seine Tochter später dorthin heiratete und er selbst beispielsweise Schlesien gut aus eigener Anschauung kennenlernte.[619] Es erscheint allerdings fraglich, inwieweit, eine friedliche Entwicklung vorausgesetzt, das Deutsche Reich nach England, Frankreich und Italien zu Whites »vierter Liebe« hätte avancieren können.[620]

Es ist insgesamt bemerkenswert, daß Henry White in den deutschen Berichten über die amerikanische Diplomatie bis nach der Jahrhundertwende nicht eingehend analysiert wurde. So wurde sein Name 1902 genannt, als er für den Botschafterposten in Rom im Gespräch war.[621] Erst in diesem Zusammenhang analysierte und beschrieb der Washingtoner Botschafter Holleben etwas ausführlicher Whites Bedeutung: »Der Botschafterposten in Rom ist ja gewiß eine schöne Sache, aber Herr White ist wohlhabend und spielt in der Londoner Gesellschaft eine große, vielleicht größere Rolle als mancher seiner Chefs es getan [! M. B.]. Man wundert sich deshalb etwas, daß er auf den Wechsel eingehen sollte. Einen Gesandtenposten würde er sicher nicht annehmen.«[622]

---

[616] Am Schluß hatte man sich auf fünf Millionen US-Dollar als Kaufpreis geeinigt, was nach Ansicht vieler Dänen zu wenig war und entscheidend zur Abstimmungsniederlage beitrug. Whites Unzufriedenheit ist nicht zu übersehen, wenn er nach dem Scheitern meinte: »Of course we can afford to wait and for us it is a mere question of time, and Denmark will be the loser in the end. The islands eventually must come to us, and for less money probably.« White an Hay, 4. November 1902. Das Gegenteil war der Fall: Fünfzehn Jahre später erzielte Dänemark die fünffache Summe. Vgl. NEVINS, White, S. 205 f.

[617] White an Hay, 4. November 1902, zit. ebenda, S. 206.

[618] Ebenda. Noch ein halbes Jahr später imaginierte er in einem Brief an Hay den deutschen Kaiser, »lying awake nights wondering how he can possibly get hold of them« [die Virgin-Islands, M. B.]. White an Hay, 7. April 1903, zit. ebenda, S. 206.

[619] Dies ist insofern bemerkenswert, weil White später als Begleiter Präsident Wilsons auf der Versailler Friedenskonferenz damit, im Gegensatz zu den meisten anderen Diplomaten und Politikern, einschlägige Kenntnisse besaß. Vgl. VAGTS, Henry White, S. 494.

[620] So die Meinung von VAGTS, ebenda, S. 491 m. Anm. 7.

[621] Holleben an Reichskanzler Bülow, 5. Mai 1902, PAAA R 17257.

[622] Ebenda; Holleben sah in den Revirements dieses Frühjahrs deutliche Zeichen, daß die Amerikaner bestrebt waren, nun einen ernstzunehmenden diplomatischen Dienst zu schaffen.

Dieser Wechsel wurde zwar erst 1905 im Zusammenhang mit dem Botschafterwechsel in London vollzogen[623], doch eine Analyse des Whiteschen Einflusses erfolgte auch dann nicht.

Roosevelt hatte nach seiner Wiederwahl alle Botschafter und Gesandten aufgefordert, ihren Rücktritt einzureichen. So wurde auch der Posten in Rom frei, den White schon lange im Auge hatte.[624] Edward VII. nutzte den Wechsel zu einer politischen Geste höchster Prägnanz, indem er White vor einem Hofempfang im Buckingham Palace zu sich holen ließ, bevor der offizielle Teil begann, um ihm eine persönliche Botschaft für Roosevelt mit einer Gratulation zu seiner Wiederwahl zu übermitteln. Diese Geste diente nicht nur der protokollarischen Hervorhebung Whites, sondern der König ließ unterschwellig auch eine antideutsche Spitze vernehmen, wenn er White zu verstehen gab, »that he hoped the President would never allow himself to be persuaded by any other Sovereign or Government – ›I refrain,‹ he [Edward] said, ›from mentioning any particular Sovereign or Government‹ – that they could be as good a friend to our country as His Majesty himself and Great Britain are to us; for in the case of the latter not only is the sovereign friendly but his *whole* people, whose interests and feelings are practically identical with ours, which is more than could be said of any other country.«[625] Roosevelt nahm dieses antideutsche Signal sehr wohl wahr und kalkulierte es bei den Vorbereitungen der Algeciras-Konferenz in die strategischen Planungen ein.[626]

Anläßlich der allgemeinen Meldungen über die Rooseveltschen Revirements in der amerikanischen Diplomatie berichtete auch Sternburg, seit 1903, wie von Roosevelt gewünscht, Botschafter in Washington, über die Versetzung Whites: »Der bisherige erste Sekretär in London Henry White wird zum Botschafter in Rom ernannt. White ist großer Anglomane und ein Gegner Deutschlands. Euere Excellenz werden hierüber jedoch von London aus genauer unterrichtet sein.«[627] Diese Annahme Sternburgs läßt sich allerdings nicht bestätigen, und insgesamt ist bemerkenswert, wie gering die deutschen Kenntnisse über diesen

---

[623] Vgl. Metternich an Bülow, 11. Januar 1905, PAAA R 17258.

[624] Der dortige Botschafter George von Lengerke Meyer ging nach Petersburg, von wo Robert S. McCormick nach Paris wechselte. Mit der Ernennung zum Londoner Botschafter erhielt Whitelaw Reid seinen langgehegten und massiv forcierten Wunschtraum erfüllt. Vgl. DUNCAN, Reid, S. 219–244; CORTISSOZ, Reid, Bd. 2, S. 299–452.

[625] Vgl. Brief Henry White an Theodore Roosevelt, 25. Februar 1905, nach NEVINS, White, S. 241 mit fehlerhafter Datierung.

[626] »You remember the King's message to me through Harry White and his earnest warning to me that I should remember that England was our real friend and that Germany was only a make-believe friend. In just the same way the Germans are always insisting that England is really on the point of entering into a general coalition which would practically be inimical to us – an act which apart from moral considerations I regard the British Government as altogether too flabby to venture upon.« Theodore Roosevelt an Taft, 20. April 1905, in: Letters of Theodore Roosevelt, Bd. 4, Nr. 3509, S. 1162.

[627] Sternburg an Bülow, 7. März 1905, PAAA R 17258; als Randbemerkung ist an dieser Stelle nur »Rom Monts!« zu lesen.

über die Jahrzehnte wohl wirkungsintensivsten amerikanischen Diplomaten im trilateralen Verhältnis blieben. Dies wurde pointiert offenbar, als Kaiser Wilhelm II. den inzwischen als Botschafter in Paris tätigen White im August 1909 auf Schloß Wilhelmshöhe empfing. Die Umstände dessen, was und wie in der deutschen Presse darüber berichtet wurde, sowie der Befund, welche Kenntnisse das Auswärtige Amt hatte bzw. so offensichtlich nicht hatte, illustrieren anschaulich das geringe Maß an Analyse und Verständnis auf Seiten der deutschen Außenpolitik über Whites Person und Wirken.[628]

3.11. Nachbritische Jahre

Whites historische Wirksamkeit erschöpfte sich in den grob zwei Jahrzehnten seiner Tätigkeit in Großbritannien. Als Botschafter in Rom vom März 1905 bis zum März 1907 war seine Rolle vor allem in ihrer routinierten Unauffälligkeit bemerkenswert. Einzig bedeutend in dieser Zeit war die Algeciras-Konferenz, die White dezidiert als Roosevelt-Diplomat und nicht als römischer Botschafter absolvierte.[629] Außerdem initiierte White im Sommer 1906 deutsch-britisch-

---

[628] Laut Presse war Whites Frau eine geborene Gräfin Seherr-Thoß. White war demnach angeblich im August 1909 zu Besuch bei seinem Schwiegervater Hermann von Seherr-Thoß auf Schloß Tobrau in Schlesien gewesen und von dort nach Kassel gereist. Das ganze habe stattgefunden aus Anlaß des Geburtstags von Kaiser Franz Joseph. Vgl. *Weser-Zeitung* vom 4. September 1909: Der Botschafter White beim Kaiser; *Münchener Neueste Nachrichten*, 5. September 1909: Botschafter White beim Kaiser. Daran stimmt im Grunde nur, daß White und der Kaiser sich trafen, wohl am 18. August 1909. Beim Auswärtigen Amt wußte man nichts von diesem Treffen, erfuhr erst aus der Zeitung davon, und der Unterstaatssekretär des Auswärtigen Amts bat Jenisch (den Gesandten beim Kaiser) um einen »kurze, aufklärende Notiz«. Auswärtiges Amt an Jenisch, 8. September 1909, PAAA R 17260. Die erfolgte prompt: »Der amerikanische Botschafter Henry White ist tatsächlich im vorigen Monat mit seiner Gemahlin, einer geborenen und schon vorher einmal verheiratet gewesenen Amerikanerin, zur Allerhöchsten Mittagstafel befohlen worden, aber nicht zum Frühstück aus Anlaß des Geburtstages Seiner Majestät des Kaisers von Österreich. Auf meine Frage nach dem Grunde dieser Auszeichnung erwiderte mir Graf Eulenburg, daß White die Verheiratung seiner Tochter mit dem Grafen Seherr-Thoß und seine Anwesenheit in Kassel [...] benutzt habe, um Seiner Majestät die Bitte eines Empfangs zu unterbreiten. Irgendwelche politischen Erwägungen haben meines Wissens nicht mitgespielt. Bekanntlich heißt es, daß Mr. White demnächst den Staatsdienst quittiert.« Ebenda, Jenisch an das Auswärtige Amt, 9. September 1909, Hervorhebung im Original. – Die Fakten sind demgegenüber recht profan: Whites Tochter Muriel, die lange Zeit in London die repräsentativen Pflichten ihrer Mutter übernommen hatte und von dieser gern mit dem Duke of Northumberland vermählt worden wäre, war mit dem Grafen Seherr-Thoß auf Schloß Tobrau in Oberschlesien verheiratet, und White hatte sie besucht. Er besuchte seine Tochter auch im Sommer 1911 und, gemeinsam mit seiner Frau, nochmals im Sommer 1914. Als das Attentat auf den österreichischen Thronfolger stattfand, hielten sie sich gerade auf Gut Rosnochau auf. Das Ehepaar White nahm daraufhin die Enkelkinder über Den Haag mit in die Vereinigten Staaten. Vgl. NEVINS, White, S. 322 f.; zu Daisy Whites Bemühungen um Earl Percy, dem Erben des Duke of Northumberland für ihre Tochter vgl. Mary Elcho an Arthur Balfour, o. D. (Ende Januar/Anfang Februar 1903) und 7. Februar 1903, in: RIDLEY/PERCY, Letters, S. 194–196.

[629] Wilhelm II. hatte zugesagt, sich dem amerikanischen Schiedsspruch zu beugen. Auch die Franzosen stimmten dem zu, hatten aber Roosevelts Signal erhalten, daß er wohl in ihrem Sinne entscheiden werde. Es war Henry White, dem Roosevelt diese »Voreingenommenheit«

amerikanische Kontakte über die Möglichkeit einer Rüstungsreduzierung oder zumindest deren Beschränkung, in denen Theodore Roosevelt, Wilhelm II. und Richard Haldane zusammengebracht werden sollten.[630] White ging es vor allem darum, eine Beziehung zwischen Roosevelt und dem ihm von den »Souls« her seit langem bekannten Kriegsminister Haldane herzustellen, der gerade mit stupender Energie die britische Armee reorganisierte. Roosevelt wiederum reagierte auf Whites Initiative skeptisch, erstens wegen der zu erwartenden Beratungen der Haager Konferenz im nächsten Jahr, und zweitens im Hinblick auf die Fähigkeit des deutschen Kaisers, zu einer wirklichen Kompromißlösung zu kommen bzw. kommen zu wollen, weil er »his [Wilhelms II., M. B.] international and indeed his personal attitude one of intense egotism« empfand. Auch hier identifizierte Roosevelt den Kaiser und die deutsche Außenpolitik und legte die Schwierigkeiten des diplomatischen Umgangs der vergangenen Jahre mit Überheblichkeit, aber gleichwohl machtpolitisch realistisch dar, wenn er zusammenfaßte: »I had to speak with extreme emphasis to him on more than one occasion.«[631] Roosevelts Selbststilisierung als gutwilliger Brückenbauer ist übertrieben, aber der Kern des diplomatischen Problems bleibt evident: Die deutsche Außenpolitik wurde als unberechenbar fordernd und nicht als verläßlich kategorisierbar eingestuft. So war Roosevelt denn auch selbst im Zweifel, »whether I could accomplish anything whatever with the Kaiser«[632], wohingegen ihm England und Frankreich im Sinne machtpolitischer Berechenbarkeit

---

zu verstehen gab. Theodore Roosevelt an Henry White, 23. August 1905, nach NEVINS, White, S. 267. Das Signal an White korrespondierte mit Roosevelts engem Verhältnis zum französischen Botschafter Jusserand in Washington. Jusserand erhielt von Roosevelt laufend Informationen über die Entwicklung der Diskussionen in Algeciras und konnte so reziprok Signale an seine eigene Regierung senden. Ebenda, S. 276. Der mit einer in Paris geborenen Amerikanerin verheiratete Jean Jules Jusserand, seit Februar 1903 französischer Botschafter in Washington, war zuvor auch in London stationiert und während dieser Zeit häufiger Gast der Whites auf deren Landsitz in Ramslade, um Tennis zu spielen, das ihm Henry White beigebracht hatte. Whites Kinder nannten ihn wegen seiner schnellen Bewegungen »the little man that dances«. Das sollte eine gute Qualifikation sein für die Aufnahme in Theodor Roosevelts »Tennis-Kabinett«. NEVINS, White, S. 94, Anm. 11. Dergleichen wirkungsmächtige Sonderbeziehungen wurden vom deutschen Botschafter Bernstorff reflektiert, als er nach dem Ende von Roosevelts Amtszeit spöttisch nach Berlin berichtete, daß man sich »namentlich im diplomatischen Korps [...] überhaupt gern über Herrn Jusserands krampfhafte Bemühungen lustig macht, die verlorene Ausnahmestellung als Lawn Tennis-Genosse des Präsidenten Roosevelt in der neuen Ära zu gewinnen«. Bernstorff an Bülow, 14. Juni 1909, PAAA R 17269. Zur generellen Bedeutung dieser Art Beziehungen vgl. BLAKE, Ambassadors, bes. S. 192 f., 204 f., der Jusserands Wirken als »greatest personal triumph of any of the ambassadors« charakterisiert. Ebenda, S. 205; vgl. auch LAMMERSDORF, Anfänge einer Weltmacht, S. 97–101.

[630] Theodore Roosevelt an Henry White, 14. August 1906, Letters of Theodore Roosevelt, Bd. 5, Nr. 4004, S. 357–359; White an Haldane, 19. September 1906, worin White den Roosevelt-Brief paraphrasiert wiedergibt, nach NEVINS, White, S. 249–251.

[631] Theodore Roosevelt an Henry White, 14. August 1906, Letters of Theodore Roosevelt, Bd. 5, Nr. 4004, S. 358.

[632] Ebenda, S. 359.

unzweifelhaft verhandlungsfähig erschienen.[633] Roosevelt gab zu verstehen, daß er die ausführliche Charakterisierung der deutschen Grundhaltung, die er im Kern mit dem Kaiser identifizierte, nicht weitergegeben wissen wollte, und White hielt sich in seiner Paraphrase geschickt an diese Vorgabe.[634] Haldane empfing Whites Brief nach seinem heftig diskutierten Deutschland- und Manöverbesuch Mitte September 1906.[635]

White hatte seinen Botschafterkollegen Reid in London über diese Initiative nicht informiert, sondern reiste im November über England in die Vereinigten Staaten und traf auf diesem Weg mit Haldane zusammen. Eine solche Sonderstellung in der britisch-amerikanischen Diplomatie konnte sich allein White erlauben. Aber nicht nur Haldane war inzwischen zu dem Schluß gekommen, daß unter den gegenwärtigen Umständen eine Abrüstungsvereinbarung oder Rüstungsbeschränkung mit dem Deutschen Reich nicht zu erreichen war, so daß Whites Initiative verpuffte. Allerdings wurde White im Frühjahr 1907, als er seinen Wechsel vom Posten in Rom an die Pariser Botschaft vorbereitete, von Außenminister Root erneut nach London gesandt, um die britische Regierung über die amerikanische Haltung im Vorfeld der zweiten Haager Konferenz zu informieren, auf der die Vereinigten Staaten vom früheren Londoner Botschafter Joseph Choate vertreten werden sollten. Vor allem aber ging es erneut um die Sondierung der britischen Meinungen bei jener vielköpfigen Gruppe politisch einflußreicher White-Freunde von Arthur Balfour bis Edward Grey.[636]

Die Stellung Whites als Roosevelt-Vertrauter ging mithin auch in Rom nicht verloren. Er wurde weiterhin für besonders heikle diplomatische Angelegenheiten instrumentalisiert. Das führte so weit, daß die deutsche Außenpolitik gegenüber den Vereinigten Staaten teilweise über den deutschen und den amerikanischen Botschafter in Italien kommuniziert wurde. 1907 hieß der amerikanische Botschafter in Berlin eigentlich Charlemagne Tower. Doch als Roosevelt eine Initiative gegenüber der Berliner Regierung im Hinblick auf die Haager Frie-

---

[633] Ebenda.

[634] Henry White an Haldane, 19. September 1906, nach NEVINS, White, S. 249–251, bes. S. 250.

[635] Haldane besuchte während seines Aufenthaltes Ende August und Anfang September 1906 auch das Kriegsministerium und den Generalstab der Armee. Er fragte den jüngeren Moltke nach Invasionsplänen gegen England und der antwortete, in diesem Gebäude (dem Generalstab) gebe es keine. Haldane wies auf das wenig entfernte Admiralstabsgebäude und konkretisierte die Frage dorthin: »He [Moltke, M. B.] smiled, and said he could not conceal from me that there were plans there, prepared for the eventuality of an invasion of England. ›Very good plans too‹. But he added that he hoped it would never be necessary to try put them in operation. It would be a difficult business and a very long one, and possibly the only result would be that neither of us would be able to prevail over the other, and that meanwhile a ›tertius gaudens‹ meaning the United States, would take the trade of both of us.« Memorandum of Events between 1906–1915, National Library of Scotland, Haldane Papers MSS 5919, p. 52 f.

[636] Die zweite Haager Konferenz fand vom 15. Juni bis 18. Oktober 1907 statt. Zu Whites Englandreise vgl. NEVINS, White, S. 257 ff.

denskonferenz starten wollte, nutzte er dazu Henry White, der an seinen deutschen Kollegen in Rom, Monts, herantrat. White erklärte offen, daß »Tower nicht das besondere Vertrauen des Präsidenten« genieße. Weil aber Tower am Kaiserhof »im höchsten Grade persona grata« sei, wolle man ihn natürlich nicht abberufen.[637] Praktisch gesprochen: Die amerikanische Regierung, i. e. der amerikanische Präsident, beließ einen Botschafter auf seinem Posten nicht etwa, weil er ein passender politischer Vertreter und die diplomatische Ergänzung seiner eigenen Absichten war, sondern aus vornehmlich atmosphärischen Gründen gegenüber dem Gastland und signalisierte dies über Umwege sogar dorthin.

Als White im Frühjahr 1907 von Rom nach Paris ging[638], vermutete Monts, daß vor allem die Nähe zu London ausschlaggebend gewesen sei, und fügte hinzu, er »beklage den Fortgang Whites aufrichtig«. Monts nahm dies zum Anlaß einer detaillierten Analyse von Whites Persönlichkeit und Charakter, die dessen diplomatische Bedeutung erstmals aus deutscher Perspektive angemessen beschrieb. White sei »ein sehr angenehmer Kollege von trefflicher Bildung und guten Formen, der mir vom ersten Tage seines hiesigen Aufenthaltes an freundlich entgegenkam. Ihm haftet absolut nichts vom amerikanischen Protzentum an, im Gegenteil ist seiner feinen Natur das transatlantische Rauhbein, wie es jetzt namentlich Italien mit seinen Dollars und seinen Anmaßungen en masse heimsucht, in der Seele zuwider. Auch Mrs. White ist sehr ladylike und Fremden gegenüber sehr zurückhaltend.[639] Die Vermögensverhältnisse des Ehepaares sind gut, nach unseren Begriffen sogar glänzend zu nennen. Hauptsächlich wohl als Folge seiner amtlichen Verwendung in England sind Whites Sympathien in erster Linie und im Grunde englisch. Dies hindert ihn aber nicht, das Aufblühen Deutschlands und unserer Kultur in gerechter Weise zu würdigen. Immerhin ist sein politisches Urteil kein ganz selbstständiges [sic!]. Wie sich auch in Algeciras zeigte, wird derjenige, der ihm congenial ist und ihn zu nehmen versteht, unschwer einen gewissen Einfluß auf ihn erringen. Hervorzuheben wäre schließlich auch, daß der künftige Vertreter des großen Freistaates in Paris als altgeschulter Diplomat die Gebräuche im Verkehr der Nationen vollständig beherrscht und eine klare Vorstellung von dem Werte und der Macht der einzelnen Staaten Europas besitzt.«[640] Diese Beschreibung durch Monts deckt sich bemerkenswert mit den Schilderungen, die über Whites Wesen und Cha-

---

[637] Monts an Bülow, 22. Januar 1907, GP 23/I, Nr. 7833, S. 104.

[638] White übernahm den Pariser Posten Ende März 1907 und blieb bis Dezember 1909.

[639] Whites Biograph Nevins hat, vermutlich in Unkenntnis des problemlosen beiderseitigen Verhältnisses, an Monts kein gutes Haar gelassen und charakterisiert ihn als »exceedingly tactless« auch gegen Margaret White. NEVINS, White, S. 259 f., Anm. 9.

[640] Monts an Bülow, 12. Dezember 1906, PAAA R 17259. Vgl. VAGTS, Deutschland und die Vereinigten Staaten, Bd. 1, S. 276, Anm. 1. White selbst empfand unter den deutschen Diplomaten eine besondere Achtung für Monts, Radolin und von der Lancken. NEVINS, White, S. 296.

rakter von anderer Seite vorliegen, nur daß Monts offensichtlich der erste deutsche Diplomat war, der eine solche Analyse für relevant hielt.

White wurde auch von Paris aus weiterhin mit Sondermissionen Roosevelts in England befaßt, die der Präsident seinem Botschafter in London offensichtlich nicht anvertrauen wollte. Im Oktober 1908, kurz vor Ende der Präsidentschaft, bat Roosevelt White, einen privaten Brief an Arthur Lee zu überbringen. White sollte Lee die Mitteilung so oft wie gewünscht lesen lassen, das Schreiben aber anschließend vernichten, und White tat, wie ihm geheißen.[641] Der Brief ist insofern bemerkenswert, als er eine unerwartet ernste Warnung Englands vor dem deutschen Kaiser enthält. Bislang, so Roosevelt, »I have been persistently telling so many Englishmen that I thought their fears of Germany slightly absurd and did not believe that there was need of arming against Germany, I feel that perhaps it is incumbent upon me now to say that I am by no means as confident as I was in this position. As regards many points I have a real regard for the Emperor. I admire his energy, his ability, his activity, and what I believe to be his sincere purpose to do all that he can for the greatness of his country. He is, however, very jumpy; and more than once in the last seven years I have had to watch him hard and speak to him, with great politeness, but with equal decision, in order to prevent his doing things that I thought against the interests of this country.«[642] Zum Hintergrund gehörte, daß Wilhelm mit dem amerikanischen Journalisten William Bayard Hale von der *New York Times* in ähnlich sprunghafter Unverantwortlichkeit gesprochen hatte, wie sie später das sogenannte »Daily-Telegraph-Interview« auszeichnete. Roosevelt war schockiert, als er die kaiserlichen Äußerungen gegenüber »this unknown newspaperman« vor der Veröffentlichung las, »in language which would invite an international explosion if made public«.[643] Roosevelt hielt die hierbei eruptierten Äußerungen Wilhelms über einen kurz bevorstehenden Krieg mit England für so ernst, daß er die Sondermission Whites zur Warnung an Lee für notwendig erachtete. Von den Erfahrungen des Foreign Office bis zu den Eindrücken von Spring Rice, von Roosevelts Erlebnissen in den deutsch-amerikanischen Beziehungen bis zu seiner Analyse des kaiserlichen Verhaltens gegenüber ausländischen Journalisten: Es war die Perzeption des deutschen Kaisers, die, in ähnlichem Maße wie die militärische Realität des Reiches oder die außenpolitischen Aktivitäten des Reichskanzlers und des Auswärtigen Amtes, diese Haltung des amerikanischen Präsidenten evozierte. Roosevelt motivierte bewußt die ohnehin schon sensible britische Politik gegen diese als gefahrvoll empfundene, drohende Unberechenbarkeit, die vom Monarchen ausging und regelmäßig zur ent-

---

[641] Der Briefentwurf fand sich allerdings im Nachlaß Roosevelts. Roosevelt an White, 17. Oktober 1908, in: Letters of Theodore Roosevelt, Bd. 6, Nr. 4952, S. 1292; Roosevelt an Arthur Hamilton Lee, ebenda, Nr. 4953, S. 1292–1294.

[642] Roosevelt an Arthur Hamilton Lee, 17. Oktober 1908, ebenda, S. 1292 f.

[643] Theodore Roosevelt an Außenminister Elihu Root, 8. August 1908, ebenda, Nr. 4838, S. 1163–1165, Zit. S. 1164.

scheidenden Kategorie in der Beurteilung des Deutschen Reiches als Faktor der internationalen Beziehungen wurde. Mochten die Strukturen des rüstungspolitischen Wettbewerbs auch eine beschleunigende Eigendynamik entwickeln, so strebten sie doch, wenngleich auf zunehmend gefahrvollem Niveau, auf ein sich austarierendes Gleichgewicht hin, eine dynamische Stabilität in gesteigerter Verletzlichkeit. Es war die Wahrnehmung der Handhabung, der Eindruck des Irrationalen, der Unberechenbarkeit und der machtpragmatischen Unvorhersagbarkeit in den traditionellen, nunmehr globalen Gleichgewichtsmustern, die den Kaiser als Exponenten des Reiches (und so oft mit diesem identifiziert) zur gefährlichen Unwucht werden ließen, die jederzeit und zunehmend das Potential zu haben und unkontrollierbar einzusetzen bereit schien, das Gesamtgefüge aus dem gleichgewichtssuchenden Schwingen in den Zusammenbruch bzw. in den militärischen Gleichgewichtstest eines Krieges zu stürzen.[644] Deshalb wollte Roosevelt seine Ansichten explizit an Balfour und Grey weitergegeben wissen.[645] Die amerikanische und die britische Flottenrüstung waren in seinen Augen die eigentlichen Garanten des gegenwärtigen und zukünftigen Friedens. Roosevelt gab hier in Modifikation seiner früheren Einschätzung zum britisch-deutschen Verhältnis über White und Lee an Balfour und Grey ein klares Signal an die Londoner Führung, weiter zu rüsten, um der deutschen Unberechenbarkeit mit dem Kaiser an der Spitze zu begegnen.[646] Es war dies das sicherheitspolitische Vermächtnis des scheidenden Präsidenten, und es war zugleich sein letzter weltpolitisch wichtiger Auftrag an Henry White.

Henry White wurde im März 1909 auf Initiative des neuen Präsidenten Taft zum Jahresende entlassen, weil, so wurde mit einiger Irritation vernommen, White ein Vierteljahrhundert zuvor Taft und seiner Frau während der Hochzeitsreise 1886 statt der gewünschten, aber nicht verfügbaren Karten für das Londoner Parlament eine Besichtigung des königlichen Marstalls arrangiert hatte.[647]

---

[644] Roosevelt: »Now, I do not for a moment believe that the utterances of the Emperor indicated a settled purpose; but they did make me feel that he indulged in red dreams of glory now and then, and that if he was indiscreet enough to talk to a strange newspaperman in such fashion it would be barely possible that sometime he would be indiscreet enough to act on impulse in a way that would jeopardize the peace.« Roosevelt an Arthur Hamilton Lee, 17. Oktober 1908, ebenda, Nr. 4953, S. 1293 f.

[645] Ebenda, S. 1294.

[646] Ebenda.

[647] Vgl. NEVINS, White, S. 298 f. Noch im Februar war Arthur Balfour in Paris zu Gast und fand die gesamte Familie »in great form«. Balfour an Mary Elcho, 1. März 1909, in: RIDLEY/PERCY, Letters, S. 256. Der etwas dramatisch erscheinende Akzent, mit der Whites Botschafterlaufbahn beendet wurde, war aber nicht das endgültige Ende von Whites Karriere als Diplomat. So wurde er 1910 Vorsitzender der US-Delegation auf der vierten Panamerikanischen Konferenz in Buenos Aires. Einige spätere Angebote dieser Art lehnte er ab, nicht zuletzt, weil seine Frau Margaret schwer erkrankte und am 2. September 1916 starb. Im Juni 1917 erhielt er gemeinsam mit Spring Rice den Grad des LL.D. der Universität Harvard.

Überraschend berief Präsident Woodrow Wilson White im November 1918 in seine Delegation für die Friedenskonferenz, was dieser nach Rücksprachen mit Theodore Roosevelt und Henry Cabot Lodge akzeptierte. Wenngleich dies noch einmal eine bedeutende diplomatische Aufgabe war, zu der Wilson White nicht zuletzt wegen dessen herausragender Kontakte zu Arthur Balfour, George Curzon und anderen Konferenzteilnehmern berufen hatte, so endete Whites nachhaltiger diplomatischer Einfluß doch mit dem Ende der Präsidentschaft Roosevelts und der Abberufung als Pariser Botschafter 1909. Seine eigentliche historische Wirkung liegt, wie beschrieben, in seiner Londoner Zeit bis 1905.[648]

Henry White, Wilhelm II. und Theodore Roosevelt im Manöver April 1910[649]

---

[648] Theodore Roosevelt drückte seine Verärgerung über Whites Entlassung undiplomatisch deutlich in seiner Autobiographie aus: »The most useful man in the entire diplomatic service, during my presidency, and for many years before, was Henry White; and I say this having in mind the high quality of work done by such admirable ambassadors and ministers as Bacon, Meyer, Straus, O'Brien, Rockhill, and Egan, to name only a few among many. When I left the presidency White was Ambassador to France; shortly afterwards he was removed by Mr. Taft, for reasons unconnected with the good of the service.« ROOSEVELT, Autobiography, S. 371.

[649] NEVINS, White, nach S. 302.

DRITTES KAPITEL

»FALSCHE ZIVILISATION?« PERZEPTION, SICHERHEITSBEDÜRFNIS UND REDUZIERTE KOMPLEXITÄT

1. »Alte Diplomatie?«

Die zentrale Rolle der Diplomaten Henry White und Cecil Spring Rice im Prozeß der britisch-amerikanischen Annäherung ist in der bisherigen Darstellung deutlich geworden. Wie sieht das weitere Umfeld jener Diplomatie der Vorkriegszeit aus, die seit den zwanziger Jahren aufgrund der Zäsur des Ersten Weltkrieges mit einem teils unterschwellig vorwurfsvollen, teils affirmativen Ton als »Old Diplomacy« charakterisiert worden ist[1], und wie steht es um das Verhältnis zwischen diplomatischen und politischen Entscheidungsträgern?

Charles Hardinge wählte bezeichnenderweise den Begriff der »Old Diplomacy« zum Titel der eigenen Lebensbeschreibung[2] und auch die Biographie seines »Pendants«[3] Arthur Nicolson aus der Feder von dessen Sohn Harold trägt den Terminus der »alten Diplomatie« im Untertitel.[4] Auch Harold Nicolson hatte wie sein Vater und sein Onkel Lord Dufferin eine Karriere im diplomatischen Dienst begonnen. Er beendete sie nach zwanzig Jahren, weil seine Frau Vita

---

[1] Keith HAMILTON/Richard LANGHORNE, The Practice of Diplomacy: Its Evolution, Theory and Administration, London/New York 1995, S. 89–182; vgl. auch Jürgen OSTERHAMMEL, Internationale Geschichte, Globalisierung und die Pluralität der Kulturen, in: LOTH/OSTERHAMMEL, Internationale Geschichte, S. 387–408, hier S. 399 f.

[2] HARDINGE, Old Diplomacy; vgl. Briton Cooper BUSCH, Hardinge of Penshurst. A Study in the Old Diplomacy, Hamden, Conn. 1980; Aubrey Leo KENNEDY, Old Diplomacy and New, 1876–1922. From Salisbury to Lloyd George, London 1922. Aufgrund des global gültigen Epochencharakters der Gesamtperiode vor dem Ersten Weltkrieg weniger überzeugend dagegen die chronologische Definition bei Robert L. BEISNER, From the Old Diplomacy to the New 1865–1900, zweite Aufl. New York 1986.

[3] Zu den »Pendants« Charles Hardinge und Arthur Nicolson in der britischen Außenpolitik unter Edward Grey (Hardinge war von 1904 bis 1905 britischer Botschafter in St. Petersburg, Nicolson anschließend bis 1910, Hardinge war permanent under-secretary im Foreign Office 1906 bis 1910, Nicolson anschließend bis 1916, dann folgte ihm wieder Hardinge bis 1920) vgl. STEINER, Foreign Office and Foreign Policy, S. 91–171; vgl. auch dies., The Foreign Office under Sir Edward Grey, 1905–1914, in: HINSLEY, British Foreign Policy, S. 22–69.

[4] Harold NICOLSON, Sir Arthur Nicolson Bart, First Lord Carnock. A Study in Old Diplomacy, London 1930.

Sackville-West[5] kein Leben als umherziehende Diplomatengattin führen wollte.[6] Sie war selbst Enkelin des Diplomaten Lionel Sackville-West, der in den 1880er Jahren der Vorgesetzte von Spring Rice und Hardinge gewesen war[7], und die Autorin des bereits erwähnten Romans *The Edwardians*[8], einer illustrativen literarischen Beschreibung zur Geisteshaltung ihrer Schicht vor dem Ersten Weltkrieg. Harold Nicolson selbst schrieb vor allem aus finanziellem Ehrgeiz, um nicht völlig vom Vermögen seiner Frau abhängig zu sein.[9] In der Biographie seines Vaters betont Harold Nicolson, daß Männer wie der deutsche Reichskanzler Theobald von Bethmann Hollweg und der britische Außenminister Edward Grey, die französischen Diplomatenbrüder Jules und Paul Cambon[10] und der Brite Charles Hardinge, der Staatssekretär des Berliner Auswärtigen Amtes Wilhelm Schoen[11], dessen Kollegen Friedrich Pourtalès[12] oder Gottlieb Jagow[13], der deutsche Botschafter in London Paul Metter-

---

[5] Vita Sackville-West (1892–1962).

[6] Harold Nicolson (1866–1968) ist bekannt geworden als Autor einiger Dutzend Bücher und Essays, namentlich seiner bemerkenswerten Tagebücher.

[7] Lionel Sackville-West (1827–1908), der oben erwähnte britische Gesandte in Washington von 1882 bis 1888 und spätere zweite Lord Sackville. Vgl. oben S. 166, 170 f.

[8] Vgl. oben S. 132 f.

[9] Nicolson und Sackville West, deren Ehe viel Beachtung gefunden hat, waren auf ihre Weise alltagsferne Menschen des 19. Jahrhunderts, wie Churchill einer auf seine Weise war. Sie waren nur weniger hoch begabt und nicht gewillt, sich um Macht zu bemühen, die man erwerben mußte und nicht ererben konnte. Sie stehen damit gleichfalls für einen Wandel der britischen Führungsschicht im 20. Jahrhundert, der im Zusammenhang dieser Untersuchung nicht weiter analysiert werden kann, aber in mancher Hinsicht symptomatisch für die Wandlungen erscheint, die der Erste Weltkrieg in den Führungsschichten aller europäischen Staaten erzwang. Vgl. Nigel NICOLSON, Portrait einer Ehe. Vita Sackville-West und Harold Nicolson. Aus dem Englischen von Peter de Mendelssohn, Frankfurt a. M. 1992; David CANNADINE, Portrait of More Than a Marriage. Harold Nicolson and Vita Sackville-West Revisited, in: Ders., Aspects of Aristocracy, S. 210–241.

[10] Jules Cambon (1845–1935), von 1898 bis 1902 französischer Botschafter in Washington, anschließend bis 1907 in Madrid, dann bis 1914 in Berlin; sein Bruder Paul (1843–1924) war von 1898 bis 1920 (!) französischer Botschafter in London.

[11] Wilhelm (seit 27. Januar 1909 Freiherr) von Schoen (1851–1933) war von 1900 bis 1905 deutscher Gesandter in Kopenhagen, vom Januar 1906 bis Oktober 1907 Botschafter in St. Petersburg, anschließend bis Juni 1910 Staatssekretär des Auswärtigen Amtes und dann bis 1914 Botschafter in Paris.

[12] Friedrich Graf von Pourtalès (1853–1928) war von 1886 bis 1888 kommissarischer Hilfsarbeiter im Auswärtigen Amt, bis 1890 Erster Botschaftssekretär in St. Petersburg, anschließend bis 1899 Vortragender Rat im Auswärtigen Amt, von 1899 bis 1902 Gesandter im Haag und von 1903 bis 1907 preußischer Gesandter in München und schließlich 1907 bis 1914 deutscher Botschafter in Petersburg.

[13] (Guenther) Gottlieb (Carl Eugen) von Jagow (1863–1936) war von 1901 bis 1906 Botschaftsrat in Rom, anschließend bis 1907 Vortragender Rat im Auswärtigen Amt, dann bis 1909 Gesandter in Luxemburg und von 1909 bis 1912 Botschafter in Rom, schließlich von Januar 1913 bis November 1916 Staatssekretär des Auswärtigen Amtes. Vgl. Gottlieb von JAGOW, Ursachen und Ausbruch des Weltkrieges, Berlin 1919; ders., England und der Kriegsausbruch. Eine Auseinandersetzung mit Lord Grey, Berlin 1925. Auf die positive Beurteilung Jagows in der britischen Diplomatie hat schon Steiner verwiesen: STEINER, The

nich[14], sein österreichisch-ungarischer Kollege Albert Mensdorff[15] oder eben sein eigener Vater Arthur Nicolson nicht weniger »high-minded« gewesen seien als diejenigen, die sich in den zwanziger Jahren beim Völkerbund in Genf zur vermeintlichen Kreation einer neuen Welt der internationalen Beziehungen trafen.[16] Zwar standen diese Politiker und Diplomaten der Vorkriegsepoche für die »Old Diplomacy«, aber nicht in ihrer Einstellung lag für Harold Nicolson der Nukleus jener Probleme, an denen diese »alte Welt« und ihre »alte Politik« gescheitert waren, sondern »[w]hat was wrong was the civilization which they represented«.[17] Nicolsons Befund ist in seiner Nivellierung erkennbar zu schlicht, denn der von ihm zugrunde gelegte Begriff der »civilization« zerfließt ins Unspezifische, wenn darunter die politisch-gesellschaftlichen Systeme Großbritanniens, Frankreichs, des Deutschen Reiches und Österreich-Ungarns gleichermaßen auf einen Nenner gebracht werden sollen, von Rußland und dem Osmanischen Reich, die in der Zeit der »Old Diplo-

---

Diplomatic Life, S. 167–187, hier S. 183. John Alfred Spender, der Herausgeber der *Westminster Gazette* und ein Vertrauter Edward Greys, notierte in einem Memorandum wenige Tage nach Kriegsausbruch, daß Grey Jagow für einen »truthful man« halte. British Library, Spender Papers, MSS Add. 46392. Vgl. Michael EKSTEIN, Sir Edward Grey and Imperial Germany in 1914, in: Journal of Contemporary History 6 (1971), No. 3, S. 121–131, hier S. 128 f. m. Anm. 30.

[14] Zu Metternich s. unten S. 283 m. Anm. 45.

[15] Albert Graf von Mensdorff-Pouilly-Dietrichstein (1861–1945), von 1904 bis 1914 österreichisch-ungarischer Botschafter in London, war über das Coburger Herzoghaus, dem seine Großmutter entstammte, mit dem englischen Königshaus verwandt. Für die deutsche Diplomatie, beispielsweise Kühlmann und Lichnowsky, war Mensdorff »mehr ein Mann der Gesellschaft als ein ideenreicher Staatsmann oder Politiker«. Richard von KÜHLMANN, Erinnerungen, Heidelberg 1948, S. 327; vgl. Aufzeichnung Lichnowskys vom 17. Februar 1902 zu einem Gespräch mit Mensdorff, GP 17 Nr. 5079. Allerdings konstatierte das Auswärtige Amt in einem offiziösen Artikel vom November 1906, daß Mensdorff durch seine verwandtschaftliche Nähe eine »ganz eigenartige Sonderstellung« einnehme: »Von der Zeit an, wo Graf Mensdorff als junger Botschaftsrat an den Hof der Königin Viktoria kam, wurde er als Verwandter aufgenommen. Heute sind er und der portugiesische Gesandte Marquis de Soveral die einzigen Diplomaten in London, die sich wirklich häufig in der Umgebung des Königs befinden.« Schlesische Zeitung vom 11. November 1906: »›Speckie‹ und ›Mungo‹.« Das Auswärtige Amt wandte sich hier gegen die Kritik an der angeblich übertriebenen Nähe mancher Diplomaten zu den Führungspersönlichkeiten am Ort ihrer Stationierung und betonte demgegenüber die informell-konstitutive Bedeutung derartiger Netzwerke für eine funktionierende Diplomatie.

[16] NICOLSON, Arthur Nicolson Bart, S. IX. Harold Nicolson war Mitglied der britischen Delegation in Versailles und später u. a. in Berlin stationiert. Basierend auf seinen Erfahrungen in der Völkerbunddiskussion und mit Außenminister Curzon, publizierte er 1933 bzw. 1934 die Bücher *Peacemaking 1919* und *Curzon. The Last Phase.*

[17] NICOLSON, Arthur Nicolson Bart, S. IX. Auch Nicolson identifiziert im übrigen den entscheidenden Wechsel in der außenpolitischen Einstellung seines Vaters unter dem Eindruck des gewandelten Wesens des Deutschen Reiches in der europäischen Politik in der Scharnierzeit um die Jahrhundertwende. Das Jahr 1906 war mit der Algeciras-Konferenz, an der Arthur Nicolson als britischer Delegierter teilnahm, in diesem Sinne »able to mark that transition« und prägte die weitere Haltung des Botschafters und permanent undersecretary. Ebenda, S. XII, 170–199.

macy« eine gewichtige internationale Rolle spielten, ganz zu schweigen. Gerade aus den unterschiedlichen Axiomen ihres jeweiligen »Zivilisationsmodells« resultierte ja ein entscheidender Teil jener nationalistischen Spannungen, der die internationale Politik der Vorkriegszeit bestimmte. Ihre Entscheidungen waren jedoch, wie oben bereits angesprochen worden ist, das Ergebnis von subjektiv als »rational« und »logisch« empfundenen Überlegungen.

Die Betonung der außenpolitischen Spannungen der Vorkriegszeit hat dazu beigetragen, diese Epoche einerseits überhaupt als Zeitalter kumulierender Konfrontation zu deuten.[18] Andererseits überwiegen trotz des Wissens um das Ende im Krieg und der Frage nach dessen Ursachen in zahlreichen Darstellungen der Welt vor 1914 die verklärenden Reminiszenzen. Eine individuelle Idylle jener untergegangenen Epoche wird evoziert, die zeitgenössisch kaum so klar im Bewußtsein gelegen haben dürfte, aber gleichwohl bezeichnend erscheint. »Wir Älteren können des Gefühls nicht Herr werden, daß niemand mehr weiß, wie schön die Welt sein kann, der die Jahre vor 1914 nicht erlebt hat«[19], meinte der zu Jahrhundertbeginn in Oxford ausgebildete Münchener Historiker Karl-Alexander von Müller rückblickend und fügte hinzu: »Ich glaube nicht, daß jemand, der erst nach 1914 zum Bewußtsein erwacht ist, sich die Ruhe und Stetigkeit jener Welt, ihre selbstverständliche Zuversicht, auf Jahrzehnte hinaus zu planen, auch nur im Traum mehr vorstellen kann.«[20] Fast gleichlautend resü-

---

[18] Walther Rathenau hat dies konzentriert schon unmittelbar nach Kriegsende ausgedrückt: »Ein entseeltes, übermechanisiertes Europa, worin jeder Mensch jedes Menschen Feind war, jedes Volk jedes Volkes Feind, in ahnungsloser, schamloser Selbstverständlichkeit; wo jeder, Mensch und Land, in tierischer Unbefangenheit nur genießen und leben wollte, wenn der andere sich quälte und starb, wo alle Politik zugestandenermaßen nur Wirtschaftspolitik war, nämlich plumper und dummdreister Versuch der Übervorteilung, oder Rüstungspolitik, nämlich zynisches Pochen auf Menschenüberschuß, Geld, Technik und Massendisziplin; wo Begriffe der Vorherrschaft zur See, der Vorherrschaft zu Lande, der Weltherrschaft mit Augenaufschlag besprochen wurden, als ob es sich um ein Schweineauskegeln und nicht um das todeswürdigste Verbrechen handelte: in diesem unglücklichen und nichtswürdigen Europa brach der Krieg nicht am 1. August 1914 aus.« Walther RATHENAU, Der Kaiser, in: Die Zukunft, 31. Mai 1919, wieder abgedruckt in: Ders., Schriften und Reden, Frankfurt a. M. 1964, S. 235–272, hier S. 263. Stefan Zweig sprach von »diesem Überschuß an Kraft, als tragische Folge jenes inneren Dynamismus, der sich in diesen vierzig Jahren Frieden aufgehäuft hatte und sich gewaltsam entladen wollte«. Stefan ZWEIG, Die Welt von gestern. Erinnerungen eines Europäers, Stockholm/Berlin 1962, S. 184.

[19] MÜLLER, Gärten der Vergangenheit, S. 5.

[20] Ebenda, S. 458. Müller erlebte das Studienjahr 1903/04 als einer der ersten fünf deutschen Rhodes-Stipendiaten in Oxford am Oriel College. Die Rhodes-Stipendien waren unter anderem mit der Intention gestiftet worden, eine engere Verbindung zwischen den heranwachsenden Eliten des britischen Weltreiches, der Vereinigten Staaten und Deutschlands zu fördern. Das Kontingent der angelsächsischen Dominien bestand aus sechzig, später aus achtundsiebzig Stipendiaten, aus den USA sollten sogar neunzig kommen; dagegen nahmen sich die fünf Deutschen recht bescheiden aus. Der politische Zweck des Austauschs wurde vor allem deshalb nicht erreicht, weil, wie Müller meinte, die deutsche Regierung keinen Wert darauf legte, »aus diesem Zuwachs von Auslandskenntnis und Auslandsverbindungen einen systematischen Nutzen zu ziehen«; die Stipendiaten selbst seien »zu deutsch, zu zersplittert geblieben, um aus eigenem heraus eine lebendige Überlieferung aufzubauen. Was

mierte der Diplomat, Industrielle und Politiker Günter Henle: »Von der unbeschwerten Lebenslust und Daseinsfreude, die nicht nur die Jugendlichen in den ersten vierzehn Jahren dieses Jahrhunderts erfüllte, kann sich jemand, der jene Zeiten nicht selbst miterlebt hat, kaum eine zutreffende Vorstellung machen.«[21] Der Bankier Hans Fürstenberg schrieb von »jener sagenhaften Zeit vor 1914«[22] und ließ seinen im Kaiserreich als Finanzmagnaten bedeutenden Vater resümieren: »Wenn ich die letzten vier Jahre vor dem Kriege überblicke, so erscheinen sie mir nachträglich als eine Zeit fast ununterbrochenen Sonnenscheins und ungetrübten Aufstieges.«[23] Als Heinrich Mann sein Zeitalter »besichtigte«, hielt er fest: »Man muß das gekannt haben, [...] das Vertrauen in menschliche Güte und Sicherheit [...], die Hauptsache, unsere Unabhängigkeit, hätten wir kaum erwähnt, so sehr war sie ein Teil von uns. Unsere Väter hinterließen uns meistens an Geld das Nötigste. Ich habe mein ererbtes Einkommen erhalten genau bis zu der deutschen Inflation. Da brauchte ich es nicht mehr.«[24]

---

an Gewinn erwuchs, blieb vereinzelt und zersplittert.« Müllers Gesamteindruck der Oxford-Zeit war, daß er auf der »Folie« der »englischen Eindrücke [...] vieles Deutsche jetzt in schärferem, oft gefährlichem Licht« sah. Ebenda, S. 303, 385, 401. Auch Bethmann Hollwegs Sohn war Rhodes-Stipendiat. Vgl. KENNEDY, Rise of Antagonism, S. 390. Zur amerikanischen Seite vgl. Thomas J. SHAEPER/Kathleen SHAEPER, Cowboys into Gentlemen. Rhodes Scholars, Oxford, and the Creation of an American Elite, New York/Oxford 1998. Zu nationalistisch-alldeutschen Reaktionen auf das »arrogante Vermächtnis« von Rhodes vgl. Reginald Tower an Edward Grey, 24. Januar 1906, BD 3, Nr. 413, S. 352.

[21] Günter HENLE, Weggenosse des Jahrhunderts. Als Diplomat, Industrieller, Politiker und Freund der Musik, Stuttgart 1968, S. 13.

[22] Hans FÜRSTENBERG, Erinnerungen. Mein Weg als Bankier und Carl Fürstenbergs Altersjahre, Wiesbaden 1965, S. 48. Hans Fürstenberg lebte vom Herbst 1912 bis Ende 1913 in London und anschließend bis zum Kriegsausbruch in Paris.

[23] Fürstenberg weiter: »Es würde nicht der Wahrheit entsprechen, wenn ich die politischen Ereignisse, die sich damals häuften und deren Entwicklung schließlich zum Weltkrieg führte, hier so darstellen wollte, als hätten die Welt und insbesondere das Wirtschaftsleben jahrelang unter den Anzeichen einer herannahenden Katastrophe gelitten, bis dann schließlich der Zusammenbruch da war. [...] Weder ich noch wohl irgend jemand in meiner Umgebung hat ernsthaft an die Möglichkeit einer derartigen Katastrophe geglaubt, bis es zu spät war, um daran zu zweifeln.« Carl FÜRSTENBERG, Lebensgeschichte eines deutschen Bankiers 1870–1914, hrsg. von Hans Fürstenberg, Berlin 1931, S. 519. Zur internationalen Stellung des Deutschen Reiches zur Jahrhundertwende meinte er: »Für das große Publikum hatte das geeinigte Deutschland die ersten drei Jahrzehnte eines beispiellosen Aufstiegs hinter sich und befand sich in einer Machtstellung, die man für alle Ewigkeit gefestigt sah.« Ebenda, S. 361.

[24] Heinrich MANN, Ein Zeitalter wird besichtigt, zit. n. Golo MANN, Heinrich Mann, »Ein Zeitalter wird besichtigt«, in: Ders., Wir alle sind, was wir gelesen. Aufsätze und Reden zur Literatur, zweite Aufl. Frankfurt a. M. 1989, S. 233–249, hier S. 242. – Demgegenüber sei bei aller Vorsicht gegenüber mündlichen Ex-Post-Bewertungen darauf verwiesen, daß der 1901 geborene und also bei Kriegsbeginn noch sehr jugendliche Hermann Josef Abs, der während seiner Ausbildungsjahre stark in angelsächsischen Ländern geprägt wurde, metaphorisch das Jahr »1910« stellvertretend für die wilhelminische Gesellschaft als eine mit Recht überwundene Epoche vor Augen hatte. Er habe »schon als junger Mensch so viele Schicksale erlebt und beobachtet, die an der Härte und der Verlogenheit ihrer Umwelt zerbrachen. Da war das Lügenhafte dieser Zeit, und das ist das Schattenbild des Jahres, ich

Bethmann Hollweg spürte in seinen *Betrachtungen zum Weltkriege* verständnisringend der Janusköpfigkeit jener Epoche nach, die er als Reichskanzler zu leiten hatte: »Die Geschäfte gingen glänzend, die Kommunen wetteiferten in gemeindlichen und gemeinnützigen Veranstaltungen, Arbeit war reichlich vorhanden, und bei schnell wachsender allgemeiner Wohlhabenheit konnte sich auch die Lebenshaltung der unteren Volksschichten sichtlich heben. Wer die Erfindungen und die fast fieberhafte Tätigkeit von Industrie und Technik beobachtete [...], der hätte erwarten sollen, im politischen Leben wenigstens einen Anklang an die Selbstzufriedenheit zu finden, mit der in Fest- und Jubiläumsrückblicken Deutschlands Erfolge gepriesen zu werden pflegten. Anstatt dessen gaben im politischen Parteigetriebe Mißmut und Unzufriedenheit einen deprimierenden Ton an, der aller vorwärtstreibenden Impulse bar war.«[25] Bethmann Hollweg diagnostizierte, daß das politische Leben »in sich selbst an dem Mißbehagen« litt, »das sich ankündigenden, aber zurückgehaltenen Wandel zu begleiten pflegt«.[26]

Verdammung und Verklärung dieser Epoche erscheinen mithin verwirrend verwoben, und die Liste der hier nur schlaglichtartig aus einem breiten Spektrum zitierten Beispiele – die stets auch den Drang zur erklärungssuchenden Selbstvergewisserung über eine so offensichtlich untergegangene Epoche reflektieren – ließe sich beinahe beliebig fortsetzen.[27] Doch lenken diese widersprüchlichen Impressionen den Blick hinsichtlich der Staatenbeziehungen der Vorkriegszeit in die richtige Perspektive: Alle Diplomatie und alle Diplomaten des Vierteljahrhunderts vor dem August 1914 waren mit einem Wandel der Welt konfrontiert, den keine Generation vor ihnen in dieser Tragweite zu verarbeiten gehabt hatte. Sie alle waren in diesem Sinne tatsächlich geprägt von einem Verständnis von »Zivilisation« und internationaler Politik, das die Chancen und Gefahren jener neuartigen Welt, die sich in der Scharnierzeit global herausbildete, offensichtlich noch nicht angemessen mitzudenken in der Lage war. Sie waren mithin nicht nur »Täter« einer in Rüstung und Bündnissen nach Sicherheit suchenden Außenpolitik. Sie waren zugleich auch »Opfer« der spezifischen Ungleichzeitigkeit des globalen Wandels in den Strukturen neuer weltpolitischer Prozesse auf der einen Seite sowie ihrer überkommenen Erfahrungen und Weltbilder auf der anderen Seite[28], weil sie sich mit einer gewissen Not-

---

nenne es immer 1910. Das war nicht die Erhaltung wert.« Er habe sich die Welt »offener« und »ehrlicher« gewünscht. Hermann Josef Abs im Gespräch mit Joachim Fest, in: Zeugen des Jahrhunderts. Porträts aus Wirtschaft und Gesellschaft, Frankfurt a. M. 1981, S. 24.

[25] Theobald von BETHMANN HOLLWEG, Betrachtungen zum Weltkriege. Erster Teil: Vor dem Kriege; Zweiter Teil: Während des Krieges, hrsg. von Jost Dülffer, Essen 1989 (Orig.: Berlin 1919/1922), S. 95.

[26] Ebenda.

[27] Vgl. Donald READ, Crisis Age or Golden Age, in: Ders. (Hrsg.), Edwardian England, London 1982, S. 14–39.

[28] Das Phänomen der »Ungleichzeitigkeit« bezieht sich, in Anlehnung an Raymond Aron, auf den Umstand, daß sich ein »System, das sich über den ganzen Erdball ausbreitet

wendigkeit nicht in der gleichen Weise und Geschwindigkeit zu wandeln vermochten, wie die Welt um sie herum es in ihrem beschleunigten Rhythmus offensichtlich (aus späterer Perspektive) erfordert hätte. Der Erste Weltkrieg war in diesem Sinn die gewaltsame Entladung dieses Prozesses und sollte um den Preis von Millionen Menschenleben die Chance auf eine vermeintlich »neue Diplomatie« und eine »neue Zivilisation« eröffnen.[29] Im folgenden sollen daher die Hintergründe und Bestimmungsfaktoren der Weltbilder von entscheidenden Repräsentanten der »Old Diplomacy« skizziert werden.

2. Profile

Was prägte die Weltbilder von Diplomatie und Diplomaten während des Vierteljahrhunderts vor dem Weltkriegsbeginn? Welche Wurzeln und Erfahrungen lassen sich als prägend für die Weltanschauung und Denkweise der Akteure herausfiltern? Entscheidende Elemente einer Antwort auf diese Fragen sind bereits aus den vergangenen Kapiteln am Beispiel der dort beschriebenen Lebensläufe und Erfahrungszusammenhänge deutlich geworden. Neben den dort analysierten Persönlichkeiten von herausragender Bedeutung – Theodore Roosevelt, Cecil Spring Rice, Arthur Balfour und Henry White – handelt es sich auf der darunterliegenden Ebene der allgemeinen Diplomatie um eine vergleichs-

---

[...] *der Natur nach* vom System der griechischen Städte und der europäischen Staaten« unterscheidet. Die Zerstörungsmittel, die die Protagonisten eines bipolaren wie eines multipolaren Systems besitzen, ändern das »*Wesen* des diplomatisch-strategischen Wettstreits«. Raymond ARON, Frieden und Krieg. Eine Theorie der Staatenwelt, Frankfurt a. M. 1986, S. 181. »Ungleichzeitigkeit« in diesem Sinne bedeutet, daß den Protagonisten der Zeit vor 1914 das technisch-militärische Potential politisch zur Verfügung stand, ohne daß sie (schon) ein volles Bewußtsein von dessen Wirkung besaßen und es deshalb diplomatisch (noch) nicht adäquat einzurechnen vermochten. Die erschreckte Phänomenologie in der Berichterstattung und Literatur zum Ersten Weltkrieg über die Rolle des Maschinengewehrs und später des »Tanks« unterstreicht und illustriert diesen Befund ebenso wie die praktische Belanglosigkeit der deutschen Flotte. Als Gegenbeispiel der »Gleichzeitigkeit« von technisch-militärischer Potenz und diplomatischer Adaption kann der atomare Rüstungswettbewerb im Zusammenspiel mit der ideologischen Konfrontation des Kalten Krieges gelten: Allen Beteiligten war zu jeder Zeit der politischen Auseinandersetzung die potentielle Reichweite jeder militärischen Weiterung bewußt.

[29] Ein gewisses Bewußtsein dieses Dilemmas von beschleunigtem strukturellem Wandel und menschlicher Adaption ist beispielsweise angedeutet bei Arthur Balfour, wenn er gegen Ende seines Lebens (in bemerkenswerten Metaphern) die internationale Politik der Vorkriegszeit resümiert: »But the process of contraction can hardly be smooth or simple. In the physical world it is associated with earthquakes, volcanic outbursts, and tidal waves. In the world of international relations it sets up stresses and strains so complicated that diplomacy can scarcely disentangle them or history describe them. Every Government in Europe looked at them from a different point of view, and each was deeply concerned in understanding the points of view adopted by others.« Arthur BALFOUR, Chapters of Autobiography, ed. by Mrs. Edgar Dugdale, London u. a. 1930, S. 97.

weise vielköpfige und in ihren Lebensläufen erkennbar heterogene Gruppe.[30] Es wäre deshalb vermessen, an dieser Stelle eine auch nur halbwegs um Vollständigkeit bemühte Sammelbiographie aller einschlägigen Persönlichkeiten in den drei Staaten im Vierteljahrhundert vor dem Ersten Weltkrieg präsentieren zu wollen. Das liegt nicht zuletzt in der gleichfalls heterogenen, aber insgesamt kaum befriedigend zu nennenden Forschungslage begründet. Während in der angelsächsischen wissenschaftlichen Literatur eine Tradition biographischer Analysen über die Jahrzehnte erhalten geblieben ist und eine Reihe von Arbeiten zu hier interessierenden Politikern und Diplomaten hervorgebracht hat, gewinnt die Biographik in der deutschsprachigen Forschung nach einer Periode weitgehender Vernachlässigung erst langsam wieder an Boden.

Zu den Reichskanzlern der Nachbismarckzeit etwa liegen, von Bethmann von Hollweg abgesehen[31], ebensowenig umfassende biographische Interpretationsentwürfe vor wie beispielsweise zu Alfred Tirpitz.[32] Von den Diplomaten der wilhelminischen Zeit kann allein Friedrich Holstein als eingehend untersucht gelten[33], ergänzt durch die vorbildlichen Editionen zu Philipp Eulenburg, Paul Hatzfeldt und Paul Hintze.[34] Von den Staatssekretären des Auswärtigen Amtes, i. e. den Außenministern des Deutschen Reiches, ist neben Untersuchungen zu

---

[30] Die genannte Vierergruppe spielte, wie oben dargestellt, eine erkennbar zentrale Rolle, zum Umfeld gehörten jedoch, wie oben schon in unterschiedlicher Gewichtung beschrieben, auch Persönlichkeiten wie John Hay, Charles Hardinge, Edward Grey u. a.

[31] Eberhard von VIETSCH, Bethmann Hollweg. Staatsmann zwischen Macht und Ethos, Boppard a. Rh. 1969; Konrad H. JARAUSCH, The Enigmatic Chancellor. Bethmann Hollweg and the Hybris of Imperial Germany, London/New Haven 1973; Günter WOLLSTEIN, Theobald von Bethmann Hollweg. Letzter Erbe Bismarcks, erstes Opfer der Dolchstoßlegende, Göttingen 1995; als Spezialuntersuchung weiterhin wichtig: Gerhard RITTER, Staatskunst und Kriegshandwerk, Bd. 3: Die Tragödie der Staatskunst. Bethmann Hollweg als Kriegskanzler (1914–1917), München 1964.

[32] Zu Bülow und Tirpitz existieren einige kurze Biographien; zu Bülow vgl. unten, S. 322–330, zu Tirpitz: SALEWSKI, Tirpitz; eine Interpretation im Sinne des historischen Materialismus bietet: Baldur KAULISCH, Alfred von Tirpitz und die imperialistische Flottenrüstung. Eine politische Biographie, Berlin (Ost) 1982. Detailliert und bedeutend bleibt weiterhin BERGHAHN, Tirpitz-Plan. Als Spezialuntersuchung zur Außenpolitik unter Caprivi hervorzuheben: Rainer LAHME, Deutsche Außenpolitik 1890–1894. Von der Gleichgewichtspolitik Bismarcks zur Allianzstrategie Caprivis, Göttingen 1990.

[33] Norman RICH, Friedrich von Holstein, Cambridge 1965; Günter RICHTER, Friedrich von Holstein. Politiker im Schatten der Macht, Göttingen 1969; Karl NOLDEN, Friedrich von Holstein, Berlin 1983; als Teildarstellungen hervorzuheben sind: Helmuth ROGGE, Holstein und Hohenlohe. Neue Beiträge zu Friedrich von Holsteins Tätigkeit als Mitarbeiter Bismarcks und als Ratgeber Hohenlohes. Nach Briefen und Aufzeichnungen aus dem Nachlass des Fürsten Chlodwig zu Hohenlohe-Schillingsfürst 1874–1894, Stuttgart 1957; ders., Holstein und Harden. Politisch-publizistisches Zusammenspiel zweier Außenseiter des Wilhelminischen Reiches, München 1959.

[34] Philipp Eulenburgs politische Korrespondenz, hrsg. von John C. G. Röhl; Botschafter Graf Paul von HATZFELD. Nachgelassene Papiere 1838–1901, hrsg. von Gerhard Ebel, Boppard a. Rh. 1976; Paul von Hintze. Marineoffizier, Diplomat, Staatssekretär. Dokumente einer Karriere zwischen Militär und Politik, 1903–1918, eingeleitet und hrsg. von Johannes Hürter, München 1998.

Bernhard Bülow allein Alfred Kiderlen-Wächter angemessen erforscht.³⁵ Hinzu kommt der jüngste Band von John Röhls maßgeblicher Biographie über Wilhelm II., der allerdings nur bis zur Jahrhundertwende reicht.³⁶

Beim Blick auf die Botschafter der drei Staaten während des Vierteljahrhunderts vor 1914 bietet sich ein ähnliches Bild. Für die beiden wichtigsten britischen Vertreter in den Vereinigten Staaten, Julian Pauncefote und James Bryce, liegen umfassende Untersuchungen vor.³⁷ Selbst der vor allem wegen seiner diplomatischen Mißerfolge bemerkenswerte Mortimer Durand hat einen Biographen gefunden.³⁸ Die Botschafterzeit von Michael Herbert war zu kurz und zeitigte außer der Vereinbarung zur Alaska-Grenze keine nennenswerten Ergebnisse.³⁹ Herbert ist allerdings insofern von Interesse, als er, wie bereits angesprochen, ähnlich wie Spring Rice in den vorhergehenden Jahren eine be-

---

³⁵ Kiderlen hatte das Amt des Staatssekretärs von 1910 bis zu seinem plötzlichen Tod inne. Die umfassende, präzise und detaillierte Darstellung zu seiner Bedeutung bietet: Ralf FORSBACH, Alfred von Kiderlen-Wächter (1852–1912). Ein Diplomatenleben im Kaiserreich, Göttingen 1997. Überspitzt formuliert erscheint es so, als ob die Staatssekretäre seit 1890 (Marschall von Bieberstein, 1890–1897; Bernhard von Bülow 1897–1900; Oswald von Richthofen 1900–1906; Heinrich von Tschirschky 1906–1907; Wilhelm von Schoen 1907–1910; Alfred von Kiderlen-Waechter 1910–1912; Gottlieb von Jagow 1912–1916) mit den genannten Ausnahmen Bülow und Kiderlen-Wächter weitgehend hinter Kaiser und Kanzlern verschwimmen.

³⁶ RÖHL, Wilhelm II. 1888–1900; als Gesamtbiographie bis zum Abschluß von Röhls *opus magnum* maßgeblich: Lamar CECIL, Wilhelm II. Prince and Emperor 1859–1900; Wilhelm II. Emperor and Exile 1900–1941 Chapel Hill 1989–1996.

³⁷ Julian Pauncefote (1828–1902), geboren in München, war von 1889 bis 1902 Gesandter und (ab 1893) Botschafter in Washington. Die Forschung zu Pauncefote ist insofern schwierig, als seine Witwe den Nachlaß vernichtete. MOWAT, Lord Pauncefote. – James Bryce hat aufgrund seiner Karriere als wissenschaftlicher Schriftsteller, Politiker und Diplomat zu vielfältigen Untersuchungen angeregt, von denen im Zusammenhang dieser Analyse hervorzuheben sind: Peter NEARY, The Embassy of James Bryce in the United States 1907–1913, Ph. D. Thesis London 1967; Edmund IONS, James Bryce and American Democracy, 1870–1922, London 1968; Thomas KLEINKNECHT, Imperiale und internationale Ordnung. Eine Untersuchung zum anglo-amerikanischen Gelehrtenliberalismus am Beispiel von James Bryce (1838–1922), Göttingen 1985. Gerade James Bryce als einem der besten europäischen Amerikakenner überhaupt gelang es, wie schon Alfred Vagts konstatierte, allen kulturellen Initiativen zur deutsch-amerikanischen Annäherung wie dem Professorenaustausch gleichsam »den Rang« abzulaufen, als er 1906 Botschafter in Washington »und quasi Austauschprofessor zugleich wurde«. »Mit ihm setzte England [...] einen Funktionär des Kulturstaats unmittelbar in die Machtkonkurrenz ein.« VAGTS, Deutschland und die Vereinigten Staaten, Bd. 2, S. 2006.

³⁸ Sir Henry Mortimer Durand (1850–1924), geboren in Indien, 1894 bis 1900 Gesandter in Teheran und dort knapp zwei Jahre Chef von Spring Rice, dann bis 1903 Botschafter in Madrid, anschließend bis 1907 in Washington. An allen Stationen war seine Arbeit von Schwierigkeiten entweder mit dem Foreign Office, dem Gastland und deren wichtigsten Persönlichkeiten oder beidem geprägt. Eine eingehende und differenzierte Untersuchung liegt nicht vor, so daß die recht unkritische Darstellung von Percy Sykes das Zugangswerk bleibt: Percy SYKES, The Right Honorable Sir Mortimer Durand. A biography, London 1926.

³⁹ Zur Vereinbarung zwischen Herbert und Hay vom Januar 1903 s. oben Kap. II.

deutende Rolle als Botschaftssekretär in Washington spielte und über seine Frau eng mit der amerikanischen Geldaristokratie verbunden war.[40]

Die amerikanischen Botschafter in London haben umfassende Beachtung gefunden.[41] Das liegt vor allem daran, daß dieser diplomatische Posten in der Regel die Belohnung für eine ansonsten schon bedeutende Karriere war und nicht im Zuge einer gewöhnlichen Dienstlaufbahn zur Verteilung kam. So war Thomas F. Bayard nicht allein ehemaliger Senator und zweifacher Kandidat der Demokraten für das Weiße Haus, sondern auch vier Jahre lang selbst Außenminister gewesen, bevor er 1893 als erster Diplomat mit dem Titel des Botschafters nach London ging.[42] Die Rolle und Bedeutung seines Nachfolgers Hay für die britisch-amerikanische Annäherung wurde im Rahmen dieser Untersuchung bereits angesprochen.[43] Auch die weiteren amerikanischen Botschafter bis zum Weltkrieg, Joseph Choate, Whitelaw Reid und Walter Hines Page, sind in unterschiedlicher Dichte von der Forschung behandelt worden.[44]

---

[40] Metternich (London) an Bülow, 5. Juni 1902; vgl. *New York Times* vom 6. Juni 1902, PAAA R 17267: The new british ambassador. Auch hier unterstreicht Henry Adams bereits zeitgenössisch, wie schon zu Spring Rice beschrieben, die generelle Bedeutung dieses sozialen Zusammenhalts: »To Herbert and his wife, the small knot of houses that seemed to give a vague unity to foreign affairs opened their doors and their hearts, for the Herberts were already at home there; and his personal sympathy prolonged Hay's life, for it not only eased the effort of endurance, but it also led directly to a revolution in Germany.« ADAMS, Education of Henry Adams, S. 436 f. Mit der »revolution« ist die Abberufung Hollebens und die Installation Speck von Sternburgs als Botschafter gemeint, s. unten S. 340.

[41] Genereller Überblick, der in einigen Details und Bewertungen allerdings ungenau ist: WILLSON, America's Ambassadors.

[42] Thomas Francis Bayard (1828–1898), von 1869 bis 1885 Mitglied des Senats für Delaware (Demokrat), 1880 und 1884 Präsidentschaftskandidat, 1885 bis 1889 Secretary of State unter Präsident Cleveland und von 1893 bis 1897 erster Botschafter der Vereinigten Staaten in Großbritannien. Bayard ist mithin zu Recht als »a man of distinguished American political lineage« charakterisiert worden. SHIPPEE, Bayard, in: BEMIS (Hrsg.), The American Secretaries of State, Bd. 8, S. 47–106; Charles Callan TANSILL, The Foreign Policy of Thomas F. Bayard, 1885–1897, New York 1940; WILLSON, America's Ambassadors, S. 402–411, Zit. S. 402.

[43] Vgl. oben Kap. II; THAYER, Hay; Alfred L. P. DENNIS, John Hay, in: BEMIS (Hrsg.), The American Secretaries of State, Bd. 9, S. 115–189; CLYMER, John Hay.

[44] Joseph Hodges Choate (1832–1917), einer der herausragenden Juristen seiner Zeit, hatte den Londoner Botschafterposten von 1899 bis 1905 inne. Edward Sandford MARTIN, The Life of Joseph Hodges Choate, New York 1921, ist eine traditionelle und allgemein gehaltene »Life and Letters«-Biographie. Der Journalist, Verleger und Diplomat Whitelaw Reid (1837–1912) wurde bereits mehrfach erwähnt. Spring Rice lernte ihn bereits 1887 kennen. Reid war von 1861 bis 1868 Korrespondent der *Cincinnati Gazette*, wurde 1869 durch Horace Greeley Direktor der *New York Tribune* und war nach Greeleys Tod von 1872 bis 1905 Chef der Zeitung. 1881 heiratete er Elisabeth Mills (1858–1931), die Tochter eines vermögenden Unternehmers. Reid ging von 1889 bis 1892 als Gesandter nach Frankreich und kandidierte 1892 für die Republikaner erfolglos um die Vizepräsidentschaft. 1897 als Sonderbotschafter zum Diamantenen Jubiläum von Königin Victoria nach London gesandt, wurde er 1898 Mitglied der amerikanischen Kommission für die Friedensverhandlungen mit Spanien. Roosevelt sandte ihn 1902 als Sonderbotschafter zur Krönung Edwards VII. und berief ihn 1905 zum Botschafter in London, was Reid bis zu seinem Tod 1912 blieb. Reids Lebenslauf ist exemplarisch für die amerikanische Verbindung von Geschäft und Politik, wie

Demgegenüber hat von den deutschen Botschaftern dieser Zeit in London, Paul Hatzfeldt, Paul Metternich und Carl Lichnowsky nur der letzte spezielles Interesse gefunden.⁴⁵ Zu den deutschen Botschaftern in Washington seit 1893, Anton Saurma-Jeltsch, Max Franz Thielmann, Theodor Holleben, Hermann Speck-Sternburg und Johann Heinrich Bernstorff (dessen Berufung Henry

---

schon anläßlich seines ersten Treffens mit Spring Rice deutlich wurde. Vgl. oben S. 168. Im Vorfeld seiner Berufung auf den Londoner Posten wollte der deutsche Botschafter Metternich »gesprächsweise als Tatsache, nicht als Gerücht« erfahren haben, »daß Mr. Mills bei der letzten Präsidentenwahl 300 000 Dollar zu Wahlzwecken unter der Bedingung zur Verfügung gestellt habe, daß, wenn Präsident Roosevelt wieder gewählt würde, sein, des Mr. Mills Schwiegersohn, Whitelaw Reid, den Botschafterposten in London erhielte«. Metternich an Bülow, 5. August 1905, PAAA R 17259. Vgl. Whitelaw REID, Great Britain and the United States, New York 1898; David R. CONTOSTA/Jessica R. HAWTHORNE, Rise to world power. Selected letters of Whitelaw Reid, 1895–1912, Philadelphia 1986; Howard Wayne MORGAN (Hrsg.), Making Peace with Spain. The Diary of Whitelaw Reid, September – December 1898, Austin (Texas) 1965; CORTISSOZ, Whitelaw Reid; DUNCAN, Whitelaw Reid. – Walter Hines Page (1855–1918) absolvierte wie Reid zunächst eine journalistische Karriere, nachdem er von 1876 bis 1878 als Studienkollege von Woodrow Wilson seine Ausbildung an der Johns Hopkins Universität abgeschlossen hatte. Von 1890 bis 1895 Herausgeber des *Forum*, von 1896 bis 1899 des *Atlantic Monthly* und von 1900 bis 1913 Gründer und Herausgeber des *World's Work*, wurde Page 1912 Organisator des Wilsonschen Vorwahlkampfes und dafür mit dem Botschafterposten belohnt. Er traf im Mai 1913 in London ein und blieb bis 1918. Burton J. HENDRICK, The Life and Letters of Walter H. Page, New York 1926.

⁴⁵ Paul Graf v. Hatzfeldt-Wildenburg war von 1878 bis 1881 deutscher Botschafter in Konstantinopel, anschließend von 1882 bis 1885 Staatssekretär im Auswärtigen Amt und 1885 bis 1901 Botschafter in London. Die bislang einzige profunde biographische Skizze stammt aus der Feder des Herausgebers der Hatzfeldt-Papiere, Gerhard Ebel, als Einleitung in: Botschafter Graf Paul von HATZFELD. Nachgelassene Papiere 1838–1901; vgl. auch Helmut KRAUSNICK, Botschafter Hatzfeldt und die Außenpolitik Bismarcks, in: HZ 167 (1943), S. 566–583. Eine Biographie zu diesem facettenreichen, widersprüchlichen und höchst begabten Diplomaten ist ein Desiderat. – Paul Graf v. Wolff-Metternich (1853–1934), der von 1901 bis 1912 deutscher Botschafter in London war, hatte bereits vorher mehrfach in anderen diplomatischen Funktionen dort gelebt. Sein unmittelbarer Nachfolger Adolf Freiherr Marschall von Bieberstein verstarb noch im September 1912. Weder zu Metternich noch zu Marschall liegen bislang einschlägige Arbeiten vor. Vgl. SCHÖLLGEN, Die Unbotmäßigen? – Carl Max Fürst von Lichnowsky (1860–1928), Sproß einer schlesischen Magnatenfamilie, hatte nach Stationen in London, Stockholm, Konstantinopel, Dresden und Bukarest das Auswärtige Amt als Vortragender Rat in der Politischen Abteilung 1904 verlassen, weil ihm die weiteren Karriereaussichten nicht vielversprechend genug erschienen. Überraschend wurde er 1912 zum deutschen Botschafter in London berufen und blieb dies bis Kriegsbeginn. Harry F. YOUNG, Prince Lichnowsky and the Great War, Athens (Georgia) 1977. Vgl. Carl Max Fürst LICHNOWSKY, Deutsch-englische Mißverständnisse, in: Nord und Süd 142 (1912). Lichnowskys aufsehenerregende Schrift [Carl Max] Fürst Lichnowsky, Meine Londoner Mission 1912–1914, mschr. Kuchelna, August 1916, bleibt eine eindrucksvolle Quelle für die Erfassung der Atmosphäre britischer Außenpolitik in der Vorkriegszeit. »Kommentierte« Ausgabe: Die Denkschrift des Fürsten Lichnowsky. Meine Londoner Mission 1912–14 von Fürst Lichnowsky, ehemaliger deutscher Botschafter in London, herausgegeben von einer Gruppe von Friedensfreunden, zweite Aufl. Bern 1918. Dagegen ist unzuverlässig und quellenkritisch nicht haltbar: [Carl Max] Fürst LICHNOWSKY, Auf dem Wege zum Abgrund. Londoner Berichte, Erinnerungen und sonstige Schriften, Bde. 1–2, Dresden 1927.

White gegenüber seinem Freund Theodore Roosevelt gefördert hatte[46]), liegen nur zwei biographische Darstellungen vor.[47]

Einschlägige Untersuchungen zu den amerikanischen Diplomaten in Berlin, Andrew D. White, Charlemagne Tower, David Jayne Hill und James Watson Gerard, sind mit der Ausnahme Whites bislang ein Desiderat[48], und auch ein-

---

[46] NEVINS, White, S. 225 f.

[47] Anton Freiherr Saurma von der Jeltsch (1836–1900), war von 1893 bis 1895 der erste deutsche Botschafter, Max Franz Guido Freiherr von Thielmann (1846–1929) von 1895 bis 1897 sein Nachfolger. Zu ihnen gibt es ebensowenig einschlägige Untersuchungen wie zu Theodor von Holleben (geb. 1838), der von 1897 bis 1903 den Posten innehatte. Eine zeitgenössische Schilderung Hollebens und der Botschaftsatmosphäre einschließlich seines skandalumwitterten Abgangs findet sich in: Emil WITTE, Aus einer deutschen Botschaft. Zehn Jahre Deutsch-Amerikanischer Diplomatie, Leipzig 1907. Allerdings ist Wittes sensationsheischendes Buch voller bisweilen wirrer Verschwörungstheorien und als Quelle nur mit größter Sorgfalt und entsprechenden Vergleichen mit anderen Zeugnissen zu benutzen. – Hollebens Nachfolger Hermann Freiherr Speck von Sternburg (1852–1908) besaß eine englische Mutter und war mit einer Amerikanerin verheiratet, als er 1903 unter aufsehenerregenden Umständen auf Wunsch Roosevelts Botschafter in Washington wurde, was er bis zu seinem Tod blieb. Einen biographischen Einstieg, allerdings mit wenig genereller analytischer Prägnanz, bietet: Stefan H. RINKE, Zwischen Weltpolitik und Monroe-Doktrin: Botschafter Speck von Sternburg und die deutsch-amerikanischen Beziehungen, 1898–1908, Stuttgart 1992. Zu Sternburg und Roosevelt s. unten S. 338–344. – Johann Heinrich Graf von Bernstorff (1862–1939), geboren in London als fünfter Sohn des preußischen Gesandten Albrecht Graf von Bernstorff (1809–1873), absolvierte 1892 seine diplomatische Prüfung und war nach Stationen in Belgrad, Dresden, St. Petersburg und München von 1902 bis 1906 Erster Sekretär (ab 1904 Botschaftsrat) an der deutschen Botschaft in London. Nach seiner Verwendung als Generalkonsul in Kairo von 1906 bis 1908 wurde er im November 1908 deutscher Botschafter in den Vereinigten Staaten, was er bis zum Abbruch der diplomatischen Beziehungen im Februar 1917 blieb. Eine profunde und ausführliche Analyse bietet: Reinhard R. DOERRIES, Washington–Berlin 1908/17. Die Tätigkeit des Botschafters Johann Heinrich Graf von Bernstorff in Washington vor dem Eintritt der Vereinigten Staaten von Amerika in den Ersten Weltkrieg, Düsseldorf 1975; überarbeitete und erweiterte Übersetzung: Imperial Challenge. Ambassador Count Bernstorff and German-American Relations, 1908–1917, translated by Christa D. Shannon, Chapel Hill/London 1989; Reinhard R. DOERRIES, Imperial Berlin and Washington: New Light on Germany's Foreign Policy and America's Entry into World War I, in: Central European History 11 (1978) S. 23–49; Biographisches Handbuch des deutschen Auswärtigen Dienstes 1871–1945, Bd. 1, S. 131 f. Vgl. Johann-Heinrich Graf von BERNSTORFF, Deutschland und Amerika. Erinnerungen aus dem fünfjährigen Kriege, Berlin 1920; ders., Erinnerungen und Briefe, Zürich 1936.

[48] Andrew Dickson White (1832–1918), kam von 1897 bis 1902 als US-Botschafter nach Berlin, wo er bereits von 1879 bis 1881 Gesandter gewesen war. Zwischenzeitlich von 1892 bis 1894 in Rußland, war White 1895 bis 1896 Mitglied der Venezuela-Kommission und 1899 Chef der US-Delegation auf der ersten Haager Konferenz. Als biographische Analyse oberflächlich und aufgrund der unkritischen Haltung zu White wenig befriedigend: DRECHSLER, Andrew D. White in Deutschland. Vgl. Andrew Dickson WHITE, Autobiography. – Charlemagne Tower (1848–1923) war von 1902 bis 1908 US-Botschafter in Berlin, sein Nachfolger David Jayne Hill (1850–1932) bis 1913 und der ihm folgende James Watson Gerard (1867–1951) bis zum Abbruch der diplomatischen Beziehungen 1917. Vgl. James Watson GERARD, My four years in Germany, New York 1917; ders., Face to face with Kaiserism, London/New York/Toronto 1918. Beide Werke sind unter den Vorzeichen des Krieges von starken antideutschen Tönen geprägt. Vgl. Matthew S. SELIGMANN, James Watson Gerard: A

gehende Analysen der britischen Botschafter in Deutschland, Edward Malet, Frank Cavendish Lascelles und William Edward Goschen, liegen nicht vor.[49]

Insgesamt unterstreicht dieser kursorische Überblick die Vernachlässigung diplomatisch-personaler Analysen zum Verständnis der internationalen Politik. Daß deutscherseits ein Schwerpunkt auf denjenigen Persönlichkeiten zu erkennen ist, bei denen ein unmittelbarer Zusammenhang mit dem Ersten Weltkrieg besteht, wie Bethmann Hollweg, Lichnowsky und Bernstorff, mag zudem unbewußt illustrieren, daß die Perspektiven der analytischen Problematisierung nach wie vor mehr vom »schrecklichen Ende« als vom Prozeßcharakter und dem Blick auf identifizierbare Einzelphasen der Gesamtepoche wie der Scharnierzeit geprägt sind.

Im folgenden sollen daher vor allem einige Akteure namentlich der britischen Außenpolitik vorgestellt werden, weil das Land als »Weltmacht in der Herausforderung« durch seine Entscheidungen in der Umbruchphase von 1895 bis 1907 entscheidend zur Struktur der internationalen Beziehungen an deren Ende beitrug. Diese Entscheidungen grenzten die weitere Außenpolitik bis zum Weltkrieg in einer Weise ein, die nicht allen Akteuren seinerzeit bewußt war, aber der außenpolitischen Perzeption jener »Wende-Generation« entgegenkam, die hauptsächlich im Deutschen Reich und kaum in den Vereinigten Staaten die eigentliche Gefährdung der britischen Weltmacht erblickte.[50]

3. »Wende-Generation«, Weltbilder und Regierungsverantwortung

Zuerst in den Vereinigten Staaten 1910 und dann im folgenden Jahr in London erschien ein Roman mit dem Titel *The New Machiavelli* aus der Feder des den »Souls« nahestehenden Herbert George (»H. G.«) Wells.[51] Darin beschrieb

---

Diplomat as Domestic Propagandist, in: Matthew HUGHES/Matthew SELIGMANN, Leadership in Conflict 1914–1918, London 2001, S. 158–176.

[49] Sir Edward Malet (1837–1908), britischer Botschafter in Berlin von 1884 bis 1895, gefolgt von Sir Frank Cavendish Lascelles (1841–1920) bis 1908 und William Edward Goschen (1847–1924) bis 1914. Zu letzterem vgl. Christopher H. D. HOWARD (Hrsg.), The Diary of Edward GOSCHEN 1900–1914, London 1980.

[50] Ähnlich der oben (S. 188 m. Anm. 278) bereits als »Wende-Generation« charakterisierten Kohorte britischer Politiker und Diplomaten ist für das Deutsche Reich im Hinblick auf die Angehörigen jener Altersgruppe, die zwischen 1854 und 1864 geboren wurde, der Begriff »Wilhelminer« geprägt worden. DOERRY, Übergangsmenschen. Vgl. Jürgen REULECKE, Neuer Mensch und neue Männlichkeit. Die »junge Generation« im ersten Drittel des 20. Jahrhunderts, in: Jahrbuch des Historischen Kollegs 2001, München 2002, S. 109–138. Reulecke erkennt bei den »Wilhelminern« Persönlichkeitsmerkmale, »die sich rückblickend geradezu zu einer generationsspezifischen Mentalität verdichten lassen: Autoritätsfixiertheit, Harmoniestreben in den Formen von Anpassung einerseits und Ausgrenzung andererseits und vor allem eine spezifische, nämlich von ›Panzerung und Angriff‹ bestimmte Aggressivität.« Vgl. auch DOERRY, Übergangsmenschen, S. 30.

[51] Herbert George WELLS, The New Machiavelli, London 1911.

Wells die Karriere des politischen und literarischen Aufsteigers Remington, der dank Intelligenz und Fleiß über eine Cambridge-Erziehung, publizistische Erfolge und eine wohlhabende Heirat den Sprung ins Parlament schafft. Wells schilderte die diversen politisch-geistigen Orientierungen der Zeit nach der Jahrhundertwende zwischen etablierten Konservativen einerseits und der aufkommenden Labour-Bewegung andererseits, besonders aber den uneinheitlich bunten Strom des Liberalismus. Bei näherem Hinsehen zeigt sich, daß dieser Roman, ausgehend von Wells' autobiographischen Erlebnissen dieses ersten Jahrzehnts des 20. Jahrhunderts, das Funktionieren jener Mischung aus edukativer Sozialisation, generationellen Netzwerken und praktischer Politik in einer Weise reflektiert, wie es »offiziell« so nie analysiert worden ist. Zugleich illustriert er die politischen Weltbilder eines bedeutenden und politisch einflußreichen Personenkreises um die »Wende-Generation«. Denn Wells war nicht allein mit den »Souls« verbunden, sondern auch Mitglied der sogenannten »Coefficients«, die im *New Machiavelli* das Vorbild für den *dining club* namens *Pentagram Circle* lieferten. Wells analysiert und beschreibt hier aus der Nähe den Ablauf politischer Prozesse vor dem Hintergrund besagter Netzwerke. Die Treffen gaben ihm, wie er rückblickend resümierte, »juster ideas of the mental atmosphere in which such affairs are managed«.[52] Die »Coefficients« trafen sich von 1902 bis 1908 während der »Season« (im Roman wie in der Realität) einmal monatlich und setzten sich aus »men of all parties and very various experiences« zusammen. Sinn und Ziel dieser Treffen war es, »to discuss the welfare of the Empire in a disinterested spirit«.[53]

Die Initiative zur Bildung der »Coefficients« ging von Sidney und Beatrice Webb aus[54], doch fand das erste Treffen am 8. Dezember 1902 in der Wohnung von Richard Haldane (und Edward Grey) in Whitehall Court statt – »an excellent start, from the gastronomic point of view«, wie Leo Amery resümierte.[55] Die bedeutende Rolle Haldanes und Greys sowie die weiteren Mitglieder des Zirkels und ihre Diskussionsthemen geben den »Coefficients« eine hohe Relevanz auch für diese Untersuchung. Zu den Teilnehmern der Zusammenkünfte gehörten neben den beiden herausragenden Politikern unter anderem

---

[52] Herbert George WELLS, Experiment in Autobiography. Discoveries and conclusions of a very ordinary brain (since 1866), London 1934, S. 761.

[53] WELLS, New Machiavelli, S. 337.

[54] Beatrice und Sidney Webb luden im November 1902 eine Gruppe von Freunden in ihr Haus 41 Grosvenor Road ein. Vor dem Hintergrund der heftigen Auseinandersetzungen zwischen Liberalen und Konservativen sowie innerhalb des liberalen Lagers zwischen »liberal imperialists« und »little Englanders« um »Imperial Preference and Tarrif Reform« war es das Motiv der Webbs, für ihre eigene Idee des Wohlfahrtsstaates die Unterstützung von Persönlichkeiten wie Haldane, Grey und Balfour gleichermaßen zu gewinnen. Zu Hintergrund, Entstehung und Zielen vgl. AMERY, My political Life, Bd. 1, S. 222–224.

[55] Ebenda, S. 223.

Bertrand Russell[56], der bereits genannte Sidney Webb[57], Leo Maxse[58], W. A. S. Hewins[59], Leopold S. Amery[60], Halford J. Mackinder[61], Lord Robert Cecil[62], Michael Sadler[63], Henry Newbolt[64], James Louis Garvin[65], Alfred Milner[66]

[56] Bertrand Arthur William Russell, 3rd Earl Russell (1872–1970), ausgebildet am Trinity College in Cambridge, wo er seit 1895 auch Fellow wurde und Mathematik und Philosophie unterrichtete. Nach der Publikation seines ersten philosophischen Buches 1897 bereiste Russell ausgiebig Deutschland und die Vereinigten Staaten.

[57] Sidney James Webb, Baron Passfield (1859–1947), war neben seinen vielfältigen Aktivitäten, die ihn und seine Frau Beatrice Potter (1858–1943) als Publizisten und Sozialreformer bekannt machten, einer der Mitbegründer der *London School of Economics* und gemeinsam mit Richard Haldane einer der Organisatoren der *University of London*.

[58] Leopold James Maxse (1864–1932), erzogen in Harrow und am King's College in Cambridge, war von 1893 bis 1932 Eigentümer und Editor der *National Review*. Maxse argumentierte schon 1902 gegen die »German Peril« und für einen »Great War«. WELLS, Experiment in Autobiography, S. 761.

[59] William Albert Samuel Hewins (1865–1931), nach Abschluß in Mathematik am Oxforder Pembroke College von 1895 bis 1903 Organisator und erster Direktor der *London School of Economics*, von 1903 bis 1917 Sekretär der *Tariff Commission* und darüber hinaus Autor u. a. zu Fragen des britischen Imperialismus.

[60] Leopold Charles Maurice Stennett Amery (1873–1955), erzogen in Harrow und am Balliol College (noch unter Jowett begonnen), wo er 1896 mit einem »First« in Lit. Hum. abschloß. Seit 1897 Fellow am All Souls College und von 1900 bis 1909 Mitarbeiter der *Times*, war Amery einer der vehementesten Verfechter des britischen Imperialismus und saß von 1911 bis 1945 für die Konservativen im Unterhaus; seine bereits mehrfach erwähnten Erinnerungen sind eine höchst instruktive Quelle: AMERY, My political Life.

[61] Sir (seit 1920) Halford John Mackinder (1861–1947), erzogen in Epsom College sowie Christ Church in Oxford (parallel zu Curzon, Spring Rice u. a.), wo er 1884 mit einem »Second« in Geschichte abschloß und anschließend als Geograph lehrte, so von 1895 bis 1925 Wirtschaftsgeographie an der London University. Von 1903 bis 1908 war Mackinder Direktor der *London School of Economics* und wurde vor allem durch seine geographisch-politischen Werke weithin bekannt; am bedeutendsten sind die in Kap. I bereits erwähnten Beiträge: MACKINDER, Britain and the British Seas; ders., Geographical Pivot; ders., Man-Power.

[62] Edgar Algernon Robert Cecil (1864–1958), der dritte Sohn Lord Salisburys, 1st Viscount Cecil of Chelwood (seit 1923), war von 1916 bis 1918 Blockademinister, von 1923 bis 1946 Präsident des Völkerbunds und erhielt 1937 den Friedensnobelpreis. Zu Robert Cecil als Diplomaten in der amerikanischen Wahrnehmung (»Robert Cecil school of arrogant diplomacy«) vgl. PERCY, Some Memories, S. 56.

[63] Sir (seit 1919) Michael Ernest Sadler (1861–1943), erzogen in Rugby und am Trinity College in Oxford (parallel zu Curzon, Spring Rice u. a.), wo er 1884 mit einem »First« in Lit. Hum. abschloß. Sadler widmete sich sein Leben lang vor allem den Reformen des Erziehungswesens.

[64] Sir (seit 1915) Henry John Newbolt (1862–1938), Schriftsteller und Dichter, publizierte u. a. A Naval History of the War 1914–1918, London 1920, sowie die Bände IV und V der offiziellen Marinegeschichte des Ersten Weltkriegs: Naval Operations, London 1928 und 1931.

[65] James Louis (»J. L.«) Garvin (1868–1947), »the outstanding journalist of his generation« (AMERY, My political Life, Bd. 1, S. 266), seit 1899 Mitarbeiter des *Daily Telegraph* und der *Fortnightly Review*, Herausgeber des *Outlook* (1905–1906) und des *Observer* (1908–1942), Biograph Joseph Chamberlains sowie Herausgeber der 13. und 14. Auflage der *Encyclopaedia Britannica*. Vgl. GARVIN, Life of Joseph Chamberlain. Garvin schrieb am 26. März 1906 im *Outlook*: »In der auswärtigen Politik allen Sentimentalitäten abhold [...], haben

und C. F. G. Masterman.⁶⁷ Jeder Teilnehmer stand zugleich für ein Fachgebiet und H. G. Wells laut Amery »nominally for literature, really for original thinking on all subjects«.⁶⁸

Authentischer als viele Erinnerungswerke beschrieb Wells in seinem zeitgenössischen Roman die Diskurs-Kultur dieser Dinner-Abende mit ihren intellektuellen Disputen, in denen aktuelle und grundsätzliche Fragen des ersten Jahrhundertjahrzehnts miteinander verwoben wurden⁶⁹: »The international situa-

---

wir durchgehend anerkannt, daß vom deutschen Standpunkt aus die Ziele der deutschen Politik vollkommen gerechtfertigt sind. Der einzige Einwand gegen sie ist, daß sie in keinem Teil der Welt verwirklicht werden können, ohne das Bestehende zu erschüttern bzw. die Sicherheit und Unabhängigkeit bestehender Staaten zu zerstören. Das ist das Unglück, nicht aber die Schuld der Deutschen.« The Outlook. A weekly review of politics, art, literature and finance, 10. März 1906, S. 326, zit. n. HILDEBRAND, Das Vergangene Reich, S. 194.

⁶⁶ Lord Alfred Milner (1854–1925), geboren in Gießen, gewann 1872 sein erstes Stipendium am Balliol College bei Benjamin Jowett, wo Herbert Henry Asquith und Arnold Toynbee seine Studienfreunde wurden. Er blieb in engster Verbindung mit Toynbee bis zu dessen Tod 1883 und sorgte für dessen Wirkung lange darüber hinaus, u. a. mit der Gründung von Toynbee Hall 1884. Von 1884 bis 1885 Privatsekretär von George Joachim Goschen, von 1889 bis 1892 ägyptischer Finanzminister und von 1897 bis 1905 Hochkommissar in Südafrika, übte Milner prägenden Einfluß auf eine Riege junger Politiker aus, namentlich auf Philip Henry Kerr (1882–1940), 11th Marquess of Lothian, der von 1910 bis 1916 *The Round Table* herausgab und von Januar 1917 bis März 1921 Privatsekretär von David Lloyd George wurde. Kerr schrieb 1910 zum Verhältnis der in dieser Untersuchung behandelten Staaten: »The central fact of the international situation to-day is the antagonism between England and Germany. [...] During the years of her supremacy has [England] lifted a finger against the United States, which have now a population twice her own and resources immeasurably greater? No, for the ideals of the United States, like her own, are essentially unaggressive and threaten their neighbours no harm. But Germanism, in its want of liberalism, its pride, its aggressive nationalism, is dangerous, and she feels instinctively that if it is allowed to become all powerful it will destroy her freedom, and with it the foundation of liberty on which the Empire rests.« ANONYMUS [Philip KERR], Foreign affairs: Anglo-German rivalry, in: The Round Table, Bd. 1 (1910), S. 26 f., zit. n. KENNEDY, Rise of Antagonism, S. 399.

⁶⁷ Charles Frederick Gurney Masterman (»C. F. G.«, 1874–1927) »one of the ›inheritors of unfulfilled renown‹« (R. C. K. Ensor), war von 1906 bis 1911 liberaler Unterhausabgeordneter und veröffentlichte 1909 ein vielbeachtetes Werk zum edwardianischen England: C. F. G. MASTERMAN, The Condition of England, London 1909; Zitat in: R. C. K. Ensor in der *Sunday Times* vom 6. August 1939: A Portrait of Charles Masterman; vgl. READ, Crisis Age or Golden Age, S. 21; WELLS, Experiment in Autobiography, S. 761.

⁶⁸ AMERY, My political Life, Bd. 1, S. 224.

⁶⁹ Amery berichtet, wie sich die »Coefficients« von einer Zusammenkunft mit unmittelbaren politischen Absichten zu einem »dining club for the informal discussion of serious topics« wandelten und auf diese Weise weitere prominente Mitglieder anzogen. Amery macht auch deutlich, daß die »Coefficients« das kaum kaschierte Vorbild des *Pentagram Circle* sind, und gibt detaillierte Beschreibungen der Charaktere und Motive einzelner Mitglieder. Ebenda, S. 224–231, Zit. S. 224. Von gleicher Bedeutung waren die bereits erwähnten »Compatriots«, die im Januar 1904 entstanden, einen sehr ähnlichen Kreis von Teilnehmern hatten und ihre zahlreichen Vorträge schon zeitgenössisch veröffentlichten. Wenngleich die Hochphase des politischen Einflusses im Jahrzehnt vor dem Ersten Weltkrieg lag, blieben die »Compatriots« über Jahrzehnte ein »dininig club of Members of Parliament and others who meet three or four times a year to discuss some topic of Imperial importance and to drink the toast of *Communis Patria*, our wider home«. Ebenda, S. 265.

tion exercised us greatly. Our meetings were pervaded by the feeling that all things moved towards a day of reckoning with Germany.«[70] Wells reflektiert die publizistische Erregung im Rüstungswettlauf und den öffentlichen Ruf nach mehr *Dreadnoughts*, der 1909 mit dem fordernden »We want eight, and we won't wait« erscholl. Nichts dagegen sei zu hören gewesen »about our national waste of inventive talent, our mean standard of intellectual attainment, our disingenuous criticism, and the consequent failure to distinguish men of quality needed to carry on the modern type of war.«[71] Als Ursache dieser »Ungleichzeitigkeit« identifiziert Wells das retardierende Moment des viktorianischen Konservatismus und ironisiert die »old Middle Victorian persuasion that whatever is inconvenient or disagreeable to the English mind could be annihilated by not thinking about it«.[72]

Diese Weltsicht konzentrierte Wells im Roman zu einer provozierenden Rede Remingtons vor dem *Pentagram Circle* mit dem Thema »The World Exists for Exceptional People«, womit er meinte: »The World Exists for Mental Hinterland«. Der »mental hinterlander« war nicht pejorativ gemeint, sondern sollte darauf verweisen, daß der eigentliche geistige Fundus des Landes dort verborgen lag. Wells ließ Remington argumentieren: »... all human life was virtually aristocratic; people must either recognize aristocracy in general or else follow leaders, which is aristocracy in particular«, was bedeutete, »that the reality of human progress lay necessarily through the establishment of freedoms for the human best and a collective receptivity and understanding. [...] I expediated on the small proportion of the available ability that is really serving humanity today. ›I suppose to-day all the thought, all the art, all the increments of knowledge that matter, are supplied so far as the English-speaking community is concerned by – how many? – by three or four thousand individuals.« Darauf ließ er einen Zuhörer »Less« einwerfen und fuhr fort: » ›By, to be more precise, the mental hinterlands of three or four thousand individuals. We who know some of the band entertain no illusions as to their innate rarity. We know that they are just the few out of many, the few who got in our world of chance and confusion, the timely stimulus, the apt suggestion at the fortunate moment, the needed training, the leisure. The rest are lost in the crowd [...].« Wells hatte einen Zuhörer bereits »Superman rubbish – Nietzsche, Shaw!« einwerfen lassen und führte dann auf seinen eigentlichen Punkt: »No man lives a life of intellectual productivity alone; he needs not only material and opportunity, but helpers, resonators. Round and about what I might call the *real* men, you want the sympathetic co-operators, who help by understanding. It isn't that our – *salt* of three or four thousand is needlessly rare; it is sustained by far too small and undifferentiated a public.« Hier lag das eigentliche Problem, und dieses Defizit zu beseitigen, war

---

[70] WELLS, The New Machiavelli, S. 352.
[71] Ebenda, S. 353.
[72] Ebenda, S. 352.

die Aufgabe des Staates »by the quite revolutionary development of the educational machinery, but by a still more unprecedented attempt to keep science going, to keep literature going, and to keep what is the necessary spur of all sciences and literature, an intelligent and appreciative criticism going.«[73]

Indem Wells hier Remington für eine »Aristokratie der Besten« durch wettbewerbliche Auswahl als charakteristisches Thema der »Coefficients« plädieren ließ, spiegelte er die seinerzeit empfundenen Defizite der englischen Gegenwart im Vergleich zum Deutschen Reich wider. Die »deutsche Gefahr« manifestierte sich den Diskutanten als alternatives Zivilisationsmodell: »Germany is beating England in every matter upon which competition is possible, because she attended sedulously to her collective mind for sixty pregnant years, because in spite of tremendous defects she is still far more anxious for quality in achievement than we are.«[74] Dieser Gefahr zu begegnen, war die Aufgabe der gegenwärtigen Generation. Und die Lösung durfte sich nicht nur im Bau neuer *Dreadnoughts* erschöpfen, sondern sie lag auch darin, mit staatlichen Mitteln endlich die Ressourcen des »mental hinterland« zu erschließen.

Zugleich reflektierte Wells die Perzeption der modernen, vernetzten Welt, wie sie sich dem, der zu ihrer Wahrnehmung bereit und fähig war, aus der Perspektive der Londoner Regierungsrealität darbot, wie sie die Mitglieder der »Coefficients« aus eigener Anschauung und nicht selten als Insider des Regierungsapparates kannten: Die Gebäude der Admiralität und des Kriegsministeriums »with their tall Marconi masts sending out invisible threads of direction to the armies in the camps, to great fleets about the world«, dazu die Themse und »those narrow seas that part us from our rival nations«. Die mentale Landkarte wurde vervollständigt durch die bürokratische Realität im Verhältnis zur Größe des korrespondierenden Weltreiches, beschrieben durch »quadrangles and corridors of spacious greytoned offices in which undistinguished little men and little files of papers link us to the islands in the tropics, to frozen wilderness gashed for gold, to vast templestudded plains, to forest worlds and mountain worlds, to ports and fortresses and lighthouses and watchtowers and grazing lands and corn lands all about the globe«.[75] Was Wells hier literarisch zusammenfaßte, spiegelte die Weltsicht und die »mental maps«, mithin einen

---

[73] Ebenda, S. 342–345, Hervorhebungen im Original.

[74] Ebenda, S. 353. Wie sehr diese Argumentation die tatsächlichen Befürchtungen dieses Kreises widerspiegelte, wird etwa aus James Garvins Formulierung vom März 1904 vor den »Compatriots« deutlich, als er meinte: »... in a couple of decades more we shall be surpassed, by Germany at least, in imports as well as in exports, and therefore in total value of trade. That is a far more important point than any that has been made to exports. For if Germany is to excel us in the total volume of her trade she must ultimately displace us in shipping.« James L. GARVIN, The Principles of constructive Economics as applied to the Maintenance of Empire, in: Compatriot's Club Lectures, First Series, S. 1–81, hier S. 23, wieder abgedruckt in: Ewen GREEN (Hrsg.), The Ideals of Empire. Political and Economic Thought 1903–1913, Bd. 3: Compatriot's Club Lectures. With a new introduction by Ewen Green, London 1998.

[75] WELLS, The New Machiavelli, S. 305.

bedeutenden Teil des Weltbildes jener einflußreichen Generationengruppe, der immerhin der Außenminister und der Kriegsminister angehörten.[76]

»If the world's efficiency can only be maintained by competition«, hatte der gleichfalls zu diesem Kreis gehörende Halford Mackinder 1905 geäußert, »it is well that it should be a competition in which the whole energies of the peoples are tested. Excessive militarism defeats itself, no doubt; but also does excessive commercialism, or excessive development in any direction.«[77] Mackinder kritisierte ähnlich wie Wells die soziale Gleichgültigkeit der britischen Gesellschaft, weil sie das für die Zukunftssicherheit notwendige Potential der »Humanressourcen« vernachlässigte: »Are not our slums to a very great extent the crapheaps of abandoned and disused portions of our national man-power?«[78] Schaden und Nutzen schlugen sich, wie auch Wells geschrieben hatte, über Generationen nieder. Der Vergleich mit dem Deutschen Reich war in den Anspielungen auf den Militarismus und die Sozialpolitik unübersehbar.[79] Mackinder wies darüber hinaus ausdrücklich auf die langfristig angelegte preußische »education policy« nach den Niederlagen gegen Napoleon hin, die im Ergebnis »prepared the victory of Sedan two generations later«.[80] Die Argumentation sowohl bei Wells als auch bei Mackinder offenbart zweierlei: erstens die akut empfundene Bedrohung der Grundlagen des britischen Empire durch eine mangelhafte Adaption der globalen Wandlungen mitsamt der beschränkten Reaktion in den Rekrutierungs- und Ausbildungsmechanismen der traditionellen Eliten und demgegenüber zweitens die Perzeption einer offensichtlichen Überlegenheit des deutschen Zivilisationsmodells.

Welche Bedeutung die zugrundeliegende politische Zivilisationsideologie in der *ultima ratio* der militärischen Perspektive für die deutsch-britische und deutsch-amerikanische Entfremdung einerseits und die britisch-amerikanische Annäherung andererseits besaß, illustrierte jenseits des Atlantiks Alfred Thayer Mahan, als er etwa gleichzeitig mit dem Erscheinen von Wells' Roman in der *Daily Mail* über »Britain & The German Navy« schrieb[81]: »The huge de-

---

[76] Ein Gutteil der Argumentation des *New Machiavelli* zu den Hintergründen der deutschen Überlegenheit hätte auch direkt aus der Feder von Richard Haldane stammen können. Vgl. auch AMERY, My political Life, Bd. 1, S. 222–231.

[77] MACKINDER, Man-Power, S. 142.

[78] Ebenda.

[79] Er charakterisierte »Social Economics« als »precisely the revolt against the economics of mere wealth which is here referred to«. Ebenda, S. 142.

[80] Ebenda. Als Überblick zum »objektiven« Vergleich der beiden »Systeme« vgl. POLLARD, Britain's Prime and Britain's Decline, S. 143–162 (German Education and Science Research), S. 162–194 (British Science, Education and Research).

[81] Alfred Thayer MAHAN, Britain & The German Navy, in: The Daily Mail, 4. Juli 1910, wieder abgedr. in: HATTENDORF, Mahan on naval Strategy, S. 359–367; vgl. auch MAHAN, Germany's Naval Ambition, in: Collier's Weekly Bd. 63, 24. April 1909, S. 12 f.; MAHAN, The present predominance of Germany in Europe – Its foundations and tendencies, in: Ders., The interest of America in international conditions, Boston 1915, S. 69–124, wo er u. a. festhielt: »[...] the condition and strength of Great Britain is a matter of national interest to every

velopment of the German Navy within the past decade, and the assurance that the present rate of expenditure [...] will be maintained for several years to come, is a matter of general international importance.« Dabei gehe es nicht darum, »what Germany means to do with this force, which already is second only to that of Great Britain«, sondern: »The real subject for the reflection of every person, statesman or private, patriotically interested in his country's future is the simple existence present, and still more prospective, of a new international factor, to be reckoned in all calculations where oppositions of national interest may arise.« Es sei weniger von Interesse, ob das Deutsche Reich die Monroe-Doktrin akzeptiere oder »whether Germany has any far-reaching purposes of invading Great Britain or of dismembering her Empire«.[82] Entscheidend sei vielmehr, daß man erst gar nicht vom Charakter der deutschen Intentionen abhängig werde, sondern prinzipiell vorbereitet sei, denn »timeliness of precaution« sei ein »essential element«.

Hier nun kommt auch nach Mahans Auffassung die Frage des politisch-gesellschaftlichen Organisationssystems ins Spiel: »In this characteristic of precautionary action a democracy like that of Great Britain stands at a grave disadvantage towards a people like the German, accustomed to a strong Government. A German writer has said recently, ›In Germany we hold a strong *independent* Government, *assisted* by a democratic Parliament, to be a better scheme than the continual change of party rule customary in England.‹[83] This was substantially the view of James I and Charles I in England, and we know what came of it; but it is the German position to-day. Few Englishmen or Americans will accept it; I certainly do not; but for the organization of force in the hands of a capable Government, such as that of Germany has shown itself hitherto to be, the scheme is much more efficient [...] and as between Germany and Great Britain, Government in Germany is, as Government, much more efficient for organized action [...]. This is the fundamental condition which the British democracy of to-day has to recognize as regards their national security, upon which their economic future [...] depends: that they stand face to face with a nation one-fourth more numerous than themselves, and one more highly organized for the sustainment by force of a national policy. It is so because it has a Government more efficient in the ordering of national life, in that it can be, and is, more consecutive in purpose than one balanced unsteadily upon the shoulders of a shifting popular ma-

---

other community. With her far more liberal institutions and consequent weaker organization of force, replete to satiety with colonial possessions, she has no adequate stimulus to aggression, least of all against the United States; nor has she in these days of organization of national efficiency, of which Germany is at present the consumate and unrivalled example.« Ebenda, S. 75 f.

[82] MAHAN, Britain & The German Navy, S. 359.

[83] So Hans DELBRÜCK, in: Contemporary Review, Oktober 1909, S. 406; Hervorhebungen durch Mahan.

jority.«⁸⁴ [...] »Democracies have had various tasks thrown upon them at various times, but never perhaps one equal in difficulty to that which confronts the democracy of Great Britain.«⁸⁵ [...] »The menacing feature in the future is the apparent indisposition and slackness of the new voters of the last half-century over against the resolute spirit and tremendous faculty for organizing strength evident in Germany.«⁸⁶

Die »Wende-Generation« um Edward Grey, Richard Haldane und andere, deren Diskurse und Weltbilder Wells im *New Machiavelli* wiedergab und deren »Sorgen« im Vergleich mit Deutschland sowohl Mackinder wie Mahan in ihren publizistischen Äußerungen spiegelten, kam mit der Regierungsübernahme nach Balfours Rücktritt im Dezember 1905 zu ihrer eigentlichen politischen Wirksamkeit. Die außenpolitische Stellung Großbritanniens hatte sich in den vergangenen Jahren durch das Bündnis mit Japan 1902 und die *Entente Cordiale* mit Frankreich 1904 grundlegend gewandelt.⁸⁷ Die Vereinbarungen mit den Vereinigten Staaten über Alaska, Venezuela und den mittelamerikanischen Kanal besiegelten eine Umkehr in den bilateralen Beziehungen, die mit der Beilegung des ersten Venezuela-Konfliktes zehn Jahre zuvor ihren Anfang genommen hatte.⁸⁸ Britische Sicherheit wurde nicht mehr über »splendid isolation«, sondern über Teilrückzug und Verflechtung erstrebt. Die Anbindung Rußlands an die *Entente Cordiale* beschloß diese globale Wandlung. Motivierend für zahlreiche Einzelentscheidungen der britischen Führung war, wie schon betont wurde, neben der allgemeinen Überspannung des globalen Engagements immer wieder die Perzeption der internationalen Politik des Deutschen Reiches. Die deutschen Signale aus Flottenbau, Heeresrüstung und Außenpolitik trafen nun gegen Ende der Scharnierzeit auf eine Generation, die noch einige Grade empfindlicher reagierte als jene, die schon den bisherigen Wandel betrieben hatte. Eine Umkehr der internationalen Politik und eine Entspannung des deutsch-britischen Verhältnisses mußte in der Kombination aus außenpolitischen Konsequenzen der Scharnierzeit und diesem Generationenwechsel doppelt schwierig erscheinen.

---

⁸⁴ MAHAN, Britain & The German Navy, S. 360 f.
⁸⁵ Ebenda, S. 364.
⁸⁶ Ebenda, S. 366.
⁸⁷ Nach wie vor ein Standardwerk: MONGER, End of Isolation; vgl. ANDREW, Théophile Delcassé.
⁸⁸ CAMPBELL, Great Britain and the United States, S. 48–126, 156–185; ANDERSON, Race and Rapprochement, S. 95–111; MOWAT, Lord Pauncefote, S. 172–202, 260–291; BOURNE, Britain and the Balance of Power, S. 313–351; vgl. auch PERKINS, Great Rapprochement, S. 209–240.

4. Bertie und Hardinge, Tyrrell und Crowe

Die wichtigsten Mitarbeiter des Foreign Office, denen das Deutsche Reich als Hauptgefahr britischer Sicherheit erschien, waren Francis Bertie und Charles Hardinge. Bertie, der stellvertretende Unterstaatssekretär von 1894 bis 1903, fiel mit dem Geburtsjahrgang 1844 aus dem Erziehungszusammenhang der »Wende-Generation« heraus. Er war damit nur drei Jahre jünger als sein Vorgesetzter Thomas Sanderson, gegen dessen deutschneutrale Haltung so viele Angehörige der »Wende-Generation« von Charles Hardinge (*1858) und Spring Rice (*1859) bis Eyre Crowe (*1864) opponierten und dessen Abgang 1906 die angesprochene Zäsur unterstreicht. Trotz seines Alters gehörte Bertie »mental« zu dieser Gruppe, und seine eigentliche Wirkungsphase war mit der ihren nahezu deckungsgleich. Auch der Familienhintergrund ist demjenigen von Spring Rice, Charles Hardinge und anderen »nachgeborenen Söhnen« vergleichbar: Sein Stammbaum als zweiter Sohn von Lord Montagu Norreys, dem späteren sechsten Earl of Abingdon, war beeindruckend. Seine späteren »Ansprüche« auf die Pariser Botschaft in der Rue du Faubourg St. Honoré (»a perfect example of what a rich gentleman's house should be«[89]), die er mit einigem Recht als den nicht weiter zu steigernden Höhepunkt seiner Karriere ansah, meinte er, halb ironisch, halb ernsthaft, auch damit begründen zu können, daß schon einer seiner entfernten Vorfahren, Lord Norreys of Rycoote, als Gesandter Elisabeths I. am französischen Hof gedient hatte und daß sein Schwiegervater als Botschafter bei Napoleon III. akkreditiert gewesen war.[90] Berties Vater gehörte nicht zur reichen Aristokratie, im Gegenteil. So zeichnete sich für den Sohn schon in den Jugendjahren die Notwendigkeit ab, eine ausreichend bezahlte Tätigkeit anzustreben.[91] Er fügte sich damit ein in jene schon beschriebene breite »Mittelschicht« der Aristokratie, die aus materiellen Gründen gezwungen war, ihren Lebensunterhalt durch den Dienst am Staat zu erarbeiten.[92] Auch bei Bertie waren die gesellschaftlichen Verflechtungen bedeutend, nicht nur über seine Club-Mitgliedschaften[93], sondern vor allem über seine Familie, durch die er mit dem Privatsekretär des Kronprinzen und dessen Hof verbunden

---

[89] GLADWYN, Paris Embassy, S. 241; vgl. CANNADINE, Decline and Fall, S. 284.

[90] HAMILTON, Bertie of Thame, S. 3.

[91] Erst nach dem Tod des Vaters erbte er die Besitzungen der Familie in Oxfordshire, die ihm einen jährlichen Ertrag von £ 6 925,- einbrachten. Ebenda, S. 4. Das war im Vergleich zu den wirklich reichen Aristokraten in der Politik wie Rosebery, Curzon oder Lansdowne nicht üppig, aber im Verhältnis zu seinem Diensteinkommen eine bedeutende Summe.

[92] Vgl. CANNADINE, Decline and Fall, S. 286 mit zahlreichen Beispielen.

[93] Bertie war Mitglied in den Clubs St. James's, Travellers, Brooks und The Turf, wo er nützlicherweise gelegentlich mit Alfred de Rothschild zusammentraf. STEINER, Foreign Office and Foreign Policy, S. 37, Anm. 3.

war.[94] Seine Zeit als Pariser Botschafter von 1905 bis 1918 empfand er nicht allein als angemessene Belohnung für die vierzig Jahre Dienst zuvor, sondern auch als fast missionarische Aufgabe, bei der er durch die Zusammenarbeit mit Frankreich jene Gefahr abzuwenden gedachte, deren Wahrnehmung er schon als Unterstaatssekretär regelmäßig formuliert hatte: die Bedrohung durch das Deutsche Reich.[95]

Berties Kommentare zur deutschen Politik heben sich im Tonfall und der unterschwelligen Aggressivität vom Durchschnitt des Foreign Office ab und lassen eher Vergleiche mit den burschikosen Formulierungen Wilhelms II. in den Sinn kommen.[96] Allerdings zeichneten sich Berties grundsätzliche Analysen durch eine stringente Schärfe des Blicks aus, etwa in seiner Erörterung des Für und Wider einer formalen Defensivallianz mit dem Deutschen Reich, in der es für Großbritannien tatsächlich wenig zu gewinnen, aber viel außenpolitische Handlungsfreiheit zu verlieren gab.[97] Bereits während der Diskussion um die deutsch-britisch-amerikanischen Beziehungen im Gefolge des spanisch-amerikanischen Krieges hatte er gegenüber Hatzfeldt mit Blick auf die Vereinigten

---

[94] Ebenda, S. 37.

[95] Der deutsche Botschafter in Paris, Radolin, berichtete kurz nach Berties Amtsantritt in der französischen Hauptstadt von einem Gespräch mit einem Informanten von der Insel, daß »in England Mr. Balfour nicht für Deutschlands Freund, Lord Lansdowne nicht für unseren Feind, Sir F[ranscis] Bertie hingegen für einen ausgesprochenen Gegner Deutschlands« galt. Radolin an Bülow, 25. April 1905, GP 20/2, Nr. 6847, S. 616.

[96] »The Germans want to push us into the water and steal our clothes«, kommentierte er im März 1901 einen Bericht, wonach der deutsche Unterstaatssekretär Mühlberg zum japanischen Gesandten gemeint hatte, im Falle eines fernöstlichen Konflikts werde England wohl die Japaner unterstützen. Bertie an Salisbury, 9. März 1901, PRO FO 46/545; HAMILTON, Bertie of Thame, S. 26 f. m. Anm. 45.

[97] Memorandum Berties vom 9. November 1901, in: BD 2, Nr. 91, S. 73–76: »Germany is in a dangerous situation in Europe. She is surrounded by Governments who distrust her and peoples who dislike or at all events do not like her. [...] The interests of England and Germany are not everywhere identical. In some parts of the world they are irreconcilable. For instance, Germany, whose intention it is to become a great naval power, requires coaling stations which she can fortify.« Diese müßten auf den »highways of trade« (eine eindeutige Anspielung auf Mahans Theorie) erworben werden, von Spanien, Portugal oder Holland, jedenfalls zum Nachteil Englands. »If Germany seeks a station in the Mediterranean it must be obtained from Morocco, Spain, Greece or Turkey, and to the detriment of our naval position. I do not mention her ambitions in the American Seas. They may safely be left to be dealt with by the United States. [...] In our present position we hold the balance of power between the Triple alliance and Dual Alliances. There is but little chance of a combination between them against us. Our existence as a Great and strong State is necessary to all in order to preserve the balance of power.« Eine klare Sicht der deutschen Optionen, ein festes Vertrauen in die Eigeninteressen der Vereinigten Staaten und eine Erwartung, daß das Deutsche Reich im Zweifelsfall gar nicht anders könne, als Großbritannien beizustehen, wenn es aufgrund eines Krieges mit wem auch immer seine Rolle als Gegengewicht gegen Rußland und Frankreich verlieren sollte, bildeten das Grundgerüst seiner Argumentation. Sie entsprach in der Tat den optimalen britischen Optionen und erwies sich als historisch richtig, zumal das Deutsche Reich seinen Anteil dazu beitrug, die Briten noch weiter auf die französisch-russische Seite zu drängen.

Staaten geäußert, »daß heutzutage die Rassengemeinschaft eine große Rolle in der Politik spiele«.[98] Als Hatzfeldt einwarf, »daß sich mit einer so starken Flotte wie die englische und die amerikanische zusammen allerdings viel, aber doch nicht alles ohne entsprechende Armee ausrichten lasse«, erwiderte Bertie, »daß dies wohl richtig sei, und fügte dann hinzu, daß die Lage für alle Beteiligten noch viel besser sein würde, wenn England, Amerika und Deutschland zusammengingen. Aber auch die bloße Vereinigung der beiden Flotten würde schon den unendlichen Vorteil bieten, die heimatlichen Küsten der Beteiligten gegen Angriffe Dritter für längere Zeit unbedingt sicherzustellen.« Hatzfeldt schloß daraus, daß man auf britischer Seite »die Niederwerfung der amerikanischen Flotte sehr ungern zugeben würde«.[99]

---

[98] Hatzfeldt an Holstein, 19. August 1898, in: Die geheimen Papiere Holsteins, Bd. 4, Nr. 667, S. 83.

[99] Ebenda. Hatzfeldt reagierte damit auf einen bemerkenswerten Gedanken Holsteins, der meinte, für den Fall einer deutsch-amerikanischen Auseinandersetzung würde die deutsche Marine »wohl ziemlich schnell mit der [amerikanischen] Flotte fertig werden und durch Brandschatzung der großen Hafenstädte der Kriegslust ein Ende machen«! Holstein an Hatzfeldt, ebenda, Nr. 666, S. 82. Der Kaiser verkündete im Februar 1895 bei einem Vortrag in der Königlichen Kriegs-Akademie in der Absicht, seine Marinepläne zu begründen, ohne Kriegsflotte »wäre das Deutsche Reich absolut nicht im Stande, gegen Amerika auch nur irgend etwas durchzusetzen, sowie es Amerika nicht will«. Kaiser Wilhelm II., Vortrag in der Königlichen Kriegs-Akademie am 8. Februar 1895, BA-MA Freiburg, N 160/13, zit. n. RÖHL, Wilhelm II. 1888–1900, S. 1119. Daß Holsteins Amerikaverständnis trotz seines früheren Aufenthalts dort wenig realistisch war, illustriert auch seine Einschätzung im Zusammenhang mit den sogenannten deutsch-britischen Bündnissondierungen vom Frühjahr/Sommer 1898. Mit Blick auf das Deutsche Reich plädierte er bekanntlich für eine abwartende Haltung in der Bündnisfrage, weil sie die eigene Handlungsfreiheit bewahre und den künftig von Großbritannien gezahlten Preis für eine Verbindung mit Deutschland tendenziell erhöhen werde. Wenn die Vereinigten Staaten sich auf ein Bündnis mit Großbritannien einließen (was diese seiner Meinung nach erstrebten, »weil dann die Herrschaft über die Meere des Erdballs diesen beiden – etwa noch mit Japan als Dritten im Bunde – während der nächsten Jahre nicht würde streitig gemacht werden können«), dann würde »Amerika an seinem Leibe die Folgen dieses Bündnisses spüren«, weil sich Europas Kontinentalmächte dann gezwungen sehen würden, geeint aufzutreten. Dadurch würde wiederum »Amerika gezwungen sein, sich gleichfalls in eine Militär- oder wenigstens Seemacht ersten Ranges umzuwandeln und werde also auf die Art auch seinerseits zu der Lösung des Problems beitragen, welches gegenwärtig in Frankreich studiert wird, ob nämlich sogenannte freiheitlich republikanische Institutionen auf die Dauer in einem Militärstaat möglich bleiben. Um der Ungewißheit und Gefahr zu entgehen, welche dieser Ausblick zeigt, gebe es für Amerika nur das eine Mittel, sich mit Deutschland freundlich zu stellen.« Holstein an Eulenburg, 21. Juli 1898, EULENBURG, Korrespondenz, Bd. 3, Nr. 1382, S. 1914 f. Holsteins Quintessenz – nur Freundlichkeit mit Deutschland verhindere die »Notwendigkeit umfassender Rüstungen« der Vereinigten Staaten – zeugt ebenso von geringem Verständnis für die gesellschaftlich-zivilisatorische Grundstimmung jenseits des Atlantiks, wie sie die amerikanische Ressourcen-Mobilisierbarkeit ohne gleichzeitige »Militarisierung« unterschätzt, die gerade erst im spanisch-amerikanischen Krieg deutlich geworden war. Zu Holsteins Erfahrungen in Südamerika (Sommer 1863 bis Sommer 1865) und den Vereinigten Staaten (Sommer 1865 bis Sommer 1867) vgl. Norman RICH, Eine Bemerkung über Friedrich von Holsteins Aufenthalt in Amerika, in: HZ 186 (1958), S. 80–86; ders., Friedrich von Holstein, Bd. 1, S. 29–37.

Zur Jahrhundertwende arbeitete Bertie die weltpolitische Dimension der deutschen Flottenrüstung in ihren Weiterungen für die britische Position klar heraus. Wenn Deutschland eine navale Weltmacht werden wollte, brauchte es befestigte Stützpunkte rund um den Globus. Das konnte nur auf Kosten der alten und schwachen Kolonialmächte funktionieren und nur zu Lasten Englands, dem dann statt einer altersschwachen Macht wie Portugal oder Spanien nunmehr eine hochmoderne europäische Zukunftsmacht gegenüberstand. Im Kern ging es also um weit mehr als nur die Frage einer deutsch-englischen Defensivallianz. Es ging um die Frage, inwieweit dem Deutschen Reich ein weltpolitisches Wachstum zuzugestehen war, welches das britische Reich eo ipso bedrohen mußte. Und wenn Deutschland sich auf den Flottenaufbau in der Nordsee konzentrierte, wie es das im Sinne der Tirpitz-Aufrüstung tat, dann trat jene Bedrohungsperzeption zu Tage, die wenige Wochen zuvor Salisbury mit Rückblick auf Napoleon formuliert hatte: Isolation war ein Vorteil und die britische Sicherheit nur durch »command of the sea« zu gewährleisten, was nun bedeute »to command the Channel«.[100]

Aber nicht nur in Berties Analysen kam ein wachsendes grundsätzliches Mißtrauen gegen die deutsche Diplomatie und Außenpolitik zum Ausdruck, das von zunehmend mehr Rezipienten in der englischen Führungsschicht geteilt wurde.[101] Insbesondere die deutsche Ablehnung, ja der in der deutschen Öffentlichkeit aufkommende Haß gegen die Engländer im Burenkrieg hatte viele überrascht[102], so daß selbst der an sich nicht deutschfeindliche Sanderson im Hinblick auf die Deutschen konstatierte: »There is a settled dislike of them, and

---

[100] Memorandum Salisburys zur Frage einer Allianz mit Deutschland, 29. Mai 1901, BD 2 Nr. 86, S. 68. Hier findet sich auch die vielzitierte Antwort auf die (von Hatzfeldt als Bündnisargument vorgebrachte) Feststellung, Großbritannien sei gefährlich isoliert: »*Have we ever felt the danger practically?* [...] *It would hardly be wise to incur novel and most onerous obligations, in order to guard against a danger in whose existence we have no historical reason for believing.*« Hervorhebung im Original.

[101] »She is always ready with information for our consumption of Russian and French intrigues and probably she supplies the Russian and French Governments with particulars of our sinister designs.« Memorandum Berties vom 9. November 1901, in: BD 2, Nr. 91, S. 74. An Spring Rice schrieb er: »... they [die Deutschen] come to us with reports of Russian and French intrigues and intentions and they probably feed France with the same stuff as to what we have done and are doing. They also do all they can to make bad blood between us and the Americans and they sow distrust of us in the minds of the Spanish Government.« Bertie an Spring Rice, 26. Dezember 1902, Spring Rice MSS, CASR 1/2; HAMILTON, Bertie of Thame, S. 32.

[102] »The ill-will of France and Russia was to be expected & to a certain extent excusable. But that Germany should have displayed such rancorous hatred had come as a surprise even to those who were under no illusions as to the unscrupulousness of her policy.« Valentine Chirol an Lascelles, 6. März 1900, Spring Rice MSS, CASR 1/14; HAMILTON, Bertie of Thame, S. 32 f., Anm. 61. Vgl. MOMMSEN, Großmachtstellung und Weltpolitik, S. 154; SCHIEDER, Staatensystem, S. 278; vgl. auch KENNEDY, Rise of Antagonism, S. 239–247; MEINECKE, Bündnisproblem, S. 144–162.

an impression that they are ready and anxious to play on us any shabby trick they can.«[103]

Charles Hardinge wiederum prägte das Foreign Office unter Grey von 1906 bis 1910 in einer Weise, die Zara Steiner in ihrer einschlägigen Untersuchung dazu veranlaßt hat, von »Hardinge's regime« zu sprechen.[104] Hardinge galt allgemein als »one of the brightest stars in the diplomatic service«[105] und gehörte ähnlich Spring Rice zu den »eccentrics and misfits«. Der Unterstaatssekretär »went to see the Queen with a black morning coat hastily put on as an afterthought over brown tweed trousers and waistcoat and [...] would ›dictate at random brilliant letters and memoranda on any subject and in almost any language without taking notice whether anyone was there to take down or not‹«.[106] Nach Victorias Tod avancierte Hardinge zum erklärten Favoriten König Edwards, was auch im Außenministerium nicht ohne Kritik blieb: »The officials of the Foreign Office were mostly men of considerable competence, mildly annoyed by the new King's unabashed favouritism of young – well, relatively young – Charles Hardinge. They had no wish to set the Thames afire but were well trained to perform drier duties.«[107]

Hardinge hat geschildert, daß die »Herrschaftspraxis« unter dem neuen Außenminister Grey eher dem einer kollegialen Erörterung unter Gleichen als der hierarchischen Struktur einer Behörde folgte.[108] Ein solches Verfahren markiert in der täglichen Praxis der außenpolitischen Geschäftsführung einen deutlichen Kontrast zur Arbeit des Auswärtigen Amtes. Dieses mußte sich stets gegen mehrere Störmöglichkeiten zugleich wappnen, die einer stringenten Formulierung und langfristigen Durchsetzung außenpolitischer Strategien im Wege standen, namentlich gegen die kaiserlichen Einmischungen sowie weitgehend unbeeinflußbare, aber außenpolitisch wirkungsreiche Aktionen, beispielsweise durch Tirpitz. Grey überließ Hardinge während der Jahre, in denen dieser sein Unterstaatssekretär war, den Schriftverkehr mit seinen Gesandten und Botschaftern. Hardinge war gewillt, unter Grey zu führen, und gab freimütig Rat, ob dieser nun angenehm sein mochte oder nicht. Er hatte Erfahrung, eine klare Meinung, und Grey stellte fest, daß er sich auf ihn verlassen konnte und angesichts seiner eigenen Verpflichtungen im Unterhaus auch verlassen mußte.[109] Man darf vermuten, daß nicht nur diese strukturellen Zwänge,

---

[103] Sanderson an Lascelles, 5. März 1902, PRO FO 800/10, Lascelles MSS; HAMILTON, Bertie of Thame, S. 33.
[104] STEINER, Foreign Office and Foreign Policy, S. 91–121.
[105] NEILSON, »Only a d...d. marionette«? S. 76.
[106] STEINER, Selected Diplomatic Memoirs, S. 175.
[107] VANSITTART, Mist Procession, London 1958, S. 44.
[108] HARDINGE, Old Diplomacy, S. 122.
[109] Als beste Gesamtdarstellung, strukturiert in Einzeluntersuchungen sowohl zu personellen und strukturellen Entwicklungen des Foreign Office als auch zu den bilateralen

sondern eben auch die gemeinsamen Erfahrungen des Colleges und die dort vermittelte geistige Haltung geeignet waren, ein solches rationalharmonisches Zusammenspiel zumindest zu erleichtern, wenn die beiderseitige Einstellung professionell blieb.[110]

Grey schilderte Spring Rice im Frühjahr 1907 seine Arbeit im Foreign Office und nahm Stellung zu Person und Stil Hardinges, der nicht allen Diplomaten behagte: »Hardinge hasn't got a gift of circumlocution and I have come to the conclusion that anyone who did would be intolerable in the F[oreign] O[ffice]; there isn't time for it.«[111] Zu den Umständen der eigenen politischen Existenz und weiteren Erfahrungen allgemeiner Beschleunigung resümierte er: »As for me I have given up writing [bags in the end][112] at all. This year I have to attend royal dinners and so forth and the result is that I sometimes work till 2 A.M. and begin work again at 7 A.M. My normal day begins at 9 and ends at midnight. [...] The weekend I spend alone out of London and that keeps me going.«[113]

Hardinge war schon vom Temperament her sofort bereit, die deutsche Herausforderung anzunehmen und einer der ersten gewesen, der die Flottenrüstung als das entscheidende Kriterium dieses Wettbewerbs angesehen hatte.[114] Die 1908 von ihm und Grey analysierten Berichte der deutschen Militärattachés mit teutonischen Invasionsszenarien betrachtete er dagegen vor allem als politische Drohinstrumente: »It seems to be hardly credible that the German government can seriously entertain such an idea. My own opinion is that the enormous fleet

---

Großmächtebeziehungen sowie allgemeinen außenpolitischen Entwicklungen bis in den Ersten Weltkrieg, bleibt maßgebend: HINSLEY (Hrsg.), British Foreign Policy.

[110] Charles Hardinge war mit seinem Geburtsjahrgang 1858 vier Jahre älter als Grey, und es spricht für die »professionelle« Orientierung des Außenministers, aus diesem Umstand keine kompensatorischen Autoritätskämpfe gegenüber dem älteren Untergeordneten abzuleiten, sondern vielmehr dessen Expertise so lange zu nutzen, wie er das Gefühl behielt, von ihm korrekt beraten, professionell ergänzt und nicht »gesteuert« zu werden.

[111] Grey an Spring Rice in Persien, 15. April 1907, FO 800/241. Vgl. Metternich an Bethmann Hollweg, 13. Mai 1910, GP 27/II, Nr. 10118, S. 792: »Die barsche Art des Unterstaatssekretärs ist bekannt. Der Ton, den er mitunter anschlägt, braucht deshalb nicht notwendig der Haltung zu entsprechen, die die englische Regierung einzunehmen wünscht.«

[112] Steht handschriftlich über dieser Zeile und meint die diplomatische Tageskorrespondenz.

[113] Grey an Spring Rice, 15. April 1907, PRO FO 800/241.

[114] STEINER, Foreign Office and Foreign Policy, S. 98. Steiners Arbeit bleibt die maßgebliche Studie zur Rolle der Mitarbeiter des Foreign Office in der Formulierung der britischen Außenpolitik vor 1914. Vgl. Neil HART, The Foreign Secretary, Lavenham, Suffolk 1987, S. 117–142; Raymond A. JONES, The Social Structure of the British Diplomatic Service 1815–1914, in: Histoire Sociale – Social History 14, no. 27, Mai 1981, S. 59–66, mit Korrekturen zu STEINER, Foreign Office and Foreign Policy, Appendix 3, S. 217–221, zu »Educational and family backgrounds, Foreign Office and Diplomatic Service candidates, 1898–1913«. Steiner stimmt nicht mit allen von Jones gezogenen Schlußfolgerungen überein, wie sie festhält: STEINER, Elitism and Foreign Policy, S. 53, Anm. 1. Vgl. auch Raymond A. JONES, The British Diplomatic Service 1815–1914, Waterloo, Ontario 1983, S. 139–151, und allgemein: Ders., The nineteenth-century Foreign Office. An administrative history, London 1971, S. 102–145.

which the Germans are building is intended rather to exert pressure upon us at a critical moment when we are involved in difficulties elsewhere than for the purpose of invading this country.«[115] Allerdings steigerten sich Hardinges Eindrücke vom Kaiser und sein mentales Deutschlandbild mit den Jahren im Foreign Office bisweilen zu einer Perzeption, die von reflexartiger Phobie und antigermanischer Paranoia nicht mehr weit entfernt lag.[116]

Zum außenpolitischen Umfeld der »Wende-Generation« sind auch William Tyrrell und Eyre Crowe zu zählen, die zeitgleich mit Hardinge im Foreign Office einflußreiche Positionen auf der mittleren Ebene einnahmen. Eyre Crowe kann mit einiger Berechtigung als Symbol des Mißlingens einer deutsch-britischen Symbiose analysiert werden.[117] Crowe hatte einen Karriereweg absolviert, der für Beamte des Foreign Office ungewöhnlich war, denn er hatte weder eine public school noch eine englische Universität besucht. Dennoch war er gleichsam die Personifikation des Außenamtsdiplomaten, der sich vollkommen seiner Aufgabe ergab. Ihm waren alle äußeren Einflüsse auf die außenpolitischen Entscheidungen der Behörde suspekt: »Crowe, even in the pre-war period, believed that all ›amateurs‹ and ›busybody‹ – which included almost everyone not in the Foreign Office – should be barred from diplomacy.« Er hielt die Rücksichtnahme auf Presse und öffentliche Meinung für überflüssig und »despised parliamentary manoeuverings and public campaigns«.[118] Durch seinen ausschließlich auf das Foreign Office fokussierten Ehrgeiz prägte Crowe das Denken zahlreicher jüngerer Diplomaten im Stil seines ausgewiesenen Mißtrauens gegen das Deutsche Reich, dessen drohendem Wesen er sein berühmt

---

[115] Hardinge an Goschen, 7. Dezember 1908, zit. n. STEINER, Foreign Office and Foreign Policy, S. 98.

[116] Vgl. seine Schilderung namentlich zur angeblichen Zahl deutscher Spione in: HARDINGE, Old Diplomacy, S. 180 f.

[117] Eyre A. Crowe (1864–1925) wurde in Leipzig geboren, wo sein Vater seit 1861 britischer Generalkonsul war. Seine Mutter war die Deutsche Asta von Barby. Crowe besuchte England erstmals kurz vor seinem Abitur 1882, erreichte aber schon 1885 die Aufnahme ins Foreign Office. Seit 1906 Senior Clerk, wurde er 1912 zum stellvertretenden Unterstaatssekretär und 1920 zum ständigen Unterstaatssekretär befördert. Crowe, der seit 1903 mit seiner verwitweten deutschen Cousine verheiratet war, behielt zeit seines Lebens einen deutlichen deutschen Akzent. Aus der Feder seiner Tochter stammt die bislang einzige umfassende Biographie, deren hagiographischer Tenor unüberlesbar ist: Sibyl CROWE/Edward CORP, Our Ablest Public Servant. Sir Eyre Crowe 1864–1925, Braunton, Devon 1993, vgl. bes. S. XI–XXIII. Vgl. Richard A. COSGROVE, Sir Eyre Crowe and the English Foreign Office, 1905–1914, Ph. D. University of California 1967; ders., The Career of Sir Eyre Crowe. A Reassessment, in: Albion 4 (1972), S. 193–205; KENNEDY, Old Diplomacy and New, S. 96. Ganz im Geist antibritischer Geschichtsschreibung der Zwischenkriegszeit: LUTZ, Eyre Crowe, sowie ders., Deutschfeindliche Kräfte. Vgl. auch die Notizen von Crowes Schwager, dem Militärkorrespondenten der Morning Post, Spenser WILKINSON, Thirty-Five Years, 1874–1909, London 1933, S. 187, 221 und S. 316–319 zu Parallelstellen zwischen einem Aufsatz Wilkinsons in National Awakening und dem Crowe-Memorandum.

[118] STEINER, Elitism and Foreign Policy, S. 25.

gewordenes Memorandum vom Januar 1907 gewidmet hatte, und das eine generationsprägende Perzeption des Deutschen Reiches widerspiegelt.[119]

William Tyrrell war, wie Richard Kühlmann[120] süffisant formulierte, »[i]m Gegensatz zu dem von Zeit zu Zeit gewichtige Memoranden verfassenden Sir Eyre Crowe [...] ein abgesagter Gegner irgendwelcher schriftlicher Äußerungen«.[121] Auch Tyrrell, der von 1907 bis 1915 als Privatsekretär Greys wirkte[122], war einige Jahre in Deutschland erzogen worden und sprach fließend deutsch.[123] Er war zunächst Secretary des Committee of Imperial Defence[124], bevor er zum Senior Clerk im Foreign Office avancierte. Auch an dieser Stelle erneuerten sich jahrzehntelange Verbindungen, denn Charles Hardinge kannte ihn noch aus Konstantinopel, wo Hardinge als Attaché und Tyrrell als zwölfjähriger Junge mit seiner Mutter, der Schwägerin des deutschen Botschaftsrats Radolin, gelebt hatte.[125] Kühlmann ging so weit zu behaupten, Tyrrell sei »die graue Eminenz des Foreign Office«[126] gewesen und »der wirkliche Leiter der englischen Außenpolitik«.[127] Ein solcher Einfluß, der in der Reichweite der Kühlmannschen Formulierung ohnehin übertrieben ist, wäre überhaupt erst nach Hardinges Abgang 1910 möglich gewesen. Aus seiner knapp zweijährigen Erfahrung mit dem Foreign Office perzipierte der deutsche Botschafter Lichnowsky, daß »Greys Einfluss [...] in allen Fragen der auswärtigen Politik nahezu unbeschränkt« gewesen sei: »Seine Autorität war unbestritten.« Bemerkenswert ist Lichnowskys Erstaunen, daß dies gelte, obwohl Grey »das Ausland garnicht [sic!] kennt und ausser einer kurzen Reise nach Paris niemals England

---

[119] Zur Rezeption innerhalb des Foreign Office und der Regierung vgl. STEINER, Foreign Office and Foreign Policy, S. 112, Anm. 1, und ausführlich COSGROVE, Crowe and the English Foreign Office. Das Crowe Memorandum wurde 1928 im Rahmen der offiziellen Aktenpublikation zu den Ursachen des Weltkrieges erstmals veröffentlicht: Memorandum on the Present State of British Relations with France and Germany, 1. Januar 1907, BD 3, Appendix A. Vgl. auch CROWE/CORP, Ablest Public Servant, S. XI.

[120] Richard von Kühlmann (1873–1948) war von 1908 bis 1914 Botschaftsrat an der deutschen Botschaft in London. Manche englischen Politiker hatten den Eindruck, daß Kühlmann insbesondere unter Lichnowsky (dem Botschafter von 1912 bis zum Kriegsbeginn) der eigentliche Vertreter der deutschen Führung in London gewesen sei. Herbert Henry ASQUITH, Der Ursprung des Krieges, München 1924, S. 121. Vgl. Richard von KÜHLMANN, Die Diplomaten, Berlin 1939; ders., Erinnerungen, Heidelberg 1948; Gregor SCHÖLLGEN, Richard von Kühlmann und das deutsch-englische Verhältnis 1912–1914, in: HZ 230 (1980), S. 293–337.

[121] KÜHLMANN, Erinnerungen, S. 341.

[122] STEINER, Foreign Office and Foreign Policy, S. 187–189.

[123] Wilhelm WIDENMANN, Marineattaché an der kaiserlichen Botschaft in London 1907–1912, Göttingen 1952, S. 36.

[124] Vgl. JOHNSON, Defence by Committee, S. 56.

[125] Frau Radolin und Mutter Tyrrell waren Schwestern.

[126] KÜHLMANN, Erinnerungen, S. 339.

[127] Ebenda, S. 340. Vgl. Lewis NAMIER, Avenues of History, London 1952, der bestreitet, daß Tyrrell und Kühlmann ein so enges Verhältnis hatten, wie von Kühlmann behauptet.

verlassen hatte«.[128] Die Forschung ist Lichnowskys Urteil gefolgt[129], so daß es sinnvoll erscheint, die Rolle Greys im Kontext der britischen Außenpolitik zu skizzieren. Dies geschieht unter dem Aspekt seiner Beziehung mit seinem engsten politischen Freund und Berater Richard Haldane, der wegen seiner Germanophilie in regelmäßiger Kritik stand. An beider Verhältnis wird erkennbar, daß weder der »Verdacht« gegen Haldane begründet war, noch daß Grey sich in irgendeiner Weise von dergleichen Konspirationsvermutungen beeinflussen ließ, was wiederum, trotz aller stets vorhandener Ressentiments im außenpolitischen Apparat[130], ein Bemühen um rationale Entscheidungsvorbereitung erkennen läßt.[131]

5. Haldane und Grey

Während Bertie, Hardinge und Crowe eindeutig eine skeptische Aversion gegen das Deutsche Reich besaßen, wurde Kriegsminister Richard Haldane zumeist das Gegenteil unterstellt.[132] Er hatte 1874 in Göttingen studiert, bewunderte vor allem die Philosophie des Landes und gestand deren prägenden Einfluß auf sein Denken.[133] Deutschland lag auf seiner mentalen Landkarte

[128] LICHNOWSKY, Meine Londoner Mission, S. 31 f.

[129] Zara S. STEINER, Britain and the Origins, S. 189, resümiert: »Grey made the final choices and until August 1914 was the master of his own ship.« Vgl. TREVELYAN, Grey of Fallodon, S. 167–169; ROBBINS, Grey, S. 200, 267 f., 283–285.

[130] Vgl. HALDANE, Autobiography, zur antideutschen Stimmung im Foreign Office S. 215; ähnlich S. 201, 245, 283 f.

[131] Die allgemeine Linie der Greyschen Außenpolitik – Sicherung der »balance of power«, Stärkung der Verbindungen zu Frankreich, Aufrechterhaltung der Beziehungen zu Japan und Rußland, verbunden mit der Greyschen Perzeption der deutschen Außenpolitik und dem Ziel der Sicherheit vor dem Deutschen Reich – wird sowohl in den von Hinsley edierten Studien unterstrichen als auch in den beiden einschlägigen Grey-Biographien von Trevelyan und Robbins ausführlich beschrieben. Zu den Beziehungen zum Deutschen Reich bes. TREVELYAN, Grey of Fallodon, S. 118 f., 209–216; ROBBINS, Grey, S. 173–178, 190–192, 200–207; STEINER, Britain and the Origins, S. 42–78, 94–109, 215–241. Vgl. auch GREY, Twenty-Five Years, Bd. 1, S. 100–122, 143–151; Bd. 2, S. 47–68. Weitere Darstellungen: MONGER, End of Isolation, S. 296–331 (bis 1907); HOWARD, Continental Commitment, S. 31–52; JOHNSON, Defence by Committee, S. 82–122.

[132] GREY, Twenty five years, Bd. 2, S. 68. Vgl. Richard Burdon HALDANE, Before the War, London 1920, S. 83–155; ders., Autobiography; Frederick MAURICE, Haldane 1856–1915. The Life of Viscount Haldane of Cloan K. T., O. M., London 1937.

[133] »It is quite true that I had been a pretty close student of German philosophy and literature«, schrieb er in seiner Autobiographie, »and had much admiration for the power of systematic reflection which distinguished the German people.« HALDANE, Autobiography, S. 283. So betonte er beispielsweise, daß »I had learned that if a book is really worth reading it must be read carefully through, and its standpoints mastered. That cuts indeed both ways, for it tends to reduce the number of books one can read.« Ebenda, S. 19. Haldane erhielt später die Ehrendoktorwürde der Göttinger Philosophischen Fakultät, sinnigerweise zusammen mit Admiral Alfred von Tirpitz! Memories (in der Version für seine Mutter Weihnachten 1917), NLS, Haldane Papers MSS 5920, S. 7.

derart nahe, daß er die Nordsee als »German Ocean« bezeichnete.[134] Haldane perzipierte das deutsche Gefühl des »being blocked out from her proper place in the sun« und hielt dazu eindeutig fest: »The truth was that she [Germany, M. B.] had in reality been born as a nation one hundred years too late.«[135]

Haldane und Grey standen in engstem persönlichen Kontakt, seit beide 1886 erstmals ins Unterhaus gewählt worden waren. Schon 1890 hatte Grey gegenüber Haldane bekannt: »Your influence will always be greatly indirect, and it will be your privilege never to be able to measure it. If it were not for you I do not think I should have even the hold on public life which I have now. There are others too more worth influencing. I should say, for instance, that Asquith owes some of the very best himself to you; in knowing you both I feel as if it was so.«[136] Die Anziehung war gegenseitig, und sie blieben vertraut, selbst wenn der öffentliche Druck über Haldane wieder einmal zusammenschlug.[137]

Haldane mußte seinen Kabinettskollegen wiederholt erklären, daß die deutsche auswärtige Politik von mehreren Kraftzentren beeinflußt werde – dem Kaiser selbst, dem Kanzler und dem Auswärtigen Amt, das wiederum mit dem preußischen Auswärtigen Amt verbunden sei. Dementsprechend sei es notwendig, bei *dispatches* zu eruieren, aus welcher Quelle denn die jeweiligen Äußerungen kamen und wie sie im Gesamttableau der deutschen Außenpolitik zu gewichten waren.[138] Haldane zitiert in seinem Erinnerungsband zur Vorkriegszeit zustimmend einen anonymen ausländischen Diplomaten, der irritiert und verwundert den Zustand der deutschen Staatsführung resümierte: »In this highly organised nation, when you have ascended to the very top story you find not only confusion but chaos.«[139]

Zugleich beklagte Haldane noch während des Ersten Weltkriegs mit Blick auf Großbritannien »the extraordinary ignorance which exists even among educated people in this country of the language and literature of Germany and of her history and the changing character of her constitution«.[140] So stand Haldane stets unter einem gewissen Verdacht deutschfreundlicher Voreingenommenheit, und

---

[134] HALDANE, Autobiography, S. 283.

[135] Memorandum of Events between 1906–1915, NLS, Haldane Papers MSS 5919, S. 5.

[136] Edward Grey an Richard Haldane, 8. November 1890, NLS, Haldane Papers MSS 5903.

[137] »[M]y ties to Grey gave me much opportunity of speaking with him, but here again there were difficulties, because I was suspected by the public of being pro-German.« Haldane, Note on Letters (1926), NLS, Haldane Papers MSS 5923, S. 15–17. Vgl. TREVELYAN, Grey of Fallodon, S. 87.

[138] Memorandum of Events between 1906–1915, NLS, Haldane Papers MSS 5919, S. 81.

[139] HALDANE, Before the War, London 1920, S. 71. Auf diese Wahrnehmung der deutschen Außenpolitik und deren Folgen für das »Sicherheitsbedürfnis« vor allem der britischen diplomatischen und politischen Führung wurde bereits verwiesen und wird im näheren Zusammenhang mit Wilhelm II. noch einmal einzugehen sein.

[140] Memorandum of Events between 1906–1915, NLS, Haldane Papers MSS 5919, S. 4.

ein nachrangiger Kabinettskollege notierte 1912 charakteristisch in seinem Tagebuch: »Haldane is a dangerous man, subtle, a good friend to his followers, but tricky and not to be trusted. He carries great weight with Asquith and I think with no one else except perhaps Grey.«[141] So waren die Attacken, denen sich Haldane bei Kriegsbeginn vor allem seiten der Harmsworth-Presse ausgesetzt sah, plump bis ins Absurde. Sie reichten bis zu Gerüchten, er sei ein illegitimer Bruder des Kaisers, habe von den deutschen Angriffsplänen erfahren und dies nicht an seine Kabinettskollegen gemeldet, stehe in ständigem Kontakt mit deutschen Stellen etc.[142], allesamt Ausweise einer kumulierten irrationalen Phobie.[143] Denn obwohl Haldane reichlich Verständnis und einige Sympathien für das Deutsche Reich besaß, war er doch viel zu rational, ehrgeizig und im Kern gleichermaßen nationalistisch, wie es auch andere Politiker in seiner Position, ob in Großbritannien oder anderswo, sein mußten, wenn sie auf Dauer als Minister reüssieren wollten. Und Haldane wollte den Erfolg. Hier lag sein Motiv, das aufstrebende Deutsche Reich und seine Institutionen mit den britischen Zuständen zu vergleichen, ähnlich wie es Wells nach dem Vorbild der im Hause Haldanes und Greys versammelten »Coefficients« im *New Machiavelli* beschrieb.[144] Nicht aus romantischer Germanophilie, sondern aus dem Wunsch nach Reform zur Beförderung der nationalen Stärke kritisierte er so häufig die Mißstände im eigenen Land und verwies auf den Mangel an systematischer Reflexion, der im Vergleich dazu die Deutschen in seinen Augen auszeichnete. Rückblickend meinte er angesichts der Attacken gegen seine Person, daß er »perhaps too often, reminded my fellow-countrymen of our shortcomings in these respects«.[145]

---

[141] Inside Asquith's Cabinet. From the Diaries of Charles HOBHOUSE, ed. by Edward David, London 1977, S. 121, Eintrag vom 12. August 1912. Während des Krieges, als Haldane wegen angeblicher Deutschfreundlichkeit unter massivem öffentlichem Druck stand, schrieb Hobhouse in ähnlichem Ton: »Haldane has always repelled me. I hardly know him and mistrust him thoroughly. He does not now carry much weight in council, but the P. M. [Premierminister Asquith, M. B.] consults him very constantly, and accepts his advice.« Ebenda, S. 230, Eintrag vom 23. März 1915.

[142] Vgl. Memorandum of Events between 1906–1915, NLS, Haldane Papers MSS 5919, S. 150 f.

[143] In Reaktion auf einen Aufruf des *Daily Express* erhielt das *House of Lords* an einem Tag 2 600 Protestbriefe gegen Haldanes angebliche Illoyalität zum Vaterland. HALDANE, Autobiography, S. 283.

[144] »What I saw of Ballin, of Sir Ernest Cassel and of German commercial magnates whom I met at the latter's house, made me think that there was a peril here really greater than that of war, in which we could always fall back on sea power. Science had been developed and applied in Germany as it had not with us, and it was very difficult to get my colleagues to realise this, and to avoid when I approached it being put down as a pro-German enthusiast.« Haldane, Note on Letters contained in my Boxes [Autumn 1926], NLS, Haldane Papers, MSS 5923, S. 15–17.

[145] Zugleich konstatierte er im »German character« eine »too great dominance in it of the abstract mind«. HALDANE, Autobiography, S. 283.

Haldane war der einzige britische Politiker seines Ranges, der das Deutsche Reich regelmäßig bereiste.[146] »In none of these German expeditions did my political associates of these days [in den 1890er Jahren, M. B.] interest themselves particularly«, resümierte er kritisch die so unterschiedliche Weltorientierung seiner Generation.[147] Als Wilhelm II. sich 1906 in einem Gespräch mit Charles Hardinge[148] beklagte, daß britische Minister so häufig nach Paris und Rom reisen würden, aber selten nach Deutschland, wagte Hardinge nicht den Grund zu nennen, »that the attractions of Berlin were very inferior to those of Paris and Rome«, sondern verwies diplomatisch auf den bevorstehenden Besuch Haldanes.[149]

Dieser Besuch, schon knapp sechs Jahre vor der oft zitierten »Haldane-Mission«, illustriert anschaulich die bereits eingefahrenen Reaktionsmuster zum Ende der Scharnierzeit. Haldane erhielt als frisch berufener Kriegsminister eine Einladung zu Manövern in Berlin und zögerte zunächst, sie zu akzeptieren. Mit Zustimmung des Königs, des Premierministers und des Foreign Office nahm er die Offerte dann doch an und war schon auf dem Weg nach Berlin, als er ein Telegramm des Foreign Office erhielt.[150] Die französische Presse habe, so hieß es, über den zu erwartenden Besuch berichtet und betrachte ihn in einer Weise, als ob Deutsche und Briten gemeinsam die Niederlage bei Sedan feiern wollten.[151] Da Außenminister Grey in Northumberland war und Premierminister Campbell-Bannerman mit ihm selbst in Marienbad, war dies offensichtlich eine Initiative aus dem Apparat des Ministeriums. Das Foreign Office versuchte augenscheinlich, Haldane auf eigene Faust von der Weiterreise abzuhalten, was ihm angesichts seines persönlichen Vertrauensverhältnisses zu Grey als bemerkenswerte Erfahrung hinsichtlich der Stimmungen und Motive innerhalb des Amtes erschien. Haldane nannte diese Invektive denn auch »absurd« und setzte seine Reise fort.[152]

Die Erlebnisse im Umfeld des Manöverbesuchs unterstrichen erneut die Bedeutung persönlicher Beziehungen in der politischen Praxis. Ohne die Gewiß-

---

[146] Seit 1898 hatte er das Land, in Begleitung von Hume Brown, einem späteren Professor für Geschichte, vor allem auf den Spuren Goethes bereist und setzte diese jährlichen Touren auch in seiner Zeit als Kriegsminister fort, dann allerdings incognito. Ebenda, S. 85–89.

[147] Ebenda, S. 88.

[148] Hardinge begleitete Edward VII. am 15. August 1906 auf dessen Wunsch zu einem Treffen mit Wilhelm II. nach Kronberg.

[149] HARDINGE, Old Diplomacy, S. 129.

[150] Haldane war Ende August in Marienbad, um König Edward während dessen Kuraufenthalt für drei Tage zu besuchen.

[151] Haldanes Besuch begann offiziell am 30. August 1906, und es war vorgesehen, daß er an der Septemberparade auf dem Tempelhofer Feld teilnehmen würde.

[152] Memorandum of Events between 1906–1915, NLS, Haldane Papers MSS 5919, S. 39; dort auch die weiteren Zusammenhänge. Das von Wilhelm zu Weihnachten Haldane geschenkte Erinnerungsalbum mit Photos der Parade findet sich ebenfalls im Nachlaß, MSS 20053.

heit, daß der ihm seit zwei Jahrzehnten eng vertraute Grey nicht hinter der Initiative stehen konnte, die Reise abzubrechen, hätte Haldane kaum die Sicherheit des Handelns im Verkehr mit dem König, dem Premierminister und dem Foreign Office, vor allem mit Charles Hardinge, aufbringen können.[153]

Haldane blieb im Committee of Imperial Defence, als er 1912 das Kriegsministerium verließ, und übernahm bisweilen sogar die Amtsgeschäfte als Außenminister, wenn Grey abwesend war: »This I had done during my War Office day, and continued to do so long as I remained Minister of the Crown. For Grey and I had remained close intimacy.«[154] Wenn Haldane Premierminister Asquith mit Grey verglich, so gestand er ersterem die intellektuelle Überlegenheit ohne Umschweife zu. Doch war Grey in seinen Augen »a first rate statesman«, weil er ihn als pragmatisch und offen empfand und diese Ansicht in den Jahrzehnten der Zusammenarbeit nie enttäuscht sah.[155] Haldane erkannte sehr wohl, daß Grey »did not care to adventure the interpretation of other nations or of other literatures. He had no philosophy to fall back on, excepting a healthy understanding of country life which endeared him to a public that understood this thing.«[156] Das änderte nichts an seinen Qualitäten als Politiker und an der gegenseitigen dauerhaften Wertschätzung. So verbrachten sie die dramatische letzte Woche vor dem englischen Kriegseintritt am 4. August 1914 gemeinsam in Haldanes Haus, wo sie, konzentriert auf die Unwägbarkeiten der gesamteuropäischen Krise, »a time of agony« durchlebten.[157]

Haldane attestierte Grey einen unbedingten Willen, den Frieden zu bewahren, meinte aber, Grey »was hampered by want of knowledge of the sources of German mentality. He knew little of the history or literature or of the spirit of that difficult mentality.« Neben den antideutschen Einflüssen im Foreign Office, auf die schon hingewiesen wurde, waren es nach Haldanes Ansicht zwei Phänomene, die Greys Bedürfnis nach Sicherheit vor Deutschland motivierten, nämlich

---

[153] Auf die enge Beziehung von Edward VII. zu Hardinge wurde schon verwiesen. Der Premierminister orientierte sich im Zweifelsfall an der Kompetenz Greys, so daß es darauf ankam, wie dessen Position in dieser Frage war. Haldane konnte sicher sein, daß Grey die einmal gegebene Zustimmung gegebenenfalls nur persönlich bei ihm widerrufen hätte. Unter der sicheren Annahme, daß Grey seine Meinung nicht geändert hatte, reiste Haldane weiter.

[154] Memorandum of Events between 1906–1915, NLS, Haldane Papers MSS 5919, S. 150 f.

[155] Haldane, Note on Letters (1926), NLS, Haldane Papers MSS 5923, S. 5 f.

[156] Ebenda, S. 19. »What he did love too well for his political career was the attractions of country life.« Ebenda, S. 5 f.

[157] Das Vertrauensverhältnis wird offensichtlich, wenn Haldane die Atmosphäre beschreibt: »I was helping him with counsel in every way I could, but he was splendidly self-reliant. The telegrams and despatches used to come in at all hours of the night, and I had a footman sitting up with instructions to bring them to my bedroom and waken me in order that I might open the boxes and look at them, before deciding whether it was necessary to go upstairs to the room where he was sleeping and to disturb his rest in order that he might see them without delay.« Memorandum of Events between 1906–1915, NLS, Haldane Papers MSS 5919, S. 152 f.

»the German Emperor [...] and the apparent determination of Germany to create a great Fleet«.[158] Obwohl Grey die hysterischen antideutschen Ausschläge in der britischen Presse nicht teilen mochte, war er fest davon überzeugt, daß eine Einigung mit Berlin eine Entfernung von den anderen Großmächten bedeutet hätte.[159] Zara Steiner formulierte mit guten Argumenten, daß »Anglo-Saxon partnership was as much a part of Grey's thinking as it was of Chamberlain's or Lansdowne's.«[160] Dies ist im Kern richtig, wenngleich Greys außenpolitische Sicherheitsfokussierung in erster Linie aus der Wahrnehmung des Deutschen Reiches abgeleitet war. Aufgrund seiner »angelsächsischen« Orientierung, zumal in einer Phase, als nahezu alle britisch-amerikanischen Streitigkeiten beigelegt waren, verwundert es nicht, wenn Grey gerade in einem Schreiben an Theodore Roosevelt die Grundzüge seines außenpolitischen Konzepts erläuterte. Grey schrieb dem Präsidenten im Dezember 1906, die britische Außenpolitik sei »not anti-German. But it must be independent of Germany.«[161] Er hielt fest, daß »the economic rivalry (and all that) with Germany do not give much offence to our people, and they admire her steady industry and genius for organization. But they do resent mischief making. They suspect the Emperor of aggressive plans of Weltpolitik, and they see or think they see that Germany is forcing the pace in armaments in order to dominate Europe.«[162] Grey formulierte zugleich jene britische »Sicherheitspolitik«, die mit dem Ende der Scharnierzeit für die Zukunft bestimmend blieb: »In our view, the Entente with France means good and easy relations for both of us with Italy and Spain. This means that peace and quietness are assured among the four Western Powers of Europe. To complete this foundation, we wish to make an arrangement with Russia that will remove the old traditions of enmity, and ensure that, if we are not close friends, at any rate we do not quarrel. If all this can be done, we shall take care that it is not used to provoke Germany, or to score off her, if she only accept it, and not try to make mischief. If, on the other hand, by some misfortune or blunder our Entente with France were to be broken up, France will have to make her own terms with Germany. And Germany will again be in a position to keep us on bad terms with France and Russia, and to make herself predominant upon the Continent. Then, sooner or later, there will be war between us and Germany, in which much else may be involved.« Diese Perzeption des Deutschen Reiches mit den daraus abgeleiteten Sicherheitsentscheidungen der Außenpolitik ist im Kern deckungsgleich mit den Ansichten der anderen Angehörigen der »Wende-Generation« in Diplomatie und Außenpolitik wie Spring Rice, Charles Hardinge oder Eyre

---

[158] HALDANE, Autobiography, S. 216.
[159] STEINER, Britain and the Origins (1977), S. 40.
[160] Ebenda.
[161] Grey an Theodore Roosevelt, (2.?) Dezember 1906, abgedr. in: TREVELYAN, Grey of Fallodon, S. 114–116.
[162] Ebenda.

Crowe. Sie teilten auch Greys eher atmosphärische Auffassung, es liege »in German diplomacy alone that one now meets with deliberate attempts to make mischief between other countries by saying poisoned things to one about another«.[163] Solange von der deutschen Außenpolitik keine grundsätzlich anderen Signale ausgingen als jene, die zum Wandel der britischen Außenpolitik in der Scharnierzeit und zum Bündnissystem in der Konstellation des Jahres 1907 geführt hatten, so lange blieben diese Entscheidungen das Maß der Londoner Sicherheitsperzeption. Die weiteren Signale der deutschen Außenpolitik, von der Flottenrüstung bis zu den Auftritten des Kaisers, waren nicht geeignet, diese Sicherheitsperzeption grundsätzlich in Frage zu stellen.

6. Deutsche Perzeptionen, oder: Wilhelm II. und das Regieren

»Das Maß von Verachtung, welches uns, als Nation, im Ausland (Italien, Amerika, überall!) nachgerade – mit Recht! das ist das entscheidende – entgegengebracht wird, weil wir uns dieses Regime dieses Mannes ›gefallen lassen‹, ist nachgerade ein Faktor von erstklassiger ›weltpolitischer‹ Bedeutung für uns geworden [...] Wir werden ›isoliert‹, weil dieser Mann uns in dieser Weise regiert und wir es dulden und beschönigen.« (Max Weber)[164]

»Längst fühlte die unwandelbare innere Substanz des Volkes im internationalen Dynastenwesen nicht mehr ihren Exponenten; die Epoche jedoch, die entseelte Ewigkeitsstunde, und nicht bloß die deutsche, fühlte sich im persönlichen, auf Wirkung gestellten Regiment bestätigt und bekräftigt.« (Walther Rathenau)[165]

Sollte in der bisherigen Darstellung der Eindruck entstanden sein, daß das Deutsche Reich bei der Entwicklung des britisch-amerikanischen Sonderverhältnisses stark unbeteiligt blieb oder bisweilen gar als motivierender Faktor im ausschließenden Sinne angesehen werden sollte, so täuscht dies nicht, sondern spiegelt, zumindest seit den Jahren der Salisbury/Balfour-Regierung in Großbritannien und für die Zeit der Roosevelt-Administration in den Vereinigten Staaten, die historische Realität wider.[166] Von großer, wenn nicht entschei-

---

[163] Ebenda.

[164] Max Weber an Friedrich Naumann, 14. Dezember 1906, in: MWG II, Bd. 3, Teil 5: Briefe 1906–1908, hrsg. von M. Rainer Lepsius und Wolfgang J. Mommsen, S. 202; vgl. Wolfgang J. MOMMSEN, Max Weber und die deutsche Politik, zweite Aufl. Tübingen 1974, S. 156.

[165] RATHENAU, Der Kaiser, S. 259.

[166] »Die Bedrohlichkeit der deutschen Politik [...] wurde von der britischen Staatsführung [schon 1895, M. B.] vornehmlich auf Wilhelm II. persönlich zurückgeführt, den Lord Salisbury aufgrund jüngster Berichte aus Berlin, denen zufolge der Kaiser an Halluzinationen leide, für nicht zurechnungsfähig hielt.« RÖHL, Wilhelm II. 1888–1900, S. 856; der entsprechende Bericht: Hatfield House, Martin Gosselin an Salisbury, 29. November 1895, NL Salisbury MSS. 3 M/A 120/18, auszugsweise zit. in: EULENBURG, Korrespondenz, Bd. 3, S. 1484 f., Anm. 2. Gosselin war britischer Geschäftsträger in Berlin während der Interimsphase zwischen dem Abschied Malets und dem Eintreffen des neu ernannten Botschafters Lascelles. Diese Periode war geprägt von einer massiven Verstimmung des Kaisers durch die

der Bedeutung für die Wirkung der deutschen Außenpolitik blieb dabei die Wahrnehmung Kaiser Wilhelms, mit dem das Deutsche Reich in den Augen der angelsächsischen Politiker beiderseits des Atlantiks so häufig identifiziert wurde. Die vom Deutschen Reich ausgehenden außenpolitischen Eruptionen wurden regelmäßig und kumulierend auf den Kaiser, seine ebenso willensstarke wie unberechenbare Persönlichkeit zurückgeführt. Er wurde als das Epizentrum der deutschen Außenpolitik wahrgenommen. »The conduct of the German Emperor ist very mysterious and difficult to explain. There is a danger of his going completely off his head«, notierte Lascelles den Eindruck von Premierminister Salisbury und resümierte dessen kumulierte Eindrücke vom kaiserlichen Regiment: »In commercial and colonial matters Germany was most disagreeable. Her demand for the left bank of the Volta was outrageous, so much so that Lord Salisbury thought it must have been the idea of the Emperor himself as no responsible statesman could have put it forward. The rudeness of German communications, much increased since Bismarck's time, was perhaps due to the wish of smaller men to keep up the traditions of the great Chancellor [...]. In the Far East, the Germans are up to every sort of intrigue, asking for concessions & privileges of all sorts, with a view to cutting us out. The only way of meeting them is by counter-mining, & we are in a position to do so.«[167] In der Tat hatte Wilhelm wenige Wochen zuvor gegenüber dem britischen Militärattaché Swaine[168] in undiplomatischer Heftigkeit die britische Politik attackiert und »mit der eindringlichen Warnung« geschlossen, »daß England aus seinem jetzigen völligen isolement, in welches es durch seine ›policy of selfishness and bullying‹ geraten sei, nur durch ein rückhaltloses offenes Eintreten entweder auf seiten des Dreibundes oder gegen denselben herauszukommen vermöge. Das erstere bedinge eine Form, wie sie unter Kontinentalmächten üblich sei, d. h. unter versiegelten und unterschriebenen Garantien. Der Oberst schien auf das tiefste erschüttert und bewegt zu sein.«[169] Wilhelm ignorierte und verkannte die erschreckende Wirkung von dergleichen ultimativen Äußerungen, deren Weiterungen ihm offensichtlich selten voll zu Bewußtsein stiegen. Er war stattdessen voll des Selbstlobs für diese Hochform eines diplomatischen Autismus, als er zwei Monate später in einem erneuten Gespräch mit Swaine zu hören bekam, seine Äußerungen seien »als ein so wichtiges Dokument angesehen worden [...],

---

unautorisierten Äußerungen des scheidenden Malet zur Südafrika-Frage und sind als »Malet-Zwischenfall« in die Akten und Geschichtsbücher eingegangen. Vgl. als jüngste Darstellung RÖHL, Wilhelm II., 1888–1900, S. 867–871.

[167] Memo on »Conversation with Lord Salisbury, December 4, 1895«, PRO FO 800/17, Lascelles MSS; KENNEDY, Rise of Antagonism, S. 219 f.

[168] Oberst Leopold Swaine war von 1882 bis 1889 und von 1891 bis Februar 1896 Militärattaché in Berlin.

[169] Wilhelm II. an Staatssekretär Marschall, 25. Oktober 1895, GP 11, Nr. 2579, S. 10. Das Diktat des Kaisers ging unkontrolliert vom Auswärtigen Amt an Hatzfeldt in London und Bülow in Rom. Das Auswärtige Amt sah sich deshalb veranlaßt, ein erklärendes Schreiben hinterherzusenden. Vgl. ebenda Anm. *.

daß man sie habe drucken und an alle Mitglieder des Kabinetts verteilen lassen«. Goschen[170] habe an Swaine geschrieben, dies sei »the most important document that you have ever sent us from Berlin«.[171] Das aufsehenerregende und in der Literatur breit erörterte Telegramm an den Burenpräsidenten Krüger vom 3. Januar 1896 steht also in einer Linie von fortlaufenden Irritationen.[172]

Zwei Monate nach dem Krüger-Telegramm hatte der Kaiser am Abend des 3. März 1896 ein mehrstündiges Gespräch mit dem neuen Botschafter Lascelles, dessen Inhalt bei Salisbury nicht weniger heftige Verwunderung auslöste.[173] Hatzfeldt erfuhr Salisburys höchst irritierte Reaktion wenige Tage nach der Unterredung und unterrichtete Holstein in einem Privatbrief, weil er sich »eher die Hand abhacken lassen« wollte, als amtlich darüber zu berichten. Wilhelms Äußerungen gegenüber Lascelles hätten »Salisbury, welcher gerade wieder anfing, offener und vertraulicher zu werden, geradezu entsetzt, weil er darin den Beweis sah, daß wieder alles mögliche von ihm verlangt werden solle und eine ruhigere Behandlung der Dinge bei uns nicht zu hoffen sei. Ich hatte viele Mühe, ihn zu einer Äußerung darüber zu bewegen, und es gelang mir erst durch die

---

[170] George Joachim Goschen (1831–1907, ab 1900 first Viscount Goschen of Hawkhurst), Enkel des Leipziger Verlegers Georg Joachim Göschen und Bruder des späteren britischen Botschafters in Deutschland, Edward Goschen (1847–1924), war in früheren Regierungen langjähriger Finanzminister und in diesem Kabinett Salisburys Erster Lord der Admiralität.

[171] Wilhelm II. an Reichskanzler Hohenlohe, 20. Dezember 1895, GP 10, Nr. 2572, S. 252 f. Auch bei dieser Gelegenheit redete Wilhelm den Attaché so nieder, daß der »tief betroffen« und ein »Zug unverhohlenen Erstaunens auf des braven Obersten Antlitz« erkennbar gewesen sei. Ebenda. Holstein war durch diese Unterredung »ganz gequetscht«, wie er an Eulenburg schrieb. Der Kaiser habe »Dinge gesagt, die für uns eine große Kriegsgefahr heraufbeschwören können«. Holstein faßte beinahe flehentlich zusammen: »Nach den Wahrnehmungen, die man bisher gemacht hat, ist leider erwiesen, daß S[eine]r M[ajestät] bei allem Verstande die Gabe des politischen Takts versagt worden ist. – Initiative ohne Takt ist ein Durchgänger. Überlegen Sie, ob Sie S[eine]r M[ajestät] etwas raten wollen, oder ob Hohenlohe etwas tun soll. Da rennen Kaiser und Reich auf den Abgrund los [...]. Sorgen Sie, daß die Weltgeschichte Sie nicht einstmals als den schwarzen Reiter malt, der zur Seite des Kaiserlichen Wanderers war, als dieser auf den Irrweg einlenkte.« Holstein an Eulenburg, 21. Dezember 1895, Die geheimen Papiere Holsteins, Bd. 3, S. 516 f. – Zu weiteren Einzelheiten der kaiserlichen Beziehungen zu England in diesem wichtigen Zeitraum zwischen Sommer 1895 und Frühjahr 1896 vgl. die detaillierte und anschauliche Darstellung bei RÖHL, Wilhelm II. 1888–1900, S. 852–887. Auch Röhl erkennt in dieser Zeit, insbesondere seit Wilhelms Englandbesuch vom August 1895, »einen Wendepunkt in den deutsch-britischen Beziehungen und daher in der internationalen Lage insgesamt« und spricht hinsichtlich des Treffens zwischen Swaine und dem Kaiser am 24. Oktober von »einem für die deutsch-englischen Beziehungen einschneidenden Gespräch«. Ebenda, S. 863, 869.

[172] Zu Entstehung und Wirkung des Telegramms zusammenfassend ebenda, S. 871–882; vgl. KENNEDY, Rise of Antagonism, S. 220 f. Zu Swaines Analysen der Wandlungen im deutsch-englischen Verhältnis und der Rolle Wilhelms in späteren Jahren vgl. RÖHL, Wilhelm II. 1888–1900, S. 1078.

[173] Hohenlohe an Hatzfeldt, 4. März 1896, GP 11 Nr. 2770; Aufzeichnung Marschalls über das Telegramm, das Lascelles nach dem Gespräch mit dem Kaiser an Salisbury sandte, ebenda Nr. 2771; Aufzeichnung Marschalls über den Brief mit der Reaktion Salisburys, 13. März 1896, ebenda Nr. 2779.

Zusicherung, nicht darüber schreiben zu wollen.[174] Seine Schlußbemerkung war: ›Je vous avoue que cette agitation croissante m'inquiète vivement‹. Selbstverständlich fühlte ich auch sofort bei Besprechung politischer Fragen eine größere Zurückhaltung bei ihm durch, die ich seitdem nur mühsam wieder überwunden habe.«[175] Salisbury hielt eine verpflichtende Beziehung Englands zum Dreibund, auf die Wilhelms Eruptionen neben zahlreichen anderen Belehrungen zur internationalen Lage im Kern zielten, weder für möglich, weil die öffentliche Meinung dagegen sei, noch für notwendig, weil England durch seine Insellage geschützt bleibe. »Möge diese Politik verständig sein oder nicht, sie sei die einzig mögliche in England; während seines letzten Ministeriums 1886-1892 habe er sie konstant befolgt. Damals sei seine Majestät der Kaiser mit derselben zufrieden gewesen, warum sei er es heute nicht?« Salisbury ließ Wilhelm denn auch recht unverblümt als Gesamteindruck der Beziehungen wissen, nach den »emphatic statements« gegenüber Oberst Swaine »habe ihn das Telegramm an Präsident Krüger nicht mehr erstaunt«.[176] Der Kaiser blieb unempfindlich für diese kaum mehr subtilen Hinweise auf das Maß an Irritation, das er in der britischen Regierung und Öffentlichkeit auslöste. »Er habe [...] noch nie einem Botschafter solche Grobheiten über sein Land gesagt wie Lascelles«, prahlte Wilhelm auf einer Eisenbahnfahrt vor seiner Entourage, »und der scheine ziemlich genau nach Hause berichtet zu haben!«[177] Die Auseinandersetzungen mit Salisbury setzten sich über die Jahre fort, und Wilhelm bezeichnete ihn im Frühjahr als seinen »consistent enemy throughout«. Solange dieser Premierminister sei, »it would be impossible for him to come to England«.[178] Salisbury bedauerte vor allem die irrationale Grundschwingung in allen kaiserlichen Anwürfen und resümierte: »It is a great nuisance that one of the main factors in the European calculation should be so ultra human.«[179] Weil dergleichen Irritationen mit

---

[174] Gemeint ist: offiziell schreiben an das Auswärtige Amt. Hier äußerte er sich in einem Privatbrief, beschrieb aber nur die Atmosphäre und keine inhaltlichen Fragen.

[175] Hatzfeldt an Holstein, 15. März 1896, Die geheimen Papiere Holsteins, Bd. 3, Nr. 532, S. 535; vgl. oben dasselbe aus der Perspektive von Spring Rice, Kap. II, S. 188.

[176] Aufzeichnung Marschall von Bieberstein vom 13. März 1896 nach einem Besuch Lascelles', bei dem der Botschafter einen vertraulichen Brief Salisburys vorlas. Auch in späteren Jahren kam Salisbury wiederholt auf das Krüger-Telegramm zurück, wenn er Distanz zur deutschen Politik signalisieren wollte. Vgl. Hatzfeldt an Hohenlohe, 11. Dezember 1897, GP 14/I Nr. 3730, S. 117, worin Hatzfeldt von »alte[n] Beschwerden, namentlich das Krügertelegramm«, berichtete, was Wilhelm am Rande in aufschlußreicher Unbedarftheit mit »wie kleinlich!« kommentierte.

[177] Kiderlen-Wächter an Holstein, 25. März 1896, Die geheimen Papiere Holsteins, Bd. 3, Nr. 537, S. 540.

[178] Lascelles an Sanderson, 14. April 1899, PRO FO 800/17, in: BUCKLE (Hrsg.), Letters of Queen Victoria, 3rd series, Bd. 3, S. 357–360; KENNEDY, Samoan Tangle, S. 182.

[179] »So groundless is the charge«, schrieb Salisbury, »that I cannot help fearing that it indicates a consciousness on the part of His Majesty that he cherishes some design which is bound to make me his enemy – and that he looks forward to the satisfaction of saying I told you so!« Salisbury an Lascelles, 10. Mai 1899, Hatfield House, Salisbury Papers A 122/15; KENNEDY, Samoan Tangle, S. 182. Ihren Höhepunkt fand die Auseinandersetzung in einer

»Falsche Zivilisation«?

regelmäßiger Unkalkulierbarkeit auftraten, konnten sie nicht ohne realpolitische Reaktionen bleiben.

Wilhelms außenpolitisches Auftreten war im eigentlichen Sinn »undiplomatisch«, weil er die Minister- und Diplomatenriege durch seine mannigfachen Eigenwege und schlichte Unberechenbarkeit oft zu Reparateuren des kaiserlichen Voluntarismus degradierte.[180] Im Ausland, namentlich in Großbritannien, dessen führende Politiker wie Salisbury und Balfour ebenso wie später Grey, Haldane oder Lloyd George sich über Kabinettsdiskussionen, öffentlichen Meinungsdruck und Pressewettbewerb um eine rational-pragmatische Interessendefinition zu bemühen gewohnt waren, wirkte dergleichen Unberechenbarkeit nicht nur inhaltlich, d. h. in konkreten machtpolitischen Streitfällen, sondern auch atmosphärisch irritierend.[181] Auch vor diesen Folgen unreflektierter

---

umfangreichen Attacke Wilhelms auf Salisbury in einem Brief an die Queen vom 27. Mai 1899, auf den diese hart mit der Autorität als Königin wie als Großmutter antwortete. BUCKLE (Hrsg.), Letters of Queen Victoria, 3rd series, Bd. 3, S. 375–382. Vgl. zum Dreiecksverhältnis Kaiser-Salisbury-Queen Victoria: RÖHL, Wilhelm II. 1888–1900, S. 1100–1108.

[180] »Daß S. M. durch sein Eingreifen uns die Arbeit unendlich erschwert, das sei Gott geklagt«, seufzte Holstein im Januar 1897 und fuhr fort: »Ich bin zwar zähe, aber allmählich werde ich mutlos. Die äußere politische Lage an sich ist für uns gar nicht ungünstig [...] Aber um sie auszunutzen, muß man verstehen, abzuwarten. Das versteht S. M. gar nicht.« Holstein an Radolin, 19. Januar 1897, Die geheimen Papiere Holsteins, Bd. 4, Nr. 597, S. 7. Schon Ende November 1896 hatte er Eulenburg mit frustriertem Unterton eine Auflistung des kaiserlichen diplomatischen Aktionismus weniger Wochen zusammengestellt: »Am 30. August warnt der Kaiser, unter Verwertung der vertraulichen Äußerungen Lobanows gegen Sie [Eulenburg, M. B.], die Engländer vor den Russen. Am 25. Oktober telegraphiert der Kaiser an den Kanzler, daß es nötig sei, uns mit Rußland und Frankreich zu verbinden, als Sicherheit für unsere Kolonien gegen drohenden englischen Angriff. Am 12. November telegraphiert der Kaiser dem Reichskanzler, daß er den Großfürsten Wladimir vor England gewarnt hat. Am 21. November sagt er dem englischen Botschafter, daß er stets zu England halten wird und auch zur Anbahnung besseren Einvernehmens den größeren Teil der deutschen Kolonien gegen eine Kohlenstation zu vertauschen bereit ist. Wie soll das enden?« Holstein an Eulenburg, 24. November 1896, Eulenburg Korrespondenz, Bd. 3, Nr. 1279, S. 1759 f. Vgl. das ausführliche Schreiben vom selben Tag in: Die geheimen Papiere Holsteins, Bd. 3, Nr. 586, S. 584–588. – John Röhl sieht schon in der ersten Jahreshälfte 1896 Wilhelms »Endkampf gegen die ›verantwortliche Regierung‹« und den »Durchbruch zur Persönlichen Monarchie« seit dieser Zeit. RÖHL, Wilhelm II. 1888–1900, S. 888–934, Zit. S. 887. – Der Kanzlervertraute Friedrich von Baden klagte gegenüber Hohenlohe, »daß der Kaiser oft ohne alle Verbindung mit der Regierung Aussprüche tut, auf die man in öffentlichen Kreisen nicht vorbereitet ist, und die dann wieder modifiziert oder auch verändert werden müssen, um den Einklang wieder herzustellen.« Großherzog Friedrich von Baden an Fürst Hohenlohe, 15. November 1899, in: HOHENLOHE, Denkwürdigkeiten, S. 545. Auch Waldersee kritisierte, daß »man bei ihm [Wilhelm II., M. B.] auch nie weiß, wie lange er denselben Weg innehalten wird«. WALDERSEE, Denkwürdigkeiten, Bd. 2, S. 435, Aufzeichnung vom 12. Oktober 1899.

[181] Als Wilhelm II. im Juli 1891 auf Staatsbesuch in Großbritannien anläßlich eines Dinners in Hatfield mit Gwendolen Cecil, der Tochter und späteren Biographin Premierminister Salisburys eindringlich das Wesen des englischen parlamentarischen Regierungssystems diskutiert hatte, faßte er, seine Form von »Humor« illustrierend, zusammen: »Thank God I am a tyrant.« Zit. nach Arthur Balfour an Mary Elcho, 16. Juli 1891, in: RIDLEY/PERCY (Hrsg.),

Selbstgewißheit im kaiserlichen Auftreten warnte Holstein Wilhelms engsten Berater Eulenburg: »Die Hauptgefahr in dem Leben Kaiser Wilhelms II. ist die, daß er absolut unbewußt ist und bleibt der Wirkungen, welche sein Reden und sein Tun auf Fürsten, Menschen und Massen hervorbringt.«[182] Dies galt für die wilhelminische Herrschaft nach innen, mehr aber noch für den sensiblen und über Jahrzehnte austarierten Prozeß der internationalen Politik.[183]

Ähnlich verhielt es sich mit den sogenannten deutsch-britischen Bündnissondierungen zwischen 1898 und 1901.[184] Während die britische Seite in ihren Sondierungen uneinheitlich und letztlich zwischen dem nach sichernden Bindungen suchenden Kolonialminister Joseph Chamberlain und dem weiterhin skeptischen Salisbury[185] offen blieb, war im Ergebnis entscheidend, daß das

---

Letters, S. 74. Mit Balfour hatte Wilhelm bei dieser Gelegenheit nur über Golf gesprochen, »being his idea of the small talk appropriate to my peculiar tastes«. Ebenda, S. 73.

[182] »Dieser Gefahr entgegenzuarbeiten, diese Wirkungen so weit wie möglich zu neutralisieren«, fuhr er fort, »wird die Lebensaufgabe einer jeden Regierung Wilhelms II. sein müssen. Eine Aufgabe, welche schnell abnutzt. Das Motto der Pfennigkerzen lucendo consumor wird auch das Motto der Regierungen Wilhelms II. so lange bleiben, bis ihm selbst klar wird, wie sehr bei dieser Art des Regierens er sich selbst und die kaiserliche Autorität abnutzt. Hoffentlich hat das Einsehen dann noch einen Nutzen, ist es dann nicht schon zu spät.« Holstein an Eulenburg, 5. Mai 1896, Die geheimen Papiere Holsteins, Bd. 3, Nr. 546, S. 548 f.

[183] John Röhl kommt im Kern zu dem gleichen Ergebnis: »Immer wieder aufs neue an den Rand der Verzweiflung getrieben, glaubten die Staatsmänner in London, Paris und St. Petersburg, es nicht nur mit einem gefährlichen internationalen Rivalen zu tun zu haben, sondern auch mit einem übermächtigen und hyperaktiven Herrscher, der nicht ganz zurechnungsfähig zu sein schien.« RÖHL, Wilhelm II. 1888–1900, S. 1030. Dieser auf die europäischen Großmächte fokussierte Befund läßt sich, wie oben gezeigt, auch auf die Wahrnehmung in den Vereinigten Staaten, namentlich auf Theodore Roosevelt, übertragen.

[184] Die Bewertungen in dieser »bis heute nicht entschiedenen Historikerkontroverse« (RÖHL, Wilhelm II. 1888–1900, S. 1078) differieren zwischen »Legende von der verschmähten englischen Freundschaft«, »Mirage of a German Alliance« (Grenville) und »geradezu sensationelle Kehrtwendung der englischen Politik« (SCHÖLLGEN, Imperialismus und Gleichgewicht, S. 89). Vgl. MEINECKE, Bündnisproblem; Gerhard RITTER, Die Legende von der verschmähten englischen Freundschaft 1898/1901. Beleuchtet aus der neuen englischen Aktenveröffentlichung, Freiburg i. Br. 1929; GARVIN, Joseph Chamberlain, Bd. 3, S. 241–306, 496–517; GRENVILLE, Salisbury, S. 148–176; WINZEN, Bülows Weltmachtkonzept, S. 156–175, 178–181; KENNEDY, Rise of Antagonism, S. 230–250; SCHÖLLGEN, Imperialismus und Gleichgewicht, S. 86–106; HILDEBRAND, Das vergangene Reich, S. 213–221; RÖHL, Wilhelm II. 1888–1900, S. 1078–1093.

[185] »The one object of the German Emperor since he has been on the throne«, schrieb Salisbury an Balfour, der ihn im Foreign Office vertrat und am 25. März 1898 das erste Gespräch über Bündnisfragen führte, bevor Chamberlain am 29. März gegenüber Hatzfeldt im Haus Alfred de Rothschilds ein konkretes Angebot machte, »has been to gent us into a war with France. I never can make up my mind whether this is part of Chamberlain's object or not. The indications differ from month to month [...] France acts as if she meant to draw us into a German alliance: which I look to with some dismay, for Germany will blackmail us heavily.« Salisbury an Balfour, 9. April 1898, BL Balfour Papers, Add. MSS 49691; vgl. KENNEDY, Samoan tangle, S. 157; ROBERTS, Salisbury, S 90; RÖHL, Wilhelm II. 1888–1900, S. 1082. Zu Balfour und Hatzfeldt am 25. März s. Hatzfeldt an das Auswärtige Amt, GP 14/I, Nr. 3781, S. 195 f., zu Hatzfeldt und Chamberlain ebenda, Nr. 3782, S. 196–199.

Deutsche Reich, wie schon in früheren Äußerungen Wilhelms deutlich wurde, »im Grunde alles oder nichts von England« verlangte.[186] Zudem unterminierte der Kaiser durch einen geradezu prahlerischen Schacherbrief an den Zaren, in dem er ihn zum Gebot gegen die britischen Offerten aufforderte, seine persönliche Glaubwürdigkeit, bestätigte die vorhandenen Perzeptionsmuster und desavouierte das Zutrauen in die Rationalität deutscher diplomatischer Praktiken.[187] Dem pragmatisch-zögernden Vertrauen auf die evolutionäre Anpassungsfähigkeit der britischen Machtmittel, auf die vor allem Salisbury baute, stand die ablehnend-hyperselbstgewisse Berechnung Wilhelms und Bülows gegenüber, wonach mit der Zeit – und dem Flottenbau sowie dem prognostizierten Zuwachs in allen anderen Berechnungsfaktoren der Großmachtpotenz – das Deutsche Reich in einer komfortableren Position bleiben, ja, diese sogar angesichts der britischen Überforderung weltweit noch verbessern würde. Die Briten blieben dagegen zurückhaltend, denn in der Sprunghaftigkeit der Persönlichkeit des Kaisers spiegelte sich für viele britische Politiker das unberechenbare Wesen der deutschen Politik. Wilhelm II. wurde nicht selten als Synonym der undurchsichtigen deutschen Außenpolitik selbst wahrgenommen, in jedem Fall aber als ihr oberster, oft entscheidender Repräsentant.[188]

Zusammengefaßt entwickelte sich auf britischer Seite durch die fortgesetzte Perzeption einer mit den Jahren durch Flottenrüstung und diplomatische Machtprojektionen wachsend aggressiv wahrgenommenen deutschen Herrschaft ein erhöhtes Bedürfnis nach stabilisierender Sicherung, wodurch das internationale System zunehmend an Offenheit einbüßte. Die Folge war, daß die außenpolitischen Entwicklungen der Scharnierzeit durch diese Perzeption eine sicherheitsorientierte Eigendynamik erhielten, die sich in den bekannten Bündnissen reflektiert findet. Daß die Sicherheit auf diese Weise in der Stabilität einer Konfrontation, einem »trockenen Krieg«, gesucht wurde, lag an den jeweiligen Wahrnehmungen und Unterstellungen hinsichtlich der Intentionen und Ziele der anderen Mächte sowie deren Berechenbarkeit. In einem Bericht an Außenminister Lansdowne informierte der britische Gesandte in München, Reginald Tower, im August 1905 über die Björko-Episode und faßte diesen jahrelang wiederkehrenden Eindruck erneut zusammen: »The Kaiser's talk is ever of alliances and political combinations, and he gave utterance on the cruise to his cherished idea of being able to effect a coalition between Germany, France, and

---

[186] HILDEBRAND, Das Vergangene Reich, S. 213.

[187] Wilhelm II. an Nikolaus II., 30. Mai 1898, in: Walter GOETZ (Hrsg.), Briefe Wilhelms II. an den Zaren 1894–1914, Berlin 1920, S. 50–54, 309–311; vgl. PAAA Preußen 1 Nr. 1d, Bd. 1; RÖHL, Wilhelm II. 1888–1900, S. 1085.

[188] In diesem Sinne plädierte Cecil Rhodes gegenüber dem britischen Thronfolger dafür, zu »versuchen, mit Deutschland zusammenzuarbeiten, und der Kaiser *ist* eigentlich Deutschland, so kam es mir zumindest vor, als ich in Berlin war«. Cecil Rhodes an Albert Edward Prince of Wales, o. D. [März 1899], in: BUCKLE (Hrsg.), Letters of Queen Victoria, Bd. 3, S. 349–351; RÖHL, Wilhelm II. 1888–1900, S. 1097.

Russia, to the exclusion of Great Britain.«[189] Lansdownes Reaktion entsprach denn auch dem auf britischer Seite über die Jahre akkumulierten Eindruck vom Geist der deutschen Außenpolitik: »I must say that the description of the Kaiser's language and demeanour fills me with disquiet. What may not a man in such a frame of mind do next?«[190] Auch für Henry White summierten sich die Erfahrungen mit der deutschen Außenpolitik zu dem Gefühl, das Kaiserreich (und damit seine politische Führung) sei »capable of everything except that clear perception of the sentiment of other peoples which is so indispensable to success in international affairs«.[191] Die persönlichen Beziehungen etwa zwischen Wilhelm II. und dem US-Diplomaten George von Lengerke Meyer, um das wichtigste amerikanisch-deutsche Beispiel zu nennen, vermochten trotz wiederholter Treffen und großer persönlicher Sympathie bei weitem nicht jenem Verhältnis gleichzukommen, das Henry White zur britischen oder Spring Rice zur amerikanischen Führungsschicht besaß. Es war im Grunde nicht einmal so eng wie das noch näher zu charakterisierende Verhältnis zwischen Theodore Roosevelt und Speck von Sternburg und daher auch kaum geeignet, eine die grundsätzliche Distanzierung der Rooseveltjahre konterkarierende Wirkung auf die deutsch-amerikanischen Beziehungen auszuüben.[192]

---

[189] Reginald Tower an Lansdowne, August 1905, zit. nach NEWTON, Lansdowne, S. 338.

[190] Lansdowne an Reginald Tower, 20. August 1905, ebenda.

[191] Henry White an William Buckler, 15. März 1917, zit. nach NEVINS, White, S. 338.

[192] Der von Wayne Wiegand gegebene Überblick unterstreicht dies, obwohl Wiegand im Grunde der gegenteiligen Auffassung ist und die Bedeutung dieses persönlichen Verhältnisses hoch einschätzt. WIEGAND, Ambassador in absentia, S. 3–15. Angesichts der von Wiegand geschilderten wiederholten Treffen zwischen 1902 und 1913 wird der Ausnahmecharakter dieser Zusammenkünfte im Vergleich zur Rolle Whites, Sternburgs und Spring Rices deutlich. Meyer wurde trotz seines Verhältnisses zu Wilhelm und trotz der Tatsache, daß er Theodore Roosevelt seit gemeinsamen Tagen in Harvard kannte, nicht dessen Botschafter in Berlin. Als Botschafter in St. Petersburg spielte das Dreiecksverhältnis zwischen Wilhelm II., Roosevelt und Meyer eine gewisse Rolle beim Druck auf den Zaren, den Vorschlägen Roosevelts für den Frieden von Portsmouth zuzustimmen. Dies muß aber wohl als das einzig nennenswerte und diplomatisch meßbare Resultat angesehen werden. Zugleich wurden Wilhelms irrationale Analysen für Roosevelt auch auf diesem Weg offenbar, meinte der Kaiser doch gegenüber Meyer im Februar 1907: »The United States will be attacked [by Japan, M. B.] as you are about to complete the [Panama] canal.« Wilhelm prophezeite, daß das englisch-japanische Bündnis zu einem Krieg zwischen den Vereinigten Staaten und Großbritannien führen werde. Die USA würden dabei die Philippinen verlieren, aber Kanada gewinnen, und er fügte hinzu: »The natural people to come together in such a conflict would be the Germans and Americans.« Tagebuch Meyers vom 2. Februar und 3. März 1907, Brief Meyers an seine Frau vom 9. Februar 1907, zit. nach WIEGAND, Ambassador in absentia, S. 13. Unter Roosevelts Nachfolger Taft wurde Meyer Marineminister und reorganisierte die amerikanische Flotte. Nach der Abwahl Tafts und dem Ende seiner Amtszeit unternahm Meyer im Sommer 1913 eine Europareise, auf der er auch ein letztes Mal mit dem Kaiser zusammentraf. Wilhelm II. empfing ihn zum Dinner auf der kaiserlichen Yacht *Hohenzollern* mit den Worten: »I consider you the American von Tirpitz.« Meyer-Tagebuch, 7. August 1913, zit. ebenda, S. 14. Politisch-diplomatisch blieb diese Beziehung, wie schon in den Jahren 1902 bis 1907, ein vornehmlich atmosphärisches Produkt vergleichsweise konfliktfreier genereller Beziehungen zwischen beiden Staaten. Vgl. auch Theodore ROOSEVELT, Autobio-

Die Nichtberatbarkeit eines Machthabers ist ein ernstes Problem in jedem Staat. Dieses Problem vergrößert sich proportional zu dem Potential, das diesem Machthaber, aus welcher Quelle auch immer, zur Kontrolle und Führung überantwortet ist. Sie vermag sich zur existentiellen Gefahr in dem Maße zu steigern, wie Potential und Kontrolle Teil eines selbstregulierenden globalen Rückkopplungsprozesses sind, in dem alle Signale der Macht einen gleichgearteten oder stärkeren Widerhall erzeugen, um wieder einen Zustand reibungsärmeren Gleichgewichts zu erreichen. Das permanente Senden eruptiver Machtsignale vermochte daher die Gesamtstabilität, die der Chance einer gewissen rationalen Konstanz und Berechenbarkeit bedarf, auf Dauer zu gefährden.[193]

Diese allgemeine Erkenntnis wurde durch den skizzierten rasanten technischen Wandel verstärkt. Ein Gutteil erfolgreicher Diplomatie basiert auf dem reibungsarmen Zusammenspiel des diplomatischen Apparates. So konnte die Beschleunigung des Informationsaustauschs ambivalente Folgen haben: Je nach dem Maß der Rationaliät bei Sendern und Empfängern konnte sie einerseits ausgleichend wirken, indem sie die Abstimmung zwischen Zentrale und Peripherie für beide Seiten transparenter werden ließ als in jenen Zeiten, da Anweisungen und Berichte über Wochen unterwegs waren. Andererseits bestand die Gefahr, durch Beschleunigung auch die Sprunghaftigkeit und Unberechenbarkeit zu erhöhen. Im Vergleich der drei Staaten tendierte insbesondere das Deutsche Reich aufgrund der Unwägbarkeiten seiner außenpolitischen Führungsstrukturen zu einer vielgestaltigen Unkalkulierbarkeit. Dieser Eindruck entstand und verfestigte sich in der Scharnierzeit, insbesondere aufgrund der oft als diffus und uneinheitlich perzipierten Signale, die vom Kaiser selbst, von seinem Staatssekretär und späteren Kanzler Bülow sowie beispielsweise Friedrich Holstein im Zentrum diplomatischer Kommunikation ausgingen. Hinzu kamen Äußerungen anderer Politikbereiche, von denen wiederum Tirpitz und dessen Propagandamaschinerie außenpolitisch bedeutsam wurden. Weil eine permanent rückkoppelnde Abstimmung innerhalb dieser »Sender« und zwischen diesen und anderen differierenden »Sendern« im Zentrum weder institutionell noch persönlich geregelt war, wurden divergierende Signale im eigenen diplomatischen Apparat, besonders aber im Zusammenhang der internationalen politischen Kommunikation unter den Großmächten ausgesandt und dort verstärkt diffus wahrgenommen – stärker oft, als in den Intentionen und Zielen der »Sender« angelegt war.[194] Diese Mängel im Rückkopplungsprozeß wirkten umso fa-

---

graphy, S. 558, wo er Meyer »with the exception of Mr. [Henry] White, the most useful diplomat in the American service« nennt.

[193] Schon Alfred Vagts resümierte (in gewissem Gegensatz zur ökonomisch orientierten Grundanlage seiner gleichwohl nach wie vor beispielhaft umfassenden Darstellung), daß Wilhelm II. in einer Art »kosmokratische[m] Narrenparadies« lebte, das sich »durchaus auch über Amerika« erstreckte – »und niemand von seinen Beamten unternahm es, ihn daraus fortzuführen«. VAGTS, Deutschland und die Vereinigten Staaten, Bd. 1, S. 598.

[194] Vgl. oben, S. 292, Haldanes Bemerkungen über die Notwendigkeit, seinen Kabinetts-

taler, weil ihnen häufig keine »bösen Absichten« zugrundelagen, sondern legitime nationale außenpolitische Interessen, deren Dimensionen und Endziele gerade deshalb so diffus perzipiert wurden, weil diese ihren »Sendern« oft selbst nicht wirklich klar, jedenfalls nicht stringent und kohärent formuliert waren, sei es aus einem Koordinationsmangel aufgrund mangelnder Kommunikation, sei es aus bewußter Verdrängung der Notwendigkeit zur Koordination, um Abstimmungskonflikte zu vermeiden.[195] Aus der mangelnden Rückkopplung ergab sich ein hohes Maß an Irrationalität, das insbesondere im Vergleich der deutschen Außenpolitik mit den leitenden Personen und Institutionen der angelsächsischen Länder offensichtlich wird.

Zugleich – und damit in hohem Maße wirkungsmächtig für die perspektivische Vorgeschichte des Ersten Weltkrieges – entwickelte das Deutsche Reich in der Scharnierzeit ein ins Globale reichendes Machtpotential, und es sandte, teils unbewußt, teils herausfordernd, regelmäßig provozierende Signale in das nunmehr globalisierte Staatensystem, die entsprechende Reflexe auslösten. Der Exponent dieses Prozesses war Wilhelm II. Er war in dieser Perspektive »ganz der Ausdruck seiner Zeit und seiner Nation«[196], er symbolisierte das Kaiserreich, und er symbolisierte in seiner sprunghaften Unberechenbarkeit ein Potential des Irrationalen, das in der Perzeption anderer Staaten, namentlich aber in Großbritannien und den Vereinigten Staaten, mit dem Potential seines Landes identifiziert wurde, gegen das es sich zu wappnen galt.

Dabei waren sowohl auf amerikanischer wie britischer Seite Stimmen zu vernehmen, die immer wieder auf das Dilemma der deutschen Position verwiesen und das kaiserliche Auftreten damit zumindest erklären zu können meinten. Der amerikanische Botschafter Andrew White entschuldigte in seinen noch zeitgenössisch publizierten Erinnerungen die bramabarsierenden Reden Wilhelms mit der Tatsache, daß Deutschland eine Nation ohne natürliche Grenzen und »von allen Seiten von Militärstaaten umgeben«. Diese »Lehren« waren für ihn »nichts anderes, als das logische Resultat der Geschichte und Geographie des Königreichs Preußen. Auch darf man es einem begabten, energischen jungen Mann, dem plötzlich eine so verantwortliche Stellung anvertraut wird, kaum verdenken, wenn er angesichts der feindlichen Nationen im Norden, Süden, Westen und Osten und der gärenden Elemente im Innern seines Reiches zu der Überzeugung kommt, die einzige Zuversicht seines Landes sei sein Heer mit seiner Schlagfertigkeit und seinem blinden Gehorsam gegenüber seinem Herrscher.«[197] White ging sogar so weit anzuerkennen, daß Wilhelm nun einmal das »Oberhaupt eines Militärstaates« und daß Deutschland »heute [1905, M. B.], so

---

kollegen zu erklären, von welchen Quellen die deutsche auswärtige Politik beeinflußt werde. Memorandum of Events between 1906–1915, NLS, Haldane Papers MSS 5919, S. 81.
[195] Zu denken ist hier an Schlagworte wie »Weltpolitik« oder »Platz an der Sonne«.
[196] SCHIEDER, Staatensystem, S. 279.
[197] Andrew WHITE, Aus meinem Diplomatenleben, S. 338 f.

auch für alle Zeiten gewissermaßen im Belagerungszustande zu leben gezwungen« sei, weshalb der Kaiser »sein Augenmerk unausgesetzt auf die Armee und die Marine gerichtet hält«.[198]

Auch ein britischer Beobachter der deutschen Situation suchte seinen Zeitgenossen den Ernst der Position des Deutschen Reiches in einem Vergleich zu illustrieren: »We say our free system is better, and it is under our circumstances; but if five millions of armed enemies could enter Lincolnshire at will, while another two millions were divided from Hampshire by no sea, we take it that the young man who resisted conscription would be deemed a traitor, and that the only criticism tolerated on the organisation of the Army would be criticism intended to make it more efficient. Freedom on that subject would be given up with many sighs and much reluctance, but it would be given up. We did give it up as regards the Navy during the great war, and the Americans gave it up in their civil contest. If we were in such a geographical situation we should all be Borderers, all aware of danger, and all terribly impatient of anything which impeded, or threatened, or weakened the preparations we should make whereby danger could be permanently adverted. We should wish all men to click their heels when they bowed, not because clicking is nice, but because it would be a sign that the clicker had imbibed a training which made of him an efficient defender of our homes.«[199] Diese Argumentation zielte auf den geographisch-rationalen Kern des deutschen Militarismus, ging allerdings auf zwei Fragen nicht ein, welche die Wahrnehmung der politischen Führung in London bestimmten: 1. inwieweit das außenpolitisch-militärische Kalkül tatsächlich einem rationalen Kern entsprach, sprich: inwieweit insbesondere die Schlachtflotte dem genannten Zweck der deutschen Sicherheit diente – oder eben mehr sein sollte; 2. inwieweit sich die deutsche Regierung sowie der Kaiser selbst der internationalen Implikationen dieser Fragen überhaupt bewußt waren und die Folgen angesichts der internationalen Reaktionen regelmäßig reflektierten.

7. Wilhelm II. und Edward VII.

»Der Kaiser ist ein halber Engländer, glaubt die Engländer zu verstehen, mißversteht aber von Grund aus den englischen Charakter; wo er die Engländer berührt, verletzt er, und wenn er streicheln will, streichelt er verkehrt«, warnte ein englischer Gesprächpartner Holstein schon zur Jahrhundertwende.[200] Das

---

[198] Ebenda, S. 349. White betont mehrfach die geographischen Determinanten, so auch, wenn er begründet, daß Wilhelm II. ein konstitutioneller Monarch sei, aber nicht im englischen Sinne. Dort sei die konstitutionelle Monarchie möglich durch den »›Silberstreifen‹ des Meeres«, der dem Deutschen Reich in seiner geographischen Position fehle und ihm das wilhelminische Regiment aufnötige. Ebenda, S. 358 f.

[199] The Nightmare of Germany, in: The Spectator, 18. Mai 1901, S. 728.

[200] Die geheimen Papiere Holsteins, Bd. 1, S. 185.

Verhältnis Wilhelms II. zu England war bekanntermaßen von einer ambivalenten Haßliebe geprägt[201], die in der Beziehung zu seinem Onkel Edward ein signifikantes Spiegelbild findet.

Der lange Jahre einflußreiche Kaiserberater Eulenburg erschrak wiederholt angesichts von Wilhelms Englandempfindungen. Als Joseph Chamberlain im Juli 1903 gegen die deutschen Einmischungsversuche bei der von ihm vorgeschlagenen Tariff Reform wetterte, erschien der Monarch, nachdem er die Berichte auf seiner Nordlandreise gelesen hatte, »[m]it ganz verzerrtem Gesicht [...] im Eßsaal und jede Unterhaltung war ausgeschlossen. Krieg, Ohnmacht, und ein grimmiger Zug verletzter Eitelkeit nach *soviel* Liebeswerben in seiner Herzensheimat England, stand auf dem blassen, nervösen Gesicht geschrieben.«[202] Eulenburg meinte später, daß »die große Erregung des Kaisers *bis zu einem gewissen Grade* zu verstehen« gewesen sei, weil Chamberlain als einer der wichtigsten englischen Politiker »zum ersten Mal seine Stimme in *drohendem Tone* gegenüber der Flottenpolitik des Kaisers« erhoben habe. Denn »*nur diese* hat zu dem drohenden Tone Chamberlains geführt. Die Absage an den Kaiser, an sein Werben um ›die Liebe Englands‹, stellt ihn zum ersten Mal ernsthaft vor die Tatsache, daß er durch seine Schlachtflotte der Gegner Englands geworden ist. [...] [I]n seinem innersten Innern sind Schreckgespenster in ihm aufgewacht: Das Dämmern der Möglichkeit seines Erwachens zu einer fürchterlichen Möglichkeit.«[203]

Im September 1905 berichtete Eulenburg aus Rominten an Bülow, wie der Kaiser »in alter Vertraulichkeit den *ganzen* Gang der Politik erzählt und sie mit 100 Details ausschmückt, in welchen ich haarscharf die Grenze zwischen Wirklichkeit und Phantasie zu unterscheiden vermag. [...] Von allen diesen Bildern scheint mir die Gegnerschaft zwischen Onkel Berty und Neffe Willy am wahrsten hervorzutreten, und sie scheint sehr beachtenswert, weil die *stärkste* Triebfeder aller Handlungen – also auch der Politik – immer persönliche Leidenschaft sein wird.«[204] Der bekanntermaßen anglophobe und antiamerikanische Eulenburg[205] sah antagonistische Triebkräfte allerdings auch deutlich auf seiten

---

[201] Vgl. John C. G. RÖHL, The Kaiser and England, in: BIRKE/BRECHTKEN/SEARLE, An Anglo-German Dialogue, S. 97–113, und jüngst ders., Wilhelm II. 1888–1900, S. 1073–1093.

[202] Eulenburg an Bernhard von Bülow, 28. Juli 1903, EULENBURG, Korrespondenz, Bd. 3, Nr. 1498, S. 2094.

[203] Eulenburg, »Zur Psyche und Politik Kaiser Wilhelms II.«, o. D., zit. ebenda, Nr. 1498, Anm. 4, S. 2093 f.; Hervorhebung im Original.

[204] Eulenburg an Bernhard von Bülow, 23. September 1905, EULENBURG, Korrespondenz, Bd. 3, Nr. 1508, S. 2113 f.; Hervorhebung im Original.

[205] Wenngleich Eulenburgs politischer Einfluß seit der Jahrhundertwende aufgrund der seit 1903 mangelhaften Quellenlage schwierig zu ermitteln ist (er vernichtete die Korrespondenz dieser Jahre mit dem Kaiser), bleibt erkennbar, daß er für eine Verständigung mit Frankreich eintrat, um den europäischen Kontinent gegen die Vereinigten Staaten zu vereinen, wobei England bewußt nicht berücksichtigt werden sollte. Noch während Roosevelt den Frieden von Portsmouth vermittelte, schrieb Eulenburg an den Kaiser, falls der US-Präsident erfolgreich sei, »so kann Europa sehr bald amerikanische Politik erleben, daß es den Atem verliert.

des britischen Königs: »In manchen Naturen wirkt der Neid, in andern die Rache am stärksten. In Onkel Berty ist wohl beides vereinigt, die ›sittliche Entrüstung‹ des Neffen über den spielenden Onkel wird dieser wohl niemals vergessen haben. Auch will er jetzt an der Spitze des gewaltigen England mehr gehört werden als der Neffe. Früher waren es die Weiber, jetzt ist die Politik sein Sport, und da er sein Leben lang nur Sport getrieben hat, wird die Mischung von Sport und persönlicher Leidenschaft von seinen Feinden zu *fürchten* sein.«[206]

Edward VII. nahm in der Politik seines Landes keine mit Wilhelm vergleichbare Position ein. Dieser Befund ist der Forschung nicht neu, aber er wurde zeitgenössisch so nicht wahrgenommen, namentlich in Kreisen der deutschen Aristokratie und Führung. Edward entfaltete mithin eine Wirkung in der deutschen Perzeption, obwohl die Realien dahinter kaum einen entsprechenden Anlaß dazu gaben.[207] Zara Steiner hat recht süffisant geurteilt, daß der Prince of Wales und zukünftige König »had neither the inclination, the industry nor the ability to play a role in international affairs«. Edward war demnach zu sehr »a man of limited intelligence with a distaste for reading«.[208] Sein Verhalten zu außenpolitischen Fragen war keineswegs konsistent, sondern mutet bisweilen ähnlich sprunghaft an wie die Eingebungen seines deutschen Neffen.[209] Als Edward an die beschränkte Macht kam, war er neunundfünfzig, sein Neffe war dagegen erst neunundzwanzig gewesen, als er seinen Thron mit den weitaus größeren Kompetenzen bestieg, hatte ihm 1902 also schon dreizehn Jahre Herrschaftspraxis voraus. Als Edward die Nachfolge Victorias antrat, bat er um die gleiche ausführliche Information seitens der Regierung, wie sie seine Mutter erhalten hatte. Sowohl Balfour und Lansdowne als auch, nach dem Regierungswechsel 1905, Edward Grey sind dieser Aufforderung, so gut es ging, gefolgt. Aber alle drei haben bestritten, daß der König irgendeinen entscheidenden Einfluß auf die Wege der Außenpolitik ausgeübt habe.[210]

Wilhelm und Edward waren charakterliche und menschliche Antipoden, die nie zu einem rationalen Verhältnis zueinander fanden. Auch Edward war von irrationalen Motiven bewegt, zumal er gerade gegenüber Deutschland oft »in terms of his personal feelings towards the Kaiser« dachte, »a practice hardly

---

Nur eine Koalition der alten Staaten kann helfen.« Eulenburg an Kaiser Wilhelm II., 26. August 1905, EULENBURG, Korrespondenz, Bd. 3, Nr. 1506, S. 2110 m. Anm. 3. Japan und Rußland unterschrieben den Vertrag von Portsmouth am 5. September 1905.

[206] Eulenburg an Bernhard von Bülow, 23. September 1905, EULENBURG, Korrespondenz, Bd. 3, Nr. 1508, S. 2114; Hervorhebung im Original.

[207] Vgl. KENNEDY, Rise of Antagonism, S. 400.

[208] STEINER, Foreign Office and Foreign Policy, S. 202.

[209] Vgl. die ausführliche Beschreibung seiner schwankenden Ansichten insbesondere auch im Wechselspiel mit dem Verhältnis zu Wilhelm II. bei MONGER, End of Isolation, S. 261–266.

[210] Brief Lansdownes an Balfour 11. Januar 1915, abgedr. in: NEWTON, Lansdowne, S. 293; GREY, Twenty-Five Years, Bd. 1, S. 202–209.

conducive to rational diplomacy«.[211] Aber weder seine konstitutionelle Position noch seine Persönlichkeit ließen einen Einfluß zu, der auch nur annähernd den kaiserlichen Störpotentialen gleichkam. Edwards Kommentare waren selten besonders geistvoll oder variantenreich, abgesehen davon, daß er seinen Berliner Botschafter Lascelles als zu prodeutsch empfand und entsprechend kommentierte.[212] Auch Edward war im übrigen wie sein Neffe ein begeisterter Traveller. Einige Wochen Biarritz im Frühjahr, eine Mittelmeerkreuzfahrt im Mai und die alljährliche Kur im böhmischen Marienbad gehörten zum festen Jahresprogramm.[213] Im Gegensatz zu Wilhelm machte er jedoch aufgrund seiner Persönlichkeit und wohl auch aufgrund des Bewußtseins um seine begrenzte politische Stellung eine gute, vor allem im Atmosphärischen gewinnende Figur.[214]

Mit einigem Recht ist auf den kuriosen Befund verwiesen worden, daß Edward sich gerade dann um eine Verbesserung der deutsch-britischen Beziehungen bemühte, als die Deutschen zunehmend davon überzeugt waren, daß der König spiritus rector einer antideutschen Einkreisungspolitik sei, obwohl »there was really little substance to these fears«.[215] Als Edward VII., der lange auf sich hatte warten lassen, endlich im Februar 1909 nach Berlin kam, empfing ihn nicht nur eine »eisige« Stimmung der Bevölkerung.[216] Edward hatte wegen seiner genußvollen Lebensführung, seines Alters und seines Übergewichts starke gesundheitliche Probleme. Das Berliner Progamm nahm darauf nicht viel Rücksicht. Als der König in der englischen Botschaft einen Ohnmachtsanfall erlitt, trank er zur Stärkung Whisky und Kognak, mußte jedoch, angeblich gegen seinen Willen, am Abend auf dem Ball des Kaisers erscheinen, der auch noch um halb neun direkt nach dem Essen begann statt wie in England um elf. So blieb ihm weder Zeit zur Erholung noch für eine Zigarre. Marie Radziwill berichtet über Edwards weiteres Ergehen: »Auf dem Ball hatte er Durst; er bat um Wasser mit Whisky. Man antwortete ihm, Whisky werde nicht serviert. Er wünschte, eine Kartenpartie zu spielen; man antwortete ihm, daß sei am preußischen Hof

---

[211] STEINER, Foreign Office and Foreign Policy, S. 203.

[212] Vgl. ebenda.

[213] Ebenda, S. 204; dort weitere Einzelheiten zu seinen Reisegewohnheiten und Treffen mit ausländischen Staatsmännern.

[214] Alexander von Hohenlohe betont in seinem Vergleich des Einflusses beider Monarchen vor allem die Diskrepanz zwischen dem »geräuschlosen« Wirken Edwards VII. und den »in der ganzen Welt widerhallenden unzähligen Reden« des Kaisers. Als Nachteil sah er auch dessen »bei jeder Gelegenheit hervortretendes persönliches Eingreifen«. Alexander von HOHENLOHE, Aus meinem Leben, Frankfurt a. M. 1925, S. 368.

[215] STEINER, Foreign Office and Foreign Policy, S. 206 f.: »He could not alter the course of foreign policy though he could make the Foreign Secretary's task either easier or more difficult. Basically, the King was in agreement with Grey and did not question the basic assumptions upon which Grey's policy rested. Edward VII neither led nor checked the Foreign Office.«

[216] RADZIWILL, Briefe, S. 319, 9. Februar 1909.

nicht Brauch. Endlich bat er um eine Zigarre; man antwortete ihm, im Schloß dürfe nicht geraucht werden. Dann ging der König zu Bett. Wie ungeschickt sind wir hier!«[217] Dergleichen zunächst vor allem atmosphärische Eindrücke mögen aus einer strikt machtpolitischen Perspektive als *quantité negligeable* interpretiert werden, sie behalten allerdings als Symptome diplomatischer Dispositionen ebenso ihre Relevanz, wie sie in kumulierender Erfahrung auf die internationale Ebene politisch auszustrahlen vermochten. Wilhelm selbst kam nie wirklich los von der negativen Fixierung auf seinen Onkel und schrieb noch am 30. Juli 1914, als seine diffusen Gefühle in der Krise kulminierten: »Edward VII. ist nach seinem Tode noch stärker als ich, der ich lebe! Und da hat es Leute gegeben[,] die geglaubt haben, man könnte England gewinnen oder beruhigen, durch diese oder jene kleinen Maßregeln!!!«[218]

8. Bernhard von Bülow

Bernhard von Bülow war neben dem Kaiser die entscheidende außenpolitische Persönlichkeit des Deutschen Reiches in der Scharnierzeit und galt schon zeitgenössisch als *der* Exponent von Weltpolitik und Wilhelminismus.[219] Obwohl Bülow weder einen preußischen Stammbaum noch Güter in Ostelbien besaß, obgleich er also kein landverwachsener Junker und auch erst seit seiner Schul-

---

[217] Ebenda, S. 321 f., 19. Februar 1909.

[218] Ausführlicher, sehr erregter Kommentar Wilhelms II. zum Telegramm-Bericht des Botschafter Pourtalès aus Petersburg vom 30. Juli 1914, in: Die Deutschen Dokumente zum Kriegsausbruch Bd. 2, S. 132. Er wollte deshalb seine Diplomaten in der ganzen »mohamedanischen Welt« zum Aufstand blasen lassen »gegen dieses verhaßte, verlogene, gewissenlose Krämervolk«. Ebenda, S. 133.

[219] Nach wie vor die wichtigste Darstellung mit umstrittener These eines Bülowschen »Masterplans«: WINZEN, Bülows Weltmachtkonzept; ders., Biographische Einführung, S. 5–109. Katharine A. LERMAN, The decisive relationship: Kaiser Wilhelm II. and Chancellor Bernhard von Bülow 1900–1905, in: John C. G. RÖHL/Nicolaus SOMBART (Hrsg.), Kaiser Wilhelm II. New Interpretations, Cambridge 1982, S. 221–247, hier S. 288; dies., The Chancellor as Courtier. Bernhard von Bülow and the Governance of Germany 1900–1909, Cambridge 1990; dies., The chancellor as Courtier, in: RÖHL, Ort Kaiser Wilhelms; Gerd FESSER, Reichskanzler Bernhard Fürst von Bülow. Eine Biographie, Berlin 1991. Bülows Memoiren sind jenseits allen stilistischen Glanzes in vielen Teilen unzuverlässig; BÜLOW, Denkwürdigkeiten, Berlin 1930–1931; Friedrich THIMME (Hrsg.), Front wider Bülow. Staatsmänner, Diplomaten und Forscher zu seinen Denkwürdigkeiten, München 1931; Siegfried A. KAEHLER, Legende und Wirklichkeit im Lebensbild Kanzler Bernhard von Bülows, in: Ders., Studien zur deutschen Geschichte des 19. und 20. Jahrhunderts. Aufsätze und Vorträge, hrsg. und mit einem Nachwort versehen von Walter Bußmann, Göttingen 1961, S. 220–240; Friedrich Freiherr HILLER VON GAERTRINGEN, Fürst Bülows Denkwürdigkeiten. Untersuchungen zu ihrer Entstehungsgeschichte und ihrer Kritik, Tübingen 1956. Bülows Erinnerungen sind für Kaehler »ein gewaltiges Dokument kleinlichen Menschentums«. Kaehler macht zugleich deutlich, daß Bülow auch der Ausdruck des wilhelminischen Zeitgeistes ist, wodurch »die wissenschaftliche Auseinandersetzung mit dem politischen Lebensbild Bernhard von Bülows zugleich zu einem Gegenstand der nationalen Selbstbesinnung« werde (S. 220, 224).

zeit mit dem »preußischen Geist« in näherer Berührung war, erkannte er rasch die Chancen des preußisch-deutschen Denkens für seine persönlichen Ambitionen.[220] Nach erfolgreichem Kriegseinsatz gegen Frankreich und einem juristischen Examen begann Bülow, gefördert durch seinen politisch erfahrenen Vater[221], eine steile diplomatische Karriere. Ein eifriger Ehrgeizling, geschmeidig, belesen und opportunistisch, sammelte er als Legations- und Botschaftssekretär Erfahrungen in den wichtigsten europäischen Hauptstädten mit einer Ausnahme: Er mied London.[222] Während des Berliner Kongresses war er an dessen Sekretariat delegiert und lernte die führenden europäischen Staatsmänner mitsamt ihrer Entourage kennen.[223]

Gleichwohl führten weder diese Erfahrungen noch die Eindrücke seiner Diplomatenjahre zu einer abgeklärten Einschätzung des Wesens internationaler Beziehungen. »Alle Fremden sind mir politisch im Innersten verhaßt«, schrieb er im Januar 1887 an Herbert von Bismarck und erklärte: »Ich betrachte dieselben lediglich als Schachfiguren, welche wir hin- und herschieben nach unserem nationalen Interesse.«[224] Dergleichen Äußerungen sollten dem Kanzlersohn und Amtsnachfolger von Bülows Vater eine Kaltschnäuzigkeit signalisieren, die Bülow für Höheres empfahl, weil damit der Kern Bismarckscher Realpolitik angesprochen war: die anderen Mächte nach den eigenen Notwendigkeiten zu behandeln. Bülows Formulierung wirkt jedoch eher wie eine berechnende Pose, und seine ostentativ harsche Haltung ging über die realpolitischen Grundsätze Bismarcks mit einiger Verve hinaus, wenn er »Haß« gegen Fremde als inneres Motiv außenpolitischer Orientierung proklamierte. Bismarck, zweifellos ein großer Hasser in vielen persönlichen Beziehungen, degoutierte derartige Emo-

---

[220] Bülow geriet zunehmend unter den Einfluß des Treitschkeschen Geistes (ohne daß er den Historiker je kennenlernte) und nannte dessen *Deutsche Geschichte im 19. Jahrhundert* (neben der unabdingbaren Erwähnung Bismarcks) »die Grundlage meines politischen Denkens und Fühlens«. BÜLOW, Denkwürdigkeiten, Bd. 4, S. 460; vgl. WINZEN, in: BÜLOW, Deutsche Politik, S. 8 f.

[221] Bülows Vater Bernhard Ernst von Bülow (1815–1879), genannt der »Aktentiger« (Bismarck) oder »die heilige Kraft« (seine Kollegen im Auswärtigen Amt), stand zunächst im dänischen Staatsdienst, war anschließend Staatsminister und Gesandter beider Mecklenburg und diente von September 1873 bis zu seinem Tod im Oktober 1879 als Bismarcks Staatssekretär im Auswärtigen Amt. Vgl. Biographisches Handbuch des deutschen Auswärtigen Dienstes, Bd. 1, S. 326 f.; Lamar CECIL, The German Diplomatic Service, 1871–1914, Princeton (N. J.) 1976, S. 228 f., zit. ebenda.

[222] WINZEN, in: BÜLOW, Deutsche Politik, S. 7. Bülow arbeitete u. a. in St. Petersburg, Wien, Paris, Rom, Athen und Bukarest. Zur diplomatischen Laufbahn vgl. Biographisches Handbuch des deutschen Auswärtigen Dienstes, Bd. 1, S. 324–326; vgl. auch FESSER, Bülow, S. 7–41.

[223] Als britische Delegierte hervorzuheben sind neben Premierminister Disraeli vor allem Außenminister Salisbury sowie dessen Neffe Arthur Balfour, der seinen Onkel als Sekretär begleitete. Diese beiden waren als Außen- und Premierminister nacheinander Bülows Londoner politisches Gegenüber zwischen 1897 und 1905.

[224] Bülow an Herbert von Bismarck, 3. Januar 1887, BA NL Bismarck 27, zit. nach WINZEN, in: BÜLOW, Deutsche Politik, S. 14 f.

tionalität in den internationalen Verbindungen, weil sie den realpolitischen Blick trübte.

Bülow kannte Rußland aus eigener Anschauung und respektierte, ja bewunderte bisweilen dessen naturwüchsige Kraft. Auch das französische Denken von der Politik bis zur Literatur lernte er in den Jahren als Legationssekretär in Paris von 1878 bis 1884 intensiv kennen. Während er Rußland stets als potentiellen Verbündeten ansah, interpretierte er die französische Haltung als unversöhnlich revanchelüstern.[225] Weitreichend unreflektiert und kenntnisarm blieb demgegenüber Bülows Wissen und Bild von Großbritannien. »In alle Strömungen des europäischen Kontinents hatte er Einblick«, resümierte der Wiener Journalist Sigmund Münz und hielt fest: »Aber einen Mangel wies seine allerdings nur zu kontinentale Orientierung auf: England war die Lücke seines Wissens und seiner Auffassung. Mit der englischen Geistigkeit hatte er zu wenig sich vertraut gemacht.«[226] Als das Auswärtige Amt die englischen Bündnissondierungen diskutierte, erklärte Bülow seine Reserviertheit mit der Bemerkung: »Es gibt eben noch Leute, welche fest glauben, daß, wer sich mit England einläßt, sicher reingelegt wird.«[227] Gegenüber den widersprüchlich bleibenden Ansichten des Kaisers zu England verfolgte Bülow, beraten durch Holstein, einerseits die Idee der »freien Hand«, andererseits die außenpolitische Sicherung des Flottenbaus. Die Bilanz seines Wirkens in den internationalen Beziehungen ist im Grunde ein weitreichendes und für die deutsche Position im Mächteverbund nachhaltiges Scheitern des weltmachtpolitischen Ehrgeizes, mehr noch: Die Blockkonfrontation der Großmächte, wie sie sich im Lauf der Scharnierzeit herausbildete, ist auf deutscher Seite in hohem Maße das Resultat der Bülowschen Ambitionen, sich selbst und den Kaiser ungeachtet der internationalen Reperkussionen als Weltreichsgründer zu profilieren. Sich zwölf Jahre an der Macht gehalten zu haben, reflektiert im Kern eine durchaus profunde politische Leistung. Sie blieb jedoch inhaltlich geprägt von jenem letztlich auf die kaiserliche Autorität berechneten Opportunismus, der die Unberechenbarkeit Wilhelms II. mitsamt des aggressiven Auftretens durch Flottenbau und weltpolitisches Irisieren in die Sphäre der internationalen Beziehungen in einer Weise verlängerte, daß sich die anderen Mächte verstärkt dagegen sichern zu müssen meinten. Holstein resümierte, daß »nicht nur von mir, sondern auch von andren, die Bülow kannten, als sicher angenommen [wurde], daß er mit einer bestimmten Ansicht nur dann

---

[225] Vgl. ebenda, S. 15–17.

[226] Sigmund MÜNZ, Fürst Bülow, der Staatsmann und Mensch, Berlin 1930, S. 295.

[227] Zit. nach: Die geheimen Papiere Holsteins, Bd. 1, S. 182. Holstein vermutete als Motiv für diese Anglophobie die Erfahrungen der Familie Bülow mit dem britischen Verhalten gegenüber Dänemark im Konflikt von 1864. Außenminister Lord John Russell hatte der dänischen Regierung Unterstützung zugesagt, der Abtrennung von Schleswig und Holstein gleichwohl untätig zugesehen. Bülows Vater verlor dadurch seinen Posten als dänischer Bundestagsgesandter dieser Herzogtümer. »Daß jene Lebenserfahrung beim Sohn Bülow nachwirkte, hatte ich mehr als einmal zu konstatieren.« Ebenda.

hervortrat, wenn er wußte, daß der Kaiser hinter ihm stand«.[228] Er identifizierte diese Eigenart Bülows schon früh und schrieb selbst an Philipp Eulenburg, dessen planender Einfluß auf Bülows Karriere ihm vollkommen bewußt war: »Freund Bernhard« habe »nicht für alles ein volles Verständnis« offenbart. »Das liegt wohl daran, daß seiner Natur das Künstliche – ich sage *nicht*, das Falsche – am nächsten und verständlichsten ist.«[229]

Die Ambivalenz der »berechnende[n] Unterwürfigkeit« gegenüber dem Kaiser fand ihre Entsprechung in einem kompensierenden Herrschaftsanspruch gegenüber seinen Untergebenen[230], seien sie nun Minister, Staatssekretäre oder Beamte. »Für die Mehrheit der Minister war der Kanzler gewöhnlich unerreichbar: sie sahen ihn lediglich während der Sitzungen des Preußischen Staatsministeriums, die der Graf allerdings nur sporadisch besuchte, weil sie ihn offenbar langweilten. An den Diskussionen des Ministerrats beteiligte er sich kaum, gab ihnen aber oft die entscheidende Wendung, indem er auf entsprechende Äußerungen Seiner Majestät verwies. Mit den meisten Ministern verkehrte er nur schriftlich, und die Reichsstaatssekretäre hatten sich seit dem Oktober 1900 mit knappen Instruktionen ihres Vorgesetzten zufriedenzugeben.«[231] – Dieses pointierte Resümee der Bülowschen Regierungspraxis illustriert anschaulich den prinzipiellen Unterschied zu einer entschieden deutlicher auf diskursive Rationalität angelegten Entscheidungsfindung in Großbritannien.

In der Flottenfrage war sich Bülow von vornherein über die Tragweite der Politik im klaren. Noch in seinen nur mit quellenkritischer Vorsicht nutzbaren Erinnerungen schildert er mit einer gewissen pseudoprophetischen Stilisierung, er habe bei jenem Gespräch, in dem ihm Wilhelm 1897 das Amt des Staatssekretärs anbot, deutlich gemacht, er »wisse [...] schon aus meiner Botschaftertätigkeit und schließlich auch aus der Geschichte und den Zeitungen,

---

[228] Ebenda, Bd. 1, S. 183. Im Nachhall der »Granitbeißer-Rede« vom 8. Januar 1902 und den Differenzen zwischen Bülow und Botschafter Metternich um die deutsche Haltung gegen England hielt Holstein am 11. Januar 1902 in seinem Tagebuch fest: »Bei Bülow, der sonst ein sehr liebenswürdiger und leichtlebiger Vorgesetzter ist, wirkt unausgesetzt ein kritikloses Mißtrauen gegen jedermann. Er hat sich in jüngeren Jahren den Magen mit Machiavelli verdorben; die Lehren dieses Ordinarius der Intrige führen ihn öfters irre und vermindern seine Zuverlässigkeit im Verkehr. [...] Bülow tut mir in mancher Hinsicht leid. Er ist keine starke Natur, hat bis jetzt alles mit Liebenswürdigkeit und geschickter Menschenbehandlung erreicht. Das allein reicht aber gegenüber dem sich stetig steigernden Herrscherbewußtsein von S. M. nicht aus. Dieser läßt den R. K gelegentlich mal abfallen, vielleicht um zu zeigen, wer der Herr ist.« Er »glaube, daß er den Kaiser manches Mal von Dingen abgebracht, daß er S. M. aber noch nie direkte Opposition gemacht hat.« Ebenda, Bd. 4, S. 220 f.

[229] Holstein an Eulenburg, 24. Februar 1895, EULENBURG, Korrespondenz Bd. 3, Nr. 1097, S. 1485. Es ging in dieser Zeit um eine der zahlreichen Krisen und Intrigen mit dem Ziel, Staatssekretär Marschall von Bieberstein abzulösen, was dank Eulenburgs Einfluß auf den Kaiser mißlang. Holstein fügte hinzu: »Diese kleine Wahrnehmung, auf die ich *nicht* zurückkommen möchte, bitte ich Sie, *ganz* für sich zu behalten.« Hervorhebungen im Original.

[230] Nennenswerte Ausnahmen blieben Philipp Eulenburg und Friedrich von Holstein aufgrund ihrer Stellung gegenüber dem Kaiser bzw. ihrer Expertise als außenpolitische Berater.

[231] Vgl. WINZEN, Biographische Einführung, S. 52.

daß das Problem, vor das ich gestellt werden würde, im wesentlichen darauf hinauskomme, zu unserem Schutz und für unsere Sicherheit eine Flotte zu bauen, ohne durch den Bau dieser Flotte in Krieg mit England zu geraten. Das sei nicht ganz einfach.«[232]

Anläßlich eines »ernsten Gesprächs«, das Bülow in den ersten Jahren seiner Kanzlerschaft mit Tirpitz geführt haben will, habe er diesen gefragt, »wann er glaube, daß unsere im Bau befindliche Flotte eine Stärke erreicht haben werde, die einen unprovozierten englischen Angriff für vernünftige Menschen unwahrscheinlich machen würde. Tirpitz erwiderte mir, daß wir etwa 1904 oder 1905 in die kritischste Phase unserer Beziehungen zu England eintreten würden. Um diese Zeit würde unsere Marine so stark geworden sein, daß sie in England Eifersucht und starke Unruhe hervorrufen werde. Nach diesem voraussichtlich kritischsten Moment werde sich die Gefahr eines englischen Angriffs mehr und mehr verringern. Die Engländer würden dann einsehen, daß ein Vorgehen gegen uns auch für sie mit einem unverhältnismäßigen Risiko verbunden wäre. Da wir nicht daran dächten, England anzugreifen, würde auf dieser Grundlage einem friedlichen Nebeneinanderleben und Sichentwickeln des deutschen und des englischen Volks nichts mehr im Weg stehen.«[233] Der innere Widerspruch dieses »Konzepts«, das entweder ein machtpolitisches Vakuum in der europäischen Politik voraussetzte oder die britische Unwilligkeit oder Unfähigkeit, die Rüstungsherausforderung anzunehmen, ist bereits beschrieben worden.[234]

Langfristig untergrub die international kumulativ provozierend wirkende Bülowsche Diplomatie in der Annahme, die außenpolitischen Mitspieler im Mächtesystem in ähnlicher Weise manipulieren und beeinflussen zu können wie die deutsche Politik nach innen, die deutsche Glaubwürdigkeit in einem Maße, daß das verlorene Vertrauen, wenn überhaupt, nur in einem ähnlich langwierigen Prozeß hätte wiederhergestellt werden können. Zugleich spiegelt der Erfolg der Bülowschen Manipulationen eine spezifische Eigenart der deutschen (außen-)politischen Führung im Verhältnis zur deutschen Gesellschaft und Öffentlichkeit: Eben weil Bülow mit seinen Methoden und seiner Politik so lange Zeit in der Binnensicht erfolgreich und populär blieb und seine Macht im Verhältnis zu Kaiser und Parlament geschickt zu behaupten vermochte, indiziert dieser Erfolg eine grundsätzliche und zumindest ideell weit reichende Übereinstimmung zwischen Bevölkerungssehnsüchten und dergleichen politischer Führung.[235]

---

[232] BÜLOW, Denkwürdigkeiten, Bd. 1, S. 16; ähnlich S. 412 f.: »Ich sollte, wie der Kaiser und Tirpitz mir oft wiederholten, das deutsche Schiff durch die Gefahrenzone leiten.«
[233] Ebenda, S. 413.
[234] Vgl. oben Kap. I.
[235] Bernhard von Bülow verkörperte in diesem Sinn, wie Klaus Hildebrand zu Recht resümiert, die »Faszination der Macht«, der die Deutschen in der Scharnierzeit »anheimfielen«. HILDEBRAND, Das vergangene Reich, S. 200.

Schon während des Ersten Weltkrieges gestand Bülow – und meinte sich damit erklären und entschuldigen zu können –, daß die deutsche Außenpolitik (also *seine* Außenpolitik der Jahre 1897 bis 1909) »lange Zeit [...] bis zu einem gewissen Grade im Dienst unserer Rüstungsfragen [stand], sie mußte unter anormalen Verhältnissen arbeiten«.[236] Es verwundert nicht, daß die britische und die amerikanische Außenpolitik dergleichen eben deshalb als unberechenbar wahrnahmen, weil sie kein stringentes politisches Kalkül zu erkennen vermochten, wenn der zuständige Politiker die fortschreitende Knechtschaft des Politischen gegenüber dem Militärischen selbst zugestand und im deutschen »Militarismus« nicht die Wurzel der internationalen Entfremdung zu erkennen vermochte, sondern »das Fundament unseres Staatswesens und die Gewähr unserer Zukunft«.[237]

Bülows politischer Führungsstil unterschied sich demnach insgesamt gravierend von der kompetitiven Entscheidungssuche in den beiden angelsächsischen Ländern, und sein Beraterkreis verengte sich mit den Jahren noch. Philipp Eulenburg, der ihn durch seine Beziehungen zum Kaiser entscheidend gefördert hatte, zugleich aber eine Art Konkurrent blieb, selbst wenn Eulenburg nicht das Kanzleramt anstrebte, verlor durch die gegen ihn erhobenen öffentlichen Vorwürfe seine Machtposition und damit auch einen vermittelnden Einfluß auf Bülow. Als außenpolitischer Berater blieb Bülow seinem langjährigen Ratgeber Holstein verbunden, auch nachdem dieser 1906 überraschend den Abschied genehmigt erhalten hatte. Innenpolitisch vertraute Bülow vor allem seinem Pressedezernenten Otto Hammann und dem Chef der Reichskanzlei Friedrich Wilhelm von Loebell.[238] Diese Beschränkung des Beraterkreises förderte die stets mit Machtkompetenzen einhergehende verführerische Neigung, vor allem Selbstbestätigung zu perzipieren und zu fördern. Dies war zugleich eine Versuchung, der Bülow charakterlich wenig entgegenzusetzen hatte – im Gegenteil. Eine Verkapselung war die beinahe notwendige Folge.[239] Reinhold Klehmet, der Vortragende Rat im Auswärtigen Amt, dem Bülow nach der Daily Telegraph-Affäre die Schuld am Versagen seines Kontroll- und Regierungsapparates zuschob und ihn dafür strafversetzen ließ, faßte im März 1909 seine Erfahrungen mit dem Bülowschen Regierungsstil und der Form der

---

[236] [Bernhard] Fürst von BÜLOW, Deutsche Politik, Berlin 1916, S. 120. Vgl. KAEHLER, Legende, S. 235. Peter Winzen faßte 1992 zusammen, es könne mittlerweile »als gesichert gelten, daß sich während der weltmachtpolitischen Inkubationsphase alle wichtigeren außenpolitischen Überlegungen und Aktionen am Primat des Flottenbaus orientierten«. WINZEN, Biographische Einführung, S. 30; Volker R. BERGHAHN, Zu den Zielen des deutschen Flottenbaus unter Wilhelm II., in: HZ 210 (1970), S. 34–100; Paul M. KENNEDY, German World Policy and the Alliance Negotiations with England, 1897–1900, in: Journal of Modern History 45 (1973), S. 605–625.

[237] BÜLOW, Deutsche Politik (1916), S. XV.

[238] Vgl. WINZEN, Biographische Einführung, S. 61.

[239] Winzen spricht von einem »wachsenden Realitätsverlust«, was auf dasselbe hinausläuft. Ebenda.

Entscheidungsfindung in einem Brief an den Unterstaatssekretär Wilhelm Stemrich anschaulich zusammen: »Es sollte nicht übersehen werden, daß die früher vorhandene enge persönliche Fühlung des Herrn R[eichs] K[anzler] mit den einzelnen Referenten der politischen Abteilung längst aufgehört hat. Der einzelne Referent ist daher schwer in der Lage, sich ein richtiges Bild über die Auffassungen seines obersten Chefs zu machen, der mit ihm über politische Fragen kaum mehr spricht oder korrespondiert. Eben deshalb ist dem einzelnen Referenten auch der Weg einer privaten Äußerung von Bedenken an den Chef so gut wie verschlossen.«[240]

Auf der anderen Seite war die Entscheidungsfindung »von oben« ähnlich diffizil und nicht selten unkalkulierbar. Der Arbeits- und Entscheidungsstil des Kaisers preßte seine Umgebung in einen weitreichenden Opportunismus, als deren Exponent die Persönlichkeit Bernhard von Bülows geradezu prädestiniert schien. Wilhelms Persönlichkeit und seine bereits wiederholt skizzierte Regierungsführung erschütterten immer wieder selbst wohlwollendste Freunde wie Philipp Eulenburg, über Jahre der wichtigste Berater des Kaisers und einer der wenigen, die ihm halbwegs offen ihre Meinung sagen konnten, ohne umgehend mit der Verbannung rechnen zu müssen. Eulenburg wiederum berichtete Bülow regelmäßig über die Schwierigkeiten, den Monarchen zu halbwegs kalkulierbaren Überlegungen anzuhalten. In Eulenburgs Augen schritt die nahezu autistische Selbstspiegelung des Kaisers mit den Jahren fort. Von der Nordlandreise im Juli 1903 schrieb er: »Wochenlang, von früh bis zum Abend, *nur* durch eine Schlafpause nachmittags unterbrochen, mit dem lieben Herrn in Kontakt zu sein, öffnet ja auch dem weniger Eingeweihten die Augen – und auch dieser erschreckt über die immer mehr in Erscheinung tretende Tatsache, daß S. M *alle* Dinge und *alle* Menschen lediglich von seinem persönlichen Standpunkt betrachtet und beurteilt. Die Objektivität ist völlig verloren, die Subjektivität reitet auf einem beißenden und stampfenden Rosse – der Widerspruch in seinen eigenen Äußerungen feiert täglich Triumphe [...].«[241] Entsprechende Wirkung strahlte das kaiserliche Verhalten auf seine Entourage aus: »Wie Ungewitter stehen fortwährend Wolken auf der kaiserlichen Stirn, und die Fahrgenossen sind *ohne* Ausnahme so gedrückt, wie ich sie niemals sah. *Jeder* vertraut dem andern unter 4 Augen seine Sorgen an, und der Alp, der auf dem Schiffe ruht, will nicht weichen – auch nicht, wenn alle alten Exzellenzen und Würdenträger unter Geschrei und Witzen zum Turnen antreten und den Morgen mit freundlich lächelnden Mienen beginnen. Ein geradezu *ekelhaftes* Schauspiel!«[242] Wenn

---

[240] Klehmet an Stemrich, 17. März 1909, PAAA England 78 No. 2, secr., Bd. 1; WINZEN, Biographische Einführung, S. 60–62.

[241] Eulenburg an Bernhard von Bülow, 26. Juli 1903, EULENBURG, Korrespondenz, Bd. 3, Nr. 1498, S. 2092; Hervorhebungen im Original.

[242] Ebenda. Hervorhebungen im Original. Drei Tage später informierte er Bülow, wie er um Mitternacht »plötzlich die laut lachende, schreiend schallende Stimme des Kaisers« vor

demnach Philipp Eulenburg die Problematik der konzentrierten Unkalkulierbarkeit seines kaiserlichen Herrn ebenso bewußt war wie Bernhard Bülow oder auch Friedrich Holstein, so resignierten sie gleichwohl mit einer schicksalsergeben anmutenden Bereitschaft gegenüber seiner flirrenden Persönlichkeit in dem Bewußtsein, weder die realistische Option noch auch den wirklichen Willen einer grundsätzlichen Alternative zu dieserart Führungsrealität zu haben. Sie betrachteten es gleichsam als Fügung wie als Schicksal, mit diesem Kaiser und seinen Entscheidungen leben zu müssen. Wenn dem so war, dann schien es allemal besser, sich anzupassen, um neben dem persönlichen Fortkommen zumindest halbwegs Einfluß zu suchen, als in Machtlosigkeit außerhalb der Entscheidungsprozesse zu bleiben und das Feld damit anderen zu überlassen, die womöglich noch weniger Skrupel besaßen.

Vergleicht man diesen Befund mit den Erkenntnissen über die zeitgleichen Formen der Entscheidungsfindung in Großbritannien, so werden die Unterschiede und deren Folgen für die Außenpolitik evident. Wie oben beschrieben, war Edward Greys Führungsstil im Foreign Office durch großes Vertrauen in seinen Permanenten Unterstaatssekretär Charles Hardinge geprägt. Hardinge führte ein strenges, aber »diskursiv« angelegtes »Regiment«, das um eine effektive Abstimmung aller außenpolitischen Belange bemüht war. Edward Grey ließ ihm, wie gezeigt wurde, nach innen gegenüber Mitarbeitern und Botschaftern in vielerlei Hinsicht freie Hand, weil sie in der generellen Linie der Außenpolitik, die Grey im Kabinett und im Parlament vertreten mußte, übereinstimmten. Das war jedoch kein Zufall, sondern das Ergebnis eines Prozesses, für den es im Deutschen Reich keine Entsprechung gab. Auf diese Weise identifizierten sich Mitarbeiter wie Eyre Crowe u. a. nicht nur aus persönlich-ideologischen Gründen mit den Grundlinien der Außenpolitik, sondern konnten auch die Überzeugung gewinnen, an diesem Prozeß in gewissem Maße beeinflussend teilzunehmen, wenngleich die letzten Entscheidungen stets durch Grey und das Kabinett getroffen wurden. Die innere Struktur des Foreign Office war so angelegt, daß eine Strategie, die auf die Formulierung und Durchsetzung der britischen Interessen im diplomatischen Konzert nach außen und im parteipolitischen Konzert nach innen wirken mußte, zu einem gemeinsamen Nenner führte, dem durch diesen Abstimmungsprozeß ein hohes Maß an Rationalität eigen war, das sich zugleich permanent durch Befragung herausgefordert sah und mit Hilfe dieses Zwangs zur Überprüfung auf außenpolitische Situationen angemessener reagierte. Man könnte auch von einer identifikationsfördernden Binnentransparenz sprechen, die im Gegensatz dazu dem Herrschafts- und Regierungsapparat in der deutschen Außenpolitik erkennbar fehlte.

In den Vereinigten Staaten wiederum war das Regierungshandeln, wie beschrieben, auch in der Außenpolitik sehr viel stärker von den parteipolitischen

---

seiner Tür hörte: »Er jagte die alten Exzellenzen Heintze, Kessel, Scholl, etc. durch die Gänge des Schiffes zu *Bett*!« Notiz Eulenburgs vom 29. Juli 1903, ebenda, S. 2095.

Interessenlinien durchzogen, was sich, wie am Beispiel von Henry White deutlich wurde, nach Machtwechseln jedesmal in einem weitreichenden Austausch des Personals manifestierte. Auch hierin führte das Wettbewerbsprinzip bei aller Fragwürdigkeit mancher Personalentscheidungen zu einem Rückkopplungseffekt, der, über die beständige Drohung des möglichen Machtwechsels, das außenpolitische Personal zur fortwährenden Legitimierung seiner Entscheidungen zwang und mithin die Rationalität nationaler Interessendefinition förderte.

9. Diplomatie, Kommunikation und Salon

Die Einbindung angelsächsischer Diplomaten in die politisch-gesellschaftlichen Führungszirkel des jeweiligen Gastgeberlandes ist am Beispiel von Cecil Spring Rice und Henry White in ihrer Relevanz für die gegenseitigen Perzeptionen und den Machtwandel vor dem Ersten Weltkrieg deutlich geworden. Auch junge deutsche Diplomaten, die auf ihrem Ausbildungsweg nach Amerika entsandt wurden, kannten das Bonmot, wonach es dort »viel Urwald, daher auch viel Urlaub« gebe.[243] Als Hermann Eckardstein im Februar 1889 gerade 24jährig in Washington eintraf, befreite ihn der Gesandte Ludwig Arco-Valley von den meisten lästigen Kanzleiarbeiten. Er riet ihm, stattdessen Land und Leute kennenzulernen, »um mir ein richtiges Urteil bilden zu können, vor allem aber in die Psyche des Amerikaners einzudringen«.[244] Eckardstein folgte dieser Aufforderung und bereiste kreuz und quer den nordamerikanischen Kontinent einschließlich Kanadas. Der Ertrag war ausweislich der Schilderungen in seinen Memoiren gering. Seine geistige Landkarte blieb, abgesehen von schwachen Kalifornieneindrücken, wonach er dort mit einem »Negerkönig« Cocktails und Whiskys schlürfte[245], auf drei Orte fixiert: New York (das er ständig Neuyork nannte), Washington und das Seebad Newport, jenes schon von Spring Rice mit soziologischem Blick beschriebene Paradies freizeitlichen Dahinlebens. In seinen anekdotenreichen Erinnerungen verlor Eckardstein kein Wort über besagte »Land und Leute«, wenn man darunter etwas anderes als die genannten drei Städte, einige Landsitze, die prunkende High Society und opulente Dinners mit viel Champagner versteht.

Newport verfehlte im übrigen seine Wirkung auch auf Eckardstein nicht, und seine Erlebnisse behielten nachhaltigen Einfluß auf sein Amerikabild: Es war das Image einer genießenden, »lustigen«, vergnügungsfreudigen Geldaristokratie. Wie Spring Rice empfand auch Eckardstein die sommerliche Flucht der politischen und diplomatischen Gesellschaft aus dem schwülheißen Wash-

---

[243] CECIL, German Diplomatic Service, S. 169.
[244] ECKARDSTEIN, Lebenserinnerungen, Bd. 1, S. 101.
[245] Ebenda, S. 113.

ington in die kühle Frische des Nordens als charakteristisch: »Während der Saison, welche sich von etwa Ende Mai bis Ende September erstreckte, jagte ein Fest das andere. [...] In Washington selbst blieben nur der Chef der Kanzlei und ein oder zwei Kanzleibeamte zurück. Alles übrige verschwand in die Sommerfrische, und die nötigsten Geschäfte wurden von Newport aus geleitet.«[246] Auch sonstige Begegnungen waren ihm vor allem von den Landsitzen der High Society erinnerlich, wo er stets eine »große Anzahl liebenswürdiger und interessanter Leute« traf, »und es ging sehr heiter zu«.[247] Insgesamt blieb sein Blick eindimensional, fasziniert und im Vergleich zu den sarkastischen Untertönen Spring Rices über die Inhalts- und Ziellosigkeit der vergnügungssüchtigen Coterie reichlich unkritisch.

Die amerikanischen Städte des ausgehenden 19. Jahrhunderts, insbesondere Washington, besaßen noch den Charakter der Überschaubarkeit, ja fast des Familiären, sofern man der entsprechenden gesellschaftlichen Schicht angehörte. Selbst von New York wurde für die 1880er Jahre noch die Behauptung aufgestellt, es sei eine »snug and smug town« gewesen, wo »it was possible to know everyone of importance there, at least by sight«.[248] Und über Washington mit seinen 150 000 Einwohnern (als Spring Rice die Stadt kennenlernte), hieß es, daß »it was a society where an old resident knew by sight everyone who kept a carriage«.[249] Auch spätere Angehörige des deutschen diplomatischen Korps berichteten von den Verflechtungen, die insbesondere zwischen den jüngeren Mitgliedern der europäischen Botschaften und Gesandtschaften und den Angehörigen der »unermüdlichen Washingtoner Gesellschaft« bestanden, die darin »wetteiferten [...], sich selbst und die Jugend zu unterhalten«.[250]

In Washington boten offene Häuser wie die von Henry Adams, John Hay, Henry Cabot Lodge, Don Cameron oder auch Theodore Roosevelt den politisch-diplomatischen Akteuren eine Bühne der Kommunikation. In London waren es die regelmäßigen Dinners, zu denen sich die Mitglieder dieser Schicht trafen, ergänzt durch »weekends«, wie sie von den »Souls« zelebriert wurden. Eine Kultur informeller politisch-gesellschaftlicher Netzwerke, ähnlich oder entsprechend diesen britischen und amerikanischen Kreisen, vermochte sich, wie der Blick auf einige Berliner Salons dieser Zeit illustriert, in Deutschland nicht zu bilden.

---

[246] Ebenda, S. 102.
[247] Ebenda, S. 105. An anderen Stellen spricht er von der »lustigen Gesellschaft«, die sich im Kasino plaudernd bis in die frühen Morgenstunden traf, von »angeregter« und »lustiger« Stimmung etc. Vgl. ebenda, S. 103.
[248] Herbert W. BOWEN, Recollections, Diplomatic and Undiplomatic, New York 1926, S. 95; MAY, American Imperialism, S. 37.
[249] GL 1, S. 52.
[250] PRITTWITZ/GAFFRON, Petersburg und Washington, S. 35.

Cecil Spring Rice verkehrte zu seiner Berliner Zeit und auch bei späteren Besuchen im Salon der Fürstin Marie Radziwill[251] im Radziwillschen Palais am Pariser Platz 3[252], in dem in wilhelminischer Zeit von englischer Seite auch George Curzon mit Frau[253], der britische Botschafter Lascelles[254], dessen Schwester Emma Cavendish[255] und sein Nachfolger Edward Goschen[256] verkehrten. Im Salon der Fürstin Radziwill war bereits in der Bismarckzeit das alte Kaiserpaar zu Gast gewesen, ebenso der seinerzeitige britische Botschafter Odo Russell[257], gelegentlich selbst Bismarck mit seiner Frau, die nun in dem zum Reichskanzlergebäude umgebauten ehemaligen Palais Radziwill wohnten.[258] Auch Wilhelm II. verkehrte im Salon der von ihm geschätzten Aristokratin[259], ebenso beispielsweise das Ehepaar Hohenlohe-Schillingsfürst, Bernhard Bülow, Bethmann Hollweg, Kiderlen-Wächter, Joseph Maria von Radowitz, die Pariser Botschafter Münster und Radolin sowie der österreichisch-ungarische Botschafter Szögyény-Marich.[260] Unter den Salongästen nicht zu finden waren die amerikanischen Gesandten bzw. Botschafter William Walter Phelps, Charlemagne Tower und James Watson Gerard. Dagegen verkehrte Andrew Dickson White in den Salons von Aniela Fürstenberg[261]

---

[251] Marie Fürstin Radziwill (1840–1915), war die Tochter von Marquis Henri de Castellane (1814–1847) und Josephine Pauline geb. Prinzessin von Talleyrand-Périgord (1820–1890); der napoleonische Minister Talleyrand war ihr Urgroßonkel. Vgl. RADZIWILL, Briefe, S. 6 f.

[252] Vgl. Petra WILHELMY, Der Berliner Salon im 19. Jahrhundert (1780–1914), Berlin/New York 1989, S. 792–799, bes. S. 798; RADZIWILL, Lettres, Bd. 3, S. 93.

[253] RADZIWILL, Lettres, Bd. 2, S. 74, 77 f., 255.

[254] Ebenda, S. 11.

[255] Ebenda, S. 232 u. 294 f.

[256] Vgl. GOSCHEN, Diary, S. 181, 200, 259 und 282.

[257] Vgl. RADZIWILL, Briefe, S. 8.

[258] Noch nach der Jahrhundertwende galt in den Augen der arrivierten Gesellschaft jener Teil der Wilhelmstraße mit dem Reichskanzlerpalais Radziwill und der englischen Botschaft im Hotel Strousberg »als das vornehmste Viertel der Residenz«. Fedor von ZOBELTITZ, Chronik der Gesellschaft unter dem letzten Kaiserreich (1894–1914), Hamburg 1922, Bd. 2, 13. März 1905, S. 67. – Das 1744 erbaute ehemalige »Hôtel Radziwill« in der Wilhelmstraße 77 war 1875 von der Regierung als neues Palais für den Reichskanzler erworben und am 23. März 1878 eingeweiht worden; Familie Bismarck zog im Mai ein. Hier fand wenige Wochen später, vom 15. Juni bis 13. Juli 1878, der Berliner Kongreß statt. Vgl. Radziwill, Briefe, S. 5; Joseph Maria von RADOWITZ, Aufzeichnungen und Erinnerungen aus dem Leben des Botschafters Joseph Maria von Radowitz, hrsg. von Hajo Holborn, Stuttgart 1925, Bd. 2, S. 9 f.; ZOBELTITZ, Chronik, Bd. 2, 13. März 1905, S. 67; DEMPS, Wilhelmstraße, S. 79–81, 144–149, 308.

[259] WILHELMY, Berliner Salon, S. 793.

[260] Ebenda, S. 795–799.

[261] Ebenda, S. 645–648, 956. Aniela Fürstenberg (1856–1915), Tochter eines Warschauer Arztes und einer Petersburgerin, heiratete 1889 den Bankier und leitenden Geschäftsführer der Berliner Handelsgesellschaft Carl Fürstenberg (1850–1933). Vgl. FÜRSTENBERG, Lebensgeschichte, S. 337; WILHELMY, Berliner Salon, S. 645–648.

und Anna von Helmholtz.[262] David Jayne Hill verkehrte als Botschafter von 1908 bis 1913 nicht nur gemeinsam mit seiner Ehefrau gleichfalls im Salon Fürstenberg[263], sondern war mit Aniela Fürstenberg sogar »herzlich befreundet«.[264] Auch Wilhelm Schoen, von Oktober 1907 bis Juni 1910 Staatssekretär des Auswärtigen Amtes, gehörte zu den herausragenden Gästen im Salon Fürstenberg, in dem Bernhard Dernburg und Otto Mühlberg, der Unterstaatssekretär im Auswärtigen Amt von Oktober 1900 bis November 1907, ebenso verkehrten wie Herbert Bismarck, Wilhelm Stemrich, Rudolf Lindau und der französische Botschafter Jules Cambon.[265]

Einen außenpolitisch indirekt bedeutenden Salon führte Helene von Lebbin[266] insofern, als sie die »Freundin« Friedrich von Holsteins und mithin die einzige war, zu der dieser sich, gleichsam als drittem Ort außerhalb seiner Wohnung nach seinem Arbeitszimmer im Auswärtigen Amt und dem gewohnten Tisch bei Borchardt, begab.[267] Darüber hinaus war Helene Lebbin wiederum eng mit Aniela Fürstenberg befreundet.[268] Wollte Holstein jemanden treffen, so ließ er ihn zu Frau Lebbin bitten. »Wichtigster Habitué des Salons« ist er dementsprechend genannt worden.[269] Bei Frau Lebbin verkehrten neben den Reichskanzlern Caprivi, Hohenlohe-Schillingsfürst und Bülow aus Diplomatenkreisen auch Paul Hatzfeldt, Alfred Kiderlen-Wächter, Carl Max Lichnowsky, Hugo Graf Radolin, Otto Mühlberg, Alfons Mumm-Schwarzenstein, Anton Monts, Wilhelm Heinrich Redern, Wilhelm Stemrich, Arthur Zimmermann, Max Brandt und Edmund Baron Heyking.[270] Auch Hildegard von Spitzemberg besuchte Lebbins Salon, obwohl sie mit der bereits erwähnten und sehr einfluß-

---

[262] Ebenda, S. 659–669, 956; Anna von HELMHOLTZ, Ein Lebensbild in Briefen, hrsg. von Ellen von Siemens-Helmholtz, Berlin 1929, Bd. 2, S. 160. Anna von Helmholtz war im übrigen nicht nur die Gattin des berühmten Physikers, sondern auch von einem Selbstbewußtsein, das sie über viele andere Zeitgenossinnen erhob. Ihr soziales, kulturelles und Bildungsstreben war enorm, was leicht zu »einer gewissen Überspanntheit, Verkrampfung und Pedanterie« führte. Nachdem das Ehepaar Helmholtz auf einer Amerikareise auch von Präsident Cleveland freundlichst empfangen worden war, mokierte sich die Aufsteigerdame, daß die »bürgerliche Formlosigkeit« hier übertrieben werde. Anna von Helmholtz an ihre Tochter Ellen von Siemens, New Jersey, 3. Oktober 1893, in: HELMHOLTZ, Lebensbild, Bd. 2, S. 74; WILHELMY, Berliner Salon, S. 287.

[263] Ebenda, S. 915.

[264] FÜRSTENBERG, Lebensgeschichte, S. 509.

[265] Vgl. WILHELMY, Berliner Salon, S. 647 f.

[266] Helene von Lebbin (1849–1915), eine Tochter Friedrich Heinrich von Brandts (1823–1882) und seiner Frau Louise Helene Caroline, geb. von Seydewitz (1828–1898), hatte 1875 den dreißig Jahre älteren Hermann Friedrich Karl von Lebbin geheiratet, der 1884 verstarb. Die Ehe war kinderlos. Ebenda, S. 709.

[267] Auch nach dem Tod Holsteins, dessen Papiere sie erbte, blieb sie eine gesuchte Gastgeberin. Ebenda, S. 317–325, 709.

[268] FÜRSTENBERG, Lebensgeschichte, S. 511.

[269] WILHELMY, Berliner Salon, S. 709–711.

[270] Ebenda, S. 711–713.

reichen Marie Radziwill eng befreundet war, die ihrerseits, wie es hieß, Helene Lebbin »verabscheut« habe (obwohl sie ihr vermutlich niemals persönlich begegnet ist).[271] Allerdings war die Spitzemberg wohl erst im Januar 1906 erstmals zu Gast, als sie notierte: »Es ist ein heimliches kleines Nest in einem der kleinen alten Gartenhäuser am Carlsbad, wo die eigenartige Frau wohnt und wo mehr Politik getrieben wird als in manchem Ministerium, wo man aber gerade deshalb wenig erfährt.«[272]

Die Bedeutung von Helene Lebbin und ihres Kontaktes zu Holstein und einige Facetten der Funktionsweise deutscher Außenpolitik wurden makaber illustriert, als Holstein schon im Sterbebett lag, wie die Spitzemberg am 16. April 1909 notierte: »[W]as soll man davon denken, daß der Kaiser [auf Urlaub] geradezu in den brodelnden Hexenkessel fährt, Bülow in Venedig herumgondelt, Kiderlen in Bukarest und dort infolge der neuesten Krisis kaum abkömmlich ist, Schoen wie immer ratlos dasteht und Stemrich an Holsteins Sterbebett sendet, um zu erfahren, was zu tun ist?«[273] Frau von Lebbin war in diesen Wochen, wie Spitzemberg am 25. April festhielt, »von 8–11 meist unausgesetzt nur am Telefon!!«, um politische Ratschläge vom Totenbett an das Auswärtige Amt zu vermitteln. »Sie öffnet alle Briefe an Holstein und teilt ihm davon mit, was sie für richtig hält; vom Amte werden ihr für Holstein alle interessanten Telegramme Marschalls eingeschickt!!«[274] Als Holstein am 8. Mai 1909 starb und Helene Lebbin den Nachlaß erbte, fürchteten viele zu Unrecht, sie könne dessen Geheimnisse nun politisch instrumentalisieren.[275] Wenngleich sie, wie im übrigen

---

[271] Ebenda, S. 793.

[272] SPITZEMBERG, Tagebuch, 13. Januar 1906, S. 454 f.

[273] Ebenda, 16. April 1909, S. 503.

[274] Ebenda, 25. April 1909, S. 503. Wilhelm Stemrich war von November 1907 bis Mai 1911 Unterstaatssekretär des Auswärtigen Amtes. Als Oswald Richthofen, der Staatssekretär des Auswärtigen Amtes seit 1900, am 17. Januar 1906 einem Schlaganfall erlag, offenbarte sich in ähnlicher Weise sowohl eine gewisse Amateurhaftigkeit im Umgang mit amtlichen Dokumenten als auch das Bewußtsein von der Problematik kaiserlicher Kommentare zur Außenpolitik: »Richthofen war zu Borchardt speisen gegangen. Dort traf ihn, als er bei Tisch saß, ein Schlag, durch den er das Bewußtsein verlor. Da Richthofen nach diesem Diner zu Bülow gehen wollte, um mit ihm über die Geschäfte zu reden, hatte er in die innere Rocktasche die Papiere gesteckt, deren er bedurfte. Die Dokumente, die um so bedeutsamer waren, als sie handschriftliche Randglossen des Kaisers aufwiesen, sind spurlos verschwunden. Man glaubt, daß sie nach Frankreich verkauft worden sind; und alle betrafen sie die Marokko-Affäre.« RADZIWILL, Briefe, S. 278 f., 16./17. Februar 1906.

[275] Den Nachlaß Holsteins erhielt später Paul von Schwabach (1867–1938), der von 1898 bis 1909 britischer Generalkonsul in Berlin war. Schwabach, für den Carl Fürstenberg »große Sympathie und aufrichtige Freundschaft« empfand, verkehrte auch in den Salons der Fürstenberg, Radziwill und Spitzemberg. FÜRSTENBERG, Lebensgeschichte, S. 355; WILHELMY, Berliner Salon, S. 947. Friedrich Rosen, von 1900 bis 1904 Vortragender Rat im Orient-Referat des Auswärtigen Amtes, anschließend Gesandter in Marokko (1905–1910), Bukarest (1910–1912) und Lissabon (1912–1916), schrieb über Schwabach: »Dr. Paul von Schwabach hat viele Jahre lang, auch noch nach Holsteins Tode, das weitgehende Vertrauen der politischen Leitung des Auswärtigen Amtes genossen. Er hat sowohl für Holstein wie auch später für Kiderlen private Korrespondenzen geführt und verschiedentlich auch geheime politische

viele der »politischen Salondamen Berlins«, die allgemeine Entwicklung des Reiches mit Sorgen verfolgte – die zitierten Äußerungen der Spitzemberg können hier als typisch gelten – blieb Lebbins empathische Loyalität sowohl gegenüber dem Toten wie gegenüber dem Reich erhalten.[276] In einem Salon wie diesem wurde über Politik diskutiert, aber er war nicht notwendigerweise darauf angelegt, als Kulisse politischer Strippenzieher zu dienen. Es war auch keineswegs so, daß Helene Lebbin ihre politisch einflußreichen Gäste dazu anhielt, ihr politische Gefallen zu tun, d. h. in der Regel Günstlinge, die an sie herantraten, zu fördern. Wenngleich die überlieferten Meinungen geteilt sind, so ist ihr direkter politischer Einfluß doch wohl deutlich geringer zu veranschlagen, als zeitgenössisch, häufig ohne persönliche Kenntnis des Salons und der Gastgeberin, angenommen wurde.[277]

Auch Maria von Bülow[278] führte eine Art »Salon«, wenngleich er mit den klassischen Berliner Einrichtungen jener Zeit nicht vergleichbar war. Maria von Bülow war als Frau des Staatssekretärs und Reichskanzlers, geborene Prinzessin Camporeale, geschiedene Diplomatengattin Dönhoff[279], Tochter der politisch begabten Donna Laura Minghetti und Stieftochter von Marco Minghetti mit ihrem Mann vor allem auf die politisch-persönliche Opportunität ihrer gesellschaftlichen Verpflichtungen fixiert. Baronin Spitzemberg notierte denn auch wenig schmeichelhaft: »Ich, Gräfin Harrach und so manche andere Frau kommen mit ihr nicht recht vom Fleck; sie ist banal freundlich, weiß eigentlich außer ihrer Musik vom hellichten Tag nichts.«[280]

Allerdings war das gemeinsame gesellschaftliche Auftreten des Ehepaares Bülow insofern bemerkenswert, als Bismarck und seine Frau sich aus geselligen Abendeinladungen dieser Art kaum etwas gemacht und solche auch nicht für ihre repräsentative Pflicht gehalten hatten. Der auf Bismarck folgende Caprivi war Junggeselle. Die Frau von dessen Nachfolger Hohenlohe-Schillingsfürst wiederum mied Berlin, so daß Maria von Bülow die erste Reichskanzlergattin war, die eine »großangelegte offizielle Geselligkeit« pflegte. Sie zelebrierte weniger den Charakter eines politischen Salons als die bewußte Zusammenführung von Spitzen aus der Künstler-, Schriftsteller- und Gelehrtenwelt, aber auch

---

Aufträge erledigt, beides mit dem Ziel einer friedlichen Verständigung unter Wahrung des deutschen Ansehens.« Friedrich ROSEN, Aus einem diplomatischen Wanderleben, Bd. 1, Berlin 1931, S. 23.

[276] Vgl. WILHELMY, Berliner Salon, S. 324.

[277] Vgl. ebenda, S. 320.

[278] Nicht, wie bisweilen erkennbar, zu verwechseln mit der von Fedor von Zobeltitz skizzierten »Bülow-Marie«! ZOBELTITZ, Chronik, Bd. 2, 1. Juni 1902, S. 9 f.

[279] Die Ehe mit Karl August Graf Dönhoff wurde vom Papst annulliert, so daß sie Bernhard von Bülow offiziell kirchlich heiraten konnte. Dieser hat der Vorgeschichte und dem Erfolg seines Werbens eine für ihn typisch verklärende Episode in seinen Erinnerungen gewidmet. BÜLOW, Denkwürdigkeiten, Bd. 4: Jugend- und Diplomatenjahre, Berlin 1931, S. 537, 589 f.

[280] SPITZEMBERG, Tagebuch, Notiz vom 1. Februar 1902, S. 413.

der Presse in einem aristokratischen Stil zum eigenen politischen Nutzen. Die Geschmeidigkeit des Bülowschen Auftretens wurde auch hier legendär.[281] Die sprichwörtliche Bülowsche Geschmeidigkeit (Holstein nannte ihn bezeichnenderweise den »Aal«) fiel schon den Zeitgenossen auf, doch ließen sich viele, vielleicht dem allgemeinen Signum der Zeit entsprechend, gern durch Schmeicheleien des mächtigen, eloquenten, gewandten und scheinbar so persönlich-anhänglichen Mannes und seiner künstlerisch-ätherischen Frau einfangen.[282] Weil Bethmann Hollweg die Tradition des Hauses Bülow nicht fortsetzte, blieb Maria von Bülow die einzige Kanzlergattin des Kaiserreiches, die gesellschaftlich ambitioniert hervortrat, so daß eine vergleichende Analyse mit einigem Recht den Schluß erlaubt, daß der »›Salon‹ der Fürstin Bülow« in der Berliner Gesellschaft dieser Jahre »außerordentlich einflußreich gewesen« sei.[283]

Leonie Schwabach[284] führte ihren Salon im sogenannten »Hatzfeldtschen Palais« (Am Wilhelmsplatz 7), das später zur amerikanischen Botschaft wurde, und während des Sommers auch auf Gut Kerzendorf. Als wirkliche »grande dame«, wie Carl Fürstenberg Leonie Schwabach respektvoll nannte, inspirierte sie einen der vornehmsten und elegantesten Berliner Salons[285] und war wiederum eng befreundet mit Marie Radziwill, Helene von Lebbin und Aniela Fürstenberg sowie in späteren Jahren mit Hildegard von Spitzemberg.[286]

Ein Vergleich zwischen den jeweiligen Selektionsmustern von dergleichen politiknahen Kommunikationsorten in Berlin und London läßt einige bedeuten-

---

[281] Vgl. WILHELMY, Berliner Salon, S. 325–327; ZOBELTITZ, Chronik, Bd. 2, 13. März 1905, S. 66–68. Zobeltitz notierte über den »Empfangsabend« in der Reichskanzlei, zu dem »Von 9½ Uhr ab« geladen war: »Im Vorzimmer empfängt Graf Bülow seine Gäste; im Frack mit dem Bande des Schwarzen Adlers, strahlend vor Gesundheit und Liebenswürdigkeit, jedem einzelnen die Hand drückend, mit den meisten persönlich Bekannten auch noch ein rasches Begrüßungswort wechselnd.« Ebenda, S. 67 f.

[282] Baronin Spitzemberg, wie stets eine scharfäugige Chronistin, fragte sich beispielsweise, warum das Ehepaar Bülow der Holstein-Freundin Lebbin so schmeichelnd begegnete: »Es ist unglaublich, wie die Bülows z. B. ihr hofieren, eine rätselhafte und mir sehr unsympathische Sache.« SPITZEMBERG, Tagebuch, 18. Februar 1903, S. 426. Daraus wurde in den düsteren Verklärungen Holsteins in der Zwischenkriegszeit die Mär gesponnen, daß Holstein im Herbst 1899 Liebesbriefe des lange verstorbenen Pianisten Karl Tausig an Maria Bülow gestohlen habe und das Ehepaar in der Hand hielt. Wenngleich mancher Holstein die Fähigkeit zu einem solchen Diebstahl durchaus zutraute, ist die Valenz solcher Überlegungen nur Phantasie, weil eine politische Wirkung solcher Briefe selbst bei einer ungewollten Veröffentlichung kaum zu erwarten war. Anhänger und Verbreiter dieser »Kassettenbrief«-Geschichte war neben Johannes Haller auch der weit gelesene Paul SETHE, Im Banne der Grauen Eminenz, fünfte Aufl. Stuttgart 1936, S. 82–86; vgl. WILHELMY, Berliner Salon, S. 542 f.

[283] Ebenda, S. 327 f.

[284] Leonie Schwabach wurde um 1845 in Amsterdam geboren als Leonie Jeanette Henriette Keyzer und war die Stieftochter (ihre Mutter war verwitwet) eines wohlhabenden Brüsseler Geschäftsmannes. Ebenda, S. 832.

[285] FÜRSTENBERG, Lebensgeschichte, S. 56.

[286] WILHELMY, Berliner Salon, S. 832 f. Wilhelmy betont, daß es Schwabach, »anders als manchen anderen Bankiersfrauen«, gelungen sei, »vom Berliner Hofadel voll anerkannt zu werden«.

de Unterschiede hervortreten. Bei allem Standesbewußtsein der britischen, namentlich der ihr Zentrum in London sehenden Aristokratie war diese Schicht relativ offen für eine langsame Durchmischung »von unten«. Quereinladungen und Dinners trugen zur geistigen Vermengung bei. Stets suchte man inspirierende Gäste. Die »Souls« waren da nur ein markantes Beispiel. Solcherart deutsch-britischen Vergleich hatte auch Bismarck vor Augen, als er im Frühjahr 1887 meinte, »es sei ein politisches Interesse, den Übertritt Bürgerlicher in den Adelsstand zu begünstigen. Das mache den Adel populär, wie es in England der Fall sei.«[287]

Im Vergleich zu dieser relativen Offenheit des britischen Establishments, insbesondere für finanzielle und intellektuelle Aufsteiger, ist in den Berliner Salons des Kaiserreichs »eine zunehmende Durchmischung nicht zu erkennen. Hofgesellschaft, Bildungsbürgertum und Wirtschaftsbürgertum blieben getrennt, der ärmere Adel verstärkte angesichts seiner pekuniären Deklassierung seine Abschließung eher noch, und auch der reichere Adel zog sich aus mancherlei Gründen zunehmend aus der Hauptstadt zurück. Der prestigeträchtigste Adelsclub, die Casinogesellschaft, und der großbürgerliche ›Club von Berlin‹ wiesen demgemäß praktisch keine Überschneidung in der Mitgliedschaft auf; nur der 1899 gegründete Kaiserliche Automobilclub bildete vor 1914 eine bedeutende Institution der Begegnung für Angehörige des reicheren Adels mit der neuen Geldaristokratie. Nicht zu Unrecht resümierte angesichts dieser Verhältnisse 1907 ein profunder Kenner über die verschiedenen Milieus: ›[Sie] kommen wohl hier und dort in Berührung, [...] aber sie sind weit davon entfernt, sich zu einer einheitlichen, wirklichen Gesellschaft zu verschmelzen. Die Hofgesellschaft blickt herablassend und hochmütig auf das Geheimratsviertel [...] Die Offiziere der vornehmen Garde-Regimenter kommen nur dienstlich mit ihren übrigen Berliner Kameraden in Berührung, und sie alle zusammen dünken sich wieder etwas Besseres zu sein als das Tiergartenviertel [des Großbürgertums].‹«[288]

Nun wird man aus dem Besuch der Salons nicht mehr herauslesen dürfen, als sie eigentlich enthalten: Orte des Sich-Kennenlernens, des Informationsaustauschs, der Nachrichtenmakelei, der Erhärtung oder Zerstreuung von Gerüchten, kurzum: Stätten der persönlichen Kommunikation ohne offizielle politische Zwänge. Diplomaten dürften hier nicht über das Maß an zulässiger Vertraulichkeit hinausgegangen sein, konnten sich aber ein Bild von der Stimmung in »mündigen« und nicht selten einflußreichen Kreisen machen und bis

---

[287] Freiherr Lucius von BALLHAUSEN, Bismarck-Erinnerungen des Staatsministers Freiherrn Lucius von Ballhausen. Mit einem Bildnis und einem Faksimile, Stuttgart/Berlin 1920, S. 373, Notiz zum 2. März 1887.

[288] Hartwin SPENKUCH, Herrenhaus und Rittergut. Die erste Kammer des Landtags und der preußische Adel von 1854 bis 1918 aus sozialgeschichtlicher Sicht, in: Geschichte und Gesellschaft 25 (1999), S. 375–403, Zit. S. 394 f.; Zitat im Zitat: Ludwig von NORDEGG [= Adolf von WILKE], Die Berliner Gesellschaft, Berlin 1907, S. 17 f.

zu einem gewissen Grad über gezielte Information darauf einwirken. Daß Salons als politische Kommunikationsstätten ernstgenommen wurden, illustriert eine Bemerkung des Kaiser-Intimus Philipp Eulenburg gegenüber dem neuen Reichskanzler Hohenlohe-Schillingsfürst im November 1894. Eulenburg erörterte darin das mögliche Karriereschicksal seines Vetters August Eulenburg, den er von Holsteins Haß verfolgt sah. Wenn Holstein August Eulenburg nach Brüssel wegloben wolle und der Kanzler dem zustimme, so werde der Kandidat das nicht akzeptieren: »Er würde sich in Berlin zur Ruhe setzen, (er ist wohlhabend) und mit seinem eminent scharfen Verstande einen Salon leiten, durch dessen Tendenzen weder Euere Durchlaucht noch das Ausw[ärtige] Amt gewinnen könnten.«[289] In erster Linie diente diese »Drohung« dazu, für August Eulenburg zumindest einen Botschafterposten zu erlangen.

Insgesamt identifiziert sich bei näherer Betrachtung ein durchaus überschaubarer Kreis von politisch relevanten Persönlichkeiten. Die Salons von Marie Radziwill und Baronin Spitzemberg ragten mit ihren zahlreichen Gästen aus Diplomatie und Auswärtigem Dienst als die vielleicht »politischsten« hervor. Ähnliche Wirkung vermochte wohl auch der Salon der Aniela Fürstenberg zu entfalten, deren Mann Carl Fürstenberg über die Berliner Handels-Gesellschaft ein weitgespanntes Finanzinteresse mit Investitionen nicht nur auf dem europäischen Kontinent und in Rußland, sondern auch in den Vereinigten Staaten verfolgte.[290] Gleichwohl wäre es übertrieben, in den Salons Institutionen zu sehen, die den intensiven Zusammenkünften der »Souls« oder beispielsweise Häusern wie dem von Henry Adams in ihrer nachhaltigen informellen politischen Bedeutung gleichgekommen wären. Doch auch im Kaiserreich wurde die Relevanz solcher Freundschaften und Netzwerke bisweilen erkannt, wie das Schicksal der Verbindung zwischen dem deutschen Aufsteigerdiplomaten Hermann Speck von Sternburg und Theodore Roosevelt illustriert.

10. Theodore Roosevelt und Speck von Sternburg

Die Freundschaft von Theodor Roosevelt und Hermann Speck von Sternburg repräsentierte die bedeutendste und von der deutschen Führung mit viel Hoffnung versehene persönliche Verbindung zwischen dem Kaiserreich und den Vereinigten Staaten. Die Beziehung zwischen beiden wurde bisweilen in einem Atemzug mit Roosevelts Freundschaft zu Spring Rice genannt, doch zeigt sich bei näherer Betrachtung, daß Sternburg weder dieselbe dauerhafte intime persönliche Vertrautheit mit Roosevelt und seinem Umfeld besaß, noch

---

[289] Philipp Eulenburg an Chlodwig Hohenlohe, 14. November 1894, in: HOHENLOHE, Denkwürdigkeiten der Reichskanzlerzeit, S. 13 f.
[290] FÜRSTENBERG, Lebensgeschichte, S. 117.

daß die zweifellos gegebene Nähe aus einem gleichsam ideologischen Gleichklang herrühren konnte, dessen Ursprung im beschriebenen angelsächsischen Missionarismus die große Übereinstimmung zwischen Roosevelt und Spring Rice begründete.

Roosevelt nannte ihn »Specky« so wie er von »Springy« sprach, aber es erscheint symptomatisch, daß er ihn schon in der noch vor dem Ersten Weltkrieg erschienenen Autobiographie konsequent fehlerhaft als Baron Speck von Sternberg betitelte.[291] Seine Charakterisierung rekurrierte dabei weniger auf Sternburgs Fähigkeiten als Diplomat denn darauf, daß er bei ihrem Kennenlernen in den 1890er Jahren »a capital shot, rider, and walker« gewesen sei, wenngleich er ihn im selben Atemzug auch »a devoted and most efficient servant of Germany« nannte.[292] Sternburg lebte im Winter 1895/96 einige Zeit bei den Roosevelts und arbeitete an einem Bericht über die Stärken und Schwächen der amerikanischen Position für den Fall einer möglichen Auseinandersetzung des Deutschen Reiches mit den Vereinigten Staaten. Sie diskutierten ausführlich Sternburgs amerikanische Eindrücke und Thesen, von denen Roosevelt wiederum Spring Rice berichtete und dabei die »cold-blooded impartiality« des Gastes betonte.[293] Wie sich die Beziehung von Roosevelt zu Sternburg von der zu Spring Rice dennoch weiterhin unterschied, illustriert ein Brief an diesen knapp ein Jahr später: »Poor little Speck! The day after I received your letter I got one from him, a pathetic, wooden letter, just like the little man himself. I am awfully sorry about it.«[294]

Gleichwohl war diese Freundschaft ein vergleichsweise bedeutendes Pfand in der deutschen Außenpolitik, und Roosevelt setzte als Präsident einiges daran, Sternburg als Botschafter nach Washington zu holen. Sternburg selbst hatte diese Initiative seines Freundes bewirkt, indem er ihm beinahe flehentliche Briefe aus der ungeliebten Ferne seines Konsulatspostens in Kalkutta schrieb. Über den amerikanischen Botschafter in Berlin, den germanophilen und am deutsch-amerikanischen *rapprochement* interessierten Andrew White, erreichte das Signal den durchaus offenen Wilhelm II. Die eigentlichen Hindernisse für Sternburg lagen im diplomatischen Establishment. Sein Adelstitel war zu frisch, seine Mutter englisch, seine Frau zu allem Überfluß amerikanisch – und Sternburg wußte um die aristokratischen Vorbehalte des Diplomatenadels

---

[291] Es ist bemerkenswert, daß auch die Herausgeber der ansonsten vorbildlichen Edition der Briefe Theodore Roosevelts durchgängig Sternberg statt Sternburg schreiben und selbst in der einschlägigen Literatur Verwirrung herrscht, wenn etwa Nelson M. Blake durchgehend Sternberg verwendet – obwohl er den Namen in Zitaten anderer Autoren korrekt wiedergibt. Vgl. Letters of Theodore Roosevelt, Bd. 2, S. 1544; BLAKE, Ambassadors, S. 179–206.

[292] ROOSEVELT, Autobiography, S. 33.

[293] Theodore Roosevelt an Spring Rice, 5. August 1896, Letters of Theodore Roosevelt, Bd. 1, Nr. 654, S. 553; vgl. BLAKE, Ambassadors, S. 181.

[294] Theodore Roosevelt an Spring Rice, 29. Mai 1897, Letters of Theodore Roosevelt, Bd. 1, Nr. 732, S. 620.

ebenso wie um die sinnfällige Regel Bismarcks, daß niemand in jenem Land auf einen Posten zu setzen war, aus dem seine Gattin stammte (wenn er denn schon keine Deutsche hatte ehelichen mögen). Mochten auch scheinbar sachliche Gründe für Sternburg sprechen – er war ein ausgewiesener und erfahrener Amerikaexperte mit vielen sozialen Kontakten zum Washingtoner Establishment – so war der diplomatischen Sachlichkeit, wonach der Botschafter zuerst und zunächst die Interessen seines Landes zu vertreten hatte, mit Sternburgs Nominierung doch nur recht bezweifelbar Genüge getan.

Denn die Umstände der plötzlichen Abberufung des bisherigen Botschafters Holleben erzeugten viel Wirbel und wurden allgemein nicht nur in Washington und Berlin irritiert wahrgenommen. Henry Adams schrieb in seinen »Erinnerungen« noch während Sternburgs Botschafterzeit: »The ways of the German Foreign Office had been always abrupt, not to say ruthless, towards his agents, and yet commonly some discontent had been shown as excuse; but, in this case, no cause was guessed for Holleben's disgrace except the Kaiser's wish to have a personal representative at Washington. Breaking down all precedent, he sent Speck von Sternburg to counterbalance Herbert.«[295] Der französische Geschäftsträger Margerie berichtete ausführlich an Außenminister Delcassé und zitierte zu Sternburg den russischen Botschafter Cassini: »... c'est qu'il plus Anglais qu'un Anglais et plus Américain qu'un Américain.«[296] Beim Eintreffen in Washington wurde der neue Botschafter von seinen Sekretären Quadt[297] und Ritter ebenso geschnitten wie seine Frau, weil sie ihn nicht für standesgemäß hielten, so daß Sternburg beider Abberufung erwirkte. John Hay unterrichtete hiervon auch Henry White und erklärte, daß der Kaiser trotzdem an Sternburg festhalte aus dem einfachen Grund, daß »the President is his Dutzbruder«[sic!].[298] In Kreisen des Berliner aristokratischen Establishments zeigte man sich ebenfalls irritiert bis empört über die kaiserliche Willkür, zum einen, weil Sternburgs Herkunft und Aufstieg hier zweifellos fast revolutionär wirken mußten, zum anderen, weil sich eine als typisch angesehene politische Unprofessionalität offenbarte, wie die Spitzemberg resümierte: »Daß dem Kaiser der Gedanke nicht kommt, daß jeder doch den Speck nicht verlangen würde, wenn er ihn nicht seinen Interessen günstig glaubte!«[299]

---

[295] ADAMS, Education of Henry Adams, S. 437. Adams unterstellt das Motiv der »counterbalance« mit einigem Recht, denn der 1902 berufene britische Botschafter Michael Herbert besaß, wie bereits beschrieben, ausgezeichnete Kontakte zum politischen und gesellschaftlichen Establishment.

[296] Pierre de Margerie (Chargé d'Affaires Washington) an Delcassé, 12. Januar 1903, in: Documents diplomatiques français (1871–1914), 2e série, Bd. 3, S. 23–27, Zit. S. 26.

[297] Albert Graf von Quadt-Wykradt-Isny (1864–1930) war von 1900 bis 1903 Erster Botschaftssekretär in Washington, von 1904 bis 1908 Generalkonsul in Kalkutta, bis 1912 Gesandter in Teheran und anschließend bis 1915 in Athen.

[298] John Hay an Henry White, 5. März 1903, zit. nach NEVINS, White, S. 214.

[299] SPITZEMBERG, Tagebuch, S. 425, 18. Januar 1903.

Waldersee, der mit einer Amerikanerin verheiratet und in dieser Zeit tief von der Wahrnehmung »englische[r] Hetzereien«[300] erfüllt war, offenbarte zugleich seine geistige Landkarte, als er die Umstände der Abberufung in das allgemeine Bild der Außenpolitik einordnete: »Unser Verhältnis zu England-Amerika [!] scheint immer schlechter zu werden.«[301] Spätestens seit der Krüger-Depesche sah er die wachsende Gefahr der deutschen Isolierung im globalen Maßstab, weil alle Mächte »bis zur äußersten Anspannung ihrer Kräfte« rüsteten. Den seit jeher für das Reich bedrohlichen Kräften des »Kontinents [waren] nun England, Japan u[nd] China hinzugetreten«, und die USA machten »große maritime Anstrengungen«.[302] Anläßlich des Botschafterwechsels 1903 meinte er, der Nachfolger Hollebens stehe »vor einer schwierigen Aufgabe; ich halte sie sogar für unlösbar«.[303] Bülow hatte ihm allerdings, wie stets beruhigend, versichert, »er halte ihn [Sternburg] für den geeigneten Mann, namentlich auch, weil er mit Roosevelt befreundet sei«.[304]

Die Umstände der Berufung Speck von Sternburgs illustrieren die von Wilhelm II. ausgehenden Eruptionen im Gefüge des diplomatischen Geschäfts, deren Wahrnehmung heftige Irritationen auslöste, sich mit den Jahren ins Bild von der Unberechenbarkeit des Kaisers fügte und in Berlin von der Spitzemberg auf den Punkt gebracht wurde: »Was mir so sehr betrübend ist, ist die Gesinnung des Kaisers, welche allen diesen Schritten zugrunde liegt: nicht von seinen legalen, verantwortlichen Dienern will er beraten sein, sondern als ›Pfiffikus Schmärrle‹, als Tyrann, hofft er, von Kreaturen, die ihm seine [= ihre, M. B.] unverdiente Stellung verdanken, besser bedient zu werden, sät Neid, Haß, Mißtrauen, knechtische Gesinnung unter seinen höchsten Beamten aus und öffnet dadurch der Gemeinheit in jeder Form die Türe.«[305]

Zugleich waren auch die innenpolitischen Reaktionen bezeichnend, als Sternburg aus Kreisen der Konservativen und Nationalliberalen der »sin of friendliness«[306] geziehen wurde. Es erscheint symptomatisch, daß man sich etwa darüber beschwerte, daß der amerikanische Präsident seinen deutschen Botschafterfreund mit dem Spitznamen »Specky« titulierte, wie der Abgeordnete Bas-

---

[300] »Die Stimmung gegen uns ist doch allein von England und mit englischem Gelde gemacht und kann daher nur gemildert oder geändert werden, wenn man Mittel findet, die englischen Hetzereien abzustellen.« Aufzeichnung Waldersees vom 11. Januar 1903, in: WALDERSEE, Denkwürdigkeiten, Bd. 3, S. 201. Er imaginierte »Millionen, die England in Preßbestechungen aufgewendet hat«. Aufzeichnung Waldersees vom 20. Januar 1903, ebenda, S. 202 f.

[301] Ebenda.

[302] Tagebucheintrag Waldersees vom 11. Januar 1896, GStA Berlin, Nachlaß Waldersee, zit. nach RÖHL, Wilhelm II. 1888–1900, S. 879.

[303] Aufzeichnung Waldersees vom 11. Januar 1903, in: WALDERSEE, Denkwürdigkeiten, Bd. 3, S. 201.

[304] Aufzeichnung Waldersees vom 20. Januar 1903, ebenda, S. 202 f.

[305] SPITZEMBERG, Tagebuch, S. 425, 18. Januar 1903.

[306] VAGTS, Deutschland und die Vereinigten Staaten, Bd. 2, S. 2011.

sermann beanstandete.³⁰⁷ Darauf reagierte sogar ein offiziöser Artikel in der *Schlesischen Zeitung*, der auf die englische Besorgnis wegen dieses engen Vertrauens zwischen deutschem Botschafter und amerikanischem Präsidenten hinwies und betonte: »Es ist ohne weiteres sicher, daß internationale Unebenheiten durch einen Gesandten, der das Vertrauen der maßgebenden politischen Faktoren genießt, mit größerer Leichtigkeit ausgeglichen werden können.«³⁰⁸ Spring Rice selbst schrieb im Februar 1905 in einem Memorandum für das Foreign Office, der deutsche Botschafter sei »an old friend of the President and has great influence with him«. Sternburg selbst sei »not anti-English«, gleichwohl handle er doch »as conveyor of the Kaiser's suggestions which at the present moment are extremely hostile to England«.³⁰⁹

Sternburg konnte die in ihn gesetzten Hoffnungen nicht erfüllen. In seinem persönlichen Verhältnis mochte er die Sympathien Roosevelts gewinnen, in der realen Außenpolitik wurden diese jedoch durch andere Faktoren mehr als aufgewogen. Erstens blieb Roosevelt durch die allgemeine Position der Vereinigten Staaten gegenüber dem Deutschen Reich zur Vorsicht motiviert, insbesondere aufgrund der deutschen Unklarheit in Fragen der Monroe-Doktrin. Und zweitens blieben auch die Beziehungen zu Diplomaten anderer Nationen eng, wie etwa zu Spring Rice. Ja, sie waren und blieben vergleichsweise vertrauter, weil deren Weltbilder einerseits und die internationalen Interessen ihrer Nationen andererseits zunehmend kongruenter zusammenliefen, während das Deutsche Reich mit dem Kaiser an der Spitze als regelmäßiger Störfaktor wahrgenommen wurde. Dergleichen Perzeption konnte ein gesundheitlich labiler Botschafter³¹⁰, der in der Öffentlichkeit seines eigenen Landes mehr mißtrauisch beobachtet als unterstützt wurde, nicht ausgleichen. Roosevelt nutzte das Verhältnis zu Sternburg, um seine im ganzen stets amerikanisch-unabhängige Position in der Diplomatie zu unterstreichen, und bediente sich dabei zugleich immer wieder schmeichelhafter Signale. Während der Erörterungen um die Folgen des russisch-japanischen Krieges und die Zukunft Chinas meinte er zu Sternburg (der dies geflissentlich nach Berlin berichtete): »England has not a man I can deal

---

³⁰⁷ Vgl. PAAA R 17268; VAGTS, Deutschland und die Vereinigten Staaten, Bd. 2, S. 2011, Anm. 3.

³⁰⁸ Schlesische Zeitung, 11. November 1906: »›Speckie‹ und ›Mungo‹«. – Eine ähnliche Reaktion in Großbritannien, wonach ein Unterhausabgeordneter ernsthaft darüber hätte klagen können, daß Roosevelt seinen Freund Spring Rice mit »Springy« anredete (oder Michael Herbert mit »Mungo«), er hierdurch die englische Außenpolitik kritisieren zu können meinte sowie damit eine offiziöse Reaktion des Foreign Office auslösen sollte, ist schwer vorstellbar. Schon der offiziöse Artikel des Auswärtigen Amtes schloß unter Hinweis auf den Spitznamen »Mungo«: »Wir wüßten nicht, daß man sich in England darüber aufgeregt hätte.«

³⁰⁹ Memo Spring Rice vom Februar 1905, PRO FO 800/116, fo. 42.

³¹⁰ Sternburg litt jahrelang an Hautkrebs, woran er bei einem Aufenthalt in Deutschland auch verstarb. Roosevelt erinnerte in seiner Autobiographie bezeichnend an die »slow and painful disease, so that he could not play with the rest of us«. ROOSEVELT, Autobiography, S. 33.

with. I do not think much of Balfour and less of Lansdowne. Chamberlain is quite unreliable [...]. The only man I understand and who understands me is the Kaiser.«[311] Seine geringschätzige Meinung über die meisten britischen Politiker unterschied sich nicht von seiner herablassenden Beurteilung der vergleichbaren deutschen. Die Lobhudelei auf den Kaiser war eine diplomatische Schmeichelei, deren Nennwert in der Realität ebenso gering war wie die offensichtlichen Fähigkeiten Sternburgs, dergleichen unrealistische Signale in einen relativierenden diplomatischen Gesamtzusammenhang zu stellen, um die deutsche Außenpolitik vor dem trügerischen Gefühl einer Vertrautheit zu bewahren, die der Realität der trilateralen Beziehungen in keiner Weise standzuhalten vermochte. Als Sternburg im Dezember 1904 im Zusammenhang des russisch-japanischen Krieges nach Berlin kam, empfing ihn Bülow »mit besonderen Aufträgen des Präsidenten Roosevelt und als dessen [sic!] Sprachrohr«, was immerhin eine bemerkenswerte Charakterisierung des eigenen Botschafters ist.[312]

Nach Sternburgs Tod schrieb Roosevelt an Henry White, seinerzeit Botschafter in Paris, zwar bedaure er Sternburgs Verlust, aber »I can not be sorry for the gallant little fellow himself, for life was one long torture for him«. Er lobte den Verstorbenen in den höchsten Tönen und sprach von einem »real loss for the two countries«, um dann pragmatisch in die personalpolitische Zukunft zu blicken: »I shall keep Lancken [als Nachfolger, M. B.] in mind in the very improbable event I am given any chance to say anything in the matter.«[313] Wenngleich demnach Sternburgs Freundschaft mit dem amerikanischen Präsidenten ein politischer Faktor war, so vermochte sie gleichwohl die generelle bilaterale Entwicklung kaum zu beeinflussen, geschweige denn grundsätzlich zu verändern. Roosevelt betrieb eine amerikanische Weltpolitik im Werden, bei der das Deutsche Reich und sein augenscheinlich unberechenbarer Monarch ein Faktor im konkurrierenden Machtgefüge blieben und deren Gesamtkalkül keine Privatbeziehung diplomatisch aufzuheben vermochte.

Als der Ex-Präsident Roosevelt im April 1910 als »Privatmann« in Begleitung Henry Whites Gast des deutschen Kaisers war, lud dieser seine beiden Gäste ein, eine Truppenparade zu ihren Ehren abzunehmen. Wilhelm apostrophierte Roosevelt bei dieser Gelegenheit als »mein Freund« – auf deutsch in seiner ansonsten englisch gehaltenen Ansprache – und nannte ihn schmeichelnd »the only private citizen who has ever joined the Emperor in reviewing the troops of Germany«.[314] Darüber hinaus schenkte er Roosevelt mehrere Photogra-

---

[311] Speck von Sternburg an das Auswärtige Amt, 27. September 1904, GP 19/II, Nr. 6266, S. 542.
[312] Bülow an Wilhelm II., 24. Dezember 1904, GP 19/II, Ne. 6274, S. 547.
[313] Theodore Roosevelt an Henry White, 10. September 1908, LC, Papers Henry White, Box 28. Oscar Freiherr von Lancken-Wakenitz gehörte neben Monts und Radolin zu den deutschen Diplomaten, für die White eine besondere Achtung empfand. NEVINS, White, S. 296.
[314] Vgl. ebenda, S. 302, wo sich die auf S. 272 abgebildete Aufnahme findet, die den Kai-

phien³¹⁵, auf denen sie gemeinsam abgebildet waren. Auf deren Rückseite schrieb Wilhelm ihm passend erscheinende »typische« Kommentare, von denen einer lautete: »When we shake hands we shake the world.« Das Auswärtige Amt versuchte laut Roosevelt vergeblich, die Bilder von ihm zurückzuerhalten. Er ließ sie statt dessen in doppelseitiges Glas rahmen, so daß Bild und Kommentar jederzeit sichtbar waren und zeigte sie so den Gästen seines Landhauses in Oyster Bay.³¹⁶ Auch die Wirkung der Ehrenpromotion Roosevelts an der Berliner Universität vom 12. Mai 1910, die bisweilen als Krönung deutschamerikanischen Professorenaustauschs interpretiert worden ist³¹⁷, muß ambivalent interpretiert werden. Zu Recht ist die Frage aufgeworfen worden, ob Roosevelts Eindruck »nicht vielmehr die Wahrnehmung der politischen Gegensätze vertiefte«.³¹⁸ Immer wieder hatte er die schon mehr als ein Jahrzehnt zuvor mit Spring Rice diskutierten grundlegenden Differenzen zwischen dem deutschen und dem amerikanischen »Weg in die Moderne« vor Augen, wenn er gegenüber seinem englischen Briefpartner George Trevelyan seine Wahrnehmung resümierte: Die »Germans did not like me, and did not like my country; [...] it was evident that, next to England, America was very unpopular in Germany. The upper classes, stiff, domineering, formal, with the organized army, the organized bureaucracy, the organized industry of their great highly civilized and admirably administered country behind them, regarded America with a dislike which was all the greater because they could not make it mereley contempt. They felt that we were entirely unorganized, that we had no business to be formidable rivals at all in view of our loose democratic governmental methods, and that it was exasperating to feel that our great territory, great natural resources, and strength of individual initiative enabled us in spite of our manifold shortcomings to be formidable industrial rivals of Germany; and more incredible still that thanks to our Navy and our ocean-protected position, we were in a military sense wholly independent and slightly defiant; and they felt that I typefied the nation they disliked, and, more especially, that as a volunteer soldier and an ad-

---

ser in Uniform, Henry White in Tweed und Theodore Roosevelt in Khaki hoch zu Pferd zeigt.

[315] Haldane hatte er als Weihnachtsgeschenk 1906 ein Photo-Album mit Aufnahmen von dessen Manöverbesuch zukommen lassen, was zum einen den seinerzeit einer Photographie zugemessenen Wert illustriert, andererseits auf die vergleichsweise intime Atmosphäre von solchen Besuchen auf oberster Regierungsebene verweist.

[316] PRINGLE, Theodore Roosevelt (1995), S. 364 f., Zit. S. 365.

[317] Vgl. Bernhard vom BROCKE, Der deutsch-amerikanische Professorenaustausch. Preußische Wissenschaftspolitik, internationale Wissenschaftsbeziehungen und die Anfänge einer deutschen auswärtigen Kulturpolitik vor dem Ersten Weltkrieg, in: Zeitschrift für Kulturaustausch 31 (1981), S. 128–182.

[318] Ragnhild FIEBIG-VON HASE, Die politische Funktionalisierung der Kultur: Der sogenannte »deutsch-amerikanische« Professorenaustausch von 1904–1914, in: Dies./HEIDEKING (Hrsg.), Zwei Wege in die Moderne, S. 45–88, Zit. S. 85.

venturer who had fought for his own hand and had risen in irregular ways, I typefied the very qualities to which they objected.«[319]

Weil und wie der Kaiser häufig aktionistische Gesten und Worte mit Politik verwechselte und noch häufiger den politischen Gehalt mancher Worte und Gesten gegenüber Roosevelt wie gegenüber anderen zugleich sensiblen und einflußreichen Politikern mißdeutete, entwickelte sich Wilhelms Verhalten und dessen Perzeption zu einem eigenmächtigen Faktor der internationalen Politik mit einer über die Jahre kumulierend irritierenden Wirkung, die es im folgenden noch einmal analytisch-resümierend zu betrachten gilt.[320]

11. Perzeption und Politik, oder: Vom Wesen der Unberechenbarkeit

Anfang Juni 1909 erschien in der *New York Times* eine Karikatur, die eine pointierte US-Perspektive des deutsch-britisch-amerikanischen Verhältnisses zeichnete: In der Mitte des Bildes ein blondgelockter kleiner Pummel im Matrosenanzug mit Union-Jack-Muster, auf der Mütze als »John Bull« identifiziert, der heulend mit aufgerissenem Mund und ausgestreckten Armen Schutz suchend in Richtung eines hochgewachsenen, schlanken blonden Jünglings strebt, der mit einer Stars and Stripes-Fliege um den leger gerüschten Hemdkragen, die Hände in der Streifenhose und einen Strohhalm im Mund, gelassen lächelnd an einer Mauer lehnt. Das heulende Pummelchen flieht vor der fratzenhaften Maske des aggressiv stierenden Kaisers Wilhelm II. mit Adlerhelm, die ein schelmisch grinsender deutscher Michel (von der Größe John Bulls, aber noch nicht ganz so pummelig) mit Ringelsöckchen in Holzschuhen, Samtwestchen und gepunkteter Fliege weit vor sein gutmütiges Gesicht hält. Die Bildunterschrift

---

[319] Theodore Roosevelt an George Otto Trevelyan, 1. Oktober 1911, Letters of Theodore Roosevelt, Bd. 7, S. 390 f.; vgl. FIEBIG-VON HASE, Funktionalisierung der Kultur, S. 87.

[320] »I wish to Heaven our excellent friend, the Kaiser, was not so jumpy and did not have so many pipe dreams«, schrieb Roosevelt an seinen Kriegsminister und späteren Nachfolger William Taft, Letters of Theodore Roosevelt, Bd. 4, S. 1159. Möchte man den Ton der Äußerungen Roosevelts während seiner Präsidentenzeit, wie er in den britischen Dokumenten wiedergegeben wird, in seiner jeweiligen Stimmung bewerten, so wird in der diplomatischen Korrespondenz beispielsweise um den russisch-japanischen Krieg deutlich, daß das Deutsche Reich weitgehend mit den Äußerungen seines Kaisers gleichgesetzt und nur insofern wirklich ernst genommen wurde, als es dauernde Befürchtungen vor neuen irritierenden Initiativen des deutschen Herrschers gab. Durand an Lansdowne, 16. Juni 1905, PRO FO 800/116, Lansdowne Papers. Die Russen wurden von Roosevelt in diesem Zusammenhang als blinde, aber nicht ungefährliche Träumer betrachtet, weil sie nicht bereit waren, sich objektiv über ihre prekäre militärische Lage klar zu werden und auf einen Gewinn durch Verzögerung zu hoffen schienen. Sie erschienen Roosevelt »equally tricky and silly«. Japan war für Roosevelt zwar gleichfalls »very troublesome, though not so troublesome as the Russians« und spielte in seiner Wahrnehmung nicht die Rolle einer potentiellen Weltmacht, wie Rußland dies zweifellos ebenso werden konnte, wie die Briten es zu diesem Zeitpunkt noch waren. Mit den Briten verhandelte Roosevelt in diesem Fall wie mit einer gleichsam verbündeten Macht. Ebenda.

346   »Falsche Zivilisation«?

spiegelt expressis verbis die kindliche Motivation des heulenden John Bull: »I want my big brother!«[321]

"BOOHOO – I WANT MY BIG BROTHER!"

Was hier als humorvolle Persiflage daherkommt, entschlüsselt sich bei näherer Betrachtung als geistvolle Reflexion des Grundproblems der außenpolitischen Beziehungen dieser drei Staaten: Was verbarg sich hinter der Maske des deutschen Wilhelminismus? War es der altbekannt gutmütige deutsche Michel

[321] *New York Times*, 4. Juni 1909.

oder ein Wesen, das auch seinen Charakter wandeln würde, sobald es die Maske aufsetzte und mit ihr agierte? Welche Folgen hatte die permanente Ausstrahlung der Unsicherheit in dieser Frage auf die Reaktion anderer Staaten? War es da nicht selbstverständlich, daß der nurmehr pummelig denn kraftvoll erscheinende Seemensch John Bull die Sicherheit seiner Existenz in den Armen eines abseits stehenden großen Bruders suchte, dessen Gleichgültigkeit mehr die gelassene Selbstsicherheit eigener Überlegenheit als wirkliches Interesse ausstrahlte? Im Kern der Kontraste und Differenzen, motivierend für Furchtsamkeit und Fluchtreaktion, lag das Problem der Wahrnehmung: Wenn der »Wilhelminismus« nur eine Fratze des »deutschen Wesens« war, so wurde er doch je länger je stärker als mit diesem identisch wahrgenommen. Über die Perzeption der Ausstrahlung, die seinem inneren Wesen nicht unbedingt entsprechen mußte, hatte diese entscheidenden Einfluß auf die internationalen Beziehungen und namentlich auf das deutsch-britisch-amerikanische Verhältnis.

Das Problem der weitreichenden Nichtberatbarkeit des deutschen Monarchen war, wie bereits angedeutet, schon den Zeitgenossen bewußt und nicht nur jenen, die antimonarchisch dachten. In einer Rede in Königsberg am 6. September 1894 hatte Wilhelm II. geäußert, daß seine Tür jedem Untertanen offen stehe. Dazu notierte Waldersee sarkastisch, daß sei »brillant, um der urteilslosen Masse zu imponieren. Die Eingeweihten wissen, daß der Kaiser bei aller äußeren Offenheit fast unnahbar ist. Wie viele haben ihm schon ihre Ansicht sagen wollen! Sie erreichen es nahezu niemals, da der Kaiser keinen hören mag, von dem er annimmt, er wolle ihn belehren oder guten Rat erteilen. Sogar Personen der allernächsten Umgebung gelingt es oft nicht, mit ihm auch nur ein Wort unter vier Augen zu sprechen.«[322]

Die von Waldersee beschriebene »Unnahbarkeit« Wilhelms spiegelte sich, wie Marie Radziwill konstatierte, in den kaiserlichen Wortfluten: »Diskretion findet man an unserem Hof nicht, der Kaiser öffnet sich allen, und so entstehen die ununterbrochenen Konflikte mit den anderen Regierungen und Höfen. Die Flügeladjutanten reden mit dem Herrscher über die große Politik, und damit richten sie mehr Schaden als Gutes an.«[323] Und sie resümierte zugleich die aufgedrehte Geschwätzigkeit des Kaisers, die auch Spring Rice bei der Unterredung Wilhelms mit Botschafter Lascelles aufgefallen war: »Er bildet sich ein, wenn er redet, die Menschen von seinen Ideen zu überzeugen, die in der Tat sehr gut sind, aber nur die entgegengesetzte Wirkung der von ihm er-

---

[322] Aufzeichnung Waldersees vom 12. September 1894, in: WALDERSEE, Denkwürdigkeiten, Bd. 2, S. 322. Waldersee überliefert die kursierende Geschichte, wonach der Kaiser im April 1894 drei Tage beim Großherzog von Baden zu Gast war, jeden Morgen mit diesem zur Jagd ging und mit ihm eine halbe Stunde allein gewesen sei, »und während dieser [halben Stunde] hat er fast ausschließlich selber das Wort gehabt. Beim Abschied sagte er: Es freut mich sehr, daß wir uns wieder einmal gründlich haben aussprechen können!« Aufzeichnung Waldersees vom 6. August 1894, ebenda, S. 319.

[323] RADZIWILL, Briefe, S. 297, 22./23. August 1907.

hofften haben: man lacht darüber.«[324] Rathenau wollte in diesem überschäumenden Wesen Wilhelms die »Begeisterung, die des Amerikaners, des Journalisten und Berliners ist«, erblicken.[325]

»Er redet ohne Pause, überrascht gern durch seine Gegenwart[326], lacht überlaut, läßt sich nicht mehr die Zeit zu arbeiten, zwingt alles, in jeder Sekunde bereit zu sein, kassiert plötzlich viele Offiziere, Minister, Hofbeamte, ohne daß man weiß warum. Kurz, alle zittern, denn jeder sagt sich, daß er jeden Moment zerschmettert werden kann, und so leben alle sehr unbehaglich.«[327] Die Signale »Wilhelms des Plötzlichen«[328] strahlten nicht nur auf die eigenen »Untertanen« im Inland[329], auch Theodore Roosevelt beschrieb den Kaiser gegenüber wechselnden Briefpartnern als »very jumpy«, weshalb man ihm »with great polite-

---

[324] Ebenda, S. 338, 25. November 1910.

[325] An anderer Stelle konstatierte er, es liege in Wilhelms »Streben zum Quantitativen und sogenannten Interessanten und Erstaunlichen ein mechanisch-kindlicher Zug, der im Amerikanismus und in der Journalistik endet«. RATHENAU, Der Kaiser, S. 254, 257.

[326] Das hatten schon Spring Rice und Botschafter Lascelles im Dezember 1896 erfahren dürfen. Vgl. oben S. 197 f. Wilhelm II. reagierte ähnlich, als Lord Cranborne, der Sohn Salisburys, 1902 im Unterhaus für das Foreign Office behauptete, vor allem die Briten hätten im spanisch-amerikanischen Konflikt 1898 einen härteren Appell an McKinley verhindert. Der Kaiser ging höchstselbst zur britischen Botschaft, »to shake his finger at a sleepy ambassador and demand fair share of the credit«, wie Perkins zusammenfaßt und den Wandel der britisch-amerikanischen Perzeption korrekt widerspiegelt, wenn er den Vorgang kommentiert: »Had the Spanish-American War occured before 1895, the Americans would probably have accepted the German version. In 1902 they simply laughed at it as a clumsy forgery.« PERKINS, Rapprochement, S. 39 f.

[327] RADZIWILL, Briefe, S. 305, 14. Februar 1908.

[328] Angeblich geht diese Charakterisierung auf Kiderlen-Wächter zurück.

[329] Die bereits angesprochene Einrichtung der Rhodes-Scholarships ist ein in seiner Alltäglichkeit signifikantes Beispiel: Als Cecil Rhodes 1901 hörte, der Kaiser habe Englisch als Pflichtfach an deutschen Schulen eingeführt (was nicht ganz stimmte), hatte er seine Oxforder Stiftung um fünfzehn deutsche Stipendien ergänzt, deren Nutznießer der Kaiser auswählen sollte. Im Sommer 1903 hatten Verhandlungen über die ersten fünf begonnen, waren jedoch wegen der Größe des Gesamtvorhabens – sechzig, später achtundsiebzig Stipendiaten sollten aus den angelsächsischen Dominien, weitere neunzig aus den Vereinigten Staaten kommen – unterbrochen worden, um den geeigneten Apparat aufbauen zu können. Als der Kaiser im Oktober aus einer Zeitungsmeldung erfuhr, daß sieben Südafrikaner als Rhodesstipendiaten eingetroffen waren, setzte er alles in Bewegung, daß auch fünf Deutsche nach Oxford gehen konnten. Dort war man überrascht, vor allem, weil das Trimester schon begonnen hatte, reagierte aber mit ironischem Pragmatismus: »Ganz der Kaiser«, wie der Betreuer des Programms, Francis Wylie, in einem Interview des *Daily Chronicle* meinte. MÜLLER, Gärten der Vergangenheit, S. 303–305, Zit. S. 305. Wilhelm behielt sich die Auswahl der Stipendiaten persönlich vor, was einen ähnlichen Mechanismus irrationaler Kommunikation beimengte wie auf anderen kaiserlichen Entscheidungsfeldern auch. Als Karl Alexander von Müllers jüngerer Bruder sich um ein Stipendium bewerben wollte, riet der zuständige Regierungsrat, der beizufügende Lebenslauf solle »nicht trocken, sondern [...] dramatisch oder unterhaltsam sein; denn der Kaiser habe sich die entscheidende Auswahl persönlich vorbehalten; er lese alle Eingaben, und es sei gefährlich, ihn zu langweilen«. MÜLLER, Gärten der Vergangenheit, S. 492.

ness, but with equal decision«330 begegnen müsse. Der parlamentarische Unterstaatssekretär Lord Fitzmaurice fragte in seinem Kommentar zum Crowe-Memorandum vom 1. Januar 1907, »whether the restless and uncertain personal character of the Emperor William is sufficiently taken into account in the estimate of the present situation. There was at least method in Prince Bismarck's madness; but the Emperor is like a cat in a cupboard. He may jump out anywhere. The whole situation would be changed in a moment if this personal factor were changed, and another Minister like General Caprivi also came into office in consequence.«331 Nicht der »preußische Militarismus« oder die mangelhafte Parlamentarisierung standen hier im Vordergrund der Sorge, sondern die Perzeption der kaiserlichen Unberechenbarkeit.

Als quasi-wissenschaftlicher zeitgenössischer Analytiker konstatierte Rudolf Kjellen dies als bewußte Politik: daß nämlich »diese kaiserliche Politik mit all ihrer ›Impulsivität‹ und ihrem zeitweiligen Mangel an Rücksicht auf die Gefühlsstimmungen der Nation« keineswegs der Ausdruck einer zufälligen, unkoordinierten, jedenfalls kaum als strategisch zu charakterisierenden Entwicklung sei (als die sich namentlich die wilhelminische Außenpolitik in ihren praktischen Schritten oft präsentierte), sondern vielmehr »ein kalt berechnetes und klar gesetztes Ziel verfolgt hat. Dieses Ziel ist nichts Geringeres als die deutsche Weltmacht.«332

Marie Radziwill, die langjährige und Wilhelm stets wohlgesonnene Aristokratin, bemerkte über die Jahre, der Kaiser sei »grenzenlos nervös. Er fühlt, daß alles sehr schlecht steht, nicht aber, daß, wenn seine Nerven mit ihm durchgehen, er damit nichts besser macht. Von morgens bis abends ist er in Bewegung, sein Auto saust zwanzigmal am Tag die Linden auf und ab.«333 Während Wil-

---

330 Roosevelt an Arthur Hamilton Lee, 17. Oktober 1908, Letters of Theodore Roosevelt, Bd. 6, Nr. 4953, S. 1292 f.

331 Memorandum on the Present State of British Relations, BD 3, Appendix A, S. 420.

332 KJELLEN, Großmächte der Gegenwart, S. 75. John Röhl hat gegen die These, die deutsche Weltpolitik sei ein Ergebnis inneren Drucks, mit Blick auf die fatale Wirkung des Kaisers gefolgert: »Wäre Deutschland ein parlamentarisch regiertes Land gewesen, hätten jene expansiven Triebkräfte nicht ausgereicht, um die doch erheblichen Widerstände in der Bevölkerung gegen eine waghalsige Weltpolitik zu überwinden.« RÖHL, Wilhelm II. 1888–1900, S. 1028. Paul Kennedy ist der Ansicht, daß selbst in der Annahme, daß Deutschland auch ohne Wilhelm expansiv gewesen wäre, der Kaiser es war, der den eigentlichen Druck ausübte. KENNEDY, The Kaiser and German Weltpolitik. Reflexions on Wilhelm II's place in the making of German foreign policy, in: RÖHL/SOMBART, Kaiser Wilhelm II., S. 143–168, hier S. 158. Für die im deutsch-englischen Verhältnis entscheidende Marinerüstung hält er fest: »Tirpitz's grand design was never fundamentally altered, because the admiral retained Wilhelm's support. From the beginning to the end of the *Flottenpolitik*, the Kaiser played a critical and fatal role.« KENNEDY, Rise of antagonism, S. 408.

333 RADZIWILL, Briefe, S. 305, 14. Februar 1908. Wie sehr die kaiserliche Atmosphäre der Unruhe haften blieb, zeigen selbst Carl Fürstenbergs Erinnerungen an offizielle Essen: In Gegenwart des Kaisers wurde stets »mit Windeseile serviert. Sobald der Kaiser gegessen hatte, wurden die Teller gewechselt, so daß bei größeren Tafeln die Gäste, denen zuletzt gereicht wurde, manchmal schlecht davonkamen. Nach dem Essen stand der Kaiser dann fast

helm mit seiner schnellen Auffassungsgabe viele Gesprächspartner beeindruckte, die ihm erstmals begegneten, wandelte sich diese Achtung nicht selten in Verwunderung, sobald sie ihn öfter trafen.[334] Auch Richard Haldane charakterisierte den Kaiser als »an emotional man and inherently of unstable purpose«[335] und empfand ihn darüber hinaus als »an uncontrolled mind«.[336]

Gegenüber dem französischen Botschafter Jules Cambon soll Wilhelm geäußert haben, er fühle sich »oft mehr als Franzosen wie als Deutschen«.[337] Dieses »Bekenntnis«, einige Monate vor der Veröffentlichung des sogenannten »Daily-Telegraph-Interviews«, in dem er seine pro-englischen Neigungen in ähnlicher Weise artikulierte, illustriert pointiert die unbedarft selbstgenügsame Verantwortungslosigkeit des Monarchen. Gegenüber Charles Hardinge extemporierte er bei einem Gespräch in Kronberg[338] die historische Notwendigkeit und die Vorteile des deutschen Militarismus und dessen Wert für die Jugend. Nun propagierte er das angelsächsisch-teutonische Herrschaftsbild, indem er Hardinge erklärte, Frankreich wäre nurmehr eine »female race and a bundle of nerves, not a male race like the Anglo-Saxons and the Teutons«.[339] »Man muß glauben, daß in einem solchen Moment der Kaiser nicht weiß, was er sagt«[340], hatte Marie Radziwill kopfschüttelnd Wilhelms Äußerung gegenüber Cambon kommentiert.

---

immer, was dazu führte, daß sämtliche anderen Anwesenden auch stehen mußten. Unter den Herren, die zur dauernden Umgebung des Kaisers gehörten, haben viele unter dieser Gewohnheit schwer gelitten.« FÜRSTENBERG, Lebenserinnerungen, S. 444.

[334] Vgl. die Eindrücke des Sohnes von Reichskanzler Hohenlohe-Schillingsfürst, der zusammenfaßt: »Überhaupt empfingen diejenigen, die öfter mit ihm zusammenkamen, nicht denselben günstigen Eindruck wie ein gelegentlicher ausländischer Besucher, sondern sie sahen vor sich einen nervösen, unruhigen Menschen, der es nicht vertragen konnte, daß ihm jemand fest ins Auge sah, sie hörten eine schnarrende, unangenehme Stimme und ein Lachen, das etwas Unsympathisches in seinem Klang hatte. Diese Eindruck verstärkte sich durch Äußerungen und gelegentliche rohe Späße.« HOHENLOHE, Aus meinem Leben, S. 459.

[335] NLS, Haldane Papers MSS 5919, Memorandum of Events between 1906–1915, S. 5.

[336] HALDANE, Autobiography, S. 283. »He always struck me as a very emotional and odd person, but with a touch of something like genius in his composition. He seemed to be ill-suited in his qualities for the Head of the State, but to be well-adapted for the roll if a popular orator or organiser.« Memories (in der Version für seine Mutter Weihnachten 1917), NLS, Haldane Papers MSS 5920, S. 70 f.

[337] Zit. nach RADZIWILL, Briefe, S. 307, 26. März 1908.

[338] Hardinge begleitete Edward VII. am 15. August 1906 auf dessen Wunsch nach Kronberg, wo er auch mit Wilhelms Schwestern Margaret und Sophie zusammentraf, mit denen er in seiner Zeit als dritter Botschaftssekretär 1885 in Potsdam häufig Tennis gespielt hatte und die ihn nun mit spöttischen Bemerkungen über das bombastische und absurde Auftreten ihres Bruders gegenüber Edward VII. provozierten. HARDINGE, Old Diplomacy, S. 127, vgl. ebenda, S. 26.

[339] Ebenda, S. 128. In den Zusammenhang von Wilhelms Äußerungen gegenüber Cambon und Hardinge paßt auch Rathenaus Beobachtung, der Kaiser habe reiche Amerikaner getroffen, weil er diese »als freie Republikaner fast als seinesgleichen ansah«. RATHENAU, Der Kaiser, S. 254.

[340] RADZIWILL, Briefe, S. 307, 26. März 1908.

In der Tat war die Frage, welchen Gewohnheiten und Reflexen Wilhelm in der Unbedarftheit seiner Äußerungen erlag. Zweifellos fühlte er sich seit seiner Jugend dem militärischen Muster Potsdams verbunden, seiner göttlich abgeleiteten Befehlsgewalt ebenso wie der Jovialität des Kasinotons. Einem korrigierenden Rückkopplungssystem war er nie unterworfen gewesen, und er wehrte sich vehement gegen dergleichen Versuche: »Er ist jetzt auf zwei Monate abgereist, ohne mit einem seiner Minister gesprochen zu haben. Sie hatten ihm viel zu berichten, er ließ ihnen stets antworten, er habe keine Zeit, sie sollten sich mit Bülow unterhalten. Bülow selbst hat ihn in den letzten Tagen wenig gesehen.«[341] Die *Vossische Zeitung* publizierte im August 1894 ein Verzeichnis der Reisen, die der Kaiser seit dem gleichen Vorjahresmonat unternommen hatte, und wies nach, daß er in Jahresfrist 199 Tage unterwegs gewesen war.[342] Spöttisch kommentierte Marie Radziwill im Juli 1909, der Kaiser habe sich »von seinen Sportsfreuden in Kiel losgerissen, um sich zwei Tage in Berlin aufzuhalten [...] Dann hat er sich beeilt, wieder ans Meer zu kommen, um die ewige Kreuzfahrt nach Norwegen anzutreten, die er nun schon auswendig kennen muß.«[343] Wie sehr hier eine kaiserliche Konstante zum Ausdruck kam, die auch von weniger wohlgesonnenen Beobachtern wahrgenommen werden mußte, illustriert die Tatsache, daß Marie Radziwill schon siebzehn Jahre zuvor als störend empfunden hatte, »wie der Kaiser seit seinem Regierungsantritt alljährlich nach Norwegen und England geht, was nicht immer opportun ist«.[344] Alexander von Hohenlohe, der Sohn des dritten Reichskanzlers, beschrieb aus eigener Anschauung rückblickend den Wandel zum Byzantinismus, der den Regierungsstil und die Politik Wilhelms II. zunehmend durchwucherte und zur allgemeinen ungeregelten, bisweilen schlicht irrationalen Signatur des Führungsstils beitrug.[345]

Wilhelms Reisefieber spiegelte insofern einen permanenten Fluchtreflex. Es war der Versuch, den Rückkopplungen der eigenen Pflichten und Aktivitäten zu entkommen, um nicht durch die Erfordernisse routinierter und rationaler Reaktion überwältigt und unterworfen zu werden, sondern stattdessen jene jugendli-

---

[341] Ebenda.
[342] Aufzeichnung Waldersees vom 18. August 1894, in: WALDERSEE, Denkwürdigkeiten, Bd. 2, S. 320.
[343] RADZIWILL, Briefe, S. 330, 19. Juli 1909.
[344] Ebenda, S. 53, 5./6. März 1892.
[345] HOHENLOHE Aus meinem Leben, S. 335–361, bes. S. 348–352. Mit Blick auf die Paraden- und Uniformfixiertheit im Zusammenspiel mit der allseits wahrgenommenen Reisebesessenheit resümierte er: »Wer diese Dinge nicht in der Nähe gesehen hat, der kann sich keine Vorstellung davon machen, welche Unmenge kostbarer Zeit auf wiederholtes Wechseln der Kleidung, der Orden, auf Herumstehen, Warten, Hin- und Herfahren verloren ging, und das große Publikum ahnt nicht, wie oberflächlich oft das Studium der wichtigsten Angelegenheiten, wie willkürlich und übereilt oft die Entscheidungen des Monarchen erfolgten, nur aus dem Grunde, weil die materielle Zeit fehlte, da sie auf hunderterlei Lappalien vergeudet wurde.« Ebenda, S. 351.

che Freiheit zu bewahren, die ein heranwachsender Kronprinz in der Kaserne besitzt: befehlen zu dürfen, ohne die letzte Verantwortung bedenken zu müssen.

Entsprechend unterentwickelt blieb das kaiserliche Sensorium für das geistige Grundgefühl der britischen politischen Führung – insbesondere der gleichaltrigen »Wende-Generation« – und der »unspoken assumptions« ihrer parteiübergreifend gültigen Weltsicht. Noch nach zwanzig Jahren Erfahrung mit den wichtigsten Persönlichkeiten der englischen Politik stand er deren Argumenten mit bisweilen infantiler Entrüstung gegenüber. Als der Londoner Botschafter Metternich im Februar 1910 an Bethmann Hollweg über ein längeres und offenes Gespräch mit Arthur Balfour berichtete, war dies ausweislich der Metternichschen Wiedergabe eine rationale Diskussion unter Staatsmännern. Metternich flocht ein, daß die »Unterredung vollkommen ruhig, sachlich und ohne jede persönliche Gereiztheit von Anfang bis zum Ende geführt wurde«[346], was Wilhelm zu der Marginalie animierte: »wie das eben nur mit Angelsachsen möglich ist.«[347] Wie um sowohl die Validität dieser Aussage als auch das eigene Unverständnis über deren Wesen zu offenbaren sowie den Unterschied in Diskursrationalität, Herrschaftsgefüge und Regierungsverständnis plastisch werden zu lassen, überschüttete er selbst den Bericht mit eruptiven Randbemerkungen »quatsch!«, »so blau!«, »Blech«, »unerhört«, »Lüge!« und »faule Ausrede!!«.[348] Balfour war in dem Gespräch auf zahlreiche Monita eingegangen, die Metternich ihm und der konservativen Partei in ihrer Haltung gegen Deutschland nüchtern vorwarf. Im Kern beruhte nach Balfour »die englische Nervösität Deutschland gegenüber [...] lediglich auf der Furcht [...] vor unseren Flottenplänen«.[349] Balfour benutzte in diesem Zusammenhang stets das Wort »fear«, was Wilhelm nur zu einem kommentierenden Ausrufungszeichen veranlaßte. Das von Metternich ausführlich entworfene politische Panorama des Hintergrunds deutsch-englischer Entfremdung, wie er es mit dem wichtigsten Politiker der konservativen Opposition zwei Stunden lang ohne Vorbehalte erörtert hatte und hier präsentierte, blieb dem Kaiser ganz offensichtlich verschlossen. Wilhelms Reaktionen lesen sich wie kindliche Empörung gegenüber einer unverstandenen und daher als ungerecht empfundenen Welt. Die Diagnose vice versa, i. e. die Erkenntnis für einen berichtenden Botschafter wie für einen lesenden und verantwortlichen Reichskanzler, war nicht weniger ernüchternd: Wer nach der Erfahrung von zwanzig Herrschaftsjahren immer noch mit solchen allerhöchsten Kommentaren Regierungspolitik zu treiben hatte und dabei in seiner Stellung von der Autorität des Kommentators abhing, stand von vornherein auf einem einsamen Posten. Für Alexander von Hohenlohe spiegelte sich in Wilhelms »Mangel an Einfühlungsfähigkeit und Verständnis für die Psy-

---

[346] Metternich an Bethmann Hollweg, 10. Februar 1910, GP 28, Nr. 10371, S. 293.
[347] Ebenda, S. 296.
[348] Ebenda.
[349] Ebenda, S. 293.

chologie anderer Völker« ein gleichartiger Mangel unter seinen Landsleuten.350

Zusammengefaßt: Das Empfinden von der kaiserlichen Unberechenbarkeit machte Wilhelm in den Augen der Briten zu einem undurchschaubaren Mitspieler im internationalen politischen Geschäft, und nach Wahrnehmung mancher Diplomaten schien er bisweilen ohne Rücksprache mit seinen eigenen Behörden zu handeln.351 Die Methoden der deutschen Diplomatie insgesamt wurden darüber hinaus häufig als brutal und unberechenbar perzipiert, wobei zweites im Grunde gefährlicher war als ersteres. Fairfax Cartwright schrieb in einem kritischen Rückblick zu Beginn des Jahres 1907: »[...] the principle upon which German diplomacy seems to act at present is to alternately bully to persuade and flatter to win over, but this Imperial method can hardly be said to have met with much success as regards the relations of the Empire with her neighbour France or with the more distant United States. The belief that German diplomacy is uncertain in its action and is too much influenced by the Kaiser and that it is rather inclined to neglect the real interests of the country in the pursuit of a policy of adventure has a disquieting effect upon foreign public opinion and tends to group foreign countries together against Germany.«352

Auch Cartwright kam typischerweise immer wieder auf die Rolle des Kaisers zu sprechen, der als Hauptfaktor für die innere und äußere Unstetigkeit, Sprunghaftigkeit und mangelnde Seriosität des politischen Geschehens wahrgenommen wurde: »To understand the situation in Germany as it is at the present moment [= Januar 1907, M. B.] and to be able to forecast the immediate future, too much attention cannot be paid to the character of the Emperor. His moods and thoughts are the pivot on which German home and foreign policy turn.«353

Und so schien es weniger die Aktivität des deutschen Kaisers als solche zu sein, die beunruhigte, als vielmehr die Unberechenbarkeit und fehlende Abstimmung einer Gesamt-Außenpolitik, die darin immer wieder zum Ausdruck kam. Diese Wahrnehmung der deutschen Politik überhöhte und verstärkte die Realität der von ihr tatsächlich ausgehenden diplomatischen und militärischen

---

350 Hohenlohes rückblickendes Resümee zur Persönlichkeit Wilhelms II skizzierte nicht allein einen nervösen, ja kranken Menschen. Er betonte, daß eine Geschichte der Persönlichkeit des Kaisers zugleich eine Geschichte des deutschen Volkes in dieser Zeit sein müsse, »so groß war die Wechselwirkung zwischen seinem Volk und ihm, so unglücklich hat sich überall seine Persönlichkeit fühlbar gemacht, sowohl in der inneren wie in der äußeren deutschen Politik.« HOHENLOHE, Aus meinem Leben, S. 360 f.

351 So beispielsweise im Januar 1905 angesichts des russisch-japanischen Krieges und der Frage des amerikanischen (und britischen) Vorgehens, als der britische Botschafter aus Washington berichtete: »German emperor is active here. He suggested recent circular about integrity of China. I do not think U. S. Gov[ernmen]t likely to come to an understanding with him but he seems to be working that end over head of Military and his own F[oreign] O[ffice].« Durand an das Foreign Office, 23. Januar 1905, PRO FO 800/116, Lansdowne Papers.

352 Fairfax Cartwright an Außenminister Grey, 12. Januar 1907, BD 6, Dok. 2, S. 5.

353 Ebenda, S. 7. Vgl. SCHIEDER, Staatensystem, S. 263 f.

Bedrohung. Es waren nicht allein das Wachstum der deutschen Macht, der Flottenbau und die Heeresrüstung, es war vielmehr und vor allem der Umstand, daß nicht klar zu erkennen war, wann, wie und unter welchen Bedingungen mit diesen Machtmitteln umgegangen werden würde und ob sich die handelnden Akteure mit dem Kaiser an der Spitze der jeweiligen Konsequenzen wirklich bewußt waren. Dieser Eindruck, der seit Beginn der Scharnierzeit immer wieder perzipiert und formuliert worden war, trug erheblich dazu bei, daß aus der relativ offenen Großmächtekonstellation des Jahres 1895 die mehr oder minder konfrontativen europäischen Großmachtblöcke des Jahres 1907 entstanden, denen im globalen Maßstab die Vereinigten Staaten und Japan durch Affinität bzw. Vertrag recht eindeutig auf englischer Seite zuzurechnen waren. Diese eingefahrene Perzeption sollte sich bis zum Juli 1914 nicht wirklich ändern und war mithin auch nicht geeignet, zu einem Wechsel jener Formation der Mächtebeziehungen zu motivieren, die am Ende der Scharnierzeit erreicht war. In dieser Feststellung liegt keinerlei historische Dogmatik oder gar die Idee eines wie auch immer gearteten Determinismus. Wer ernst nimmt, daß Großmächte vor allem auf den Erhalt ihres Status quo, die Garantien ihrer Existenz und Sicherheit sowie auf die Potentiale einer möglichst gefahrlosen Expansion – ob wirtschaftlich oder territorial – zielen, der mag erkennen, daß die britisch-französisch-russische Verbindung angesichts ihrer Wahrnehmung der internationalen Entwicklung wenig Anlaß sehen konnte, sich aus der einmal gegebenen Sicherheitspartnerschaft in ein vages Verhältnis potentieller Unberechenbarkeit zu begeben.

RESÜMEE: SCHARNIERZEIT, »WENDE-GENERATION« UND INTERNATIONALE POLITIK

In Darstellungen zur Einordnung des Ersten Weltkrieges ist es mit einigem Recht nahezu üblich geworden, auf George F. Kennans Formulierung zu verweisen, daß dieser Krieg »*die* Ur-Katastrophe« des 20. Jahrhunderts gewesen sei.[1] Zugleich gilt der Weltkrieg, wie einleitend beschrieben, als Abschluß des Zeitalters des sogenannten »klassischen« oder »Hochimperialismus«, dessen Beginn auf die 1880er Jahre datiert wird. Der Erste Weltkrieg als periodisierender Schlußpunkt steht damit am Ende eines machtpolitischen Wandlungsprozesses, der sich nicht nur über Jahrzehnte hinzog, sondern auch eine »planetarische« Dimension besaß[2], oder, um noch einmal die Formulierung Walther Rathenaus aufzugreifen, in einem Europa, »wo Begriffe der Vorherrschaft zur See, der Vorherrschaft zu Lande, der Weltherrschaft mit Augenaufschlag besprochen wurden, als ob es sich um ein Schweineauskegeln und nicht um das todeswürdigste Verbrechen handelte: in diesem unglücklichen und nichtswürdigen Europa brach der Krieg nicht am 1. August 1914 aus«.[3] Rathenau verweist

---

[1] George F. KENNAN, Bismarcks europäisches System in der Auflösung. Die französisch-russische Annäherung, Frankfurt a. M. u. a. 1981, S. 12, Hervorhebung im Original. Die Prägung des Begriffs »Ur-Katastrophe« gebührt der Übersetzerin Christa Armstrong, im Original spricht Kennan von »the great seminal catastrophe«. Aus der Vielzahl jüngerer Übernahmen dieser Begriffsprägung: Klaus Hildebrand weist darauf hin, daß »kaum einer im Kreis der in Deutschland Verantwortlichen, die nach ihrem Verständnis der Lage [im Juli 1914, M. B.] das Prävenire ergriffen«, geahnt hätte, »[d]aß diese Auseinandersetzung die ›Ur-Katastrophe‹ Europas einleiten sollte«. HILDEBRAND, Deutsche Außenpolitik 1871–1918, München 1989, S. 46. Thomas Nipperdey charakterisiert den Krieg als »die ›Urkatastrophe‹ unseres Jahrhunderts für Europa, für die Welt und auch für Deutschland«. NIPPERDEY, Deutsche Geschichte 1866–1918, Bd. 2: Machtstaat vor der Demokratie, München 1992, S. 758. Ernst SCHULIN betitelte seinen Überblicksbeitrag in einem maßgebenden Sammelband zum Ersten Weltkrieg mit »Die Urkatastrophe des zwanzigsten Jahrhunderts«, in: MICHALKA (Hrsg.), Der Erste Weltkrieg, S. 3–27. In der Tat läßt sich, so KENNAN, ebenda, S. 11, von »jener ersten großen Vernichtungskatastrophe von 1914/1918« sprechen. Vgl. Magnus BRECHTKEN, Das Deutsche Kaiserreich im internationalen Staatensystem 1871–1918. Kommentare zu Ergebnissen und Thesen der jüngeren Literatur, in: Historisches Jahrbuch der Görres-Gesellschaft 123 (2003), S. 449–510.

[2] In der Einleitung ist dargestellt, daß beispielsweise Rudolf Kjellen zeitgenössisch vom »planetarischen« System bzw. von der »Weltgeschichte« spricht, die »sich von einer europäischen zu einer planetarischen erweitert hat«. KJELLEN, Großmächte der Gegenwart, S. 124.

[3] Walther RATHENAU, Der Kaiser, in: Die Zukunft, 31. Mai 1919, wieder abgedruckt in: Ders., Schriften und Reden, Frankfurt a. M. 1964, S. 235–272, hier S. 263. Was Rathenau

mithin zu Recht auf den Prozeßcharakter der Vorkriegsgeschichte, denn weder gab es einen historischen Determinismus zu einem Konflikt dieser Dimension, noch eine stringente, gleichmäßige Entwicklung der Mächtebeziehungen vom Beginn des imperialistischen Zeitalters um das Jahr 1880 bis zum Juli 1914. Vielmehr lassen sich sowohl nationale Zäsuren erkennen (im Deutschen Reich beispielsweise die Entlassung Bismarcks 1890) als auch Phasen der internationalen Umformation im Mächtesystem, wie sie von jeher das klassische Bild der Großmächtebeziehungen prägten. Betrachtet man die dreieinhalb Jahrzehnte des »klassischen Imperialismus« aus der »planetarischen« oder »globalen« Perspektive, so läßt sich darin eine Phase der Neuformation des internationalen Systems der Großmächte erkennen, als deren Eckdaten etwa die Jahre 1895 und 1907 erkennbar sind und die deshalb als Scharnierzeit verstanden werden kann.

Die Scharnierzeit setzt ein mit dem chinesisch-japanischen Krieg und der Intervention des Deutschen Reiches, Rußlands und Frankreichs einerseits sowie der britisch-amerikanischen Auseinandersetzung um Venezuela andererseits. Diese Konflikte, unterstrichen durch die deutsch-britischen Eruptionen und das Krüger-Telegramm, prägen die internationale Politik 1895/96 und stehen am Anfang eines globalen Wandlungsprozesses der Machtverhältnisse. Zu diesem Zeitpunkt ist eine »relativ offene« Konstellation des Staatensystems im Sinne klassischer Diplomatie erkennbar, in der sich eine deutsch-französisch-russische Kombination als noch ebenso vorstellbar und praktikabel erwies, wie eine ernste britisch-amerikanische Konfrontation beiderseits denkbar und möglich erschien. In die Scharnierzeit fallen die Beilegung britisch-amerikanischer Streitpunkte von den Fragen um die Alaska-Grenze über die Baupläne für den mittelamerikanischen Kanal bis zum zweiten Venezuela-Konflikt, das britisch-japanische Bündnis 1902 sowie die Bildung der *Entente cordiale* 1904. Sie endet mit der amerikanischen Unterstützung für die britisch-französische Position auf der Konferenz von Algeciras, dem Stapellauf der *Dreadnought* und dem deutschen Bemühen, diesen revolutionären Rüstungsschritt zu kontern, sowie dem russischen Beitritt zur *Entente cordiale* 1907. Zu diesem Zeitpunkt ist nunmehr eine »relativ geschlossene« Konstellation des Mächtesystems erkennbar, das in zwei Gruppen geteilt ist, deren Mitglieder sich mit dem Motiv gegenseitiger Sicherung verbunden haben: Das Deutsche Reich und Österreich-Ungarn mit dem unsicheren Dreibundpartner Italien sahen sich der Entente aus Großbritannien, Frankreich und Rußland gegenüber, die von Japan und den USA gestützt wurde. An dieser Konstellation änderte sich bis 1914 nichts Grundsätzliches, sondern sie wurde durch die Krisen der Jahre 1908 bis 1913 eher noch aufgeladen als geöffnet. Im Zentrum dieser Neuausrichtung um die Jahrhun-

---

hier auf Europa bezog, war nunmehr, wie in dieser Darstellung beschrieben, Teil eines globalen Prozesses, denn »Europa war der Ausgangspunkt der Weltpolitik, es sollte am Ende der Brennpunkt sein, an dem sich ein allgemeiner Krieg entzündete. Insoweit blieb das alte Europa auch während der Tragödie seines Untergangs Mittelpunkt der Welt«. SCHIEDER, Staatensystem, S. 264.

dertwende steht die global engagierte britische Außenpolitik. Die Unterschiedlichkeit ihrer Reaktionen auf die Herausforderungen durch den Aufstieg des Deutschen Reiches und der Vereinigten Staaten illustriert sowohl grundlegende Motive wie generelle Tendenzen dieses Zeitalters der globalen Neuformation.

Der machtpolitische Wandel vollzog sich vor dem Hintergrund zweier grundlegender historischer Entwicklungen, die in dieser Phase zusammenliefen. Die erste Grundtatsache war, daß die Aufteilung des Globus an ihr Ende kam. Eroberungsfreie Territorien, in die sich Konflikte aus dem Zentrum Europas an die Peripherie ablenken ließen, standen nicht mehr zur Verfügung. Der britisch-französische Konflikt vor Faschoda 1898 ließ dies exemplarisch zu Bewußtsein kommen. Mit dieser geographischen *Eingrenzung* von Machtoptionen zur Konfliktregelung unter den Großmächten korrespondierte gleichzeitig eine technische *Entgrenzung* durch die Verdichtung des kontinentalen Eisenbahnnetzes, die Verkabelung des Globus sowie die Erfindung und weltweite praktische Umsetzung des drahtlosen Funkverkehrs, rüstungstechnische Fortschritte der Artillerie und der Armierung sowohl an Land wie im Schlachtflottenbau, Projekte zur geostrategischen Erschließung wie der Baubeginn des Panama-Kanals sowie der erste kontrollierte Motorflug. Dieses ungekannte Zusammenspiel von technologischer Verdichtung und geostrategischer Eingrenzung im Maßstab eines nunmehr globalen Machtwettbewerbs wirkte vielfältig dynamisierend.

Die Großmächte waren von einem Geist der Konkurrenz und des Wettbewerbs beseelt, der aus der Überzeugung resultierte, daß Großmacht und Weltmacht nur dann zu erhalten waren, wenn man über entsprechende Territorien und die Machtmittel zu deren Sicherung verfügte. Die prägende Theorie hierfür lieferte Anfang der 1890er Jahre der Amerikaner Alfred Thayer Mahan mit seinen Büchern über den Einfluß der Seemacht auf die Geschichte und der These, daß, wer die Hauptverkehrsrouten des Globus zur See beherrsche, die Welt zu kontrollieren vermöge. Als historisches Beispiel diente ihm Großbritannien, dessen Weltmachtposition aus seiner im Laufe des 19. Jahrhunderts gesicherten Seemachtstellung erwachsen war. Die britische Außenpolitik, deren Maxime des »Two-Power-Standard« auf die Sicherung dieses »command of the sea« zielte, sah sich unter dem weltweiten Eindruck dieser Theorien herausgefordert durch die Ambitionen anderer Staaten, die gleichfalls über den Schlachtflottenbau eine Position als Seemacht erlangen wollten, namentlich des Deutschen Reiches und der Vereinigten Staaten.

Um die Jahrhundertwende wurden Mahans Theorien ergänzt und in Frage gestellt durch Halford Mackinders Thesen von den zukünftigen Möglichkeiten der inneren Erschließung, insbesondere Rußlands, durch ein kontinentales Eisenbahnnetz und von der damit eröffneten Möglichkeit zur Beherrschung des gesamten eurasischen Territoriums. Dieser Machtbereich wäre demnach bei vollständiger Beherrschung, die durch die Eisenbahnen möglich erschien, autark in seinen Ressourcen und auch von See her nicht zu überwältigen gewesen.

Über die althergebrachten Konflikte unter den europäischen Großmächten hinaus konnten nun Auseinandersetzungen zwischen Zentrum und Peripherie sowie zwischen Akteuren der Peripherie jederzeit und vergleichsweise ungebremst auf das Zentrum zurückwirken und darin in einer Weise ausgetragen werden, die vormals aufgrund beschränkterer technischer Mittel zur Machtprojektion sowie rückständiger Kommunikationsmöglichkeiten kaum denkbar gewesen waren. Die skizzierten Entwicklungen – geographische Eingrenzung, technische Entgrenzung und ideologische Aufladung – konzentrierten sich in der Scharnierzeit und trugen zur Motivation der Neuformierung des Staatensystems in konfrontativen Sicherheitspartnerschaften bei.

Auch die Diplomatie und die Formulierung von Außenpolitik wurden vom Prozeß technischer Beschleunigung in der Informationsverbreitung vor allem über den Druck der öffentlichen Meinung beeinflußt. Unzählig mehr Menschen als jemals zuvor erhielten massenalphabetisiert durch die Verwertungsmechanismen der neuen *Yellow Press* eine gemeinsame »Erfahrung«, selbst wenn diese nur abgeleitet und schlaglichtartig verkürzt war. Die *Yellow Press* setzte nun Orientierungslichter, wo einst dunkle Horizonte schimmerten, zu denen erfahrene Diplomaten zu führen hatten. Das bedeutet zusammengefaßt: Die Ambitionen jeder Außenpolitik, die entweder schon als Weltpolitik aufzutreten gewohnt war oder sich durch »Zeitgeist«, zivilisatorisches Missionsbewußtsein und vermeintlich naturgesetzliche Notwendigkeiten dazu getrieben fühlte, waren erstmals in der Geschichte damit konfrontiert, daß zugleich mit der technischen Entgrenzung des Globus dessen geopolitische Eingrenzung spürbar und international wirkungsmächtig wurde. Das daraus resultierende Potential zerstörerischer Dynamik war latent, ohne daß es den politisch-diplomatischen Akteuren notwendigerweise schon bewußt gewesen wäre. Die jeweiligen nationalen Entscheidungsträger waren mithin nicht nur Täter einer in Rüstung und Bündnissen nach Sicherheit suchenden Außenpolitik. Sie waren zugleich auch Opfer der spezifischen Ungleichzeitigkeit des globalen Wandels im Spannungsfeld der Strukturen neuer weltpolitischer Prozesse auf der einen sowie ihrer überkommenen Erfahrungen, Perzeptionen und Weltbilder auf der anderen Seite.

I.

Die materiellen Grundlagen der Fähigkeit zur Machtprojektion und damit zur aussichtsreichen Teilnahme am Wettbewerb lagen in der wirtschaftlichen, industriellen und technischen sowie der demographischen Potenz eines jeden Staates, weil hierauf die Fähigkeit zur militärischen Gewalt als der international üblichen und akzeptierten ultima ratio zur Klärung und Neutarierung der Machtverhältnisse beruhte.

Ganz gleich, welchen Präferenzen man zu folgen beabsichtigte – ob dem Seemacht-Schlachtschiffbau-Theorem im Sinne Mahans oder der Favorisierung von territorialer Ressourcenerschließung, Eisenbahnentwicklung und innerer Linie im Sinne Mackinders –, bemaß sich die generelle Groß- und Weltmachtfähigkeit eines Landes nach dem Produkt aus natürlichen Ressourcen, technischer Expertise, industriell-ökonomischer Leistungsfähigkeit und demographischer Potenz. Das bedeutete, neutral gesprochen, daß zumindest all diejenigen Mächte das Potential zur Weltmacht besaßen, deren Bevölkerung sich nicht nur als zahlreich, sondern auch als führend ausgebildet erwies, wo Modernität und Wettbewerbsfähigkeit der Produktionsmittel sowie eine hohe wissenschaftliche Innovationsfähigkeit zugleich verwoben waren mit einer motivierenden politisch-gesellschaftlichen Entwicklungsform. Aus der technisch-ökonomischen resultierte eine militärische Expertise, die wiederum, wie das Beispiel des Dreadnoughtbaus zeigt, in vielfältiger Weise den allgemeinen Führungsanspruch reflektiert. Zugleich erkennen wir eine hohe gesellschaftliche Mobilisierbarkeit aufgrund der inneren Ideologisierung im Dienste des Gesamtstaates (die zeitgenössisch in der Regel schon durch den Nationalismus in hohem Maße gegeben ist; hinzu kommen sozialdarwinistische Konkurrenzperzeption und ideologisches Missionsbewußtsein im Dienste des eigenen Zivilisationsprinzips). Zusammenfassend läßt sich festhalten, daß am Vorabend des Ersten Weltkrieges ausweislich der zeitgenössischen Statistiken wie auch durch die Ergebnisse der wirtschaftshistorischen Forschung die gewonnenen Meßziffern die vorherrschende Überlegenheit der drei im Mittelpunkt dieser Untersuchung stehenden Staaten deutlich hervortreten lassen.

Die Dynamik der technisch-industriellen Entwicklung im Vergleich der drei Staaten für sich genommen lag eindeutig auf Seiten Deutschlands und der USA. In allen seinerzeit modernen Bereichen wirtschaftlichen Wettbewerbs und am Maßstab der zeitgenössisch relevanten statistischen Indizien gemessen, verlor Großbritannien gegenüber beiden Staaten fortschreitend an Gewicht. Unter den beiden aufkommenden Großmächten selbst wiederum lag der Vorteil eindeutig auf seiten der USA. Beeindruckender jedoch als der innere Vergleich dieser drei Führungsmächte der industriellen Moderne erscheint deren kumuliertes Potential im Verhältnis zu den anderen Großmächten. Zusammen genommen besaßen sie ein Leistungsvermögen ökonomisch-industrieller und wissenschaftlich-technischer Expertise, das sie weit über alle Konkurrenten mit Weltmachtambitionen erhob. In nahezu allen Bereichen, abgesehen von dem vergleichsweise nachrangigen demographischen Indikator, geboten sie kumuliert über mehr als die Hälfte bis zu zwei Dritteln der zukunftverheißenden Ressourcen, und ihr Potential summierte sich zu einem Gewicht, das unter der Voraussetzung eines gemeinsamen politischen Willens schwerlich zu überwinden gewesen wäre, sogar eine gleichsam »oligopolistische Herrschaft der Moderne« zumindest hätte denkbar erscheinen lassen. Dies führt zu der Frage, warum die Briten einerseits gegenüber den Vereinigten Staaten »Appeasement« betrieben, während sie andererseits gegenüber dem Deutschen Reich kontinuierlich Sicherheitsverbindungen zu anderen Staaten knüpften – und zwar auch zu solchen Nationen wie Japan und Rußland, deren Gesellschaftsordnung und Zivilisationsmodell dem britischen im Kern ferner standen als das deutsche.

Es ging und geht in dieser Analyse des deutsch-britisch-amerikanischen Verhältnisses nicht um vermeintliche »Sonderwege«, sondern um die *zeitgenössisch offene* und, beispielsweise in Großbritannien, heftig diskutierte Frage, ob das obrigkeitlich orientierte deutsche Modell vielleicht eine zukunftsfähigere Alternative zu den aus Parlamentarismus und Wettbewerb abgeleiteten Prinzipien des britischen Modells darstellte. Die äußeren Leistungsparameter in Wirtschaft und Militär schienen im deutsch-britischen Vergleich eine Überlegenheit des »deutschen Modells« zu indizieren. Sie führten zu jenen Diskussionen zwischen Balfour, Haldane, Grey und zahlreichen anderen führenden Akteuren aus Politik, Wissenschaft und Publizistik über die Frage, wie dieser deutschen Herausforderung, die nunmehr im Weltmaßstab bestand, begegnet werden konnte. Innere Reformen, äußeres Appeasement, ein Bündnis der führenden Wirtschaftsmächte, ein Präventivkrieg, die politische Unterordnung – welche dieser Optionen bedeutete die effektivste Anpassung an den weltpolitischen Wandel?

Beim Blick auf die dreiseitigen Beziehungen zu Beginn der Scharnierzeit läßt sich erkennen, daß zwischen den Vereinigten Staaten und Großbritannien eine seit der amerikanischen Unabhängigkeitserklärung immer wieder motivierte machtpolitische Distanz bis hin zur Konfrontation vorgeherrscht hatte, ein Faktum, das beispielsweise Henry Cabot Lodge noch 1896 Arthur Balfour vorwarf.[4] Dies wandelte sich in der Scharnierzeit, wiederum aus machtpoliti-

---

[4] Lodge schrieb Balfour, daß England seit der amerikanischen Revolution eine Politik »of almost studied unfriendliness« gegenüber den Vereinigten Staaten betrieben habe. Lodge an Balfour, 1. Februar 1896, zit. nach ANDERSON, Race and Rapprochement, S. 79. D. C. Watt warnt in diesem Zusammenhang zu Recht vor jener »convinced and dedicated group of ›Anglo-American‹ historians for whom the differences and conflicts which existed in those relationships are barriers to the proper understanding, as they conceive it, of the unique nature of those relationships, and which are therefore to be ignored where possible, and minimised, where not.« WATT, Succeeding John Bull, S. 21, und die dort angegebene Literatur. Selbst einer der markantesten Vertreter einer anglo-amerikanischen Annäherungsgeschichte wie Harry C. Allen schreibt anläßlich des Venezuela-Konflikts von 1895, daß »Anglophobia had been particularly strong during the preceding decade«. ALLEN, Great Britain and the United States, S. 531. Grenville verweist zu Recht darauf, daß für »Salisbury's generation the United States counted for little in international affairs«, was unmittelbar aus den seinerzeitigen Spannungen im Mittleren und Fernen Osten sowie in Südafrika erklärbar ist. »Those who spoke of an Anglo-american ›alliance‹ in any but a sentimental sense were visionaries, nor was love of England as widespread in America as men like Chamberlain believed.« GRENVILLE, Salisbury, S. 55. Für Alfred Vagts »war und blieb«, wie er mit Blick auf die Jahrhundertwende schrieb, die »kulturelle Emanzipation Amerikas vom Mutterland [...] eine der am spätesten durchgeführten Unabhängigkeitsakte«. VAGTS, Deutschland und die Vereinigten Staaten, Bd. 2, S. 2008. Der historiographische »Myth of the Special Relationship« (Beloff) erhielt erst während der Scharnierzeit eine beiderseits akzeptierte, weiterhin je nach amerikanischer Regierung zögerliche und schwankende Validität und entwickelte erst mit den fol-

schen Motiven, und wurde begleitet von Diskursen um die Gemeinsamkeiten der »angelsächsischen Rasse«. Die Resonanz dieser Diskurse war allerdings der *Ausdruck* einer zugrundeliegenden und in diesem Sinne entscheidenden realpolitischen Entwicklung unter den Vorzeichen eines nunmehr »planetarischen Systems« der Großmächte und nicht ihr *Auslöser*.[5]

Das Deutsche Reich und die Vereinigten Staaten standen zu Beginn der Scharnierzeit in einem Verhältnis freundlicher Neutralität. Die britische Position gegenüber dem Deutschen Reich war nach wie vor von der generellen Maxime der »splendid isolation« geprägt. Die deutsche Außenpolitik wiederum betrachtete Großbritannien als einen Faktor im Verhältnis vor allem zu Rußland als der zweiten europäischen Weltmacht und suchte seine eigene halbhegemoniale Stellung mit dem Ziel zu sichern, seine außenpolitische Unabhängigkeit zu erhalten. Der einzige machtpolitische Berührungspunkt, der das Deutsche Reich, Großbritannien und die Vereinigten Staaten bis dato verband, war die gemeinsame Oberhoheit über Samoa, aus der allerdings, für sich betrachtet, weder nähere Bindungen noch allgemeine Konflikte erwuchsen.

Am Ende der Umformationsphase stand England, wie beschrieben, in Bündnissen mit Japan, Frankreich und Rußland. Das Deutsche Reich fand sich auf den Zweibund mit Österreich-Ungarn beschränkt und wurde international, besonders aber in Großbritannien, als ambitionierte und wenig kalkulierbare Großmacht wahrgenommen. Auch die Vereinigten Staaten unter Präsident Theodore Roosevelt erblickten in Deutschland eine potentielle Bedrohung insofern, als seitens des Kaiserreichs keine eindeutige Anerkennung der Monroe-Doktrin zu erhalten war und deutsche Ambitionen auf dem südamerikanischen Kontinent nicht ausgeschlossen schienen. Zugleich erfuhren die britisch-amerikanischen Beziehungen einen geradezu revolutionären Wandel, der sich von der »short-of-war«-Situation der ersten Venezuela-Krise zu einer wohlwollenden Neutralität der Vereinigten Staaten wandelte, die sich auf der Konferenz von Algeciras zeigte.

---

genden Jahrzehnten jenen realpolitischen Gehalt, der es ermöglichte, daß Churchill ihn im November 1945 in einer Unterhausrede stilprägend für die Zukunft benutzen konnte. Vgl. oben Einleitung. Die Linie dieser machtpolitischen Auseinandersetzungen von der amerikanischen Unabhängigkeit über die britische Brandschatzung der amerikanischen Hauptstadt, die englische Unterstützung für die Südstaaten im Bürgerkrieg, die »Alabama-Claims« bis hin zum angesprochenen ersten Venezuela-Konflikt sind in der Literatur breit behandelt. Vgl. als grundlegende Studie, die diesen machtpolitischen Kern immer wieder treffend herausschält: BOURNE, Britain and the Balance of Power.

[5] Obwohl, wie Anderson meint, »[b]y the mid-1890s, Anglo-Saxonism permeated the mental outlook of Britons and Americans«, hielt Salisbury einen britisch-amerikanischen Krieg für möglich, um die Jahreswende 1895/96 sogar für beinahe unausweichlich. Vgl. oben S. 102; ANDERSON, Race and Rapprochement, S. 60. Dies blieb auch weiterhin eine entscheidende Differenz zwischen zweifellos bedeutenden modischen Diskursen einerseits und den außenpolitischen Entscheidungsprozessen andererseits, die ihr Zentrum nach wie vor im Kabinett, insbesondere bei Salisbury persönlich, besaßen.

Ein Schlüssel zur Beantwortung der Frage, wie sich dieser grundlegende Wandel des britisch-amerikanischen Verhältnisses und der relativen Ausschließung des Deutschen Reiches erklären läßt, liegt in den Weltbildern jener politischen Akteure, die für diesen Transformationsprozeß verantwortlich waren. Im Mittelpunkt stehen dabei auf britischer Seite die Angehörigen einer Generation, die Ende der 1850er und zu Beginn der 1860er Jahre geboren wurden und deren edukative Sozialisation zu Gründung und Aufstieg des Deutschen Reiches etwa parallel verlief. Sie können aufgrund ihrer außenpolitischen Wirkung während der Scharnierzeit als »Wende-Generation« charakterisiert werden. Ihre Angehörigen entstammten überwiegend der Schicht nachgeborener Söhne der Aristokratie, die meist weder Titel noch Vermögen erbten und darauf angewiesen waren, ihren Lebensunterhalt zu verdienen, was sie häufig im Staatsdienst erstrebten. Ihre generationelle Prägung erhielten sie durch die Ausbildung in public schools, namentlich in Eton, sowie durch eine Universitätsausbildung in Oxford und Cambridge, insbesondere am Balliol College unter Benjamin Jowett. Sie entsprachen der Generation der sogenannten Wilhelminer und des deutschen Kaisers, dessen außenpolitische Aktivität in der Scharnierzeit sie entscheidend motivierte. In pointierter Verkürzung ließe sich argumentieren, daß beide Seiten ihre Generation und zugleich das jeweilige Zivilisationsmodell repräsentierten und dem Wettbewerb stellten. Hier die auf den public schools und in Eton und Oxford erzogene, stark von »zivildienstorientierten« nachgeborenen Aristokratensöhnen geprägte Generation, dort der in Potsdam sozialisierte »Soldatenkaiser« in dem Versuch, sein Rollenbild generationenprägend vorzuschimmern; hier die pragmatische Affirmation einer im Prozeß der Globalisierung überspannten Weltmacht, dort die in prosperierender Überspannung aus der halbhegemonialen Mittellage in die Welt drängende Großmacht. Eine »Wende-Generation« waren sie in diesem Sinne beide: Die einen – in Großbritannien – führten aus der »splendid isolation« in die Sicherheit fester Bündnisse, der andere – Wilhelm II. mit seiner Gefolgschaft – führte aus der Sicherheit europäischer Beschränkung in die isolierte Unsicherheit der Weltpolitik.

II.

Für die britisch-amerikanische Annäherung wurde darüber hinaus bedeutend, daß sich seit den 1880er Jahren transatlantische Kontakte und Freundschaften innerhalb der vergleichbaren Schichten von britischem Adel und amerikanischer Geldaristokratie zu einem Netz verdichteten, das über familiäre und gesellschaftliche Verflechtungen hinaus in der Scharnierzeit zu internationaler politischer Wirksamkeit gelangte.

Auf britischer Seite von besonderer Geltung ist der Diplomat Cecil Spring Rice, der ein herausragendes Beispiel für jene Mischung von nationalem Selbst- und Sendungsbewußtsein mit generationellen Verbindungen bietet, die seit den

Resümee

1890er Jahren international politisch und diplomatisch einflußreich wurden. Spring Rice wurde in Eton und in Oxford am Balliol College unter Benjamin Jowett erzogen. Zeitgleich studierten dort später so einflußreiche Politiker wie George Curzon, Alfred Lyttelton, George Wyndham und William St. John Brodrick, die auch schon in Eton mit Spring Rice zusammen gewesen waren. Auch Edward Grey gehörte eine Zeit lang zu diesem Kreis, und H. H. Asquith, Alfred Milner und Lord Lansdowne hatten in früheren Jahren unter Jowett studiert.

Spring Rice begann seine Karriere im Foreign Office und verbrachte nach 1886 mit Unterbrechungen fast ein Jahrzehnt in den Vereinigten Staaten, anschließend rund drei Jahre in Deutschland. Wenngleich Spring Rice einige Jahre auch in Japan, Persien und Schweden Dienst tat, so ragen die Aufenthalte in den Vereinigten Staaten und Deutschland heraus, weil sie seine Weltsicht von Gegenwart und Zukunft der internationalen Beziehungen grundlegend prägten.

Spring Rice gab durch seine diplomatische Arbeit in den Vereinigten Staaten und Deutschland und insbesondere über seine jahrzehntelange Freundschaft mit Theodore Roosevelt den britisch-amerikanischen Beziehungen sowie der Wahrnehmung und Einrechnung des Deutschen Reiches im trilateralen Zusammenhang eine eigene Dimension und Dynamik. Roosevelt erkannte bei Spring Rice »a mind which is interested in precisely the things which interest me«.[6] Auch zu anderen einflußreichen Persönlichkeiten der amerikanischen Politik wie Henry Adams, John Hay oder Henry Cabot Lodge entwickelte Spring Rice enge Beziehungen. Die gemeinsame Sprache spielte bei der britisch-amerikanischen Annäherung vor allem deshalb eine bedeutende Rolle, weil sich die transatlantischen Verbindungen zwar über zwei verschiedene Generationen, aber meist innerhalb der gleichen Klasse entfalteten, die nicht selten von einem ähnlichen Bildungshintergrund umrahmt waren. Spring Rice und Roosevelt setzten englische Sprache und angelsächsische Vorherrschaft gedanklich nahezu in eins.

Als Spring Rice im Herbst 1895 nach Deutschland kam, war er von der dort herrschenden Abneigung gegen England überrascht. Kulturell empfand er Berlin als einen bedeutenden Ort, aber der Vergleich zur Washingtoner oder Londoner Gesellschaft enttäuschte ihn. Er entwickelte rasch ein Sensorium für die Art der vom Deutschen Reich ausgehenden Bedrohung und registrierte aufmerksam die Folgen des militärzivilisatorischen Erziehungsmusters, mit dem die deutsche Jugend durch die allgemeine Wehrpflicht herangebildet und trainiert wurde. In hohem Maße prägend wirkten Spring Rices Erfahrungen mit Kaiser Wilhelm II., über den er sich immer wieder ausführlich mit Roosevelt austauschte. Spring Rice sah die deutsche Führungsschicht als eindeutig eng-

---

[6] Theodore Roosevelt an Spring Rice, 13. August 1897, in: Letters of Theodore Roosevelt, Bd. 1, Nr. 773, S. 644.

landfeindlich an. Er stimmte mit Theodore Roosevelt in der Analyse des kaiserlichen Regierungsstils vielfach überein, ohne daß es erlaubt wäre zu sagen, Roosevelt habe seine Ansichten von Spring Rice kopiert.

Spring Rices permanente Beobachtungen und Analysen zum Deutschen Reich und zu den Perspektiven der Weltpolitik kulminierten in seinem Briefwechsel mit Roosevelt vom Sommer und Herbst 1897; ihre Kontakte blieben weiterhin intensiv, als Roosevelt Präsident wurde. Ihre Darlegungen, insbesondere Roosevelts ausführliche Analyse der weltpolitischen Optionen, können als ein Glaubensbekenntnis beider interpretiert werden, das die amerikanisch-britischen Beziehungen zukünftig bestimmte, soweit sie darauf Einfluß nehmen konnten. Indem Spring Rice und Roosevelt die weltpolitische Situation in gemeinsamer Reflexion auf die nunmehr globalen machtpolitischen Möglichkeiten von den Angelpunkten der russischen Expansion und Unbezwingbarkeit einerseits sowie des deutschen Expansionswillens andererseits her interpretierten, waren alle Optionen künftiger Außenpolitik, sofern diese Koordinaten konstant blieben, hieran zu orientieren. Und tatsächlich ist sowohl die spätere Außenpolitik des Präsidenten Theodore Roosevelt als auch die weitere außenpolitische Aktivität von Cecil Spring Rice aus diesem Weltbild ableitbar.

III.

Was die Beziehung von Cecil Spring Rice zu Theodore Roosevelt für die britische Diplomatie bedeutete, fand eine Entsprechung in Henry Whites Kontakten zur britischen Führungsspitze, namentlich zu Arthur Balfour und dem weiteren Umkreis der sogenannten »Souls«. Zugleich war Henry White ähnlich wie Spring Rice mit Theodore Roosevelt lange vor dessen Zeit als bedeutender Politiker bekannt und diente ihm während der Präsidentschaft von 1905 bis 1909 als Botschafter in Rom und Paris. White verfügte auch in den Vereinigten Staaten über ein entsprechendes Geflecht von politisch einflußreichen Kontakten, von John Hay über Henry Adams bis zu Henry Cabot Lodge, mit denen wiederum auch Spring Rice befreundet war. In dieser Verschränkung der Beziehungen liegt ein bedeutender Grund der transatlantischen diplomatisch-politischen Annäherung, denn White und Spring Rice selbst hatten miteinander nur marginalen Kontakt.

Entscheidend für Whites internationale politische Wirkung waren seine Jahre als Sekretär an der Londoner amerikanischen Gesandtschaft und Botschaft. White war hier in seinem Einfluß als Diplomat noch wirksamer als Spring Rice in Washington und übertraf die wechselnden Gesandten und Botschafter durch seine intimen persönlichen Kontakte zu den politischen Führungspersönlichkeiten beider Staaten. White war weder ein ehrgeiziger Staatsmann noch ein profilierter intellektueller Kopf oder ein geltungsbedürftiger Karrierist. Gerade darin aber lag sein eigentümlicher politischer Wert, der sich vor allem aus seiner Persönlichkeit und Funktion entwickelte: ein verläßlicher, fleißiger, innerlich wie äußerlich unabhängiger und zum Dienst für eine Sache jenseits der schlichten Karriere bereiter Diplomat zu sein. White war durch großes Vermögen finanziell unabhängig, was vor dem Hintergrund des noch im Aufbau befindlichen und im Vergleich zu den europäischen Großmächten unprofessionell ausgestatteten amerikanischen diplomatischen Dienstes seine gelassen-dienstbereite Haltung förderte. Ebenso beflügelte ihn das Bewußtsein, einer Macht zu dienen, die das Momentum der Geschichte auf ihrer Seite hatte. Weil er selbst keinen politischen Ehrgeiz besaß, erwies er sich als idealer Katalysator und »Erfüllungsgehilfe« außenpolitischer Strategien, die von anderen konzipiert wurden.

Henry White konnte schon in den ersten Jahren seiner Tätigkeit seit 1884 seine weitverzweigten sozialen Kontakte zu einem engen Netz auch politisch relevanter Verbindungen knüpfen. Von besonderer Bedeutung sind hier die »Souls«. White und seine Frau waren wichtige Mitglieder dieses Kreises meist wohlhabender und gesellschaftlich selbstbewußter Persönlichkeiten beiderlei Geschlechts, dem u. a. Arthur Balfour, George Curzon, Margot Tennant, Alfred Lyttelton, George Wyndham, St. John Brodrick und eine zeitlang auch Richard Haldane angehörten. Die freundschaftliche Verbindung der »Souls« und besonders ihrer politisch einflußreichsten Mitglieder mit dem Ehepaar White war nicht bloß ein Gesellschaftskontakt, sondern besaß ein langfristig wirksames politisches Element, das bis in die Entwicklung der Staatenbeziehungen zwischen Großbritannien und den Vereinigten Staaten wirkte und beiderseits des Atlantiks in den Zirkeln der politischen Eliten auch so perzipiert wurde. Politisch nachhaltig wirkte vor allem der über die Jahrzehnte enge Kontakt zwischen Henry White und Arthur Balfour.

Arthur Balfour entwickelte sich auf englischer Seite zum bedeutendsten und in vielerlei Hinsicht entscheidenden Beschleuniger der britisch-amerikanischen Annäherung. Er tat dies aus Einsicht und aus Notwendigkeit. Daß sich das britisch-amerikanische Verhältnis nach dem Konfliktjahr 1895 zur amerikanischen Unterstützung britischer Politik am Ende der Scharnierzeit wandelte, hing unmittelbar mit Balfours politischem Wirken als Minister bzw. Regierungschef und in hohem Maße auch mit seiner engen Beziehung zu Henry White zusammen. Ihr Verhältnis war von einem Maß an Vertrauen und Offenheit charakterisiert, das im Vergleich zu anderen Beziehungen zwischen Ministern und fremden Diplomaten verblüffend erscheint. Das »Funktionieren« dieser Verbindung resultierte aus einer über zwei Jahrzehnte im freundschaftlichen Umgang als glaubwürdig und bestimmend empfundenen Kongruenz ihrer Weltbilder.

Whites Perzeption des Wandels der internationalen Beziehungen seit den 1890er Jahren war lange mit einem Mißtrauen gegen das Deutsche Reich verbunden, das sowohl durch seine Kontakte in Großbritannien als auch durch seine Erfahrungen in den Vereinigten Staaten, insbesondere den Austausch mit

Theodore Roosevelt und John Hay, motiviert wurde. Whites Haltung gegenüber dem Deutschen Reich wandelte sich, als seine Tochter dorthin heiratete, ohne daß dies seine politische Position gegen die deutsche Außenpolitik nachhaltig modifizierte. Insgesamt bemerkenswert ist, daß Henry White in den deutschen Berichten über die amerikanische Diplomatie bis nach der Jahrhundertwende in seiner Rolle kaum wahrgenommen und nicht eingehend analysiert wurde.

Whites historische Wirksamkeit erschöpft sich in den grob zwei Jahrzehnten seiner Tätigkeit in Großbritannien. Als Botschafter in Rom vom März 1905 bis März 1907 war seine Rolle vor allem in ihrer routinierten Unauffälligkeit bemerkenswert. Einzig bedeutend in dieser Zeit war die Algeciras-Konferenz, die White als Roosevelt-Diplomat und nicht als römischer Botschafter absolvierte. Whites Stellung als Roosevelt-Vertrauter blieb auch in Rom und Paris erhalten. Er wurde weiterhin mit Sondermissionen in England befaßt, die der Präsident seinem Botschafter in London nicht überlassen wollte.

IV.

Die »Wende-«Generation kam mit der Regierungsübernahme nach Balfours Rücktritt im Dezember 1905 zu ihrer eigentlichen politischen Wirksamkeit. Exponenten dieses Wechsels waren Edward Grey und Charles Hardinge, darüber hinaus Eyre Crowe, William Tyrrell und weitere Diplomaten wie Spring Rice. Die außenpolitische Stellung Großbritanniens hatte sich in den Jahren zuvor durch das Bündnis mit Japan 1902 und die *Entente Cordiale* mit Frankreich 1904 grundlegend gewandelt. Auch die Konflikte des vergangenen Jahrzehnts mit den Vereinigten Staaten waren geregelt. Dies besiegelte eine Umkehr in den bilateralen Beziehungen, die mit der Beilegung des ersten Venezuela-Konflikts zehn Jahre zuvor ihren Anfang genommen hatte. Britische Sicherheit wurde nicht mehr über »splendid isolation«, sondern über Teilrückzug und Verflechtung erstrebt. Die Anbindung Rußlands an die *Entente Cordiale* beschloß diese globale Wandlung der Scharnierzeit.

Motivierend für zahlreiche Einzelentscheidungen der britischen Führung war neben der allgemeinen Überspannung des globalen Engagements immer wieder die Perzeption der internationalen Politik des Deutschen Reiches. Die deutschen Signale aus Flottenbau, Heeresrüstung und Außenpolitik trafen nun am Ende der Scharnierzeit auf eine neue Generation in der Politik und im Foreign Office, die noch einige Grade empfindlicher reagierte als jene, die den bisherigen Wandel betrieben hatten. Insgesamt fühlten sich in den folgenden Jahren wenige veranlaßt, die Kooperations-Entscheidungen mit Japan, Frankreich und Rußland, die als pragmatische Sicherheitspartnerschaften verstanden wurden, angesichts der Außen- und Rüstungspolitik der Zweibundstaaten und der wiederkehrenden Spannungen in der internationalen Entwicklung (namentlich auf dem Balkan und in Marokko) grundsätzlich in Frage zu stellen oder gar deren Revision zu betreiben.

Während Francis Bertie, Charles Hardinge und Eyre Crowe als einflußreiche Beamte im Foreign Office eindeutig eine skeptische Aversion gegen das Deutsche Reich besaßen, wurde Kriegsminister Richard Haldane zumeist das Gegenteil unterstellt. Haldane hatte in Deutschland studiert und war der einzige britische Politiker seines Ranges, der das Deutsche Reich regelmäßig bereiste. Obwohl er Verständnis und Sympathien für das Land besaß, blieb auch er rational, ehrgeizig und im Kern gleichermaßen auf die Interessen seines Landes fixiert wie alle anderen Minister. Eine Umkehr der internationalen Politik und eine Entspannung des deutsch-britischen Verhältnisses mußte in der Kombination aus den außenpolitischen Konsequenzen der Scharnierzeit und diesem Generationenwechsel doppelt schwierig erscheinen.

Eine Kultur informeller politisch-gesellschaftlicher Netzwerke, die in Form und Wirkung der britischen und amerikanischen ähnlich gewesen wäre, vermochte sich in Deutschland nicht zu bilden. In Washington boten offene Häuser wie die von Henry Adams, John Hay, Henry Cabot Lodge, Don Cameron oder auch Theodore Roosevelt den politisch-diplomatischen Akteuren eine Bühne der Kommunikation. In London waren es die regelmäßigen Dinners, zu denen sich die entsprechenden Mitglieder dieser Schicht trafen, ergänzt durch »weekends«, wie sie von den »Souls« zelebriert wurden. In Berlin lassen sich eher legere Foren des gesellschaftlich-politischen Austausches vor allem in den Salons finden, ohne daß diese einen ähnlich prägenden und politisch weitreichenden Gehalt besessen hätten, wie er in den beschriebenen Kommunikationsmustern in Großbritannien und den Vereinigten Staaten erkennbar ist.

Der Vergleich zwischen Berlin und London läßt einige bedeutende Unterschiede hervortreten. Bei allem aristokratischen Standesbewußtsein der britischen, speziell der ihr Zentrum in London sehenden, Elite war diese Schicht relativ offen für eine langsame Durchmischung »von unten«. Im Vergleich zu dieser relativen Offenheit des britischen Establishments, besonders für finanzielle und intellektuelle Aufsteiger, ist in den Berliner Salons des Kaiserreichs »eine zunehmende Durchmischung nicht zu erkennen«.[7]

Zwischen dem Kaiserreich und den Vereinigten Staaten repräsentierte die Freundschaft von Theodor Roosevelt und Hermann Speck von Sternburg die bedeutendste und von der deutschen Führung mit hohen Erwartungen begleitete persönliche Verbindung. Die Beziehung zwischen beiden wurde bisweilen in einem Atemzug mit Roosevelts Freundschaft zu Spring Rice genannt. Doch zeigt sich bei näherer Betrachtung, daß Sternburg weder die gleiche dauerhafte intime persönliche Vertrautheit mit Roosevelt und seinem Umfeld besaß, noch daß die zweifellos gegebene Nähe aus einem gleichsam ideologischen Gleich-

---

[7] SPENKUCH, Herrenhaus und Rittergut, S. 394.

klang herrühren konnte, wie er die große Übereinstimmung zwischen Roosevelt und Spring Rice begründete.

Die Umstände der Berufung Speck von Sternburgs illustrieren darüber hinaus die von Wilhelm II. ausgehenden Eruptionen im Gefüge des diplomatischen Geschäfts, deren Wahrnehmung heftige Irritationen auslöste und sich mit den Jahren in das Bild von der Unberechenbarkeit des deutschen Kaisers und der deutschen Außenpolitik insgesamt fügte. Sternburg konnte die in ihn gesetzten Hoffnungen nicht erfüllen. In seinem persönlichen Verhältnis mochte er die Sympathien Roosevelts gewinnen. In der realen Außenpolitik wurden diese jedoch durch andere Faktoren mehr als aufgewogen. Erstens blieb Roosevelt durch die allgemeine Position der Vereinigten Staaten gegenüber dem Deutschen Reich zur Vorsicht motiviert, insbesondere aufgrund der deutschen Unklarheit in Fragen der Monroe-Doktrin. Und zweitens blieben auch die Beziehungen zu Diplomaten anderer Nationen eng, wie beispielsweise zum französischen Botschafter Jusserand, namentlich aber zu Spring Rice. Sie waren und blieben sogar vergleichsweise vertrauter, weil ihre Weltbilder und die internationalen Interessen ihrer Nationen konvergierten, während das Deutsche Reich mit dem Kaiser an der Spitze als regelmäßiger Störfaktor wahrgenommen wurde.

V.

Das Deutsche Reich entwickelte seit 1897 ein ins Globale reichendes Machtpotential, und es sandte, teils unbewußt, teils herausfordernd, jedenfalls stetig und regelmäßig Signale in das nunmehr globalisierte Staatensystem, die entsprechende Reflexe auslösten. Der Exponent dieses Prozesses war Wilhelm II. Er symbolisierte das Kaiserreich, und er symbolisierte in seiner sprunghaften Unberechenbarkeit ein Potential des Irrationalen, das von der deutschen Außenpolitik und Diplomatie unter Bernhard von Bülow verstärkt wurde und in der Perzeption anderer Staaten, namentlich aber in Großbritannien und den Vereinigten Staaten, als Gefahren- und Bedrohungspotential eines Landes identifiziert wurde, gegen das es sich zu wappnen galt. Das Empfinden von der kaiserlichen Unberechenbarkeit machte Wilhelm in den Augen der Briten zu einem undurchschaubaren Mitspieler im internationalen politischen Geschäft. Das Problem der Nichtberatbarkeit des deutschen Monarchen war auch den deutschen Zeitgenossen bewußt, und nicht nur jenen, die antimonarchisch dachten.

Die deutsche Schlachtflotte, deren rüstungstechnische, machtpraktische und symbolische Weiterungen von vielen Zeitgenossen ebenso wahrgenommen wie von der Forschung herausgearbeitet wurden, war ein militärisches und als »Risikoflotte« zugleich ein politisches Instrument. Die britische Seite perzipierte die erkennbare Hartnäckigkeit der Planungen als bewußte Bildung eines neuen Machtmittels und vermutete aggressive politische Ziele. Sie ging davon aus, daß ein solches Unternehmen einer langfristigen Intention, einer Art »strategischer Doktrin« folge, die »Macht in Politik umsetzen«[8] wolle. Weil militärische Stärke bis zu ihrem Einsatz genauso groß ist wie die Meinung, die man von ihr hat[9], reagierte Großbritannien sowohl rüstungstechnisch als auch durch die beschriebenen außenpolitischen Sicherungsverbindungen.

Die deutsche Führung verfolgte durch den Flottenbau das Ziel, die Zukunftschance des Reiches als Weltmacht zu bewahren. Die Flotte besaß damit auch die an die eigene öffentliche Meinung gerichtete »Funktion«, »Weltmacht zu demonstrieren«.[10] Der Schlachtflottenbau zur vermeintlichen Zukunftssicherung entpuppte sich jedoch als eine »strategische Doktrin«, die Macht in einer Weise in Politik umsetzte, die die außenpolitische Stellung des Deutschen Reiches unterminierte, vor allem deshalb, weil sie ohne regelmäßige Rückkopplung mit den Reaktionen und Wandlungen im Gesamtstaatensystem blieb. Die anderen Staaten vernahmen ein aggressives Grundmuster, das, von außenpolitischen Verhandlungen augenscheinlich unbeeinflußbar, auf Jahrzehnte dem großen Ziel zu folgen schien, um jeden Preis zur zweiten Seemacht des Globus zu avancieren. Hieraus resultierte jener Prozeß, den die deutsche Außenpolitik am Ende der Scharnierzeit als »Einkreisung« empfand.

Daß die britische Führung als Reaktion im pragmatischen Rationalismus machtpolitischer Eigeninteressen alle Mittel mobilisierte, um dergleichen deutsche Aufrüstung zu konterkarieren, konnte nur diejenigen überraschen, die ihre eigenen Handlungen nicht auf ihre realen außenpolitischen Rückkopplungen überprüften, sondern, wie Tirpitz, meinten, in einer Art politik- und geschichtslosem Vakuum zu agieren, aus dem heraus man dann nach zwanzig Jahren mit einer fertigen Flotte als »Überraschung« heraus- und in die Weltpolitik eintreten könne. Die deutsche Schlachtflotte erwies sich im Weltkrieg als teure Nutzlosigkeit, weil es keine strategische Doktrin gab, nach der sie einsetzbar war. In Analogie zur Bedeutung der Kolonien ließe sich pointiert zusammenfassen, daß auch die deutsche Flotte militärisch-praktisch fast bedeutungslos, gleichsam wie die Kolonien das »Gebilde eines politischen Luxus« blieb.[11] Wie im Fall der Kolonien war aber nicht die reale Kosten-Nutzen-Ökonomie entscheidend, sondern überwogen »allgemeine Konkurrenzangst«[12] und der vermeintliche Zusatznutzen des Großmachtprestiges, das ebenso wirkungsmächtig wie unquantifizierbar blieb. Zugleich bewirkte die Ressourcenabsorption des Flottenbaus mithin realiter einen in der Summe schwächenden Effekt auf die faktische deutsche Militärkraft im Krieg.

---

[8] Vgl. Henry A. KISSINGER, Kernwaffen und Auswärtige Politik, München zweite Aufl. 1974, S. 7.
[9] Vgl. George A. LINCOLN, in: KISSINGER, Kernwaffen, S. 6.
[10] SCHIEDER, Staatensystem, S. 268.
[11] Ebenda, S. 256.
[12] Ebenda.

Die Methoden der deutschen Diplomatie wurden auf britischer Seite häufig als geradezu brutal und unberechenbar perzipiert. Die Wahrnehmung der Unberechenbarkeit der deutschen Politik überhöhte und verstärkte die Realität der von ihr tatsächlich ausgehenden diplomatischen und militärischen Bedrohung. Es waren nicht allein das Wachstum der deutschen Macht, der Flottenbau und die Heeresrüstung, es war vielmehr auch der Umstand, daß nicht klar zu erkennen war, wann, wie und unter welchen Umständen mit diesen Machtmitteln umgegangen werden würde und ob sich die handelnden Akteure mit dem Kaiser an der Spitze der jeweiligen Konsequenzen wirklich bewußt waren. In der kombinierten Perzeption eines tatsächlichen Machtausbaus mit gleichzeitiger Unkalkulierbarkeit verstärkte sich das Sicherungsbedürfnis.

Das Deutsche Reich lag auf der mentalen Landkarte der britischen Führungsschicht kulturell, zivilisatorisch und politisch sehr viel weiter entfernt, als dies der geographischen Distanz zwischen beiden Ländern entsprach. Was die »Wende-Generation« vom Deutschen Reich wahrnahm, erschien ihr bedrohlich. Dies war unabhängig davon, ob sie ihr Deutschlandbild aus Unkenntnis formte, wie viele von jenen Politikern, über die Haldane meinte, daß sie sich nicht für seine jährlichen Deutschlandreisen interessierten, oder ob dies aus den Erfahrungen der eigenen Anschauung geschah, wie bei Spring Rice oder Edward Goschen. Goschen, der sein Land von 1908 bis 1914 als Botschafter in Berlin vertrat, dessen Großvater Verleger der ersten Gesamtausgaben von Wieland, Klopstock und Goethe gewesen war und dessen zwei Schwestern Deutsche heirateten, hatte schon zur Jahrhundertwende in sein Tagebuch geschrieben, daß »tho' I oughtn't to – I hate the Germans and dislike being descended from one«.[13]

Genau umgekehrt verhielt es sich seit der Scharnierzeit mit dem britisch-amerikanischen Verhältnis. Eine sich verstärkt seit den 1880er Jahren entwickelnde Elitenannäherung zwischen britischer Aristokratie und amerikanischem »Geldadel« vermochte während der Neuausrichtung der Großmächteverhältnisse in der Scharnierzeit eine transatlantisch wirkende Kraft zu entfalten, die mit dazu beitrug, die britischerseits betriebene Politik in einem weitreichenden »Appeasement« gegenüber den Forderungen der Vereinigten Staaten münden zu lassen. Überspitzt läßt es sich so beschreiben: Auf den mentalen Landkarten der transatlantischen Eliten lagen Eton und Oxford, Cambridge und London näher zu New York und Washington, Newport und Harvard als zu Preußen, Potsdam und Pasewalk. Mentale Nähe nivellierte die geographische Distanz und wurde in diesem Sinne als *ein Element* ihres Weltbildes eigentlich politikmächtig.

Zusammengefaßt: Die britische Außenpolitik als »Weltmacht in der Herausforderung« trug durch ihre Entscheidungen in der Scharnierzeit grundlegend zur Struktur der internationalen Beziehungen an deren Ende bei. Die Außenpolitik und die internationalen Beziehungen bis zum Weltkrieg wurden damit

---

[13] HOWARD, The Diary of Edward Goschen, S. 69, Eintrag vom 1. Dezember 1901.

in einer Weise sicherheitspolitisch eingegrenzt, die nicht allen Akteuren seinerzeit bewußt war. Diese Entscheidungen kamen jedoch der außenpolitischen Perzeption der »Wende-Generation« entgegen, welche entscheidend im Deutschen Reich und kaum in den Vereinigten Staaten die eigentliche Gefährdung der britischen Weltmacht erblickte. Die Perzeption der »Wende-Generation« war geprägt und wurde – neben den macht- und außenpolitischen Entscheidungen der deutschen Führung insgesamt – immer wieder motiviert durch das irritierende und sprunghafte Auftreten Wilhelms II. als Akteurs der internationalen Politik und Diplomatie. Angesichts der zunehmenden Komplexität, der Verdichtung und Beschleunigung internationaler Prozesse schienen die von der deutschen Außenpolitik ausgehenden Signale die bündnispolitischen Entscheidungen der Scharnierzeit regelmäßig zu bestätigen oder noch zu verstärken. Dieser in sich relativ stabile Prozess konfrontativer Selbstbestätigung wurde trotz mancher diplomatischer Bemühungen bis zum August 1914 nicht unterbrochen, ohne daß allerdings von einer determinierten Dynamik in die Katastrophe gesprochen werden könnte.

VI.

Betrachtet man die Scharnierzeit in der Perspektive der Neueren Geschichte, so läßt sich mit Blick über die drei hier untersuchten Staaten hinaus folgendes erkennen: Hatten in den vergangenen Jahrhunderten weltweit Eroberungsräume für die relativ reibungsarme Absorption expansiver Energien zur Verfügung gestanden, waren also die Ränder der Herrschaftsgebiete noch weich umgrenzt und den wechselvollen, durchweg als wesentlich erachteten Macht- und Kraftproben nahezu flüssig dienstbar zu machen, so wandelte sich dies am Ende des 19. Jahrhunderts, spätestens nach der Aufteilung Afrikas und dessen militärischer Sicherung, zur hart umgrenzten Welt der Nationen, Koalitionen und Machtblöcke im kontinentalen und globalen Maßstab. Rivalität und Affinität, wirtschaftliche Konkurrenz und Handelsprosperität, gesellschaftliche Differenzen und Parallelitäten, vor allem aber die faktischen Grundlagen der Macht, i. e. die Fähigkeit zur Umsetzung des inneren Potentials in weltweite äußere Politik, entwickelten eine konfrontative Dynamik, welche die politischen Akteure in ihren Weltbildern und ihrer Wahrnehmung dazu veranlaßten, ihre Idee von Zukunftssicherung und Sicherheit zu verfolgen.

Denn alle Politiker der Scharnierzeit wollten eine Gegenwarts- und Zukunftssicherung für ihr jeweiliges Land, so wie sie diese verstanden, und sie sahen sich in diesem Bemühen zugleich der Erwartungshaltung einer nicht selten nationalistisch aufgepeitschten Öffentlichkeit ausgesetzt. Die Axiome ihrer Weltsicht lagen dabei auf den materiellen Grundlagen, aber viel stärker noch auf den ideologischen Vorannahmen, woraus diese materiellen Grundlagen resultierten: Im Deutschen Reich waren der Kaiser, Bülow und Tirpitz davon überzeugt, daß der ökonomische Aufstieg und das materielle Wohlergehen selbstverständlich das Ergebnis bestimmter individueller und gesellschaftlicher »Tugenden« und »Errungenschaften« des Deutschen Reiches darstellten. Als solche konnten angesehen werden: die konstitutionelle Monarchie, die kaiserliche statt einer parlamentarischen Verantwortlichkeit des Kabinetts, das trotz aller Anfechtungen vorherrschend bleibende Vertrauen in die Kalmierungswirkung der Sozialgesetzgebung gegen proletarisch-sozialdemokratische Bewegungen, der Glaube an die Vernunft elitärer Führerorientierung aus »Einsicht« statt aus Wettbewerb. Zeitgenössisch schien dies vielen Beobachtern, auch in Großbritannien, als ein durchaus angemessenes und zukunftverheißendes Modell der gesellschaftlichen Organisation in einer technisch beschleunigten, wissenschaftlich durchdrungenen und von der Angst vor Massenkonvulsionen gezeichneten, »entzauberten« Welt der Moderne. Die fragwürdige Modellhaftigkeit der wilhelminisch-deutschen Entwicklung findet sich in zahlreichen Diskursen der britischen Eliten, namentlich auch von Angehörigen der »Wende-Generation«, reflektiert. In der Außenwahrnehmung wie im deutschen Selbstbild oft übersehen oder als nachrangig ignoriert blieb demgegenüber die Entstehung diverser unkoordinierter Machtzirkel, die im Umfeld des Kaisers konkurrierten, aber kaum von »außen« erneuert wurden und weder permanent parlamentarisch-öffentlich auf die Verantwortlichkeit ihrer Politik abgeklopft werden konnten, noch gar im Blick auf deren internationale Wirkung auf eine rückkoppelnde Gesamtabstimmung festgelegt wurden. Das Bild ist komplex: Einerseits erschien, zumal aus britischer Sicht, die wirtschaftlich-industrielle und technisch-wissenschaftliche »Erfolgsgeschichte« des Reiches als Ausweis einer gelungenen Anpassungs- und Koordinierungsleistung, die man nicht unwesentlich auch der kaiserlichen Regierungsform zurechnete. Andererseits sah man in der Sprunghaftigkeit und Unberechenbarkeit der deutschen kaiserlichen Führung einen realen Koordinierungsmangel, dessen Ursachen wenig verstanden wurden, gegen dessen Folgen es sich aber gerade aufgrund der sonstigen Leistungsfähigkeit zu sichern galt.

Die britische Politik reflektiert mithin in dieser Perspektive jenes höhere Maß an Koordinierungsrationalität durch wettbewerblich-parlamentarische Prinzipien, deren Attraktion schon Erick Eyck in seinen Analysen zur englischen Geschichte hervorgehoben hat. Das britische Parlament war für Eyck die historische Institution, »die auf Grund der ihr innewohnenden, durch Diskussion gewonnenen Vernunft die innen- und außenpolitischen Probleme des Landes im Sinne nationaler Integration, innerer Freiheit und äußerer Machtentfaltung meisterte. Falsches Prestigedenken konnte sich in einem solchen System ebensowenig behaupten, wie auch ernste Niederlagen angesichts der großen wirtschaftlichen und moralischen Machtreserven der Nation das System kaum gefährden konnten, sondern es im Gegenteil immer wieder zur Besinnung anregten und ihm endlich zur Stärkung gereichten. Der Unterschied zum kontinentalen Preußen-Deutschland und zu seinem ›persönlichen Regiment‹ wird klar, denn in England war es gerade das Parlament, das als ›Pflanzstätte‹ großer Persönlichkeiten wirkte.«[14]

Es erscheint wenig sinnvoll, auf Interpretationen wie die von der »Unfertigkeit« des Deutschen Reiches und der »Vorbildlichkeit« Englands oder die These vom deutschen »Sonderweg« zurückzugreifen. Das wäre – unter dem diskriminierenden Schlagwort der »Fehlentwicklung« – wenig mehr als eine rückprojizierende Verurteilung, die der zeitgenössischen Offenheit der Situation kaum gerecht wird. Vielmehr erweist es sich als sinnvoll, nach den zeitgenössischen Wahrnehmungen dieses »Wettbewerbs« der Zivilisationsmodelle auf diesen »zwei Wegen in die Moderne« zu fragen.[15] Es ist festzuhalten, daß für die Zeitgenossen keineswegs feststand, welches der beiden »Zivilisationssysteme« sich im 20. Jahrhundert als das durchsetzungsfähigere erweisen werde. Im Deutschen Reich waren sich viele, mit dem Kaiser an der Spitze, sicher, daß die eigene Entwicklung seit der Reichsgründung den Beweis lieferte und weiter liefern werde, daß man die »kommende« Macht repräsentiere: effizient, technisiert, wissenschaftlich, korporiert. In Großbritannien empfand man dies wohl und bemerkte zugleich die Überforderung des eigenen »Systems«, wenn die Anforderungen der globalisierten Welt in gleichem Maße zunahmen wie die Verdichtung der Weltpolitik mit ihren zahlreicher werdenden Akteuren, die einen Teil des Kuchens abhaben wollten. Das dem britischen Entscheidungsbildungsweg zugrundeliegende diskursive Wettbewerbsmodell erwies sich langfristig als das effektivere Organisationsprinzip moderner, machtstaatlich konkurrierender Massengesellschaften zur Formulierung einer Sicherheit gewährenden Außenpolitik.[16]

---

[14] Klaus HILDEBRAND, Erich Eyck, in: Deutsche Historiker, hrsg. von Hans-Ulrich Wehler, Bd. 2, Göttingen 1971, S. 98–119, hier S. 111, mit Bezug auf Erich EYCK, Die Pitts und die Fox, Erlenbach 1946, S. 472.

[15] Vgl. dazu insbesondere die Beiträge in: FIEBIG-von HASE/HEIDEKING, Zwei Wege in die Moderne.

[16] Hierauf hat bereits Klaus Hildebrand in Anlehnung an Erich Eyck hingewiesen: »Das parlamentarische System aber, so dürfen wir aus Eycks Überlegungen schließen, stiftet einen höheren Grad von Effektivität und Rationalität, als er durch das im Stil des ›persönlichen Regiments‹ regierte konstitutionelle System in Preußen-Deutschland freigesetzt werden konnte.« HILDEBRAND, Erich Eyck, S. 102 f.

*Was ist neu? Thesen und Ergebnisse der Untersuchung
im Verhältnis zur Forschung*

1. Die Einführung des Periodisierungsbegriffs »Scharnierzeit« (1895–1907) zur Identifikation eines spezifischen Umbruchprozesses der (Groß-)Mächtebeziehungen von einer »relativ offenen« zu einer »relativ geschlossenen« Machtkonstellation innerhalb der Gesamtepoche des »klassischen« oder »Hochimperialismus« (1880-1918) sowie

2. der Zusammenhang dieses Umbruchprozesses mit der Neuartigkeit des nunmehr als »planetarisch« wahrgenommenen Systems der internationalen Politik.

3. Die Analyse und Beschreibung eines Netzwerkes anglo-amerikanischer Elitenbeziehungen und dessen Einflusses auf den außenpolitischen Annäherungsprozeß zwischen Großbritannien und den Vereinigten Staaten in Verbindung mit

4. der Spiegelung dieses Annäherungsprozesses in der diplomatischen Arbeit und dem politischen Denken von Henry White und Cecil Spring Rice als führenden und in der (eher unbewußten) gegenseitigen Verschränkung ihrer Arbeit herausragenden Verbindungspersönlichkeiten zwischen den jeweiligen politischen Führungen sowie deren Einbindung in die jeweiligen Netzwerke; für Spring Rice zusätzlich die Beschreibung seiner kontrastierenden Erfahrung als Diplomat in Deutschland.

5. Die Identifizierung einer »Generationen-Kohorte« britischer Politiker und Diplomaten (ca. 1856 bis 1864 geborene, also zeitlich etwa parallel zu den in Deutschland so genannten »Wilhelminern«), der Einfluß von deren Erziehung in public schools (vor allem Eton) und Colleges (vor allem Jowetts Balliol) auf ihre Weltbilder und ihre (außen-)politische Orientierung, was es zusammengenommen ermöglicht, sie

6. als »Wende-Generation« zu charakterisieren, weil viele ihrer Mitglieder just während der Scharnierzeit in (außenpolitisch) einflußreiche Positionen kamen und die britische Umorientierung von »splendid isolation« zu »sicheren Verbindungen« mitgestalteten. Die nahezu durchweg erkennbare Deutschland-Distanz dieser Gruppe (in allen Schattierungen bis hin zur Germanophobie) mischt sich aus

(a) ihrer Generationenerfahrung in Schule und Universität (die politische Bewußtseinsbildung verlief parallel zu Gründung und Aufstieg des Deutschen Reiches),

(b) ihrer Perzeption des Deutschen Reiches als Großmacht seit den 1890er Jahren, die, verkörpert vor allem im Kaiser, im Flottenbau und im Auftreten der deutschen Diplomatie, als eine seit Beginn der Scharnierzeit zunehmend unberechenbar und aggressiv auftrumpfende grundsätzliche Konkurrenz empfunden wurde, während

(c) ihnen das britische Weltreich in seiner globalen Überforderung bewußt wurde und sie sich die Frage nach dem Wesen und der notwendigen Reichweite außen- und innenpolitischer Reformen stellten, wobei das Deutsche Reich häufig als Gegenbild und Modell zugleich empfunden wurde.

7. Weil die britische Außenpolitik seit der Schlußphase der Ära Salisbury, auch unter dem Einfluß der in dieser Zeit zur politischen Entfaltung gelangenden »Wende-Generation«, auf eine außenpolitische Sicherheit setzen zu müssen meinte, die sich vor allem als eine Sicherheit vor Deutschland manifestierte und in die Bündniskonstellation der Jahre 1902 bis 1907 mündete, ist die »relativ offene« internationale Situation zu Beginn der Scharnierzeit in eine »relativ geschlossene« Zwei-Bündnisse-Gruppierung an deren Ende verwandelt.

Um diese Konstellation auf britischer Seite wieder zu öffnen, hätte deren politische Führung den Eindruck gewinnen müssen, daß entweder (a) die Bedrohung durch das Deutsche Reich fundamental nachließ oder (b) eine Bedrohung auftauchte, die größer erschien. Beides war nach 1907 nicht der Fall, im Gegenteil: Die Angehörigen der »Wende-Generation« als einflußreiche Entscheidungsträger mit ihrem skizzierten oft germanophoben Weltbild und auch die britische politische Öffentlichkeit im allgemeinen fühlten sich durch die Signale der deutschen Außenpolitik in den Sicherheits-Urteilen der Scharnierzeit regelmäßig bestätigt. Auch von der Außenpolitik anderer Großmächte gingen keine Aktionen aus, die eine neue »Öffnung« der Konstellation notwendig erscheinen ließen. Dieser Entwicklung, die bis 1914 nicht umgekehrt wurde, lag kein Determinismus zugrunde, sondern sie war das Ergebnis (macht-)politischer Entscheidungen, die auf Basis zeitgenössischer Weltbilder und der daraus abgeleiteten Sicherheits- und Zukunftsicherungslogik allgemein als »rational« angesehen wurden.

8. Schließlich läßt sich aus dem Vergleich der britischen Reaktion auf das Aufkommen der »modernen« Großmacht Vereinigte Staaten einerseits und der »modernen« Großmacht Deutsches Reich andererseits die Frage ableiten, ob nicht in der britisch-amerikanischen Annäherung, exemplifiziert in den transatlantischen Netzwerken der Führungsschichten sowie den wachsenden britisch-deutschen und den deutsch-amerikanischen Differenzen, ein grundsätzlicher Konflikt darüber zu erkennen ist, welche »zivilisatorische Organisationsform« den Herausforderungen moderner technisch-industrieller Gesellschaften für deren Existenz- und Zukunftssicherung erfolgreicher zu begegnen versprach. Zeitgenössisch konnten sowohl das kaiserliche Deutschland als auch die Vereinigten Staaten ihre »Modelle« als Erfolg interpretieren. Vor dem Ersten Weltkrieg blieb die Antwort offen, während des Krieges diente deren Erörterung der Propaganda beider Seiten. Die Weltmacht Großbritannien entschied sich während der Scharnierzeit in der Kontinuität eigener Traditionen und der Perzeption ihrer globalen Sicherheitslage für ein Appeasement gegenüber den Vereinigten Staaten und eine »Sicherheits-Konfrontation« mit dem Deutschen Reich. Sie

begründete damit eine transatlantische Nähe, deren außenpolitische Interessenkonvergenz zwar je nach Regierung schwankte, die aber weder zerriß, noch gar zu einer neuen Konfrontation führte. Diese informelle Verbindung schuf den Hintergrund jener Interessengemeinschaft, die sich mit dem amerikanischen Kriegseintritt auch militärisch-praktisch bildete und deren Hauptgegner das preußisch-deutsche Reich war. Inwieweit sich diese, vor der Folie des nunmehr »planetarischen Systems« internationaler Politik in der Scharnierzeit heranreifende Konstellation der »zwei Wege in die Moderne« im größeren zeitlichen Zusammenhang der weiteren ideologischen Weltkonflikte des 20. Jahrhunderts deuten läßt, bleibt eine diskussionswürdige Frage.

STATISTISCHER ANHANG

1. Pro-Kopf-Niveau der Industrialisierung[1]

Land & Region/Jahr	1880	1900	1913
Entwickelte Länder	24	35	55
Europa	23	33	45
Österreich-Ungarn	15	23	32
Belgien	43	56	88
Frankreich	28	39	59
Deutsches Reich	25	52	85
Italien	12	17	26
Rußland	10	15	20
Spanien	14	19	22
Schweden	24	41	67
Schweiz	39	67	87
United Kingdom	87	100	115
Außerhalb Europas			
Kanada	10	24	46
USA	38	69	126
Japan	9	12	20
»Dritte Welt«	3	2	2
China	4	3	3
Indien	2	1	2
Brasilien	4	5	7
Mexiko	4	5	7
Welt	9	14	21

[1] »Per Capita Levels of Industrialization (U.K. in 1900 = 100; Triennial Annual Averages, except for 1913«, in: BAIROCH, Industrialization Levels, S. 292, Tab. 9.

2. Verstädterung der Großmächte
Städtische Bevölkerung (in Mio.) und Anteil an der Gesamtbevölkerung (in Prozent)[2]

Jahr/Land	GB	D	USA	F	R	J	I	Ö-U
1890	11,2 (29,9%)	5,6 (11,3%)	9,6 (15,3%)	4,5 (11,7%)	4,3 (3,6%)	2,5 (6,3%)	2,7 (9,0%)	2,4 (5,6%)
1900	13,5 (32,8%)	8,7 (15,5%)	14,2 (18,7%)	5,2 (13,3%)	6,6 (4,8%)	3,8 (8,6%)	3,1 (9,6%)	3,1 (6,6%)
1910	15,3 (34,9%)	12,9 (20,0%)	20,3 (22,0%)	5,7 (14,4%)	10,2 (6,4%)	5,8 (10,3%)	3,8 (11,0%)	4,2 (8,2%)
1913	15,8 (34,6%)	14,1 (21,0%)	22,5 (23,1%)	5,9 (14,8%)	12,3 (7,0%)	6,6 (12,8%)	4,1 (11,6%)	4,6 (8,8%)

3. Relative Anteile an der Weltproduktion[3]

Land & Region/Jahr	1880	1900	1913
Entwickelte Länder	79,1	89,0	92,5
Europa	61,3	62,0	56,6
Österreich-Ungarn	4,4	4,7	4,4
Belgien	1,8	1,7	1,8
Frankreich	7,8	6,8	6,1
Deutsches Reich	8,5	13,2	14,8
Italien	2,5	2,5	2,4
Rußland	7,6	8,8	8,2
Spanien	1,8	1,6	1,2
Schweden	0,8	0,9	1,0
Schweiz	0,8	1,0	0,9
United Kingdom	22,9	18,5	13,6
Außerhalb Europas	17,8	26,9	35,9
Kanada	0,4	0,6	0,9
USA	14,7	23,6	32,0
Japan	2,4	2,4	2,7

[2] KENNEDY, Aufstieg und Fall der Großen Mächte, S. 309; ROSTOW, The Process of Economic Growth.

[3] Relative Shares of different countries and regions in total world manufacturing output (in percentages; triennial annual averages, except for 1913; BAIROCH, Industrialization Levels, S. 296, Auszug aus Tab. 10.

Land & Region/Jahr	1880	1900	1913
»Third World«	20,9	11,0	7,5
China	12,5	6,2	3,6
Indien	2,8	1,7	1,4
Brasilien	0,3	0,4	0,5
Mexiko	0,3	0,3	0,3
Welt	100,0	100,0	100,0
Anteil D-UK-USA	46,1	55,3	60,4
Welt absolut (Basis UK 1900 = 100)	320,1	540,8	932,5

4. Eisenproduktion USA[4], D[5] und UK[6] 1880–1918 in tausend metrischen Tonnen

Jahr/Land	USA	D	UK
1880	3 896	2 468	7 873
1881	4 211	2 620	8 275
1882	4 697	3 004	8 725
1883	4 669	3 135	8 666
1884	4 146	3 235	7 937
1885	4 110	3 268	7 534
1886	5 774	3 128	7 122
1887	6 520	3 532	7 681
1888	6 594	3 813	8 127
1889	7 726	3 963	8 457
1890	9 350	4 100	8 031
1891	8 412	4 096	7 525
1892	9 304	4 351	6 817
1893	7 238	4 428	7 089
1894	6 764	4 700	7 546
1895	9 598	4 770	7 827
1896	8 762	5 564	8 799
1897	9 808	6 009	8 937
1898	11 963	6 357	8 748

[4] Output of Pig Iron (in thousand metric tons), in: MITCHELL, The Americas 1750–1993, S. 359.

[5] Ebenda, S. 459-460.

[6] Ebenda.

Jahr/Land	USA	D	UK
1899	13 839	7 160	9 572
1900	14 011	7 550	9 104
1901	16 133	6 964	8 056
1902	18 107	7 450	8 818
1903	18 298	8 800	9 078
1904	16 762	8 860	8 834
1905	23 361	9 507	9 762
1906	25 713	10 833	10 347
1907	26 195	11 390	10 276
1908	16 192	10 505	9 202
1909	26 209	11 092	9 685
1910	27 742	13 111	10 173
1911	24 029	13 845	9 679
1912	30 204	15 600	8 891
1913	31 463	16 761	10 425
1914	23 707	12 481	9 067
1915	30 396	10 190	8 864
1916	40 068	11 327	9 062
1917	39 241	11 601	9 488
1918	39 681	10 680	9 253
Zuwachs 1890–1914	+ 153 %	+ 204 %	+ 12,9 %

5. Stahlproduktion USA[7], D[8] und UK[9] 1880–1918 in tausend metrischen Tonnen

Jahr/Land	USA	D	UK
1880	1 267	690	1 316
1881	1 614	900	1 807
1882	1 765	1 070	2 143
1883	1 700	1 060	2 040
1884	1 576	1 140	1 802
1885	1 739	1 203	1 917
1886	2 604	1 315	2 300
1887	3 393	1 681	3 093

[7] USA, Output of Crude Steel, in: MITCHELL, The Americas 1750–1993, S. 362.
[8] Ebenda, S. 466–467.
[9] Ebenda, S. 466–468.

Statistischer Anhang

Jahr/Land	USA	D	UK
1888	2 946	1 793	3 357
1889	3 440	1 999	3 628
1890	4 346	2 135	3 636
1891	3 967	2 452	3 208
1892	5 007	2 653	2 967
1893	4 085	3 034	2 997
1894	4 483	3 617	3 161
1895	6 213	3 891	3 312
1896	5 366	4 697	4 198
1897	7 272	4 887	4 558
1898	9 076	5 279	4 639
1899	10 811	5 872	4 933
1900	10 352	6 461	4 980
1901	13 690	6 137	4 983
1902	15 187	7 466	4 988
1903	14 768	8 430	5 115
1904	14 082	8 564	5 108
1905	20 345	9 669	5 905
1906	23 774	10 700	6 566
1907	23 737	11 619	6 628
1908	14 248	10 726	5 381
1909	24 339	11 515	5 976
1910	26 514	13 100	6 476
1911	24 056	14 303	6 566
1912	31 753	16 355	6 905
1913	31 803	17 609	7 787
1914	23 890	13 810	7 971
1915	32 667	12 278	8 687
1916	43 460	14 871	9 136
1917	45 784	15 501	9 873
1918	45 176	14 092	9 692
Zuwachs 1890–1914	+ 450 %	+ 546 %	+ 119 %

ABKÜRZUNGSVERZEICHNIS

AHR	American Historical Review
Amst	Amerikastudien
APUZ	Aus Politik und Zeitgeschichte
CEH	Central European History
CJEPS	Canadian Journal of Economics and Political Science
CJH	Canadian Journal of History
EcHR	Economic History Review
EHR	English Historical Review
GG	Geschichte und Gesellschaft
GL	The Letters and Friendships of Sir Cecil Spring Rice, ed. by Stephen Gwynn
GWU	Geschichte in Wissenschaft und Unterricht
HJ	Historical Journal
HJB	Historisches Jahrbuch der Görres-Gesellschaft
HZ	Historische Zeitschrift
IHR	International History Review
JbA	Jahrbuch für Amerikaforschung
JCH	Journal of Contemporary History
JEEH	Journal of European Economic History
JEH	Journal of Economic History
JES	Journal of European Studies
JMH	Journal of Modern History
JSS	Journal of Strategic Studies
MGM	Militärgeschichtliche Mitteilungen
MVHR	Mississippi Valley Historical Review
NPL	Neue Politische Literatur
PHR	Pacific Historical Review
PVS	Politische Vierteljahresschrift
RHE	Revista Historia Economica
RUSI	Royal United Services Institution
SAQ	South Atlantic Quarterly
VfZ	Vierteljahrshefte für Zeitgeschichte
VSWG	Vierteljahrschrift für Sozial- und Wirtschaftsgeschichte
ZfK	Zeitschrift für Kulturaustausch
ZfU	Zeitschrift für Unternehmensgeschichte
ZRG	Zeitschrift für Religions- und Geistesgeschichte

QUELLEN UND LITERATUR

1. Unveröffentlichte Quellen

Bodleian Library, Oxford
William Waldegrave Palmer, second Earl of Selborne, MSS 1–222

British Museum/British Library (BL, London)
Arthur James Balfour, Add MSS 49683–49962
Henry Campbell-Bannerman, Add MSS 41206–41252; 52512–52521
John R. Jellicoe, Add MSS 48989–49057; 45356; 52504–52506; 53738; 54477–54480; 71553–71560
Edward Hamilton, Add MSS 48630–48683
J. A. Spender, Add MSS 46391

Bundesarchiv Militärarchiv Freiburg (BA-MA)
RM 1/v. Kaiserliche Admiralität
  113; 120; 216; 500; 648–650; 750; 885–886; 1136; 1150; 1158; 1795; 1855; 1860; 1876; 2168–2169; 2174–2175; 2789–2793
RM 2 Kaiserliches Marinekabinett
  115; 118–120; 353–354; 404–406; 437–438; 450; 1855
RM 3/v. Reichs-Marine-Amt
  29; 32–34; 41; 67–73; 89; 94–97; 2368; 2544–2545; 2596–2598; 2741–2745; 2771–2805; 2973–2976; 2886–2912; 2978; 4253; 4262–4267; 4313–4314; 4342; 6645–6660; 6796–6821; 6830–6833; 8836–8838; 9614–9628; 9654–9655; 9662–9663; 10080–10081; 10083; 10221–10223; 10228–10229
RM 4 Kaiserliches Oberkommando der Marine, 1889–1899
  15–19; 20–24; 57–59; 119–120; 170; 176
RM 5 Admiralstab der Marine 1899–1919
  1123; 1142; 1166–1169; 1600–1616; 2071; 5446–5449; 5474–5481; 5485; 5499–5500; 5960–5964; 5677–5718; 6684

Hatfield House
Papers of Robert Arthur Talbot Gascoyne Cecil, third Marquess of Salisbury

House of Lords Record Office (HLRO, London)
Herbert Louis Samuel: General Political Papers, 1888–1962, A/155 (I) 1885–1895; (II) 1896–1900; (III) 1901–1908; (IV) 1909–1916

Library of Congress, Manuscript Division (LC, Washington)
Papers of Thomas F. Bayard; Joseph Hodges Choate; Alfred Th. Mahan; Richard Olney; Theodore Roosevelt; Cecil Spring Rice; Henry White

National Archives Washington (NARA)
General Records of the Department of State (Record Group 59):
M 17, Registers of Correspondence of the Department of State, 1870–1906, Roll 5–10; 15–18
M 30, Despatches from U. S. Ministries to Great Britain, 1791–1906, Roll 157–200
M 44, Despatches from U. S. Ministries to the German states and Germany, 1835–1906, Roll 69–107
M 77, Diplomatic Instructions of the Department of State, 1801–1906, Roll 69–72; 85–94
M 336, Records of the Department of State Relating to Internal Affairs of Germany, 1910–1929
M 354, Records of the Department of State Relating to Political Relations between Germany and Other States, 1910–1929
M 355, Records of the Department of State Relating to Political Relations between the United States and Germany, 1910–1929
M 580, Records of the Department of State Relating to Internal Affairs of Great Britain, 1910–1929
M 581, Records of the Department of State Relating to Political Relations between the United States and Great Britain , 1910–1929
M 582, Records of the Department of State Relating to Political Relations between Great Britain and Other States, 1910–1929
M 862, Numerical and Minor Files of the Department of State, 1906–1910

National Library of Scotland (NLS, Edinburgh)
Richard Burdon Haldane, MSS 5901–6109; 20001–20061; Acc. 10306
Archibald Philip Primrose, 5th Marquess of Rosebery, MSS 10001–10216; Accs. 8365, 11626

Politisches Archiv des Auswärtigen Amtes (PAAA, Bonn/Berlin)

R 2126–2129	Die Botschaft in London [= ehem. Deutschland 135 Nr. 2, d. 1 (2126)–3 (2128) und Deutschland 135 Nr. 2 secr. (2129)] [1886–1920]
R 2176–2178	Die Gesandtschaft (Botschaft) in Washington [= ehem. Deutschland 135 Nr. 20, Bd. 1 (2176)–3 (2178)] [1886–1919]
R 2533–2541	Kolonien und Flottenstationen (Generalia) [= ehem. Deutschland 167, Bd. 1 (2533)–9 (2541)] [1895–1920]]
R 2574–2575	Akten betr. den Nachlass des Botschafters Grafen von Hatzfeldt [= ehem. Deutschland 174 (2574; betr. 10/1903–1/1906) und 174 secr. (2575; betr. 3/1902–5/1902)]
R 5441–5442	Agentenberichte über englische Zustände [= ehem. England 69 Nr. 1 secr.; Bd. 1 (5441; betr. 8/1892–31.5.1901)–Bd. 2 (5442; betr. 1.6.1901–1/1906)]
R 5449–5509	Militär- und Marine-Angelegenheiten [= ehem. England 71, Bd. 1 (5449; beginnend 3/1881) bis Bd. 61 (5509; betr. 1.1.1915–3/1920)]
R 5510	Sammlung der Begleitberichte zu den Berichten der Militärattachés [= ehem. England 71 adh. (betr. 1/1914–2/1920)]
R 5511	Militär- und Marine-Angelegenheiten [= ehem. England 71 secr. (betr. 1/1890–2/1912)]
R 5512–5595	Die Marine [= ehem. England 71b, Bd. 1 (5512; beginnend 12/1886) bis Bd. 79 (5595; betr. 1.5.1916–3/1920)]
R 5596	Die Marine [= ehem. England 71b secr.]
R 5612–5643	Die englische Presse [= ehem. England 73, Bd. 1 (5612; beginnend 5/1881) bis Bd. 32 (5643; betr. 1.8.1914–11/1919)]
R 5644	Die englische Presse [= ehem. England 73 secr.]
R 5663–5766	Die politischen Beziehungen Englands zu Deutschland [= ehem. England 78 Bd. 1 (5663; beginnend 5/1884)–100 (5766; betr. 1.11.1919–4/1920)] [incl. Anlagen zu Bd. 25 und 27, von denen die zu Bd. 27 fehlt]
R 5767–5798	Beziehungen zu Deutschland [= ehem. England 78 secretissima (ab Bd. 11 secreta), Bd. 1 (5767)–32 (5798)]

	Unveröffentlichte Quellen
R 5799–5828	Verhandlungen zwischen Deutschland und England und zwischen Deutschland und den Vereinigten Staaten von Amerika über die Aufteilung des kolonialen Besitzes anderer Staaten [= ehem. England 78 Nr. 1 secr., Bd. 1 (5799; beginnend 1.6.1898)–27 (5826; betr. 16.4.1914–7/1918) [incl. Bd. 18a]]
R 5835–5854	Frage einer Verständigung mit England über Flottenbau [= ehem. England 78 Nr. 3 secr., Bd. 1 (5835; beginnend 7/1909)–20 (5854; betr. 1.9.1915–10/1919)]
R 5873–5898	Das englische Königshaus [= ehem. England 81 Nr. 1, Bd. 1 (5873; beginnend 5/1886) bis Bd. 25 (5898; betr. 1.5.1912–1/1920)]
R 5899	Das englische Königshaus [= ehem. England 81 Nr. 1 secr. (betr. 10/1891–1/1916)
R 5908–5945	Englische Staatsmänner [= ehem. England 81 Nr. 2, Bd. 1 (5908; beginnend 11/1885) bis Bd. 38 (5945; betr. 1.9.1918–2/1920)]
R 5946	Englische Staatsmänner [= ehem. England 81 Nr. 2 secr. (betr. 1/1888–5/1914)]
R 6007–6014	Die englischen Ministerien [= ehem. England 85, Bd. 1 (6007; beginnend 2/1886) bis 8 (6014, betr. 1.3.1918–11/1919)]
R 6015–6030	Die diplomatische Vertretung Englands im Auslande [= ehem. England 86, Bd. 1 (6015; beginnend 12/1885) – 15 (6030; betr. 1.10.1918–2/1920)]
R 6031–6034	Das diplomatische Corps in London [= ehem. England 87, Bd. 1 (6031; beginnend 5/1886) – 5 (6034; betr. 1.1.1906–4/1920)]
R 6086–6095	Die auswärtige Politik Englands [= ehem. England 93, Bd. 1 (6086; beginnend 8/1886) – 10 (6095; betr. 1.4.1913–10/1919)]
R 17146–17171	Die Presse der Vereinigten Staaten von Nordamerika [= ehem. Vereinigte Staaten von Nordamerika 2, Bd. 1 (17146)–25 (17171)]
R 17193–17221	Marine-Angelegenheiten [= ehem. Vereinigte Staaten von Nordamerika 5a, Bd. 1 (17192)–Bd. 29 (17221)]
R 17222–17233	Staatsmänner [= ehem. Vereinigte Staaten von Nordamerika 6, Nr. 1, Bd. 1 (17222)–12 (17233)]
R 17243–17245	Militärs [= ehem. Vereinigte Staaten von Nordamerika 6, Nr. 3, Bd. 1 (17243)–3 (17245)]
R 17246–17251	Diverse Persönlichkeiten [= ehem. Vereinigte Staaten von Nordamerika 6, Nr. 4, Bd. 1 (17246)–6 (17251)]
R 17252–17263	Die amerikanische Diplomatie, 12/1885–2/1920 [= ehem. Vereinigte Staaten von Nordamerika 7, Bd. 1 (17252)–Bd. 12 (17263)]
R 17264–17269	Das diplomatische Corps in Washington 28.4.1886–10/1919 [= ehem. Vereinigte Staaten von Nordamerika 8, Bd. 1 (17264)–Bd. 6 (17269)]
R 17277–17303	Die Präsidenten und ihre Botschaften [= ehem. Vereinigte Staaten von Nordamerika 11, Bd. 1 (17277)–26 (17303)]
R 17323–17355	Beziehungen der Vereinigten Staaten zu Deutschland 1886–1914 [= ehem. Vereinigte Staaten von Nordamerika 16, Bd. 1–33 (von 57 Bänden insgesamt bis 1920)]
R 17382–17394	Beziehungen der Vereinigten Staaten zu England [= ehem. Vereinigte Staaten von Nordamerika 17, Bd. 1 (17382)–12 (17393) und secr. (17394)]
R 17400–17406	Allgemeine Politik der Vereinigten Staaten (1887–1917) [= ehem. Vereinigte Staaten von Nordamerika 20, Bd. 1 (17401)–7 (17406)]
R 17407–17410	Die Monroe-Doktrin [= ehem. Vereinigte Staaten von Nordamerika 20a, Bd. 1 (17407)–4 (17410)]

Public Record Office (PRO, Kew)
FO 371, General Correspondence
   75–80; 158–160; 167; 257–263; 357–360; 457–463; 562–567; 599; 670–677; 782–789; 900–907; 1018–1023; 1121–1129; 1264–1275; 1370–1379; 1539–1559; 1647–1654; 1849–1860; 1985–1992; 2149–2156
Papers: Edward Grey (FO 800/35–114); Frank Lascelles (FO 800/6–20); Walter Langley (FO 800/29–31); Lord Lansdowne (FO 800/115–146); Gerald Lowther (FO 800/193); Halford John Mackinder (FO 800/251); William Tyrrell (FO 800/220); Francis Hyde Villiers (FO 800/22–24)

2. Literatur

2.1. Publikationen zu Archiven und Nachlässen

BAUMGART, Winfried, Das Zeitalter des Imperialismus und des Ersten Weltkrieges (1871–1918), Teil I: Akten und Urkunden (Quellenkunde zur deutschen Geschichte der Neuzeit von 1500 bis zur Gegenwart, Bd. 5/1), zweite, überarb. und erg. Aufl. Darmstadt 1991.

Ders., Das Zeitalter des Imperialismus und des Ersten Weltkrieges (1871–1918), Teil II: Persönliche Quellen (Quellenkunde zur deutschen Geschichte der Neuzeit von 1500 bis zur Gegenwart, Bd. 5/2), Darmstadt, zweite, überarb. und erg. Aufl. 1991.

COOK, Chris, Sources in British Political History 1900–1951, compiled for the British Library of Political and Economic Science by Chris Cook with Philipp Jones, Josephine Sinclair, Jeffrey Weeks, London 1975–1978. vol. 1: A Guide to the Archives of Selected Organizations and Societies, 1975; vol. 2: A Guide to the Private Papers of Selected Public Servants, 1975; vol. 3: A Guide to the Private Papers of Members of Parliament: A–K, 1976; vol. 4: A Guide to the Private Papers of Members of Parliament: L–Z, 1977; vol. 5: A Guide to the Private Papers of Members of Selected Writers, Intellectuals and Publicists, 1978; vol. 6: First Consolidated Supplement, compiled for the British Library of Political and Economic Science by Chris Cook, London 1985.

Ders., The Longman Guide to Sources in Contemporary British History, compiled for the British Library of Political and Economic Science by Chris Cook and David Waller, Bde. 1–2, Bd. 1: Organisations and Societies; Bd. 2: Individuals, London/New York 1994.

HAZLEHURST, Cameron, Sally Whitehead and Christine Woodland: A Guide to the Papers of British Cabinet Ministers 1900–1964 (Royal Historical Society Guides and Handbooks, No. 19), Cambridge 1996.

HEDGES, John H., Diplomatic Records. A Select Catalog of National Archives Microfilm Publications, Washington, D. C. 1986.

Kaiserliches Marinekabinett, Bestand RM 2, bearb. von Hans-Heinrich Fleischer, Beatrix Jaenicke und Gert Sandhofer (Findbücher zu Beständen des Bundesarchivs, Bd. 28), Koblenz 1987.

Papers of British Cabinet Ministers 1782–1900 (Guides to Sources for British History based on the National Register of Archives 1), London 1982.

Private Papers of British Diplomats 1782–1900 (Guides to Sources for British History based on the National Register of Archives 4), London 1985.

SANDHOFER, Gert, Die Überlieferung der Kaiserlichen Marine als Quelle zur allgemeinen Geschichte, in: Heinz BOBERACH/Hans BOOMS (Hrsg.), Aus der Arbeit des Bundesarchivs, Boppard a. Rh. 1977, S. 299–309.

2.2. Publikationen bis zum Ende des Ersten Weltkrieges

ADAMS, Brooks, A Law of Civilization and Decay. An Essay on History, New York/London 1897.

Ders., America's Economic Supremacy, New York/London 1900.

[ADAMS, Charles Francis,] Charles Francis Adams, by his son Charles Francis Adams, Boston/New York 1900.

[ADAMS, Henry,] The Education of Henry Adams. An Autobiography, introduction by Edmund Morris, New York 1996 (1906).

ANGELL, Norman, The Great Illusion. A Study of the Relation of Military Power to National Advantage, London 1909; benutzt: London 1914; dt. Ausgabe: Die große Täuschung, Leipzig 1910.

Anglo-German Friendship Society (Hrsg.), Report of the Inaugural Meeting Held at the Mansion House May 1st, 1911, London 1911.

[Anonym,] The Nightmare of Germany, in: The Spectator, 18 May 1901, S. 728.

[ARNOLD, William Thomas,] German ambitions as they affect Britain and the United States of America. Reprinted, with additions and notes, from the Spectator. By »Vigilans sed Æquus« [i. e. William Thomas Arnold] with an introduction by John St. Loe Strachey, London 1903.

BALFOUR, Arthur James, A Fragment on Progress. Inaugural address delivered on his installation as Lord Rector [of the University of Glasgow] November 1891; veröffentlicht als: Fragment on Progress, Edinburgh 1892.

Ders., Decadence. Henry Sidgwick memorial lecture [delivered at Newnham college, January 25, 1908], Cambridge 1908.

BATEMAN, John, The Great Landowners of Great Britain and Ireland, fourth ed. repr. New York 1971 [Repr. der Ausgabe von 1883].

BAUER, Erwin, England und das Deutsche Reich. Eine Abrechnung zur Jahrhundertwende, Leipzig 1900.

BELLOC, Hilaire, A Change in the Cabinet, London 1909.

Ders., Pongo and the Bull, London 1910.

Berliner Tageblatt und Handels-Zeitung, 3. Dezember 1914: Admiral Mahan †.

BERNHARDI, Friedrich von, Vom heutigen Kriege, Bde. 1–2, Berlin 1912.

Ders., Deutschland und der nächste Krieg, Stuttgart 1912.

Biographisches über Mahan. Sein Werdegang als Historiker und Schriftsteller, in: Marine-Rundschau 19 (1908), S. 1130–1146.

BLOCH, Johann von, Der Krieg. Übersetzung des russischen Werkes des Autors: Der zukünftige Krieg in seiner technischen, volkswirthschaftlichen und politischen Bedeutung, Bde. 1–6, Berlin 1899.

Ders., Der Krieg der Zukunft, Berlin 1899.

BORCKENHAGEN, Ludwig, »Seeoffizierstypen« und andere Schriften von Mahan, in: Marine-Rundschau 13 (1902), S. 493–526.

[BRYCE, James,] Viscount Bryce, The American Commonwealth, Bde. 1–3. London 1888; Third edition, completeley revised throughout, with additional chapters, Bde. 1–2, London/Boston 1893.

[BÜLOW, Bernhard Fürst von,] Fürst Bülows Reden nebst urkundlichen Beiträgen zu seiner Politik. Mit Erlaubnis des Reichskanzlers gesammelt und hrsg. von Johannes Penzler, Bde. 1–3, Berlin 1907–1909.

Ders., Deutsche Politik, Berlin 1916; zuerst erschienen als Einleitung des Sammelwerkes »Deutschland unter Kaiser Wilhelm II.«, Berlin 1914; kritische Ausgabe: Bernhard Fürst von Bülow, Deutsche Politik, hrsg. und eingel. von Peter Winzen, Bonn 1992.

CARNEGIE, Andrew, An Anglo-French-American Understanding, in: North American Review 181, No. 4 (October 1905), S. 510–517.

CARTER, William H., Anglo-American Friendship, in: North American Review 177, No. 2 (August 1903), S. 204–209.

CHAMBERLAIN, Joseph, Recent Developments of Policy in the United States and their Relation to an Anglo-American Alliance, in: Scribner's Magazine 24, No. 6 (December 1898), S. 674–682.

CHARLES, Heinrich, The commercial relations between Germany and the United States, New York 1907.

CHESNEY, George T., The Battle of Dorking, in: Blackwood's Magazine 1871.

CHILDERS, Erskine, The Riddles of the Sands, London 1903.

CHIOZZA MONEY, Leo George, The Nation's Wealth, Will it Endure? London/Glasgow 1914.

COLOMB, Philip Howard, Naval Warfare. Its ruling principles and practice historically treated, London 1891; Second edition, Revised and Corrected, with additional Chapter on Recent Illustrations, and New Maps and Plans, London 1895.

COOLIDGE, Archibald C., The United States as a World Power, New York 1908.

CORNWALLIS-WEST, Mrs. George, The Reminiscences of Lady Randolph Churchill, London 1908.

CURZON, George Nathaniel, Russia in Central Asia in 1889, and the Anglo-Russian Question, London 1889.

Ders., Persia and the Persian Question, Bde. 1–2, London 1892.

Ders., Frontiers. The Roman Lecture at the University of Oxford (delivered in the Sheldonian Theatre, November 2, 1907), Oxford 1907.

Ders., Problems of the Far East. Japan, Korea, China, London 1894.

DELFFS, Otto, Deutschlands Aufgaben als Groß- und Weltmacht, Dresden 1901.

DICEY, Albert Venn, England and America, in: The Atlantic Monthly 82 (October 1898), S. 440–445.

DIEDERICHS, Otto von, Darstellung der Vorgänge vor Manila von Mai bis August 1898. Eine persönliche Bemerkung zur *Autobiography of George Dewey, Admiral of the navy*, in: Marine-Rundschau 25 (1914), S. 253–279.

DIERCKE, Schul-Atlas für höhere Lehranstalten, bearb. und hrsg. von C. Diercke und E. Gaebler, fünfunddreißigste Aufl., Revision von 1898, 157 Haupt- und 152 Nebenkarten, Braunschweig 1899.

DIETZEL, Heinrich, Die Theorie von den drei Weltreichen, Berlin 1900.

DILKE, Charles Wentworth/Spenser WILKINSON, Imperial Defense, London 1892.

Ders., The Future Relations of Great Britain and the United States, in: The Forum 26 b (1899), S. 521–528.

DIX, Arthur, Deutschland auf den Hochstraßen des Weltwirtschaftsverkehrs, Jena 1901.

Ders., Deutscher Imperialismus, Leipzig 1912, zweite Aufl. 1914.

EISENHART, Karl, Die Abrechnung mit England, München 1900.

ERDMANN, Gustav Adolf, Die deutsche Kriegsmarine in zwölfter Stunde. Nothwendigkeit einer Vermehrung unserer Kriegsflotte zur Wahrung deutscher Ehre und Schutze von Deutschlands Handel und Industrie, Berlin [u. a.] 1897.

Ders., Deutschlands Seeherrschaft im 20. Jahrhundert, Berlin/Leipzig 1900.

Ders., Nun aber weiter. Das Endziel kaiserlicher Flottenpolitik, Wittenberg 1900.

Ders., Wehrlos zur See. Eine Flottenphantasie an der Jahrhundertwende, Berlin 1900.

FISK, George, Die handelsrechtlichen und sonstigen völkerrechtlichen Beziehungen zwischen Deutschland und den Vereinigten Staaten von Amerika. Eine historisch-statistische Studie, Stuttgart 1897.

Ders., German-American diplomatic and commercial relations, historically considered, in: American Monthly 25, No. 3 (March 1902), S. 323–328.

Ders., German-American »most-favored nation« relations, in: The Journal of Political Economy 11 (1903), S. 220–236.

FOSTER, John Watson, The Practice of Diplomacy as illustrated in the Foreign Relations of the United States, Boston/New York 1906.

FREEMAN, Edward, The Chief Periods of European History, London 1886.

FRIED, Alfred Hermann, Handbuch der Friedensbewegung, zweite Aufl. Berlin 1911 [EA 1905].

FUEREDI, Arnold, Deutschland und Amerika Hand in Hand, Berlin 1914.

GARVIN, James L., The Principles of constructive Economics as applied to the Maintenance of Empire, in: Compatriot's Club Lectures, First Series, S. 1–81, wieder abgedruckt in: GREEN/EWEN (Hrsg.), The Ideals of Empire. Political and Economic Thought 1903–1913, Bd. 3: Compatriot's Club Lectures. With a new introduction, London 1998.

Ders., Imperial Reciprocity. A study of fiscal policy. In a Series of Articles Revised and Repr. from The Daily Telegraph, London o. J. [1910].

GODKIN, Edwin Lawrence, Reflections and Comments 1865–1895, New York 1895.

GOLDBERGER, Ludwig Max, Das Land der unbegrenzten Möglichkeiten. Beobachtungen über das Wirtschaftsleben der Vereinigten Staaten von Amerika, Berlin/Leipzig 1903.
Ders., Die amerikanische Gefahr, in: Preußische Jahrbücher 120 (1905), S. 1–33.
GULLIVER, Frederick Putnam, Orientation of Maps, in: Journal of Geography 7 (1908), S. 55–58.
HALLE, Ernst von, Die Seeinteressen Deutschlands (1897), in: Weltwirtschaftliche Aufgaben und weltpolitische Ziele, in: Ders., Volks- und Seewirthschaft, Bd. 1, Berlin 1902, S. 136–171.
Ders., Die Bedeutung des nordamerikanischen Imperialismus (1900–1901), in: Ders., Volks- und Seewirthschaft, Bd. 2, Berlin 1902, S. 158–184.
Ders., Die Neuregelung der handelspolitischen Beziehungen zu den Staaten Amerikas, in: Preußische Jahrbücher 122 (1905), S. 33–68.
HALLER, Johannes, Die auswärtige Politik des Fürsten Bülow, in: Süddeutsche Monatshefte 14/1 (1917), S. 403–428.
HAMEL, Richard, Aus Fürst Bülows diplomatischer Werkstatt, Berlin 1916.
HARRIS, Frank, Oscar Wilde. His Life and Confessions, Bde. 1–2, New York 1918.
HAWKER, Peter, Instructions to young sportsmen in all that relates to guns and shooting, eleventh ed. London 1859.
HECKSCHER, Samuel, Zur Reise des Prinzen Heinrich, in: Der Lotse, 1902, H. 27, S. 1–4.
HENNEBICQ, Léon, L'Imperialisme Occidental. Genèse de l'imperialisme anglais, Paris/Brüssel 1913.
HOBSON, John Atkinson, Imperialism. A Study, London 1902.
HOLLMANN, Admiralstabseinrichtungen der Hauptseemächte, in: Marine-Rundschau 19 (Januar 1908), S. 1–29.
HOWELLS, William D., English Feeling towards Americans, in: North American Review 179, No. 6 (December 1904), S. 815–823.
JAMES, Henry, Hawthorne, London 1879.
[JAMES, Henry,] The correspondence of Henry James and Henry Adams 1877–1914, ed. with an introduction by George Monteiro, Baton Rouge 1992.
JÜNGER, Carl, Deutsch-Amerika mobil .....! Mit einem Geleitwort von Exzellenz von Knorr, Berlin/Leipzig 1915.
KIRCHHOFF, Hermann, Seemacht in der Ostsee, Kiel 1908 (ND 1984).
KNEBEL DOEBERITZ, Hugo, Besteht für Deutschland eine amerikanische Gefahr? Berlin 1904.
KÜHNEMANN, Eugen, Deutsch-Amerika und der Wiederaufbau Deutschlands nach dem Kriege, New York 1915.
LAMPRECHT, Karl, Americana: Reiseeindrücke, Betrachtungen, geschichtliche Gesamtansicht, Freiburg i. Br. 1906.
LE QUEUX, William, The Invasion of 1910, London 1906.
Ders., Spies of the Kaiser, London 1909.
LICHNOWSKY, Carl Max, Fürst, Deutsch-englische Mißverständnisse, in: Nord und Süd 142 (1912), S. 15 f.
Ders., Meine Londoner Mission 1912–1914 (mschr. Kuchelna, August 1916).
LIDDELL, A. G. C., Notes from the Life of an Ordinary Mortal, London 1911.
LODGE, Henry Cabot, Monroe Doctrine. Speech of Hon. Henry Cabot Lodge, of Massachusetts in the Senate of the United States, December 30, 1895, Washington 1896.
Ders., Sea power of the United States. Speech of Hon. Henry Cabot Lodge, in the Senate of the United States, March 2, 1895, Washington 1895.
Ders., Selections from the correspondence of Theodore Roosevelt and Cabot Lodge 1884–1918, New York 1925.
LONG, John Davis, The new American Navy, Bde. 1–2, New York/London 1903.
[LYTTELTON, Alfred,] Alfred Lyttelton. An Account of his Life by Edith Lyttelton, London 1917.
MACH, Edmund Robert Otto von, Sir Edward's evidence, s. l., s. n. 1915.
MACKINDER, Halford John, Britain and the British Seas, London 1902.
Ders., Democratic Ideals and Reality, London 1919.

Ders., The Geographical Pivot of History, in: The Geographical Journal 23, No. 4 (April 1904), S. 421–444.
Ders., Man-Power as a Measure of National and Imperial Strength, in: National Review, March 1905, S. 136–143.
Ders., Money-Power and Man-Power, London 1906.
MAHAN, Alfred Th., The Influence of sea-power upon history 1660–1783, Boston 1890, fifth ed. 1894 (repr. New York 1987).
Ders., The Influence of sea-power upon the French Revolution and Empire 1783–1812, Bde. 1–2, Boston 1893; dt.: Der Einfluß der Seemacht auf die Geschichte, Bde. 1–2, Berlin 1897–1899
Ders./Charles BERESFORD, Possibilities of an Anglo-American Reunion, in: North American Review 159, No. 456 (November 1894), S. 551–573.
MAHAN, Alfred, The Interest of America in Sea Power: Present and Future, London/Cambridge, Mass. 1897; dt.: Die weiße Rasse und die Seeherrschaft, Wien [u. a.] 1909.
Ders., The Life of Nelson: The embodiment of the sea power of Great Britain, Bde. 1–2, London/Cambridge, Mass. 1897.
Ders., Lessons of the War with Spain, and other Articles, London 1899.
Ders., The Problem of Asia and its effect upon international policies, London/Cambridge, Mass. 1900.
Ders., Retrospect and Prospect: Studies in international relations. Naval and political, London 1902.
Ders., From Sail to Steam. Recollections of Naval Life, New York/London 1907.
Ders., Naval Administration and Warfare. Some General Principles. With other Essays, London/Boston, Mass. 1908.
Ders., The interest of America in International Conditions, Boston, Mass. 1910.
Ders., Naval Strategy, Compared and Contrasted with the Principles of Military Operations on Land. Lectures delivered at U. S. Naval War College, Newport, Rhode Island, between the years 1887 and 1911, London/Boston, Mass. 1911.
Ders., Armaments and Arbitration. Or the place of Force in the international relations of States, New York/London 1912.
[Ders.,] Letters and Papers of Alfred Thayer Mahan, Bde. 1–3, hrsg. von Robert Seager II und Doris D. Maguire, Annapolis 1975.
[Ders.,] A Bibliography of Works of Alfred Thayer Mahan, compiled by John B. Hattendorf, ed. by Lynn C. Hattendorf, Newport 1986.
Mahan on Naval Strategy. Selections from the Writings of Rear Admiral Alfred Thayer Mahan. Introduction by John B. Hattendorf, Annapolis 1991.
MASTERMAN, Charles Frederick Gurney, The Condition of England, London 1909; zweite Aufl. 1911.
Ders., England after War, London 1922.
MAY, Henry F., The End of American Innocence. A Study of the First Years of Our Time, 1912–1917, New York 1917.
MEINHARDT, Paul, Kann Deutschland Weltpolitik treiben? Eine volkswirtschaftliche Untersuchung über Deutschland am Beginne des 20. Jahrhunderts, Weimar 1903.
[MILNER, Alfred,] Viscount Milner, England and Egypt, London 1892.
Ders., The Nation and the Empire. Being a Collection of Speeches and Addresses. With an introduction, London 1913.
[MITCHELL, Peter Chalmers,] A Biologist: A Biologial View of Our Foreign Policy, in: Saturday Review, 1 February 1896, S. 118–120.
MÜNSTERBERG, Hugo, Aus Deutsch-Amerika, Berlin 1909.
MURRAY, George Gilbert Aime, The Foreign Policy of Sir Edward Grey 1906–1915, Oxford 1915.
NAUMANN, Friedrich, Demokratie und Kaisertum, vierte Aufl. Berlin 1905
Ders., Mitteleuropa, Berlin 1915.
NORDENSKIÖLD, Adolf E., Periplus. An Essay on the early history of charts and sailing-directions. With numerous reproductions of old charts and maps, translated from the Swedish original by Francis A. Bather, Stockholm 1897.

OLIVER, Frederick Scott, From Empire to Union, supplement to *National Review* 53 (1909).
ONCKEN, Hermann, Amerika und die Großen Mächte. Eine Studien über die Epochen des amerikanischen Imperialismus, in: Ders., Historisch-politische Aufsätze und Reden, Bd. 1, München 1914, S. 80–94.
PEARSON, Charles Henry, National Life and Character. A Forecast, London/New York 1893.
PEEZ, Alexander von, England und der Kontinent, achte Aufl. Wien/Leipzig 1915.
PERRIS, George Herbert, Our Foreign Policy and Sir Edward Grey's Failure, London 1912.
Ders., Germany and the German Emperor, London 1912.
POLENZ, Wilhelm von, Land der Zukunft, Berlin 1903.
PRAGER, Max, Die amerikanische Gefahr. Vortrag gehalten in der Münchener Volkswirtschaftlichen Gesellschaft am 16. Januar 1902, Berlin 1902.
Preußische Jahrbücher 91 (1898), S. 567–569: Besprechung zu Mahans Hauptwerken.
F. W. Putzgers Historischer Schul-Atlas zur alten, mittleren und neuen Geschichte. In 234 Haupt- und Nebenkarten, hrsg. und bearb. von Alfred Baldamus und Ernst Schwabe, sechsundzwanzigste, mit der vermehrten und verbesserten fünfundzwanzigsten übereinstimmende Aufl., Bielefeld/Leipzig 1902.
F. W. Putzgers Historischer Schul-Atlas. Neue Ausgabe mit besonderer Berücksichtigung der Geopolitik, Wirtschafts- und Kulturgeschichte, bearb. und hrsg. von Max Pehle und Hans Silberborth, Bielefeld/Leipzig 1930.
QUIDAM, Kaiser Wilhelm. Künstler oder Dilettant. Eine ernste Mahnung an die Zeitgenossen, Amsterdam 1895.
RATHENAU, Walther, Denkschrift über den Stand des Südwestafrikanischen Schutzgebietes, in: Ders., Nachgelassene Schriften, Bd. 2, Berlin 1928, S. 74–141 [September 1908].
Ders., Erwägungen über die Erschließung des Deutsch-Ostafrikanischen Schutzgebietes, in: Ders., Nachgelassene Schriften, Bd. 2, Berlin 1928, S. 9–73 [Oktober 1907].
Ders., Gesammelte Schriften, Bde. 1–5, Berlin 1925.
Ders., Schriften und Reden. Auswahl und Nachwort von Hans Werner Richter, Frankfurt a. M. 1964.
RATZEL, Friedrich, Die Gesetze des räumlichen Wachstums der Staaten. Ein Beitrag zur wissenschaftlichen politischen Geographie, in: Dr. A. Petermanns Mitteilungen, Bd. 42 (1896), S. 97–107; abgedruckt in: Josef MATZNETTER (Hrsg.), Politische Geographie, Darmstadt 1977, S. 29–53.
Ders., Politische Geographie, München 1897.
REID, Whitelaw, Great Britain and the United States, New York 1898.
Report of the Proceedings of the Anglo-German Understanding Conference, 1912, London 1913.
ROLOFF, Gustav, Besprechung von »Der Einfluß der Seemacht auf die Geschichte«, in: HZ 86 (1901), S. 309–313.
ROOSEVELT, Theodore, The Naval War of 1812. The History of the United States Navy during the last war with Great Britain to which is appended an account of the battle of New Orleans, New York 1926 [1882].
Ders., Biological Analogies in History, delivered before the University of Oxford, June 7th 1910 (The Roman lecture, 1910), London/New York 1910.
Ders., A Great Public Servant, in: Outlook 109, 13 January 1915.
RUSSELL, John, Selections from Speeches of Earl Russell, 1817–1841, Bd. 1, London 1870.
SCHMIDT-WEISSENFELS, Eduard, Geschichte des modernen Reichtums in biographischen und sachlichen Beispielen, Berlin 1893.
SCHURZ, Carl, The Anglo-American Friendship, in: The Atlantic Monthly 82 (October 1898), S. 433–440.
SCOTT, James Brown, A Survey of International Relations between the United States and Germany, August 1, 1914 – April 6, 1917, based on official documents, New York 1917.
SCRUGGS, William L., The Colombian and Venezuelan Republics, Boston 1900.
SEELEY, Sir John Robert, The Expansion of England. Two courses of lectures, London 1883, zweite Aufl. 1895 (Nachdruck 1909; benutzt); deutsche Ausgabe: Die Ausbreitung Englands. Bis zur Gegenwart fortgeführt von Michael Freund, Berlin/Frankfurt a. M. 1954.

Ders., The Growth of British Policy. An historical Essay. With a memoir of the author by George Walter Prothero, Bde. 1–2, Cambridge 1895.
SINCLAIR, Upton, The Jungle, New York 1906; deutsche Ausgaben: Der Sumpf, Hannover 1906, Berlin 1924 [nach dem vom Autor überarbeiteten Manuskript]; Der Dschungel, Berlin/Weimar 1974; Berlin/Frankfurt a. M. 1980.
SMALLEY, George W., Anglo-American Memories, second series, New York/London 1912.
SOMBART, Werner, Die deutsche Volkswirtschaft im neunzehnten Jahrhundert, dritte, durchgesehene und bis auf die Gegenwart weitergeführte Aufl. Berlin 1913.
STEAD, William T., The Americanisation of the World. The Trend of the Twentieth Century, New York 1901.
STENZEL, Alfred, Kriegführung zur See, Hannover/Leipzig 1913.
STEVENSON, Robert Louis, A Footnote to History – Eight Years of Trouble in Samoa, New York 1901.
Sydow-Wagners methodischer Schul-Atlas. Entworfen, bearb. und hrsg. von Hermann Wagner. 60 Haupt- und 50 Nebenkarten auf 44 Tafeln. Zweite durchgesehene und berichtigte Aufl. Gotha 1889.
THAYER, William Roscoe, The Life and Letters of John Hay, Bde. 1–2, Boston/New York 1915.
THIELMANN, Max von, Vier Wege durch Amerika, Leipzig 1879.
TRACY, Benjamin Franklin, Annual Report of the Secretary of the Navy for the Year 1889, Washington, D. C. 1890.
TRACY, Louis, The Invaders, London 1901.
TUCKWELL, William, Reminiscences of Oxford, London/New York 1900.
VALENTIN, Veit, Die Mächte des Dreiverbandes, München/Berlin 1914.
VEBLEN, Thorstein, The Theory of the Leisure Class. An economic study in the evolution of institutions, New York/London 1899.
Ders., Imperial Germany and the Industrial Revolution, new ed. New York 1939 [1915].
WARAKER, Thomas, Naval Warfare of the Future. A Consideration of the Declaration of Paris, 1856; its Obligation and its Operation upon Maritime Belligerents, London 1892 [1891].
[WEBER, Max,] Max Weber Gesamtausgabe (MWG), Abteilung I: Schriften und Reden, Abteilung II: Briefe, hrsg. von Horst Baier, M. Rainer Lepsius, Wolfgang J. Mommsen, Wolfgang Schluchter, Johannes Winckelmann, Tübingen 1984 ff.
Ders., Wirtschaft und Gesellschaft. Grundriss der verstehenden Soziologie, Studienausgabe in zwei Bänden, hrsg. von Johannes Winckelmann, Köln/Berlin 1964.
Ders., Parlament und Regierung im neugeordneten Deutschland, in: Max WEBER, Politische Schriften, zweite Aufl. Tübingen 1958, S. 294–431.
WELLS, Herbert George, The New Machiavelli, London 1911.
WEST, Julius H., Hie Europa! Hie Amerika! Aus dem Lande der krassen Utilität, Berlin 1904.
WEYER, Taschenbuch der Kriegsflotten 1902, S. 230–236: Kann Großbritannien seine heutige Übermacht zur See dauernd behaupten?
WHITE, Andrew Dickson, Autobiography of Andrew Dickson White, Bde. 1–2, New York 1905; verkürzte dt. Ausg.: Aus meinem Diplomatenleben, Leipzig 1906.
WHITE, Henry, Consular Reforms, in: North American Review 159, No. 457 (December 1894), S. 711–721.
[WILKE, Adolf von,] Ludwig von Nordegg, Die Berliner Gesellschaft, zweite Aufl. Berlin 1907.
Ders., Alt-Berliner Erinnerungen, Berlin 1930.
WILLIAMS, Ernest Edwin, »Made in Germany«, London 1896; dt. Ausg.: »Made in Germany«. Der Konkurrenzkampf der deutschen Industrie gegen die englische, Dresden 1896.
WILLIAMS, Lloyd, The Great Raid. A Story of Britains's Peril, London 1909.
WILSON, Herbert Wrigley/John Alexander HAMMERTON (Hrsg.), The Great War. The Standard History of the All-Europe Conflict, Bde. 1–5, London 1914–1916.
WITTE, Emil, Aus einer deutschen Botschaft. Zehn Jahre Deutsch-Amerikanischer Diplomatie, Leipzig 1907.

2.3. Veröffentlichte Quellen
(Quelleneditionen, gedruckte Quellen, Memoiren, Tagebücher, Briefe)

ADAMS, Henry, Letters of Henry Adams, ed. by Washington C. Ford, Bde. 1–2, Boston 1930–1938.
Ders., The Letters, Bde. 1–6, ed. by Jacob C. Levenson [u. a.], Cambridge, Mass. 1988.
L'Allemagne et les problèmes de la paix pendant la première guerre mondiale. Documents extraits des archives de l'Office allemand des Affaires étrangères, publiés par André Scherer et Jacques Grunewald, Bde. 1–4, Paris 1962–1978.
AMERY, Leopold Charles Maurice Stennett, My political Life, Bde. 1–2, London 1953.
ASQUITH, Cynthia, Haply I may remember, London 1950.
ASQUITH, Herbert, Moments of Memory. Recollections and Impressions, London 1938.
ASQUITH, Herbert Henry, The Earl of Oxford and Asquith, Memories and Reflections 1852–1927, Bde. 1–2, London [u. a.] 1928.
Ders., The Genesis of the War, London 1923.
ASQUITH, Margot, The Autobiography of Margot Asquith, London 1920.
Dies., Places and Persons, London 1925.
[BALFOUR, Arthur James,] Arthur James Balfour as Philosopher and Thinker. A Collection of the more important and interesting passages in his non-political writings, speeches and addresses, 1879–1912, selected and arranged by Wilfried M. Short, London 1912.
BALFOUR, Arthur James, Earl of, Chapters of Autobiography, ed. by Mrs. Edgar Dugdale, London [u. a.] 1930.
BEHNEN, Michael (Hrsg.), Quellen zur deutschen Außenpolitik im Zeitalter des Imperialismus 1890–1911, Darmstadt 1977.
BENSON, Arthur Christopher, Memories and Friends, New York/London 1924.
BERGHAHN, Volker R./Wilhelm DEIST (Hrsg.), Rüstung im Zeichen der wilhelminischen Weltpolitik. Grundlegende Dokumente 1890–1914, Düsseldorf 1988.
BERNSTORFF, Johann-Heinrich Graf von, Deutschland und Amerika. Erinnerungen aus dem fünfjährigen Kriege, Berlin 1920; amerik. Ausg.: Count Johann-Heinrich Graf von BERNSTORFF, My three years in America, New York 1920.
Ders., Erinnerungen und Briefe, Zürich 1936.
[BERTIE of Thame,] The Diary of Lord Bertie of Thame 1914–1918, ed. by Lady Algernon Gordon Lennox, with a foreword by Viscount Grey of Fallodon, Bde. 1–2, London 1924.
BETHMANN HOLLWEG, Theobald von, Betrachtungen zum Weltkriege. Teil I: Vor dem Kriege; Teil II: Während des Krieges, hrsg. von Jost Dülffer, Essen 1989 [Orig.: Berlin 1919/1922].
[BISMARCK, Herbert,] Staatssekretär Graf Herbert von Bismarck. Aus seiner politischen Privatkorrespondenz, hrsg. und eingel. von Walter Bußmann unter Mitwirkung von Klaus-Peter Hoepke (Deutsche Geschichtsquellen des 19. und 20. Jahrhunderts, Bd. 44), Göttingen 1964.
BOWEN, Herbert Wolcott, Recollections, Diplomatic and Undiplomatic, New York 1926.
Briefwechsel Hertling-Lerchenfeld 1912–1917. Dienstliche Privatkorrespondenz zwischen dem bayerischen Ministerpräsidenten Georg Graf von Hertling und dem bayerischen Gesandten in Berlin Hugo Graf von und zu Lerchenfeld, hrsg. und eingel. von Ernst Deuerlein, Bde. 1–2 (Deutsche Geschichtsquellen des 19. und 20. Jahrhunderts, Bd. 50/I–II), Boppard a. Rh. 1973.
British Documents on Foreign Affairs [BDFA Part I]. Reports and Papers from the Foreign Office Confidential Print, General Editors Kenneth Bourne and D. Cameron Watt, Part I, From the Mid-Nineteenth Century to the First World War, Series C, North America 1837–1914, o. O. 1987, Series F, Europe, 1848–1914, ed. by David Stevenson, Bde. 1–35, o. O. 1990.
British Documents on the Origins of the War 1898–1914, ed. by G. P. Gooch und Harold Temperley, Bde. 1–13, London 1926–1938.
BÜLOW, Bernhard Fürst von, Denkwürdigkeiten, hrsg. von Franz von Stockhammern, Berlin 1930–1931.

BUNSEN, Marie von, Die Welt in der ich lebte. Erinnerungen aus glücklichen Jahren 1860–1912, Leipzig 1929.
CADOGAN, Sir Edward, Before the Deluge. Memories and Reflections 1880–1914, London 1961.
CAMPBELL, Mrs. Patrick, My Life and some Letters, by Mrs. Patrick Campbell (Beatrice Stella Cornwallis-West), London 1922.
CECIL, David, The Cecils of Hatfield House. A Portrait of an English ruling family, London 1975.
CECIL, Edgar Algernon Robert Gascoyne, Viscount Cecil of Chelwood: Great Experiment. An Autobiography, London 1941.
CHAMBERLAIN, [Joseph] Austen, Down the Years, London 1935.
Ders., Politics from Inside. An Epistolary Chronicle 1906–1914, London 1936.
CHIROL, Valentine, Cecil Spring-Rice. In Memoriam, London 1919.
Ders., Fifty Years in a Changing World, London 1927.
CHURCHILL, Winston S., The Great War. Fully Illustrated with Photographs, Drawings and Maps, Bde. 1–3, London 1933.
Ders., The World Crisis, 1911–1918, London 1923.
[Ders.,] Winston Churchill on America and Britain. A Selection of his Thoughts on Anglo-American Relations, collected and ed. by Kay Halle, New York 1970.
COOPER, Alfred Duff, Viscount Norwich: Old Men Forget, sechste Aufl. London 1954 [1953].
COOPER, Diana, The Rainbow Comes and Goes, London 1958.
Documents diplomatiques français (1871–1914), éd. par Ministère des Affaires Étrangères. Commission de publication des documents relatifs aux origines de la guerre de 1914, Bde. 1–41, Paris 1929–1959.
ECKARDSTEIN, Hermann Freiherr von, Lebenserinnerungen und Politische Denkwürdigkeiten, Bde. 1–3, Leipzig 1920–1921.
EDEN, Anthony, Another World, 1897–1917, London 1976.
[EULENBURG, Philipp,] Philipp Eulenburgs politische Korrespondenz, hrsg. von John C. G. Röhl, Bde. 1–3 (Deutsche Geschichtsquellen des 19. und 20. Jahrhunderts, Bd. 52/I–III), Boppard a. Rh. 1976–1983.
[Ders.,] Aus 50 Jahren. Erinnerungen, Tagebücher und Briefe aus dem Nachlaß des Fürsten Philipp zu Eulenburg-Hertefeld, hrsg. von Johannes Haller, Berlin 1923.
[Ders.,] Philipp Fürst zu Eulenberg, Erlebnisse an deutschen und fremden Höfen, hrsg. von seiner Witwe Augusta zu Eulenburg-Hertefeld, Leipzig 1934.
FALKENHAYN, Erich von, Die Oberste Heeresleitung 1914–1916 in ihren wichtigsten Entschließungen, Berlin 1920.
[FISHER, John,] The Papers of Admiral Sir John Fisher, Bd. 2, hrsg. von Peter Kemp Kemp (sic!) (Navy Records Society, Bd. 106), London 1964, S. 320–323.
Foreign Office List 1890–1916: The Foreign Office List 1890, forming a complete British Diplomatic and Consular Handbook, London sixty-third publication 1890 – The Foreign Office List and Diplomatic and Consular Year Book for 1916, London 89th publication 1916.
[FÜRSTENBERG, Carl,] Carl Fürstenberg, Lebensgeschichte eines deutschen Bankiers 1870–1914, hrsg. von Hans Fürstenberg, Berlin 1931; Neudruck unter dem Titel: Carl Fürstenberg. Die Lebensgeschichte eines deutschen Bankiers, niedergeschrieben von Hans Fürstenberg, Wiesbaden o. J. [1961].
FÜRSTENBERG, Hans, Erinnerungen. Mein Weg als Bankier und Carl Fürstenbergs Altersjahre, Wiesbaden 1965.
GEISS, Immanuel (Hrsg.), Juli 1914, zweite Aufl. München 1980 [1965].
Ders. (Bearb.), Julikrise und Kriegsausbruch 1914, Bde. 1–2, dritte Aufl. Hannover 1986 [1963–1964].
GERARD, James Watson, My four years in Germany, New York 1917.
Ders., Face to face with Kaiserism, London/New York/Toronto 1918.
GOETZ, Walter (Hrsg.), Briefe Wilhelms II. an den Zaren 1894–1914, Berlin 1920.
GOOCH, George Peabody, Under Six Reigns. (An Autobiography), London 1958.

[GOSCHEN, Edward,] The Diary of Edward Goschen 1900–1914, hrsg. von Christopher H. D. Howard, London 1980.
GREY, Edward, Fallodon Papers, by Viscount Grey of Fallodon, London 1926.
Ders., Viscount Grey of Fallodon, Twenty five years 1892–1916, Bde. 1–2, London 1925.
Die Große Politik der Europäischen Kabinette 1871–1914. Sammlung der Diplomatischen Akten des Auswärtigen Amtes. Im Auftrag des Auswärtigen Amtes hrsg. von Johannes Lepsius, Albrecht Mendelssohn Bartholdy, Friedich Thimme, Bde. 1–40, Berlin 1922–1927. Verkürzte englische Ausg.: German Diplomatic Documents, 1871–1914, selected and translated by E[dgar] T[revelyan] S[tratford] Dugdale, London 1928–1931.
HALDANE, Richard Burdon, An Autobiography, London 1929.
Ders., Before the War, London 1920.
HALLER, Johannes, Lebenserinnerungen. Gesehenes – Gehörtes – Gedachtes, Stuttgart 1960.
HAMILTON, Edward Walter, The Diary of Sir Edward Walter Hamilton, 1880–1885, ed. by Dudley W. R. Bahlman, Bde. 1–2, Oxford 1972.
HAMILTON, Lord George, Parliamentary Reminiscences and Reflections 1886–1906, London 1922.
HAMMANN, Otto, Aufzeichnungen, in: Archiv für Politik und Geschichte 4 (1925), S. 541–553.
Ders., Die Entstehung der »Krüger-Depesche«, in: Archiv für Politik und Geschichte 2 (1924), S. 203–208.
Ders., Bilder aus der letzten Kaiserzeit, Berlin 1922.
Ders., Der mißverstandne Bismarck. Zwanzig Jahre Deutscher Weltpolitik, Berlin 1921.
Ders., Um den Kaiser. Erinnerungen aus den Jahren 1906–1909, Berlin 1919.
Ders., Der neue Kurs. Erinnerungen, Berlin 1918.
Ders., Zur Vorgeschichte des Weltkrieges. Erinnerungen aus den Jahren 1897–1906, Berlin 1918.
Ders., Deutsche Weltpolitik 1890–1912, Berlin 1925.
HARBERT, Earl N., Henry Adams. A reference guide, Boston 1978.
HARCOURT WILLIAMS, Robin (Hrsg.), Salisbury-Balfour correspondence. Letters exchanged between the third Marquess od Salisbury and his nephew, Arthur James Balfour, 1869–1892, Hertfordshire Record Society 1988.
HARDINGE, Arthur, A Diplomatist in Europe, London 1927.
Ders., A Diplomatist in the East, London 1928.
HARDINGE, Charles, Old Diplomacy. The reminiscences of Lord Hardinge of Penshurst, London 1947.
[HATZFELDT, Paul,] Botschafter Graf Paul von Hatzfeld. Nachgelassene Papiere 1838–1901, Bde. 1–2, hrsg. von Gerhard Ebel (Deutsche Geschichtsquellen des 19. und 20. Jahrhunderts, Bd. 51/I–II), Boppard a. Rh. 1976.
HAY, John, Letters of John Hay and Extracts from Diary, Bde. 1–3, Washington (printed but not published) 1908.
HELMHOLTZ, Anna von, Ein Lebensbild in Briefen, hrsg. von Ellen von Siemens-Helmholtz, Bde. 1–2, Berlin 1929.
HERTSLET, Sir Edward, Recollections of the Old Foreign Office, London 1901.
[HINTZE, Paul,] Paul von Hintze. Marineoffizier, Diplomat, Staatssekretär. Dokumente einer Karriere zwischen Militär und Politik, 1903–1918, eingel. und hrsg. von Johannes Hürter (Deutsche Geschichtsquellen des 19. und 20. Jahrhunderts, Bd. 60), München 1998.
[HOBHOUSE, Charles,] Inside Asquith's Cabinet. From the Diaries of Charles Hobhouse, hrsg. von Edward David, London 1977.
HÖLZLE, Erwin (Hrsg.), Quellen zur Entstehung des Ersten Weltkrieges. Internationale Dokumente 1901–1914, Darmstadt 1978.
HOERDER, Dirk, Plutokraten und Sozialisten. Berichte deutscher Diplomaten über die amerikanische Arbeiterbewegung 1878–1917, München/London/Paris 1981.
[HOHENLOHE-SCHILLINGSFÜRST, Chlodwig Fürst zu,] Denkwürdigkeiten des Fürsten Chlodwig zu Hohenlohe-Schillingsfürst. Im Auftrage des Prinzen Alexander zu Hohenlohe-Schillingsfürst hrsg. von Friedrich Curtius, Bde. 1–2, Stuttgart/Leipzig 1907.

Ders., Denkwürdigkeiten der Reichskanzlerzeit, hrsg. von Karl Alexander von Müller, Stuttgart 1931.
HOHENLOHE, Alexander von, Aus meinem Leben, Frankfurt a. M. 1925.
[HOLSTEIN,] Die geheimen Papiere Friedrich von Holsteins, hrsg. von Norman Rich und M. H. Fisher, dt. Ausg. hrsg. von Werner Frauendienst, Bde. 1–4, Göttingen 1956–1963.
HORNE, Philip (Hrsg.), Henry James. A Life in Letters, London 1999.
HORNER, Frances, Time Remembered, London 1933.
HOWARD, Esme [Lord Howard of Penrith,] Theatre of Life, Bd. 1: Life seen from the Pit, 1863–1905, London 1935; Bd. 2: Life seen from the Stalls, 1905–1936, London 1936.
ILSEMANN, Sigurd von, Der Kaiser in Holland. Aufzeichnungen des letzten Flügeladjutanten Kaiser Wilhelms II., hrsg. von Harald von Koenigswald, Bde. 1–2, München 1967–1968.
Die Internationalen Beziehungen im Zeitalter des Imperialismus. Reihe I–III. Berlin 1931–1943.
JAGOW, Gottlieb von, England und der Kriegsausbruch. Eine Auseinandersetzung mit Lord Grey, Berlin 1925.
Ders., Ursachen und Ausbruch des Weltkrieges, Berlin 1919.
KELLY, David, The Ruling Few, or The Human Background to Diplomacy, London 1952.
KJELLEN, Rudolf, Die Großmächte der Gegenwart, übers. von C. Koch, Leipzig/Berlin 1914.
KÜHLMANN, Richard von, Die Diplomaten, Berlin 1939.
Ders., Erinnerungen, Heidelberg 1948.
LANCKEN-WAKENITZ, Oscar Freiherr von der, Meine dreißig Dienstjahre 1888–1918, Potsdam/Paris/Brüssel/Berlin 1931.
[LEGH, Thomas Wodehouse,] Lord Newton, Retrospection, London 1941.
LINK, Arthur Stanley/William M. Jr. LEARY (Hrsg.), The diplomacy of world power: The United States, 1889–1920, London/New York 1970.
[LLOYD GEORGE, David,] Earl Lloyd-George of Dwyfor, War memoirs, Bde. 1–2, London 1938.
[Ders.,] Lloyd George Family Letters 1885–1936, ed. by Kenneth O. Morgan, Cardiff/London 1973.
LODGE, Henry Cabot, Selections from the correspondence of Theodore Roosevelt and Cabot Lodge 1884–1918, New York 1925.
[LUXMOORE, H. E.,] Letters of H. E. Luxmoore, ed. by A. B. Ramsay, with a preface by M. R. James, Cambridge 1929.
LYTTELTON, Edward, Memories and Hopes, London 1925.
MARSH, Edward, A Number of People. A Book of Reminiscences, London 1939.
MITCHELL, Peter Chalmers, My fill of days, London 1937.
MÜLLER, Karl Alexander von, Aus Gärten der Vergangenheit. Erinnerungen 1882–1914, Stuttgart 1951.
Österreich-Ungarns Außenpolitik von der bosnischen Krise 1908 bis zum Kriegsausbruch 1914, Bde. 1–9, Wien/Leipzig 1930.
OLDENBURG-JANUSCHAU, Elard von, Erinnerungen, Leipzig 1936.
Papers Relating to the Foreign Relations of the United States, 1885–1921, Washington 1886–1947.
PERCY, Eustace [Lord Percy of Newcastle,] Some Memories, London 1958.
PLESS, Daisy Fürstin von, Tanz auf dem Vulkan. Erinnerungen an Deutschlands und Englands Schicksalswende, eingel. und hrsg. von Major Desmond Chapman-Huston, übers. von Maria Latzel, Bde. 1–2, Dresden 1929.
POMMERIN, Reiner/Michael FRÖHLICH (Hrsg.), Quellen zu den deutsch-britischen Beziehungen 1815–1914, Darmstadt 1997.
Dies. (Hrsg.), Quellen zu den deutsch-amerikanischen Beziehungen 1776–1917, Darmstadt 1996.
PRITTWITZ UND GAFFRON, Friedrich von, Zwischen Petersburg und Washington. Ein Diplomatenleben, München 1952.
[RADOWITZ, Joseph Maria von,] Aufzeichnungen und Erinnerungen aus dem Leben des Botschafters Joseph Maria von Radowitz, hrsg. von Hajo Holborn, Stuttgart 1925.

RADZIWILL, Marie Dorothea Elisabeth de Castellane, Fürstin, Une Grande Dame d'avant Guerre. Lettres de la Princesse Radziwill au Général de Robilant, 1889–1914, Bde. 1–4, Bologna 1933–1934; deutsche Ausgabe: Marie Fürstin RADZIWILL, Briefe vom deutschen Kaiserhof 1889–1915, ausgewählt und übers. von Paul Wiegler, Berlin 1936.

[REID, Whitelaw,] Making Peace with Spain. The Diary of Whitelaw Reid, September – December 1898, hrsg. von Howard Wayne Morgan, Austin 1965.

[Ders.,] Rise to world power. Selected letters of Whitelaw Reid, 1895–1912, hrsg. von David R. Contosta und Jessica R. Hawthorne, Philadelphia 1986.

RIBBLESDALE, Lord, Impressions and Memories. With Preface by his daughter Lady Wilson, London [u. a.] 1927.

RIDLEY, Jane/Clayre PERCY (Hrsg.), The Letters of Arthur Balfour and Lady Elcho 1885–1917, London 1992.

RIEZLER, Kurt, Tagebücher, Aufsätze, Dokumente, eingel. und hrsg. von Karl Dietrich Erdmann (Deutsche Geschichtsquellen des 19. und 20. Jahrhunderts, Bd. 48), Göttingen 1972.

[Ders.,] J. J. Ruedorffer, Grundzüge der Weltpolitik der Gegenwart, Stuttgart 1914.

RODD, Sir James Rennell, Social and Diplomatic Memories, 1884–1919, Bde. 1–3, London 1922–1925.

ROGGE, Helmuth (Hrsg.), Friedrich von Holstein. Lebensbekenntnis in Briefen an eine Frau, Berlin 1932.

Ders., Holstein und Hohenlohe. Neue Beiträge zu Friedrich von Holsteins Tätigkeit als Mitarbeiter Bismarcks und als Ratgeber Hohenlohes. Nach Briefen und Aufzeichnungen aus dem Nachlass des Fürsten Chlodwig zu Hohenlohe-Schillingsfürst 1874–1894, Stuttgart 1957.

Ders., Holstein und Harden. Politisch-publizistisches Zusammenspiel zweier Außenseiter des Wilhelminischen Reiches, München 1959.

ROOSEVELT, Theodore, An Autobiography. New Introduction by Elting Morison, New York 1985 [1913].

[Ders.,] The Letters of Theodore Roosevelt, selected and ed. by Elting E. Morison, Bde. 1–8, Cambridge 1951–1954.

Ders., The Works. National Edition, ed. by Hermann Hagedorn, Bde. 1–24, New York 1923–1926.

ROSEN, Friedrich, Aus einem diplomatischen Wanderleben, Bde. 1–4 in 3; Bd. 1: Auswärtiges Amt, Marokko, Berlin 1931; Bd. 2: Bukarest, Lissabon, Berlin 1932; Bde. 3–4: Aus dem Nachlaß, hrsg. und eingel. von Herbert Müller-Werth, Wiesbaden 1959.

[SALISBURY, Robert Arthur Talbot Gascoyne Cecil, Marquis of,] Lord Salisbury on politics. A selection from his articles in The Quarterly Review, edited by Paul Smith, Cambridge 1972.

SASSOON, Siegfried, Memoirs of a Fox-Hunting Man, London 1928.

Ders., The Weald of Youth, London 1942.

SCHOEN, Freiherr [Wilhelm] von, Erlebtes. Beiträge zur politischen Geschichte der neuesten Zeit. Von Freiherrn von Schoen, vormaligem Staatssekretär und Botschafter, Stuttgart/Berlin 1921.

[SCHWEINITZ, Hans Lothar von,] Denkwürdigkeiten des Botschafters General von Schweinitz, Bde. 1–2, Berlin 1927.

SCHWERTFEGER, Bernhard, Die diplomatischen Akten des Auswärtigen Amtes 1871–1914. Ein Wegweiser durch das große Aktenwerk der Deutschen Regierung, Bde. 1–8 in 5, Berlin 1924–1927.

Ders., Zeitkalender der Diplomatischen Akten des Auswärtigen Amtes 1871–1914. Synchronistische Zusammenstellung der Dokumente der Großen Aktenpublikation des Auswärtigen Amtes nach ihren Absendungsdaten, Berlin 1928.

SCOTT, James Brown (Hrsg.), Diplomatic Correspondence between the United States and Germany, August 1, 1914 – April 6, 1917, New York 1918.

SPENDER, John Alfred, Life, Journalism and Politics, Bde. 1–2, London [u. a.] 1927.

[SPITZEMBERG,] Das Tagebuch der Baronin Spitzemberg geb. Freiin von Varnbüler. Aufzeichnungen aus der Hofgesellschaft des Hohenzollernreiches, ausgew. und hrsg. von Rudolf Vierhaus, fünfte Aufl. Göttingen 1989.

[SPRING-RICE, Cecil,] The Letters and Friendships of Sir Cecil Spring Rice. A Record, ed. by Stephen Gwynn, Bde. 1–2, Boston/New York 1929; repr. New York 1972.
STEED, Henry Wickham, Through Thirty Years, 1892–1922. A Personal Narrative, Bde. 1–2, London 1925.
ST. LOE STRACHEY, John, The Adventure of Living. A Subjective Autobiography, London 1922.
TILLEY, John Anthony Cecil, London to Tokyo, London 1942.
TIRPITZ, Alfred von, Erinnerungen, Berlin/Leipzig 1919, fünfte durchgesehene und verbesserte Aufl. 1927.
Ders., Politische Dokumente, Bde. 1–2, Bd. 1: Der Aufbau der deutschen Weltmacht, Stuttgart/Berlin 1924; Bd. 2: Deutsche Ohnmachtspolitik im Weltkriege, Hamburg/Berlin 1926.
[TREUTLER, Karl Georg von,] Die graue Exzellenz. Zwischen Staatsräson und Vasallentreue. Aus den Papieren des kaiserlichen Gesandten Treutler, hrsg. und eingel. von Karl-Heinz Janßen, Frankfurt a. M./Berlin/Wien 1971.
TROTHA, Adolf von, Volkstum und Staatsführung. Briefe und Aufzeichnungen aus den Jahren 1915–1920, Berlin 1928.
VANDERBILT BALSAN, Consuelo, The Glitter and the Gold, New York 1952.
VANSITTART, Robert Gilbert, The Mist Procession. The Autobiography of Lord Vansittart, London 1958.
WALDERSEE, Alfred Graf von, Denkwürdigkeiten des General-Feldmarschalls Alfred Grafen von Waldersee, bearb. und hrsg. von Heinrich Otto Meisner, Bde. 1–3, Stuttgart/Berlin 1922–1923.
WELLS, Herbert George, Experiment in Autobiography. Discoveries and conclusions of a very ordinary brain (since 1866), Bde. 1–2, London 1934.
WIDENMANN, Wilhelm, Marineattaché an der kaiserlichen Botschaft in London 1907–1912, Göttingen 1952.
WILHELM II., Ereignisse und Gestalten aus den Jahren 1878–1918, Leipzig/Berlin 1922.
Ders., Aus meinem Leben 1859–1888, Berlin/Leipzig 1927.
[Ders.,] Reden des Kaisers. Ansprachen, Predigten und Trinksprüche Wilhelms II., hrsg. von Ernst Johann, zweite Aufl. München 1977.
WILKINSON, Spenser, Thirty-Five Years, 1874–1909, London 1933.
[WOLFF, Theodor,] Theodor Wolff. Tagebücher 1914–1919, hrsg. von Bernd Sösemann, Bde. 1–2, Boppard a. Rh. 1984.
ZEDLITZ-TRÜTZSCHLER, Robert Graf, Zwölf Jahre am deutschen Kaiserhof. Aufzeichnungen des Grafen Robert Zedlitz-Trützschler[, des] ehemaligen Hofmarschalls Wilhelms II., Stuttgart/Berlin/Leipzig 1923.
ZOBELTITZ, Fedor von, Chronik der Gesellschaft unter dem letzten Kaiserreich (1894–1914), Bde. 1–2, Hamburg 1922.
Ders., Ich hab so gern gelebt. Lebenserinnerungen, Berlin 1934.
ZWEIG, Stefan, Die Welt von gestern. Erinnerungen eines Europäers, Berlin 1962 [1944].

2.4. Veröffentlichungen nach dem Ersten Weltkrieg

ABDY, Jane/Charlotte GERE, The Souls, London 1984.
ABEL, Christopher A., Controlling the Big Stick: Theodore Roosevelt and the Cuban Crisis of 1906, in: Naval War College Review 40/3 (1987), S. 88–98.
ADAMS, James Truslow, Henry Adams, London 1933.
ADAMS, Willi Paul, Die USA vor 1900, München 2000.
Ders., Die USA im 20. Jahrhundert, München 2000.
Ders./Knud KRAKAU (Hrsg.), Deutschland und Amerika. Perzeption und historische Realität, Berlin 1985.
AFFLERBACH, Holger, Falkenhayn. Politisches Denken und Handeln im Kaiserreich, zweite Aufl. München 1996.

AITKEN, S. C., Person-environment Theories in Contemporary Perceptual and Behavioural Geography, Teil 1, in: Progress in Human Geography 15 (1991), S. 179–193; Teil 2, in: Progress in Human Geography 16 (1992), S. 553–662.
ALBERTINI, Luigi, The Origins of the War of 1914, Bde. 1–3, London 1952–1957.
ALBION, Robert Greenhalgh, Makers of Naval Policy 1798–1947, ed. by Rowena Reed, Annapolis 1980.
ALFORD, Bernard W. E., Britain in the World Economy since 1880, Harlow 1996.
ALLEN, Harry Cranbrook, Great Britain and the United States. A History of Anglo-American Relations (1783–1952), London 1954.
Ders., The Anglo-American Relationship since 1783, London 1959, revised and enlarged edition of Part I of »Great Britain and the United States. A History of Anglo-American Relations, 1783–1952«.
ALLIN, Lawrence C., The Naval Institute, Mahan, and the naval profession, in: Naval War College Review 31 (1978), No. 1, S. 29–48.
AMBROSIUS, Lloyd E., Wilsonian Statecraft. Theory and Practice of Liberal Internationalism during World War I, Wilmington, Nebraska 1991.
ANDERSON, Benedict, Die Erfindung der Nation. Zur Karriere eines folgenreichen Konzepts, Berlin 1998.
ANDERSON, Matthew S., The Rise of Modern Diplomacy, 1450–1919, London 1993.
ANDERSON, Stuart, Race and Rapprochement. Anglo-Saxonism and Anglo-American relations, 1895–1904, London/Toronto 1981.
ANDREW, Christopher, Théophile Delcassé and the Making of the Entente Cordiale. A reappraisal of French Foreign Policy 1898–1905, London [u. a.] 1968.
ANGELOW, Jürgen, Vom »Bündnis zum Block«. Struktur, Forschungsstand und Problemlage einer Geschichte des Zweibundes 1879–1914, in: MGM 54 (1995), S. 129–170.
Ders., Interessenidentität und Mächtekonkurrenz im Zweibund. Wirtschaftsräumliche, handelspolitische und militärstrategische Ziele im »Mitteleuropa«-Konzept zu Beginn des 20. Jahrhunderts, in: RUMPLER/NIEDERKORN (Hrsg.), Der »Zweibund« 1879, S. 299–324.
ANGERMANN, Erich, Der Imperialismus als Formwandel des amerikanischen Expansionismus. Eine Studie über den Gedanken einer zivilisatorischen Sendung der Vereinigten Staaten, in: JbA 4 (1967), S. 694–725.
Ders., Die Vereinigten Staaten von Amerika vom Frieden von Gent (1814) bis zum Frieden von Versailles (1919), in: Historia Mundi, Bd. 10, Bern 1961, S. 255–331.
Ders., Ein Wendepunkt in der Geschichte der Monroe-Doktrin und der deutsch-amerikanischen Beziehungen. Die Venezuelakrise von 1902/03 im Spiegel der amerikanischen Tagespresse, in: JbA 3 (1958), S. 22–58.
ANSTRUTHER, Ian, Oscar Browning. A Biography, London 1983.
ARON, Raymond, Frieden und Krieg. Eine Theorie der Staatenwelt, Frankfurt a. M. 1986 (Orig.: Paix et guerre entre les nations, Paris 1962; erste deutsche Ausgabe München 1963).
Ders., Die imperiale Republik. Die Vereinigten Staaten von Amerika und die übrige Welt seit 1945, Stuttgart/Zürich 1975 (Orig. Paris 1973).
AUGUSTINE, Dolores L., Patricians and Parvenus. Wealth and High Society in Wilhelmine Germany, Oxford 1994.
AXELROD, Robert (Hrsg.), Structure of Decision. The Cognitive Maps of Political Elites, Princeton 1976.
BABCOCK, William H., Legendary Islands of the Atlantic. A Study in Medieval Geography, New York 1922, reprinted 1975.
BAECKER, Thomas, Das deutsche Feindbild in der amerikanischen Marine, in: Marine-Rundschau 70 (1973), S. 65–84.
Ders., Mahan über Deutschland, in: Marine-Rundschau 73 (1976), S. 10–19, 86–102.
Ders., Die deutsche Mexikopolitik 1913/14, Berlin 1971.
BAGWELL, Philipp S./G. E. MINGAY, Britain and America. A Study of Economic Change 1850–1939, London 1970.
BAILEY, Thomas Andrew, Dewey and the Germans at Manila Bay, in: AHR 45 (1939/40), S. 59–81.

Ders., A Diplomatic History of the American People, New York 1940, achte Aufl. 1969.
BAIROCH, Paul, Europe's Gross National Product, 1800–1975, in: JEEH 5 (1976), S. 273–340.
Ders., International Industrialization Levels from 1750 to 1980, in: JEEH 11 (1982), 269–333.
BALFOUR, Michael, Der Kaiser. Wilhelm II. und seine Zeit. Mit einem einleitenden Essay von Walter Bußmann, Berlin o. J. [1967].
BALTZELL, Edward Digby, The Protestant Establishment. Aristocracy and Caste in America, London 1965.
BARBLAN, Andris, L'image de l'Anglais en France pendant les querelles coloniales 1882–1904, Bern 1974.
BARCLAY, David E./Elisabeth GLASER-SCHMIDT (Hrsg.), Transatlantic Images and Perceptions. Germany and America since 1776, Washington 1997.
BARNES, William/John H. MORGAN, The Foreign Service of the United States, Washington 1961.
BARRACLOUGH, Geoffrey, Europa, Amerika und Rußland in Vorstellung und Denken des 19. Jahrhunderts, in: HZ 203 (1966), S. 280–315.
BARTH, Boris, Deutsche Banken und Österreich-Ungarn. Eine wirtschaftliche und politische Partnerschaft? In: RUMPLER/NIEDERKORN (Hrsg.), Der »Zweibund« 1879, S. 279–297.
Ders., Internationale Geschichte und europäische Expansion: Die Imperialismen des 19. Jahrhunderts, in: LOTH/OSTERHAMMEL (Hrsg.), Internationale Geschichte, S. 309–327.
Ders., Die deutsche Hochfinanz und die Imperialismen. Banken und Außenpolitik vor 1914 (Beiträge zur Kolonial- und Überseegeschichte, Bd. 61), Stuttgart 1995.
BARTLETT, Christopher John, Defence and diplomacy. Britain and the Great Powers 1815–1914, Manchester/New York 1993.
BASSFORD, Christopher, Clausewitz in English. The Reception of Clausewitz in Britain and America 1815–1945, Oxford 1994.
BASSIN, Mark, Imperialer Raum / Nationaler Raum. Sibirien auf der kognitiven Landkarte Rußlands im 19. Jahrhundert, in: GG 28 (2002), S. 378–402.
BAUMGART, Winfried, Deutschland im Zeitalter des Imperialismus 1890–1914. Grundkräfte, Thesen und Strukturen, fünfte Aufl. Stuttgart 1986.
Ders., Europäisches Konzert und nationale Bewegung. Internationale Beziehungen 1830–1878 (Handbuch der Geschichte der Internationalen Beziehungen, Bd. 6), Paderborn 1999.
BEALE, Howard Kennedy, Theodore Roosevelt, Wilhelm II. und die deutsch-amerikanischen Beziehungen, in: Die Welt als Geschichte 15 (1955), S. 155–187.
Ders., Theodore Roosevelt and the Rise of America to World Power, Baltimore 1956.
BEARD, Madeleine, Englisch Landed Society in the Twentieth Century, London 1989.
BECKER, Otto, Die Wende der deutsch-englischen Beziehungen, in: Festschrift für Gerhard Ritter, Tübingen 1950, S. 353–400.
BECKER, William H./Samuel F. WELLS (Hrsg.), Economics and World Power. An Assessment of American Diplomacy since 1789, New York 1984.
BECKER, William H., America adjusts to World Power, 1889–1920, in: Ders./WELLS (Hrsg.), Economics and World Power, S. 173–223.
BECKER, Willy, Bülow contra Tirpitz. Ein Beitrag zu den Kontroversen über die deutsche Flottenpolitik in: Zeitschrift für Politik 16 (1927), H. 4, S. 297–330.
Ders., Fürst Bülow und England 1897–1909, Greifswald 1929.
BEISNER, Robert L., Twelve Against Empire: The Anti-Imperialists, 1898–1900, New York 1968.
Ders., From the Old Diplomacy to the New 1865–1900, zweite Aufl. New York 1986.
BELOFF, Max, Is there an Anglo-American Political Tradition? In: History 36 (1951), S. 73–91, abgedruckt in: Ders., The Great Powers, S. 143–161.
Ders., Theodore Roosevelt and the British Empire, Centennial Lecture, delivered at Rhodes House, Oxford, May 23, 1958, in: Ders., The Great Powers, S. 215–232.
Ders., The Great Powers. Essays in Twentieth Century Politics, London 1959, Nachdruck Westport, Conn. 1979.
Ders., Imperial Sunset. Britain's Liberal Empire, 1897–1921, London 1969.

Ders., The Special Relationship: an Anglo-American Myth, in: Martin GILBERT (Hrsg.), A Century of Conflict 1850–1950. Essays for A. J. P. Taylor, London 1966, S. 151–171.

BEMIS, Samuel Flagg, A Diplomatic History of the United States, fünfte Auflage New York 1965 (1937).

Ders., A Short History of American Foreign Policy and Diplomacy, New York 1959.

Ders., The American Secretaries of State and their Diplomacy, Bd. 8, New York 1928; Bd. 9, New York 1929.

BENGTSON, Hermann, Einführung in die alte Geschichte, achte Aufl. München 1979.

BENTLEY-CRANACH, Dana, Edward VII. Image of an Era, London 1992.

BERG, Manfred, Gustav Stresemann und die Vereinigten Staaten von Amerika. Weltwirtschaftliche Verflechtung und Revisionspolitik 1907–1929, Baden-Baden 1990.

BERGHAHN, Volker R., Der Tirpitz-Plan. Genesis und Verfall einer innenpolitischen Krisenstrategie, Düsseldorf 1971.

Ders., Zu den Zielen des deutschen Flottenbaus unter Wilhelm II., in: HZ 210 (1970), S. 34–100.

Ders., Germany and the Approach of War in 1914, second edition New York 1993 [1973].

Ders./Wilhelm DEIST (Hrsg.), Kaiserliche Marine und Kriegsausbruch 1914, in: MGM 7 (1970), S. 37–58.

BERGHOFF, Hartmut, Aristokratisierung des Bürgertums? Zur Sozialgeschichte der Nobilitierung von Unternehmern in Preußen und Großbritannien 1870 bis 1918, in: VSWG 81 (1994), S. 178–204.

BESSLICH, Barbara, Wege in den »Kulturkrieg«. Zivilisationskritik in Deutschland 1890–1914, Darmstadt 2000.

Biographisches Handbuch des deutschen Auswärtigen Dienstes 1871–1945, Bd. 1: A–F, Paderborn 2000.

BIRD, Keith W., From Tirpitz to Hitler: Continuity and Discontinuity in German Naval History, in: LOVE (Hrsg.), Changing Interpretations and New Sources in Naval History, S. 246–259.

BIRKE, Adolf/Magnus BRECHTKEN/Alaric SEARLE (Hrsg.), An Anglo-German Dialogue: The Munich Lectures on the History of International Relations (Prinz-Albert-Studien, Bd. 17), München 2000.

BLACK, Jeremy, Maps and History. Constructing Images of the Past, New Haven/London 1997.

Ders., Maps and Politics, London 1997.

Ders., The British Abroad. The Grand Tour in the Eighteenth Century, new edition London 1999.

BLACKBOURN, David, History of Germany 1780–1918. The Long Nineteenth Century, Oxford 2003 [i. e. 2002].

BLACKMUR, Richard Palmer, Henry Adams, ed. with an introduction by Veronica A. Makowsky, London 1980.

BLAICHER, Günther, Das Deutschlandbild in der englischen Literatur, Darmstadt 1992.

BLAKE, Nelson Manfred, Ambassadors at the Court of Theodore Roosevelt, in: MVHR 42 (1955/56), S. 179–206.

BLAKE, Robert, The Unknown Prime Minister. The Life and Times of Andrew Bonar Law 1858–1923, London 1955.

BLOUET, Brian W., Halford Mackinder: A Biography, College Station, Texas 1987.

BÖHME, Helmut, Deutschlands Weg zur Großmacht. Studien zum Verhältnis von Wirtschaft und Staat während der Reichsgründungszeit 1848–1881, Köln 1966.

BORCHARDT, Knut, Germany 1700–1914, in: Carlo M. CIPOLLA (Hrsg.), The Emergence of Industrial Societies, London 1976, S. 76–160.

BORN, Karl-Erich, Deutschland als Kaiserreich (1871–1918), in: Theodor SCHIEDER (Hrsg.), Handbuch der Europäischen Geschichte, Bd. 6, Stuttgart 1968, S. 198–230.

BOULDING, Kenneth Ewart, The Image. Knowledge in Life and Society, Ann Arbor 1961 [1956]; deutsche Ausgabe: Die neuen Leitbilder, übers. von H. Gross, Düsseldorf 1958.

Ders., National Images and International Systems, in: ROSENAU (Hrsg.), International Politics and Foreign Policy, S. 422–431.

BOURNE, Kenneth, Britain and the Balance of Power in North America 1815–1908, London 1967.
Ders., The Foreign Policy of Victorian England 1830–1902, Oxford 1970.
BOVERI, Margret, Sir Edward Grey und das Foreign Office, Berlin-Grunewald 1933.
BOYCE, David G., Public Opinion and Historians, in: History 63 (1978), S. 214–228.
BRAISTED, William Reynolds, The United States Navy in the Pacific, 1897–1908, Austin, Texas/London 1958.
Ders., The United States Navy in the Pacific, 1909–1922, Austin, Texas/London 1971.
BROCKE, Bernhard vom, Der deutsch-amerikanische Professorenaustausch. Preußische Wissenschaftspolitik, internationale Wissenschaftsbeziehungen und die Anfänge einer deutschen auswärtigen Kulturpolitik vor dem Ersten Weltkrieg, in: ZfK 31 (1981), S. 128–182.
BRODIE, Bernard, Sea Power in the Machine Age, Princeton 1941.
Ders., A Guide to Naval Strategy, fünfte Aufl. New York 1965.
Ders., War and politics, New York 1973.
BROOKS, David, The age of upheaval. Edwardian politics, 1899–1914, Manchester/New York 1995.
BROWN, Judith M./Wm. Roger LOUIS (Hrsg.), The Oxford History of the British Empire, Bd. 4: The Twentieth Century, Oxford/New York 1999.
BRUCH, Rüdiger vom, Deutschland und England. Heeres- oder Flottenverstärkung? Politische Publizistik deutscher Hochschullehrer 1911/12, in: MGM 29 (1981), S. 7–35.
Ders., »Militarismus«, »Realpolitik« und »Pazifismus«. Außenpolitik und Aufrüstung in der Sicht deutscher Hochschullehrer (Historiker) im späten Kaiserreich, in: MGM 39 (1986), S. 37–58.
BUEB, Volkmar, Die »Junge Schule« der französischen Marine. Strategie und Politik 1875–1900 (Militärgeschichtliche Studien, Bd. 12), Boppard a. Rh. 1971.
BUEHRIG, Edward H., Woodrow Wilson and the Balance of Power, Bloomington 1955.
BULL, Hedley, The Anarchical Society. A Study of Order in World Politics, London 1977.
BULLEN, Roger [u. a.] (Hrsg.), Ideas into Politics: Aspects of European History 1880–1950, London 1984.
BURCHARDT, Lothar, Friedenswirtschaft und Kriegsvorsorge. Deutschlands wirtschaftliche Rüstungsbestrebungen vor 1914 (Militärgeschichtliche Studien, Bd. 6), Boppard a. Rh. 1968.
Ders., Die personellen und wirtschaftlichen Anstrengungen der USA im Ersten Weltkrieg, in: MGM 1979/2, S. 59–80.
BURK, Kathleen, The Diplomacy of Finance: British Financial Missions to the United States 1914–1918, in: Historical Journal 22 (1979), S. 351–372.
Ders., Britain, America and the Sinews of War 1914–1918, Boston 1985.
BURMEISTER, Hans Wilhelm, Prince Philipp Eulenburg-Hertefeld (1847–1921). His Influence on Kaiser Wilhelm II and his role in the German Government 1888–1902, Wiesbaden 1981.
BURTON, David Henry, Theodore Roosevelt, New York 1972.
Ders., Theodore Roosevelt and his English Correspondents. A Special Relationship of Friends, Philadelphia 1973.
Ders., William Howard Taft. In the Public Service, Melbourne 1985.
Ders., The learned Presidency. Theodore Roosevelt, William Howard Taft, Woodrow Wilson, Rutherford, N. J. 1988.
Ders., Cecil Spring Rice. A Diplomat's Life, Rutherford/London 1990.
Ders., Theodore Roosevelt, American Politician: An Assessment, Rutherford, N. J. 1997.
BUSCH, Briton Cooper, Hardinge of Penshurst. A Study in the Old Diplomacy, Hamden, Conn. 1980.
BYWATER, Hector C., Sea-Power in the Pacific. A Study of the American-Japanese Naval Problem, new edition, with a new Preface and Appendices recast and brought up to date, London 1934 [1921].
CAIN, Peter J., Hobson, Cobdenism and the Radical Theory of Economic Imperialism 1898–1914, in: EHR, 2nd Ser. 31 (1978), S. 565–584.
Ders., Economic foundations of British overseas expansion 1815–1914, London 1980.

Ders., Was it Worth Having? The British Empire 1850–1950, in: RHE 16 (1998), S. 351–376.
Ders./Antony G. HOPKINS, British Imperialism. Innovation and Expansion 1688–1914, London 1993.
Dies., British Imperialism. Crisis and Deconstruction 1914–1990, London 1993.
Dies., British Imperialism, 1688–2000, second ed. Harlow [u. a.] 2002.
CAIN, Peter/Mark HARRISON (Hrsg.), Imperialism. Critical Concepts in Historical Studies, London 2000.
CALLCOTT, Wilfrid Hardy, The Caribbean Policy of the United States, 1890–1920, Baltimore 1942.
CALLEO, David, The German Problem Reconsidered. Germany and the World Order, 1870 to the Present, Cambridge 1978.
CALVERT, Peter Anthony Richard, The Mexican Revolution, 1910–1914. The Diplomacy of Anglo-American Conflict, Cambridge 1968.
Ders., Great Britain and the New World 1905–1914, in: HINSLEY (Hrsg.), British Foreign Policy under Sir Edward Grey, S. 382–394.
CAMPBELL, Alexander Elmslie, Great Britain and the United States 1895–1903, London 1960.
Ders. (Hrsg.), Expansion and Imperialism, New York 1970.
Ders., America comes of age. The era of Theodore Roosevelt, London 1971.
CAMPBELL, Charles Soutter, Anglo-American Understanding, 1898–1903, Baltimore, Maryland 1957.
Ders., The Dismissal of Lord Sackville, in: MVHR 44 (1958), S. 635–648.
Ders., From Revolution to Rapprochement: The United States and Great Britain 1783–1900, New York 1974.
Ders., The transformation of American Foreign Relations 1865–1900, New York 1976.
CANETTI, Elias, Masse und Macht, Düsseldorf 1960.
CANIS, Konrad, Von Bismarck zur Weltpolitik. Deutsche Außenpolitik 1890–1902, Berlin 1997.
CANNADINE, David, The Decline and Fall of the British Aristocracy, revised edition London 1992 (1990).
Ders., Aspects of Aristocracy. Grandeur and Decline Modern Britain, New Haven/London 1994.
Ders., Class in Britain, New Haven/London 1998.
CARROLL, Eber M., Germany and the Great Powers 1866–1914. A Study in Public Opinion and Foreign Policy, Hamden, Conn. 1938.
CECIL, Algernon, British Foreign Secretaries 1807–1916. Studies in Personality and Policy, London/New York 1927.
Ders., The Foreign Office, in: WARD/GOOCH (Hrsg.), The Cambridge History of British Foreign Policy, Bd. 3: 1866–1919, Cambridge 1923, ch. VIII, S. 539–630.
CECIL, David, Max. A Biography, London 1964.
CECIL, Lady Gwendolen Gascoyne, Life of Robert, Marquess of Salisbury, Bde. 1–4, London 1921–1932.
CECIL, Lamar, The German Diplomatic Service, 1871–1914, Princeton, NJ 1976.
Ders., Wilhelm II., Bd. 1: Wilhelm II. Prince and Emperor 1859–1900, Chapel Hill 1989; Bd. 2: Wilhelm II. Emperor and Exile 1900–1941, Chapel Hill 1996.
CHALLENER, Richard Delo, Admirals, Generals and American Foreign Policy 1898–1914, Princeton, NJ 1973.
CHAMBERLAIN, Muriel E., ›Pax Britannica‹? British Foreign Policy 1789–1914, London/New York 1988.
CHARTERIS, Evan, John Sargent, London/New York 1927.
CHICKERING, Roger, We Men Who Feel Most German. A Cultural Study of the Pan-German League, 1886–1914, London 1984.
CHILD, James Clifton, German-American attempts to prevent the exportation of munitions of war, 1914–1915, in: MVHR 25 (1938), S. 351–368.
Ders., The German-Americans in politics 1914–1917, New York 1939.

CHRISTOF, Horst, Deutsch-amerikanische Entfremdung. Studien zu den deutsch-amerikanischen Beziehungen von 1913 bis zum Mai 1916, phil. Diss. Würzburg 1975.
CHURCHILL, Winston, The Ex-Kaiser, in: Ders., Great Contemporaries, revised edition London 1940 [1937], S. 33–44.
CIPOLLA, Carlo M. (Hrsg.), The Industrial Revolution 1700–1914 (The Fontana Economic History of Europe, Bd. 4), Brighton 1976.
CLARK, William, Less than Kin. A Study of Anglo-American Relations, London 1957.
CLARKE, Ignatius Frederick, The Battle of Dorking 1871–1914, in: Victorian Studies 8 (1965), S. 309–328.
Ders., Voices Prophesying War. Future Wars 1763–3749, zweite Aufl. Oxford 1992.
CLARKE, John J., Merchant Marine and the Navy: A Note on the Mahan Hypothesis, in: RUSI Journal 112, Nr. 646 (May 1967), S. 162–164.
CLYMER, Kenton J., John Hay. The Gentleman as Diplomat, Ann Arbor 1975.
COATES, Vary T., A Retrospective Technology Assessment: Submarine Telegraphy – The Transatlantic Cable of 1866, San Francisco 1979.
COLLIN, Richard H., Theodore Roosevelt, Culture, Diplomacy, and Expansion: A New View of American Imperialism, Baton Rouge 1985.
Ders., The Caribean Theatre transformed: Britain, France, Germany, and the U. S, 1900–1906, in: American Neptune 52 (1992), S. 102–112.
COLLINS, Doreen, Aspects of British Politics 1904–1919, London/Oxford 1965.
COMBS, Jerald A., The History of American Foreign Policy, New York 1986.
COOLING, Benjamin F., Gray Steel and Blue Water Navy. The Formative Years of America's Military-Industrial Complex 1881–1917, Hamden, Conn. 1979.
CORTISSOZ, Royal, The Life of Whitelaw Reid, Bde. 1–2, New York 1921.
COSGROVE, Denis/Stephen DANIELS (Hrsg.), The Iconography of Landscape. Essays in the symbolic representation, design and use of past environments, Cambridge [u. a.] 1988.
COSGROVE, Denis (Hrsg.), Mappings, London 1999.
COSGROVE, Richard A., The Career of Sir Eyre Crowe. A Reassessement, in: Albion 4 (1972), S. 193–205.
Ders., Sir Eyre Crowe and the English Foreign Office, 1905–1914, Ph. D. University of California, Riverside 1967.
CRAIG, Gordon, Krieg, Politik und Diplomatie, Wien 2001.
CRAPOL, Edward P., America for Americans. Economic Nationalism and Anglophobia in the Late Nineteenth Century, Westport, Conn./London 1973.
Ders., From Anglophobia to fragile Rapprochement: Anglo-American Relations in the early twentieth century, in: SCHRÖDER (Hrsg.), Confrontation and Cooperation, S. 13–31.
CREWE, Robert Offley Ashburton-Milnes, Marquis of, Lord Rosebery, Bde. 1–2, London 1931.
CROMWELL, Valerie, »A world apart«: gentlemen amateurs to professional generalists, in: DOCKRILL/MCKERCHER (Hrsg.), Diplomacy and world power, S. 1–18.
Dies./Zara S. STEINER, The Foreign Office before 1914: a Study in Resistance, in: SUTHERLAND (Hrsg.), Studies in the Growth of Nineteenth Century Government, S. 167–194.
CROUSE, Janet Kay Wellhousen, The decline of German-American Friendship: Beef, porc and politics 1890–1906, Ph. D. University of Delaware 1980.
CROUZET, François, The Victorian Economy, London 1982.
CROWE, Sibyl/Edward CORP, Our Ablest Public Servant. Sir Eyre Crowe, GCB, GCMG, KCB, KCMG, 1864–1925, Braunton, Devon 1993.
CROWL, Philip A., Alfred Thayer Mahan: The Naval Historian, in: PARET (Hrsg.), Makers of Modern Strategy, S. 444–477.
DANDEKER, Christopher, Bureaucracy Planning and War: The Royal Navy, 1880–1918, in: Armed Forces & Society 11 (1984), S. 130–146.
DANGERFIELD, George, The Strange Death of Liberal England, New York 1935, London 1936.
DANIEL, Ute/Wolfram SIEMANN (Hrsg.), Propaganda. Meinungskampf, Verführung und politische Sinnstiftung, Frankfurt a. M. 1994.

DARBY, Phillip, Three Faces of Imperialism. British and American Approaches to Asia and Africa 1870–1970, New Haven/London 1987.
DAVIES, Calvin De Armond, The United States and the Second Hague Peace Conference. American diplomacy and international organization 1899–1914, Durham, North Carolina 1975.
DAVIES, Norman, The Isles. A History, London 1999.
DAVIS, Forrest, The Atlantic System. The Story of the Anglo-American Control of the Seas, New York 1941.
DAVIS, George T., A Navy Second to None: The Development of Modern American Naval Policy, New York 1940.
DAVIS, Henry William Carless, A History of Balliol College, revised by R. H. C. Davis and Richard Hunt, and supplemented by Harold Hartley, Oxford 1963.
DEANE, Phyllis, The Industrial Revolution in Great Britain, in: Carlo M. CIPOLLA (Hrsg.), The Emergence of Industrial Societies, London 1976, S. 161–227.
DECONDE, Alexander (Hrsg.), Encyclopaedia of American Foreign Policy. Studies of the Principal Movements and Ideas, Bde. 1–3, New York 1978.
DEFROSCIA, Patrick David, The diplomacy of Elihu Root, 1905–1909, Ph. D. Temple University 1976.
DEHIO, Ludwig, Gleichgewicht oder Hegemonie. Betrachtungen über ein Grundproblem der neueren Staatengeschichte, Krefeld o. J. [1948].
DEICKE, Gertrud, Das Amerikabild der deutschen öffentlichen Meinung 1898–1914, phil. Diss. Hamburg 1956.
DEIST, Wilhelm, Flottenpolitik und Flottenpropaganda. Das Nachrichtenbureau des Reichsmarineamtes 1897–1914 (Beiträge zur Militär- und Kriegsgeschichte, Bd. 17), Stuttgart 1976.
DELBRÜCK, Hans, Zur deutschen Flottenpolitik, in: Die Kriegsschuldfrage 3 (1925), S. 228–230.
DEMANGEON, Albert, Das britische Weltreich. Eine kolonialgeographische Studie, dt. von Paul Fohr, Berlin-Grunewald 1926.
DEMPS, Laurenz, Berlin-Wilhelmstraße. Eine Topographie preußisch-deutscher Macht, zweite durchgesehene Aufl. Berlin 1996.
DENNETT, Tyler, John Hay. From Poetry to Politics, New York 1933.
DENNIS, Alfred Lewis Pinneo, Adventures in American diplomacy, 1896–1906, New York 1928.
Ders., John Hay, Secretary of State September 20, 1898, to July 1, 1905, in: BEMIS (Hrsg.), The American Secretaries of State and their Diplomacy, Bd. 9, S. 115–189.
DENT, Alan (Hrsg.), Bernard Shaw and Mistress Patrick Campbell. Their correspondence, London 1952.
Ders., Mistress Patrick Campbell, London 1961.
DEUTSCH, Karl W./Richard L. MERRITT, Effects of Events on National and International Images, in: KELMAN (Hrsg.), International Behavior, S. 132–187.
Die Deutsche Flotte im Spannungsfeld der Politik 1848–1945, hrsg. vom Deutschen Marineinstitut, Herford 1985.
DICKIE, John, »Special« No More. Anglo-American Relations: Rhetoric and Reality, London 1994.
Dictionary of American Naval Fighting Ships, Bde. 1–8, Washington 1959–1981
DILKS, David (Hrsg.), Retreat from Power. Studies in Britain's Foreign Policy of the Twentieth Century, Bd. 1: 1906–1939, London 1981.
DIWALD, Hellmut, Seemachtpolitik im 20. Jahrhundert, München 1984.
DOBSON, Alan P., Anglo-American relations in the twentieth century. Of friendship, conflict and the rise and decline of superpowers, London/New York 1995.
DOCKRILL, Michael Lawrence, The Mirage of Power. British Foreign Policy 1902–1923, Batsford 1981.
Ders., The Formulation of a Continental Foreign Policy by Great Britain 1908–1912, New York/London 1986.

Ders./Brian MCKERCHER (Hrsg.), Diplomacy and world power: Studies in British Foreign Policy, 1890–1950, Festschrift in honour of Zara Steiner, Cambridge 1996.

DOCKRILL, Michael Lawrence/David FRENCH (Hrsg.), Strategy and intelligence. British policy during the First World War, London 1996.

DOERRIES, Reinhard R., Amerikanische Außenpolitik im Karibischen Raum vor dem Ersten Weltkrieg, in: JbA 18 (1973), S. 62–77.

Ders., Washington – Berlin 1908/17. Die Tätigkeit des Botschafters Johann Heinrich Graf von Bernstorff in Washington vor dem Eintritt der Vereinigten Staaten von Amerika in den Ersten Weltkrieg, Düsseldorf 1975; überarb. und erw. Übersetzung: Imperial Challenge. Ambassador Count Bernstorff and German-American Relations, 1908–1917, translated by Christa D. Shannon, Chapel Hill/London 1989.

Ders., Imperial Berlin and Washington: New Light on Germany's Foreign Policy and America's Entry into World War I, in: CEH 11 (1978), S. 23–49.

DOERRY, Martin, Übergangsmenschen. Die Mentalität der Wilhelminer und die Krise des Kaiserreichs, Weinheim/München 1986.

DORWART, Jeffery M., The Office of Naval Intelligence. The birth of America's first intelligence agency 1865–1919, Washington 1979.

Ders., Naval Attachés, Intelligence Officers, and the Rise of the »New American Navy«, 1882–1914, in: LOVE (Hrsg.), Changing Interpretations and New Sources in Naval History, S. 260–269.

DOUGHERTY, Patricia, American Diplomats and the Franco-Prussian War: Perceptions from Paris and Berlin, Foreword by Peter F. Krogh, Washington D. C. 1980.

DOWNS, Roger M./David STEA (Hrsg.), Image and Environment: Cognitive Mapping and Spatial Behavior, Chicago 1973.

Dies. (Hrsg.), Maps in Mind, Reflections on Cognitive Mapping, New York 1977.

DOWNS, Roger M./James T. MEYER, Geography and the Mind. An Exploration of Perceptual Geography, in: American Behavioral Scientist 22/1 (September – October 1978), S. 59–77.

DRECHSLER, Wolfgang, Andrew D. White in Deutschland. Der Vertreter der USA in Berlin 1879–1881 und 1897–1902, Stuttgart 1989.

DÜLFFER, Jost, Der britisch-amerikanische Schiedsvertrag von 1897. ein Modell zur Neugestaltung der internationalen Beziehungen? In: Amst 27 (1982), S. 177–202.

Ders., Limitations on Naval Warfare and Germany's Future as a World Power: A German Debate 1904–1906, in: War & Society 3 (1985), S. 23–44.

Ders., The German Reich and the Jeune École, in: Marine et technique au XIXe siècle, Vincennes 1988, S. 499–516.

Ders., Deutschland als Kaiserreich (1871–1918), in: Martin VOGT (Hrsg.), Deutsche Geschichte. Von den Anfängen bis zur Wiedervereinigung, zweite Aufl. Stuttgart 1991, S. 469–567.

Ders./Martin KRÖGER/Rolf-Harald WIPPICH, Vermiedene Kriege. Deeskalation von Konflikten der Großmächte zwischen Krimkrieg und Erstem Weltkrieg, München 1997.

DUGDALE, Blanche Elizabeth Campbell, Arthur James Balfour, First Earl of Balfour, Bde. 1–2, London 1936.

DUKES, Jack R./Joachim REMAK (Hrsg.), Another Germany. A Reconsideration of the Imperial Era, Boulder/London 1988.

DULL, Jonathan R., Mahan, Sea Power, and the War for American Independence, in: IHR 10 (1988), S. 59–67.

DULLES, Foster Rhea, Imperial Years, New York 1966.

Ders., Prelude to World Power: American Diplomatic History, 1860–1900, New York/London 1965.

DUMETT, Raymond E. (Hrsg.), Gentlemanly Capitalism and British Imperialism. The New Debate on Empire. With and Afterword by P. J. Cain and A. G. Hopkins, London/New York 1999.

DUNCAN, Bingham, Whitelaw Reid. Journalist, Politician, Diplomat, Athens, Georgia 1975.

DUPPLER, Jörg, Der Juniorpartner. England und die Entwicklung der deutschen Marine 1848–1890, Herford 1985.

EARLE, Edward Mead (Hrsg.), Makers of Modern Strategy. Military Thought from Machiavelli to Hitler, Princeton 1943.

EDWARDS, Evan Watts, British Diplomacy and Finance in China 1895–1914, Oxford 1987.

EGERTON, George (Hrsg.), Political Memoir. Essays on the Politics of Memory, London 1994.

EGREMONT, Max, Balfour. A Life of Arthur James Balfour, London 1980.

EHRMAN, John Patrick William, Cabinet Government and War 1890–1940 (The Lee Knowles Lectures, 1957), Cambridge 1958.

EKSTEIN, Michael, Sir Edward Grey and Imperial Germany in 1914, in: JCH 6 (1971), No. 3, S. 121–131.

Ders./Zara STEINER, The Sarajevo Crisis, in: HINSLEY (Hrsg.), British Foreign Policy under Sir Edward Grey, S. 397–410.

ELIAS, Norbert, Über den Prozeß der Zivilisation, Soziogenetische und psychogenetische Untersuchungen, Bde. 1–2, Frankfurt a. M. 1997 [1936].

ELLETSON, Daniel Hope, Roosevelt and Wilson. A comparative Study, London 1965.

ELEY, Geoff, Reshaping the German Right. Radical Nationalism and Political Change after Bismarck, New Haven 1979.

Ders., Some Thoughts on the Nationalist Pressure Groups in Imperial Germany, in: KENNEDY/NICHOLLS (Hrsg.), Nationalist and Racialist Movements, S. 40–67.

ELVERT, Jürgen/Jürgen JENSEN/Michael SALEWSKI (Hrsg.), Kiel, die Deutschen und die See, Stuttgart 1992.

ELVERT, Jürgen/Michael SALEWSKI, Deutschland und der Westen im 19. und 20. Jahrhundert, Teil 1: Transatlantische Beziehungen, Stuttgart 1993.

ELVERT, Jürgen, »A Greater Britain of British Race«. Zur Frage der Zukunft des britischen Weltreiches um 1900, in: NEITZEL (Hrsg.), 1900: Zukunftsvisionen der Großmächte, S. 127–148.

ENSOR, Robert C. K., England 1870–1914, Oxford 1936.

EPKENHANS, Michael, Die wilhelminische Flottenrüstung 1908–1914. Weltmachtstreben, industrieller Fortschritt, soziale Integration (Beiträge zur Militärgeschichte, Bd. 32), München 1991.

Ders., Seemacht = Weltmacht. Alfred T. Mahan und sein Einfluß auf die Seestrategie des 19. und 20. Jahrhunderts, in: ELVERT/JENSEN/SALEWSKI (Hrsg.), Kiel, die Deutschen und die See, S. 35–47.

EPSTEIN, Fritz T., Germany and the United States: Basic patterns of conflict and understanding, in: George Lester ANDERSON, Issues and conflicts. Studies in twentieth century American diplomacy, Lawrence, Kansas 1959, S. 284–314.

ESTHUS, Raymond A., The Changing Concept of the Open Door, 1899–1910, in: MVHR 46 (1959), S. 435–454.

Ders., Theodore Roosevelt and International Rivalries, Claremont, Calif. 1982 [1970].

EVANS, Richard J./Hartmut POGGE VON STRANDMANN (Hrsg.), The Coming of the First World War, Oxford 1988.

EYCK, Erich, Die Pitts und die Fox, Erlenbach 1946.

Ders., Das Persönliche Regiment Wilhelms II. Politische Geschichte des Deutschen Kaiserreiches von 1890 bis 1914, Zürich 1948.

FAIRBANKS, Charles H. Jr., The Origins of the *Dreadnought* Revolution: A Historiographical Essay, in: IHR 13 (1991), S. 246–272.

FAIRBOTHER, Trevor, John Singer Sargent, New York 1994.

FARRAR, Lancelot L., Arrogance and anxiety. The Ambivalence of German Power 1848–1914, Iowa City 1981.

FAULENBACH, Bernd, Ideologie des deutschen Weges. Die deutsche Geschichte in der Historiographie zwischen Kaiserreich und Nationalsozialismus, München 1980.

FAY, Sidney Bradshaw, The Origins of the World War, Bde. 1–2, New York 1928.

FEIS, Herbert, Europe, the World's Banker, 1870–1914. An account of European foreign investment and the connection of World Finance with Diplomacy before the War, New Haven 1930.

FELLNER, Fritz, Vom Dreibund zum Völkerbund. Studien zur Geschichte der internationalen Beziehungen 1882–1919, hrsg. von Heidrun Maschl und Brigitte Mazohl-Wallnig, Wien/München 1994.
FERGUSON, Niall, Der falsche Krieg. Der Erste Weltkrieg und das 20. Jahrhundert, Stuttgart 1999.
FERNIS, Hans-Georg, Die Flottennovellen im Reichstag 1906–1912, Stuttgart 1934.
FESSER, Gerd, Reichskanzler Bernhard Fürst von Bülow. Eine Biographie, Berlin 1991.
FEST, Wilfried, Jingoism and Xenophobia in the Electioneering Strategies of British Ruling Elites before 1914, in: KENNEDY/NICHOLLS (Hrsg.), Nationalist and Racialist Movements, S. 171–189.
FIEBIG-VON HASE, Ragnhild, Lateinamerika als Konfliktherd der deutsch-amerikanischen Beziehungen 1890–1903. Vom Beginn der Panamerikapolitik bis zur Venezuelakrise von 1902/03, Bde. 1–2, Göttingen 1986.
Dies., The United States and Germany in the World Arena 1900–1917, in: SCHRÖDER (Hrsg.), Confrontation and Cooperation, S. 33–68.
Dies., Die USA und Europa vor dem Ersten Weltkrieg, in: Amst 39 (1994), S. 7–41.
Dies., Die politische Funktionalisierung der Kultur: Der sogenannte »deutsch-amerikanische« Professorenaustausch von 1904–1914, in: Dies./HEIDEKING (Hrsg.), Zwei Wege in die Moderne, S. 45–88.
Dies./Jürgen HEIDEKING (Hrsg.), Zwei Wege in die Moderne. Aspekte der deutsch-amerikanischen Beziehungen 1900–1918, Trier 1998.
Dies., Zukunftsvorstellungen in den Vereinigten Staaten zur Jahrhundertwende 1900/1901, in: NEITZEL (Hrsg.), 1900. Zukunftsvisionen der Großmächte, S. 149–172.
FINDLING, John E., Dictionary of American Diplomatic History, second ed. Westport, Conn./London 1989 [1980].
FIRCHOW, Peter Edgerly, The Death of the German Cousin: The Great War and Changes in British Literary Views of Germany, in: SAQ 83 (1984), S. 193–206.
Ders., The Death of the German Cousin. Variations on a Literary Stereotype, 1890–1920, Lewisburg 1986.
FISCH, Jörg/Dieter GROH/Rudolf WALTHER [u. a.], Imperialismus, in: Otto BRUNNER/Werner CONZE/Reinhart KOSELLECK (Hrsg.), Geschichtliche Grundbegriffe. Historisches Lexikon zur politisch-sozialen Sprache in Deutschland, Bd. 3, Stuttgart 1982, S. 171–236.
FISCHER, Eugen, Holsteins Großes Nein. Die deutsch-englischen Bündnisverhandlungen von 1898–1901, Berlin 1925.
FISCHER, Fritz, Griff nach der Weltmacht. Die Kriegszielpolitik des kaiserlichen Deutschland 1914/18, Kronberg i. Ts. 1977 [1961].
Ders., Weltpolitik, Weltmachtstreben und deutsche Kriegsziele, in: HZ 199 (1964), S. 265–346.
Ders., Krieg der Illusionen. Die deutsche Politik von 1911 bis 1914, Düsseldorf 1969.
Ders., Bündnis der Eliten. Zur Kontinuität der Machtstrukturen in Deutschland 1871–1945, Düsseldorf 1979.
FISCHER, Kurt, Admiral Mahan: Weltpolitik zur See, in: Marine-Rundschau 70 (1973), S. 129–144.
FISHER, Herbert Albert Laurens, Viscount Bryce of Bechmont, O. M., 1838–1922, London 1922.
Ders., James Bryce (Viscount Bryce of Bechmont, O. M.), Bde. 1–2, London/New York 1927.
FLASCH, Kurt, Die geistige Mobilmachung. Die deutschen Intellektuellen und der Erste Weltkrieg, Berlin 2000.
FÖRSTER, Stig, Der doppelte Militarismus. Die deutsche Heeresrüstungspolitik zwischen Status-Quo-Sicherung und Aggression 1890–1913 (Veröffentlichungen des Instituts für Europäische Geschichte Mainz, Bd. 118), Stuttgart 1985.
Ders., Der deutsche Generalstab und die Illusion des kurzen Krieges, 1871–1914. Metakritik eines Mythos, in: MGM 54 (1995), S. 61–95.
FORD, Worthington Chauncey (Hrsg.), A cycle of Adams Letters, Bde. 1–2, Boston/New York 1920.

FORSBACH, Ralf, Alfred von Kiderlen-Wächter (1852–1912). Ein Diplomatenleben im Kaiserreich (Schriftenreihe der Historischen Kommission bei der Bayerischen Akademie der Wissenschaften, Bd. 59), Göttingen 1997.
FOWLER, Wilton Bonham (Hrsg.), American diplomatic history since 1890, Northbrook 1975.
FRAENKEL, Ernst, USA – Weltmacht wider Willen, Berlin 1957.
FRANK, Robert, Mentalitäten, Vorstellungen und internationale Beziehungen, in: LOTH/ OSTERHAMMEL (Hrsg.), Internationale Geschichte, S. 159–185.
FRASER, Peter, Joseph Chamberlain. Radicalism and Empire, 1868–1914, London 1966.
FRAUENDIENST, Werner, Deutsche Weltpolitik. Zur Problematik des Wilhelminischen Reichs, in: Welt als Geschichte 19 (1959), S. 1–39.
FRENCH, David, British Economic and Strategic Planning, 1905–1915, London 1982.
FREY, Dieter/Siegfried GREIF (Hrsg.), Sozialpsychologie. Ein Handbuch in Schlüsselbegriffen, München/Wien/Baltimore 1983.
FREYTAG, Dierk, Die Vereinigten Staaten auf dem Weg zur Intervention. Studien zur amerikanischen Außenpolitik 1910–1914, Heidelberg 1971.
FRIEDBERG, Aaron L., The Weary Titan. Britain and the Experience of Relative Decline, 1895–1905, Princeton 1988.
FRIEDJUNG, Heinrich, Das Zeitalter des Imperialismus 1884–1914, Bde. 1–3, Berlin 1919–1922.
FRÖHLICH, Michael, Von Konfrontation zur Koexistenz. Die deutsch-englischen Kolonialbeziehungen in Afrika zwischen 1884 und 1914, Bochum 1990.
Ders., Imperialismus. Deutsche Kolonial- und Weltpolitik 1880–1914, München 1994.
FRÖHLICH, Stefan, Amerikanische Geopolitik. Von den Anfängen bis zum Ende des Zweiten Weltkrieges, Landsberg a. L. 1998.
FUSSELL, Paul, The Great War and Modern Memory, New York/London 1975.
GADE, Christel, Gleichgewichtspolitik oder Bündnispflege? Maximen britischer Außenpolitik (1909–1914) (Veröffentlichungen des Deutschen Historischen Instituts London, Bd. 40), Göttingen 1997.
GALL, Lothar, Bismarck und England, in: Paul KLUKE/Peter ALTER (Hrsg.), Aspekte der deutsch-britischen Beziehungen im Laufe der Jahrhunderte, Stuttgart 1978, S. 46–59.
Ders., Europa auf dem Weg in die Moderne 1850–1890. dritte, überarb. und erw. Aufl. München 1997.
Ders. (Hrsg.), Otto von Bismarck und Wilhelm II. Repräsentanten eines Epochenwechsels? Paderborn 2000.
GALTUNG, Johan, Struktur, Kultur und intellektueller Stil. Ein vergleichender Essay über sachsonische, teutonische, gallische und nipponische Wissenschaft, in: Leviathan. Zeitschrift für Sozialwissenschaft 11 (1983), S. 303–338.
GARDINER, Alfred George, The Life of Sir William Harcourt, Bde. 1–2, London 1923.
GARDNER, Lloyd Calvin, American foreign policy. Present to Past. A narrative with readings and documents, New York/London 1974.
Ders., Imperial America. American Foreign Policy since 1898, New York 1976.
Ders., Safe for Democracy: The Anglo-American Response to Revolution 1913–1923, New York/Oxford 1984.
GARRATY, John Arthur, Henry Cabot Lodge. A Biography, New York 1953.
GARVIN, James Louis, The Life of Joseph Chamberlain, Bde. 1–6 [Bde. 4–6 by Julian Amery], London 1932–1969.
GATZKE, Hans W., The United States and Germany on the eve of world War I, in: GEISS/ WENDT (Hrsg.), Deutschland in der Weltpolitik des 19. und 20. Jahrhunderts, S. 271–286.
Ders., Germany and the United States. A »Special Relationship«? Cambridge, Mass./London 1980.
GEBAUER, Jürgen/Egon KRENZ, Marine Enzyklopädie, Berlin 1998.
GEISS, Imanuel/Bernd Jürgen WENDT (Hrsg.), Deutschland in der Weltpolitik des 19. und 20. Jahrhunderts. Fritz Fischer zum 65. Geburtstag, Düsseldorf 1973.
Ders., Die globale Weltsituation um 1900, in: KLEIN/ARETIN (Hrsg.), Europa um 1900, S. 85–97.

GELBER, Lionel M., The Rise of Anglo-American Friendship: A Study in World Politics 1898–1906, London 1938.

GERHARDS, Josef Werner, Theodore Roosevelt im Urteil der deutschen öffentlichen Meinung 1901–1919, phil. Diss. Mainz 1962.

GIESSLER, Klaus-Volker, Die Institution des Marineattachés im Kaiserreich (Militärgeschichtliche Studien, Bd. 21), Boppard a. Rh. 1976.

GILBERT, Bentley B., David Lloyd George. A Political Life, Bd. 1: The Architect of Change, Ohio 1987; Bd. 2: Organizer of Victory 1912–1916, Ohio 1992.

GILBERT Martin (Hrsg.), A Century of Conflict 1850–1950. Essays for A. J. P. Taylor, London 1966.

Ders., Sir Horace Rumbold. Portrait of a Diplomat, 1869–1941, London 1973.

GILMOUR, David, Curzon, London 1994.

GIMZELL, Carl-Axel, Organization, Conflict and Innovation. A Study of German Naval Strategic Planning, 1888–1940, Lund 1973.

GIRAULT, René, Diplomatie européenne et impérialismes, 1871–1914, Paris 1979.

GLADWYN, Cynthia, The Paris Embassy, London 1976.

GOLDRICK, James/John B. HATTENDORF (Hrsg.), Mahan is not enough: The proceedings of a conference on the Works of Julian Corbett and Admiral Sir Herbert Richmond, Newport 1993.

GOLLEDGE, R. W., Environmental Cognition, in: Daniel STOKOLS/Irwin ALTMAN (Hrsg.), Handbook of Environmental Psychology, Bd. 1, New York 1987, S. 131–174.

Ders./Harry TIMMERMANS, Applications of Behavioural Research on Spatial Problems I: Cognition, in: Progress in Human Geography 14 (1990), S. 55–99.

GOLLWITZER, Heinz, Die Gelbe Gefahr. Geschichte eines Schlagworts. Studien zum imperialistischen Denken, Göttingen 1962.

Ders., Geschichte des weltpolitischen Denkens, Bde. 1–2, Göttingen 1972–1982.

Ders., Zum politischen Germanismus des 19. Jahrhunderts, in: Festschrift für Hermann Heimpel zum 70. Geburtstag am 19. September 1971, Bd. 1 (Veröffentlichungen des Max-Planck-Instituts für Geschichte, Bd. 36/I), Göttingen 1971 S. 282–356.

GOOCH, George Peabody, Continental Agreements, 1902–1907. Triple Alliance and Triple Entente 1907–1914. Epilogue. The War and the Peace 1914–1919 (The Cambridge History of Foreign Policy, Bd. 3), Cambridge 1923.

Ders., Before the War. Studies in Diplomacy, Bde. 1–2, London 1936–1938.

Ders., Studies in Diplomacy and Statescraft, London 1942.

Ders., Courts and Cabinets, London 1944.

Ders./Morris GINSBERG [u. a.,] The German Mind and Outlook, London 1945.

Ders., Studies in German History, London 1948.

Ders., Historical surveys and portraits, London 1966.

GORDON, Donald Craigie, The Dominion Partnership in Imperial Defence, 1870–1914, Baltimore 1965.

GORDON, Michael, Domestic Conflict and the Origins of the First World War: The British and German Cases, in: JMH 46 (1974), S. 191–226.

GOSSES, Frans, The Management of British Foreign Policy before the First World War, especially during the period 1880–1914, Leiden 1948.

GOUDSWAARD, Johan Marius, Some Aspects of the End of Britain's ›Splendid Isolation‹ 1898–1904, Rotterdam 1952.

GOUGH, Barry M., Maritime Strategy: The Legacies of Mahan and Corbett as Philosophers of Sea Power, in: RUSI Journal 133 (Winter 1988), S. 55–62.

Ders., Rulers of the Waves: British Naval Memoirs, in: EGERTON (Hrsg.), Political Memoir, S. 131–150.

GOULD, Peter/Rodney WHITE, Mental Maps, Harmondsworth 1974.

GRABAS, Margrit, Konjunktur und Wachstum in Deutschland von 1895 bis 1914 (Schriften zur Wirtschafts- und Sozialgeschichte, Bd. 39), Berlin 1992.

GRAEBNER, Norman Arthur (Hrsg.), An Uncertain Tradition. American Secretaries of State in the Twentieth Century, New York 1961.

Ders. (Hrsg.), Ideas and Diplomacy. Readings in the intellectual tradition of American Foreign Policy, New York 1964.
GRAHAM, Gerald S., The Politics of Naval Supremacy. Studies in British maritime ascendancy, Cambridge 1965.
GRANSTRAND, Ove (Hrsg.), Economics and Technology, Amsterdam 1994.
GREGORY, John Duncan, On the Edge of Diplomacy. Rambles and Reflections 1902–1928, London 1929.
GREGORY, Ross, The Origins of American Intervention in the First World War, New York 1971.
GRENVILLE, John Ashley Soames, Great Britain and the Isthmian Canal, 1898–1901, in: AHR 61 (1955/56), S. 48–69.
Ders., Diplomacy and War Plans in the United States 1890–1917, in: Transactions of the Royal Historical Society, 5th Series 11 (1961), S. 1–21.
Ders., Lord Salisbury and Foreign Policy. The Close of the Nineteenth Century, zweite, korrigierte Aufl. London 1970 [1964].
Ders./George Berkely YOUNG, Politics, Strategy and American Diplomacy. Studies in Foreign Policy, 1873–1917, New Haven, Conn. 1966.
Ders., National Prejudice and International History. An inaugural lecture, Leeds 1968.
GRIGG, John, The young Lloyd George. London 1973.
Ders., Lloyd George. The People's Champion, 1902–1911, London 1978.
Ders., Lloyd George. From Peace to War 1912–1916, London 1985.
GRÖNER, Erich, Die deutschen Kriegsschiffe 1815–1945, Bde. 1–5, zweite Aufl. München 1982–1987.
GUTHRIE, Wayne L., The Anglo-German Intervention in Venezuela, 1902/03, Ph. D. University of California, San Diego 1983.
HAAN, Reinhold, Sir Fairfax Cartwright, britischer Gesandter und Botschafter 1906–1913, und sein Verhältnis zu Deutschland. Ein Beitrag zur Kriegsschuldfrage, Düsseldorf 1938.
HAFTENDORN, Helga, Theorie der Internationalen Beziehungen, in: Wichard WOYKE (Hrsg.), Handwörterbuch Internationale Politik, vierte Aufl. Opladen 1990, S. 480–494.
HAGAN, Kenneth J. (Hrsg.), In Peace and War. Interpretations of American Naval History, 1775–1978, Westport, Conn./London 1978.
HAHLWEG, Werner (Hrsg.), Klassiker der Kriegskunst, Darmstadt 1960.
Ders., Der klassische Begriff der Strategie und seine Entwicklung, in: Strategie-Handbuch, Herford 1990, S. 9–29.
[HALDANE, Richard Burdon,] Viscount Haldane of Cloan, O. M. The Man and his Work, by Viscount Grey of Fallodon, Sir Charles Harris, Sir H. Frank Heath, Sir Claud Schuster, London 1928.
HALE, Oron James, Publicity and Diplomacy, with special reference to England and Germany 1890–1914, New York/London 1940.
HALLER, Johannes, Die Ära Bülow. Eine historisch-politische Studie, Stuttgart/Berlin 1922.
Ders., Aus dem Leben des Fürsten Philipp zu Eulenburg-Hertefeld, Berlin 1924.
HALLGARTEN, George W. F., Fritz von Holsteins Geheimnis. Neues Licht auf die Lebensgeschichte der »Grauen Eminenz«, in: HZ 177 (1954), S. 75–83.
Ders., Imperialismus vor 1914. Die soziologischen Grundlagen der Außenpolitik europäischer Großmächte vor dem Ersten Weltkrieg. Bde. 1–2, zweite, durchgearb. und stark erw. Aufl., München 1963.
HALLMANN, Hans, Krügerdepesche und Flottenfrage, Stuttgart 1927.
Ders., Der Weg zum deutschen Schlachtflottenbau, Stuttgart 1933.
HAMILTON, Keith, Bertie of Thame. Edwardian Ambassador, Woolbridge 1990.
Ders./Richard LANGHORNE, The Practice of Diplomacy. Its Evolution, Theory and Administration, London/New York 1995.
HAMILTON, Mark, The Nation and the Navy. Methods and Organization of British Navalist Propaganda, 1884–1914, New York/London 1986.
HAMMERSTEIN, Notker, Deutschland und die Vereinigten Staaten von Amerika im Spiegel der führenden politischen Presse Deutschlands 1898–1906, phil. Diss. Frankfurt a. M. 1956.

HAMPE, Karl-Alexander, Das Auswärtige Amt in der Ära Bismarck, Bonn 1995.
Ders., Das Auswärtige Amt in Wilhelminischer Zeit, Münster 2001.
Handbuch zur deutschen Militärgeschichte 1648–1938, Bde. 1–6, hrsg. vom Militärgeschichtlichen Forschungsamt, München/Freiburg i. Br. 1964–1981.
HANKE, Michael, Das Werk Alfred T. Mahan's [sic!]. Darstellung und Analyse, Osnabrück 1974.
HANKEY, Lord Maurice, The Supreme Command, Bde. 1–2, London 1961.
HANNIGAN, Robert E., Continentalism and *Mitteleuropa* as Points of Departure for a Comparison of American and German Foreign Relations in the Early Twentieth Century, in: SCHRÖDER (Hrsg.), Confrontation and Cooperation, S. 69–86.
HANSEN, Ernst W. [u. a.] (Hrsg.), Politischer Wandel, organisierte Gewalt und nationale Sicherheit. Beiträge zur neueren Geschichte Deutschlands und Frankreichs. Festschrift für Klaus-Jürgen Müller, München 1995.
HARLEY, John Brian, Maps, knowledge, and power, in: COSGROVE/DANIELS (Hrsg.), The Iconography of Landscape, S. 277–312.
HARRICK, Walter R. Jr., The American Navy revolution, Baton Rouge 1966.
HARRISON, Richard Edes, Look at the World. The Fortune Atlas for World Strategy. Text by the Editors of Fortune, New York 1944.
HART, Neil, The Foreign Secretary, Lavenham, Suffolk 1987.
HARTZ, Louis, The Liberal Tradition in America. An Interpretation of American Political Thought since the Revolution, New York 1955.
HARVEY, A. D., Collision of Empires. Britain in three World Wars, 1793–1945, London/Rio Grande 1992.
HASELMAYR, Friedrich, Diplomatische Geschichte des Zweiten Reichs von 1871–1918, Bde. 1–6, München 1955–1964.
HASSELL, Ulrich von, Tirpitz. Sein Leben und Wirken mit Berücksichtigung seiner Beziehungen zu Albrecht von Stosch, Stuttgart 1920.
HATTENDORF, John B./Robert S. JORDAN (Hrsg.), Maritime Strategy and the Balance of Power. Britain and America in the Twentieth Century, New York 1989.
Ders. (Hrsg.), The Influence of History on Mahan: The Proceedings of a Conference Marking the Centenary of Alfred Thayer Mahan's »The influence of Sea Power upon History, 1660–1783«, Newport 1991.
Ders. (Hrsg.), Ubi Sumus? The State of Naval and Maritime History, Newport/Richmond 1994.
HAUSER, Oswald, Deutschland und der englisch-russische Gegensatz 1900–1914 (Göttinger Bausteine zur Geschichtswissenschaft, Bd. 30), Göttingen 1958.
HAVEMANN, Nils, Spanien im Kalkül der deutschen Außenpolitik von den letzten Jahren der Ära Bismarck bis zum Beginn der Wilhelminischen Weltpolitik (1883–1899), Berlin 1997.
HAWKINS, William R., Captain Mahan, Admiral Fisher and Arms Control at the Hague, 1899, in: Naval War College Review 39/1 (1986), S. 77–91.
HAYNE, M. B., The French Foreign Office and the Origins of the First World War, 1898–1914, Oxford 1993.
HAYNES, Robin Michael, Geographical Images and Mental Maps, Basingstoke 1981.
HAZLEHURST, Cameron, Politicians at War, July 1914 to May 1915. A prologue to the triumph of Lloyd George, London 1981.
HEADRICK, Daniel, The Invisible Weapon: Telecommunications and International Politics 1851–1945, New York/Oxford 1991.
HEALY, David, U. S. Expansionism. The Imperialist Urge in the 1890s, Madison, Wisc. 1970.
HEFFER, Simon, Power and Place. The Political Consequences of King Edward VII, London 1998.
HEIDEKING, Jürgen, Geschichte der USA, zweite überarb. und erw. Aufl. Tübingen 1999.
HEINDEL, Richard Heathcote, The American Impact on Great Britain 1898–1914. A Study of the United States in World History, Philadelphia/London/Oxford 1940.

HELBICH, Wolfgang, Different, But Not Out of This World: German Images of the United States Between Two Wars, in: BARCLAY/GLASER-SCHMIDT (Hrsg.), Transatlantic Images, S. 109–129.
HENDRICK, Burton J., The Life and Letters of Walter H. Page, Bde. 1–3, New York 1926.
HENRIKSON, Alan K., The maps as an »idea«: the role of cartographic imagery during the second world war, in: American Cartographer 2 (April 1975), S. 19–53.
Ders., The Geographical »Mental Maps« of American Foreign Policy-Makers, in: International Political Science Review 1 (1980), S. 495–530.
Ders., Mental Maps, in: HOGAN/PATERSON (Hrsg.), Explaining the History of American Foreign Relations, S. 177–192.
HENTSCHEL, Volker, Produktion, Wachstum und Produktivität in England, Frankreich und Deutschland von der Mitte des 19. Jahrhunderts bis zum Ersten Weltkrieg, in: VSWG 68 (1981), S. 457–510.
HERREN, Madeleine, Hintertüren zur Macht. Internationalismus und modernisierungsorientierte Außenpolitik in Belgien, der Schweiz und den USA 1865–1914, München 2000.
HERRMANN, Richard K., Perceptions and Foreign Policy Analysis, in: SYLVAN/CHAN (Hrsg.), Foreign Policy Decision Making, S. 25–52.
HERWIG, Holger H., Das Elitekorps des Kaisers. Die Marineoffiziere im Wilhelminischen Deutschland, Hamburg 1977.
Ders., »Luxury« Fleet. The Imperial German Navy, 1888–1918, London 1980.
Ders./David T. TRASK, Naval Operations Plans between Germany and the United States of America 1898–1913. A Study of Strategic Planning in the Age of Imperialism, in: MGM 8 (1970), H. 2, S. 5–32.
HERWIG, Holger, Politics and frustration. The United States in German Naval Planning, 1889–1941, Boston/Toronto 1976.
Ders., The Failure of German Sea Power, 1914–1945: Mahan, Tirpitz, and Raeder Reconsidered, in: IHR 10 (1988), S. 68–105.
Ders., The German Reaction to the *Dreadnought* Revolution, in: IHR 13 (1991), S. 273–283.
Ders., The Influence of A. T. Mahan Upon German Sea Power, in: HATTENDORF (Hrsg.), The Influence of History on Mahan, S. 67–80.
HERZFELD, Hans, Der deutsche Flottenbau und die englische Politik, in: Archiv für Politik und Geschichte 6 (1926), S. 97–146.
HILDEBRAND, Klaus, Von der Reichseinigung zur »Krieg-in-Sicht«-Krise. Preußen-Deutschland als Faktor der britischen Außenpolitik 1866–1875, in: STÜRMER (Hrsg.), Das kaiserliche Deutschland, S. 205–234.
Ders., Erich Eyck, in: Hans-Ulrich WEHLER (Hrsg.), Deutsche Historiker, Bd. 2, Göttingen 1971, S. 98–119.
Ders., Imperialismus, Wettrüsten und Kriegsausbruch 1914, in: NPL 20 (1975), S. 160–194, 339–364.
Ders., »British Interests« und »Pax Britannica«. Grundfragen englischer Außenpolitik im 19. und 20. Jahrhundert, in: HZ 221 (1975), S. 623–639.
Ders., Staatskunst oder Systemzwang? Die »deutsche Frage« als Problem der Weltpolitik, in: HZ 228 (1978), S. 624–644.
Ders., Zwischen Allianz und Antagonismus. Das Problem bilateraler Normalität in den deutsch-britischen Beziehungen des 19. Jahrhunderts (1870–1914), in: Heinz DOLLINGER/Horst GRÜNDER/A. HANSCHMIDT (Hrsg.), Weltpolitik, Europagedanke, Regionalismus. Festschrift für Heinz Gollwitzer zum 65. Geburtstag am 30. Januar 1982, München 1982, S. 305–331.
Ders., Julikrise 1914: Das europäische Sicherheitsdilemma. Betrachtungen über den Ausbruch des Ersten Weltkrieges, in: GWU 36 (1985), S. 469–502.
Ders., Saturiertheit und Prestige. Das Deutsche Reich als Staat im Staatensystem 1871–1918, in: GWU 40 (1989), S. 193–202.
Ders., Deutsche Außenpolitik 1871–1918, München 1989.
Ders., Das vergangene Reich. Deutsche Außenpolitik von Bismarck bis Hitler 1871–1945, Stuttgart 1995.

HILL, John Richard/Bryan RANFT (Hrsg.), The Oxford Illustrated History of the Royal Navy. Oxford 1995.
HILLER VON GAERTRINGEN, Friedrich Freiherr von, Fürst Bülows Denkwürdigkeiten. Untersuchungen zu ihrer Enstehungsgeschichte und ihrer Kritik, Tübingen 1956.
HILLGRUBER, Andreas, Bismarcks Außenpolitik, vierte Aufl. Freiburg i. Br. 1993 (1972).
Ders., Deutschlands Rolle in der Vorgeschichte der beiden Weltkriege, zweite Aufl. Göttingen 1979.
Ders., Die gescheiterte Großmacht. Eine Skizze des Deutschen Reiches 1871-1945, Düsseldorf 1980.
Ders., Zwischen Hegemonie und Weltpolitik. Das Problem der Kontinuität von Bismarck bis Bethmann Hollweg, in: STÜRMER (Hrsg.), Das kaiserliche Deutschland, S. 187-204.
HINDERSMANN, Jost, Der britische Spionageroman. Vom Imperialismus bis zum Ende des Kalten Krieges, Darmstadt 1995.
HINSLEY, Francis Harry (Hrsg.), British Foreign Policy under Sir Edward Grey, Cambridge 1977.
HIRSCH, Felix, Stresemann, Ballin und die Vereinigten Staaten, in: VfZ 3 (1955), S. 20-35.
Historical Statistics of the United States. Colonial Times to 1970, Bicentennial Edition, Tle. 1-2 (U. S. Department of Commerce, Bureau of the Census), Washington, D. C. 1975.
HOBSBAWM, Eric J., Class Consciousness in History, in: Istvan MESZAROS (Hrsg.), Aspects of History and Class Consciousness, London 1971, S. 6-15.
Ders., Das imperiale Zeitalter 1875-1914. Aus dem Englischen von Udo Rennert, Frankfurt a. M./New York 1989.
HOFER, Walther, Von der europäischen zur globalen Weltgeschichte. Ein Skizze, in: APUZ B 29/67, 19. Juli 1967, S. 3-13.
HOFFMANN, Ross I. S., Great Britain and the German Trade Rivalry 1875-1914, Philadelphia 1933.
HOFFMANN, Walter Gustav, Das Wachstum der deutschen Wirtschaft seit der Mitte des 19. Jahrhunderts, Berlin/Heidelberg/New York 1965.
HOFSTADTER, Richard, Social Darwinism in American Thought 1860-1915, Philadelphia 1944.
Ders., The American Political Tradition and the Men who made it, New York 1948.
HOGAN, Michael J./Thomas G. PATERSON (Hrsg.), Explaining the History of American Foreign Relations, Cambridge 1991.
HOLBRAAD, Carsten, The Concert of Europe. A Study in German and British International Theory, 1815-1914, London 1970.
HOLLENBERG, Günter, Englisches Interesse am Kaiserreich. Die Attraktivität Preußen-Deutschlands für konservative und liberale Kreise in Großbritannien 1860-1914 (Veröffentlichungen des Instituts für Europäische Geschichte, Bd. 70), Wiesbaden 1974.
Ders., Der deutsche Entwicklungsweg vor 1914 im englischen Urteil, in: ZRG 32 (1980), S. 28-47.
HOLLINGSWORTH, J. Rogers (Hrsg.), American Expansion in the Late Nineteenth Century, 1968.
HOWARD, Christopher H. D., Splendid Isolation. A Study of Ideas concerning Britain's international position and Foreign Policy during the later years of the third Marquis of Salisbury, London [u. a.] 1967.
HOWARD, Michael, Reflectons on the First World War, in: Ders., Studies in War and Peace, London 1970, S. 99-109.
Ders., War in European History, Oxford/New York 1977 (1976).
Ders., Empire, Race and War in Pre-1914 Britain, in: Hugh LLOYD-JONES (Hrsg.), History and Imagination. Essays in honour of H. R. Trevor-Roper, New York 1982, S. 340-355.
Ders., The Edwardian Arms Race, in: READ (Hrsg.), Edwardian England, S. 145-161.
Ders., Men Against Fire. Expectations of War in 1914, in: Steven E. MILLER (Hrsg.), Military Strategy and the Origins of the First World War, S. 41-57.
Ders., The Continental Commitment. The Dilemma of British Defence Policy in the Era of the Two World Wars, zweite Aufl. London 1989 [1972].

HUBATSCH, Walther, Der Admiralstab und die obersten Marinebehörden in Deutschland 1848–1945, Frankfurt a. M. 1958.
Ders., Die Ära Tirpitz, Göttingen 1955.
Ders., Zur Beurteilung von Tirpitz, in: Welt als Geschichte 11 (1951), S. 174–184.
Ders., Realität und Illusion in Tirpitz' Flottenbau, in: Ders. (Hrsg.), Schicksalswege deutscher Vergangenheit. Beiträge zur geschichtlichen Deutung der letzten hundertfünfzig Jahre (Festschrift für Siegfried A. Kaehler), Düsseldorf 1950, S. 387–418.
Ders., Schiffbauplanung, technischer Rüstungsstand und politische Zielsetzung beim Aufbau der deutschen Marine 1848–1955, in: Marine-Rundschau 60 (1963), S. 65–79.
Ders., Ziele und Wirkungen der deutschen Flottenpolitik um 1900, in: Marine-Rundschau 57 (1960), S. 253–263.
HUGHES, Matthew/Matthew SELIGMANN, Leadership in Conflict 1914–1918, London 2001.
HULL, Isabell V., The Entourage of Kaiser Wilhelm II. 1888–1918, Cambridge 1982.
HUMBLE, M. E., The Breakdown of a Consensus: British Writers and Anglo-German Relations 1900–1920, in: JES 7 (1977), S. 41–68.
HUNT, Michael H., Ideology and U. S. Foreign Policy, New Haven 1987.
IGGERS, Georg G., Zur »linguistischen Wende« im Geschichtsdenken und in der Geschichtsschreibung, in: GG 21 (1995), S. 557–570.
ILCHMANN, Warren F., Professional Diplomacy in the United States, 1779–1939, Chicago 1961.
IMLAH, Albert H., Economic Elements in the Pax Britannica. Studies in British Foreign Trade in the Nineteenth Century, Cambridge, Mass. 1958.
IONS, Edmund, James Bryce and American Democracy, 1870–1922, London 1968.
IRIYE, Akira, Across the Pacific. An Inner History of American-East Asian Relations, New York 1967.
Ders., From nationalism to internationalism. US foreign policy to 1914, London/Boston 1977.
Ders., The Globalizing of America, 1913–1945, Cambridge 1993.
JAHR, Christoph (Hrsg.), Feindbilder in der deutschen Geschichte. Studien zur Vorurteilsgeschichte im 19. und 20. Jahrhundert, Berlin 1994.
JAMES, Henry, Richard Olney and his Public Service, with documents including unpublished diplomatic correspondence, Boston/New York 1923.
JANIS, Irving Lester, Victims of Groupthink: A Psychological Study of Foreign Policy Decisions and Fiascos, Boston 1972.
Ders., Stress, Attitudes, and Decisions. Selected Papers, New York 1982.
Ders./Leon MANN, Decision making. A Psychological Analysis of Conflict, Choice, and Commitment, New York 1979 [1977].
JARAUSCH, Konrad H., The Enigmatic Chancellor. Bethmann Hollweg and the Hubris of Imperial Germany, London/New Haven 1973.
JEISMANN, Michael, Das Vaterland der Feinde. Studien zum nationalen Feindbegriff und Selbstverständnis in Deutschland und Frankreich 1792–1918, Stuttgart 1992.
JENKINS, Roy, Asquith, London 1964.
JERVIS, Robert, The Logic of Images in International Relations, Princeton 1970.
Ders., Perception and Misperception in International Politics, Princeton 1976.
Ders., Political Decision Making. Recent Contributions, in: Political Psychology 2 (Summer 1980), S. 86–101.
JESSUP, Philip Caryl, Elihu Root, Bde. 1–2, New York 1938.
JOHNSON, Franklyn Arthur, Defence by Committee. The British Committee of Imperial Defence 1885–1959, London 1960.
JOHNSON, Thomas H., in consultation with Harvey Wish, The Oxford Companion to American History, New York 1966.
JOLL, James (Hrsg.), Britain and Europe: Pitt to Churchill 1793–1940, London 1950.
Ders., The Second International, 1889–1914, new edition London 1974 [1955].
Ders., 1914. The Unspoken Assumptions. An Inaugural Lecture delivered 25 April 1968, London 1968.

Ders., The English, Friedrich Nietzsche and the First World War, in: GEISS/WENDT (Hrsg.), Deutschland in der Weltpolitik des 19. und 20. Jahrhunderts, S. 287–305.
Ders., Europe since 1870. An international History, London 1973.
Ders., The Origins of the First World War, second edition London/New York 1992.
JONAS, Manfred, The United States and Germany. A diplomatic history, London 1984.
JONES, John, Balliol College. A History, 1263–1939, Oxford 1988.
JONES, Raymond A., The Social Structure of the British Diplomatic Service 1815–1914, in: Histoire Sociale – Social History 14 (1981), No. 27, S. 59–66.
Ders., The nineteenth-century Foreign Office. An administrative history, London 1971.
Ders., The British Diplomatic Service 1815–1914, Waterloo, Ontario/Gerrards Cross, Buckinghamshire 1983.
JUDD, Denis, Radical Joe. A Life of Joseph Chamberlain, Cardiff 1993 [1977].
JUNGE, Hans Ch., Flottenpolitik und Revolution. Die Entstehung der englischen Seemacht während der Herrschaft Cromwells, Göttingen 1980.
JUNKER, Detlef, Von der Weltmacht zur Supermacht. Amerikanische Außenpolitik im 20. Jahrhundert, Mannheim 1995.
KAEHLER, Siegfried A., Legende und Wirklichkeit im Lebensbild Kanzler Bernhard von Bülows, in: Ders., Studien zur deutschen Geschichte des 19. und 20. Jahrhunderts. Aufsätze und Vorträge, hrsg. und mit einem Nachwort versehen von Walter Bußmann, Göttingen 1961, S. 220–240.
KAELBLE, Hartmut, Historische Mobilitätsforschung: Westeuropa und die USA im 19. und 20. Jahrhundert, Darmstadt 1978.
KAIKKONEN, Olli, Deutschland und die Expansionspolitik der USA in den 90er Jahren des 19. Jahrhunderts. Mit besonderer Berücksichtigung der Einstellung Deutschlands zur spanisch-amerikanischen Krise, Jyväskylä 1980.
KAISER, Wilfried, Mental Maps, Stuttgart 1994.
KAPLAN, Fred, Henry James. The imagination of Genius. A Biography. London 1992.
KARSTEN, Peter, The Nature of Influence: Roosevelt, Mahan and the Concept of Sea Power, in: American Quarterly 23 (October 1971), S. 585–600.
KAULISCH, Baldur, Alfred von Tirpitz und die imperialistische Flottenrüstung. Eine politische Biographie, Berlin (Ost) 1982.
Ders. (Hrsg.), Herrschaftsmethoden des deutschen Imperialismus, 1897/98 bis 1917. Dokumente und Taktik der herrschenden Klasse des Deutschen Reiches, hrsg. und eingel. von Willibald Gutsche unter Mitarbeit von Baldur Kaulisch, Berlin (Ost) 1977.
KEEGAN, John, Die Kultur des Krieges, Berlin 1995.
KEHR, Eckart, Schlachtflottenbau und Parteipolitik 1894–1901, Berlin 1930.
Ders., Der Primat der Innenpolitik, hrsg. von Hans-Ulrich Wehler, Berlin 1965.
KEIL, Hartmut, Die Vereinigten Staaten von Amerika zwischen kontinentaler Expansion und Imperialismus, in: REINHARD (Hrsg.), Imperialistische Kontinuität und nationale Ungeduld im 19. Jahrhundert, S. 68–86.
KEIM, Jeannette, Forty years of German-American political relations, Philadelphia 1919.
KELLER, Morton, Affairs of State. Public Life in Late Nineteenth Century America, Cambridge, Mass. 1977.
KELMAN, Herbert Chanoch (Hrsg.), International Behavior. A Social-Psychological Analysis, New York 1965.
KEMP, Tom, Industrialization in Nineteenth-Century Europe, Harlow 1969.
KENNAN, George Frost, American Diplomacy 1900–1950, Chicago 1951, London 1952; dt. Ausgabe: Amerikas Außenpolitik 1900 bis 1950 und ihre Stellung zur Sowjet-Macht, Zürich 1952.
Ders., Bismarcks europäisches System in der Auflösung. Die französisch-russische Annäherung, Frankfurt a. M. 1981.
Ders., The Fateful Alliance: France, Russia, and the Coming of the First World War, New York/Manchester 1984; dt.: Die schicksalhafte Allianz. Frankreich und Rußland am Vorabend des Ersten Weltkrieges, Köln 1990.
KENNEDY, Aubrey Leo, Old Diplomacy and New, 1876–1922. From Salisbury to Lloyd George, London 1922.

KENNEDY, Greg/Keith NEILSON (Hrsg.), Far-Flung Lines. Essays on Imperial Defence in Honour of Donald Mackenzie Schurman, London 1997.
KENNEDY, Paul M., Tirpitz, England and the Second Navy Law of 1900: A Strategical Critique, in: MGM 1970/2, S. 33–57.
Ders., Maritime Strategieprobleme der deutsch-englischen Flottenrivalität, in: SCHOTTELIUS/ DEIST (Hrsg.), Marine und Marinepolitik im kaiserlichen Deutschland, S. 178–210.
Ders., German World Policy and the Alliance Negotiations with England, 1897–1900, in: JMH 45 (1973), S. 605–625.
Ders., The Development of German Naval Operations Plans against England, 1896–1914, in: EHR 89 (1974), S. 48–76.
Ders., The Samoan Tangle. A Study in Anglo-German-American Relations, 1878–1900, Dublin 1974.
Ders., Mahan versus Mackinder. Two Interpretations of British Seapower, in: MGM 1974/2, S. 39–66.
Ders., Idealists and Realists; British Views of Germany, 1864–1939, in: Transactions of the Royal Historical Society, 5th series, 24 (1975), S. 137–156.
Ders., The Rise and Fall of British Naval Mastery, London 1976; deutsche Ausgabe: Aufstieg und Verfall der britischen Seemacht, Herford/Bonn 1978.
Ders. (Hrsg.), The War Plans of the Great Powers, 1880–1914, London 1979.
Ders., The Rise of the Anglo-German Antagonism 1860–1914, London 1980.
Ders./Anthony NICHOLLS (Hrsg.), Nationalist and Racialist Movements in Britain and Germany before 1914, London 1981.
KENNEDY, Paul M., The Realities Behind Diplomacy: Background Influences on British External Policy 1865–1980, London 1981.
Ders., Strategy and Diplomacy 1870–1945, dritte Aufl. London 1989 [1983].
Ders., British and German Reactions to the Rise of American Power, in: Roger BULLEN [u. a.] (Hrsg.), Ideas into Politics: Aspects of European History, 1880–1950, London 1984, S. 15–24.
Ders., The First World War and the International Power System, in: Steven E. MILLER (Hrsg.), Military Strategy and the Origins of the First World War, S. 7–40.
Ders., The Influence and Limitations of Sea Power, in: IHR 10 (1988), S. 2–17.
Ders., The Rise and Fall of the Great Powers. Economic Change and Military Conflict from 1500 to 2000, New York 1987; dt.: Aufstieg und Fall der großen Mächte. Ökonomischer Wandel und militärischer Konflikt von 1500 bis 2000, Frankfurt a. M. 1989.
Ders. (Hrsg.), Grand Strategies in War and Peace, New Haven/London 1991.
KERN, Stephen, The Culture of Time and Space, 1880–1918, London 1983.
KERZ, Heinz, Die Handelspolitik der Vereinigten Staaten von Amerika von Hamilton bis zum Ausbruch des 2. Weltkrieges, unter besonderer Berücksichtigung ihrer Wirtschaftsbeziehungen zu Deutschland, wirtschaftswiss. Diss. Universität Köln 1948.
KESSLER, Alexander, Das deutsch-englische Verhältnis vom Amtsantritt Bethmann Hollwegs bis zur Haldane-Mission, Erlangen 1938.
KESSLER, Harry Graf, Walther Rathenau. Sein Leben und sein Werk, Berlin 1928; neue Ausgabe: Harry Graf KESSLER, Walther Rathenau. Sein Leben und sein Werk. Mit einem Nachwort und Anmerkungen versehen von Cornelia Blasberg (Harry Graf Kessler, Gesammelte Schriften in drei Bänden, Bd. 3), Frankfurt a. M. 1988.
KINDLEBERGER, Charles P., Economic growth in France and Britain, 1851–1950, Cambridge, Mass. 1964.
KIRCHHOFF, Hermann Dietrich Fritz, The political and economic relations between Germany and the United States, 1871–1901, Ph. D. University of Southern California 1936.
KIRK-GREENE, Anthony, Britain's Imperial Administrators 1856–1966, Basingstoke 2000.
Ders., On Crown Service. A History of HM Colonial and Overseas Civil Services, 1837–1997, London/New York 1999.
KISSINGER, Henry A., Kernwaffen und Auswärtige Politik, zweite Aufl. München 1974.
Ders., Diplomacy, New York 1994; dt.: Die Vernunft der Nationen, Berlin 1994.
KITCHEN, Martin, The German Officer Corps, 1890–1914, Oxford 1968.
Ders., The Political Economy of Germany 1815–1914, London 1978.

KLARE, Jean/Louise van SWAAIJ, Atlas der Erlebniswelten. Mit Texten von Ilja Maso und Saskia Sombeek, Frankfurt a. M. 2000.
KLEIN, Fritz/Karl Otmar von ARETIN (Hrsg.), Europa um 1900. Texte eines Kolloquiums, Berlin 1989.
KLEINKNECHT, Thomas, Imperiale und internationale Ordnung. Eine Untersuchung zum anglo-amerikanischen Gelehrtenliberalismus am Beispiel von James Bryce (1838–1922) Göttingen 1985.
KLINEBERG, Otto, The human dimension in international relations, New York 1964; dt. Ausg.: Die menschliche Dimension in den internationalen Beziehungen, Bern/Stuttgart 1966.
KLOOSTERHUIS, Jürgen, »Friedliche Imperialisten«. Deutsche Auslandsvereine und auswärtige Kulturpolitik, 1906–1918, Frankfurt a. M. 1994.
KLUKE, Paul, Großbritannien von den Reformen Gladstones bis zum Ende des I. Weltkriegs (1867–1918), in: Theodor SCHIEDER (Hrsg.), Handbuch der Europäischen Geschichte, Bd. 6, Stuttgart 1968, S. 272–308.
KOCH, Ulrich, Botschafter Graf Münster. Studien zu seiner Lebensgeschichte, Göttingen/Düsseldorf 1937.
KOEBNER, Richard/Helmut Dan SCHMIDT, Imperialism. The Story and Significance of a Political Word, 1840–1960, Cambridge 1965 [1964].
KOLKO, Gabriel, Das Jahrhundert der Kriege. Aus dem Amerikanischen von Hans Günter Holl, Frankfurt a. M. 1999.
KOLLMANN, Eric C., Imperialismus und Anti-Imperialismus in der politischen Tradition Amerikas, in: HZ 196 (1963), S. 343–362.
KOOPMANN, Friedhelm, Diplomatie und Reichsinteresse. Das Geheimdienstkalkül in der deutschen Amerikapolitik 1914–1917, Frankfurt a. M. 1990.
KORTMANN, Bernhard, Präsident Theodore Roosevelt und Deutschland, Emsdetten 1933.
KOSELLECK, Reinhart, Vergangene Zukunft. Zur Semantik geschichtlicher Zeiten, dritte Aufl. Frankfurt a. M. 1995.
KOSS, Stephen E., The Destruction of Britain's Last Liberal Government, in: JMH 40/2 (June 1968), S. 257–277.
Ders., The Rise and Fall of the Political Press in Britain, Bde. 1–2, London 1981.
Ders., Asquith, London 1985.
KRACKE, Friedrich, Prinz und Kaiser. Wilhelm II. im Urteil seiner Zeit, München 1960.
KRAUSNICK, Helmut, Holsteins Geheimpolitik in der Ära Bismarck 1886–1890. Dargestellt vornehmlich auf Grund unveröffentlichter Akten des Wiener Haus-, Hof- und Staatsarchivs, Hamburg 1942.
KREIDER, John Kenneth, Diplomatic relations between Germany and the United States 1906–1913, Ph. D. Pennsylvania State University 1969.
KROBOTH, Rolf, Die Finanzpolitik des Deutschen Reiches während der Reichskanzlerschaft Bethmann Hollwegs und die Geld- und Kapitalmarktverhältnisse (1909–1913/14), Frankfurt a. M. 1986.
KRUMEICH, Gerd, Aufrüstung und Innenpolitik in Frankreich vor dem ersten Weltkrieg. Die Einführung der dreijährigen Dienstpflicht 1913–1914 (Veröffentlichungen des Instituts für Europäische Geschichte Mainz, Bd. 96), Wiesbaden 1980.
Ders., Bilder vom Krieg vor 1914, in: ROTHER (Hrsg.), Die letzten Tage der Menschheit, S. 37–46.
KÜHNE, Thomas, Das Deutsche Kaiserreich 1871–1918 und seine politische Kultur: Demokratisierung, Segmentierung, Militarisierung, in: NPL 43 (1998), S. 206–263.
KÜHNEMANN, Eugen, Vom Professorenaustausch mit Amerika und seinen Wirkungen, in: Otto BOELITZ/Franz SCHMIDT (Hrsg.), Aus deutscher Bildungsarbeit im Ausland. Erlebnisse und Erfahrungen in Selbstzeugnissen aus aller Welt, Langensalza 1928, Bd. 2, S. 498–510.
KUNDEL, Erich, Die Ideologie der Weltpolitik im politischen und sozialen Umfeld der Zeitschriften Grenzboten und Preußische Jahrbücher zwischen 1890 und 1900, phil. Diss. Berlin Humboldt Univ. 1990.
KUNZ-LACK, Ilse, Die deutsch-amerikanischen Beziehungen 1890 bis 1914, Stuttgart 1935.

KUROPKA, Joachim, »Militarismus« und das »Andere Deutschland«. Zur Entstehung eines Musters britischer Deutschlandinterpretation, in: WENDT (Hrsg.), Das britische Deutschlandbild, S. 103–126.

LAFEBER, Walter, The New Empire. An Interpretation of American Expansion 1860–1898, Princeton, NJ 1963.

Ders., The American Search for Opportunity 1865–1913, Cambridge 1993.

Ders., A Note on the »Mercantilistic Imperialism« of Alfred Thayer Mahan, in: MVHR 48 (1962), S. 674–685.

LAHME, Rainer, Deutsche Außenpolitik 1890–1894. Von der Gleichgewichtspolitik Bismarcks zur Allianzstrategie Caprivis, Göttingen 1990.

Ders., Das Ende der Pax Britannica: England und die europäischen Mächte 1890–1914, in: Archiv für Kulturgeschichte 73 (1991), S. 169–192.

Ders., Die Entwicklung des Zweibundes von Caprivi bis Bethmann Hollweg, in: RUMPLER/NIEDERKORN (Hrsg.), Der »Zweibund« 1879, S. 195–220.

LAMBACH, Frank, Our Men in Washington. From the first Prussian Minister Resident to the Ambassadors of the Federal Republic of Germany, Köln 1976.

LAMBERT, Sheila, A Century of Diplomatic Blue Books, in: HJ 10 (1967), S. 125–131.

LAMBI, Ivo Nikolai, The Navy and German Power Politics, 1862–1914, Boston/London 1984.

LAMMERSDORF, Raimund, Anfänge einer Weltmacht. Theodore Roosevelt und die transatlantischen Beziehungen der USA 1901–1909, Berlin 1994.

LANGER, William L., The Diplomacy of Imperialism 1890–1902, Bde. 1–2, dritte Aufl. New York 1965 [1935].

LANGHORNE, Richard, The Naval Question in Anglo-German Relations, 1912–1914, in: HJ 14 (1971), S. 359–370.

Ders., Great Britain and Germany, 1911–1914, in: HINSLEY (Hrsg.), British Foreign Policy under Sir Edward Grey, S. 288–314.

Ders., The Collapse of the Concert of Europe: International Politics, 1890–1914, London 1981.

Ders., Arbitration: the first phase, 1870–1914, in: DOCKRILL/MCKERCHER (Hrsg.), Diplomacy and world power, S. 43–55.

LAPPENKÜPER, Ulrich, Annäherung auf Kosten Deutschlands? Der Brückenschlag zwischen den Flügelmächten England und Rußland vor dem Ersten Weltkrieg, in: Adolf M. BIRKE/Hermann WENTKER (Hrsg.), Deutschland und Rußland in der britischen Kontinentalpolitik seit 1815 (Prinz-Albert-Studien Bd. 11), München 1994, S. 49–71.

LARRES, Klaus/Torsten OPPELLAND (Hrsg.), Deutschland und die USA im 20. Jahrhundert. Geschichte der politischen Beziehungen, Darmstadt 1997.

LASKI, Harold Joseph, The Danger of Being a Gentleman, and other Essays, New York 1940 [London 1939].

League of Nations, Industrialization and Foreign Trade. Economic, Financial and Transit Department, Genf 1945.

LEBERGOTT, Stanley, The Returns to U. S. Imperialism 1890–1929, in: JEH 40 (1980), S. 229–252.

LEBOW, Richard Ned, Between War and Peace. The Nature of International Crisis, Baltimore 1981.

LEE, Dwight Erwin, Europe's Crucial Years. The Diplomatic Background of World War I, 1902–1914, Hanover, N. H. 1974.

LEE, Sidney, King Edward VII. A Biography, Bde. 1–2, London 1925–1927.

LEGH, Thomas Wodehouse, Lord Newton: Lord Lansdowne. A Biography, London 1929.

LENZ, Max, Deutschland im Kreis der Großmächte 1871–1914, Berlin 1924.

LEOPOLD, Richard William, Elihu Root and the conservative tradition, Boston 1954.

Ders., The growth of American foreign policy. A history, New York 1962.

LERMAN, Katharine A., The chancellor as Courtier. Bernhard von Bülow and the Governance of Germany 1900–1909, Cambridge 1990.

LEUCHTENBERG, William E., Progressivism and Imperialism: The Progressive Movement and American Foreign Policy, 1898–1916, in: MVHR 39 (1952/53), S. 483–504.

LEUSSER, Hermann, Ein Jahrzehnt Deutsch-amerikanischer Politik 1897–1906, München/Berlin 1928.
LICHNOWSKY, [Carl Max] Fürst, Auf dem Wege zum Abgrund. Londoner Berichte, Erinnerungen und sonstige Schriften, Bde. 1–2, Dresden 1927.
LIEVEN, Dominic, The Aristocracy of Europe, New York 1993; dt. Ausg.: Abschied von Macht und Würden. Der europäische Adel 1815–1914, Frankfurt a. M. 1995.
Ders., Dilemmas of Empire 1850–1918. Power, Territory, Identity, in: JCH 34 (1999), S. 163–200.
LINDEMANN, Thomas, Die Macht der Perzeptionen und Perzeptionen von Mächten (Beiträge zur Politischen Wissenschaft, Bd. 118), Berlin 2000.
LIPPMANN, Edmund O. von, Geschichte der Magnetnadel bis zur Erfindung des Kompasses, Berlin 1932.
LIPPMANN, Walter, Public Opinion, New York 1965.
LIVERMORE, Seward W., Theodore Roosevelt, the American Navy, and the Venezuelan Crisis of 1902–03, in: AHR 51 (1946), S. 452–471.
Ders., American Naval-Base Policy in the Far East 1850–1914, in: PHR 13 (1944), S. 113–135.
Ders., The American Navy as Factor in World Politics, 1903–1913, in: AHR 63 (1958), S. 863–879.
LIVEZEY, William A., Mahan on Sea Power, Norman, Oklahoma 1947.
LOCKHART, John Gibson, Cosmo Gordon Lang, London 1949.
LOEWENHEIM, Francis L., The Historian and the Diplomat. The Role of History and Historians in American Foreign Policy, Delhi 1968.
LOMAX, James/Richard ORMOND, John Singer Sargent and the Edwardian Age, London 1979.
LONGFORD, Elisabeth, A Pilgrimage of Passion. The Life of Wilfrid Scawen Blunt, London 1979.
LOTH, Wilfried/Jürgen OSTERHAMMEL (Hrsg.), Internationale Geschichte. Themen, Ergebnisse, Aussichten (Studien zur Internationalen Geschichte, Bd. 10), München 2000.
LOVE, Robert William Jr. (Hrsg.), Changing Interpretations and New Sources in Naval History. Papers from the Third United States Naval Academy History Symposium, New York/London 1980.
LOWE, Cedric James, Salisbury and the Mediterranean, 1886–1896, London/Toronto 1965.
Ders., The Reluctant Imperialists. British Foreign Policy, 1878–1902, Bde. 1–2, London 1967.
Ders./Michael Lawrence DOCKRILL, The Mirage of Power. British Foreign Policy (1902–1922), Bde. 1–3, London 1972.
LOWE, Cedric James, The formulation of a continental foreign policy by Great Britain 1908–1912, New York/London 1986.
LÜBBE, Hermann, Politische Philosophie in Deutschland. Studien zu ihrer Geschichte, Basel 1963.
LUMBY, Esmond Walter Rawson, Policy and Operations in the Mediterranean, 1912–1914 (Publications of the Navy Records Society, Bd. 115), London 1970.
LUTZ, Hermann, Lord Grey und der Weltkrieg. Ein Schlüssel zum Verständnis der britischen amtlichen Aktenpublikationen über den Kriegsausbruch 1914, Berlin 1927.
Ders., Die europäische Politik in der Julikrise 1914, Berlin 1930.
Ders., Eyre Crowe, der Böse Geist des Foreign Office, Stuttgart 1931.
Ders., Deutschfeindliche Kräfte im Foreign Office der Vorkriegszeit. Materialien zu Bd. VII der »Britischen Dokumente«, Berlin 1932.
LYCETT, Andrew, Rudyard Kipling, London 1999.
LYONS, Francis Stewart Leland, Internationalism in Europe 1815–1914, Leiden 1963.
LYTTON, Earl, Wilfrid Scawen Blunt, London 1961.
MACGREGOR BURNS, James/Susan DUNN, The Three Roosevelts. The Leaders who transformed America, London 2001.

MacIntyre, Duncan, Images of Germany. A theory-based approach to the Classification, Analysis, and Critique of British Attitudes towards Germany, 1890–1914, Bde. 1–2, Ph. D. thesis University of Glasgow 1990.
Mackay, Ruddock Finley, Fisher of Kilverstone, Oxford 1973.
Ders., Balfour. Intellectual Statesman, Oxford 1985.
Mackenzie, Jeanne, The Children of the Souls. A tragedy of the First World War, London 1986.
MacKenzie, John M., Propaganda and Empire. The Manipulation of British Public Opinion, 1880–1960, Manchester 1984.
Ders. (Hrsg.), Imperialism and Popular Culture, Manchester 1986.
Magnus, Philip, Kitchener. Portrait of an Imperialist, London 1958.
Ders., King Edward the Seventh, London 1964.
Maier, Charles S., Consigning the Twentieth Century to History: Alternative Narratives for the Modern Era, in: AHR 105 (2000), S. 807–831.
Manchester, William, Churchill. Der Traum vom Ruhm 1874–1932, München 1989.
Mander, John, Our German Cousins. Anglo-German Relations in the 19th and 20th Centuries, London 1974.
Mandler, Peter, The Consciousness of Modernity? Liberalism and the English National Character, 1870–1940, in: Martin Daunton/Bernhard Rieger (Hrsg.), Meanings of Modernity. Britain from the late-Victorian Era to World War II, Oxford/New York 2001, S. 119–144.
Mangan, James A. (Hrsg.), Making Imperial Mentalities: Socialisation and British Imperialism, Manchester 1990.
Mann, Michael, The Sources of Social Power. The Rise of Classes and Nation-States 1760–1914, Bd. 2, Cambridge 1993.
Mansergh, Nicholas, The Coming of the First World War. A Study in the European Balance 1878–1914, London 1949.
Marcks, Erich, Englands Machtpolitik. Vorträge und Studien, neu hrsg. und eingel. von Willy Andreas, Stuttgart/Berlin 1940.
Marder, Arthur J., The Anatomy of British Sea Power. A History of British Naval Policy in the Pre-Dreadnought Era, 1880–1905, New York 1940.
Ders., From the Dreadnought to Scapa Flow. The Royal Navy in the Fisher Era 1904–1919, Bde. 1–3, London 1961–1967.
Marienfeld, Wolfgang, Wissenschaft und Schlachtflottenbau in Deutschland, 1897–1906, Berlin/Frankfurt a. M. 1957.
Markham, Sydney Frank, Climate and the Energy of Nations, London 1944.
Marks, Frederick W., Velvet on Iron. The Diplomacy of Theodore Roosevelt, London 1979.
Marsh, Peter T., Joseph Chamberlain. Entrepreneur in Politics, New Haven 1994.
Martel, Gordon, Imperial Diplomacy. Rosebery and the failure of Foreign Policy, Kingston, Ontario/London 1986.
Martin, Edward Sandford, The Life of Joseph Hodges Choate, as gathered chiefly from his letters, Bde. 1–2, New York 1921.
Martin, Ralph G., Jennie. The Life of Lady Randolph Churchill, Bde. 1–2, New York 1969.
Massie, Robert K., Dreadnought, London 1991; dt.: Die Schalen des Zorns. Großbritannien, Deutschland und das Heraufziehen des Ersten Weltkrieges, Frankfurt a. M. 1993.
Mathias, Peter, The First Industrial Nation. An Economic History of Britain 1700–1914, London 1969.
Matthew, Henry Colin Gray, The Liberal Imperialists. The Ideas and Politics of a Post-Gladstonian Elite, Oxford 1973.
Mattox, Henry E., The Twilight of Amateur Diplomacy. The American Foreign Service and its Senior Officers in the 1890s, Kent, Ohio/London 1989.
Matznetter, Josef (Hrsg.), Politische Geographie, Darmstadt 1977.
Maurer, John H., American Naval Concentration and the German Battle Fleet, 1900–1918, in: JSS 6/2 (1983), S. 147–181.

MAURICE, Sir Frederick, Haldane 1856–1915. The Life of Viscount Haldane of Cloan K. T., O. M., London 1937.
MAY, Ernest Richard, The World War and American isolation, 1914–1917, Cambridge, Mass. 1959.
Ders., Imperial democracy. The emergence of Amerika as a great power. New York 1961.
Ders., From imperialism to isolationism 1898–1919, New York 1964.
Ders., American Imperialism. A Speculative Essay, New York 1968.
MCDERMOTT, John, The revolution in British military thinking from the Boer War to the Moroccan Crisis, in: KENNEDY (Hrsg.), The War Plans of the Great Powers, S. 99–117.
MCKERCHER, Brian J. C./D. J. MOSS (Hrsg.), Shadow and Substance in British Foreign Policy 1895–1939. Memorial Essays Honouring C. J. Lowe, Edmonton 1984.
MCKERCHER, Brian J. C., Esme Howard. A Diplomatic Biography, Cambridge 1989.
Ders./A. Hamish ION (Hrsg.), Military Heretics. The Unorthodox in Policy and Strategy, London 1994.
MCKERCHER, Brian J. C., Shield of Memory: The Memoirs of the British Foreign Policy-Making Elite 1919–1939, in: EGERTON (Hrsg.), Political Memoir, S. 188–206.
Ders./Lawrence ARONSON (Hrsg.), The North Atlantic Triangle in a changing World. Anglo-American-Canadian Relations 1902–1956, Toronto 1995.
MEHNERT, Ute, Deutsche Weltpolitik und amerikanisches Zweifronten-Dilemma. Die »japanische Gefahr« in den deutsch-amerikanischen Beziehungen 1904–1917, in: HZ 257 (1993), S. 647–692.
Dies., Deutschland, Amerika und die »Gelbe Gefahr«. Zur Karriere eines Schlagworts in der Großen Politik, 1905–1917, Stuttgart 1995.
MEINECKE, Friedrich, Geschichte des deutsch-englischen Bündnisproblems 1890–1901, München/Wien 1972 [1927].
MESSERSCHMIDT, Manfred, Deutschland in englischer Sicht. Die Wandlungen des Deutschlandbildes in der englischen Geschichtsschreibung, Düsseldorf 1955.
MESSINGER, Gary S., British Propaganda and the State of the First World War, Manchester 1992.
MESZAROS, Istvan (Hrsg.), Aspects of History and Class Consciousness, London 1971; dt. Ausgabe: Aspekte von Geschichte und Klassenbewußtsein, München 1972.
METZ, Ilse, Die deutsche Flotte in der englischen Presse, der [sic!] Navy Scare vom Winter 1904/05, Berlin 1936.
MEYER, Jürg, Die Propaganda der deutschen Flottenbewegung 1897–1900, Bern 1967.
MEYER, Thomas, »Endlich eine Tat, eine befreiende Tat ...«. Alfred von Kiderlen-Wächters »Panthersprung nach Agadir« unter dem Druck der öffentlichen Meinung, Husum 1996.
MEYERS, Reinhard, Theorien der internationalen Beziehungen, in: Wichard WOYKE (Hrsg.), Handwörterbuch Internationale Politik, sechste aktual. Aufl. Opladen 1995, S. 403–430.
MICHALKA, Wolfgang (Hrsg.), Der Erste Weltkrieg. Wirkung, Wahrnehmung, Analyse, München 1994.
MILLER, Margaret Stevenson, The Economic Development of Russia, 1905–1914, London 1926.
MILLER, Steven E. (Hrsg.), Military Strategy and the Origins of the First World War. An International Security Reader, Princeton 1985.
Ders./Sean M. LYNN-JONES/Stephen Van EVERA, Military Strategy and the Origins of the First World War, revised and expanded edition, Princeton 1991.
MILWARD, Alan S./S. B. PAUL, The Development of the Economies of Continental Europe 1850–1914, Cambridge, Mass./London 1977.
MINGER, Ralph Eldin, William Howard Taft and United States foreign policy: The apprenticeship years 1900–1908, Urbana/Chicago/London 1975.
MITCHELL, Brian Redman, International Historical Statistics. Europe 1750–1993, fourth ed. New York/London 1998.
Ders., International Historical Statistics. The Americas 1750–1993, fourth ed. New York/London 1998.

MOCK, Wolfgang, The Function of ›Race‹ in Imperialist Ideologies: the Example of Joseph Chamberlain, in: KENNEDY/NICHOLLS (Hrsg.), Nationalist and Racialist Movements, S. 190–203.
MÖCKELMANN, Jürgen, Deutsch-amerikanische Beziehungen in der Krise. Studien zur amerikanischen Politik im ersten Weltkrieg, Frankfurt a. M. 1967.
MOGK, Walter, Paul Rohrbach und das »Größere Deutschland«. Ethnischer Imperialismus im Wilhelminischen Zeitalter. Ein Beitrag zur Geschichte des Kulturprotestantismus, München 1972.
MOLL, Kenneth L., A. T. Mahan, American historian, in: Military Affairs 27 (1963), S. 131–140.
MOLLIN, Volker, Auf dem Wege zur Materialschlacht. Vorgeschichte und Funktionieren des Artillerie-Industrie-Komplexes im deutschen Kaiserreich, Pfaffenweiler 1986.
MOLTMANN, Günter, Deutschland und die Monroe-Doktrin, in: ELVERT/SALEWSKI, Deutschland und der Westen im 19. und 20. Jahrhundert, S. 43–66.
MOMBAUER, Annika, Helmuth von Moltke and the Origins of the First World War, Cambridge 2001.
MOMMSEN, Wolfgang J., Nationale und ökonomische Faktoren im britischen Imperialismus vor 1914, in: HZ 206 (1968), S. 618–664.
Ders., Das Zeitalter des Imperialismus (Fischer Weltgeschichte, Bd. 28), Frankfurt a. M. 1969.
Ders., Die Epoche des Hochimperialismus – Koloniale Expansion neuen Typs in den 1880er Jahren, in: August NITSCHKE/Gerhard A. RITTER/Detlev J. K. PEUKERT/Rüdiger vom BRUCH (Hrsg.), Jahrhundertwende. Der Aufbruch in die Moderne 1880–1930, Bd. 1, Reinbek bei Hamburg 1990, S. 337–368.
Ders., Imperialismustheorien. Ein Überblick über die neueren Imperialismusinterpretationen, dritte erw. Aufl. Göttingen 1987 [1977].
Ders., Der europäische Imperialismus. Aufsätze und Abhandlungen, Göttingen 1979.
Ders., Der Topos vom unvermeidlichen Krieg. Außenpolitik und öffentliche Meinung im Deutschen Reich im letzten Jahrzehnt vor 1914, in: Jost DÜLFFER/Karl HOLL (Hrsg.), Bereit zum Krieg. Kriegsmentalität im wilhelminischen Deutschland 1890–1914, Göttingen 1986, S. 194–224.
Ders., Das Ringen um den nationalen Staat. Die Gründung und der innere Ausbau des Deutschen Reiches unter Otto von Bismarck 1850–1890, Berlin 1993.
Ders., Großmachtstellung und Weltpolitik 1870–1914. Die Außenpolitik des Deutschen Reiches, Frankfurt a. M./Berlin 1993.
Ders., Bürgerstolz und Weltmachtstreben. Deutschland unter Wilhelm II. 1890–1918, Berlin 1995.
Ders. (Hrsg.), Kultur und Krieg. Die Rolle der Intellektuellen, Künstler und Schriftsteller im Ersten Weltkrieg, München 1996.
MONGER, George, The End of Isolation. British Foreign Policy 1900–1907, London 1963.
MOORE, John Edward, Technological Change and British Naval Policy (1904–1914), in: Proceedings and Papers of the Georgia Association of Historians 6 (1985), S. 69–80.
MORRIS, Andrew J. A., The Scaremongers. The Advocacy of War and Retrenchment 1896–1914, London [u. a.] 1984.
MORRIS, Edmund, The Rise of Theodore Roosevelt, New York 1980.
Ders., Theodore Rex, New York/London 2001.
MORRIS, James, Farewell the Trumpets. An Imperial Retreat, London 1978.
MORRIS, Jan, Fisher's Face, New York 1995.
MOSES John A./Paul M. KENNEDY (Hrsg.), Germany in the Pacific and Far East, 1870–1914, St. Lucia, Queensland 1977.
MOUNT, Charles Merrill, John Singer Sargent. A Biography, London 1957.
MOWAT, Robert Balmain, The Diplomatic Relations of Great Britain and the United States, London 1925.
Ders., The life of Lord Pauncefote. First ambassador to the United States, London 1929.
MÜLLENBROCK, Heinz-Joachim, Literatur und Zeitgeschichte in England zwischen dem Ende des 19. Jahrhunderts und dem Ausbruch des Ersten Weltkriegs, Hamburg 1967.

Ders., Trugbilder. Zum Dilemma imagologischer Forschung am Beispiel des englischen Deutschlandbildes 1870–1914, in: Anglia 113 (1995), S. 303–329.
MÜNZ, Sigmund, Fürst Bülow, der Staatsmann und Mensch, Berlin 1930.
MUNCY, Lysbeth Walker, The Junker in the Prussian Administration under William II, 1888–1914, Providence, Rhode Island 1944.
MURRAY, Gilbert Aime, A conversation with Bryce [James Bryce], London/New York 1944.
NAGLER, Jörg, From Culture to *Kultur*. Changing American Perceptions of Imperial Germany, 1870–1914, in: BARCLAY/GLASER-SCHMIDT, Transatlantic Images, S. 131–154.
Ders., Nationale Minoritäten im Krieg. »Feindliche Ausländer« und die amerikanische Heimatfront während des Ersten Weltkrieges, Hamburg 2000.
NAVILLE, Pierre, Mahan et la maitrise des mers, Paris 1981.
NEARY, Peter, The Embassy of James Bryce in the United States 1907–1913, Ph. D. Thesis London 1967.
NEILSON, Keith, Britain and the Last Tsar. British Policy and Russia 1894–1917, Oxford 1995.
Ders., »Only a d...d marionette«? The influence of ambassadors on British Foreign Policy, 1904–1914, in: DOCKRILL/MCKERCHER (Hrsg.), Diplomacy and world power, S. 56–78.
NEITZEL, Sönke, Weltmacht oder Untergang. Die Weltreichslehre im Zeitalter des Imperialismus, mit einem Geleitwort von Winfried Baumgart, Paderborn 2000.
Ders. (Hrsg.), 1900. Zukunftsvisionen der Großmächte, Paderborn 2002.
Ders., Außenpolitische Zukunftsvorstellungen in Deutschland um 1900, in: Ders. (Hrsg.), 1900. Zukunftsvisionen der Großmächte, S. 55–79.
NEVINS, Allan, Henry White. Thirty years of American Diplomacy, New York/London 1930.
Ders., Grover Cleveland. A Study in Courage, New York 1932.
Ders. (Hrsg.), America through British Eyes, New York 1948.
NEWBOLT, Henry, A Naval History of the War, London 1920.
Ders., Naval Operations, Bde. 4–5, London 1928–1931.
NEWTON, Scott/Dilwyn PORTER, Joseph Chamberlain 1836–1914. A Bibliography, Westport, Conn., 1994.
NICHOLAS, Herbert George, Britain and the United States, London 1954.
Ders., The United States and Britain, Chicago/London 1975.
NICKLES, David Paull, Telegraph Diplomats. The United States' Relations with France in 1848 and 1870, in: Technology and Culture 40 (1999), H. 1, S. 1–25.
NICOLSON, Harold, Some People, London 1927.
Ders., Sir Arthur Nicolson Bart, First Lord Carnock. A Study in Old Diplomacy, London 1930.
Ders., Curzon. The Last Phase, London 1934.
Ders., Diplomacy, London 1939.
NICOLSON, Nigel, Portrait einer Ehe. Vita Sackville-West und Harold Nicolson. Aus dem Englischen von Peter de Mendelssohn, Frankfurt a. M. 1992.
NIEDHART, Gottfried, Perzeption und Image als Gegenstand der Geschichte von den internationalen Beziehungen. Eine Problemskizze, in: WENDT (Hrsg.), Das britische Deutschlandbild im Wandel des 19. und 20. Jahrhunderts, S. 39–52.
Ders. (Hrsg.), Das kontinentale Europa und die britischen Inseln: Wahrnehmungsmuster und Wechselwirkungen seit der Antike, Mannheim 1993.
NIPPERDEY, Thomas, Deutsche Geschichte 1800–1866. Bürgerwelt und starker Staat, sechste durchgesehene Aufl. München 1993 [1983].
Ders., Deutsche Geschichte 1866–1918, Bd. 1: Arbeitswelt und Bürgergeist, München 1994 [1990]; Bd. 2: Machtstaat vor der Demokratie, München 1992.
NOLDEN, Karl, Friedrich von Holstein, Berlin 1983.
NOSTITZ, Herbert von, Bismarcks unbotmäßiger Botschafter. Fürst Münster zu Derneburg (1820–1902), Göttingen 1968.
O'BRIEN, Patrick K., The Costs and Benefits of British Imperialism 1846–1914, in: Past & Present 120 (1988), S. 163–200.

O'BRIEN, Phillips P., British and American Naval Power. Politics and Policy 1900–1936, London 1998.

O'BRYAN, Leonhard, Die Beurteilung der deutschen Flottenpolitik in amerikanischen Zeugnissen der Vorkriegszeit, Berlin 1934.

OFFER, Avner, The First World War. An Agrarian Interpretation, Oxford 1989.

OFFNER, John L., An Unwanted War. The Diplomacy of the United States and Spain over Cuba 1895–1898, Chapel Hill 1992.

OLSON, Stanley, John Singer Sargent. His Portrait, London 1986.

OMBRAIN, Nicholas d', War Machinery and High Policy. Defence Administration in Peacetime Britain 1902–1914, Oxford 1973.

ONCKEN, Emily, Panthersprung nach Agadir. Die deutsche Politik während der Zweiten Marokkokrise 1911, Düsseldorf 1981.

OPPELLAND, Torsten, Reichstag und Außenpolitik im Ersten Weltkrieg. Die deutschen Parteien und die Politik der USA 1914–1918, Düsseldorf 1995.

ORDE, Anne, The Eclipse of Great Britain. The United States and British Imperial Decline, 1895–1956, London 1996.

ORWELL, George, The Lion and the Unicorn. Socialism and the English Genius, London 1941.

OSGOOD, Robert E., Idea and Self Interest in America's Foreign Relations, Chicago 1953.

OSIANDER, Andreas, Interdependenz der Staaten und Theorie der zwischenstaatlichen Beziehungen. Eine theoriegeschichtliche Untersuchung, in: PVS 36 (1995), S. 243–266.

OSTERHAMMEL, Jürgen, Gentleman-Kapitalismus und Gentleman-Charakter. Eine neue Gesamtdeutung des britischen Imperialismus, in: NPL 39 (1994), S. 5–13.

Ders., Jenseits der Orthodoxie. Imperium, Raum, Herrschaft und Kultur als Dimensionen von Imperialismustheorie, in: Periplus 5 (1995), S. 119–131.

Ders., Die Wiederkehr des Raumes. Geopolitik, Geohistorie und historische Geographie, in: NPL 43 (1998), S. 374–397.

Ders., Geschichtswissenschaft jenseits des Nationalstaats. Studien zu Beziehungsgeschichte und Zivilisationsvergleich, Göttingen 2001.

O'SULLIVAN, Emer, Friend and Foe. The Image of Germany and the Germans in British Children's Fiction from 1870 to the Present, Tübingen 1990.

OWEN, Frank, Tempestuous Journey. Lloyd George, his Life and Times, London 1954.

PAGE, William (Hrsg.), Commerce and Industry. A Historical Review of the Economic conditions of the British Empire from the Peace of Paris in 1815 to the Declaration of War in 1914, based on Parliamentary Debates, New York 1968 (Reprint der Ausgabe London 1919).

PALEOLOGUE, Maurice, Un Grand Tournant de la Politique Mondiale (1904–1906), Paris 1934.

PALMER, Alan, Glanz und Niedergang der Diplomatie. Die Geheimpolitik der europäischen Kanzleien vom Wiener Kongreß bis zum Ausbruch des Ersten Weltkriegs. Deutsch von Jürgen Abel, Düsseldorf 1986.

Ders., Dictionary of the British Empire and Commonwealth, London 1996.

PARET, Peter (Hrsg.), with the collaboration of Gordon A. Craig and Felix Gilbert, Makers of Modern Strategy from Machiavelli to the Nuclear Age, Princeton 1986.

PARKER, Geoffrey, Western Political Thought in the Twentieth Century, London/Sydney 1985.

PARKER, William Henry, Mackinder. Geography as an Aid to Statecraft, Oxford 1982.

PARKINSON, C. Northcote, Two Nations, in: The Economist, 25 March 1967, S. 1116 f.

PARSONS, Timothy H., The British Imperial Century, 1815–1914. A World History Perspective, Lanham/Oxford 1999.

PATERSON, Thomas G. (Hrsg.), American Imperialism and Anti-Imperialism, New York 1973.

PAULMANN, Johannes, Pomp und Politik. Monarchenbegegnungen in Europa zwischen Ancien Régime und Erstem Weltkrieg, Paderborn 2000.

PERKINS, Bradford, The Great Rapprochement. England and the United States, 1895–1914, New York 1968.

PERSIUS, Lothar, Tirpitz, der Totengräber der deutschen Flotte, Berlin 1918.
Ders., Die Tirpitz-Legende, Berlin 1918.
PETERS, Evelene, Roosevelt und der Kaiser. Ein Beitrag zur Geschichte der deutsch-amerikanischen Beziehungen 1895–1906, Leipzig 1936.
PETERS, Margot, Mistress Pat. The Life of Mrs. Patrick Campbell, New York 1984.
PETRIE, Sir Charles, The Life and Letters of Sir Austen Chamberlain, Bde. 1–2, London 1939.
PETTER, Wolfgang, Deutsche Flottenrüstung von Wallenstein bis Tirpitz, in: Handbuch zur deutschen Militärgeschichte, Bd. 5/VIII, München 1979.
PFLANZE, Otto, Germany – Bismarck – America, in: ELVERT/SALEWSKI (Hrsg.), Deutschland und der Westen im 19. und 20. Jahrhundert, S. 67–84.
Ders., Bismarck, Bde. 1–2, München 1997–1998.
PHILIPPI, Hans, Die Botschafter der europäischen Mächte am Berliner Hofe 1871–1914, in: Oswald HAUSER (Hrsg.), Vorträge und Studien zur preußisch-deutschen Geschichte, Köln 1983, S. 159–250.
Ders., Das deutsche Diplomatische Korps, 1871–1914, in: SCHWABE (Hrsg.), Das diplomatische Korps 1871–1945, S. 41–80.
PINTO-DUSCHINSKY, Michael, The Political Thought of Lord Salisbury, 1854–1868, London 1967.
PLAGEMANN, Volker (Hrsg.), Übersee. Seefahrt und Seemacht im Deutschen Kaiserreich, München 1988.
PLAGGEMEIER, Siegfried, Admiral A. T. Mahan, der Begründer des u. s. amerikanischen Marineimperialismus, in: Zeitschrift für Geopolitik 18 (1941), H. 11, S. 591–600.
PLATT, D. C. M., The Cinderella Service. British Consuls since 1825, London 1971.
PLAYNE, Caroline E., The Pre-War Mind in Britain. An Historical Review, London 1928.
PLESS, Daisy Princess of, by herself. Ed. with an Introduction by Major Desmond Chapman-Huston, New York 1929.
PLESSNER, Helmuth, Die verspätete Nation. Über die politische Verführbarkeit bürgerlichen Geistes, Stuttgart 1959.
PLETCHER, David Mitchell, Economic Growth and Diplomatic Adjustment, 1861–1898, in: William H. BECKER/Samuel F. WELLS (Hrsg.), Economics and World Power, S. 119–171.
POLLARD, Sidney/Paul ROBERTSON, The British Shipbuilding Industry, 1870–1914, Cambridge 1979.
POLLARD, Sidney, Britain's Prime and Britain's Decline. The British Economy 1870–1914, London 1989.
POMMERIN, Reiner, Deutsch-amerikanische Beziehungen zwischen Rivalität und Partnerschaft 1776–1980, in: NPL 27 (1982), S. 319–325.
Ders., Der Kaiser und Amerika. Die USA in der Politik der Reichsleitung 1890–1917, Köln/Wien 1986.
Ders., Deutschlands Reaktion auf die Globalisierung der internationalen Beziehungen. Ein anderer Kurs? In: SCHÖLLGEN (Hrsg.), Flucht in den Krieg? S. 132–147.
POPE-HENNESSY, James, Lord Crewe, 1868–1945. The Likeness of a Liberal, London 1955.
PORTER, Andrew (Hrsg.), The Oxford History of the British Empire, Bd. 3: The Nineteenth Century, Oxford/New York 1999.
PORTER, Bernard, The Edwardians and Their Empire, in: READ (Hrsg.), Edwardian England, S. 128–144.
POSTGATE, Raymond W./Aylmer VALLANCE, Those Foreigners. The English People's Opinion on Foreign Affairs as reflected in their Newspapers since Waterloo, London 1937.
POTTER, Elmar B./Chester W. NIMITZ/Jürgen ROHWER (Hrsg.), Seemacht. Eine Seekriegsgeschichte von der Antike bis zur Gegenwart, München 1974.
POUND, Reginald, The Lost Generation, London 1964.
POWELL, J. Enoch, Joseph Chamberlain, London 1977.
PRAGER, Ludwig, Die Handelsbeziehungen des Deutschen Reiches mit den Vereinigten Staaten von Amerika bis zum Ausbruch des Weltkrieges im Jahre 1914, Weimar 1926.
PRATT, Julius William, Expansionists of 1898: The Acquisition of Hawaii and the Spanish Islands, Baltimore 1936.

Ders., America's Colonial Experiment. How the United States gained, governed, and in part gave away a colonial empire, New York 1951.
Ders., Challenge and Rejection. The United States and World Leadership, 1900–1921, New York/London 1967.
PRETTEJOHN, Elizabeth, Interpreting Sargent, London 1998.
PREUSSEN, Oskar Prinz von, Wilhelm II. und die Vereinigten Staaten von Amerika. Zur Geschichte einer ambivalenten Beziehung, Neuried 1997.
PRINGLE, Henry Fowler, The Life and Times of William Howard Taft. A biography, Bde. 1–2, New York/Toronto 1939.
Ders., Theodore Roosevelt, New York 1995, Nachdruck der überarbeiteten und leicht gekürzten Ausgabe 1955 [1931].
PULESTON, William Dillworth, Mahan: The life and work of Captain Alfred Thayer Mahan, fünfte Aufl. New Haven 1946 [1939].
RADKAU, Joachim, Das Zeitalter der Nervösität. Deutschland zwischen Bismarck und Hitler, München 1998.
RAITHEL, Thomas, Das »Wunder« der inneren Einheit. Studien zur deutschen und französischen Öffentlichkeit bei Beginn des Ersten Weltkriegs, Bonn 1996.
RANFT, Bryan (Hrsg.), Technical change and British naval policy, 1860–1939, London 1977.
RAULFF, Ulrich (Hrsg.), Mentalitäten-Geschichte. Zur historischen Rekonstruktion geistiger Prozesse, Berlin 1989.
READ, Donald (Hrsg.), Edwardian England, London/Canberra 1982.
RECKNER, James R., Teddy Roosevelt's Great White Fleet, Annapolis 1988.
REIFELD, Helmut, Zwischen Empire und Parlament. Zur Gedankenbildung und Politik Lord Roseberys (1880–1905), Göttingen 1987.
REINERMANN, Lothar, Der Kaiser in England. Wilhelm II. und die britische Öffentlichkeit (Publikationen des Deutschen Historischen Instituts London, Bd. 48), Paderborn 2000.
REINERS, Ludwig, In Europa gehen die Lichter aus. Der Untergang des wilhelminischen Reiches, München 1954.
REINHARD, Wolfgang (Hrsg.), Imperialistische Kontinuität und nationale Ungeduld im 19. Jahrhundert, Frankfurt a. M. 1991.
RENOUVIN, Pierre/Jean-Baptiste DUROSELLE, Introduction à l'histoire des relations internationales, Paris 1991.
REULECKE, Jürgen, Neuer Mensch und neue Männlichkeit. Die »junge Generation« im ersten Drittel des 20. Jahrhunderts, in: Jahrbuch des Historischen Kollegs 2001, München 2002, S. 109–138.
REUTER, Bertha A., Anglo-American Relations during the Spanish-American War, New York 1924.
RHODES, James Ford, The McKinley and Roosevelt administrations 1897–1909, New York 1922.
RHODES JAMES, Robert, Rosebery. A Biography of Archibald Philip, Fifth Earl of Rosebery, New York 1964.
RICH, Norman, Eine Bemerkung über Friedrich von Holsteins Aufenthalt in Amerika, in: HZ 186 (1958), S. 80–86.
Ders., Friedrich von Holstein, Bde. 1–2, Cambridge 1965.
RICHARDSON, James L., Crisis Diplomacy. The Great Powers since the Mid-Nineteenth Century, Cambridge 1994.
RICHTER, Günter, Friedrich von Holstein. Politiker im Schatten der Macht, Göttingen 1969.
RINKE, Stefan H., Zwischen Weltpolitik und Monroe-Doktrin: Botschafter Speck von Sternburg und die deutsch-amerikanischen Beziehungen, 1898–1908, Stuttgart 1992.
RITTER, Gerhard, Die Legende von der verschmähten englischen Freundschaft 1898/1901. Beleuchtet aus der neuen englischen Aktenveröffentlichung, Freiburg i. Br. 1929.
Ders., Die Lehre Carls von Clausewitz vom politischen Sinn des Krieges, in HZ 167 (1943), S. 41–65.
Ders., Das deutsche Problem. Grundfragen deutschen Staatslebens gestern und heute, zweite neu durchgearbeitete und erweiterte Aufl. München 1966.
Ders., Das Problem des Militarismus in Deutschland, in: HZ 177 (1954), S. 21–48.

Ders., Staatskunst und Kriegshandwerk. Das Problem des »Militarismus« in Deutschland, Bde. 1–4, München 1954–1968; Bd. 1: Die altpreußische Tradition (1740–1890), vierte Aufl. München 1970 (1954); Bd. 2: Die Hauptmächte Europas und das wilhelminische Reich (1890–1914), dritte Aufl. 1973 (Nachdruck der zweiten, neu durchgesehenen Aufl. 1965); Bd. 3: Die Tragödie der Staatskunst. Bethmann Hollweg als Kriegskanzler (1914–1917), München 1964; Bd. 4: Die Herrschaft des deutschen Militarismus und die Katastrophe von 1918, München 1968.

Ders., Der Schlieffenplan. Kritik eines Mythos. Mit erstmaliger Veröffentlichung der Texte und 6 Kartenskizzen, München 1956.

RITTER, Gerhard A., Der Kaiser und sein Reeder. Albert Ballin, die HAPAG und das Verhältnis von Wirtschaft und Politik im Kaiserreich und in den ersten Jahren der Weimarer Republik, in: ZfU 42/2 (1997), S. 1–26.

ROBBINS, Keith, Sir Edward Grey. A Biography of Lord Grey of Fallodon, London 1971.

Ders., The First World War, Oxford 1985.

Ders., Churchill, London 1992.

Ders., History, Religions and Identity in Modern Britain, London 1993.

Ders., Images of the Foreigner in Nienteenth- and Twentieth Century Britain, in: Ders., History, Religions and Identity in Modern Britain, S. 59–74.

Ders., Politicians, Diplomacy and War in Modern British History, London/Rio Grande 1994.

Ders., The Eclipse of a Great Power: Modern Britain, 1870–1992, London 1994.

Ders., Nineteenth century Britain: Integration and Diversity, Oxford 1995.

Ders., »Experiencing the foreign«: British foreign policy makers and the delights to travel, in: DOCKRILL/MCKERCHER (Hrsg.), Diplomacy and world power, S. 19–42.

ROBERTS, Andrew, Salisbury. Victorian Titan, London 1999.

ROBINSON, Ronald/John GALLAGHER, The Imperialism of Free Trade, in: EHR, 2nd Ser., 6 (1953), S. 1–15.

Dies./Alice DENNY, Africa and the Victorians. The official mind of Imperialism, London 1961.

RODGERS, Daniel T., Contested Truths. Keywords in American Politics Since Independence, New York 1987.

RÖHL, John C. G., Admiral von Müller and the Approach of War, 1911–1914, in: HJ 12 (1969), S. 651–673.

Ders., Deutschland ohne Bismarck. Die Regierungskrise im Zweiten Kaiserreich 1890–1900, Tübingen 1969.

Ders., Kaiser, Hof und Staat. Wilhelm II. und die deutsche Politik, München 1987.

Ders. (Hrsg.), Der Ort Kaiser Wilhelms II. in der deutschen Geschichte, München 1991.

Ders., The Kaiser and England, in: BIRKE/BRECHTKEN/SEARLE (Hrsg.), An Anglo-German Dialogue, S. 97–113.

Ders., Wilhelm II. Die Jugend des Kaisers 1859–1888, München 1993.

Ders., Wilhelm II. Der Aufbau der persönlichen Monarchie 1888–1900, München 2001.

Ders./Nicolaus SOMBART (Hrsg.), Kaiser Wilhelm II. New Interpretations, Cambridge 1982.

ROHE, Karl, The British Imperialist Intelligentsia and the *Kaiserreich*, in: KENNEDY/NICHOLLS (Hrsg.), Nationalist and Racialist Movements, S. 130–142.

ROHRKRÄMER, Thomas, Der Militarismus der ›kleinen Leute‹. Die Kriegervereine im Deutschen Kaiserreich 1871–1914, München 1990.

RONALDSHAY, Earl of, The Life of Curzon. Being the Authorized Biography of George Nathaniel, Marquess Curzon of Kedleston, Bde. 1–3, London 1928.

ROPP, Theodore, The Development of a Modern Navy. French Naval Policy 1871–1904, ed. by Stephen S. Roberts, Annapolis 1987.

ROPPONEN, Risto, Die Kraft Rußlands. Wie beurteilte die politische und militärische Führung der europäischen Großmächte in der Zeit von 1905 bis 1914 die Kraft Rußlands? Helsinki 1968.

ROSE, Kenneth, Superior Person. A Portrait of Curzon and his Circle in late Victorian England, New York 1969.

Ders., The later Cecils, London 1975.

ROSENAU, James N. (Hrsg.), International Politics and Foreign Policy, revised ed. New York 1969 [1961].
Ders., Public Opinion and Foreign Policy, New York 1961.
Ders. (Hrsg.), The Domestic Sources of Foreign Policy, New York 1967.
ROSENBACH, Harald, Das Deutsche Reich, Großbritannien und der Transvaal (1896–1902). Anfänge deutsch-britischer Entfremdung, Göttingen 1993.
ROSENBERG, Hans, Große Depression und Bismarckzeit. Wirtschaftsablauf, Gesellschaft und Politik in Mitteleuropa, Berlin 1967.
ROSENBLUM, Robert, Maryanne Stevens and Ann Dumas: 1900. Art at the Crossroads, London 2000.
ROSS, Dorothy, Historical Consciousness in Nineteenth-Century America, in: AHR 89 (1984), S. 909–928.
ROSTOW, Walt Whitman, The Process of Economic Growth, second enl. ed. Oxford 1960.
ROTHER, Rainer (Hrsg.), Die letzten Tage der Menschheit. Bilder des Ersten Weltkrieges. Eine Ausstellung des Deutschen Historischen Museums, Berlin, der Barbican Gallery, London, und der Staatlichen Museen zu Berlin – Preußischer Kulturbesitz in Verbindung mit dem Imperial War Museum, London, Berlin 1994.
ROTHFELS, Hans, Zur Beurteilung der englischen Vorkriegspolitik, in: Archiv für Politik und Geschichte 7 (1926), S. 599–615.
RUF, Werner K., Der Einfluß von Bildern auf die Beziehungen zwischen Nationen, in: ZfK 23 (1973), S. 21–29.
RUMPLER, Helmut/Jan Paul NIEDERKORN (Hrsg.), Der »Zweibund« 1879. Das deutsch-österreichisch-ungarische Bündnis und die europäische Diplomatie, Wien 1996.
RYDEN, George Herbert, The Foreign Policy of the United States in Relation to Samoa, with an introduction by John Bassett Moore, New Haven 1933.
SACKVILLE-WEST, Vita, The Edwardians, Leipzig 1931 (Orig. London 1930).
ST. JOHN, Ronald B., European Naval Expansion and Mahan, 1899–1906, in: Naval War College Review, March 1971, S. 74–83.
SALEWSKI, Michael, Tirpitz. Aufstieg, Macht, Scheitern, Göttingen 1979.
Ders., Deutschland als Seemacht, in: ELVERT/JENSEN/SALEWSKI (Hrsg.), Kiel, die Deutschen und die See, S. 21–34.
SANDERS, M. L./Philip M. TAYLOR, Britische Propaganda im Ersten Weltkrieg 1914–1918, Berlin 1990 (Orig. London 1982).
SARKISIAN, Arshag Ohan (Hrsg.), Studies in Diplomatic History and Historiography in honour of G. P. Gooch, London 1961.
SASSE, Heinz Günther, 100 Jahre Botschaft in London. Aus der Geschichte einer Deutschen Botschaft, Bonn 1963.
SAUL, Samuel, Studies in British Overseas Trade 1870–1914, Liverpool 1960.
SCHEIBER, Harry N./Harold G. VATTER/Harold Underwood FAULKNER, American Economic History, ninth ed. New York 1976.
SCHENK, Frithjof Benjamin, Literaturbericht Mental Maps. Die Konstruktion von geographischen Räumen in Europa seit der Aufklärung, in: GG 28 (2002), S. 493–514.
SCHIEBER, Clara Eve, The Transformation of American Sentiment towards Germany, 1870–1914, Boston/New York 1923.
SCHIEDER, Theodor, Das deutsche Kaiserreich von 1871 als Nationalstaat, Köln/Opladen 1961.
Ders., Europa im Zeitalter der Nationalstaaten und europäische Weltpolitik bis zum I. Weltkrieg (1870–1918), in: Ders. (Hrsg.), Handbuch der Europäischen Geschichte, Bd. 6, Stuttgart 1968, S. 1–196.
Ders., Das Deutsche Reich in seinen nationalen und universalen Beziehungen 1871 bis 1945, in: Ders./Ernst DEUERLEIN (Hrsg.), Reichsgründung 1870/71. Tatsachen, Kontroversen, Interpretationen, Stuttgart 1970, S. 422–454.
Ders., Staatensystem als Vormacht der Welt 1848–1918, zweite Aufl. Frankfurt a. M. 1980.
SCHIEREN, Stefan, Vom Weltreich zum Weltstaat. Philip Kerrs (Lord Lothian) Weg vom Imperialisten zum Internationalisten 1905–1925, London 1996.

SCHILLING, Warner Roller, Admirals and Foreign Policy, 1913–1919, Ph. D. Yale University 1954.
SCHMIDT, Gustav, Der europäische Imperialismus, München 1985.
Ders., Der deutsch-englische Gegensatz im Zeitalter des Imperialismus, in: Henning KÖHLER (Hrsg.), Deutschland und der Westen, Berlin 1984, S 59–81.
SCHMIDT-BÜCKEBURG, Rudolf, Das Militärkabinett der preußischen Könige und deutschen Kaiser, Berlin 1933.
SCHMIDT-GERNIG, Alexander, Reisen in die Moderne. Der Amerika-Diskurs des deutschen Bürgertums vor dem Ersten Weltkrieg im europäischen Vergleich, Berlin 1997.
SCHMIDT-PAULI, Edgar von, Der Kaiser. Das wahre Gesicht Wilhelms II., Berlin 1928.
Ders., Diplomaten in Berlin, Berlin 1930.
Ders., Fürst Bülows Denk-Unwürdigkeiten. Ein Protest, Berlin 1931.
SCHÖLLGEN, Gregor, Die Unbotmäßigen? Des Kaisers Londoner Botschafter, in: NPL 24 (1979), S. 384–398.
Ders., Die deutsch-englische Orientpolitik der Vorkriegsjahre 1908–1914, in: GWU 30 (1979), S. 668–685.
Ders., Richard von Kühlmann und das deutsch-englische Verhältnis 1912–1914, in: HZ 230 (1980), S. 293–337.
Ders., »Germanophobia«. Deutschland, England und die orientalische Frage im Spiegel der britischen Presse 1900–1903, in: Francia 8 (1980), S. 407–426.
Ders., Imperialismus und Gleichgewicht. Deutschland, England und die orientalische Frage 1871–1914, München 1984.
Ders., Das Zeitalter des Imperialismus, München 1986, vierte Aufl. 2000.
Ders., Die Großmacht als Weltmacht. Idee, Wirklichkeit und Perzeption deutscher »Weltpolitik« im Zeitalter des Imperialismus, in: HZ 248 (1989), S. 79–100.
Ders. (Hrsg.), Flucht in den Krieg? Die Außenpolitik des kaiserlichen Deutschland, Darmstadt 1991 (engl. Oxford 1990).
SCHOETTLER, Peter, Wer hat Angst vor dem »linguistic turn«? In: GG 23 (1997), S. 134–151.
SCHOTTELIUS, Herbert/Wilhelm DEIST (Hrsg.), Marine und Marinepolitik im kaiserlichen Deutschland 1871–1914, zweite Aufl. Düsseldorf 1981 [1972].
SCHOTTELIUS-BOCK, Ursula, Das Amerikabild in der Ära Bülow 1897–1909, phil. Diss. Hamburg 1956.
SCHRAMM, Percy Ernst, Englands Verhältnis zur deutschen Kultur zwischen Reichsgründung und der Jahrhundertwende, in: Werner CONZE (Hrsg.), Deutschland und Europa. Historische Studien zur Völker- und Staatenordnung des Abendlandes, Festschrift Hans Rothfels, Goldbach 1993 [1951], S. 135–175.
SCHREIBER, Gerhard, Zur Kontinuität des Groß- und Weltmachtstrebens der deutschen Marineführung, in: MGM 26 (1979), S. 101–171.
SCHRÖDER, Hans-Jürgen (Hrsg.), Confrontation and Cooperation. Germany and the United States in the Era of World War I, 1900–1924, Oxford 1993.
Ders., Deutschland und Amerika in der Epoche des Ersten Weltkrieges 1900–1924, Stuttgart 1994.
SCHÜDDEKOPF, Otto Ernst, Die britische Marinepolitik. Wehrgeographische und strategische Grundlagen 1880 bis 1918, Hamburg 1938.
SCHÜSSLER, Wilhelm, Die Daily-Telegraph-Affäre. Fürst Bülow, Kaiser Wilhelm und die Krise des zweiten Reiches 1908, Göttingen 1952.
SCHULTE, Bernd Felix, Neue Dokumente zu Kriegsausbruch und Kriegsverlauf 1914, in: MGM 25 (1979), S. 123–185.
SCHULTZ, Hans-Dietrich, Raumkonstrukte der klassischen deutschsprachigen Geographie des 19./20. Jahrhunderts im Kontext ihrer Zeit. Ein Überblick, in: GG 28 (2002), S. 343–377.
SCHULZE, Hagen, Mentalitätsgeschichte – Chancen und Grenzen eines Paradigmas der französischen Geschichtswissenschaft, in: GWU 36 (1985), S. 247–270.
SCHULZINGER, Robert D., American diplomacy in the twentieth century, New York 1984.
SCHUMPETER, Joseph, Zur Soziologie der Imperialismen, Tübingen 1919.

SCHURMAN, Donald Mackenzie, The Education of a Navy. The development of British naval strategic thought 1867–1914, London [u. a.] 1965.
Ders., Julian S. Corbett, 1854–1922: Historian of British Maritime Policy from Drake to Jellicoe, London 1981.
SCHWABE, Klaus (Hrsg.), Das Diplomatische Korps 1871–1945, Boppard a. Rh. 1985.
Ders./Francesca SCHINZINGER (Hrsg.), Deutschland und der Westen im 19. und 20. Jahrhundert, Teil 2: Deutschland und Westeuropa, Stuttgart 1994.
SCOTT, James Brown, Elihu Root, Secretary of State July 7, 1905, to January 27, 1909, in: BEMIS (Hrsg.), The American Secretaries of State and their Diplomacy, Bd. 9, New York 1929, S. 193–282.
Ders., Robert Bacon, Secretary of State, Janaury 27, 1909, to March 5, 1909, in: BEMIS (Hrsg.), The American Secretaries of State and their Diplomacy, Bd. 9, New York 1929, S. 285–299.
SCOTT, William A., Psychological and Social Correlates of International Images, in: KELMAN (Hrsg.), International Behavior, S. 71–103.
SCULLY, Robert J., The Origins of the Lloyd George Coalition: The politics of Social Imperialism, 1900–1918, Princeton 1975.
SEAGER, Robert, Alfred Thayer Mahan. The Man and his Letters, Annapolis 1977.
Ders., A Biography of a Biographer: Alfred Thayer Mahan, in: LOVE (Hrsg.), Changing Interpretations and New Sources in Naval History, S. 278–292.
SEARLE, Geoffrey Russell, The Quest for National Efficiency. A Study in Politics and in British Political Thought 1899–1914, Oxford 1971.
Ders., The ›Revolt from the Right‹ in Edwardian Britain, in: KENNEDY/NICHOLLS (Hrsg.), Nationalist and Racialist Movements, S. 21–39.
SEARS, Louis Martin, John Sherman, Secretary of State March 5, 1897, to April 27, 1898, in: BEMIS (Hrsg.), The American Secretaries of State and their Diplomacy, Bd. 9, New York 1928, S. 3–23.
Ders., John Hay in London, 1897–1898, in: The Ohio Historical Quarterly 65 (1956), S. 356–375.
SELIGMANN, Matthew S., James Watson Gerard: A Diplomat as Domestic Propagandist, in: HUGHES/SELIGMANN, Leadership in Conflict, S. 158–176.
SELLIN, Volker, Mentalität und Mentalitätsgeschichte, in: HZ 241 (1985), S. 555–598.
SEMMEL, Bernard, Sir Halford Mackinder: Theorist of Imperialism, in: CJEPS 24 (November 1958), S. 554–561.
Ders., Imperialism and Social Reform. English Social-Imperial Thought, 1895–1914, London 1960.
Ders., Liberalism and Naval Strategy. Ideology, Interest, and Sea Power during the Pax Britannica, Boston 1986.
SETHE, Paul, Die ausgebliebene Seeschlacht, phil. Diss. Bonn 1933.
Ders., Im Banne der grauen Eminenz. Charakterbilder aus der Regierungszeit Wilhelms II., fünfte Aufl. Stuttgart 1936.
SEVAISTRE, Olivier, Mahan, le Clausewitz de la mer, in: Stratégique 1980, No 7, S. 63–77.
SHAEPER, Thomas J./Kathleen SHAEPER, Cowboys into Gentlemen. Rhodes Scholars, Oxford, and the Creation of an American Elite, New York/Oxford 1998.
SHANNON, Richard, The Age of Salisbury, 1881–1902: Unionism and Empire, London/New York 1996.
SHILLING, Warner Roller, Admirals and Foreign Policy, 1913–1919, Ph. D. Yale 1954.
SHIPPEE, Lester Burrell, Germany and the Spanish-American War, in: AHR 30 (1925), S. 754–777.
Ders./Royal B. WAY, William Rufus Day, Secretary of State April 28, 1898 to September 16, 1898, in: BEMIS (Hrsg.), The American Secretaries of State and their Diplomacy, Bd. 9, New York 1929, S. 27–112.
SKLAR, Martin J., The Corporate Reconstruction of American Capitalism, 1890–1916. The Market, the Law, and Politics, Cambridge/New York 1988.
SMALL, Melvin, The American image of Germany 1906–1914, Ph. D. University of Michigan, Ann Arbor 1965.

Ders., The United States and the German »Threat« to the Hemisphere 1905–1914, in: The Americas 28 (1972), S. 252–270.
SMITH, Woodruff D., The Ideological Origins of Nazi Imperialism, New York/Oxford 1986.
SNYDER, Louis Leo, Die persönlichen und politischen Beziehungen Bismarcks zu Amerikanern, Darmstadt 1932 (phil. Diss. Frankfurt a. M. 1931).
Ders., Diplomacy in Iron. The Life of Herbert von Bismarck, Malabar, Florida 1985.
SÖSEMANN, Bernd, Die sog. Hunnenrede Wilhelms II. Textkritische und interpretatorische Bemerkungen zur Ansprache des Kaisers vom 27. Juli 1900 in Bremerhaven, in: HZ 222 (1976), S. 342–358.
SOLOM, Rudolf, Die Handelsbeziehungen zwischen Deutschland und den Vereinigten Staaten von Amerika von 1871–1937, wirtschaftswiss. Diss. Köln 1949.
SOMMER, Dudley, Haldane of Cloan. His Life and Times, 1856–1928, London 1960.
SPECTOR, Ronald Harvey, »Professors of War«. The Naval War College and the Modern American Navy, Ph. D. Yale University 1967.
Ders., Admiral of the New Empire. The Life and Career of George Dewey, Columbia, South Carolina 1988 (Orig. Baton Rouge 1974).
Ders., The Triumph of Professional Ideology: The U. S. Navy in the 1890s, in: HAGAN (Hrsg.), In Peace and War, S. 174–185.
SPEIRS, Edward M., Haldane, an Army Reformer, Edinburgh 1980.
SPENDER, John Alfred, The Life of Sir Henry Campbell-Bannerman, Bde. 1–2, London 1923.
Ders./Cyril ASQUITH, Life of Herbert Henry Asquith, Lord Oxford and Asquith, Bde. 1–2, London 1932.
SPENGLER, Oswald, Der Untergang des Abendlandes. Umrisse einer Morphologie der Weltgeschichte, Bde. 1–2, sechste Aufl. München 1920.
SPENKUCH, Hartwin, Das Preußische Herrenhaus. Adel und Bürgertum in der Ersten Kammer des Landtages 1854–1918, Düsseldorf 1998.
SPRING, David, Introduction, in: John BATEMAN, The Great Landowners of Great Britain and Ireland, fourth ed. repr. New York 1971 (Repr. der Ausgabe von 1883).
SPROAT, John G., The Best Men, Washington 1968.
SPROUT, Harold/Margaret SPROUT, The Rise of American Naval Power 1776–1918, revised and reprinted Princeton 1942 [1939].
Dies., The Ecological Perspective in Human Affairs, Princeton, NJ 1956.
STADELMANN, Rudolf, Die Epoche der deutsch-englischen Flottenrivalität, in: Ders., Deutschland und Westeuropa, Schloß Laupheim 1948, S. 85–146, 159–175.
STAMP, Josiah Charles, Studies in current problems in finance and government and »The wealth and income of the chief powers« (1914), London 1924.
STEGMANN, Dirk/Bernd-Jürgen WENDT/Peter-Christian WITT (Hrsg.), Deutscher Konservatismus im 19. und 20. Jahrhundert. Festschrift für Fritz Fischer zum 75. Geburtstag und zum 50. Doktorjubiläum, Bonn 1983.
STEIN, Janice G./R. TANTER, Rational Decision Making, Columbus, Ohio 1980.
STEINBERG, Jonathan, The Copenhagen Complex, in: JCH 1 (1966), H. 3, S. 23–46.
Ders., The German background to Anglo-German relations 1905–1914, in: HINSLEY (Hrsg.), British Foreign Policy under Sir Edward Grey, S. 193–215.
Ders., Yesterday's Deterrent. Tirpitz and the Birth of the German Battle Fleet, London 1965.
STEINER, Zara S., The last years of the old Foreign Office 1898–1905, in: HJ 6 (1963), S. 27–36.
Dies., Grey, Hardinge and the Foreign Office, 1906–1910, in: HJ 10 (1965), S. 59–90.
Dies., The Foreign Office and Foreign Policy, 1898–1914, Cambridge 1969.
Dies., The Foreign Office under Sir Edward Grey, 1905–1914, in: HINSLEY (Hrsg.), British Foreign Policy under Sir Edward Grey, S. 22–69.
Dies., The Foreign Office and the War, in: HINSLEY (Hrsg.), British Foreign Policy under Sir Edward Grey, S. 516–531.
Dies., Britain and the Origins of the First World War, Houndmills/London 1977, sechste Aufl. 1995.

Dies., Elitism and Foreign Policy: the Foreign Office before the Great War, in: McKercher/Moss (Hrsg.), Shadow and Substance in British Foreign Policy, S. 19–55.

Dies., The Diplomatic Life: Reflections on Selected Diplomatic Memoirs Written Before and After the Great War, in: Egerton (Hrsg.), Political Memoir, S. 167–187.

Stern, Fritz, Gold und Eisen. Bismarck und sein Bankier Bleichröder, Frankfurt a. M./Berlin 1978.

Ders., Verspielte Größe. Essays zur deutschen Geschichte des 20. Jahrhunderts. München 1996.

Stevenson, David, Armaments and the Coming of War. Europe, 1904–1914, Oxford 1996.

Stevenson, Elizabeth, Henry Adams. A Biography, New York 1955.

Still, William N., American sea power in the Old World. The United States Navy in European and Near Eastern Waters, 1865–1917, Westport, Conn./London 1980.

Ders., The U. S. Navy and the Near Eastern Crisis, 1893–1897, in: Love (Hrsg.), Changing Interpretations and New Sources in Naval History, S. 270–277.

Stoecker, Helmuth (Hrsg.) unter Mitwirkung von Jolanda Ballhaus [u. a.], Drang nach Afrika. Die koloniale Expansionspolitik und Herrschaft des deutschen Imperialismus in Afrika von den Anfängen bis zum Ende des zweiten Weltkrieges, Berlin 1977.

Stolberg-Wernigerode, Otto Graf von, Deutschland und die Vereinigten Staaten von Amerika im Zeitalter Bismarcks, Berlin/Leipzig 1933.

Ders., Die unentschiedene Generation. Deutschlands konservative Führungsschichten am Vorabend des Ersten Weltkrieges, München 1968.

Stone, Norman, Europe transformed 1878–1919, second ed. Oxford 1999 [1989].

Storz, Dietrich, Kriegsbild und Rüstung vor 1914. Europäische Landstreitkräfte vor dem Ersten Weltkrieg, Herford 1992.

Strang, William, Baron Strang, The Foreign Office, by Lord Strang and other members of the Foreign Service, London 1955.

Strout, Cushing, The American Image of the Old World, New York 1963.

Struve, Walter, Elites against Democracy. Leadership Ideals in Bourgeois Political Thought in Germany, 1890–1933, Princeton 1973.

Stuart, Graham H., The Department of State. A History of its Organization, Procedure, and Personel, New York 1949.

Studt, Chrisoph, Lothar Bucher (1817–1892). Ein politisches Leben zwischen Revolution und Staatsdienst, Göttingen 1992.

Stürmer, Michael, Deutscher Flottenbau und europäische Weltpolitik vor dem Ersten Weltkrieg, in: Die Deutsche Flotte im Spannungsfeld der Politik, S. 53–77.

Ders. (Hrsg.), Das kaiserliche Deutschland. Politik und Gesellschaft 1870–1918, Düsseldorf 1970.

Ders., Das ruhelose Reich. Deutschland 1866–1918, Berlin 1983.

Sumida, Jan Tetsuro, In Defence of Naval Supremacy: Financial Limitation, Technological Innovation and British Naval Policy, 1889–1914, London/New York 1993.

Ders., Inventing Grand Strategy and Teaching Command. The classic works of Alfred Thayer Mahan reconsidered, Washington, D. C. 1997.

Summers, Anne, The Character of Edwardian Nationalism: Three Popular Leagues, in: Kennedy/Nicholls (Hrsg.), Nationalist and Racialist Movements, S. 68–87.

Sutherland, Gilian (Hrsg.), Studies in the Growth of Nineteenth Century Government, London 1972.

Sykes, Percy, The Right Honorable Sir Mortimer Durand. A biography, London 1926.

Sylvan, Donald A./Steve Chan (Hrsg.), Foreign Policy Decision Making: Perception, Cognition, and Artificial Intelligence, New York 1984.

Tannenbaum, Edward R., 1900. Die Generation vor dem Großen Krieg, Frankfurt a. M./Berlin/Wien 1978.

Tansill, Charles Callan, The Foreign Policy of Thomas F. Bayard, 1885–1897, New York 1940.

Taylor, Alan John Percivale, The Struggle for Mastery in Europe, 1848–1918, Oxford 1954.

Ders., The Trouble Makers. Dissent over Foreign Policy, 1792–1939. With a new Introduction by Paul Addison, London 1993 [1957].
Ders., English History 1914–1945, Oxford 1965.
Ders., Prologue: The Year 1906, in: READ (Hrsg.), Edwardian England, S. 1–13.
TAYLOR, Charles Carlisle, The life of Admiral Mahan, naval philosopher, London/New York 1920.
TEMPERLEY, Harold/L. A. PENSON, A Century of Diplomatic Blue Books, 1814–1914, Cambridge 1938.
TERRILL, Tom E., The tariff, politics, and American foreign policy, 1874–1901, Westport, Conn./London 1973.
THABE, Sabine (Hrsg.), Räume der Identität – Identität der Räume, Dortmund 1999.
THIELEN, Peter G., Die Außenpolitik des Deutschen Reiches 1890–1914. Literatur- und Forschungsbericht für die Jahre 1945–1960, in: Welt als Geschichte 22 (1962), S. 27–48.
THIMME, Friedrich (Hrsg.), Front wider Bülow. Staatsmänner, Diplomaten und Forscher zu seinen Denkwürdigkeiten, München 1931.
THOMPSON, Andrew S., The Language of Imperialism and the Meanings of Empire. Imperial Discourse in British Politics, 1895–1914, in: Journal of British Studies 36 (1997), S. 147–177.
Ders., Imperial Britain. The Empire in British Politics, c. 1880–1932, Harlow 2000.
THOMPSON, Edward Palmer, The Making of the English Working Class, revised edition London 1980 [1963].
THOMPSON, Willie, Global Expansion. Britain and its Empire 1870–1914, London/Sterling, Va. 1999.
TILLEY, John Anthony Cecil/Stephen GASELEE, The Foreign Office, London/New York 1933.
TOMES, Jason, Balfour and Foreign Policy. The International Thought of a Conservative Statesman, New York 1997.
TOMPKINS, Edwin Berkeley, Anti-Imperialism in the United States. The Great Debate 1890–1920, Philadelphia 1970.
TRACHTENBERG, Marc, The Coming of the First World War: A Reassessment, in: Ders., History and Strategy, Princeton 1991, S. 47–99.
TRAVERS, Timothy, The killing ground. The British army, the Western Front and the emergence of modern warfare 1900–1918, London 1987.
TREBILCOCK, Clive, ›Spin-off‹ in British Economic History: Armaments and Industry, 1760–1914, in: EcHR 22 (1969), S. 479–490.
Ders., Legends of the British Armament Industry 1890–1914. A Revision, in: JCH 5 (1970), S. 3–19.
Ders., British Armaments and European Industrialization, 1890–1914, in: EcHR 26 (1973), S. 254–272.
Ders., The British Armaments Industry 1890–1914: False Legend and True Utility, in: Geoffrey BEST/Andrew WHEATCROFT (Hrsg.), War, Economy, and the Military Mind, London 1976, S. 89–107.
Ders., The Vickers Brothers. Armaments and Enterprise 1854–1914, London 1977.
Ders., The Industrialization of the Continental Powers 1780–1914, London 1981.
TREVELYAN, George Macaulay, Grey of Fallodon. Being the Life of Sir Edward Grey, afterwards Viscount Grey of Fallodon, London 1937.
TROELTSCH, Ernst, Der Aufbau der europäischen Kulturgeschichte, in: Schmollers Jahrbuch für Gesetzgebung, Verwaltung und Volkswirtschaft im Deutschen Reiche 44 (1920), S. 1–48.
TROISI, James Lawrence, Ambassador Gerard and American-German relations, 1913–1917, Ph. D. Syracuse University, Syracuse, N. Y. 1978.
TROMMLER, Frank, Inventing the Enemy. German-American Cultural Relations, 1900–1917, in: SCHRÖDER (Hrsg.), Confrontation and Cooperation, S. 99–125.
Ders., Deutsch-amerikanische Begegnungen. Konflikte und Kooperation im 19. und 20. Jahrhundert, Stuttgart 2001.
TROTHA, Adolf von, Großadmiral von Tirpitz. Flottenbau und Reichsgedanke, Breslau 1932.

TUAN, Yi-Fu, Images and Mental Maps, in: Association of American Geographers Annals 65 (June 1975), S. 205–213.

TULLOCH, Hugh, James Bryce's American Commonwealth. The Anglo-American Background, Woodbridge 1988.

TURK, Richard W., Defending the New Empire, 1900–1914, in: HAGAN (Hrsg.), In Peace and War, S. 186–204.

Ders., The ambiguous Relationship. Theodore Roosevelt and Alfred Thayer Mahan, New York 1987.

ULLMANN, Hans-Peter, Das Deutsche Kaiserreich 1871–1918, Frankfurt a. M. 1995.

ULLRICH, Volker, Zwischen Verhandlungsfrieden und Erschöpfungskrieg. Die Friedensfrage in der deutschen Reichsleitung Ende 1915, in: GWU 37 (1986), S. 397–419.

Ders., Die nervöse Großmacht. Aufstieg und Untergang des Deutschen Kaiserreichs 1871–1918, Frankfurt a. M. 1997.

URBACH, Karina, Bismarck's favourite Englishman. Lord Odo Russell's Mission to Berlin, London/New York 1999.

UTZ, Joachim, Der Erste Weltkrieg im Spiegel des deutschen und englischen Haßgedichts, in: Jan ASSMANN/Dietrich HARTH (Hrsg.), Kultur und Konflikt, Frankfurt a. M. 1990, S. 373–413.

VAGTS, Alfred, Henry White, in: Europäische Gespräche. Hamburger Monatshefte für Auswärtige Politik 9 (1931), S. 484–495.

Ders., Deutschland und die Vereinigten Staaten in der Weltpolitik, Bde. 1–2, New York 1935.

Ders., Bilanzen und Balancen. Aufsätze zur internationalen Finanz und internationalen Politik, hrsg. von Hans-Ulrich Wehler, Frankfurt a. M. 1979.

Ders., Hoffnungen und Befürchtungen von 1870 bis 1915: Ein deutsch-amerikanischer Krieg, in: Ders., Bilanzen und Balancen, S. 193–218.

Ders., Die Juden im amerikanisch-deutschen imperialistischen Konflikt vor 1917, in: Amst 24 (1979), S. 56–71.

Ders., Andrew Carnegie and Wilhelminic Germany, in: Amst 27 (1982), S. 413–431.

VATTER, Harold G., The Drive to Industrial Maturity. The U. S. Economy, 1860–1914, Westport, Conn./London 1975.

VIETSCH, Eberhard von, Wilhelm Solf. Botschafter zwischen den Zeiten, Tübingen 1961.

Ders., Bethmann Hollweg. Staatsmann zwischen Macht und Ethos, Boppard a. Rh. 1969.

VOGEL, Jakob, Militärfeiern in Deutschland und Frankreich als Rituale der Nation (1871–1914), in: Etienne FRANÇOIS/Hannes SIEGRIST/Jakob VOGEL (Hrsg.), Nation und Emotion. Deutschland und Frankreich im Vergleich, 19. und 20. Jahrhundert, Göttingen 1995, S. 199–214.

Ders., Nationen im Gleichschritt. Der Kult der »Nation in Waffen« in Deutschland und Frankreich, 1871–1914, Göttingen 1997.

WALLACE, Stuart, War and the Image of Germany. British Academics 1914–1918, Edinburgh 1988.

WARD, Adolphus William/G. P. GOOCH, The Cambridge History of British Foreign Policy, 1783–1919, Bde. 1–3, Cambridge 1922.

WATT, Donald Cameron, Personalities and Policies. Studies in the Formulation of British Foreign Policy in the Twentieth Century, London 1965.

Ders., The Nature of the Foreign-Policy-Making Elite in Britain, in: Ders., Personalities and Policies, S. 1–15.

Ders., Succeeding John Bull. America in Britain's Place 1900–1975. A study of the Anglo-American Relationship and world politics in the context of British and American foreign-policy-making in the twentieth century, Cambridge [u. a.] 1984.

WEGENER, Heinz Friedrich Ernst, Der Einfluß der internationalen Flottenkonzeptionen auf die Marinepolitik des Kaiserreiches und ihre Durchsetzung in der deutschen Öffentlichkeit 1871–1908, Diss. jur. Würzburg 1983.

WEGENER, Wolfgang, Die Seestrategie des Weltkrieges, zweite Aufl. Berlin 1941.

WEHLER, Hans-Ulrich (Hrsg.), Das Deutsche Kaiserreich 1871–1918, fünfte durchg. und bibliogr. erg. Aufl. Göttingen 1983 [1973].

Ders., Der Aufstieg des amerikanischen Imperialismus. Studien zur Entwicklung des Imperium Americanum 1865–1900, Göttingen 1974.

Ders., Grundzüge der amerikanischen Außenpolitik 1750–1900. Von den englischen Küstenkolonien zur amerikanischen Weltmacht, Frankfurt a. M. 1984.

Ders. (Hrsg.), Imperialismus, dritte Aufl. Köln 1976.

Ders., Deutsche Gesellschaftsgeschichte, Bd. 3: 1849–1914. Von der »Deutschen Doppelrevolution« bis zum Beginn des Ersten Weltkrieges, München 1995.

WEIGLEY, Russell F., Towards an American army. Military thought from Washington to Marshall, New York/London 1962.

Ders., The American Way of War. A History of United States Military Strategy and Policy, Bloomington 1977.

Ders., American Strategy from Its Beginnings through the First World War, in: PARET (Hrsg.), Makers of Modern Strategy from Machiavelli to the Nuclear Age, S. 408–443.

WEINBERG, Albert Katz, Manifest Destiny, Baltimore 1935.

WEITOWITZ, Rolf, Deutsche Politik und Handelspolitik unter Reichskanzler Leo von Caprivi, 1890–1894, Düsseldorf 1978.

WELLS, Sherril P., The Influence of Sir Cecil Spring-Rice and Sir Edward Grey on the Shaping of Anglo-American Relations, 1913–1916, Ph. D. London 1978.

WENDT, Bernd Jürgen (Hrsg.), Das britische Deutschlandbild im Wandel des 19. und 20. Jahrhunderts, Bochum 1984.

WERNECKE, Klaus, Der Wille zur Weltgeltung. Außenpolitik und Öffentlichkeit im Kaiserreich am Vorabend des Ersten Weltkrieges, zweite Aufl. Düsseldorf 1970.

WEST, Richard Sedgwick, Admirals of American empire. The combined story of George Dewey, Alfred Thayer Mahan, Winfield Scott Schley, and William Thomas Sampson, Westport, Conn. 1971 [1948].

WHYTE, Frederic, The Life of W. T. Stead, Bde. 1–2, London 1925.

WIDENOR, William C., Henry Cabot Lodge and the Search for an American Foreign Policy, Berkeley 1980.

WIEBE, Robert, The Search for Order 1877–1920, London 1967.

WIEGAND, Wayne A., Ambassador in absentia: George Meyer, William II and Theodore Roosevelt, in: Mid-America 56 (1974), S. 3–15.

[WILHELM II.,] Der letzte Kaiser. Wilhelm II. im Exil, hrsg. im Auftrage des Deutschen Historischen Museums von Hans Wilderotter und Klaus-D. Pohl, Gütersloh/München 1991.

WILHELMY, Petra, Der Berliner Salon im 19. Jahrhundert (1780–1914), Berlin/New York 1989.

WILLIAMS, William A., The Tragedy of American Diplomacy, Cleveland, Ohio 1959, zweite, überarb. Aufl. New York 1962; dt.: Die Tragödie der amerikanischen Diplomatie, Frankfurt a. M. 1973.

Ders., The Roots of the Modern American Empire. A Study of the Growth and Shaping of Social Consciousness in a Marketplace Society, New York 1969.

WILLSON, Beckles, America's Ambassadors to England (1785–1928). A Narrative of Anglo-American Diplomatic Relations, London 1928.

Ders., Friendly Relations. A narrative of Britain's Ministers and Ambassadors to America 1791–1930, London 1934.

WILSON, John, C. B. A Life of Sir Henry Campbell-Bannerman, New York 1974.

WILSON, Keith Malcolm, Sir Eyre Crowe on the Origin of the Crowe Memorandum of 1 January 1907, in: Bulletin of the Institute for Historical Research 56 (1983), S. 238–241.

Ders., The Policy of the Entente. Essays of the Determinants of British Foreign Policy 1904–1914, Cambridge 1985.

Ders., British Foreign Secretaries and Foreign Policy. From Crimean War to First World War, London 1987.

Ders., Empire and Continent. Studies in British Foreign Policy from the 1880s to the First World War, London/New York 1987.

Ders., The Question of Anti-Germanism in the Foreign Office before the First World War, in: CJH 18 (1983), S. 23–42.

Ders. (Hrsg.), Decisions for War 1914, London 1995.

Ders. (Hrsg.), Forging the Collective Memory. Government and International Historians through two World Wars, Oxford 1996.

WINKS, Robin W. (Hrsg.), The Oxford History of the British Empire, Bd. 5: Historiography, Oxford/New York 1999.

WINTER, Jay M., Balliol's »lost generation«, in: Balliol College Record (1975), S. 22–26.

WINZEN, Peter, Die Englandpolitik Friedrich von Holsteins 1895–1901, phil. Diss., Köln 1975.

Ders., Bülows Weltmachtkonzept. Untersuchungen zur Frühphase seiner Außenpolitik 1897–1901, Boppard a. Rh. 1977.

Ders., Treitschke's Influence on the Rise of Imperialist and Anti-British Nationalism in Germany, in: KENNEDY/NICHOLLS (Hrsg.), Nationalist and Racialist Movements, S. 154–170.

Ders., Zur Genesis von Weltmachtkonzept und Weltpolitik, in: RÖHL (Hrsg.), Der Ort Kaiser Wilhelms II. in der deutschen Geschichte, S. 189–222.

WOHL, Robert, The Generation of 1914, London 1980.

WOLFE, Mark Antony Howe de, George von Lengerke-Meyer, New York 1919.

WOLFF, Theodor, Das Vorspiel, München 1924.

WOLLSTEIN, Günter, Theobald von Bethmann Hollweg. Letzter Erbe Bismarcks, erstes Opfer der Dolchstoßlegende, Göttingen 1995.

WOODRUFF, William, America's impact on the world. A study in the role of the United States in world economy 1750–1970, London 1975.

WOODWARD, Ernest L., Great Britain and the German Navy, Oxford 1935.

WORTHAM, Hugh Evelyn, Oscar Browning, London 1927; neue Ausg.: Victorian Eton and Cambridge. Being the life and times of Oscar Browning, new ed. London 1956.

WRIGHT, Quincy, A Study of War. Second Edition, with a Commentary on War since 1942, Chicago/London 1965 [1942].

WRIGLEY, Chris, Arthur Henderson, Cardiff 1990.

YOUNG, George, Diplomacy Old and New, London 1921.

YOUNG, Harry F., Prince Lichnowsky and the Great War, Athens, Georgia 1977.

YOUNG, Kenneth, Arthur James Balfour. The happy Life of the Politician, Prime Minister, Statesman and Philosopher, 1848–1930, London 1963.

YOUNG, Marilyn Blatt, The Rhetoric of Empire. American China Policy 1895–1901, Cambridge/MA 1968.

ZACHARASIEWICZ, Waldemar, Das Deutschlandbild in der amerikanischen Literatur, Darmstadt 1998.

ZEBEL, Sydney Henry, Balfour. A Political Biography, Cambridge 1973.

ZECHLIN, Egmont, Krieg und Kriegsrisiko. Zur deutschen Politik im Ersten Weltkrieg. Aufsätze, Düsseldorf 1979.

ZERUBAVEL, Eviatar, Terra cognita, The mental discovery of America, New Brunswick 1992.

Zeugen des Jahrhunderts. Porträts aus Wirtschaft und Gesellschaft, Frankfurt a. M. 1981.

ZIEKURSCH, Johannes, Das Zeitalter Wilhelms II. (1890–1918), Frankfurt a. M. 1930.

VERZEICHNIS DER ABBILDUNGEN

Halford Mackinder: The Geographical Pivot of History (1904) 66
Atlantik-Kabel 1904 90
Hans-Dietrich Schultz: Einteilungs-Schemata für Europa 108
Putzgers Historischer Schul-Atlas (1930):
  »Mächtegruppen vor dem Weltkrieg 1914« 109
Putzgers Historischer Schul-Atlas (1930):
  »Angriffe auf deutschen Volksboden« 110
Richard Edes Harrison: Look at the World (1944) 111
McArthur's Universal Corrective Map of the World (1979) 112
Einschlägige Buchtitel mit Reflexionen auf *mental maps* 114
Sydow-Wagners methodischer Schul-Atlas (1889): Nordamerika
  (mit »angehängten« britischen Inseln) 116
John Singer Sargent: Mrs. Henry White (1883) 134
John Singer Sargent: Lord Ribblesdale (1902) 135
Max Beerbohm: Kundinnen vor John Singer Sargents Atelier 137
John Singer Sargent: Theodor Roosevelt (1903) 138
John Singer Sargent: The Marlborough Family (1905) 140
Cecil Spring Rice 1914 als britischer Botschafter in Washington 162
Treffen in *Taplow Court* 1887. Stehend: St. John Brodrick,
  Mrs. William Grenfell, Lord Elcho, George Curzon, Henry White;
  sitzend: Duchess of Leinster (?), Willy Grenfell, Margot Tennant 227
Henry White, Wilhelm II. und Theodore Roosevelt
  im Manöver April 1910 272
New York Times, 4. Juni 1909, Karikatur »I want my big brother« 346

VERZEICHNIS DER TABELLEN

Tab. 1: Gesamtindustriepotential 1880–1900–1913 47
Tab. 2: Produktionsausstoß des letzten Vorkriegsjahres, gemessen am
 britischen Produktionsniveau zur Jahrhundertwende 48
Tab. 3: Relativer Anteil an der Welt-Industrieproduktion
 im Großmächtevergleich 49
Tab. 4: Prozentualer Anteil an der Welt-Güterproduktion 49
Tab. 5: Gesamtbevölkerung 1890–1990–1910–1913 51
Tab. 6: Truppenzahl (Heer und Flotte) der drei Staaten
 im Vergleich aller Großmächte 1880–1914 53
Tab. 7: Eisenproduktion der USA, des Deutschen Reiches
 und des Vereinigten Königreiches 1880–1918 55
Tab. 8: Stahlproduktion der USA, des Deutschen Reiches
 und des Vereinigten Königreiches 1880–1918 55
Tab. 9: Energieverbrauch 56
Tab. 10: Europäisches Eisenbahnnetz vor dem Ersten Weltkrieg 57
Tab. 11: Kriegsschifftonnage 1880–1914 58

PERSONENREGISTER

Personen in Fußnoten *kursiv*; * markiert literarische Figuren

Abingdon, 6th Earl of [= Lord Montagu Norreys] *147*, 294
Abs, Hermann Josef *277 f.*
Acland, Arthur 155
Adams, Brooks 24 f., *143*, 164, 176, 200
Adams, Charles Francis 24 f., 172 f.
Adams, Clover 172
Adams, Henry 2, 4, 25, 101, *138*, 142, *158*, 164, 171–176, 187 f., 192, 199 f., 233 f., 243, 246 f., *282*, 331, 338, 340, 363 f., 367
Adams, John 172
Adeane, Madeline s. M. Wyndham
Alexander, Samuel *155*
Allen, Harry C. *360*
Allen, Henry *173*
Alverstone, Lord 259–261
Amery, Leopold Charles Maurice Stennet *65 f.*, 286 f.
Anderson, Stuart 97, *100 f.*, *361*
Arco-Valley, Ludwig Graf von 330
Arenberg, Duc d' *93*
Armstrong, Christa *355*
Aron, Raymond 18, *278 f.*
Arthur, Chester A. *169*, 217
Asquith, Herbert Henry 98, 153–155, 157, 226, 229–231, 240, 253, *288*, 303 f., 306, 363
Asquith, Margot s. Margot Tennant
Astor, Familie 168
Astor, Ava *137*
Astor, William Waldorf 229, 253
Austin, Alfred *149 f.*
Aylesworth, A. B. 259

Bacon, Robert *272*
Baden, Friedrich von *312*, *347*

Bairoch, Paul *41*, *43*, *47*
Baldwin, Stanley *249*
Balestier, Caroline Starr *131*
Balfour, Arthur James 26, 32 f., 42 f., 81 f., 98 f., 123, 125, 131–133, *151 f.*, 156 f., *193*, 209, 211, 225 f., *228 f.*, 231 f., 234, 240–242, 247–257, 260–262, *266*, 268, 271 f., 279, *286*, 293, *295*, 308, 312 f., 320, *323*, 343, 352, 360, 364 f.
Ballin, Albert 74, *200*, *304*
Balsan, Jacques *141*
Barby, Asta von *300*
Baring, Evelyn s. 1st Earl of Cromer
Barrymore, Lady s. Mrs. Arthur Post
Bassermann, Ernst 341 f.
Batsch, Vice-Admiral *71*
Baumgart, Winfried 1 f.
Bayard, Thomas 165 f., 170, 175, 177, *223–225*, 231, 235–237, *239*–243, 282
Beale, Howard *100*, *143*, *259*
Bebel, August 196
Beerbohm, Max 136 f.
Belloc, Hilaire *156*
Beloff, Max *360 f.*
Bemis, Samuel Flagg *219*, *240*
Benson, Arthur Christopher *149*, 150 f., *158 f.*
Benson, Edward White *151*
Beresford, Charles *225*
Berghahn, Volker *75*
Bernhardi, Friedrich von *43*, 84
Bernstorff, Johann Heinrich von 267, 283–285
Bertie, Francis Leveson Lord Bertie of Thame 45, *92*, *103* 147, 264, 294–297, 302, 367

Bethmann Hollweg, Theobald von *17*, *42*, 52, 103 f., *211*, 274, 277 f., 280, 285, *299*, 332, 336, 352
Bigelow, Poultney 71
Bingham, Lavinia [= Mrs. Hardinge] *147*
Birkenhead, Lord [F.E. Smith] 249
Bismarck, Herbert von 323, 332 f.
Bismarck, Johanna von 335
Bismarck, Otto von 7, 11, 13, 17, *75*, 83, 94, 125, 131, 147, 174, 191, 193, *233*, 309, *323*, 332, 335, 337, 340, 349, 356
Blackwood, Helen [= Mrs. R. Munro-Ferguson] *102*, *159*
Blaine, James G. 169, 187, *216*
Blake, Nelson M. *132*, *210*, *339*
Bloomfield *69*
Blunt, Wilfrid Scawen 228
Bottner, Jacobina *98*
Boulding, Kenneth 114
Bourne, Kenneth 26, 102, *143*
Brahms, Johannes 191
Brandt, Friedrich Heinrich von *333*
Brandt, Louise Helene Caroline von [L. von Seydewitz] *333*
Brandt, Max 333
Brett, Reginald Baliol *151*
Brodrick, William St. John [1st Earl of Midleton] *93*, 152 f., 226 f., *232*, 253, 363, 365
Brown, Hume *305*
Browning, Oscar 150, 152, 156 184
Brownlow, Lord [Adelbert Wellington Brownlow Cust] 225
Bryan, Charles P. *221*
Bryan, William Jennings *142*, 167 f., 187
Bryce, James *154*, 281
Buckler, William H. *239*, *315*
Bülow, Bernhard von 13, *40*, 71 f., *74*, 76, 78 f., 82, *103*, 105, 125, *130*, *207 f.*, *220 f.*, *233*, *264 f.*, 267, 269, 280–283, 314, 316, 319 f., 322–329, 332–336, 341, 343, 351, 368, 371
Bülow, Bernhard Ernst von 323
Bülow, Maria von s. M. Camporeale
Bulloch, Irvine *24 f.*
Bulloch, James Dunwoodie *24 f.*, *83*
Bunsen, Maurice William Ernest de 183, 214
Burgess, John 68

Burns, Mary Ethel *131*
Burton, David *132*, 143, *163*
Bussche-Haddenhausen, Hilmar von dem *220*
Butcher, Henry *152*

Cambon, Jules 274 f., 333, 350
Cambon, Paul 274 f.
Cameron, James Donald »Don« 167, 176, 234, 331, 367
Cameron, Elizabeth Sherman *25*, 101, 234
Campbell, Alexander E. *217*
Campbell, Mrs. Patrick 229
Campbell-Bannerman, Henry *154 f.*, *209*, 305 f.
Camporeale, Maria [= M. von Bülow = M. Dönhoff] 335 f.
Canis, Konrad 74
Cannadine, David 123, 146
Caprivi, Georg Leo von *280*, 333, 335, 349
Carlyle, Thomas *174 f.*
Carow, Edith Kermit [= Mrs. Th. Roosevelt] 160, 162, *178*, 182, 231
Carter, Violet Bonham 230
Cartwright, Fairfax 98, 353
Carver, Mary Louisa 130
Cassel, Ernest *200*, *304*
Cassini, Arturo Paul Nicolas 340
Castellane, Marquis Henri de *332*
Caton, Louisa [=Lady Hervey-Bathurst, Duchess of Leeds] *129*
Cavendish, Emma 332
Cecil, Gwendolen *312*
Cecil, Edgar Algernon Robert [Viscount Cecil of Chelwood] *213*, 287
Chamberlain, Austen *188*, *249*
Chamberlain, Beatrice *168*
Chamberlain, Houston Stewart *93*
Chamberlain, Joseph 9, 13, 25, *30*, *39*, 45, 50, *65*, *81*, 98 f., *103*, 130, 133, 167–170, 180, 206, 209, *230*, 240, *248*, 258, *261*, *287*, 307, 313, 319, 343, *360*
Charles I., König von Großbritannien 292
Charles V. [Kaiser Karl V.] 206
Charteris, Cynthia *98*
Charteris, Hugo, 11th Earl of Wemyss, s. Lord Elcho

Charteris, Hugo [Sohn des 11th Earl] *229*
Charteris, Ivo [Sohn des 11th Earl] *229*
*Chevron, Sebastian Lord *128*, 139
Chirol, Valentine *148*, *154*, 194 f., *198*, 209, *297*
Choate, Joseph Hodges 188, 247, 254, 259, 262, 268, 282
Churchill, Randolph 123, 130, 146, 160, *225*
Churchill, Winston 23, *124*, 129 f., *141*, 146, *155*, 177, *274*, *361*
Clayton, Powell *221*
Clayton-Bulwer-Vertrag 254, 257 f.
Cleveland, Grover 14, 21, *131*, 167, *169 f.*, 176 f., 186, 218 f., 223, 234 f., 238 f., *282*, *333*
Clymer, Kenton 145
Compton-Thornhill, Familie 136
Cooper, Diana s. D. Manners
Cooper, Duff *229*
Corbett, Vincent *188*
Costelloe, Benjamin Francis Conn *131*
Courcel, Alphonse Baron de *233*
Cowles, Anna s. A. Roosevelt
Cowper, Lord 226, 229, 255
Cranborne, Lord *348*
Crawford and Balcarres, 26th Earl of *147*
Cromer, 1st Earl of [Evelyn Baring] 133
Crowe, Eyre *42*, 144, *188*, 205, 294, 300–302, 307 f., 329, 349, 366 f.
Curzon, George Nathaniel *93*, 123 f., 126, 130 f., 133, *136 f.*, 148, 150–153, 157, *160*, 177, 184 f., 188, *190*, 211 f., *223*, 225–228, *232*, *238*, *249*, 253, 272, *275*, *287*, *294*, *308*, 332, 363, 365
Cust, Harry 228
Custer, George A. 85

Daniels, Josephus 187
Darwin, Charles *80*
Dehio, Ludwig 15 f.
Delbrück, Hans 77 f.
Delcassé, Théophile *340*
Delffs, Otto 66
Dernburg, Bernhard *333*
Desborough, Lady Ethel s. Ethel »Ettie« Fane
Desborough, Lord [William Grenfell] 123, 227

Devonshire, 8th Duke of [Spencer Cavendish] 15, 102
Dewey, George *91 f.*
Dilke, Charles 125
Disraeli, Benjamin *61*, *139*, *323*
Dix, Arthur 6
Dönhoff, Karl August Graf *335*
*Doolittle, Alfred P. *160*
Dostojewskij, Fjodor M. 171
Draper, William Franklin *221*
Drechsler, Wolfgang *244*
Droysen, Gustav 114
Dürer, Albrecht 191
Dufferin and Ava, first Marquis [Frederick Temple Blackwood] *15*, 102, *159*, 186, 273
Dugdale, Blanche 248 f.
Dunraven, 4th Earl of [Windham Thomas Wyndham-Quin] 196
Duran, Josepha *170*
Durand, Mortimer 85, *132*, *163*, 208–210, *246*, 281, *345*, *353*

Ebel, Gerhard *283*
Eckardstein, Hermann *40*, 103 f., *330*
Edward VII., König von Großbritannien *40*, 99, 103, 144, *151*, 208 f., 223, 228, *233*, *259*, *263*, *265*, *275*, 282, 294, 298, 305 f., *314*, *318*–322, *350*
Egan, Patrick *272*
Elcho, Lady s. Mary Wyndham
Elcho, Lord Hugo, 11th Earl of Wemyss 227, *229*
Elgar, Edward *158 f.*
Elliot, Gilbert J.M.K. [s. Lord Minto]
Eliot, Charles Norton Edgecumbe 154
Elisabeth I., Königin von Großbritannien 294
Endicott, Mary 130, 133, 137 f., 167
Endicott, William C. 130, 167, 175, 187
Ensor, R.C.K. *288*
Epkenhans, Michael 17, *68*
Erskine, Alva 180
Essex, 7th Earl of 130
Eulenburg, August 338
Eulenburg-Hertefeld, Philipp zu *40*, 73, *75 f.*, *79 f.*, *266*, 280, *310*, 312 f., 319 f., 325, 327–329, 338
Eward, Captain 81

Eyck, Erich 29 f., 372 f.
Fane, Ethel [= Mrs. Grenfell, Lady Desborough] 225, 227, 229
Ferguson s. Munro-Ferguson
Ferry, Jules 233
Fest, Joachim 278
Fiebig-von Hase, Ragnhild 19 f.
Firth, Charles Harding 155
Fisher, John 43, 86
Fitzmaurice, Lord Edmond 349
*Fogg, Phileas 106
Foster, John W. 245, 258
Franz Joseph I., Kaiser von Österreich 220, 266
Fraser, Hugh 183
Freeman, Edward 98
Freilinghuysen, Frederick T. 217 f.
Frewen, Moreton 131
Fried, Alfred 80
Friedjung, Heinrich 2
Friedrich, Kaiserin 45, 253
Fürstenberg, Aniela 332–334, 336, 338
Fürstenberg, Carl 191, 277, 332, 334, 336, 338, 349
Fürstenberg, Hans 277

Garfield, James A. 169
Garvin, James Louis 39, 287 f., 290
George V., König von Großbritannien 249
Gerard, James Watson 284, 332
Gladstone, Mary 249
Gladstone, William 3, 131, 160, 226, 249
Glareanus, Henricus 112
Goelet, Mary 130
Goethe, Johann Wolfgang von 305, 370
Goschen, George Joachim 288, 310
Goschen, William Edward 285, 300, 310, 332, 370
Gosselin, Martin 308
Graham, Frances [= Mrs. Horner] 227 f.
Graham, Gerald 66
Graham, William 227
Granville, Lord George 159
Graves-Sawle, Familie 136
Greely, Horace 282
Grenfell, William s. Lord Desborough

Grenville, John A.S. 15, 313, 360
Gresham, Walter Quintin 216, 235
Grey of Fallodon, Dorothy 231
Grey of Fallodon, Edward 40, 95, 98, 133, 147 f., 153–155, 157, 159, 163, 166, 188, 231, 249, 268, 271, 273, 274, 275, 280, 286, 293, 298 f., 301–308, 312, 320 f., 329, 353, 360, 363, 366
Grey, Lady Gladys de 179, 226
Gulliver, Frederick 117
Gwynn, Stephen 33 f., 143, 191

Haldane, Richard B. 76, 151, 155, 188, 225, 228, 249 f., 267 f., 286 f., 291, 293, 302–306, 312, 316 f., 344, 350, 360, 365, 367, 370
Hale, William Bayard 163, 270
Hall, Basil 251
Halle, Ernst von 83, 118–120
Haller, Johannes 336
Hammann, Otto 327
Hammersley, Ms. 141
Hanna, Mark 221, 234
Harcourt, Elisabetha Lavinia [= Mrs. Montagu-Norreys] 147
Harcourt, Lewis 131, 188
Harcourt, William 130 f., 167 f., 174, 240, 242
Hardinge, Arthur 153, 159, 161, 185 f., 188
Hardinge, Charles (Baron Hardinge of Penshurst) 42, 122, 147, 154, 159, 165 f., 175, 188, 194, 200, 205, 208 f., 230 f., 273 f., 280, 294, 298–302, 305–307, 329, 350, 366 f.
Harewood, 2nd Earl of, s. Frank Cavendish Lascelles
Harmsworth, Alfred 93, 188
Harrach, Gräfin 335
Harris, Townsend 220 f.
Harrison, Benjamin 84, 170, 174, 176, 186, 224
Harrison, Richard Edes 111 f.
Hatzfeldt-Wildenburg, Paul von 40, 45, 105, 196 f., 230 f., 233, 280, 283, 295 f., 297, 309, 310, 311, 313, 333
Hauptmann, Gerhart 29
Haushofer, Karl 65
Hawker, Peter 206

Hay, John 26, *91*, 100, *143*, 144 f., *158*, 171 f., 175–177, 187 f., *192, 211, 221*, 224, 233 f., 243–247, 253, 255–264, 280–282, 331, 340, 363 f., 366 f.
Hay-Pauncefote-Vertrag *246*, 254, 256–258
Hayes, Rutherford B. *234*
Headrick, Daniel *93*
Hearst, William Randolph *93*
Heintze-Weißenrode, Heinrich von *329*
Helmholtz, Anna von 333
Hénaut, Jeanne de *124*
Henderson, Arthur *188*
Henle, Günter 277
Henrikson, Alan K. 97, *107 f.*, 122
Herbert, Michael »Mungo« Henry 131 f., *171*, 179 f., 209, 226, 259, *275*, 281 f., 340, *342*
Herren, Madeleine *5*
Herschel, Lord 258
Hervey-Bathurst, Lady s. Louisa Caton
Hewins, William Albert Samuel 287
Heyking, Edmund Baron 333
Hicks Beach, Michael 14 f.
Hildebrand, Klaus 29 f., *42, 326, 355, 373*
Hill, David Jayne 284, 333
Hindenburg, Paul von *249*
Hinsley, Francis H. *299*
Hintze, Paul von 280
Hitchcock, Ethan Allen *221*
Hitler, Adolf 67
Hoar, George F. *221*
Hobhouse, Charles *304*
Hobson, John A. 2
Hofer, Walther 27
Hohenlohe-Schillingsfürst, Alexander zu 73, *321, 350*, 351–353
Hohenlohe-Schillingsfürst, Chlodwig zu 72, 76 f., 215, *310–312, 252*, 332 f., 335, 338
Holleben, Theodor von 72, *252*, 264, *282*, 283, *284*, 340 f.
Hollmann, Friedrich von 73
Holmes, Oliver Wendell 260
Holst, Gustav *158*
Holstein, Friedrich von *13, 15, 40, 45 f.*, 75 f., 80, *102*, 194, 196 f., *280, 296*, 310–313, 316, 318, 324 f., 327, 329, 333–336, 338
Homer *149 f.*
Hood, John 88
Horaz [Quintus Horatius Flaccus] 106
Hornby [headmaster of Eton] 152
Horner, Frances [s. Frances Graham]
Howard, Esme *98, 188, 210*
Howard, Michael 113
Hoz, Maria Martinez des *220*
Huelsemann, Johann *237*
Hughes, Charles Evans 187
Hunter, Godfrey *221*

Isaacs, Rufus Daniel [1st Marquess of Reading] *188*
*Isariot, Judas 168
Isvolsky, Alexander P. *166*

Jackson, John B. *91*
Jagow, Gottlieb von 274 f., *281*
James I. 292
James, Henry *131*, 133, *136, 151*, 181, *215*, 246 f.
Jameson-Raid *73*, 193
Jellicoe, John *188*
Jenisch, Martin Freiherr von *266*
Jerome, Jennie [= Mrs. R. Churchill] 129 f., 133, *225*
Jette, Julius 259
Johnson, Reverdy *173*
Johnson, Samuel *206*
Johnson, William [= William Johnson Cory] 157 f.
Jones, Raymond A. *299*
Jowett, Benjamin 152–157, *226, 287 f.*, 362 f., *374*
Jusserand, Jean Jules *267*, 368

Kaehler, Siegfried A. *322*
Karsten, Peter *83*
Kasson, John A. 217
Keats, John *175*
Kehr, Eckart *75*
Kellog, Frank 187
Kelly, David *156*
Kennan, George F. 355

Kennedy, Paul 6, *40–42*, 44, 69, *349*
Kerr, Philip Henry [11th Marquess of Lothian] 288
Kessel, General Gustav von *329*
Keyzer, Leonie [= Leonie von Schwabach] 336
Kiderlen-Wächter, Alfred von 281, *311*, 332–334, *348*
Kimball, William *143*
Kimberley, 1st Earl of [John Wodehouse] 90
King, Clarence *172*
King, George Gordon *222*
Kipling, Rudyard 131, 189
Kitchener, Herbert *93*, 253
Kjellen, Rudolf 4, 6, *8*, *19*, 28 f., 39, *43 f.*, *52*, 61, 95, 113, 126, *349*, *355*
Klehmet, Reinhold 327 f.
Klopstock, Friedrich Gottlieb 370
Knollys, Francis *263*
Knox, Philander Case 188
Krüger-Telegramm 13, *40*, *73*, 102, 144, 193 f., 239, 310 f., *341*, *356*
Krupp, Friedrich Albert 29, 71 f.
Kühlmann, Richard von *17*, *275*, 301

Lammersdorf, Raimund *26*
Lancken-Wakenitz, Oskar von *343*
Lang, Cosmo Gordon *155*
Langer, William L. *74*, *143*
Lansdowne, 5th Marquess of Henry C. Petty-Fitzmaurice *81*, *85*, *99*, *132*, *147*, 153 f., 208 f., *246*, 253 f., *259*, 262, *294 f.*, *307*, 314 f., *320*, *343*, *345*, 363
Lansing, Robert 188
Lascelles, Florence [= Mrs. C. Spring Rice] 148, 206 f.
Lascelles, Frank Cavendish [2nd Earl of Harewood] 81, *132*, 148, 191 f., 196–198, 285, *297 f.*, 308–311, 321, 332, 347 f.
Laski, Harold 123
Laurier, Wilfried 259
Lebbin, Helene von 333–336
Lebbin, Hermann Friedrich Karl von *333*
Lee, Arthur Hamilton 131 f., *154*, *259*, 270 f., *349*
Leeds, Duchess of s. Louisa Caton
Leinster, Hermione Duchess of 227

Leiter, Levi Zeigler *130*
Leiter, Mary [= Lady Curzon] 130 f., 148, 190
Lenz, Max 68
Levy, Benjamin 121
Li-Hung-Chang *184*
Lichnowsky, Carl Max von *211*, *214*, 231, *233*, *275*, 283, 285, 301 f., 333
Lincoln, Abraham 173, 243
Lincoln, Robert T. 224, 242
Lindau, Rudolf 333
Lindsay, Ronald Charles 147
Lindsay, Violet [= Duchess of Rutland, Frau des 8th Duke] 226
Lister, Charles 136
Lister, Thomas [Sohn des gleichnamigen 4th Baron Ribblesdale] 136
Lloyd George, David *155*, *188*, *211*, *288*, 312
Lobanow-Rostowski, Alexei von *312*
Lodge, Anna »Nanny« Cabot *162 f.*, *166*, *234*, *238*
Lodge, Henry Cabot 24 f., 27, 70, 82, 100, *132*, 138 f., *142 f.*, 148, *158*, 162, 166–168, 176 f., 182, *189*, *192*, 207 f., *221*, 238 f., 245 f., 254, 257 f., 260 f., *263*, 272, 331, 360, 363 f., 367
Lodge, Richard *155*
Loebell, Friedrich Wilhelm vom 327
Long, John Davis 188
Lonsdale, 1st Earl of [James Lowther] *148*
Loreburn, Earl [= Robert T. Reid] *155*
Louis XIV. 206
Low, Sidney *155*
Lowell, James Russell 223
Lowther, Gerald 147, *154*, 208
Lucan, 3rd Earl of [George Charles Bingham] *147*
Luce, Stephen *83*
Lutz, Hermann 143 f.
Luxmoore, H.E. 149 f., 191, *195*
Lyttelton, Alfred 151, 226, 231 f., 363, 365
Lyttelton, Edward *151*
Lyttelton, 4th Baron [George William Lyttelton] *151*
Lyttelton, Mary *248 f.*
Lyttelton, Spencer 249

Lytton, 1st Earl [Edward Robert Bulwer Lytton] *146–148*

Mackail, John William *157 f.*
Mackay, Ruddock Finley *250*
Mackinder, Halford *52*, 62–68, 88, 113, 125, 150, *188*, 203, 287, 291–293, 357, 359
MacVeagh, Isaac Wayne *212*
Mahan, Alfred Thayer *24*, 64–72, *74*, 80, 82–88, 150, 203, 262, 291–293, *295*, 357, 359
Mahan, Dennis Hart *24*
Maier, Charles S. *7 f.*
Malet, Edward 191, *192*, *198*, *285*, *308*
Mallet, Louis 154, *188*, *207*
Manchester, 8th und 9th Duke of 130
Mann, A. Dudley *237*
Mann, Golo *176*
Mann, Heinrich 277
Manners, Diana [= Mrs. D. Cooper] *229*
Manners, Henry [8th Duke of Rutland] 229
Manners, Violet *229*
Marcks, Erich 68
Marconi, Guglielmo 91
Margerie, Pierre de 340
Marlborough, 9th Duke [Charles R. J. Spencer Churchill] 140 f., *146*, 180
Marsh, Peter *248*
Marschall von Bieberstein, Adolf Freiherr 70, *281*, *283*, *309–311*, 334
Marshall, William 146
Masterman, Charles Frederick Gurney 288
Mather, Samuel *243*, *245*
Mattox, Henry *216*, *221*
May, Ernest 19, *68 f.*, 113, 129, *248*
Maxse, Leo 287
McCormick, Robert *265*
McKenna, Reginald *188*
McKinley, William 21, 145, *167*, *205*, 220, *234*, *243 f.*, 247, 252, *348*
Mehnert, Ute 22 f.
Meinecke, Friedrich 15
Mensdorff-Pouilly-Dietrichstein, Albert Graf 274 f.
Metternich, Paul von Wolff 99, 103 f., *233*, *247*, *265*, 274 f., 282 f., *299*, *325*, 352

Meyer, George von Lengerke 204, *221*, *265*, *272*, 315 f.
Miles, Eustace 231
Mills, Elisabeth *282*
Milner, Lord Alfred *93*, 153, 287 f., 363
Minghetti, Donna Laura 335
Minghetti, Marco 335
Minto, 4th Earl of (Gilbert J. M. K. Elliot) 259 f.
Mitchell, Peter Chalmers 60, 62, *155*
Mittler, E. S. (Verlag) 71
Moltke, Helmuth Johannes Ludwig von 268
Moltke, Kuno Graf 75
Mommsen, Wolfgang J. 2
Monroe-Doktrin 19, 22, *68*, *87*, 100, 118 f., 201, 235, 237–239, *241*, 262, 292, 342, 361, 368
Monts, Anton Graf *130*, *265*, 269 f., *333*, *343*
Moody, William Henry 25
Moore, John Godfrey *131*
Moore, Ruth Ellen 131
Moran, Charles Wilson Lord *124*
Morley, John *154*
Morris, Lewis 214
Morton, Levi 224
Motley, John Lothrop 131, 174
Mühlberg, Otto *295*, 333
Müller, Karl Alexander von *132*, 156, *199*, *276*, *348*
Münster, Georg Herbert von *13*, *15*, *40*, 72, 102, *233*, 332
Münsterberg, Hugo 100
Münz, Sigmund 324
Mumm-Schwarzenstein, Alfons 333
Munro-Ferguson, Ronald C. [Viscount Novar] *102*, *121*, 159–161, 163–167, *177*, *179*, *182–188*, *214*, *238*, *243*
Murchison, Charles F. *170*

Napoleon Bonaparte 60, 206, 291, 297
Napoleon III. 3, 294
Naumann, Friedrich *308*
Nevins, Allan 33 f., *212*, *219*, *243*, *269*
Newbold, Henry *149 f.*, 287
Nickles David P. *93*
Nicolson, Arthur *148*, 273, 275

Nicolson, Harold *124*, 273–275
Nietzsche, Friedrich 289
Nikolaus II. 314 f.
Nipperdey, Thomas *355*
Nixon, Richard *138*
Norreys, Lord Montagu s. 6th Earl of Abingdon
Norreys of Rycoote, Lord 294

O'Beirne, Hugh *188*
O'Brien, Thomas J. *272*
Oliver, Frederick Scott *8*
Olney, Richard 14, 235–242

Page, Walter Hines 188, 282 f.
Paget, Alberta »Gay« [= Lady Plymouth = Lady Windsor] *228, 232*
Paget, Arthur Perry Fitzroy *131*
Paget, Augustus *232*
Paget, Lady Minnie s. Minnie Stevens
Paget, Ralph *232*
Palmer, William Waldegrave s. 2nd Earl of Selborne
Palmerston, Henry John Temple Lord 129, *139*
Pauncefote, Julian 164, 171, *180*, 240 f., *244*, 256, 259, 281
Pearson, Charles Henry 70
Percy, Earl *266*
Percy, Eustace 143
Perkins, Bradford 113, *348*
Peters, Evelyne 144 f.
Pflanze, Otto 3
Phelps, Edmund John 218, 223 f., 242
Phelps, William Walter *216*, 332
Philipp II. (von Spanien) 16
Playfair of St. Andrews, Lyon, 1st Baron *131*
Plessner, Helmut 18, 28
Ponsonby, Henry *249*
Ponsonby, Mary *249*
Poole, Reginald Lane *155*
Portsmouth, 7th Earl of [John Fellowes Wallop] 151
Post, Mrs. Arthur [= Lady Barrymore] *129*
Potter, Beatrice [= Mrs. Webb] 286
Pourtalès, Friedrich von 274 f., *322*

Preußen, Heinrich von [Bruder Wilhelms II.] 207
Preußen, Margaret von [Schwester Wilhelms II.] *350*
Preußen, Sophie von [Schwester Wilhelms II.] *350*
Pulitzer, Joseph 93

Quadt-Wykradt-Isny, Albert Graf *212, 220*, 340
Quincy, John 172

Radkau, Joachim 77 f.
Radolin, Hugo Graf *295*, 301, *312*, 332 f., *343*
Radowitz, Joseph Maria von 332
Radziwill, Marie 191 f., 195 f., 321, 332–334, 336, 338, 347, 349–351
Rathenau, Walther 123, *276*, 348, *350*, 355
Ratzel, Friedrich 66, 150
Redern, Wilhelm Heinrich 333
Reid, Robert s. Lord Loreburn
Reid, Whitelaw *18*, 168, *171*, 188, *210*, 243, 265, 268, 282 f.
Repington, Charles 194
Reubell, Etta *215*
Reulecke, Jürgen *285*
Reynardson, Mrs. Margaret s. M. »Daisy« Spring Rice
Rhodes, Cecil und Rhodes-Stipendium 156, *199*, 276 f., *314*, 348
Ribblesdale, Lord [Thomas Lister, 4th Baron] 133, 135 f., *137*, 226, *229, 232*
Ribero, Diego *112*
Richter, Eugen 73
Richthofen, Oswald von *281, 334*
Riezler, Kurt [= J. J. Ruedorffer] 4 f., *6, 8, 52*
Ritter, Gerhard *126*
Ritter, Gisbert von *220*, 340
Robbins, Keith *122, 302*
Rockhill, William Woodville *234, 242, 272*
Rodd, James Rennell 154, *188*
Röhl, John *72* f., *75, 82, 281, 310, 312* f., *349*
Ronaldshay, Earl of [= Lawrence J. L. Dundas] 225, 251

Roosevelt, Anna [= Mrs. Cowles] 167, 242
Roosevelt, Edith s. Edith Kermit Carow
Roosevelt, Elliot 163
Roosevelt, Franklin Delano 172
Roosevelt, Ethel 182
Roosevelt, Martha Bulloch *24 f.*
Roosevelt, Theodore *18*, 20 f., 24 f., 27, 29, 32 f., *52*, 70, 82–86, *93 f.*, 100 f., 103–105, 119, 131 f., 138 f., 143–145, *148*, *154*, 158, 160–163, 166–168, 171 f., 176 f., 179 f., 182, 187–189, 192, 196–205, 208–211, *217*, *219*, *221*, *230*, 233 f., 242–244, 246 f., 256–263, 265–272, 279, *282 f.*, 284, 307 f., *313*, 315, *319*, 331, 338–345, 348 f., 360, 363 f., 366–368
Root, Elihu 188, 259, 268, *270*
Rosebery, Lord *131*, *154*, 159 f., *166*, 205 f., *226*, 253, *294*
Rosen, Friedrich *194 f.*, *334*
Rothschild, Alfred de *294*, *313*
Round, John Horace *155*
Ruedorffer, J. J. s. Kurt Riezler
Runyon, Theodore *216*
Russell, Bertrand 287
Russell, Lord John *69*, *147*, *324*
Russell, Odo W. L. [1st Baron Ampthill] 147, *191*, *332*
Rutherford, Lewis Morris *214*, 217
Rutherford, Margaret Stuyvesant [= Mrs. H. White] 133, *139*, 181, 212, 214 f., *217*, 225, 228 f., 232, 234 f., 242, *254*, *266*, 269, *271*, 365
Rutland, Violet Duchess of s. Violet Lindsay

Sackville-West, Lionel [2nd Lord Sackville] *148*, 161, 166, 170 f., 223 f., 274
Sackville-West, Vita *128*, *139*, 273 f.
Sadler, Michael 287
Saint John, John Pierce *169*
Salisbury, Lord [Robert Gascoyne-Cecil, 3rd Marquess] 14 f., 25, 46, 61, 64, 72, 94, 99, 102, *124*, *171*, 197, 205 f., *218 f.*, 223, *229*, 233–235, 237–242, *244*, 247–250, 253, 257 f., *287*, 297, 308–314, *323*, *348*, *360 f.*, 375
Sandars, John Satterfield 261

Sanderson, Thomas *31*, 205, 253, 294, 297 f., *311*
Sargent, John Singer *131*, 133–141, *214 f.*
Saurma von der Jelsch, Anton 283 f.
Schenck, Robert Cumming 218
Schenk, Frithjof Benjamin *107*
Schieder, Theodor 5, *17*, 50, *94 f.*, *356*
Schlieffen-Plan 58
Schneider, Frl. *98*
Schoellgen, Gregor 16, *313*
Schoen, Wilhelm von *281*, 274, *333 f.*
Scholl, General Friedrich von *329*
Schulin, Ernst *355*
Schultz, Hans-Dietrich 108, 113
Schwabach, Leonie von s. L. J. H. Keyzer
Schwabach, Paul von *334*
Scott, Charles Prestwich 154 f., *216*, *225*
Scott, Walter 171, 177
Seeley, John Robert 46 f., 61, 68, 199
Seherr-Thoß, Herrmann von *266*
Selborne, 2nd Earl of [William Waldegrave Palmer] 81 f., *93*, *99*, 153, *188*
Senden und Bibran, Gustav von 39 f.
Sering, Max 74
Sethe, Paul *336*
Seward, William Henry 173
Shakespeare, William 195
Shaw, George Bernhard *160*, 289
Sherman, John *234*, *244*
Siemens-Helmholtz, Ellen von *333*
Sinclair, Upton 29
Smalley, George *247*
Smith, Charles Emory *91*
Smith, F. E. [s. Lord Birkenhead]
Souls *98*, 123, 133, *136 f.*, *151*, 181, 211 f., *223*, 225–235, *249*, 252 f., 267, 285 f., *295*, 331, 337 f., *364 f.*, 367
Soveral, Marquis de 275
Speck von Sternburg, Hermann *82 f.*, *91*, 100, 105, *124*, 208–210, *220 f.*, 265, *275*, *282*, 283 f., 315, 338–343, 367 f.
Spender, John Alfred 154 f., *188*, *206 f.*, 275
Spitzemberg, Hildegard von 74, *275*, 333–336, 338, 340 f.
Spring Rice, Agnes *213*, 215, 235

Spring Rice, Cecil Arthur *24*, *30*, *33*, *36*, 52, 100, *102*, 104 f., 119, *121*, *124*, 127, 129, 131 f., *142*–*211*, 213 f., *226*, 230 f., 234, *238*, 243 f., 251, 270 f., 273 f., 279, 281 f., *287*, 294, 298 f., 307, *311*, 315, 330–332, 338 f., 342, 344, 347 f., 362–364, 366–368, 370, 374
Spring Rice, Charles W. T. 145 f.
Spring Rice, Elisabeth Margaret [= E. M. Marshall] 146
Spring Rice, Gerald 160
Spring Rice, Margaret »Daisy« [= Mrs. Reynardson] *166*, *168*, *175*, *179*, *181*, *189*, *199*, *226*
Spring Rice, Stephen *34*, 149, 152, *156*, *165*, *167*, 169 f., *170*, *172*, *175*, *178*, 181, *183*–*185*, *187*, *189*, 192–197, *200*
Spring Rice, Thomas [1st Baron Monteagle] 145 f.
Sprout, Harold und Margaret *84*
Stead, William T. *250*
Steiner, Zara *42*, 92, *149 f.*, *274 f.*, 298 f., 302, 307, 320
Stemrich, Wilhelm 328, 333 f.
Stephen, James Kenneth 151
Stevens, Minnie [=Lady Paget] *129*
Steward, Andrew *106*
Stone, Clara Louise [= Mrs. J. Hay] 246
Stone, Oliver *138*
Storer, Bellamy *221*
Stosch, Albrecht von 73
Strachey, John St. Loe *143*, 154, *188*, *259*
Straus, Oscar *272*
Strousberg, Bethel Henry 191
Stürmer, Michael *77*
Swaine, Leopold 309–311
Swift, Jonathan *206*
Sydow-Wagner 115–117
Sykes, Percy *281*
Szögyény-Marich, Ladislaus von 332

Taft, Alphonso 217
Taft, William Howard 21, *217*, *265*, *271 f.*, *315*, *345*
Talleyrand-Périgord, Josephine von *332*
Tausig, Karl *336*
Taylor, John Edward *155*
Tennant, Charles 136, *229*

Tennant, Charlotte [= Lady Ribblesdale] 136 f., 226
Tennant, Laura 225
Tennant, Margot [= Mrs. Henry Asquith] 132 f., 136, 212, 225–227, 229, *232*, *253*, 365
Tennant, Pamela s. P. Wyndham
Thackeray, William Makepeace 160
Thielmann, Max Franz 283 f.
Thompson, David E. *220*
Tiberius, römischer Kaiser 196
Tirpitz, Alfred von 13, 17 f., 64, 68, 72–77, 81 f., 105, 125 f., *132*, 280, 297 f., *302*, 315 f., *326*, *349*, *369*, 371
Tolstoj, Alexej N. 171
Tomes, Jason *248*, *250*
Tout, Thomas Frederick *155*
Tower, Charlemagne *220 f.*, *268 f.*, 284, 332
Tower, Reginald 314 f.
Townsend, Meredith White *154*
Toynbee, Arnold *288*
Tracy, Benjamin *84*
Trebilcock, Clive *44*, *46*,
Treitschke, Heinrich von *323*
Trevelyan, George Otto *154*, *302*, 344 f.
Tschirsky, Heinrich von *281*
Turk, Richard 85
Turner, George 260
Tyrrell, William *148*, *188*, *208*, *214*, 300 f., 366

Ullrich, Volker 77

Vagts, Alfred 19–21, *77*, *91*, *94*, 118, 212 f., 219, *225*, *244*, *264*, *281*, *316*, *360*
Valentin, Veit 117
Valle, Consuelo del [= Duchess of Manchester] *129*, *130 f.*
Vanderbilt, Consuelo [= Duchess of Marlborough] 130 f., 140 f., 180 f.
Vanderbilt, Cornelius 179, *226*, *263*
Vanderbilt, Familie 168
Vanderbilt, William K. 180
Vansittart, Robert 122 ff.
Verne, Jules *106*
Victoria, Königin von Großbritannien 13, *147*, 151, *184*, 196 f., *228*, *233*, *240*, *243*, 245, *253*, *275*, 282, 298, *312*, 320

Victoria, Ehefrau Kaiser Friedrichs III. s. Friedrich, Kaiserin
Villiers, Francis *193–197*

Waldersee, Alfred von 76 f., *312*, 341, 347
Wallop, John Fellowes s. 7th Earl of Portsmouth
Wangenheim, Hans von *42*
Watt, Donald Cameron 23 f., *25*, *217*, 255, *360*
Webb, Beatrice s. Beatrice Potter
Webb, Sidney James [Baron Passfield] 286 f.
Weber, Max *94*, *106*, 308
Webster, Daniel *237*
Wehler, Hans-Ulrich 75
Wells, Herbert George *179*, 285 f., 288–291, 293, 304
Wemyss, 10th Earl of [Francis Wemyss-Charteris-Douglas] *229*
Wende-Generation 188, 285 f., 291, 293 f., 300, 307, 352, 362, 366, 370–375
Wharton, Edith 133, 181
White, Andrew Dickson *145*, *205*, 208, 221, *244*, *247*, 284, 317, 332, 339
White, Henry 14, 30, 33, 36, 42, 105, 127, 129 f., 132 f., 139, *143*, *148*, 167, 177, 180 f., 185, 188, *205*, 208–273, 279, 283 f., 315 f., 330, 340, 343 f., 364–366, 374
White, Margaret »Daisy« [s. M. Stuyvesant Rutherford]
White, Muriel *266*
Whitney, William Collins 177
Widenor William C. *70*
Wiegand, Wayne *315*

Wieland, Christoph Martin 370
Wilde, Oscar 185, 228 f.
Wilhelm I. 332
Wilhelm II. 11 ff., *17 f.*, 31, 36, 38, *40*, *45*, *68*, 70–80, 82, 86, 99 f., 103, 105, 132, 144, 188, 196–198, 200, 202, *205*, 207–209, *230*, *233*, 239, *252*, *258*, 262, 264–271, 281, 295 f., 300, 303–305, 307–328, 332, 334, 339–354, 362 f., 368, 370–374
»Wilhelminer« 30, *285*, 346 f., 362, 374
Wilhelmy, Petra *336*
Wilkinson, Henry Spenser 65, 125 f., *300*
Wilson, Henry *188*
Wilson, Miss 179
Wilson, Woodrow 21, 187, *211*, 264, 272, *283*
Winzen, Peter *72*, 74, *125*, *327*
Witte, Emil *207*, *284*
Wladimir, Großfürst von Rußland *312*
Wright, Wilbur und Orville *124*
Wylie, Francis *348*
Wyndham, George 151, *188*, 226, 363, 365
Wyndham, Madeline [= M. Adeane] 133
Wyndham, Mary [= Lady Elcho] 133, 229, *252*, *266*, *271*, *312*
Wyndham, Pamela [= Mrs. Tennant] 133

Young, Kenneth *248*

Zedlitz-Trützschler, Robert von 71
Zimmermann, Arthur 333
Zweig, Stefan 123, *276*
Zobeltitz, Fedor von *335 f.*

GEOGRAPHISCHES REGISTER

Angaben in Fußnoten *kursiv*; Deutschland, Großbritannien und die Vereinigten Staaten sind nicht aufgenommen

Aden *89*
Ägypten 18, 78, *124*, 194, *239, 247, 288*
Afrika 4, 10, 15, 43, 60, 83, 117–119, 124, *156*, 193, 371
Alaska 26, *132*, 208, 256–259, 262 f., 281, 293, 356
Alexandria *86, 89*
Algeciras 18, *132*, 248, *262*, 265–267, 269, *275*, 356, 361, 366
Algerien 78
Antarktis *210*
Antwerpen *93*
Argentinien *89*
Arkansas *221*
Athen *323, 340*
Australien *89*, 193, *249*
Azoren 90 f.

Bad Nauheim *144, 211*
Balliol College 152–157, *160*, 185, *287 f.*, 362 f., 374
Balmoral *228*
Baltikum 40, 202
Baltimore 213
Bangalore *124*
Bangkok 185
Belgien *39, 48*, 109 f., 118, 220
Belgrad 109
Beringsee 165, 182, 186
Berlin 13, 16, 32, *91*, 120 f., 142 f., 145, *147, 154, 158*, 161, 172, 174, 189 f., 192, 194–197, 200, 204, 208, 213 f., *216 f., 221, 233, 250*, 264, 267 f., *274 f.*, 284, 305, 307 f., 310, *314 f.*, 321, 323, 331–342, 344, 348, 351, 363, 367, 370
Beverley 166 f.

Biarritz 321
Birmingham *13*, 54, *99*
Björkö 314
Blenheim 141, 146, 228
Bombay 78, *89*
Bonn *147*
Boston 166
Brasilien *220*
Brüssel 109, 181, 338
Buenos Aires 120, *220*, 271
Bukarest 109, *283, 323*, 334

Cambridge *147*, 151 f., 156, *199, 228*, 231, 286 f., 362, 370
Carcavelos *89*
Cetinje 109
Ceylon *249*
Chequers *131*
Chicago 29, *130, 220 f.*
Chile 187
China 13 f., 27, 31, 72, *89*, 184, 341 f., *353*, 356
Cliveden 253
Clouds *98*, 226, *228*
Cowes 196

Dänemark *246*, 263 f., *324*
Den Haag 7, *42, 132, 266*, 267 f., *274, 284*
Dover *86*
Dresden *283*
Düsseldorf *249*

Elsaß-Lothringen *204*
Eton *122*, 136, *147*–153, 156, *158*, 159, *160*, 184 f., 191, 213, *226, 228*, 362 f., 370, 374

Färöer 116
Faschoda 4 f., *15*, 72, 206, 253, 357
Finnland 202
Florida 79
Frankreich *4*, *8*, 10, 13 ff., 17 f., 31 f., *39*, 44, *45 f.*, 47–50, 52 f., 56 f., 67, 72, 76–79, 81, *87*, 91, 104, 110, 118, 124–126, 129, *137*, 155, *180 f.*, 182, 184, 186, 203, *205*, 206 f., 209, 213, 215 f., 235, *241*, 255, 264, 266 f., 272, 275, *282*, 293, 295, *296 f.*, *302*, 307, *313 f.*, *319*, 323 f., *334*, 350, 353, 356, 361, 366
Freiburg 47
Friedrichsruh *75*

Gallipoli 136
Genf *24 f.*, 275
Gibraltar *89*
Gießen *288*
Glen 227
Göttingen 302
Greenwich 45
Griechenland *295*
Grönland 116
Guayana 236, 238

Hall Barn 253
Harrow *147*, 230
Harvard 175, *271*, *287*, *315*, 370
Hatfield 257 f., *312*
Hawaii *70*, 186 f.
Holland / Niederlande 39, 67, *87*, 118, *180*, 194, *295*
Hong Kong *92*, 185

Indien 10, 78 f., *93*, 123–126, *147*, 149, *152*, *159*, *184*, 203, 253, *281*
Irland 90, 168, 255
Island 116
Italien *4*, *8*, 39, *46*, *53*, 56 f., 109 f., *152*, 160, *180*, 186, 220, 264, 268 f., 307 f.

Japan *4*, *8*, 10 f., 13 f., 18, 22, 31 f., *46*, *48*, 50, *53*, 56 f., 59, 64, 71–73, 76, 95, 104, 142, 161, 183 f., *205*, 293, *295 f.*, *302 f.*, *315*, *320*, 341–343, *345*, 353 f., 356, 360 f., 363, 366

Kairo 185
Kalifornien 79, 330

Kalkutta 78, *93*, *339 f.*
Kanada 105, 119, *132*, 160, 182, *249*, 258–261, *315*, 330
Kap der Guten Hoffnung *86*
Kapstadt 121
Kassel *266*
Kentucky *221*
Kiautschou 10
Kiel 197, 351
Klondike 258
Köln 191
Königsberg 347
Konstantinopel *102*, 154, 230, *283*, 301
Kopenhagen *43*, *132*, 263, *274*
Korea 184 f.
Korsika 152
Krim *53*, 61
Kronberg *305*, 350
Kuba *53*, *93*, *124*, 131, *219*, *239*, *247*, 255

Labrador 116
Lappland 152
Leicester *9*, *25*, *30*, *98 f.*
Leipzig 191, *300*
Lenox (Massachusetts) 213
Lissabon *214*, *334*
Liverpool 247
London 11, 13, 17, 30, 32, 54, 72, 85, 89, *93*, 103, 105, 109, *120 f.*, *125*, 131 f., 145, *155*, 160 f., 163 f., 168, 172–174, 177, *180 f.*, 186, 197, 208 f., 211, *216*, 217 f., *220 f.*, 222–224, 226, 229 f., 233 f., *238*, 239 f., 242, *243 f.*, 245, 247, 252, 254, 256, 258 f., 265–272, *274 f.*, 277, 282 f., 290, 299, *301*, 308 f., *313*, 318, 323, 336 f., 363 f., 366 f., 370
Long Island 160
Loreley *98*
Luxemburg *274*

Madrid *214*, 243, *274*, *281*
Malta 67, *89*
Manchester 54
Manchester by the Sea 166
Manila 71, *92*, *121*, 148
Marienbad *305*, 321
Marokko *5*, 78, *295*, *334*, 367

Mells 228
Mentmore 253
Mexiko 21, *216*
Mount Kenya *65*
München *232, 274*, 276, *281*

Nahant 166
Nebraska *220*
Neufundland 91, 182, 223
Neuseeland *249*
New York *68*, 89, 120, 129, 160, 168, 177, 330 f., 370
Newport 179–181, 214, 217, 226, 330 f., 370
Niagarasee 123
Niederlande s. Holland
Nil 194
Nordafrika 32
Nordmeer 109
Nordsee 16 f., 297
Northumberland 305
Norwegen 109, 186, 351

Österreich-Ungarn *4, 8, 48*, 50, *53*, 56, 206, *217*, 220, *237*, 275, 356, 361
Ohio *221, 234, 243*
Ottawa 145, *211*
Oxford 136, 152–158, 171, 185, *199*, 214, 231, 276 f., *287, 348*, 362 f., 370
Oxus 123
Oyster Bay 344

Panama / Mittelamerikanischer Kanal 19, *87*, 118, *133*, 254, 256 f., 263, 293, *315*, 356 f.
Panshanger *229*, 255
Paris 15, *40*, 89, *92, 102*, 109, 122, 147, *181*, 186, 211, 213–*217*, 243, 265–272, *277*, 294 f., 300, 305, *313*, 323 f., 332, 343, 364, 366
Pasewalk 370
Patterdale 146
Persien *6*, 142, *208*, 217, *234, 299*, 363
Philippinen *53, 92*, 121, 255, 315
Polen 202, 207
Porthcurno *89*
Portsmouth *315, 319 f.*
Portugal *5*, 118, 201, *295*, 297

Potsdam 200, 350 f., 362, 370

Ramslade 229, *267*
Rhode Island *222*
Rio de Janeiro *120*
Rock Creek 166
Rom *102*, 109, 149, *154*, 196, *204 f.*, *211*, 212, *217, 221, 232*, 256, 264–266, 268 f., *274*, 305, *309, 323*, 364, 366
Rominten 319
Rumänien 109
Rußland *4, 8*, 10 f., *13* f., *17* f., 27 f., 31 f., 34, *46, 48*, 50–53, 56, 59, 67 f., *72*, 74, 76, *79*, 81, *101*, 104, 110, 113, 118 f., 125 f., *132, 177*, 182–184, 198, 202–204, 206 f., *216*, 220, *275*, 284, 293, *295, 297, 302*, 307, 315, *320*, 324, 338, 342 f., *345*, 353 f., 356 f., 360 f., 366

Salem 166 f., 175
Samoa 10, 78, 83, 170, 361
San Francisco 121
Sandhurst *124*
St. Goar *98*
St. Petersburg *102*, 109, *122, 155*, 199, 204 f., 207 f., *217, 221, 265, 274, 322 f.*, *313, 315*
Schlesien 264
Schleswig-Holstein *324*
Schweden 142, 186, 202, *210*, 363
Schweiz *48, 137*
Sedan 291, 305
Seoul 185
Shanghai 185
Siam *79*
Singapur *86*, 185
Spanien *46*, 67, 71, 85, *92 f.*, 199, *216*, 220, 224, 245, 252 f., 255, *282*, 295–297, 307, *348*
Stanway 227, 230
Stockholm *283*
Südafrika 32, *53*, 113, 194, 198, 201, *288, 308*–*310, 348, 360*
Südamerika *7*, 23, 26, 60 f., 83, 118, 120 f., 124, 198, 201, 236–238, *296*

Taplow 227, 229
Teheran *281*, 340
Tehuanatepec 118

Texas 198
Tibet *210*
Timbuktu *210*
Tokio *124*, 183–186, *214*
Transvaal *154*, 194, *228*
Trinity College *147*, 152, *287*
Türkei 6, *147*, *180*, *216*, 219, 275, *295*
Tunesien 18

Ullswater 149
Uruguay 217

Valentia 90
Venedig 334
Venezuela *14 f.*, 24 f., 31, 34, *99*, 102, 167, 189, 235–242, 248, 262 f., *284*, 293, 356, 360 f., 366
Versailles *26*, *264*, *275*
Virgin Islands *246*, 263 f.

Volta 309

Wales *137*
Washington 30, 32, 72, 85, 105, 119 f., *121*, *130*, *132*, 142, *147f.*, 149, *158*, 161, 163–165, 170–172, 175, *178*, 180–183, 186, 189, 194, 208–210, *214*, 215, *216*, 219 f., 223, 231, *234*, 236–240, 243 f., 252, 256, 259 f., 264 f., *267*, *274*, 281–284, 330 f., 339 f., *353*, 363, 370
Whitehall *42*, 235
Whittingehame 252 f., 260 f.
Wien *214*, 217, 224, *232*, 243, *323*
Wilhelmshöhe 266
Winchester 153
Windsor 253
Wyoming 197

Zentralamerika *7*, 23